**HANGIL
GREAT BOOKS**

인류의 위대한 지적유산

HANGIL
GREAT BOOKS
158

조르조 바사리

르네상스
미술가 평전

이근배 옮김

4

고종희 해설

한길사

Giorgio Vasari

Lives of the Most Eminent Painters, Sculptors and Architects 4

Translated by Lee Keun Bai

Vasari, Giorgio, 1511-74
Le Vite de' più Eccellenti Pittori, Scultori ed Architettori, 2nd ed., 6vols., Giunti, Firenze, 1568
Lives of the Most Eminent Painters, Sculptors, and Architects I
Giorgio Vasari; translated by Gaston Du C. de Vere.
Originally published by McMillan Co. & The Medici Society, London, 1912-1915.

HANGIL GREAT BOOKS · 158

조르조 바사리

르네상스
미술가 평전

이근배 옮김

4

고종희 해설

한길사

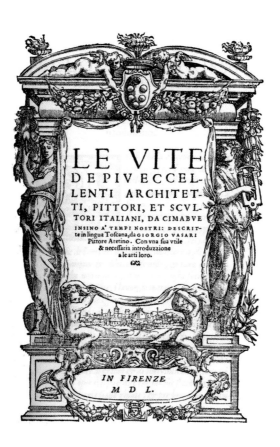

LE VITE

DE PIV ECCEL-LENTI ARCHITET-TI, PITTORI, ET SCVL-TORI ITALIANI, DA CIMABVE

INSINO A' TEMPI NOSTRI: DESCRIT-
te in lingua Toscana, da GIORGIO VASARI
Pittore Aretino. Con vna sua vtile
& necessaria introduzzione
a le arti loro.

IN FIRENZE
M D L.

르네상스 미술가 평전

4

차례

제4부

르네상스 미술가 평전 1

제1부

제2부

르네상스 미술가 평전 2

르네상스 미술가 평전 3

제3부

빈첸치오 다 산 지미냐노, 티모테오 다 우르비노(Vincenzio da San Gimignano, Timoteo da Urbino)·1709

안드레아 달 몬테 산소비노(Andrea dal Monte Sansovino)·1719

베네데토 다 로베차노(Benedetto da Rovezzano)·1735

바초 다 몬테루포와 그의 아들 라파엘로(Baccio da Montelupo & Raffaello)·1741

로렌초 디 크레디(Lorenzo di Credi)·1749

로렌제토, 보카치노(Lorenzetto, Boccaccino)·1757

발다사레 페루치(Baldassarre Peruzzi)·1767

조반 프란체스코 펜니, 펠레그리노 다 모데나(Giovan Francesco Penni, Pellegrino da Modena)·1783

안드레아 델 사르토(Andrea del Sarto)·1791

프로페르치아 데 롯시 부인(Madonna Properzia de' Rossi)·1835

페라라의 알폰소 롬바르디, 미켈라뇰로 다 시에나, 나폴리의
지롤라모 산타 크로체, 돗소와 바티스타 돗시
(Alfonso Lombardi of Ferrara, Michelagnolo da Siena,
Girolamo Santa Croce of Napoli, Dosso and Battista Dossi)·1843

포르데노네의 조반니 안토니오 리치니오(Giovanni Antonio Licinio da Pordenone)·1861

조반니 안토니오 솔리아니(Giovanni Antonio Sogliani)·1875

지롤라모 다 트레비소(Girolamo da Treviso)·1885

폴리도로 다 카라바조, 마투리노 플로렌티네(Polidoro da Caravaggio, Maturino Florentine)·1891

일 롯소(Il Rosso, Fiorentino)·1907

바르톨로메오 다 바냐카발로(Bartolommeo da Bagnacavallo)·1929

프란차비조(Franciabigio)·1939

모르토 다 펠트로, 안드레아 디 코시모 펠트리니(Morto da Feltro, Andrea di Cosimo Feltrini)·1949

마르코 칼라브레세(Marco Calavrese)·1959

르네상스 미술가 평전
4

일러두기

1. 외래어 표기는 국립국어원의 규정을 원칙으로 했다.

2. 이탈리아어의 표기는 원음주의를 원칙으로 하되 k, t, p는 ㄲ, ㄸ, ㅃ으로 소리나지만 ㅋ, ㅌ, ㅍ으로 표기했다.

3. 고유명사(인명, 지명, 교회명, 작품명 등)는 원칙적으로 해당 나라의 언어(이 책에서는 대부분 이탈리아어)로 표기했다. 모음으로 시작되는 교회명이나 인명은 본래의 알파벳을 떠올리게 표기했다. 예를 들면 S. Agostino 성당은 '산 아고스티노' 성당으로, 성녀(聖女) Sant' Anna는 '성녀 안나'로 표기했다. 그러나 잘 알려진 성당, 지명, 인명은 '한국가톨릭용어위원회'의 기준에 따랐다. 예를 들면 '산 피에트로' 대성당은 '성 베드로' 대성당, 사도 '파올로'(Paolo)는 사도 '바오로'로 표기했다. 고대와 중세기의 인명, 특히 교황 이름은 라틴어 표기를 따랐다.

4. 신화에 나오는 인물명은 원서 그대로 따랐다. 예를 들어 같은 인물이 그리스신화에서는 제우스(Zeus)이고 로마신화에서는 주피터(Jupiter)이지만 구태여 통일하지 않았다.

5. 영역본에는 주(註)가 없으나 독자의 이해를 돕기 위해 옮긴이가 가주를 넣었다.

6. 덧붙이는 글은 미술가에 대한 바사리의 연구가 미흡한 곳이나 틀린 곳을 후세 미술사가들이 바로잡은 내용을 정리해 옮긴이가 각 장 끝에 넣었다.

7. 각 장의 〔해설〕은 고종희가 넣은 것이다.

8. 그림의 크기는 세로×가로순으로 표기했다.

프라 조콘도, 리베랄레
Fra Giocondo, Liberale
1433~1515 1445?~1526/29
기타 베로나의 장인들

LIBERALE VERONESE
PITTORE.

〔해설〕

　15세기 말에서 16세기 초반에 활동한 베로나의 인문주의 학자, 건축가, 군사 엔지니어로 도메니코회 수사다. 몬 시뇰이라는 칭호가 붙은 것으로 보아 존경받는 고위 성직자였던 것 같다. 젊은 시절 로마로 건너가 고대 건축물 등을 연구했고 이들 연구 결과를 책으로 만들어 '로렌초 데 메디치'에게 헌정했다. 1489년부터 1493년까지 나폴리에서 체류하며 칼라브리아의 공작 알폰소와 아라고나 왕가의 페란테를 위해 성채 설계 등 군사 건축가로 일했다.

　1495년 프랑스로 건너가 샤를 8세와 루이 12세의 궁정 건축가로 활동했다. 1499년 노트르담 성당 근처 센강의 다리와 프티퐁 Petit-Pont 다리를 설계했고, 블로아성의 정원을 설계했다. 이 작가를 통해 프랑스의 르네상스 미술과 문화가 이탈리아에서 건너온 작가들에 의해 전파되었음을 알 수 있다. 이후 베네치아의 초청을 받아 공화국을 위해 다양한 군사 건축을 설계했다.

 만일 사가史家들이 자기에게 주어진 목숨보다 몇 해 만이라도 더 살 수 있다면 전에 기록했던 이야기에 무엇이든 더 첨가하려고 했을 것이다. 왜냐하면 아무리 부지런한 사람일지라도 짧은 시일 안에 자신이 써놓은 것이 사실인지를 정확하게 확인할 수 없기 때문이다. 아침을 약속하는 태양이 밝듯이 누군가가 말한 것처럼 시간은 지식을 탐구하는 사람들에게 날마다 새로운 것들을 알려준다. 몇 해 전 내가 화가들의 전기를 출판했을 때, 만일 이 특수한 부문과 더불어 만능의 재주를 지닌 프라 조콘도에 관한 자료가 충분했더라면 이 자리에서 말하고자 하는 것처럼 그를 명예롭게 기록했을 것이다.

나는 이제부터 그에 관한 이야기와 더불어 정말 훌륭한 베로나 출신 예술가들을 차례로 소개하려고 한다. 여러분이 놀라지 말 것은, 첫머리에 초상화를 단 하나만 내놓았는데 다른 뜻이 있어서가 아니라 모든 예술가의 초상화를 손에 넣을 수 없었기 때문이다. 하지만 힘닿는 대로 개개인의 재능을 모두 기록하려고 한다. 시대순으로 기록하려면 프라 조콘도 이야기를 먼저 해야 한다.

이 사람이 산 도메니코 교단敎團의 제의祭衣를 입고 다녔을 때는 프라 조반니 조콘도Fra Giovanni Giocondo라고 불렸지 프라 조콘도는 아니었다. 조반니가 어떻게 해서 떨어져 나갔는지 알 수 없으며, 누구나 그를 프라 조콘도라고 불렀다. 그는 원래 문학을 공부했지만 동시에 훌륭한 철학자요, 신학자였을 뿐만 아니라 유명한 그리스 고전학자였다. 그때 이탈리아에서는 부흥운동이 일어나 문학이나 글쓰기도 이탈리아말로 했으니 당시로서는 그는 매우 독특한 사람이었다. 게다가 그는 훌륭한 건축가였으며, 항상 예술에 고상한 취미가 있었다. 이는 스칼리제르Scaliger*가 카르다노Cardano에 관하여 서한체 시에서 언급했다거나, 해

---

* 조제프 쥐스튀스(Joseph Justus, 1540~1609), 프랑스의 고전학자이자 역

박한 학자 뷔데Budé*가 자신의 방대한 저서 『고대 화폐론』De Asse과 『판 덱타룸』**에 관해 연구하는 것과 마찬가지다.

프라 조콘도는 여러 해 동안 막시밀리아노 황제*** 옆에 있었고, 스칼 리제르에게 라틴말과 그리스말을 가르친 스승이었다. 스칼리제르는 황제 앞에서 벌어지는 고상하고 난해한 대화를 듣고 기록하는 일을 했 다. 살아 있는 사람들의 증언에 따르면 막시밀리아노 황제 치세 때**** 베 로나의 피에트라 다리Ponte della Pietra 재건 문제가 토의되자 번번이 무 너지는 가운데 교량을 세울 때 프라 조콘도가 안전한 구축법을 제시했 다고 한다. 즉, 말뚝 두 줄로 중앙의 교대橋臺를 둘러싸서 강물이 기둥 아랫부분의 토사를 쓸어 내려가는 현상을 방지하는 공사를 하라고 진 언했다.그림 463

이 강의 밑은 탄탄하지 못해 기초를 안전하게 세울 데가 없었으나 그 의 말대로 개축한 다리는 털끝만큼도 움직이지 않았으며, 아마 앞으로 도 영원히 안전할 것이다. 프라 조콘도는 청년 시절 로마에 오랫동안 머무르면서 건축물, 고대 유물, 묘석의 명문銘文 등을 연구했다. 로마 근처와 이탈리아 각처를 돌아다니면서 명문과 기념이 될 만한 것을 모 아 아름다운 책자를 만들어서 로렌초 데 메디치Lorenzo de' Medici 공작에 게 우정과 호의의 표시로 선사했다고 베로나 사람들이 말한다. 도미치 오 칼데리노Domizio Calderino도 그의 친구로서 항상 함께 이 일에 참여

사비평가.

* 기욤(Guillaume, 1468~1540), 프랑스의 그리스학자이자 인문주의자. 프랑수아 1세의 비서였으며 로마법의 권위자, 주화 수집가다. 토머스 모어(Thomas More), 프랑수아 라블레(François Rabelais), 에라스무스 (Erasmus)와 서신을 주고받은 것으로 유명하다.

** 『판덱타룸』(Annotationes in XXIV libros Pandectarum)은 6세기경 로마 법 전이다.

*** 1459~1519년이다.

**** 1512년경이다. 그 다리는 1520년에 석재로 재건했다.

그림 463 프라 조콘도와 기타, 「피에트라 다리」
(제2차 세계대전 전의 광경. 그 후 재건됨).

했다.

안젤로 폴리치아노Angelo Poliziano는 저서 『무젤라네』*Mugellane*에서 프라 조콘도를 고물 연구의 권위자라고 말했다. 또 그는 카이사르Caesar의 『갈리아 전기戰記』를 썼는데 나중에 출판되었다.* 『갈리아 전기』에 따르면 프라 조콘도가 카이사르가 구축한 로네Rhone강 다리의 설계도를 가장 먼저 그렸다고 한다. 당시에는 거의 알려지지 않았던 지식이다. 앞에 언급했던 뷔데는 프라 조콘도가 비트루비우스Vitruvius**와 관련해 많은 것을 가르쳐준 근면한 학자라고 신에게 감사하면서, 이 수사修士를 자기에게 건축술을 가르쳐준 스승이라고 술회한 적이 있다. 이 수사는 과거에는 알려지지 않았던 수많은 오류를 비트루비우스 저서에서 발견했다. 정말 그는 다예다재多藝多才해서 그리스말과 라틴말로 시를

* 1513년에 알두스 마누티우스가 출판했다.
** 기원전 1세기 아우구스투스(Augustus) 시대의 건축가, 기술자, 건축에 대한 저술가.

지을 정도였다. 뷔데는 그를 탁월한 건축가라고 칭찬하면서 그의 연구 덕분에 파리Paris의 오래된 도서관에서 중요한 자료를 찾았다고 했다. 그는 오랫동안 인류 손에서 자취를 감추었던, 플리니Pliny*가 쓴 서한체 시를 대부분 발견했는데, 알두스 마누티우스Aldus Manutius가 라틴말로 번역한 것을 오늘날 우리가 읽고 있다.

프라 조콘도는 파리에 머무는 동안 루이Louis 12세에게 봉사하면서 센강에 멋진 다리를 두 개 가설했다.** 이 다리에는 상점이 늘어서 있으며, 왕의 장엄함과 프라 조콘도의 놀랄 만한 재능을 확인할 수 있다. 이 다리에 적힌 명문銘文은 지금도 볼 수 있는데, 그리스 시인 야코포 산나차로Jacopo Sannazzaro가 그를 칭송하고자 지은 아름다운 대련對聯시와 함께 그에게 잘 어울린다.

세쿠아나강아, 요쿤두스가 너에게 쌍둥이 다리를 놓았으니
너는 그를 가히 교량 가설자 제관祭官이라 말할 수 있을 것이다.
Jocundus geminum imposuit tibi, Sequana, pontem;
Hunc tu jure potes dicere pontificem.

그밖에 그는 이 왕을 위해 셀 수 없을 만큼 많은 일을 했지만 일일이 열거하기는 어려우니 중요한 것 한둘만 기록하겠다. 그가 로마에 머물 때 브라만테Bramante가 죽었기 때문에, 그는 우르비노Urbino의 라파엘로Raffaello와 줄리아노 다 산 갈로Giuliano da San Gallo와 협력해 성 베드로 대성당을 계속 건조해달라는 요청을 받았다. 이 건물은 공사를 너무

서둘렀기 때문에 여러 군데에서 붕괴될 위험이 발견되었다. 또 다른 원인도 있지만 그것은 이 책 다른 곳에서 이야기하겠다. 이 세 건축가의 의견에 따라 기초를 보강했는데, 이 공사에 참여한 사람들은 다음과 같이 말했다. 즉, 기초공사를 한 바닥에 정사각형 구멍을 일정한 간격을 두고 여러 개 판 뒤 그곳을 큰 돌로 메우고, 그 위에 벽기둥들을 세운 다음 튼튼한 아치로 서로 연결해 온 건축물이 새로 만든 기초 위에 안전하게 서 있도록 함으로써 허물어지지 않게 했다.

내가 보기에는 이처럼 엄청난 공적만으로도 베네치아Venezia 시민들과 세상은 프라 조콘도에게 영원히 빚을 지고 있다. 당시 베네치아 공화국은 영토 대부분이 개펄이었고, 이 도시 건물들은 기적적으로 개펄 위에 서 있었는데 만일 개펄이 마르면 공기가 나빠져 사람이 살 수 없는 상황이었다. 한편 이 도시가 본토에 노출되는 위험에 직면하게 되리라고 판단한 프라 조콘도는 개펄을 보존하는 방법과 도시를 그전에 건립한 것과 같게 유지하는 방법을 마련했다. 그래서 그는 공화국 영주에게 만일 몇 년 안에 위험에 대처할 방책을 세우지 않으면 이미 몇 군데에 일어난 것과 같은 사태가 일어날 것이며, 그보다 더 늦는다면 그 잘못이 눈앞에 나타날 것이라고 경고했다.

프라 조콘도의 합리적인 건의를 귀담아들은 영주는 이탈리아 전역에서 유능한 토목공학자와 건축가를 불러들여 갖가지 의견과 설계도를 검토했다. 그 결과 프라 조콘도의 설계가 가장 좋은 것으로 채택되어 실행에 옮겨졌다. 우선 대운하Canal grande를 파서 브렌타Brenta강으로 흘러내려 오는 물의 3분의 2 내지 절반을 다른 곳으로 돌려 임시로 만든 긴 우회로迂回路를 거쳐 키오자Chioggia 개펄로 흘러내리게 한 다음, 강물이 베네치아의 개펄로 흐르지 않게 했다. 그리하여 한때 물에 잠겼던 곳에 주택을 많이 지을 수 있었고, 이것이 베네치아에 큰 이익을 가져다주었다.

그 과정에서 여러 인사, 특히 경험과 학식이 풍부한 베네치아의 시민이며 귀족인 루이지 코르나로 씨는 만일 프라 조콘도의 경고가 없었다면 베네치아의 개펄에 물이 가득 차서 막대한 손실을 입고 베네치아는 폐허가 되었을 것이라고 했다. 또 베네치아는 프라 조콘도에게 많은 은혜를 입었으므로 마땅히 그를 이 도시의 두 번째 창설자라고 해야 할 것이며, 첫 번째 창설자보다 이 도시를 한층 고상하고 부강하게 만드는 데 공헌했으므로 그에게 더 큰 명예를 안겨주어야 한다고 말했다.

프라 조콘도가 이 축복받은 공사를 끝낸 뒤 얼마 안 되어 베네치아 시민들은 큰 화재로* 리알토Rialto를 잃는 아픔을 겪었다. 그곳은 값비싼 물건과 보물을 보관해둔 창고가 많아 베네치아의 보고라고 할 만했다. 이 화재는 공화국이 오랫동안 끊임없는 전쟁으로 본토에 있던 재산을 거의 다 잃어버렸을 때 일어났으므로 정부는 어찌할 바를 몰랐다. 그러나 무엇보다도 재건이 중요했으므로 정부의 위대함을 과시할 수 있도록 굉장한 규모로 재건하기로 결정했다. 공사는 이미 베네치아 시민들에게 잘 알려진 훌륭한 건축가 프라 조콘도에게 위촉되었다. 그래서 그는 다음과 같이 설계했다.

리알토 지구의 도살장 소운하Canale delle Beccherie와 곡물창고 소운하 Rio del Fondaco delle Farine 사이의 모든 지역, 즉 두 소운하 사이의 토지 전부를 요구했다. 따라서 건축물 길이는 두 소운하가 각각 대운하로 들어가는 사이의 거리에 해당한다. 두 소운하의 다른 부분도 새로운 소운하로 연결되므로 건조물은 사방이 운하로 둘러싸일 것이다. 즉, 건조물을 지을 경우 한 면은 대운하에, 두 면은 각각 소운하에, 나머지 면은 새로 만들 소운하에 면하게 설계했다. 운하에는 선창을 구축해 각처에서 운반해온 채소, 과일, 생선 그리고 식료품을 즉시 판매할 수 있도록 했다. 또 건축물 정면마다 정문을 하나씩 내서 이 건축물 안의 광장으로 통하도록 했다. 건조물 위층에는 베네치아 특산물인 모직毛織물과 견직絹織

---

* 1513년의 일이다.

물 제조공장을, 아래층에는 직매장을 두었다. 한마디로 이 거리에는 토스카나 견직물 상인들의 모든 점포가 들어설 계획이었다.

두 줄로 늘어선 점포들은 출입문 네 개를 이용해 건물 전체의 중앙으로 들어가게 된다. 또 광장에 면한 아름다운 로지아는 이곳 상인들과 이탈리아, 아니 전 유럽의 세관이라고 할 수 있는 베네치아의 세관과 각처에서 몰려드는 많은 고객이 편리하게 이용할 시설을 갖추게 될 것이다. 로지아 밑에는 은행, 금세공상, 보석상을 세우고 중앙에는 성 마태오에게 봉헌한 성당을 세우기로 했다. 이 성당은 상류인사들이 새벽 미사를 드리는 곳이다. 어떤 사람 말에 따르면, 프라 조콘도가 생각을 바꾸어 교회가 광장을 가로막지 않도록 성당을 로지아 밑에 짓기로 했다는 것이다. 이 멋진 구조물들에는 필요한 모든 것이 다 구비되었으며, 프라 조콘도가 만든 이 설계도를 본 사람은 누구나 이보다 더 화려하고 장엄한 건축물은 상상조차 할 수 없을 것이라고 감탄했다.

그는 이 공사를 완성하기 위해 돌로 만든 리알토 다리에 아름답게 장식한 상점들이 들어서게 진열했다. 그런데 이 공사를 진행하다가 두 가지 어려움에 봉착했다. 하나는 전쟁에 돈을 낭비해 공화국 재정이 고갈된 것이고, 다른 하나는 당시 높은 지위에 있으며 이런 사업에 분별이 없던 귀족 발레레소Valereso에 대한 정실, 또 이 사람 밑에서 일하던 찬프라니노Zanfragnino*를 위한 개인적 이권관계 때문이라고 전한다. 찬프라니노는 아직 살아 있다고 하는데, 결국 이 사람 설계로 공사가 이루어져 우리가 보는 바와 같이 여기 사용된 대리석들은 여기저기서 주워 모은 잡동사니다. 이런 어리석은 짓을 보고 많은 시민이 슬퍼했다.

자신의 설계보다 훨씬 초라한 설계도를 채용한 것을 본 프라 조콘도

---

* 마에스트로 찬프라니노(Maestro Zanfragnino), 정확한 이름은 안토니오 스카르파니노(Antonio Scarpagnino)다. 프라 조콘도의 설계를 안토니오 것으로 바꾼 이유는 기금이 부족했기 때문이다.

는 귀족들과 권력 있는 사람들 사이의 정실을 눈치채고 화가 나서 베네치아를 떠났으며, 여러 차례 되돌아오라는 간청을 받았으나 발길을 돌리지 않았다. 프라 조콘도의 설계도는 다른 것들과 함께 산타 마리아 성당 맞은편 브라가디니Bragadini 저택에 사는 프라 안젤로Fra Angelo가 소유하고 있다. 이 수사는 이 가문의 일원으로 산 도메니코 교단 수사인데, 나중에 많은 공적을 인정받아 비첸차Vicenza 주교에 임명되었다.

프라 조콘도는 지금 이야기한 것 외에도 다예다재한 면이 많으며 약용식물과 농사에도 조예가 깊었다. 다음은 피렌체 출신으로 프랑스에 있을 때 친구가 된 도나토 잔노티Donato Giannotti에게서 들은 이야기다.

프라 조콘도가 프랑스에 머물 때 화분에 작은 복숭아나무를 심고 손질했더니 이 나무에 열매가 가득 열려 신기한 광경을 이루었다. 어느 친구의 말에 따라 복숭아나무를 왕이 지나다가 눈에 띌 만한 길목에 옮겨놓았는데 정신廷臣들이 지나가다 멋대로 열매를 모조리 따먹고 길가에 버리기도 해서 프라 조콘도는 기분이 너무 나빴다. 이런 사연을 들은 왕은 신하들과 농담하면서 한바탕 웃고 난 뒤 자기를 즐겁게 했다는 이유로 이 수사에게 감사하다는 뜻을 담아 선물을 보내 위로했다.

프라 조콘도는 마치 성자聖者처럼 생활했으며 당대 문인文人들, 특히 도미치오 칼데리노Domizio Calderino, 마태오 보소Matteo Bosso, 파올로 에밀리오Paolo Emilio 등 많은 친구에게 존경을 받았다. 에밀리오는『프랑스사史』를 쓴 사람이다. 그밖에 친우로는 산나차로, 뷔데, 알두스 마누티우스Aldus Manutius, 로마 학술원academia 회원들이 있다. 그리고 우리 시대의 석학碩學 율리우스 카이사르 스칼리제르Julius Caesar Scaliger도 그의 제자다. 그는 나이가 꽤 들어서 죽었는데, 언제 어디서 죽었는지 정확히 알 수 없으며, 그가 묻힌 곳도 알 수 없다.

베로나는 위치, 관습, 기타 특징이 피렌체와 비슷하며, 여러 고상한 일을 하는 위대한 사람들이 두 도시에서 항상 배출되었다. 나는 문인文人들 이야기는 여기에서 하지 않고 예술가들만 언급할 텐데 그들은 언

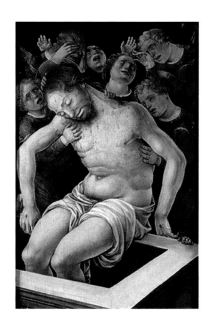

그림 464 리베랄도 다 베로나, 「그리스도 십자가 강하」, 1489,
패널에 오일, 116.5×76cm, 피츠윌리엄 박물관, 케임브리지.

제나 가장 아름다운 이 도시에서 안식처를 발견했다.

베로나 출신 리베랄레Liberale*는 동향의 빈첸치오 디 스테파노
Vincenzio di Stefano의 제자였다. 스테파노는 다른 곳에서도 언급했는데,
1463년 만토바Mantova의 베네딕토 교단 소속 오니산티Ognissanti 성당
에 아름다운 성모 마리아를 그려 칭찬을 많이 받았다. 리베랄레는 젊
었을 때 베로나의 산 니콜로 성당에서 제작하던 야코포 벨리니Jacopo
Bellini 밑에서 데생을 공부하면서 벨리니 양식을 모방했으므로 빈첸치

* 리베랄레 다 베로나(Liberale da Verona): 리베랄레 디 야코포 델라 비아
바(Liberale di Jacopo della Biava)는 베로나에서 세밀화가로 시작했다.
스타일은 만타냐(Mantagna), 비바리니(Vivarini), 벨리니(Bellini) 등의
영향을 받았다. 시에나의 피콜로미니(Piccolomini) 도서관에는 그의 훌
륭한 작품들이 보관되어 있다.

오의 가르침을 완전히 잊어버렸다.

리베랄레의 첫 작품은 만토바의 산 베르나르디노 성당 안의 몬테 델라 피에타Monte della Pietà 경당에 그린 「그리스도 십자가 강하降下」다. 여기에는 천사들이 손에 예수 수난의 기적을 받들고 구세주의 죽음을 슬퍼하면서 우는 모습이 있는데 매우 자연스러운 그림이다. 이 화가는 울고 있는 조상을 즐겨 그렸는데, 베로나의 산타 아나스타시아S. Anastasia 성당에서도 볼 수 있으며, 부오나베리Buonaveri 경당 박공博栱에도 죽은 그리스도를 슬퍼하면서 우는 성모 마리아를 그렸다. 그밖에도 이와 비슷한 그림이 베로나 시내 곳곳에 있다.

그는 같은 경당 안에 악기를 연주하면서 노래 부르는 천사들에게 둘러싸인 성부聖父와 양쪽에는 성인聖人 세 사람씩을 그렸다. 즉 한쪽에는 성 베드로·성 도메니코·성 토마스 아퀴나스를, 다른 쪽에는 성녀 아녜스S. Agnes, 성녀 루치아와 또 한 성녀를 그렸는데, 앞에 말한 성인들의 그림이 성녀들 그림보다 돋을새김으로 뚜렷하고 훨씬 낫다. 정면 벽에는 성모 마리아와 처녀로 순교한 성녀 카테리나S. Caterina와 신혼神婚하는 아기 예수를 그렸는데, 이 경당을 봉헌한 피에로 부오나베리의 초상화도 보인다. 그 주위에는 천사들이 웃으며 꽃을 드리는 모습을 그렸는데 자세가 우아하다. 이 화가는 우는 얼굴뿐만 아니라 웃는 얼굴도 잘 그렸다. 이 경당 제단화에는 하늘에서 천사들이 마리아 막달레나를 받들고 있으며, 밑에는 성녀 카테리나가 대령하는 장면을 그렸는데 그의 아름다운 작품 중 하나다.*

그는 또한 세르비테Servite 수도원 소속의 산타 마리아 델라 스칼라 S. Maria della Scala 대성당 제단의 성모상을 기리는 이련二連으로 된 덧문에 「동방박사의 경배敬拜」를 그렸는데 이 성모상은 모든 시민이 숭앙했다. 나중에 촛불 연기로 손상을 입어 성물안치실로 옮겼지만 베로나의

* 1512년의 날짜가 적혀 있다.

화가들이 칭찬하는 작품이다. 또 산 베르나르디노 성당의 막달레나 조합 경당에 「성작聖爵의 정화Purificazione」, 시메오네Simeone의 조상과 함께 한 노인이 팔에 아기 예수를 안고 입맞춤하는 장면을 그렸다. 그 앞에는 두 팔을 벌리고 하늘을 쳐다보는 성직자를 그렸는데, 마치 세상을 구원하는 구세주께 감사하는 모습처럼 보인다.

이 경당 옆에도 그가 그린 「동방박사의 경배」가 있으며, 박공博栱에는 「죽은 성모 마리아」와 작은 조상을 여럿 그렸다. 그는 작은 인물화를 매우 잘 그렸으며 끊임없이 노력했다. 즉, 화가보다는 세밀화가細密畵家에 가까웠다. 예를 들면 이곳 대성당 안에도 「동방박사의 경배」를 그렸는데 수많은 인물, 말, 개, 그밖의 각종 동물과 그 옆에는 성모 마리아를 돕는 지품천사智品天使들을 장미색으로 제작했다. 그는 이 그림의 두부들을 그릴 때 놀랄 만큼 정성을 들였으며, 다른 것들도 매우 잘 다듬어져 세밀화가의 작품이라고 할 만하다.

대성당 안의 성모 마리아 경당에도 세밀화 화법으로 조그만 제단 벽에 성모 이야기를 그린 유채화가 있다. 이 그림은 나중에 그곳 주교인 조반 마테오 지베르티Giovan Matteo Giberti가 주교관 안 경당으로 옮겼는데 그곳에서는 아침마다 미사를 올렸다. 그곳에는 곁들여 만토바에 살던 베로나의 조각가 조반니 바티스타Giovanni Battista가 아름다운 돌을새김으로 제작한 「십자가에 못 박힌 그리스도」Crocifisso가 걸려 있다. 베로나의 산 비탈레S. Vitale 성당 안에 있는 알레그리Allegri 경당에는 유채화로 된 패널에 베로나의 청죄사제聽罪司祭이며 고결한 인사인 성 메스트로S. Mestro를 그리고 양쪽에 성 프란체스코와 성 도메니코를 배치했다.

또 은둔자隱遁者수도회Convento di frati Emiriti에 속하는 비토리아Vittoria 성당 안의 산 지롤라모 경당에 스칼트리텔리Scaltritegli 가문의 위촉으로 추기경 제의를 입은 성 히에로니무스와 성 바오로, 성 프란체스코를 그려 칭찬을 많이 받았다.* 몬테Monte에 있는 산 조반니 성당 칸막이에 「그리스도의 할례割禮」Circoncisione di Cristo와 또 다른 작품을 제작했지

그림 465 리베랄레 다 베로나, 「Aeolus」,
교송성가(交誦聖歌) 세밀화의 첫머리, 15세기,
대성당 피콜로미니 도서관, 시에나.

만 칸막이가 교회 미관을 해친다는 이유로 얼마 뒤 부숴버렸다.

리베랄레는 몬테 올리베토Monte Oliveto 수도원 원장의 초청으로 시
에나로 가서 교단의 많은 책에 세밀화를 그려 명성을 높였다. 이어 피
콜로미니 도서관에 고용되어 미완성인 도서들을 세밀화로 장식했다.그
림 465 시에나 대성당을 위해 단선율성가집單旋律聖歌集 책들에 세밀화

* 베로나 시립 박물관 소장품이다.

를 그리면서 그곳에 오랫동안 머무르고 싶어 했지만 다른 사람들의 시기와 모함에 시달리다 금화 800스쿠디scudi를 보수로 받고 베로나로 되돌아왔다. 후일에 그 돈을 몬테 올리베토 수도회의 산타 마리아 인 오르가노 성당에 빌려주고 이자를 받아 용돈으로 썼다.

그는 베로나로 되돌아온 뒤 다른 어느 작품보다 세밀화를 그리는 데 여생을 바쳤다. 가르다Garda 호숫가의 바르돌리노Bardolino 본당에 패널 유채화 한 점을, 산 톰마소 아포스톨로S. Tommaso Apostolo 성당에도 한 점을, 프란체스코 교단 소속의 산 페르모S. Fermo 성당 내의 베르나르도 경당에도 이 성인의 생애 중에서 몇 장면을 제단의 벽에 패널로 그렸다. 또 같은 곳과 다른 장소에도 아기 예수가 성모 마리아 품에 안겨 성녀 카테리나와 신혼神婚을 맺는 장면을 여러 점 그렸는데, 베로나의 빈첸치오 데 메디치Vincenzio de Medici 저택에도 한 점이 보관되어 있다.

리베랄레는 베로나의 폰테 누오보에서 산타 마리아 인 오르가노로 가는 길목에 있는 카르타이Cartai 저택 모퉁이에 성 요셉을 프레스코로 그려서 칭찬을 많이 받았다. 또 리바Riva 가문이 타로Taro전투에서 중기병重騎兵의 장교였던 조반니 리바Giovanni Riva를 기념하기 위해 산타 에우페미아S. Eufemia 성당 안에 리바 가족 경당을 건립할 때 그림을 그리고 싶어 했지만, 이는 어느 외국인에게 위촉되었다. 리베랄레가 너무 늙어서 시력이 안 좋다는 게 이유였다. 그런데 경당이 완성되자 그림에서 많은 결함이 드러났다. 그때 리베랄레는 리비가의 눈이 자기 눈보다 훨씬 나쁘다고 빈정댔다고 한다.

그는 84세에 이르자 생활을 친척에게 맡겼는데 그중에서도 출가한 딸이 그를 몹시 푸대접했다고 한다. 친척과 딸에게 화가 난 리베랄레는 젊고 부지런하며 자기를 따르던 프란체스코 투르비도Francesco Turbido, 일명 일 모로Il Moro라는 화가 집에 몸을 의탁하고, 산 조반니 인 발레S. Giovanni in Valle에 있는 쾌적한 집과 정원을 그에게 상속하기로 마음먹었다. 자기에게 실망을 안겨준 자식과 친척보다는 유능한 젊은이에게 도움을 주기로 결심한 것이다. 1536년 산타 키아라 축일에 그는 85세로 죽었으며, 산 조반니 인 발레에 매장되었다.

그의 제자들 중에는 조반 프란체스코 카로토Giovan Francesco Caroto,* 조반니 카로토Giovanni Caroto, 프란체스코 투르비도, 파올로 카바추올라 Paolo Cavazzuola 등 쟁쟁한 거장들이 있으며, 이들에 대해서도 차례로 이야기하겠다.

조반 프란체스코 카로토는 1470년 베로나에서 태어나 학문은 기초만 배우고, 그림에 흥미를 갖게 되어 문법책을 내던지고 베로나 사람 리베랄레에게 가서 그림을 배우기로 작정했다. 그는 어렸지만 데생 연구에 열중해 얼마 안 가서 눈부시게 발전했으며, 데생과 부채賦彩에서도 리베랄레를 도울 정도가 되었고, 해를 거듭할수록 판단력도 향상되었다. 때마침 베로나에서 만테냐의 그림을 본 그는 그림에는 다른 양식이 있으며, 그가 자기 스승보다 낫다는 사실을 깨달았다. 그는 부친을 설득하는 한편 리베랄레의 친절한 동의를 얻어 만테냐의 제자가 되려고 떠났다. 그리하여 만테냐 밑에서는 짧은 시일 안에 더욱 기량이 좋아졌고, 만테냐는 카로토 작품을 자기 것이라며 외국에 보내기도 했다. 그가 만테냐를 떠나서 처음으로 만든 작품은 산 코시모S. Cosimo 병원 경당 안 「동방박사 세 사람」Tre Magi을 그린 제단화 덕분에 「그리스도의 할례割禮」Circoncisione와 「이집트로의 피난」Fuggire in Egypt을 다른 조상들과 함께 담은 그림이다.**

산 지롤라모라고 부르는 프라티 인제수아티Frati Ingesuati 성당*** 안 두 모퉁이에 성모 마리아에게 '영보'領報하는annunziata 천사들을 그렸다.****

* 조반 프란체스코 카로토(1470?~1546)는 리베랄레의 제자 가운데 가장 뛰어났다.
** 「그리스도의 할례」, 「이집트로의 피난」은 루브르 박물관에 있다.
*** 예수회 회원.
**** 1508년의 날짜가 적혀 있다.

그림 466 조반 프란체스코 카로토,
「그리스도의 할례」, 1505~15,
162×105cm, 루브르 박물관, 파리.

그림 467 조반 프란체스코 카로토,
「이집트로의 피난」, 1505~15,
162×105cm, 루브르 박물관, 파리.

산 조르조 수도원 부원장을 위해 작은 패널에 여물통을 그렸는데 그전에 비하면 매우 잘된 그림이다. 목자牧者와 모든 사람의 조상이 아름답고 부드러워 칭찬할 만한 작품으로 동료들 사이에 생생한 기억을 남겼을 텐데 석고를 잘 반죽하지 못해 날이 갈수록 그림에 금이 갔다.

그 뒤 안젤로 라파엘로 조합 관리인의 요청으로 산타 에우페미아 성당 안의 경당에 라파엘 대천신의 이야기 둘을 프레스코화로 그리고 대천신 세 명을 패널에 유채화로 그렸다.그림 468 중앙에 라파엘을 그리고 양쪽에 가브리엘과 미카엘*을 그렸는데 모두 훌륭한 데생이고 부채도 아름답다. 다만 다리가 너무 길어 덜 아름답다는 비평을 받았다. 그

* 베로나 시립 박물관 소장품이다.

그림 468 조반 프란체스코 카로토, 「3인의 대천사와
토바아스」, 패널에 오일, 238×183cm,
카스텔베키오 박물관, 베로나.

러나 그는 천상의 천사들이 빨리 날려면 다리가 새처럼 가볍고 날씬해
야 할 것이라고 재치 있게 대답했다. 그는 「십자가를 지고 가는 그리스
도」가 있는 산 조르조 성당에 성 로코S. Rocco와 성 세바스티아노, 그밖
에 한두 장면을 제단의 대에 그렸는데 매우 아름다운 작은 조상들도 보
인다.

　산 베르나르디노 성당의 성모 마리아 조합 위촉으로 성당 제단 뒤에
「성모의 탄생」Nativita della Madonna과 「영아 대학살」을 그렸는데, 여기에
는 어린이들과 온 힘을 다해서 막아내려는 어머니들의 자세를 천태만
상으로 잘 표현했다. 이 작품으로 그는 많은 존경을 받게 되었으며, 또

그림을 보호하기 위해 덮개도 만들었다. 이 작품을 계기로 산 스테파노 형제회는 카로토를 고용해 베로나 대성당 제단에 성모 마리아의 세 가지 이야기, 즉 「성모 마리아의 결혼식」, 「그리스도의 탄생」, 「동방박사의 경배」를 그리도록 했다.

그는 베로나에서 명성이 높아지자 국외로 나가서 일하고 싶었으나 친구들과 친척들이 귀족 브랄리아사르티 그란도니Braliassarti Grandoni의 딸과 결혼하도록 설득해 1505년 그녀와 결혼했다. 1년간 그녀와 함께 살면서 아기가 생겼으나 부인이 출산하다가 죽었다. 홀몸이 된 카로토는 베로나를 떠나 밀라노에 가서 안톤 마리아 비스콘티Anton Maria Visconti 씨에게 고용되어 그 집에 머물면서 일했다.

당시 한 플랑드르* 화가가 청년의 초상을 그린 유채화 한 점을 밀라노로 가져왔는데 여러 사람이 이 그림을 칭찬했다. 그러나 이 그림을 본 카로토는 웃어넘기며 자기는 더 좋은 그림을 그릴 것이라고 했다. 플랑드르 화가는 카로토와 설전을 벌이다가 결국 솜씨를 겨루게 되었고, 그가 지면 그림과 금화 25스쿠디를 내놓아야 하며 이기면 플랑드르 사람이 청년 초상화와 금화 25스쿠디를 카로토에게 주기로 했다. 카로토는 전력을 다해 수염을 깨끗이 깎고 참매를 팔에 올려놓은 노인을 그렸는데 훌륭한 작품이기는 하지만 플랑드르 사람의 것이 더 좋다는 판정이 내려졌다.

그러나 카로토의 그림은 훌륭한 초상화였고 단지 주제를 잘못 선택했을 뿐이다. 만일 노인 얼굴을 그린 실력으로 젊은 사람 얼굴을 그렸다면 그는 틀림없이 이겼을 것이다. 그런데 플랑드르 화가는 카로토의 그림만 가지는 데 만족하고 금화 25스쿠디는 예의바르게 받지 않았다. 그 후 이 그림은 만토바의 후작부인 이사벨라 다 에스테Isabella da Este가 플랑드르 화가에게 후한 대가를 지불하고 손에 넣었으며, 그녀 방에 다

* 플랑드로(Flandre)말을 쓰는 벨기에 사람.

른 그림이나 메달들과 함께 귀중품으로 보관되어 있다.

비스콘티에게 봉사하던 카로토는 그 후 몬트페라토Montferrat의 후작 굴리엘모Guglielmo 초청으로 그곳에 가서 만족스러운 봉급을 받으면서 작업에 종사했다. 즉, 카살레Casale 성당 안에 있는 이 후작의 경당 제단에 『구약성서』와 『신약성서』에 나오는 이야기 몇 장면을 그렸는데 주의 깊게 다듬은 아름다운 패널 그림이다.

그밖에 성안 여러 방을 장식해 명성을 얻었으며, 후작의 요청으로 나중에 후작이 묻힐 묘소를 산 도메니코 성당의 경당 안에 꾸몄다. 그리하여 카로토는 후작의 가령家令 중 한 사람으로 임명되어 충분한 보수를 받았는데 그의 작품들은 베로나에 사는 후작의 상속인이 간직하고 있다. 그는 후작 부부의 초상, 프랑스로 보낸 그림들, 후작의 장남과 딸들, 그밖에 궁정 안에서 시중들던 여인들의 초상화 등 여러 작품을 남겼다.

굴리엘모 후작이 죽은 후* 카로토는 가재를 모두 처분하고 베로나로 돌아갔는데, 그곳에서 가산을 잘 다스려 재산이 7,000두카트에 달했고 아들도 결혼시켰다. 그렇지만 화필은 놓지 않았으며 종전보다 더 열심히 일했으므로 먹고사는 데 아무런 어려움이 없었다. 질투에서인지 아니면 다른 이유 때문인지 몰라도 그는 작은 조상밖에 그릴 수 없는 화가라는 비난을 받았는데, 그것이 중상임을 밝히려고 실물보다 더 큰 조상을 그리기로 결심했다. 즉, 성녀 안나 무릎에 앉은 어린 동정녀와 구름 위에는 천사들, 아래쪽에는 성 베드로, 세례자 성 요한, 성 로코, 성 세바스티아노를 그리고 멀지 않은 곳의 풍경에는 성흔聖痕, stimiti을 받는 성 프란체스코를 그렸는데, 화가들은 이 작품을 최고 걸작이라고 평했다.**

* 1518년.
** 1518년.

그는 또 맨발의 형제수도회*들에 속하는 산 베르나르디노 성당 안에 있는 십자가 경당에 그리스도가 성모 마리아 앞에서 무릎을 꿇고 작별 인사를 드리는 장면을 그렸다.** 이 그림은 많은 사람이 그 경당 안에 있는 여러 거장의 그림보다 훨씬 뛰어난 작품이라고 칭찬했지만, 유독 이 수도회 사목위원만은 날카로운 어조로 카로토를 비난했다. 그리스도가 한쪽 다리로만 무릎을 꿇은 모습을 그려 성모 마리아를 존경하는 마음을 충분히 나타내지 않았다는 이유에서였다.

　카로토는 그에게 "신부님, 우선 신부님이 한쪽 무릎을 꿇었다가 다시 일어나는 호의를 베푸신다면 제가 그리스도를 이렇게 그릴 수밖에 없었던 이유를 설명해드리지요"라고 말했다. 한참 후 신부는 카로토의 설득에 동의해 무릎을 꿇게 되었는데, 우선 오른쪽 무릎을 꿇고 그다음 왼쪽 무릎을 꿇었다. 일어날 때는 왼쪽 다리로 먼저 일어선 다음 오른쪽 다리로 일어났다. 그러자 카로토는 신부에게 "알겠지요. 신부님은 두 다리로 동시에 무릎을 꿇지도 않고, 서지도 않았습니다. 그렇기 때문에 제가 그린 그리스도는 옳습니다. 왜냐하면 그리스도가 어머니 앞에서 무릎을 꿇기 시작했거나 무릎을 꿇었다가 일어나려고 하는 장면이기 때문입니다"라고 말했다. 신부는 달리 대꾸할 말이 없자 혼자 중얼거리면서 사라졌다.

　카로토의 말대꾸는 무척 날카로웠다. 한번은 어떤 신부가 자기 초상화가 너무 호색한처럼 보여서 제단화로는 어울리지 않는다고 불평하자 카로토는 "만일 저런 그림을 보고서 마음이 움직인다면 당신은 호색한일 것이오"라고 대답했다. 그는 가르다Garda 호수의 섬에 있는 프란체스코 교단 경당에 패널 그림 두 점을, 또 같은 호수의 말세시노Malsessino 성당 정문 위에 아름다운 성모 마리아를, 같은 곳에 성인 조

---

　* 프란체스코 교단의 수사.
　** 1528년.

상들을 그렸고 유명한 시인이며 절친한 친구 프라카스토로Fracastoro의 요청으로 유채화도 그렸다.

프란체스코 주스티Francesco Giusti 백작의 요청으로 치부恥部만 가리고 거의 나체가 된 젊은이가 일어설 듯 말 듯 어정쩡한 자세로 있는 조상과 그 옆에는 미네르바Minerva를 상징하는 아름다운 아가씨가 높은 곳에 있는 명예의 여신을 그에게 가리키면서 그녀를 따라가라고 재촉하는 모습을 그렸다. 한편 그녀를 제지하는 무위無爲와 게으름의 신을 그렸는데, 그 아래에는 귀족이라기보다는 비천한 사람이 뱀을 팔에 두르고 게를 타고 앉아 있으며, 그 바로 옆에는 양귀비꽃을 한 아름 든 조상도 보인다. 이처럼 환상적이고 아름다운 세부 묘사는 카로토의 근면하고 독창적인 의장意匠에서 나온 것으로, 이러한 그의 걸출한 솜씨는 산타 마리아 인 스텔라S. Maria in Stella라고 부르는 베로나 교외의 아름다운 귀족 저택의 휘장 역할을 한다.

그는 라이몬도 델라 토레Raimondo della Torre 백작 저택의 방들을 장식한 일도 있다. 그는 돋을새김 작업을 좋아해 자신에게 필요한 물건뿐만 아니라 심심풀이로 제작하기도 했는데, 이런 것들이 그의 상속인 집에 남아 있다. 그중에는 칭찬할 만한 작품들도 눈에 띈다. 메달에 초상화도 그려 넣었으며, 몬페라토의 후작 굴리엘모의 초상은 지금도 볼 수 있다. 메달 뒷면에는 헤르쿨레스가 …을 죽이는 장면과 짐승들을 길들이는 이야기를 '몬스트라 도마트'monstra domat라고 새겨 넣은 좌우명도 보인다. 또 줄리오 형제, 라이몬도 델라 토레 백작과 지롤라모 프라카스토로의 초상화도 그렸다.

나이가 들자 그의 기량은 눈에 띄게 떨어졌는데, 그 예로 모비Movi 가문을 위해 산타 마리아 델라 스칼라S. Maria della Scala 성당 오르간 덧문에 그린 「그리스도 십자가 강하」와 산타 아나스타시아S. Anastasia 성당의 산 마리노 경당 그림 같은 것이 있다. 그는 자존심이 강해서 다른 사람의 작품을 모사해본 적이 없다. 그런데 조반 마태오 지베르티 주교가 대성당 안의 한 경당에 성모 마리아 이야기 중 몇 장면을 카로토에게 그리도록 부탁하고, 여기에 쓰일 데생으로 로마에 사는 친구 줄리오 로마노Giulio Romano가 그린 것을 마련해놓았다지베르티는 교황 클레멘티우스Clementius 7세의 장새원장掌璽院長으로 있었다. 주교가 베르나로 돌아왔을 때 카로토는 로마노 데생에 동의하지 않았고, 이에 화가 난 주교는 프란체스코일명 일 모로Il Moro에게 그 일을 시켰다.

그림에 니스를 칠하면 빨리 노화老化해 망친다는 것이 지론持論이었으므로 카로토는 검은색 니스나 정제한 기름을 사용했다. 그러나 베로나에서 풍경화를 제일 잘 그리는 사람으로는 카로토를 따를 자가 없었다. 카로토는 선량한 크리스천이었으며, 손자와 형제 조반니 카로토에게 많은 유산을 남기고 76세에 삶을 마감했다. 조반니는 형한테서 그림을 배우고 잠시 베네치아에 가서 살다가 카로토가 죽은 뒤 고향으로 돌아와 물려받은 재산들을 돌보았는데, 그중에서 갑옷을 입은 한 노인의 초상화가 부채도 훌륭해 최고 작품으로 꼽힌다. 또 「그리스도 십자가 강하」는 작은 작품이지만 폴란드 왕 측근이었으며, 당시 베로나 온천장에 머무르던 스피테치Spitech 씨에게 기증했다. 카로토는 마돈나 델 오르가노Madonna dell Organo 성당 안 자신이 그림으로 장식했던 산 니콜로 경당에 매장되었다.

조반니 카로토는 형 프란체스코의 양식을 답습했으나 명성은 별로 얻지 못했다. 그가 그린 제단화가 산 니콜라스 경당 안에 있는데, 구름 위에 성모 마리아를 그리고 그 밑에 자신과 아내의 초상을 그렸다. 산 바르톨로메오 성당 스키오피Schioppi 경당 제단화에는 작은 조상들과 이 경당 기증자인 라우라 델리 스키오피 부인을 그렸다. 이 부인은 당시 문필가들로부터 미덕을 겸비한 부인으로 존경받았다. 또 대성당 옆 산 조반니 인 폰테S. Giovanni in Fonte 경당 안에는 성 마르티노의 초상을 그린 작은 패널을 제작했다.

당시 청년이었던 마르칸토니오 델라 토레Marc'Antonio della Torre의 초상도 그랬다. 이 사람은 나중에 문필가가 되어 파도바Padova와 파비아 Pavia에서 공개강의를 했다. 이 그림은 줄리아노의 초상과 함께 그의 상속인 집에 보존되어 있다. 산 조르조 수도원 부원장을 위해 성모 마리아를 그렸는데, 그는 이 그림이 마음에 들어 항상 부원장실에 걸어두었다. 오르간 연주가 브루네토Brunetto에게는 악타에온Actaeon*이 수사슴으로 변하는 그림을 그려주었다. 브루네토는 이 그림을 지베르티 주교의 토목기사이며 훌륭한 자수刺繡 전문가인 지롤라모 치코냐Girolamo Cicogna에게 기증했는데, 지금은 그의 아들 빈첸치오 치코냐Vincenzio Cicogna가 가지고 있다.

그는 베로나의 고기古器, 경기장, 환영 아치 등의 설계도를 건축가 팔코네토Falconetto의 요청으로 제작했는데, 토렐로 사라이노Torello Saraino가 출판했다.** 조반니가 이 책을 볼로냐에 머물던 내게 보내왔다. 나는 그곳에 있는 산 미켈레 인 보스코S. Michele in Bosco 수도원 식당에서 작품을 제작하면서 베로나의 돈 치프리아노Don Cipriano 초상화도 그렸다. 이 사람은 몬테 올리베토 수도원 총장을 두 번 지냈으며 이 초상화는 피렌체의 우리 집에 있다.

조반니는 자녀도 야심도 없이 다만 막대한 재산을 남기고 60세 전후에 죽었는데, 우수한 제자들을 두었다. 그중에서도 안셀모 칸네리 Anselmo Canneri와 파올로 베로네세Paolo Veronese는 베네치아에서 활동하는데, 중견 화가로 인정받았다. 안셀모는 유채화, 프레스코 등 많은 작품을 만들었다. 특히 테시노Tesino에 있는 빌라 소란차Villa Soranza와 카스텔프랑코Castelfranco에 있는 소란차의 궁전, 그밖에도 많지만 주로 비첸차에서 일했다. 조반니는 전에 자신이 그림으로 장식한 산타 마리아

---

　* 그리스신화에 나오는 사냥꾼. 아르테미스(Artemis)가 목욕하는 모습을 보았기 때문에 그녀의 저주를 받아 수사슴으로 변했다.
　** 『베로나 지구의 기원(생성) 및 발전상』(*De Origine et Amplitudine Urbis Verona*), 1540년에 출판.

델 오르가노 경당에 매장되었다.

프란체스코 토르비도Francesco Torbido*는 일 모로Il Moro라고도 부르는 베로나의 화가다. 그는 젊었을 때 카스텔프랑코의 조르조네Giorgione에게 그림의 원리를 배웠으며, 그의 부채와 색조를 모방했다. 그는 그림에 거의 숙달할 무렵, 어떤 사람과 다투다가 상대방을 구타하는 바람에 베네치아에서 쫓겨나 베로나로 되돌아와서는 그림을 그만두고 말았다. 아마 베로나에 와서 귀족들과 사귀게 되었기 때문인지 모른다. 베로나의 명문가 산보니파치Sanbonifazi 백작, 주스티Giusti 백작 집에 번번이 드나들어 마치 그 집 사람 같았다. 얼마 후에는 체노벨로 주스티 Zenovello Giusti 백작이 자기 아내가 낳은 사생아를 토르비도의 아내로 삼게 하고 자기 소유 집도 주었다.

토르비도는 이 귀족 집에 출입하는 동안 주머니에 언제나 연필을 넣고 다니면서 틈만 있으면 담벼락에 사람의 두부와 이것저것을 그렸다. 그림 그리기에 열중하는 토르비도를 본 체노벨로 백작은 친절하게도 그를 잡무에서 풀어주고 그림에만 전념하도록 했다. 그러나 그 무렵 그림 그리는 방법을 거의 잊어버린 그는 백작의 허락을 얻어서 리베랄레 문하생이 된 뒤 그림의 기초를 배우기 시작했다. 그는 리베랄레 양식을 열심히 배웠으나 첫 스승인 조르조네의 색조와 채색을 쓰게 되었다. 리베랄레 양식이 어떤 면에서는 좋으나 왠지 건조하다고 느꼈기 때문이다.

리베랄레는 토르비도의 능력을 알아차리고 자기 아들처럼 사랑했으며 후에는 전 재산을 물려주었다. 리베랄레가 죽은 뒤 토르비도는 작품을 많이 남겼는데, 그의 역작力作들은 베로나에 있다. 첫 작품으로 대성

---

* 프란체스코 토르비도(1483?~1561)는 초기에는 조르조네와 베네치아 화가들의 영향을 받았다. 베렌손(Berenson)에 따르면, 그 후에는 줄리오 로마노의 영향이 컸다고 한다.

그림 469 프란체스코 토르비도(일 모로),
「동정 마리아의 탄생」, 1534, 프레스코, 대성당, 베로나.

당 본채의 둥근 천장 네 구획에 「동정 마리아의 탄생」그림 469과 「그리
스도의 봉헌奉獻」을 프레스코화로 그렸다.* 중앙에는 성모 마리아에게
드릴 면류관을 들고 하늘을 떠다니는 세 천사를 아래에서 단축법短縮法
으로 그렸는데, 벽감壁龕 안에 좌정한 마리아를 천사들이 둘러싸고 있
다. 실물의 두 배 크기로 그린 복음 전도자들은 갖가지 자세를 하고 승
천하는 성모 마리아를 올려다본다. 이 그림들은 줄리오 로마노 데생으
로 일 모로가 전부 그렸다는 것은 앞서 이야기했다.

　그다음 그는 폰테 누오보Ponte Nuovo 잔교棧橋 위에 지은 마누엘리
Manuelli 저택 정면과 앞에서 이야기한 토렐로 사라이나Torello Saraina 박

---

　* 1534년.

그림 470 프란체스코 토르비도(일 모로), 「그리스도의
변용과 복음 전도자들」, 1534, 프레스코, 대성당, 베로나.

사 저택 정면에도 그림을 그렸다. 사라이나는 베로나의 고대 유물에 관한 저서를 남겼다. 그는 프리울리Friuli에서 조반 마태오 주교를 위해 로차로Rozzaro 수도원의 경당에 프레스코화를 그렸다. 고상하고 신앙심 깊은 이 고위 성직자는 성직일시급여聖職一時給與, commendam로 직무를 맡아 완전히 폐허廢墟가 된 이 건물을 재건했다. 그러나 세간에는 하느님과 교회에 봉사하는 데는 인색하고 수입을 올리는 데만 관심이 많은 성직자들이 흔하다.

그는 베네치아와 베로나에서 유채화를 많이 그렸다. 산타 마리아 인 오르가노 성당 정면에도 파올로 카바추올라가 그린 성 미카엘과 성 라파엘 대천신을 제외한 전체를 그가 프레스코화로 그렸다. 또 같은 곳에 이 경당을 기진寄進한 야코포 폰타니Jacopo Fontani의 초상을 그렸다. 그 밖에 성 야고보, 성모 마리아와 아름다운 조상도 많이 그렸다. 이 경당의 너비 전체를 차지한 반원형 안에 그린 「그리스도의 변용變容과 복음 전도자들」은 이 화가가 가장 공들인 작품이다.

산타 에우페미아 성당 안 포병들의 경당에 하늘에는 성녀 바르바라를 그리고, 한쪽에는 턱수염에 손을 댄 성 안토니오를, 또 한쪽에는 성 로코를 그렸는데, 빼어난 인물 묘사, 조화로운 부채와 더불어 아주 정성 들여 제작한 최고 제단화라 하겠다. 그는 마돈나 델라 스칼라 성당의 산티피카치오네Santificazione, 祝聖 경당 제단화로 성 로코를 그린 카바추올라와 경쟁하면서 성 세바스티아노를 그렸고, 브레시아Brescia 산속의 바골리노Bagolino로 보낼 제단화도 그렸다.

토르비도는 초상화를 많이 그렸는데 모두 아름다우면서도 실물과 같았다. 베로나에서는 키가 너무 커서 기다란 백작으로 불린 프란체스코 산보니파치오Francesco Sanbonifazio와 프란키Franchi의 훌륭한 초상도 그렸다. 또 지롤라모 베리타Girolamo Verita 초상도 그렸는데, 너무 느긋한 성격 탓에 완성하지는 못했으나 후손들이 보관하고 있다. 로데스Rhodes의 기사騎士 데 마르티니de' Martini 초상화도 그렸으며, 몇 해 전 그린 베로나 명장의 아들이자 베네치아 귀족의 초상을 이 기사에게 팔기로 했다. 그런데 이 베네치아 귀족이 탐욕스러워 그림값을 지불하지 않았기 때문에 토르비도가 간직하다가 데 마르티니 손에 들어갔는데, 이 사람은 그림 속 베네치아 의상을 목자의 옷으로 고쳤다. 이 초상화는 좀 특이한 작품으로 지금까지 데 마르티니 씨 후손이 잘 보관하고 있다.

베네치아에서 토르비도는 산 마르코 대성당 사목회장이자 공국公國 함대 식량증발관의 초상을 그렸으며, 친구의 위촉으로 미켈레 산 미켈레 초상도 그렸는데 뒤의 것은 오르비에토로 가져갔다. 건축가 미켈레Michele의 초상은 바티스타의 아들 파올로 라무시오Paolo Ramusio가 가지고 있다. 그는 또 지베르티 씨 요청으로 유명한 시인 프라카스토로Fracastoro 초상도 그렸는데 조비오Giovio 미술관에 있다. 그밖에 많은 작품을 일일이 기재할 수 없으나 그는 당대 최고 색채화가였으며, 항상 꾸준하게 작품 활동을 했다.

그는 의뢰받은 모든 작품을 성실하게 제작했는데, 누구에게서나 선금을 받고 신의 뜻에 따라 마지막 손질을 잘했다. 그의 젊은 시절에서 잠깐 언급했지만 그는 타고난 성품이 느렸는데 노년에도 마찬가지였다. 느린 성품 때문에 싸움과 고민이 잦았다. 미켈레 산 미켈레 씨는 이런 그를 불쌍히 여겨 베네치아로 데려다가 친구같이 대했다. 그 후 곧 주스티 백작 초청으로 베로나로 되돌아와 아름다운 산타 마리아 인 스텔라에 있는 그의 저택에서 죽었으며, 그곳 마을 귀족들의 묘지 사이에 매장되었다.

토르비도는 젊었을 때 기량이 뛰어나고 용감했으며 어떤 무기도 잘 다뤘다. 친구들 사이에서는 신의가 두텁고 모든 행동에 기백이 있었다. 친구들로는 건축가 미켈레 산 미켈레, 유명한 조각가로 카라라Carrara 사람인 일 다네세Il Danese* 등이 있는데 특히 학자인 프라 마르코 데 메디치Fra Marco de' Medici는 틈틈이 토르비도를 찾아가 제작하는 모습도 보고 친밀하게 대화를 나누며 괴로움을 달래주었다.

바티스타 다뇰로Battista d'Agnolo는 나중에 바티스타 델 모로Battista del Moro라고 불렸는데, 일 모로의 제자인 동시에 둘째 사위로, 일 모로에게 상속받을 때는 매우 귀찮게 굴었지만 쓸 만한 작품을 많이 제작했다. 베로나의 산 주세페S. Giuseppe 수녀원 교회에 세례자 성 요한을 그렸으며, 산타 에우페미아 성당의 성 바오로 제단 칸막이에 이 성인이 개종改宗한 후 성 아나니아스S. Ananias를 방문하는 장면을 프레스코화로 그렸는데, 당시 그가 젊었지만 많은 칭찬을 받았다.

그는 또 카노시Canossi 백작 저택의 두 방도 장식했는데 프리즈에 전투 장면을 그렸다. 베네치아에서는 카르미네Carmine 수도회 옆 한 주택 정면에 왕관을 쓴 베네치아 사람이 공화국 문장紋章인 사자를 타고 앉

---

* 일 다네세 카라라(Il Danese Carrara)=다네세 카타네오(Danese Cattaneo)는 1509년 카라라에서 태어나 1573년 파도바에서 죽은 조각가다.

아 있는 그림을 그려서 절찬을 받았다. 무라노Murano에 있는 카밀로 트레비사노Camillo Trevisano 저택 정면과 안뜰을 아들 마르코Marco와 함께 명암법으로 장식했으며, 이 집에서 파올로 베로네세와 경쟁하면서 작품을 만들어 명성을 얻었다.

그는 또 세밀화도 많이 그렸는데, 그중에서도 「한 마리 사슴 뿔 사이에 보이는 그리스도를 경모하는 성 에우스타키오S. Eustachio」를 매우 아름답게 그렸다. 이 그림은 나무가 무성한 풍경이 뒤로 갈수록 희미하게 보이는 모습을 매우 훌륭하게 표현해 많은 사람의 칭찬을 받았다. 특히 베로나에서 이 그림을 본 다네세 다 카라라Danese da Carrara가 격찬했다. 다네세는 당시 이탈리아에서 보기 드문, 시뇨리 프레고시Signori Fregosi 가 기증한 경당을 건축했다. 이 아름다운 그림에 도취한 다네세는 어린 시절부터 막역한 친구인 프라 마르코 데 메디치를 설득해서 절대로 이 그림을 놓치지 말고 값진 소장품으로 만들도록 권했다. 이 성직자가 그림을 원한다는 소문을 들은 바티스타는 그와 자기 장인의 우의友誼를 생각해 다네세 면전에서 기꺼이 일을 떠맡았다.

일 모로에게는 오를란도 피아코Orlando Fiacco라는 제자가 있었다. 그의 특기는 초상화였는데, 여러 작품에서 보듯이 실제 인물과 똑같이 그렸다. 그는 독일에서 귀국한 카라파Caraffa 추기경이 공관에서 저녁식사를 하는 틈을 타서 몰래 햇불을 비춰가며 초상화를 그렸는데 너무 닮아서 마치 실물 같았다. 바티스타는 또 로라이네Lorraine* 추기경이 토렌토Torento 공회의를 마치고 로마로 돌아가던 길에 베로나에 들렀을 때 그의 초상화를 그렸는데 역시 실물과 똑같았다. 그밖에 베로나의 주교 두 사람, 즉 숙부인 루이지 리포마니Luigi Lippomani와 조카 아고스티노Agostino를 그린 초상화는 조반 바티스타 델라 토레Giovan Battista della Torre 백작이 자신의 저택에 보관하고 있다.

* 로우이스 데 로라이네(Louis de Lorraine), 1563년.

베로나의 학자 아다모 푸마니Adamo Fumani, 빈첸치오 데 메디치와 성녀 헬레나 모습으로 그린 그의 배우자, 그의 손자 니콜로, 안토니오 델라 토레Antonio della Torre 백작, 지롤라모 카노시Girolamo Canossi 백작, 그의 형제 로도비코 백작, 파올로 백작과 베네치아 경기병 총사령관 아스토레 발리오니Astorre Baglioni, 베로나 총독이 사람은 흰색 갑옷을 입고 있다과 그의 배우자 지네브라 살비아티Ginevra Salviati, 유명한 건축가 팔라디오Palladio, 그밖에 여러 사람의 초상화도 그가 그렸다. 그는 계속 그림을 그리며 프랑스의 위대한 팔라댕Paladin* 가운데 한 명인 오를란도Orlando처럼 이름나기를 꿈꾸고 있다.

프라 조콘도가 죽은 뒤 다음에 이야기할 화가와 건축가들이 베로나에서 눈부시게 활동했다. 그들은 프란체스코 몬시뇨리Francesco Monsignori,** 도메니코 모로네Domenico Morone, 그의 아들 프란체스코, 파올로 카바추올라, 건축가 팔코네토Falconetto, 세밀화가 프란체스코와 지롤라모다.

프란체스코 몬시뇨리는 알베르토Alberto의 아들로, 1455년 베로나에서 태어났다. 그는 철이 들자 그림을 그리지는 않았으니 그림을 좋아하던 부친이 그에게 그림 공부를 하도록 권했다. 그는 당시 만토바에 살던 만테냐Mantegna를 찾아가 제자가 되었다. 그곳에서 열심히 그림 공부를 하던 중 만토바 후작인 프란체스코 2세의 마음에 들어 후작 저택에 기거하게 되었으며, 1487년에는 장학금을 받았다. 프란체스코는 이런 은혜에 보답하려고 언제나 후작에게 충실하게 봉사했고, 후작 역시 그를 더욱 잘 돌봐주었는데 프란체스코를 두고는 만토바를 떠나지 못했다고 한다. 어떤 사람 말에 따르면 후작은 프란체스코를 자기 나라만큼이나 사랑했다고 한다.

* 중세기 프랑스 샤를마뉴(Charlemagne) 대왕의 12용사.
** 일명 본시뇨리(Bonsignori), 1445?~1515.

프란체스코는 후작을 위해 산 세바스티아노 궁전과 곤차가Gonzaga 성, 시외에 있는 아름다운 마르미롤로Marmirolo 궁전에 많은 작품을 제작했다. 특히 마르미롤로 궁전에는 매우 많은 그림을 그리고, 1499년 들어 승리의 장면과 궁정 안의 여러 신자 초상을 마지막으로 손질해 성탄일 전날에 완성했다. 후작은 그에게 그에 대한 보답으로 100밀리아 miglia*나 되는 토지와 마르조타Marzotta라는 이름의 큰 집, 목장, 그밖에 아름다운 도구들을 기부했다. 프란체스코가 초상화를 특히 잘 그렸기 때문에 후작은 자신, 아내, 가족, 곤차가 일가의 많은 영주領主의 초상을 그리게 한 뒤 프랑스와 독일의 여러 왕족에게 선물로 보냈다. 그가 그린 초상화들을 만토바에서 볼 수 있다.

예컨대 프레데리크 바르바로사Frederick Barbarossa 황제, 베네치아 총독 바르바리고Barbarigo, 밀라노의 공작 프란체스코 스포르차Francesco Sforza, 역시 밀라노의 공작이며 프랑스에서 죽은 마시밀리아노Massimiliano, 막시밀리안 황제, 에르콜레 곤차가 각하이 사람은 나중에 추기경이 되었다, 당시 젊었던 페데리고Federigo 공작, 조반 프란체스코 곤차가Giovan Francesco Gonzaga, 화가 안드레아 만테냐 등 그밖에도 많다. 프란체스코는 일일이 농담濃淡을 배합한 키아로스쿠로chiaroscuro로 종이에 사본을 만들어 만토바에 사는 후손들에게 물려주었다.

그는 그곳 프란체스코 교단에 속하는 초콜란티Zoccolanti 성당 설교단 위에 성 루이와 성 베르나르도가 그리스도의 이름을 적은 원을 들고 있는 그림을** 그리고, 수도원 식당 안의 높은 벽에는 12사도에 둘러싸인 예수를 큰 캔버스에 원근법으로 그렸는데, 그중에서 예수를 배반한 유다의 태도는 수난이 가까워온다는 그리스도 이야기에 열심히 귀를 기울이는 다른 사도들과 판이하게 보인다.

---

* 1밀리아는 1km 정도다.
** 밀라노의 브레라 미술관에 있다.

오른쪽에는 아름다운 성 프란체스코의 등신대 초상화가 보이는데, 표정이 마치 거룩한 사람들에게만 보이는 특유한 신성神聖의 표시인 듯하다. 그가 당시 유행하던 흰 십자가를 수놓은 긴 외투를 입고 무릎을 꿇은 프란체스코 후작을 그리스도에게 배알拜謁하게 하는 장면이다. 후작은 베네치아의 총사령관이었으므로 그런 복장을 했다. 공작 앞에는 맏아들이, 뒤에는 당시 소년이던 페데리고 공작이 두 손을 모으고 있다. 한쪽에는 성 베르나르도가 성 프란체스코처럼 고귀한 모습으로 무릎을 꿇은 공작의 동생 시지스몬도 곤차가Sigismondo Gonzaga를 그리스도에게 알현하게 하는 장면을 그렸다. 추기경 앞에는 당시 소녀였던 공작의 딸이 있는데, 그녀는 레오노라 부인으로 나중에 우르비노 공작 부인이 되었다. 이 그림은 거장이 그린 경탄할 만한 작품이다.

그는 나중에 만토바 교외 마돈나 델레 그라치에 성당에 가져다놓을 성 세바스티아노의 조상을 실물처럼 그려서 잘 다듬었다. 공작은 번번이 그랬지만, 어느 날 프란체스코의 작업을 지켜보다가 "프란체스코, 성인들을 그리려면 좋은 모델이 필요하지요?"라고 물었다. 그러자 그는 "저는 잘생긴 하인을 모델로 씁니다"라고 대답했다. 공작은 "그대가 그린 성인의 수족은 실감이 안 납니다. 포박되어 활에 맞아 죽을 사람이 느끼는 공포감이 나타나 있지 않더군요. 실례지만, 내게 부탁하면 그대가 어떻게 그려야 할지 알려드리지요"라고 했다.

공작의 충고를 받아들인 프란체스코는 이튿날, 사람을 보내 공작을 오도록 했다. 공작은 화살을 메운 석궁石弓을 들고 마치 화가 난 것처럼 달려와서 모델에게 다가가 "이 반역자 같은 놈! 죽을 각오나 해라. 결국 너를 붙잡고야 말았다"라고 외쳤다. 이 말을 들은 불쌍한 하인은 사살될까 봐 공포에 떨면서 몸을 뒤틀어 박승을 끊으려고 애썼다. 그때 공작은 프란체스코에게 "바로 이것이오. 이제부터는 그대 마음대로 하시오"라고 했다. 이렇게 해서 그는 완벽한 그림을 그릴 수 있었다.

프란체스코는 곤차가 궁전 안에 있는 여러 작품 외에도 만토바 영주를 임명할 때 산 피에로 광장에서 행한 마상시합馬上試合들을 원근법으로 그렸다. 터키 황제가 신하를 시켜서 아름다운 개, 화살, 화살통 등을 선물로 후작에게 보냈는데 후작은 프란체스코에게 터키 사람과 선물들을 궁전에 그리게 했다. 그 후 후작은 기르던 개 한 마리를 데리고 그림을 보러 갔는데 이 사나운 개가 주춧돌에 그린 개를 살아 있는 개로 알고 물려고 달려드는 바람에 그는 벽에 머리를 부딪히고 말았다.

또 손바닥 둘 정도 길이밖에 안 되는 작은 유채화를 가지고 있던 프란체스코의 조카 베네데토 바로니Benedetto Baroni 말에 따르면, 이 그림은 가슴 위의 두상을 그린 성모 마리아상이며, 그림 아래 모퉁이에 아기 예수가 손을 들어 성모를 만지는 장면이라고 한다. 황제가 베로나의 수호자였을 때, 명장인 카스틸레Castile의 돈 알폰소Don Alfonso가 황제와 교황을 대신해 이 도시에 들른 일이 있는데, 마침 베로나의 남작 로도비코 다 세소Lodovico da Sesso 댁에 머무르던 이 귀인들이 그 그림을 매우 보고 싶어 했다.

그리하여 어느 날 저택에 그림을 가져오도록 한 뒤 모두들 서서 부드러운 광선 아래에서 감상하게 되었다. 때마침 백작부인 카테리나Caterina와 베로나말로 '테라차니'terrazzani라고 부르는 파랑새들을 기르는 아들도 따라왔다. 이 새들은 땅 위에 둥지를 틀지만 마치 매처럼 이 소년의 팔을 횃대 삼아 앉는 버릇이 있었다. 그녀와 다른 사람들이 함께 그림을 감상할 때, 새들이 그림 속 아기 예수 팔에 앉으려고 날아들었다. 그러나 그림 위에 앉을 수 없어 세 번이나 땅에 떨어졌다. 이 광경을 즐겁게 보던 인사들은 많은 값을 치르고라도 이 그림을 손에 넣고 싶어 했지만 베네데토는 결코 팔려고 하지 않았다. 얼마 뒤 산 나사로의 성 비아조S. Biagio 축일에 이 그림을 훔치려고 한 사람이 있었지만 그 소문을 누군가가 주인에게 미리 귀띔했기 때문에 성공하지 못했다고 한다.

프란체스코는 베로나의 산 파올로 성당과 산 베르나르디노 성당 안에 있는 반디 일가의 경당에 아름다운 유채화를 패널에 그렸다. 또 그는 베로나를 위해 만토바에 아름다운 나상裸像 두 개를 그린 뒤 하늘에는 아기 예수를 팔에 안은 성모 마리아와 다른 천사들의 조상을 그렸는데 모두 불가사의하다고 할 만큼 아름답다. 이 그림은 산 나자로의 베네데토 교단 수도원 안 성 비아조가 매장된 경당에 있다.*그림471

프란체스코는 성자와 같은 생활을 했으며, 후작이 여러 차례 부탁했으나 방탕하고 음란한 그림은 절대 그리지 않았다. 그의 형제들도 모두 선량했는데 이들에 대해서는 나중에 적당한 곳에서 이야기하겠다. 그는 말년에 방광膀胱 병을 앓게 되어 의사의 권고에 따라 후작 곁을 떠나 아내와 하인을 데리고 베로나에서 가까운 칼데로Caldero 온천장에 갔다. 어느 날, 온천수를 마신 후 잠에 빠졌지만 아내의 무관심으로 고열에 시달리다 1519년 7월 2일 죽고 말았다.

이 소식을 들은 후작은 사람을 보내 프란체스코의 시신을 만토바로 옮겨왔다. 물론 베로나 사람들은 좋아하지 않았다. 후작은 만토바의 산 프란체스코 성당 안 세그레타Segreta 조합 묘지에 그를 영예롭게 매장했다. 그는 64세에 죽었는데 페르모Fermo가 그린 그의 초상화는 50세 전후 모습이다.** 많은 찬사가 낭독되었고, 그의 친지들은 그를 거장이며 성스러운 사람이라고 칭송하며 슬퍼했다. 그에게는 베로나 출신 프란체스카 조아키니Francesca Gioacchini라는 이름의 아내가 있었으나 자식은 없었다.

프란체스코에게는 형이 셋 있었다. 맏형 몬시뇨리는 유식한 사람으로 프란체스코에 대한 사랑 덕분에 후작으로부터 좋은 지위를 얻었다. 그는 80세까지 살면서 두 자녀를 남겨 대를 잇게 했다. 세상에서 지롤라모로 불린 둘째 형은 프란체스코 교단 수사들 사이에 케루비노

---

* 베로나의 산티 나자로 에 첼소 성당 소장품이다.
** 페르모 기소니, 만토바의 화가.

그림 471 프란체스코 몬시뇨리, 「성 블라지아,
성 세바스티아노, 성녀 율리아나와 영광의 성모자」, 패널에 오일,
261×191cm, 산티 나자로 에 첼소, 베로나.

Cherubino 수사라고 불렸으며, 아름다운 글씨와 세밀화로 이름을 날렸
다. 지롤라모 수사로 불린 셋째 형은 도메니코 교단의 평수사平修士로
서 성스러운 생활을 했으며, 그림도 곧잘 그렸다.

그의 솜씨는 만토바의 도메니코 수도회 수도원 식당에 있는 「최후의
만찬」과 「십자가에 못 박힌 그리스도」 그림을 보면 알 수 있는데, 안타
깝게도 그는 죽기 전에 그림을 완성하지 못했다. 또 만토바의 베네데토
수도원 식당에도 아름다운 「최후의 만찬」을 그렸다. 산 도메니코 성당
에 로사리Rosary 제단화를, 베로나의 산타 아나스타시아S. Anastasia 수도
원 입구 둘째 번 출입문 위의 작은 아치 너머에는 성모 마리아, 주교 성

레미지오S. Remigio, 성녀 아나스타시아, 성 도메니코, 성 토마스 아퀴나스를 그린 프레스코화가 있는데, 훌륭한 작품이다. 그는 검소했으며 재물을 탐내지 않았다. 그는 세속을 피하려고 수도원 소속 농장이 있는 시골에서 살았으며, 그림의 대가로 보수를 보내오면 그림물감을 사고 나머지 돈은 덮개 없는 상자에 넣어서 자기 방 천장에 매달아놓고 필요한 사람들이 자유로이 쓰도록 했다. 또 매일 먹을 음식을 조달하기가 귀찮아서 매주 월요일에 콩 한 그릇을 조리해놓고 일주일 동안 먹었다.

만토바에 페스트가 유행했을 때 그는 아무도 돌보지 않는 환자들을 오직 순수한 사랑으로 온종일 보살피면서 천주에 대한 사랑으로 자기 몸을 희생했으며, 결국 이 병에 감염되어 60세에 죽었다.

프란체스코 몬시뇨리 이야기로 되돌아가자. 깜빡한 얘기가 있다. 그가 금박을 입힌 긴 겉옷을 입은 베로나의 에르콜레 주스티Ercole Giusti 백작을 실물 크기로 그렸는데 백작은 그 옷을 몹시 입고 싶어 했다. 이 그림은* 그의 아들 주스티 집에 보관되어 있다.

도메니코 모로네는 1430년경 베로나에서 태어났으며, 스테파노Stefano의 제자들과 스테파노 작품을 보고 그림을 배웠다. 그밖에 야코포 벨리니, 피사노Pisano와 다른 거장들의 작품과 모사模寫들을 보고 배웠다. 그가 당시 필법으로 그린 작품이 수도원과 개인 집에 많지만, 그 이야기는 생략하고 '테레타 베르데'terretta verde를 가지고 명암 배합법으로 그린 작품 몇 점을 소개하겠다.

그는 시뇨리 광장 모퉁이에 있는 시청의 한 건물을 장식했는데, 옛날 옷을 입은 많은 조상이 아름답게 배치되어 있는 당시 이야기를 표현한 장면들과 프리즈로 보기 좋게 꾸며놓았다. 그러나 그의 회심작은 산 베르나르디노 성당의 몬테 디 피에타Monte di Pietà 경당에 있는 그림, 즉

* 런던의 국립 미술관 소장품인 베네치아 상원의원 초상화인 듯하다. 1487년의 날짜가 적혀 있다.

군중과 수많은 말에 둘러싸여 십자가를 지고 가는 그리스도다. 이 경당에는 리베랄레가 그린 「그리스도 십자가 강하」가 있는데 천사들이 눈물을 흘리는 장면도 곁들여 그렸다.

도메니코는 또 바로 이 옆의 경당 안팎에 그림을 그리도록 기사騎士 니콜로 데 메디치로부터 위촉을 받았는데, 그는 비용이 많이 들어도 좋으니 금박을 아낌없이 사용하라고 했다. 니콜로는 당시 베로나에서 가장 부유한 사람이었으며, 과거에도 이런 신앙심 깊은 사업에 돈을 많이 썼다. 그는 수도원과 성당을 많이 지었으며, 이 도시에 하느님을 흠숭해 고상하고 값진 일을 행하지 않은 곳이 거의 없을 정도였다. 자신이 묻힐 곳도 위에 말한 경당으로 정하고, 이 도시에서 가장 이름난 도메니코에게 무덤을 장식하도록 했다. 가장 이름난 리베랄레가 시에나에 있었기 때문이다.

도메니코는 이 경당에 파도바의 성 안토니오의 기적을 그려서 이 성인에게 바쳤다. 흰머리에 수염을 말끔히 깎은 나이 든 모습의 니콜로를 그렸는데, 당시 기사들 풍습대로 모자를 벗고 금박의 긴 가운을 입은 초상이다. 이 프레스코는 구성도 훌륭하고 아주 잘 그린 그림이다. 또 바깥쪽 둥근 천장의 메달들을 온통 금박으로 장식하고 복음 전도자 네 명을 그렸으며, 벽기둥 안팎에는 성인들의 조상, 즉 성 프란체스코의 제3교단에 속하는 성녀 엘리자베스, 성녀 헬레나, 성녀 카테리나의 아름다운 조상을 그렸는데, 부채와 우아함이 도메니코의 뛰어난 기량과 더불어 니콜로의 위용도 잘 표현했다. 도메니코는 죽은 뒤 자신이 장식한 산 베르나르디노 성당 안에 매장되었다.

그는 재산과 재능을 아들 프란체스코 모로네Francesco Morone에게 넘겨주었다. 프란체스코는 그림의 기초를 아버지에게 배웠으며, 얼마 지나지 않아 아버지보다 뛰어난 화가가 되었다. 그가 아버지보다 더 잘 그리려고 노력했음을 엿볼 수 있다. 앞서 이야기한 산 베르나르디노 성당 안의 몬테 디 피에타 경당 제단에 프란체스코 아버지가 그린 작품

밑에 리베랄레가 그린 제단화를 에워싼 접이식 문이 있다. 문 안쪽에는 성모 마리아를, 바깥쪽에는 복음 전도자 성 요한을 등신대로 그렸는데, 우는 얼굴과 의상을 비롯해 모든 것이 아름답고 훌륭한 작품이다. 그 경당 칸막이 밑에는 빵 다섯 조각과 물고기 두 마리로 군중의 배를 채우는 기적을 이룬 그리스도를 그렸는데, 아름다운 조상과 실물을 보고 그린 초상들이 많으며, 특히 군중 쪽으로 몸을 돌리는 훤칠한 성 요한이 눈에 띈다.

그는 또 같은 장소의 제단화 옆에 있는 맞은편 벽 빈자리에 산 프란체스코 교단에 속하는 주교 성 루이와 몇몇 조상을 그렸는데, 그중에는 단축법으로 묘사한 것들도 있다. 베로나의 화가들은 이 작품들을 모두 칭찬했다. 이 경당과 메디치 경당 사이 십자가가 매달린 제단 한가운데에는「십자가에 못 박힌 그리스도」를, 양옆에는「성모 마리아와 성 요한」을 그리고, 카로토 작품 위쪽에는 제자들의 발을 씻는 그리스도를 그렸다.* 제자들은 갖가지 자세를 했는데, 물을 떠다 그리스도의 시중을 드는 사람이 프란체스코 자신이라고 한다. 대성당 안의 에밀리Emilii 경당에는 십자가를 메고 있는 그리스도와 양쪽에 성 요한과 성 히에로니무스를 그렸는데, 이 두 조상은 정말 아름답고 훌륭하다.

몬테 올리베토Monte Oliveto 수사들의 수도원 안 로니코Lonico에 기적을 행하는 성모 마리아의 조상을 경배하려고 모여든 군중을 그렸다. 그 후 프란체스코는 화가이며 세밀화가인 지롤라모 다이 리브리Girolamo dai Libri와 형제처럼 친하게 지냈으며, 함께 몬테 올리베토 수사들의 산타 마리아 인 오르가노 성당 오르간실 문 안팎을 장식했다. 그중 바깥쪽에는 흰옷을 입은 성 베네딕투스와 복음 전도자 성 요한을, 안쪽에는 예언자 다니엘과 이사야를, 하늘에는 두 천사를 그리고 땅에는 아름다

---

* 이 그림은 베로나 미술관에 있는데, 크로베(Crowe)와 카발카셀레(Cavalcaselle)는 1498년 모란도(Morando)가 그린 것으로 추정한다.

운 풍경을 가득 그렸다.

그밖에 물레타Muletta* 제단화를 그렸는데, 1브라차 높이의 성 요한과 성 베드로를 무척 정성 들여 마무리해 마치 세밀화 같다. 이 목각木刻은 상감세공象嵌細工과 조각술의 거장인 프라 조반니 다 베로나Fra Giovanni da Verona가 만들었다. 프란체스코는 같은 장소의 성가대석 벽에 프레스코 두 폭을 그렸다. 하나는 그리스도가 당나귀를 타고 예루살렘에 입성하는 장면이고, 다른 하나는 동산에서 기도하는 그리스도와 그를 잡으려고 무장한 수많은 경비병을 그린 장면이다. 그러나 가장 아름다운 장면은 성물실 둥근 천장에 그린 그림인데, 그중에서 악마를 무찌르는 성 안토니오의 조상만 그의 아버지가 그렸다고 한다.

이 성물실 안에는 둥근 천장에 그리스도를 그리고 작은 천사들은 반월창 안에 단축법으로 그렸으며 벽감 안에는 베네딕토 수도회에서 배출한 교황들이 정복을 입은 모습을 한 쌍씩 그렸다. 이 반월창 밑 성물실 둘레에 2브라차 깊이의 프리즈를 만든 다음 자기가 지배하던 나라를 버리고 성직자가 된 제왕, 왕, 영주들의 조상을 그렸다. 프란체스코는 당시 그곳에 살았던 수련수사, 다양한 직위의 성직자들 조상을 정성 들여 아름답게 그렸다.그림 472 아름다운 장식 덕분에 이 성물실은 이탈리아에서 가장 훌륭한 작품이 되었으며, 그림들과 더불어 건물도 균형을 잘 이루어 여간 장엄하지 않다. 여기에는 상감象嵌으로 아로새긴 의자가 한 줄 있는데, 원근법 표현이 그 시대는 물론 오늘날에도 찾아볼 수 없는 훌륭한 작품이다. 이것은 라파엘로 전기에서 이야기한 바와 같이 프라 조반니 다 베로나가 제작했다.

그의 작품은 로마 교황청, 시에나 근처의 몬테 올리베토, 그밖에 그가 속한 교단이 있는 여러 곳에서 볼 수 있는데 모두 아름답다. 그러나 이 성물실의 작품이 그의 회심작이며, 어느 거장의 작품보다도 뛰어나

* 중세기에 나무를 깎아 만든, 어린 당나귀를 탄 그리스도 조상이다.

그림 472 프란체스코 모로네, 「올리베토의 명사들의 흉상」
(성물실 장식의 일부), 프레스코, 산타 마리아 인 오르가노, 베로나.

다. 그는 또 여기에 부활절에 쓰이는 촛대를 8브라차나 되는 큰 호두나무를 깎아서 만들었는데, 놀랄 만한 끈기로 완성한 작품으로 이런 종류의 촛대로는 가장 아름다운 편이다.

　프란체스코 이야기로 되돌아가자. 그는 이 성당의 주스티 남작 소유 경당에 성모 마리아, 성 아우구스티누스, 교황 정장을 입은 성 마르티노를,[*] 수도원에는 여러 성녀, 성인과 함께 있는 「그리스도 십자가 강하」를 프레스코로 그려 극찬을 받았다. 또 베토리아la Vettoria 성당 안에 있는 푸마넬리Fumanelli 경당의 기사騎士 니콜로 데 메디치가 봉헌한 성

* 1503년 작품.

가대를 받든 담과 수도원에도 프레스코화를 그렸다. 그 후 훌륭한 책을 쓴 의사 푸마넬리의 실물을 보고 그린 초상화가 있다.

산 파올로로 가는 길에 있는 폰테 델라 나비Ponte della Navi 왼쪽에 있는 한 저택에 그린 성모 마리아와 많은 성인의 프레스코화는 구도와 부채가 뛰어나다.* 그는 브라Brà의 산 페르모 수도원 정원 맞은편 스파르비에리 저택에도 비슷한 그림을 그렸고 그밖에도 많은 그림을 남겼다. 모두 기록할 수는 없지만 훌륭한 작품들이고, 짜임새 있는 구도와 밝고 매력적인 부채로 우아한 느낌을 준다. 그는 1529년 5월 16일 55세로 죽었으며, 산 도메니코 성당 안의 아버지 묘 옆에 매장되었다. 그는 생전에 프란체스코 교단의 제의를 입고 매장되기를 원했다. 그는 신앙심도 깊었고 착했으며, 점잖지 않은 말은 평생 입 밖에 내지 않았다.

베로나의 파올로 카바추올라**는 프란체스코 모로네의 제자로 스승보다 더 잘 알려진 화가였다. 그는 베로나에 많은 작품을 남겼으나 다른 곳에도 남아 있는지는 알 수 없다. 도메니코 교단 산 나자로 성당의 스승 프란체스코 작품 옆에 프레스코화 몇 점을 그렸으나 후에 베로나의 귀족이며 그 수도원 원장인 돈 마우로 로니키Don Mauro Lonichi의 봉헌으로 성당을 다시 건축할 때 작품이 모두 파괴되었다. 그는 비아 델 파라디소에 있는 푸마넬리의 옛 저택에도 하늘에서 아기 예수를 팔에 안은 성모를 아우구스투스에게 가리키는 무녀巫女를 프레스코화로 그렸는데, 그가 초기에 그린 아름다운 작품이다.

산타 마리아 인 오르가노 성당의 폰타니 경당 밖에는 두 대천사, 즉 성 미카엘과 성 라파엘의 프레스코화를 그렸다. 산타 에우페미아 성당의 산 라파엘 경당으로 들어가는 계단을 밝히는 창문 위에 토비아스Tobias와 그의 여행길을 안내하는 라파엘 대천사를 그렸는데 매우 아름

---

* 베로나 미술관 소장품이다.
** 일명 파올로 모란도(Paolo Morando, 1486~1522).

답다. 산 베르나르도 성당 안 종이 달려 있는 출입문 위에 성 베르나르도를 원형 그림에 넣어서 프레스코화를 그렸는데 역시 아름다우며, 그 밑에도 한 폭 더 있다. 고해실告解室로 들어가는 출입문 위에도 성 프란체스코를 그렸는데, 산 베르나르도 성당의 것처럼 아름답다. 이 작품들이 파올로가 그린 프레스코화의 전부다.

마돈나 델라 스칼라Madonna della Scala 성당을 축성하기 위한 제단화로 그린 성 로코S. Rocco도 그의 아름다운 유채화油彩畵 작품 중 하나인데,* 같은 장소 맞은편에 그린 일 모로와 경쟁하며 제작했다. 그러나 파올로의 걸작은 역시 산 베르나르도 성당 주제단 주위 십자가 제단에 있는 큰 그림으로, 화면 윗부분의「십자가에 못 박힌 그리스도」,「성모 마리아와 성 요한」등 그의 스승 프란체스코가 그린 것을 제외하고는 모두 그의 작품이다. 그 옆 위쪽에 큰 그림이 두 폭 있는데, 하나는 기둥 옆에서 괴로워하는 그리스도이고, 다른 하나는 가시 면류관을 쓴 그리스도와 군중을 실물보다 크게 그린 그림이다. 아래쪽은「그리스도 십자가 강하」다.그림 473 또 성모 마리아, 마리아 막달레나, 성 요한, 니코데모와 십자가 가까이에 자화상을 그려 넣었는데, 붉은 턱수염에 당시 유행하던 두건을 쓴 청년의 모습이다.** 오른쪽에는 정원에서 기구하는 그리스도, 왼쪽에는 십자가를 메고 갈바리산으로 향하는 그리스도를 그렸다. 이 작품들은 같은 장소에 있는 스승의 그림보다 훌륭해 그는 가장 뛰어난 화가라는 명성을 얻었다. 아랫부분에는 성인들의 조상을 가슴 위부터 모두 실물 크기로 그렸다. 첫째 조상은 복자를 나타내는 성 프란체스코의 옷을 입은 프라 지롤라모 레칼키Fra Girolamo Rechalchi 인데, 그는 베로나의 귀족이다. 그 옆에는 프라 지롤라모의 형제인 보나벤투라 레칼키Bonaventura Rechalchi의 초상화를 그렸다. 성 요셉의 두

* 1518년의 날짜가 적혀 있다. 런던 국립 미술관 소장품이다.
** 1522년의 날짜가 적혀 있다. 베로나 미술관 소장품이다.

그림 473 파올로 카바추올라, 「그리스도 십자가 강하」,
패널에 오일, 카스텔베키오 박물관, 베로나.

상은 마르케시 말레스피니Marchesi Malespini 가령家令의 초상인데, 이 사람은 당시 '십자가 회사'에서 이 그림 제작을 돌보기 위해 파견되었다. 모두 아름다운 초상이다.

파올로는 이 성당 안 산 프란체스코 경당의 제단화도 그렸는데, 이 작품에서 평소보다 뛰어난 솜씨를 보여주었다. 거기에는 실물보다 큰 조상이 여섯 개 있다. 그중 가장 아름다운 조상은 산 프란체스코 제3교단의 성녀 엘리자베스다. 장밋빛 입술로 우아하게 미소 짓는 그녀가 하느님의 기적 덕분에 자신이 가난한 사람들에게 나르는 빵이 장미로 변하는 것을 보고 기뻐하는 표정이 잘 나타나 있다. 이처럼 빈자들에게 자신의 손으로 겸손하게 봉사하는 것이 하느님에게 받아들여지는 징표일까? 이 조상은 사키Sacchi 집안의 한 과부 초상이다.

그밖에 보이는 조상들은 산 프란체스코 교단 성직자들인 추기경 성 보나벤투라와 주교 성 루이다. 그 옆에는 프랑스 왕 성 루이, 회색 옷을 입은 성 엘레아차르S. Eleazar, 수사 옷차림의 성 이보S. Ivo가 보인다. 이 모든 사람 위에 하늘 높이 성모 마리아와 성 프란체스코, 그밖에 여러 조상이 그녀를 둘러쌌는데, 이 그림은 파올로의 작품이 아니고 당시 그를 도와주던 친구들이 그린 것이라는 말이 있다.* 사실 이 그림은 파올로가 그린 것처럼 뛰어나지 않다. 이 그림 속에 카테리나 데 사키 Caterina de' Sacchi 부인의 실물을 보고 그린 초상이 있는데, 그 부인이 제작비용을 기부했다고 한다.

파올로는 눈부신 활약으로 명성을 얻기 시작할 무렵 병에 걸려 31세로 세상을 떠나고 말았다. 그는 그때서야 자신의 진가를 보여주기 시작했으며, 성장도 기대되던 시기였다. 만일 그가 일찍 죽지 않았다면 나중에 틀림없이 거장이 되었을 것이다. 친구들은 물론 그를 아는 모든 사람이 그의 죽음을 애통해했다. 그의 성품은 착했고 악의 때가 전혀 묻지 않았다. 그는 산 파올로 성당에 매장되었으며, 그가 남긴 아름다운 작품들은 그를 불멸의 인물로 만들었다.

내가 다른 자리에서 이미 언급한 바와 같이 베로나의 스테파노Stefano 는 당대의 희귀한 화가였는데,** 그에게는 친형제 조반니 안토니오 Giovanni Antonio가 있었다. 스테파노는 그에게 그림을 가르쳤으나 별로 성공을 거두지 못했으며 그의 작품을 보면 이해가 되듯이, 평범한 화가

---

* 베로나 미술관 소장품. 1522년 작품이다.
** 스테파노 베로네세(Stefano Veronese)=스테파노 다 체비오(Stefano da Zevio).

가 되고 말았다. 그는 야코포Jacopo라는 아들을 하나 남겼는데 역시 평범한 화가가 되었다. 이 야코포에게서 조반 마리아Giovan Maria, 일명 팔코네토Falconetto*가 태어났다. 이제부터 이 팔코네토와 조반니 안토니오의 생애를 이야기하겠다.

안토니오는 화가로 헌신하면서 트렌티노Trentino의 한 이름난 마을인 로베레토Rovereto와 베로나 곳곳에 여러 작품을 남겼다. 그뿐만 아니라 베로나에서 가까운 아디제 계곡 마을에도 많은 작품을 남겼고, 로베레토 이웃 도시인 사코Sacco의 산 니콜라스 성당에는 동물들을 그린 패널 한 폭을 남겼다. 그는 만년에는 로베레토로 가서 살다가 죽었다. 그는 특히 동물과 과일 그림에 특출하여 데생을 많이 남기고 세밀화도 그렸는데, 이것들은 베로나 출신 몬델라Mondella가 프랑스로 가져갔다. 한편 조반니 안토니오의 아들 아뇰로Agnolo는 그중 일부를 베네치아의 저명 인사인 지롤라모 리오니Girolamo Lioni에게 기증했다.

다음은 조반니 안토니오의 동생 조반 마리아를 소개할 차례다. 그는 그림의 기초를 아버지에게서 배우고 나중에 평판 높은 화가가 되었다. 그는 베로나 대성당 안의** 마페이Maffei와 에밀리Emilii 경당, 산 나자로 성당의 둥근 지붕cupola 윗부분에 작품들을 제작했다. 건축에 애착이 컸던 그는 자기 그림이 불완전함을 깨닫고 고향 베로나에 있는 모든 고대 유물을 사생하며 연구했다. 그다음엔 로마로 가서 12년간을 머무르며 그곳의 불가사의한 건축물을 스승으로 삼아 고대 유물들을 그리고 평면도, 측량·제도 등 손대지 않은 것이 없었다. 그밖에 당시 발견된 조각들도 모두 그렸으며, 풍부한 예술 지식을 몸에 지니고 고향으로 돌아왔다.

그러나 그는 로마만으로 만족하지 않고 광대한 로마 평원, 나폴리

---

* 베로나에서 제일가는 건축가다. 1458~1534.
** 1493년 작품.

Napoli 왕국과 스폴레토Spoleto 공국公國 등의 아름다운 고적들도 모두 그렸다. 로마에 머물 때는 생계가 곤란하여 일주일에 2, 3일은 다른 화가에게 고용되어 일을 도와주었는데, 당시 생활비가 싸고 품삯을 후하게 받았기 때문에 나머지 시간을 건축술 공부에 할애할 수 있었다. 그리하여 고대 유적들을 거의 완벽하게 그렸으며, 각 부분을 종합해 복원復元할 수 있었다. 그뿐 아니라 건축물의 각 부분을 완전히 실사하고 파악해 세밀한 점까지도 착오 없이 실제 치수와 비례를 재현하기에 이르렀다.

그는 베로나로 돌아왔으나 당시 정부 교체에 따르는 혼란 때문에* 건축 기량을 보여줄 기회가 없었으므로 얼마 동안은 그림을 그리기로 작정하고 많은 작품을 만들었다. 즉, 델라 토레Della Torre 가문을 위해 트로피로 장식된 문장紋章을 만들고 막시밀리아노 황제의 고문인 독일 귀족을 위해 산 조르조 성당 벽에 성서 이야기에서 몇 장면을 골라 프레스코로 제작했다. 또 이 독일 귀족이 무릎을 꿇은 자세를 실물 크기로 그렸다.

그는 만토바의 루이지 곤차가Luigi Gonzaga 각하를 위해, 또 안코나의 후작부인을 위해 많은 작품을 제작했다. 베로나시가 막시밀리안 황제 치하에 있을 때 그는 모든 공공건물에 황제 문장紋章을 그리고 황제에게 넉넉한 보수와 특권을 받았다. 그는 성품이 용감무쌍해 예술에 관해서나 무기 문제에 관해서 황제를 충실히 보좌했으며, 자신이 태어난 땅이며 아내를 맞이한 인구 조밀한 산 제노San Zeno 구역 주민들에게 좋은 영향을 미쳤기 때문에 더욱 그러했다. 그리하여 그는 이 도시에서 산 제노의 '붉은 머리'Il Rosso라고 알려졌다.

---

* 베네치아(Venezia)가 기아라다(Ghiaradda)에서 캄브라이(Cambrai) 동맹군에게 패배한 후 베로나는 1509년 5월 막시밀리안 황제에게 왕의 명령에 따르기로 표명했고 그것이 8년 동안 계속되었다.

베로나시가 다시 이전 군주 수중에 들어갔을 때 그는 생명을 구하기 위해 그곳을 떠나야만 했다. 그는 우선 트렌토로 피신해 거기에서 그림을 몇 점 그렸으나 사정상 다시 파도바로 가야 했다. 그곳에서 오래전부터 그를 존경하던 벰보Bembo의 환대를 받았으며, 벰보는 그를 루이지 코르나로Luigi Cornaro에게 소개했다. 코르나로는 고매한 정신을 지닌 베네치아 출신 귀족으로, 여러 방면의 활동가다. 이 인사들은 여러 제후가 그렇듯이 건축에 흥미가 많았고, 비트루비우스Vitruvius와 레온 바티스타 알베르티Leon Batista Alberti에 정통했으며 건축의 원리를 실제에 옮기는 문제를 고심하던 터라 팔코네토를 더욱더 좋아하게 되었다. 팔코네토가 설계도를 훌륭하게 그리고 어떤 사물에 정통한 지식이 있었으며 건축 양식의 변화에 따라 일어나는 곤란한 점을 명석하게 해결하는 것을 관찰했기 때문이다.

그들은 팔코네토가 남은 생애 21년간 그곳에 머무르게 했다. 이렇게 오래 머무는 동안 그는 코르나로와 함께 일을 많이 했다. 코르나로가 로마의 고대 유물과 팔코네토 데생에 있는 유물들을 실제로 몹시 보고 싶어 했으므로 팔코네토는 그와 함께 로마에 가서 모든 것을 자세히 구경했다. 코르나로는 파도바로 돌아온 후 팔코네토의 설계와 모형으로 아름답게 장식한 로지아를 산토Santo에서 가까운 자신의 저택 안에 지었다. 그런 다음 자신이 직접 설계해 저택을 건설하기도 했다. 이때 만든 로지아 벽기둥에는 조반 마리아Giovan Maria의 이름이 새겨져 있다.그림 474

팔코네토는 그 지방 장관 저택을 위해 아주 크고 장려한 도리아 방식의 문을 세워 여러 사람에게서 칭찬을 많이 받았다. 그밖에 이 도시 성문을 둘 건설했는데, 그중 하나는 산 조르조 문으로 비첸차로 통하며 병사들이 지키기에 편할 뿐만 아니라 보기에도 아름답다.* 또 하나도

* 문 3개가 각각 1528년, 1530년, 1532년에 완공되었다.

그림 474 조반니 마리아 팔코네토, 코마로 로지아,
1524~30, 파도바.

뛰어난 설계로 건설한 사보나롤라Savonarola 문이다. 그는 산 도메니코
수사들을 위해 산타 마리아 델레 그라치에S. Maria delle Grazie를 설계한
뒤 모델을 만들고 기초를 세웠는데, 설계와 모델이 매우 탁월해 어디
에서도 이처럼 아름다운 건축물을 볼 수 없다. 또 지롤라모 사보르냐노
Girolamo Savorgnano를 위해 프리울리에 있는 튼튼한 우소포Usopo 요새에
장려한 궁전의 모델을 설계해 기초를 다져 공사를 시작할 무렵, 사보르
냐노가 사망하는 바람에 장차 건축을 계속할 것이라는 계획 없이 중지
되고 말았다. 만일 완공되었다면 장려한 건축물이 되었을 것이다.

그 무렵 팔코네토는 이스트리아Istria 지방 폴라Pola에 가서 고대도시
시절의 극장, 야외극장, 아치 등을 모사하면서 연구했는데, 극장과 야
외극장을 스케치하고 평면도를 그린 것은 그가 처음이다. 특히 베로나
의 것은 그가 만들었으며, 사람들의 요청으로 인쇄까지 되었다. 그는

훌륭한 사람이라 단지 자신이 필사한 고대 물건들을 실제로 활용한다는 열망 이외에는 아무런 욕심이 없었다. 그는 심혈을 기울여 언제나 설계도 작성에 몰두해 마치 공사가 곧 시작되는 데 필요한 작업을 하듯 열심히 일했다. 그러므로 귀족들이 자신의 저택을 설계해달라고 재촉하더라도 거절했다.

앞에 말한 바와 같이 그는 로마를 자주 드나들었으므로 여행에 익숙해져 튼튼했던 젊은 시절처럼 늘 가볍게 길을 떠나곤 했다. 아직 살아 있는 어떤 사람에게서 들은 이야기인데, 어느 날 그가 베로나에서 외국인 건축가와 로마에 있는 고대 쇠시리에 관해 논쟁을 벌였다고 한다. 서로 몇 마디씩 주고받던 끝에 팔코네토가 "이 문제에 관해서는 내가 곧 밝히겠소"라고 외치고 곧바로 집으로 돌아갔다가 로마로 떠났다고 한다. 그는 코르나로 일가의 위촉에 따라 베네치아의 산 살바토레S. Salvatore 성당 안에 제작할 묘묘墓廟를 둘 설계했다. 하나는 그 가족의 일원인 키프로스 여왕을 위한 것이며, 또 하나는 가문에서 처음으로 추기경이 된 마르코 코르나로를 위한 것이었다. 공사를 시작하려고 카라라에서 대리석을 많이 캐내 베네치아로 가져왔는데 손질하지 않은 이 대리석들이 아직도 코르나로 저택에 있다.

베로나와 베네치아 그리고 그 주변에 훌륭한 건축물의 조영과 건축술을 도입한 사람이 조반 마리아Giovan Maria인데 그전에는 건축물의 양식이나 원주의 치수, 비례, 쇠시리, 주두柱頭에 관하여 아는 사람이 없었다. 이런 지식은 프라 조콘도와 미켈레 산 미켈레가 더욱 보완했는데, 베네치아 태생인 이 세 거장에게 사람들은 신세를 많이 졌다. 당시 이 세 거장의 뒤를 산소비노Sansovino가 따랐는데, 그는 이 선각자들이 이미 확립한 건축에 만족하지 않고 조각을 가미해 건축물들을 아름답게 장식했다. 이런 일들은 로마가 폐허로 돌아간 덕분이라 하겠으며, 그 때문에 유능한 화가들이 각처로 흩어져 예술의 아름다움을 전 유럽에 전파했다고 생각한다.

조반 마리아는 한때 베네치아에서 그림을 가르치면서 스투코stucco, 치장 벽토 그림을 그렸는데, 어떤 사람 말에 따르면 그가 젊었을 때 티치아노 다 파도바Tiziano da Padova를 고용해 파도바의 산토 성당에 스투코 그림을 그렸고, 코르나로 저택도 아름답게 장식했다고 한다. 조반 마리아는 아들 둘에게 생업을 물려주었는데 오타비아노Ottaviano는 화가가 되었고 셋째 아들 알레산드로는 젊어서 무기武器 장사를 하다가 군인이 되어 세 차례 무공을 세웠으나 포병대위로 피에몬트Piedmont의 토리노Torino 전투에서 용감히 싸우다가 화승총 탄환을 맞고 전사했다.

조반 마리아는 만년에 통풍痛風으로 고생하다 파도바의 루이지 코르나로 저택에서 1534년 76세로 죽었다. 코르나로는 그를 친형제같이 좋아했고 생전에 우의가 두터웠으므로 그의 시신을 따로 묻을 수 없어 자기 무덤 옆에 묻기로 계획했다. 그와 가깝게 지낸 유머러스한 시인 루찬테Ruzzante도 그 집에 기거했으며, 죽은 후 함께 묻히도록 되어 있었다는데, 나중에 계획대로 되었는지는 알 수 없다. 조반 마리아는 기지에 넘친 대화를 잘하며 겸손하고 낙천적이었는데, 코르나로 말에 따르면 그의 대화를 모으면 두꺼운 책 한 권은 족히 될 것이라고 한다.

조반 마리아에게는 딸이 여섯 있었는데, 다섯은 그가 결혼시켰고 막내딸은 그가 죽은 뒤 베로나 출신 바르톨로메오 리돌피Bartolommeo Ridolfi와 결혼했는데, 그는 스투코로 작품을 많이 만들었으며, 그들 중에서 가장 뛰어났다. 그의 작품은 시내 여기저기에서 눈에 띄며, 특히 베로나의 새 다리 근처에 있는 피오리오 저택을 새로 아름답게 단장할 때 그 저택의 실내를 장식했다. 그밖에도 카노시 백작 저택과 산 나자로 근처의 무라티 저택, 베로나의 은행가 코시모 모네타 별장에 다른 귀중한 미술품들과 함께 진열되어 있다. 저명한 예술가 팔라디오Palladio는 바르톨로메오 리돌피보다 풍부한 의장을 가지고 스투코로 실내를 아름답게 장식하는 사람을 보지 못했다고 칭찬했다. 그 후 그는 폴란드의 저명인사 스피테키 지오르단의 알선으로 폴란드 왕에게 초빙되어 많은 보수를 받고 떠났다. 그곳에서 그는 스투코, 초상화, 메달, 그밖에 여러 디자인으로 궁전을 장식했는데 아들의 도움을 많이 받았다.

베로나 출신 프란체스코 다이 리브리Francesco dai Libri는 출생연도는 확실치 않으나,* 리베랄레보다는 먼저 태어난 것 같다. 그는 서적의 세밀화를 그렸기 때문에 '다이 리브리'Dai Libri, 책이라는 뜻라는 이름으로 통했는데 인쇄술이 발견되기 직전 출생해 인쇄술이 쓰이기 시작할 무렵까지 생존했던 것 같다. 그는 각처에서 서적의 세밀화를 그려달라는 주문이 밀려들어 일을 많이 했다. 왜냐하면 책을 수사手寫하려면 엄청난 비용이 들어 될 수 있으면 세밀화로 작업하는 편이 값이 헐했기 때문이다. 그리하여 그는 베로나 시내의 산 조르조 성당, 산타 마리아 인 오르가노 성당, 산 나자로 성당의 성가집聖歌集 세밀화를 제작했는데, 모두 아름다운 책이다.

그중 가장 뛰어난 작품은 양쪽에서 서로 접게 만든 책인데, 한쪽에는 정밀하게 성 히에로니무스의 조상을, 다른 한쪽에는 파트모스Patmos섬의 성 요한이 묵시록을 쓰기 시작하는 장면을 그렸다. 이 작품은 아고스티노 주스티Agostino Giusti 백작이 아버지에게 물려받은 것으로 산 레오나르도 성당의 교단 수도원에 보관되어 있는데, 백작의 아들이 이 교단의 수도사다. 프란체스코는 삶에 만족해하면서 행복하게 살다 죽었는데 천성이 청렴하고 선량했다.

프란체스코는 지롤라모라는 아들 하나를 두었는데 그림에 재주가 뛰어나 죽기 전에 벌써 아들이 자기보다 낫다는 것을 알았다.

지롤라모 다이 리브리는 1472년 베로나에서 태어나 16세에 산타 마리아 인 오르가노 성당의 리스키Lischi 경당 제단화祭壇畵를 그렸는데 이 그림을 보고 감격한 시민들이 그의 아버지에게 뛰어가서 축하했다

---

    * 1452년생이다.

고 한다. 이 그림은 「그리스도 십자가 강하」 장면이며, 슬픔에 잠긴 표정을 한 조상이 많이 보인다. 그중 성모 마리아와 성 베네데토의 조상은 화가들에게 많은 찬사를 받았다. 풍경도 베로나시 일부를 잘 묘사했다.

이런 찬사에 힘을 얻은 지롤라모는 마돈나 인 산 폴로Madonna in S. Polo 성당 제단화를 그리고 라 스칼라la Scala 성당에 성모 마리아와 성녀 안나를, 그 둘레에는 성 세바스티아노, 성 로코와 카바추올라를 그렸다.*그림 475 라 베토리아la Vettoria 성당의 초콜리 가족 경당에도 대제단화를 그리고 치폴리Cipolli 가족 위촉으로 성 오노프리오S. Onofrio를 그렸는데 구도와 부채가 뛰어나 그의 회심작으로 생각된다.

베로나 교외의 산 레오나르도 넬 몬테S. Leonardo nel Monte 성당에는 카르티에리 위촉으로 큰 작품을 제작했는데, 역시 칭찬을 많이 받았다.** 이 그림은 특히 풍경이 뛰어나다. 지금도 빈번히 일어나는 일이 이 작품의 평판을 높였다. 지롤라모가 월계수처럼 보이는 나무 한 그루를 그렸는데, 가지들이 잘 뻗어 있으나 좀 성긴 편이어서 그 사이로 하늘이 맑고 아름답게 보이며, 마치 살아 있는 나무 같아 매우 자연스럽다. 성당 문틈으로 날아 들어온 새들이 이 나무에 앉으려고 하는 것과 성당 지붕에 둥지를 튼 제비들이 그렇다. 이런 사실은 베로나 교구장敎區長을 두 번이나 지냈으며 성심聖心으로 가득한 인격의 소유자인 돈 주세페 만주올리Don Giuseppe Mangiuoli 신부와 돈 지롤라모 볼피니Don Girolamo Volpini 신부를 비롯해 여러 사람이 증언했다.

지롤라모가 처음으로 그린 작품이 산타 마리아 인 오르가노 성당에 있으며, 접이식 출입문 바깥쪽에도 성인 두 사람을 그렸다. 안쪽에는

---

　* 이 그림은 런던 국립 미술관 소장품이다.
** 카르티에리(Cartieri) 경당 제단화는 뉴욕의 메트로폴리탄 박물관(Metropolitan Museum)에 있다.

그림 475 지롤라모 다이 리브리, 「성모자와 성녀 안나」,
1510~18, 캔버스에 오일, 158.1×94cm, 국립 미술관, 런던.

그의 동료 프란체스코 모로네가 여물통을 그렸다.* 그는 맞은편에 그리스도 탄생과 양치는 사람들, 풍경, 그밖에 나무들을 그렸는데 정말 매력 있는 작품이다. 특히 토끼 두 마리가 매우 자연스러우며 토끼털은 셀 수 있을 만큼 정교하다. 부오날리비Buonalivi 경당에는 많은 조상이 둘러싼 성모 마리아의 좌상을, 그 밑에는 노래하는 천사들을 그렸다.**

베로나의 조반니 수사가 장식한 성사용 제단에는 작은 세밀화를 석 점 그렸다. 가운데에는 두 천사가 지키는「그리스도 십자가 강하」를 그렸고, 양쪽에는 순교자 여섯 사람이 성례를 치르려고 무릎을 꿇은 모습을 그렸다. 이 성인들의 시신은 제단 밑에 잠들어 있다. 즉, 그들은 칸티우스Cantius, 칸티아누스Cantianus 그리고 디오클레티아누스Diocletianus 황제의 조카인 칸티아넬루스Cantianellus 등 세 사람과 아퀼레이아Aquileia 근처에서 순교한―ad equas gradatas―프로투스Protus, 크리소고누스Chrysogonus, 아나스타시우스이며, 이 조상들의 아름다움이 그가 세밀화가로서는 롬바르디아Lombardia와 베네치아 공화국을 통틀어 가장 우수한 장인임을 말해준다.

그는 나폴리 국왕 몬테스칼리오소Montescaglioso를 위해 책 여러 권을 세밀화로 장식해주었다. 그밖에 파도바의 산타 주스티나S. Giustina 성당, 포Po 지방의 프라이아Praia 수도원은 물론 산 살바토레San Salvatore 교단의 부유한 수도원인 칸디아나Candiana로 가서 다른 곳에서는 제작하지 않았던 작품을 만들었다. 그는 이 수도원에서 돈 줄리오 클로비오Don Giulio Clovio에게 세밀세공법miniatura의 기초를 가르쳤는데, 클로비오는 후일 이탈리아에서 제일가는 사람이 되었다. 지롤라모는 칸디아나에 있는 수도원에서 자비송Kyrie의 가사를 양피지에 아름답게 새기고, 또 성가대를 위해 시편성가집詩篇聖歌集의 악보에도 세밀세공을 했

---

* 베로나 미술관(Verona Gallery) 소장품이다.
** 날짜가 1503년으로 적혀 있다.

다. 베로나에서 그는 산타 마리아 인 오르가노 성당과 산 조르조 성당 수사들을 위해 여러 가지 작품을 만들었다.

베로나 산 나자로 성당의 도메니코 교단 수사들을 위해서 작품을 제작했는데, 그중에서도 손에 칼을 뽑아든 천사에게 천국에서 쫓겨나는 아담과 이브를 그린 세밀화는 신기神技에 가깝다. 나무, 꽃, 과일, 동물, 새, 그밖에 사물의 다양함과 아름다움은 도저히 형언할 수 없다. 이 작품은 당시 산 조르조 수도원장인 베르가모의 돈 조르조 카차말레Don Giorgio Cacciamale를 위해 제작했는데, 그는 지롤라모에게 많은 선물을 보내고 별도로 금화 60두카트를 제공했다. 이 작품은 후에 이 교단 고위직인 로마의 어떤 추기경에게 바쳤으며, 추기경은 이를 그곳 여러 영주와 귀족에게 보여주었는데, 당시 세밀세공품으로는 가장 아름다운 것으로 평가되었다.

지롤라모는 꽃을 만드는 데 세심한 주의와 정성을 쏟아 꽃의 아름다움과 자연스러움이 마치 실물 같았다. 그는 카메오cameo, 조각한 돌, 보석들을 놀랄 만큼 정성 들여 제작했다. 예를 들면 카메오에 그린 조상은 개미보다 작은데도 근육과 사지가 믿을 수 없을 만큼 선명하다. 지롤라모는 늙어서도 예술을 더욱 깊이 이해했지만 눈과 손이 자유롭지 않아 일하기 어려워졌다. 그는 83세 때인 1555년 7월 2일 세상을 떠났으며 산 나자로 성당에 있는 산 비아조 조합 묘지에 묻혔다. 그는 늘 상냥해서 누구와도 다툰 적이 없으며, 순결한 삶을 살았다.

지롤라모의 여러 소생 가운데 프란체스코 2세Francesco dai Libri*라고 불리는 소년이 있었다. 그는 아버지에게 그림을 배웠는데, 소년 시절에 벌써 기적적인 세밀화를 제작해 아버지조차 이런 천재는 없을 거라며 감탄했다. 그는 당시 돈은 많았으나 자녀를 두지 못한 외삼촌의 양자로 가게 되었다. 외삼촌은 그에게 유리 다루는 방법을 공부시키고 비첸차

* 1500년 출생.

에 유리공장을 만들었다. 6년 뒤 외숙모가 죽자 외삼촌이 곧 재혼해 아들이 생겼다. 상속을 기대할 수 없게 된 프란체스코는 그동안 세월만 낭비했으므로 모든 희망을 잃어버렸다.

그 후 6년간 쉬었다가 예술수업으로 돌아와서 일하던 중 지름이 2브라차나 되는 속이 빈 커다란 볼을 만들었는데, 나무로 만든 바깥 면에 소의 힘줄로 만든 아교를 칠해 아주 튼튼해서 터질 염려가 없었다. 당시 물리학자이며 우주학자 겸 점성占星학자인 프라카스토로와 베롤디Beroldi 입회하에 지구의地球儀처럼 둘로 나누어 이것을 원하는 안드레아 나바지에로Andrea Navagiero에게 채색해주기로 했다.

나바지에로는 베네치아의 신사이자 유명한 시인 겸 웅변가로서 머지않아 베네치아 공화국의 프랑스 주재 대사로 갈 예정이었는데, 이 지구의를 프랑스의 프랑수아François 왕에게 헌정할 생각이었다. 그러나 그가 프랑스에 부임하기 전에 프란체스코가 죽었으므로 미완성으로 남게 되었다. 이 훌륭한 지구의는 유명한 두 학자의 지도와 도움으로 만들었는데, 프란체스코의 죽음으로 방치돼 더욱 망가졌다. 나중에 바르톨로메오 로니키Bartolommeo Lonichi가 그것을 샀는데, 더 비싼 값으로 사겠다는 사람이 있었으나 내놓으려고 하지 않았다.

이보다 앞서 프란체스코는 좀 작은 볼을 두 개 만들었는데, 하나는 베로나 대성당 수석 사제司祭 마찬티Mazzanti가 갖고, 또 하나는 라이몬도 델라 토레 백작이 가졌다가 지금은 그의 아들 조반 바티스타 백작이 소중히 간직하고 있다.

프란체스코는 여러 해에 걸친 세밀세공에 지쳐서 그림과 건축에 종사하기로 마음먹었다. 그 후 그는 베네치아와 파도바에서 훌륭한 일을 했다. 당시 토우르나이Tournai의 주교이며 부유한 프랑스 귀족이 이탈리아의 문학, 풍습, 생활을 보러 왔는데, 본래 건축에 취미가 많은 이 사람이 우연히 파도바에 들렀다가 이탈리아 건축에 매혹되어 자기 나라에 이런 건축양식을 전파하려고 결심했다. 프란체스코의 능력을 높이 평가한 그는 후한 보수를 주고 이 건축가를 프랑스로 데려가기로 했다. 떠날 날이 임박해 이탈리아에서 가장 유명하고 장대한 건축물의 설계도를 준비한 프란체스코는 큰 희망에 부풀었으나 불행하게도 젊은 나이에 죽고 말았다.

프란체스코에게는 형제가 한 사람 있었는데 그는 성직자였다. 앞서 기록한 바와 같이 예술 분야에서 탁월한 세 거장이 잇달아 숨졌으니 다이 리브리Dai Libri 가문은 대가 끊기고 말았다. 그리고 이 방면에서 예술의 대를 이을 제자는 앞서 이야기한 성직자 돈 줄리오Don Giulio를 제외한다면 한 사람도 없다. 돈 줄리오는 전에 수사였는데, 칸디아나에서 일할 때 지롤라모에게 세밀화를 배웠다는 것은 이미 이야기했다. 돈 줄리오는 그 후 기술을 연마해 몇 사람밖에 도달할 수 없는 경지에 이르렀으며, 그를 능가하는 사람이 없다.

나는 베로나의 위대한 예술가들에 관하여 몇몇 자세한 사항을 안다. 그러나 내가 존경하는 베로나의 석학이자 예술과 과학 분야에 뛰어난 프라 마르코 데 메디치와 카라라의 일 다네세 카타네오Il Danese Cattaneo 두 분에게서 많은 정보를 받지 못했다면 풍부한 자료를 모을 수 없었을 것이다. 나와 독자를 위해 조사에 힘쓴 여러 친구의 호의 덕분에 이 글을 쓸 수 있었음을 밝힌다. 이로써 베로나 예술가들 이야기를 끝내려고 한다. 여기에 이 모든 예술가의 초상화를 싣지 못한 이유는 내가 이 책을 거의 완성할 때까지 충분한 자료가 내 손에 들어오지 않았기 때문이다.

프란체스코 그라나치
Francesco Granacci
(Il Granaccio)

1477~1543

FRANC. GRANACCI PITTORE
FIORENTINO.

미켈란젤로의 친구이자 숭배자다. 바사리는 그라나치에 대해 "예술 분야에서 탁월하다고 신이 선택한 사람들과 어렸을 때부터 사귄 예술가들은 정말 운이 좋다"라고 하면서 그라나치가 미켈란젤로와 함께 지냈음을 소개한다. 실제로 그는 미켈란젤로와 함께 도메니코 기를란다요 공방에서 회화를 배웠고 피렌체 산 마르코 수도원 정원에 있는 고대 컬렉션 작품들을 공부했다. 위대한 자 로렌초 데 메디치를 위해 무대장식 일을 비롯하여 다양한 작업을 수행했다. 그 자신이 명망 있는 화가는 아니었지만 미켈란젤로의 친구로서 바사리에 의해 알려졌다.

라파엘로, 안드레아 델 사르토, 폰토르모 등의 영향을 받았으며 독창적인 스타일을 개척하지는 못 했으나 당시 피렌체에서 유행했던 고전주의와 매너리즘 양식을 충분히 습득하여 구사한 주요 화가 반열에 속했다.

   예술 분야에서 탁월하다고 신이 선택한 사람들과 어렸을 때부터 사귄 예술가들은 정말 운이 좋다고 하겠다. 왜냐하면 내가 다른 곳에서 언급했듯이 거장들이 제작하는 방법과 훌륭한 작품을 관찰함으로써 뛰어난 화풍을 익힐 기회가 있기 때문이다.

   프란체스코 그라나치는 로렌초 데 메디치 정원에서 공부한 사람 중 하나다. 그는 소년 시절에 미켈란젤로 부오나로티Michelangelo Buonarroti의 천재성과 예술성, 위대한 작품을 만들어내는 과정을 관찰하며 순종과 헌신으로 이 천재의 발자취를 따랐다. 그리하여 미켈란젤로는 친구들 중에서 프란체스코를 가장 좋아했으며, 그에게 자기 예술 지식을 모두 가르쳐주었다.*

   이 두 사람은 함께 도메니코 기를란다요Domenico Ghirlandaio 공방에서 일했는데, 견습생들 중에서 데생과 템페라의 우아함이 가장 뛰어났다. 도메니코의 형제 다비테 기를란다요Davitte Ghirlandaio와 베네데토 기를란다요Benedetto Ghirlandaio를 도와 산타 마리아 노벨라S. Maria Novella의 대제단화를 그렸는데, 이때 프란체스코는 많은 것을 배웠지만 도메니코가 죽는 바람에 그림은 완성되지 못했다. 그 후 그는 개인을 위해서나 외국에 보낼 패널화를 같은 기법으로 여러 장 그렸다.

   그는 또 이 도시에서 사육제가 열릴 때 작은 일들을 맡아서 책임감 있게 처리했으며, 로렌초 데 메디치는 항상 명석한 프란체스코를 고용했다. 특히 파울루스 에밀리우스Paulus Emilius의 승리를 위한 가장행렬 때도 그러했다. 그는 비록 젊었으나 창의적인 작품을 많이 제작해 절찬을 받았다. 피렌체에는 칸티Canti라고 부르는 가장행렬이 있는데, 이때 펼쳐진 몇몇 행사를 로렌초 데 메디치가 시작했음을 밝혀둔다. 1513년

---

* 프란체스코 그라나치는 기를란다요의 제자였는데, 바사리는 그를 미켈란젤로의 완전한 추종자로 평했다.

교황 레오 10세를 환영하는 호화로운 가면무도회를 꾸미도록 야코포 나르디Jacopo Nardi가 8인 위원회로부터 명령을 받고 카밀루스Camillus의 개선凱旋행진을 공연하게 되었다. 이때 이에 대한 그림을 프란체스코에게 위촉했으며 그는 아름다운 작품을 만들어 절찬을 받았다. 나르디가 쓴 민요풍 가곡의 가사는 다음과 같다.

> 위대한 영광과 함께
> 영원한 예술의 도시 피렌체여,
> 하늘로부터 축복받으리라.
> Contempla in quanta gloria sei salita,
> Felice alma Fiorenza,
> Poiche dal Ciel discesa;

이 행사가 열릴 때 프란체스코는 연극의 무대배경도 많이 그렸다. 그는 기를란다요와 함께 기, 슬로건, 기사들의 표장, 금박을 입힌 창들을 만들어 피렌체시로 들어가는 입구를 장식했다. 이에 필요한 비용은 지금까지 내려오는 관습에 따라 교황당파Guelph에서 부담했다. 충성심과 추종자들임을 표현하는 예식禮式과 경기를 치를 때 입는 의상, 관冠 따위도 그가 만들었다. 피렌체 시민들에게 특히 즐거운 이 제전은 모두 교황 레오를 환영하는 행사였다. 사람들은 매우 짧은 등자鐙子를 딛고 말 위에 서서 말안장에 자리 잡고 앉은 병사들의 창을 꺾었는데 피렌체를 방문하는 교황 레오 10세를 위한 것이었다.

그밖에 바디아Badia 문 맞은편에 개선문 아치를 만들었는데 잿빛으로 아름다운 전원풍경을 그려 장식했다. 프란체스코는 이 건축물들과 팔라조Palagio 거리와 통하는 바디아의 문과 거기에 붙은 계단들을 만들어 칭찬을 많이 받았다. 그는 아치를 장식할 때 돋을새김으로 점토 조상들을 만들고 그 위에 다음과 같은 문자를 크게 썼다. 신앙의 선구자

그림 476 프란체스코 그라나치, 「요셉 형제가 파라오에게
알현하다」(보르게리니), 패널에 오일, 95×224cm,
우피치 미술관, 피렌체.

레오 10세 교황에게.

그러면 프란체스코가 그린 현존하는 작품들을 알아보자. 그는 미켈란젤로와 함께 일하는 동안 그의 밑그림들을 열심히 연구해 많이 발전했다. 미켈란젤로가 교황 율리우스Julius 2세의 명령으로 궁전의 둥근 천장에 그림을 그리려고 로마로 떠났을 때, 밑그림을 그린 후 프레스코에 채색을 도와달라고 처음으로 초청한 사람이 프란체스코였다. 당시 조수들이 사용한 스타일과 방법이 전부 마음에 들지 않았던 미켈란젤로가 실제로는 그들을 쫓아버리지 않았지만 작업장 출입문을 잠그고 그들을 피렌체로 되돌아가게 만든 것은 사실이다.

프란체스코는 피렌체에서 보르고 산 아포스톨로Borgo S. Apostolo에 있는 피에르 프란체스코 보르게리니Pier Francesco Borgherini 저택을 장식했는데,그림 476 야코포 다 폰토르모Jacopo da Pontormo, 안드레아 델 사르토 Andrea del Sarto, 프란체스코 우베르티니Francesco Ubertini가 요셉의 생애에서* 여러 장면을 그렸다. 그중에는 작은 조상들을 온 힘을 기울여 그

---

* 그중에서 두 장면을 그라나치가 그렸는데, 우피치 미술관에 있다.

린 유채화도 있는데 색상이 매우 아름다우며, 요셉이 파라오Pharaoh 왕을 섬기는 장면을 탁월한 솜씨로 표현했다. 또 그 후원자를 위해 삼위일체를* 그렸는데 십자가에 못 박힌 그리스도를 신이 받들고 있다.

그는 산 피에르 마조레S. Pier Maggiore 성당 안에 그리스도가 승천하는 패널화 한 폭을 그렸는데 많은 천사와 성 토마가 있으며, 성모 마리아가 그들에게 띠를 준다. 그 조상들과 성모 마리아가 우아하고 힘차게 표현된 것으로 보아 미켈란젤로가 그린 듯하다. 나는 이 두 조상의 데생을 프란체스코의 다른 작품들과 함께 소장하고 있다. 이 그림 측면에는 성 바오로, 성 로렌초, 성 야고보, 성 요한의 조상도 보이는데 프란체스코의 최대 걸작으로 평가한다. 만일 그가 더 한 일이 없다고 해도 이 그림만으로 훌륭한 화가라는 명성을 확고히 했을 것이다.

그는 성문 밖 성 아우구스티누스S. Augustinus의 에레미테Eremite 수도회 산 갈로S. Gallo 성당 안에 성모 마리아와 두 어린이, 피렌체의 주교 성 차노비S. Zanobi와 성 프란체스코의 조상들을 그렸다.** 산 야코포 트라 포시S. Jacopo tra Fossi 성당의 성 차노비를 지향하는 지롤라미Girolami 가족 경당에도 그가 그린 작품이 있다. 미켈란젤로는 조카딸이 피렌체의 산타 아폴로니아S. Apollonia 성당 수녀였으므로 대제단의 그림과 장식을 설계했다. 프란체스코가 여기에 크고 작은 조상들을 큰 규모로 그려서 화가들은 물론이고 수녀들에게서 호평을 받았다.

제단 아래에도 그가 그린 패널화가 있었는데 화가들에게서 좋은 평을 받아왔다. 그런데 어느 날 밤 제단에 불이 나서 다른 귀중한 물건들과 함께 타버려 큰 손실을 입고 말았다. 산 조르조 인 술라 코스타S. Giorgio in sulla Costa 성당 수사들을 위해 제단화를 그렸는데 성모 마리아, 성녀 카테리나, 성 조반니 구알베르토S. Giovanni Gualberto, 성 베르나르

---

* 베를린 미술관에 있는 작품인 듯하다.
** 우피치 미술관 소장품이다.

도 우베르티S. Bernardo Uberti, 추기경 성 페델레S. Fedele를 수록했다.* 그는 또 귀족들을 위해 그림을 많이 그렸고 스테인드글라스 창의 밑그림을 만들었는데, 후에 예수회frati Ingesuati 수사들이 제작했다.

천과 벽걸이 천에 그림 그리기를 좋아했던 그는 어떤 필요에 따라 그림을 그렸다기보다는 기분전환으로 생각했기 때문에 될 수 있으면 기분이 좋을 때 그렸다. 천성이 남의 재물을 탐내지 않고 가진 것에 만족했던 그는 열병을 앓다가 67세에 죽었으며, 1543년 성 안드레아 축일에 산 암브로조S. Ambrogio 성당에 매장되었다.

* 피렌체의 아카데미아 미술관 소장품이다.

피렌체의 건축가

바초 다뇰로
Baccio d'Agnolo
1462~1543

BACCIO DAGNOLO
ARCHITETTORE.

〔해설〕

15세기 말에서 16세기 초에 활동한 피렌체의 건축가이자 가구 디자이너다. 15세기 이탈리아에는 인타르시아intarsia라고 부르는 목상감 기법이 있었다. 주로 성가대의 의자 등 가구를 장식하는 데 쓰였으며, 원근법을 강조한 풍경이나 악기, 과일 등을 정교한 목상감 기법으로 제작하는 기법이다. 바초 다뇰로는 피렌체의 산타 마리아 노벨라 대성당의 성가대석을 목상감 기법으로 만들었고 그밖에 산티시마 아눈치아타 성당에도 작품을 남겼다고 바사리는 전한다.

피렌체 대성당 돔 아래의 발코니가 그의 작품이며 건축가로도 활동한 그는 피렌체에서 상당한 명성을 얻어 공화정 시대의 소데리니 수반 당시 안드레아 산소비노, 라파엘로, 안토니오 산 갈로를 비롯한 명사들과 함께 시청의 심의도 맡으며 피렌체의 주요 예술가로 활동했다.

 나는 낮은 곳에서 높은 곳으로 향상하는 예술가들의 발자취를 더듬어보는 일에 언제나 큰 기쁨을 느낀다. 특히 여러 해 동안 오로지 석공 일을 해온 사람들과 원근법의 기초 지식은 물론이고 건축에 관한 술어조차 모르는 사람들이 종사해온 건축에 관해서는 더욱 그렇다. 그러나 건축은 가장 뛰어난 판단력과 훌륭한 조형력뿐만 아니라 회화, 조각, 목각에 경험이 풍부한 사람만이 완전무결하게 할 수 있는 것이다.

이들은 자신이 제작한 조상들과 이 조상들을 돋보이게 하는 원주圓柱, 쇠시리, 대좌臺座와 건축양식 등이 조화되게 함으로써 시일이 지나면 하나의 건축가로 성장한다. 조각가 역시 묘묘나 기타 사물을 장식하는 동안 예술이 무엇인지를 이해하게 되며, 화가들도 원근법遠近法, 다양한 의장意匠, 건축물의 평면도를 설정해야 한다. 왜냐하면 건축양식에 관한 이해 없이는 조상들을 배열할 평면이나 계단을 만들 수 없기 때문이다.

바초 다뇰로는 아주 젊었을 때 산타 마리아 노벨라 성당 본당 안의 성가대석에 세례자 성 요한과 성 로렌초를 주제로 훌륭한 상감세공을 만들었다. 그뿐만 아니라 이 성당의 여러 곳과 눈치아타Nunziata 성당도 장식했다. 고향 피렌체 시내의 공공건물과 개인 주택에도 그가 제작한 작품이 많다. 그 후 그는 로마에 가서 건축술을 공부하고 되돌아와서 때마침 그곳을 방문하는 교황 레오 10세를 환영하는 아치를 여러 곳에 나무로 만들었다.

그는 일터를 꾸준히 지키면서 시민들과 유명한 예술가들을 만났는데, 특히 겨울에는 뜻깊은 토론과 열띤 논쟁을 펼쳤다. 당시 자리를 같이한 사람들은 젊은 라파엘로, 안드레아 산소비노Andrea Sansovino, 필리피노Filippino, 마이아노Maiano, 크로나카Cronaca, 안토니오 다 산 갈로Antonio da San Gallo, 줄리아노 산 갈로, 그라나초Granacio이며, 그밖에 가끔 미켈란젤로와 많은 젊은 피렌체 예술가, 외국인들이 참석했다.

건축술을 효과적으로 연구하고 얼마간 경험을 쌓은 바초는 피렌체에서 명성을 얻어 당시 가장 장려한 건축물의 공사를 맡게 되었다. 피에로 소데리니Piero Soderini가 장관이었을 때 앞서 기록한 바와 같이 바초는 크로나카를 비롯한 여러 사람과 함께 궁정의 큰 홀을 심의했으며, 자신은 필리피노의 데생으로 프라 바르톨로메오Fra Bartolommeo가 그린 큰 패널 그림의 틀을 장식했다. 그는 이 홀로 올라가는 계단도 만들었는데,* 석재를 아름답게 장식하고 무늬 있는 대리석으로 원주와 '13세기의 홀'Sala de' Dugento이라고 부르는 홀의 출입문을 제작했다.

그는 조반니 바르톨리니Giovanni Bartolini의 위촉으로** 산타 트리니타 S. Trinita 광장과 면한 곳에 궁전을 지었는데, 내부를 화려하게 장식하고 구알폰다Gualfonda에는 정원을 설계했다. 이 궁전은 박공博栱벽이 붙은 사각형으로 장식한 창문과 처마도리, 프리즈, 쇠시리를 지탱하는 원주가 있는 출입문의 건축물로는 최초 작품인데, 피렌체 시민들은 서로 말이나 시로써 이 건축물을 비난했다. 즉 축제 때 교회를 장식하는 것처럼 이 건축물에 꽃줄을 걸어놓고 궁전이 아니라 성당 같다고 평하면서 바초가 미쳤다고 했다. 그렇지만 그는 이런 혹평에도 개의치 않고 자기가 지은 건축물이 훌륭하다고 확신했다. 이 건축물의 쇠시리가 너무 큰 것은 사실이지만 여러 면에서 칭찬할 만한 작품이다.

그는 란프레디노 란프레디니Lanfredino Lanfredini를 위해 아르노Arno 강변 산타 트리니타 다리와 카라야 다리 중간에 집 한 채와 아르노강 모래터가 바라보이는 모치Mozzi 광장 옆에 나시 씨 집을 짓기 시작했지만 완성하지 못했다. 또 타데이Taddei 가문의 타데오Taddeo 씨 집을 지었는데*** 매우 아름답고 편리하게 설계되어 있다. 피에르 프란체스코 보르

---

    * 1501년.
    ** 1502년 제작. 현재의 호텔 뒤 노르(Hotel du Nord)다.
    *** 지로니(Gironi) 거리의 페코리 지랄디(Pecori Giraldi) 저택.

게리니의 위촉으로 보르고 산 아포스톨로에 그의 저택을 짓고 출입문들을 아름답게 장식했다. 특히 많은 비용과 정성을 들여 만든 벽로壁爐 장식과 겉을 소년 조각으로 장식한, 호두나무로 만든 귀중품 상자가 일품이다. 벨로스구아르도Bellosguardo 언덕 위에 보르게리니 저택을 아름답고 쓸모 있게 지었는데 비용이 많이 들었다.

그는 조반 마리아 베닌텐디Giovan Maria Benintendi 저택에 대기실을 짓고 유명한 화가들의 그림을 넣을 틀을 아름답게 장식했는데, 드물게 보는 훌륭한 작품이다. 또 산 노프리S. Nofri 근처에 있는 산 주세페S. Giuseppe 성당의 한 경당 모델을 만들고 출입문 제작을 지도했는데, 이것이 그의 마지막 작품이 되었다. 바초는 피렌체의 산토 스피리토S. Spirito 성당 종루鐘樓를 만들기 시작했으나 완성하지 못했고, 나중에 코시모Cosimo 공작의 명령에 따라 바초의 본래 설계대로 완성했다. 산 미니아토 술 몬테S. Miniato sul Monte 성당*의 종루도 지었는데, 전쟁 때 포격을 받았지만 조금도 손상되지 않아, 이 종루가 아름답고 훌륭했다기보다는 적에게 모욕을 주었다는 데서 더욱 칭찬을 받았다.

뛰어난 재주로 시민들에게 사랑받은 바초는 산타 마리아 델 피오레S. Maria del Fiore 대성당 건축가로서 이 성당 둥근 지붕을 에워싸는 회랑廻廊을 설계했다. 원래 이 공사는 필리포 브루넬레스키Filippo Brunelleschi가 맡아 설계를 끝냈지만 아쉽게도 그가 죽는 바람에 중단되었다. 그후 이 회랑은 건축 책임자의 불찰로 망실되거나 파괴되었다. 따라서 바초는 이 회랑 설계도를 작성해 모델을 만들고 칸토 데 비스케리Canto de' Bischeri에 면한 부분을 제작했는데,그림 477 로마에서 돌아온 미켈란젤로가 본래 브루넬레스키가 과감하게 설계한 돌출부를 생략하고 공사가 진행되는 것을 보고 큰 소리로 비판했기 때문에 공사가 중지되었다.

* 1524~27.

그림 477 바초 다뇰로, 산타 마리아 델 피오레 대성당의
둥근 지붕 아래 발코니, 1472~80, 피렌체.

그는 바초가 마치 크리켓의 철골구조 모양으로 만든 것 같다고 평하
고, 이런 위대한 건조물에는 예술성과 우아함이 있어야 한다면서 직접
모델을 만들었는데 추기경 줄리아노 데 메디치Giuliano de' Medici 면전에
서 예술가들과 시민들 사이에 오랫동안 논란이 계속되면서 결국 어느
쪽 모델도 채택되지 못했다. 바초의 설계는 건축물에 비해 너무 작다고
여러 면에서 비난받았고, 그 때문에 회랑은 결국 완성되지 못했다. 그
후 바초는 산타 마리아 델 피오레 대성당의 포상舖床과 다른 건축물을
만드는 데 종사했다. 그는 피렌체 일원의 수도원 건축 책임을 맡았으

며, 시내외의 공공건물과 개인 저택도 건조했다. 그는 83세경에 세상을 떠났는데, 줄리아노·필리포·도메니코 세 아들을 남겨놓았으며, 산 로렌초 성당에 매장되었다.

당시 그의 아들들은 모두 소목 세공과 조각 일에 종사했다. 둘째 아들 줄리아노는 아버지가 살아 있을 때는 물론 죽은 후에도 열심히 건축을 공부했다. 그는 코시모 공의 호의로 산타 마리아 델 피오레 대성당에서 아버지가 진행하다가 죽음으로써 미완성으로 남아 있던 일을 이어받았으며, 그밖의 건물 일도 맡아보게 되었다. 당시 페시아Pescia 본당의 사제장 발다사레 투리니가 성당 내부를 라파엘로 그림으로 장식하게 되었는데, 성당 전체의 장식과 묘지 등 모든 것을 줄리아노에게 맡겼다.

피렌체 교외의 몬투기Montughi에 알레산드로와 코시모 공의 수석비서 프란체스코 캄파나의 저택을 장식했는데, 피렌체시가 내려다보이는 아름다운 곳이다. 그는 캄파나의 고향 콜레Colle에도 아름다운 저택을 건축했고, 얼마 후 산 미니아토 알 테데스코에 알토파쇼의 영주 우골리노 그리포니Ugolino Grifoni 저택도 지었다. 또 코시모 공 비서 조반니 콘티Giovanni Conti 씨 저택을 피렌체에 지었는데 도로에 면한 들창 둘은 그가 즐겨 사용하는 방식, 즉 고대양식과 현대식을 가미한 것이 아니라 돌출부와 까치발로 지지했다. 건축이란 육중하고 견고하며 단순해야 했으므로 나중에 이 설계의 양식과 의도에서 많이 벗어나지 않도록 구도를 바꿔 우아하게 장식했다.

교황 레오와 클레멘티우스의 묘묘 제작을 끝내고 로마에서 돌아온 바초 반디넬리Baccio Bandinelli는 젊은 코시모 공을 방문해 궁전의 큰 홀한 끝을 원주·벽감·대리석 조상으로 장식하고, 광장에 면한 들창들을 대리석과 표석漂石으로 장식하도록 설득했다. 공작은 공사를 시작하기로 결심하고 반디넬리에게 모델을 만들도록 지시했다. 그가 모델을 제작하다 보니 이미 크로나카Cronaca 전기에서 언급했듯이, 이 홀은 당초

건축술을 크게 고려하지 않고 지었기 때문에 네모반듯하지 않고 사각
斜角사방형이었다. 이 점을 간과하던 반디넬리는 이 공사가 어렵다는
사실을 깨닫고 사람들의 우려를 없애기 위해 자신의 모델을 줄리아노
와 의논한 끝에 그에게 건축사가 되어 모든 공사를 지도해달라고 간청
했다. 그리하여 산타 마리아 델 피오레에서 일하던 석공들을 총동원하
여 돌을 깎고 조각을 했다.

반디넬리는 줄리아노의 충고에 따라 벽 일부를 사각사방으로 만들
었기 때문에 돌 모양을 불규칙하게 깎아야 했다. 그 과정에 막대한 공
력이 들었는데, 그럼에도 전체 모양은 꼴사납게 되고 말았다. 반디넬리
전기에서 이야기한 바와 같이, 홀의 다른 부분과 조화를 이룰 수 없었
기 때문이다. 반디넬리가 어느 정도 건축에 관한 지식이 있었다면 이런
실패를 하지 않았을 것이다. 담벼락 끝 벽감들은 쭈그러진 모양이었고,
가운데 부분만 제 모양이었다.

이 공사는 10년을 계속한 뒤 얼마 동안 또 방치되었다. 채석장에서
캐낸 석재와 대리석으로 만든 까치발과 원주들은 줄리아노 감독 아래
석공들이 열심히 아름답게 다듬었으며, 나중에 건물에 붙였을 때는 이
은 곳을 찾지 못할 정도였는데 이 점만으로도 줄리아노는 크게 찬사를
받을 만하다. 그 후 이 공사는 아레초Arezzo의 조르조 바사리Giorgio Vasari
의 도움을 받아 5개월 뒤 완공되었다.

줄리아노와 형제들은 이 공사와 산타 마리아 델 피오레 대성당 포장
공사를 하느라 항상 바빴다. 어느 날 줄리아노는 반디넬리로부터 대제
단을 장식할 조상들과 장식품의 목재 모델을 만들어달라는 부탁을 받
았다. 마음씨 착한 바초는 쾌히 승낙했다. 그는 반디넬리가 건축을 경
멸하는 것만큼 건축을 좋아했다. 반디넬리는 그에게 많은 보수와 영예
를 보장했다. 따라서 그는 브루넬레스키의 설계 방식에 따라 모델을 만
들었는데, 다만 장식을 좀더 풍부하게 하고 원주 위 아치를 둘씩 만들
었다. 반디넬리는 이 모델과 함께 다른 디자인들도 코시모 공에게 가져

갔는데 공작은 대제단뿐만 아니라 원래 팔각형인 성가대석 대리석 장식도 그에게 맡겼다.* 이로써 성당 내부는 더한층 장엄하고 장대한 모습을 갖추게 되었다.

그는 반디넬리의 도움을 받아 대제단 맞은편 출입문을 제외하고는 원래 모습을 살려 성가대석을 만들었는데, 대제단 아치와 같은 모양을 원했기 때문이다. 그다음엔 출입문과 대제단에서 나와 서로 교차하는 십자 모양 아치를 만들었는데 강론대 두 개를 위해서였다. 즉 대제단과 성가대석에서 합창을 하거나 다른 의식을 치를 때를 대비한 것이다. 성가대석 주위에는 이오니아 방식으로 원주 8개를 만들었으며, 모퉁이마다 가운데가 구부러진 벽기둥으로 장식했는데, 각 벽기둥이 너무 좁아 성가대석 한가운데에서 서로 합쳐지니, 안에서 보면 좁고 구부러져 있고 밖에서 보면 넓고 뾰족하게 되어 있다.

이런 의장은 판단력 있다는 사람들로부터 아름답다는 칭찬을 받지 못했다. 축복받아야 할 이 성당에 이렇게 돈을 많이 들였는데 말이다! 반디넬리가 건축을 경멸했다면, 또 건축에 관한 지식이 모자랐다면 마땅히 같은 시대에 살던 전문가들에게서 조언을 들었어야 했다. 줄리아노는 전력을 다해 많은 일을 했기 때문에 용서받을 만하다. 그러나 디자인과 의장에 강력한 능력을 갖추지 못한 사람은 확실히 위대한 건축공사를 완전하게 이끌어가기에는 판단력과 용기가 약할 수밖에 없다.

줄리아노는 필리포 스트로치Filippo Strozzi를 위해 호두나무로 침대를 만들었는데 알레산드로 비텔리Alessandro Vitelli 후손이 사는 치타 디 카스텔로Città di Castello에 있다. 그는 또 바사리의 설계로 바사리 그림을 장식할 틀을 만들었는데, 이 그림은 카센티노의 카말돌리Camaldoli 수도원의 대제단을 장식했다. 그는 몬테 산소비노의 산 아우구스티노 성당에도 바사리가 그린 큰 패널의 틀을 제작했다. 라벤나Ravenna의 바디

---

* 1555년.

아 디 클라시에 있는 카말돌리 수도원과 아레초의 산타 피오레S. Fiore 수도원을 장식한 바사리의 패널 틀도 그가 만들었다.

그곳 교구 본당에도 호두나무로 아름다운 성가대석*을 바사리의 설계로 제작했다. 그는 죽기 얼마 전 눈치아타 성당 대제단에 성사용聖事用용 성합聖盒과 양쪽에 역시 나무로 된 천사를 장식했다. 이것은 그의 마지막 작품이었고 그는 1555년에 죽었다.**

그의 형제 도메니코Domenico는 우수한 목각공이었을 뿐만 아니라 기교 있는 건축가였으며, 바스티아노 다 몬타구토Bastiano da Montaguto의 디자인으로 세르비 거리에 지은 아름다운 건물에 그가 만든 가구가 많이 남아 있다. 또 아고스티노 델 네로를 위해 피아자 데 모치Piazza de' Mozzi를 장식했으며, 그의 아버지가 착수했던 나지 저택의 테라스도 아름답게 제작했다. 그가 일찍 죽지 않았다면 아버지와 그의 형제 줄리아노를 훨씬 능가했을 것이다.

　* 1554년.
　** 바초 다뇰로의 본래 성은 발리오니(Baglioni)다. 그는 피렌체의 목각공, 조각가, 건축가였다. 바사리는 미켈란젤로가 그를 경멸했다고 기재했는데 바사리 자신은 공평하게 평가했다. 그의 조각 기술은 건축 기술에 못 미쳤다.

발레리오 비첸티노
Valerio Vicentino
1468~1546

조반니 다 카스텔 볼로네세
Giovanni da Castel Bolognese
1496~1553

베로나의 마태오 달 나사로
Matteo dal Nassaro of Verona
?~1548?

카메오 조각가들

GIVLIANO BVGIARDINI PIT.
FIORENTINO.

〔해설〕

발레리오 비첸티노는 15세기 말에서 16세기 전반기에 활동한 비첸차 출신의 보석 세공사다. 미술사학자로서 바사리의 위대함은 대예술arte maggiore이라고 칭했던 순수 미술뿐만 아니라 소예술arte minore로 분류되는 공예에도 관심을 가졌고, 이들 공예가들을 소개한 데 있다. 이 장에서는 카메오 공예가들을 소개하면서 카메오 예술이 그리스에서 건너왔으며 로마의 폐허에서 다양한 보석에 인물을 새긴 보석 세공품들이 발굴되었고, 이후 이 기법이 교황 마르티누스 5세와 바오로 2세 그리고 피렌체의 '위대한 자 로렌초'에 의해 더욱 발달했으며, 고대 작품들의 수집도 본격화되었음을 밝혔다. 비첸티노는 카메오 세공사로 피렌체에서 일하다가 로마로 건너간 후 미켈란젤로와 매너리즘 작가 페리노 델 바가의 영향을 받았으며 이 화가의 드로잉을 카메오로 제작하기도 했다.

그리스 사람들은 동양에서 가져온 돌과 카메오를 조각하는 데 놀랄 만한 재주가 있었으므로 우리 시대에 그들을 모방하는 사람들에 대해서 따로 조항을 만들어 기술하는 것이 다양하다고 생각해왔다.* 물론 이 사람들은 디자인이나 섬세함에서 도저히 그리스 사람을 따라갈 수는 없다. 이야기를 시작하기 전에 굳은돌과 보석 조각 예술과 관련해 몇 마디 피력하고자 한다.

폐허가 된 로마에서 붉은 줄무늬가 있는 마노瑪瑙와 요각凹彫한 보석이 발굴된 것을 보면 이것들이 일상생활에 쓰였던 것 같다. 그 뒤 오랜 세월이 흘렀지만 이 방면의 예술에 관심을 가진 사람이 없었으며 교황 마르티누스Martinus 5세와 파울루스Paulus 2세 때에 이르러 조금씩 진보했다. 요각 보석을 사랑한 로렌초 데 메디치에 이르러서는 특히 그의 아들 피에로Piero가 각양으로 조각한 보석들을 수집했는데 그중에는 옥수玉髓가 많았다. 이것이 계기가 되어 각처에서 유명한 보석 조각가들이 피렌체로 몰려왔다. 로렌초 공작의 비호 아래 피렌체 청년 조반니 델레 코르니올레Giovanni delle Corniole가 이 예술을 습득했는데, 그의 수많은 크고 작은 작품이 보여주듯이 그는 뛰어난 공장工匠으로 이름이 났으며, 특히 지롤라모 사보나롤라Girolamo Savonarola의 큰 초상화가 유명하다.**

그에게는 도메니코 데 캄메이Domenico de' Cammei라는 밀라노 태생 경쟁자가 있었는데,*** 그는 가장 아름다운 음각陰刻으로 여기는 율리우

---

* 바사리는 이탈리아 르네상스 시대에 조각한 보석이 예술 분야에서 차지하는 중요성을 강조했다. 고대의 보석 수집가가 많았기 때문에 보석 커팅 예술이 부흥했다.
** 우피치 미술관에 소장되어 있는데 코르넬리안(Cornelians)의 조반니라는 서명이 있다. 1470?~1506.
*** 도메니코 데 캄메이. 바사리는 이 작가에 관한 유일한 정보를 제공했다.

스 초상보다 더 큰 루비에 로도비코 일 모로Lodovico Il Moro 공작의 초상을 새겼다. 이런 조각술은 교황 레오 10세의 비호 아래 고대 유품의 훌륭한 모방자인 피에르 마리아 다 페시아Pier Maria da Pescia 덕분에 기술적으로 크게 진보했다. 당시 미켈리노Michelino도 크고 작은 조각을 가공하는 기량이 피에르 마리아 못지않은 탁월한 공장이었다.

과거에는 밀랍을 가공해 인장으로 써왔으며, 보석과 돌에 음각을 하는 작업은 문자 그대로 암흑 속에서 작업하는 것처럼 어려웠으나 이들의 힘으로 개척되어 조반니 다 카스텔 볼로네세Giovanni da Castel Bolognese,* 발레리오 비첸티노,** 마태오 달 나사로Matteo dal Nassaro와 그 밖의 사람들이 이제 이야기하려고 하는 아름다운 작품들을 만들어내게 되었다.

먼저 카스텔 볼로네세 출신 조반니 베르나르디Giovanni Bernardi 이야기부터 하겠다. 그는 젊었을 때 페라라의 알폰소 공작에게 3년 동안 봉사하면서 작은 보석들도 많이 세공했지만 그 이야기는 그만두고, 큰 작품 중에서 수정水晶에 바스티아Bastia 행적을 음각했는데*** 정말 아름답다. 그밖에 철로 만든 극인極印에 알폰소 공작의 초상을 조각하고, 뒷면에는 그리스도와 그를 따르는 군중을 새겨 넣어 메달을 만들었다.

그 후 조비오Giovio의 부름을 받고 로마로 가서 추기경 이폴리토 데 메디치Ippolito de' Medici와 추기경 조반니 살비아티Giovanni Salviati의 비호를 받으면서 철로 만든 극인에 교황 클레멘티우스 7세 초상을 새기

---

* 조반니 다 카스텔 볼로네세의 음각(陰刻) 작품들은 로마의 바티카노와 뉴욕의 메트로폴리탄 박물관에 있다.
** 일명 벨리(Belli).
*** 페라라 근처의 라 바스티아 디 제니올라(La Bastia di Geniola). 1511년 12월 31일 스페인군에게 점령되었다가 당일 페라라 공작이 탈환했다. 아리오스토(Ariosto)가 오를란도 프리오소 42절(Orlando Furioso XLII), 3~5에 노래했다.

고 뒷면에는 요셉이 형제들에게 자기 이름을 밝히는 장면을 넣었는데 역시 우아하고 아름답다. 그는 이 작품으로 교황으로부터 금화 200두카트와 사무소 마차Mazza를 선물로 받았는데 이것은 나중에 교황 파울루스 3세 때 팔았다.

그는 교황 클레멘티우스를 위해 둥근 수정 네 개에 복음 전도자 네 명의 조상을 제작했는데 역시 많은 칭찬을 받았으며, 고위 성직자들과 특히 추기경 살비아티의 비호를 받았다. 또 기량 있는 예술가들이 유일하게 의지했던 추기경 이폴리토 데 메디치를 위해 철로 만든 메달에 그의 초상을 넣었으며, 그밖에 알레산드로 대왕에게 다리우스Darius의 딸을 소개하는 장면을 수정에 제작했다.

그 후 샤를 5세가 대관식을 거행하려고 볼로냐에 왔을 때 조반니는 철로 초상화를 만들고 거기에서 금메달을 떠서 직접 왕에게 가져갔는데 왕은 그에게 금화 100피스톨을 주면서 자기와 함께 스페인으로 갈 생각이 없느냐고 물었다. 그는 교황 클레멘티우스와 추기경 이폴리토를 섬겨야 하므로 갈 수 없다고 거절했다. 조반니가 그들을 위해 진행하던 일 중 마무리하지 못한 것이 많았다.

조반니는 로마로 돌아오자 추기경 이폴리토를 위해 「사비누스Sabinus의 겁탈」을 제작했는데 비길 데 없이 아름답다. 추기경 이폴리토는 누구보다도 자신이 조반니에게 신세를 많이 졌다고 여겼기 때문에 적지 않은 선물을 그에게 주고 치하했다. 그중에서도 추기경이 프랑스로 떠날 때, 많은 영주와 명사들 사이에 끼어 있는 조반니를 보고 카메오가 달린 사슬을 자신의 목에서 풀어 조반니에게 주면서 자기가 돌아올 때까지 잘 간직하라고 당부하며 조반니 재능에 보답한 일은 참으로 감동적이다. 그 카메오는 금화 600두카트 이상의 값어치가 나가는 것이었다.

추기경이 죽은 뒤 그 카메오는 추기경 파르네세Farnese 손에 들어갔다. 조반니는 그를 위해 수정으로 작품을 많이 만들었다. 특히 「십자가에 못 박힌 그리스도」는 하늘에는 성부, 양옆에는 성모 마리아와 성 요한, 발밑에는 막달레나, 십자가 밑 세모난 곳에는 그리스도 수난의 장면을 표현했다. 또 촛대에는 둥근 수정 여섯 개를 조각했다. 첫째 것은 첸투리온Centurion이 아들의 병을 낫게 해달라고 그리스도에게 기구하는 장면, 둘째 것은 베테스다Bethesda의 연못, 셋째 것은 타보르Tabor 산상의 변용變容, 넷째 것은 빵 다섯 조각과 물고기 두 마리의 기적, 다섯째 것은 그리스도가 신전에서 상인들을 쫓아내는 장면, 마지막 것은 라자로Lazaro의 부활인데, 모두 정묘하여 비할 것이 없다.

추기경 파르네세는 은으로 만든 손궤를 갖고 싶어 피렌체의 금은세공사 만노Manno에게 제작을 위촉했는데,* 만노는 빈자리에 수정으로 장식했다. 이에 관해서는 다른 곳에서 다시 이야기하겠다. 그는 빈자리를 우선 대리석 돋을새김으로 메우고 주위를 은으로 만든 조상들로 장식했는데 매우 정성 들여 이처럼 완전한 작품은 드물다고 하겠다. 이 손궤의 본체에는 다음과 같은 장면들이 있다.그림 478 칼리도니아Calydonia의 수퇘지를 쫓는 멜레아제르Meleager,** 바쿠스Bacchus와 그의 해전海戰, 헤르쿨레스와 아마존Amazon***의 싸움, 그밖에 페리노 델 바가Perino del Vaga를 비롯해 여러 거장을 시켜서 제작한 추기경의 환상들도 아름답다. 또 수정 속에는 터키전쟁 때 골레타Goletta의 체포 장면 등을 조각했다.****

그는 그밖에도 추기경을 위해 수정에 그리스도 탄생, 골고다 동산에서 유다에게 붙잡히는 예수, 안나스Annas와 헤롯과 필라토Pilato 앞으로 끌려가는 그리스도, 몹시 고통스러워하는 그리스도, 가시관을 쓴 그리스도, 십자가를 메고 고난의 길에서 마침내 영광된 부활의 길로 들어서

---

* 「파르네세 귀중품 상자」는 나폴리 국립 박물관에 있다.
** 그리스의 전설의 인물로 칼리도니아(Calydonia)의 수퇘지를 죽였다.
*** 고대 카우카수스(Caucasus)에 살던 여장부.
**** 「터키전쟁」보석은 메트로폴리탄 박물관에 있다.

그림 478 조반니 베르나르디 다 카스텔 볼로네세와 만노 디
세바스티아노, 「파르네세 귀중품 상자」, 1548~61,
금·은·암석의 결정으로 제작, 나폴리 국립 박물관, 나폴리.

는 장면 등을 조각했다. 이 작품들은 모두 아름다울 뿐만 아니라 빠른
시일 안에 완성했기 때문에 보는 사람들은 누구나 놀랐다.

　미켈란젤로가 추기경 데 메디치를 위해 만든 데생을 조반니가 수정
에 새겨 넣었는데, 독수리가 티티우스Tityus의 심장을 먹는 광경으로 역
시 아름답다. 미켈란젤로 데생으로 조반니가 조각한 또 다른 작품은 파
에톤Phaethon이 태양의 수레를 잘못 모는 바람에 포강에 빠져서 슬프게
우는 자매들이 나무로 변하는 장면이다. 또 그는 한때 알레산드로 데

메디치 공작부인이었지만 지금은 오타비오 파르네세 공작부인인 샤를 5세 황제의 딸 오스트리아의 마르게리타Margherita 공주 초상을 발레리오 비첸티노와 경쟁하면서 제작했다.

그는 이 작품들을 제작하고 추기경 파르네세로부터 잔니체로 Giannizzero라는 작업실을 상으로 받았는데, 그곳에서 돈을 많이 벌었다. 그는 추기경을 비롯한 여러 고위 성직자의 비호를 받았으며, 특히 추기경은 조반니가 파엔자Faenza에 지은 저택을 그냥 지나가는 일이 없었다. 조반니는 작업이 끝나면 파엔자로 가서 휴식을 취하곤 했다. 아들을 낳지 못한 첫째 부인이 죽자 그는 재혼하여 두 아들과 딸 하나를 낳았다. 그의 수입은 금화 400두카트가 넘었으며 60세가 될 때까지 행복하게 살다가 1555년 오순절五旬節에 자신의 넋을 하느님에게 기탁했다.

베로나 출신 마태오 달 나사로는 제화공 야코포 달 나사로의 아들인데, 그 아버지는 마태오가 어렸을 때부터 교육에 관심이 많아 음악과 그림을 가르쳤다. 얼마 후 베로나 출신 마르코 카라Marco Carra와 일 트롬본치노Il Tromboncino를 그림 선생으로 모셨는데, 이들은 당시 만토바 총독의 일을 돌보았다. 마태오는 조각 일을 하면서 베로나의 두 가족에게 도움을 많이 받았는데, 그중 하나가 당시 로마에 살던 니콜로 아반치Niccolò Avanzi였다.

그는 카메오, 옥수, 돌을 조각하여 여러 영주에게 공급했다. 그의 작품 중 손가락 셋 너비의 유리琉璃세공으로 조각한 「그리스도의 탄생」 Nativita di Cristo은 아주 희귀한 것인데, 우르비노 공작부인에게 팔린 물건으로 기억하는 사람도 있다. 또 한 사람은 갈레아초 몬델라Galeazzo Mondella인데, 그는 보석도 조각했지만 주로 아름다운 데생을 그렸다. 마태오는 모든 것을 이 두 사람에게 배웠다. 그는 아름다운 벽옥碧玉을 손에 넣자 「그리스도 십자가 강하」Deposto di Croce를 조각했는데 보석의 붉은 점이 피처럼 보여 칭찬을 많이 받았다. 이 벽옥은 이사벨라 데스테Isabella d'Este 후작부인*에게 팔렸다.

마태오는 프랑수아 1세의 궁전에 소개를 받으려고 자신이 가공한 많은 보석을 가지고 프랑스로 갔다. 그리하여 왕에게 소개되었고 저명인사들로부터 환영을 받았다. 음각으로 가공한 귀중품을 손에 넣은 왕은 그에게 훌륭한 주택을 마련해주고 일을 맡겼는데, 그는 조각가인 동시에 훌륭한 류트* 연주자였으므로 더욱더 후대를 받았다. 사실 왕과 귀족들의 사랑과 비호를 받은 사람들을 보는 것보다 예술에 대한 애정으로 사람들의 마음에 불을 붙이는 것이 더욱 가치 있는 일이다. 과거에도 그러했지만 고매한 메디치 일가와 도량 넓은 프랑스의 프랑수아 1세가 그런 일을 아주 많이 했다.

그는 왕과 귀족들을 위해 당시 유행했던, 목과 모자를 장식하던 카메오와 보석을 열심히 제작했으며 특히 왕의 경당 제단화도 장식했다. 여기에는 금으로 장식한 조상을 많이 만들었는데 일부는 얕은 돋을새김으로 제작하고 가장자리는 보석으로 장식했다. 그는 수정으로 음각 작품을 많이 만들었는데, 곳곳에서 그의 작품을 볼 수 있다. 특히 베로나에 있는 유성遊星들, 등을 돌린 큐피드가 보이는 베누스Venus들은 아름다운 작품이라 하겠다. 그는 강에서 발견된 옥수玉髓에 사자 가죽을 입은 데이아네이라Deianira**의 상반신을 새겼는데, 사자 가죽의 안쪽 정맥을 보석의 붉은 부분으로 표현해 벗긴 지 얼마 안 되는 가죽처럼 보인다. 옥의 검은 부분은 머리털로, 흰 부분은 얼굴과 가슴으로 표현했는데, 모든 점에서 칭찬할 만한 걸작이라 하겠다. 데이아네이라 두부상은 현재 프랑수아 왕이 소장하고 있으며, 그 상상도를 마태오의 제자인 베

---

* 만토바의 곤차가(Gonzaga) 후작부인(1474~1539). 남편 곤차가를 받들어 외교뿐만 아니라 내정에도 관여했으며, 예술애호가와 예술가들의 후원자로도 유명하다. 특히 레오나르도 다 빈치, 조반니 벨리니, 페루지노를 도왔다.
* 그 시대의 기타 비슷한 현악기.
** 그리스신화에 나오는 헤르쿨레스의 아내.

로나의 금세공인 조포Zoppo가 가지고 있다.

마태오는 본래 성격이 자유로워 구속받지 않으려 했으며, 고매한 사람이라 자신이 만든 작품을 헐값에 팔기보다는 그냥 기부하는 성품이었다. 이런 일도 있었다. 어느 이름난 남작을 위해 보석을 가공했는데 남작이 터무니없는 헐값을 고집해서 선물로 줄 테니 거저 받으라고 했다고 한다. 그러나 남작이 계속 값을 더 깎으려 하자 그는 화가 너무 나서 보석을 망치로 부숴버리고 말았다. 그는 프랑스 왕을 위해 아라초arrazzo 직물에 아름다운 그림 무늬cartoni를 많이 그렸으며, 왕이 원하는 대로 그를 따라 플랑드르Flandre에 가서 명주와 금실을 넣어 직물을 짜는 동안 머물러 있기도 했다.

그 후 아름다운 직물들과 유채화, 과슈gouache로 그린 플랑드르의 풍경화를 많이 싣고 고향으로 돌아왔다. 이 작품들은 루이지Luigi와 지롤라모 스토피Girolamo Stoppi가 그를 기념하여 잘 보관하고 있다. 베로나로 돌아온 그는 예수회 교단 정원 위에 있는 바위 밑 동굴에서 살았는데 여름에는 시원하고 겨울에는 따뜻했다. 하지만 감옥에서 풀려나온 프랑수아 왕*의 부름을 받고 프랑스로 가야 했다. 이후 조폐국 국장에 임명되어 그곳에서 결혼하고 자식도 몇몇 낳았으나, 그곳 사람들이 그를 별로 좋아하지 않았기 때문에 만족스러운 생활은 하지 못했다.

온순했던 마태오는 사람을 예절 바르게 대했고 외국에서 프랑스에 온 사람들, 특히 베로나와 롬바르디아 사람들을 따뜻이 맞이했다. 그중에서도 프랑스 역사를 라틴어로 저술한 베로나 출신 파올로 에밀리오Paolo Emilio**와 각별히 친하게 지냈다. 마태오는 제자를 많이 두었는데, 그중에는 베로나 출신 도메니코 브루시아소르치Domenico Brusciasorzi와

---

* 1526년 3월.
** 파올로 에밀리오의 『프랑스사(史)』는 총 10권으로 구성되어 있다. 그의 사후 미완으로 남아 있던 10권의 나머지 부분을 다니엘레 자바리세가 마무리 지어 1549년 파리에서 출판했다.

그림479 발레리오 비첸티노(발레리오 벨리), 「손궤」, 1532,
크리스탈, 은박과 에나멜, 은세공품 박물관, 피티 궁전, 피렌체.

그의 조카 두 사람, 그밖에도 많은 이탈리아인과 프랑스인 제자들이 있
다. 프랑수아 왕이 죽은 지 얼마 안 되어 그도 세상을 떠났다.

자, 이제부터 유명한 발레리오 비첸티노Valerio Vincentino*의 예술을
이야기하려고 한다. 그는 크고 작은 보석의 음각을 믿기 어려울 정도
로 섬세하고 아름답게 많이 만들어냈다. 그는 부지런하고 끈기가 있었
기 때문에 구상력까지 뛰어났다면 고대 작품을 훨씬 아름다운 작품으
로 만들었을 것이다. 그는 다른 사람의 모델과 옛 보석을 모방한 작품
을 많이 만들었다. 교황 클레멘티우스 7세를 위해 수정을 씌운 아름다
운 손궤를 제작하고** 2,000두카트를 받았다.그림 479 수정에는 다른 사

* 발레리오 벨리(Valerio Belli)라고도 불리는 비첸티노는 안토니오 베르토
(Antonio Berto)의 둘째 아들로 1468년 비첸차(Vicenza)에서 태어났다.
** 1532년 제작. 피티 궁전에 보관되어 있다.

람의 데생으로 십자가에 못 박힌 그리스도를 음각으로 만들었는데, 교황은 조카딸을 오를레앙 공작과 결혼시키려고 이것을 마르세유에 있던 프랑수아 왕에게 주었다. 이 공작은 나중에 앙리Henri 왕이 되었다.

발레리오는 교황을 위해 수정으로 장식한 성패聖牌와 돈을 만드는 주형鑄型으로 쓰일 교황의 초상을 만들었는데* 이런 우수한 작품들로 말미암아 이 예술에 종사하는 사람들이 밀라노Milano와 각처에서 많이 배출되었다. 그는 또 고대의 왕 12명의 초상을 담은 메달도 만들었는데 그리스의 고대 작품을 모방했지만 매우 아름답다.** 그리하여 그의 작품이 널리 퍼졌기 때문에 금은세공가의 상점에는 대부분 그가 만든 풍경, 조상 등 탁본이 구비돼 있다. 당시 그의 조각 기술은 누구보다 뛰어났기 때문에 그를 당할 사람이 없었다. 그는 또 교황 클레멘티우스를 위해 수정으로 장식한 꽃병을 많이 만들었으며, 그밖에 여러 귀족을 위해 작품을 다수 만들었다.

로렌초 데 메디치 소유였으며 산 로렌초 성당 안에 보관되어 있는 것, 명사들의 저택에 소장되어 있는 것, 수많은 성인의 유물들을 보존하기 위해 교황 클레멘티우스가 성당에 기증한 것들이 있는데 그 종류가 각양각색이며 붉은 무늬가 있는 마노瑪瑙, 자석영紫石英, 유리琉璃, 옥수玉髓, 그밖에 헤아릴 수 없을 정도로 아름다운 귀중품이 많다. 발레리오는 교황 파울루스 3세를 위해 수정으로 십자가를 만들고, 십자가에 못 박힌 그리스도로 장식한 촛대도 두 벌 만들었는데, 오랫동안 심혈을

---

* 교황 클레멘티우스 7세의 성패는 피렌체 공화국의 고문서 보관소가 있는 산타 마리아 노벨라 성당 수도원에 소장되어 있다. 1525년 비첸티노는 이 제작에 대해 1,111두카트를 보수로 받았다.
** 이 작품에 대해 에네아 비코(Enea Vico)가 1555년 발행한 제품보증서가 현존한다. 상세한 것은 안토니오 마그리니 신부가 저술한 『발레리오 벨리의 50개의 메달에 대하여』(Sopra cinquanta medaglie di Valerio Belli), 안토넬리, 베네치아, 1871을 참조할 것.

기울여 제작했다. 그가 조반니보다 많은 작품을 부지런히 만들었기 때문에 추기경 파르네세 소장품 중에도 그의 작품이 많다.

그는 신의 은총으로 78세가 되어서도 눈이 밝아 손을 떨지 않고 계속 작품을 제작할 수 있었으며, 이 재능을 물려받은 그의 딸도 기량이 뛰어나다. 그는 고금의 탑본榻本, 유물, 거장들의 그림이나 데생들을 비용을 고려하지 않고 모았으며, 베로나에 있는 그의 집은 이런 물건들로 가득 차 있었다. 예술을 진정으로 사랑하는 사람은 무덤에 들어갈 때까지 작품 활동을 하며, 현세에서와 마찬가지로 죽은 후에도 사람들에게 칭찬과 추앙을 받는다는 것을 이해할 것이다. 그는 늙어서 더는 일을 계속하지 못하고 1546년에 넋을 하느님에게 맡겼다.

시대는 좀 앞서지만 파르마에는 일 마르미타Il Marmita가 살았는데 그는 그림을 공부하다가 보석을 음각하기 시작해 고대 작품들을 모방했다. 그는 아들 로도비코Lodovico에게 이 기술을 가르쳤으며 추기경 조반니 데 살비아티에게 봉사하면서 수정에 음각으로 만든 조상들로 장식한 손궤를 네 개 제작했는데, 이 작품은 피렌체의 대공작부인 레오노라 디 톨레도Leonora di Toledo에게 기증했다. 그가 만든 작품은 많지만 그중에서도 소크라테스 머리로 장식한 카메오가 유명하며, 고대의 메달도 잘 모방했다.

피렌체 출신의 도메니코 디 폴로Domenico di Polo도 뛰어난 조각가였다. 그는 조반니 델레 코르니올레Giovanni delle Corniole 밑에서 공부했는데, 알레산드로 데 메디치의 초상을 훌륭한 솜씨로 만들었다. 그것은 철로 주형을 떠서 메달로 만들었으며 뒷면은 피렌체 풍경으로 장식했다. 그는 또 코시모 공이 피렌체 공화국 수반으로 선출된 해에 그의 초상을 제작했으며, 뒷면엔 마갈궁摩羯宮, Capricorno*을 그렸다. 그밖에도 크고 작은 보석에 음각을 제작한 작품이 많다. 그는 65세에 생을 마감

---

 * 황도(黃道)의 제10궁(宮). 점성술의 열 번째 염소(fan) 별자리.

했다.

도메니코, 발레리오, 마르미타, 조반니 다 카스텔 볼로네세는 모두 이미 죽었지만 그들에게 필적할 만한 사람이 아직 많이 남아 있다.

페라라의 루이지 아니키니Luigi Anichini는 섬세한 조각 솜씨로 유명했다. 그러나 그보다도 우아하고 완벽하며 모든 면에서 뛰어난 사람은 알레산드로 체사티Alessandro Cesati*다. 그는 열성을 기울여 카메오의 돋을새김, 보석의 음각은 물론 쇠를 파서 주형鑄型 등을 만들어 예술의 최고 경지에 달했다. 그가 만든 기적은 실제로 교황 파울루스 3세를 조각한 메달을 보면 알 수 있는데, 교황이 살아 있는 듯하다. 뒷면엔 알렉산더 대왕이 예루살렘에서 고위 성직자의 발밑에 쓰러지는 광경이 보이며, 그밖의 조상들도 아름답기가 비할 데 없다. 조르조 바사리는 미켈란젤로와 한자리에 있었을 때 이 메달을 보고 "예술은 이제 죽을 시각이 왔다. 왜냐하면 앞으로 더 나아갈 수 없게 되었으니 말이다"라고 외쳤다.

그는 교황 율리우스 3세를 위해 1550년에 메달을 만들었는데, 뒷면에는 성년聖年에 죄수들이 석방되는 장면을 아름답게 표현했다. 그는 로마에 있을 때 조폐국을 위해 주형과 초상을 새기는 일로 항상 바쁜 나날을 보냈다. 또 카스트로의 공작 피에르 루이지 파르네세와 그의 아들 오타비오 공작의 초상을, 추기경 파르네세를 위해 은 바탕 메달에 금으로 초상을 새겼다. 그는 추기경 파르네세의 위촉으로 커다란 옥 속에 프랑스 앙리Henri 왕의 두부를 새겼는데 디자인과 우아함이 비할 데 없으며, 현존하는 작품 중에서 가장 아름다운 음각세공이라 하겠다. 체사티는 그밖에도 많은 작품을 남겼는데, 여자의 나상裸像을 새긴 카메오와 사자, 어린아이 조각 등 모두 훌륭하지만 그중에서도 아테네의 포

---

* 알레산드로 체사티(Alessandro Cesati=Cesari)의 메달들은 영국 박물관에 있다.

치오네 두상*은 가장 아름다운 카메오라고 하겠다.

밀라노의 조반니 안토니오 데 롯시Giovanni Antonio de' Rossi도 카메오를 제작했는데 특히 그는 코시모 공작을 위해 3분의 1브라차 크기로 만들었다. 공작과 그 부인 레오노라의 상반신을 새겼는데 그들은 각자 메달을 들고 있으며, 그 안에는 피렌체시가 보인다. 그들 옆에는 돈 프란체스코 왕자, 돈 조반니 추기경, 돈 가르치아Don Garzia, 돈 아르난도 Don Arnando, 돈 피에트로Don Pietro, 돈나 이사벨라Donna Isabella, 돈나 루크레치아Donna Lucrezia와 그들의 자녀들도 보이는데, 그가 만든 어느 작품보다도 뛰어나다.

코시모 다 트레초Cosimo da Trezzo도 훌륭한 작품을 많이 만들었으며, 스페인의 위대한 가톨릭의 수호신 필리포 왕이 그의 능력을 인정해 포상한 일도 있다. 그는 천성이 총명해 그의 작품과 겨룰 만한 것이 없다. 밀라노의 필리포 네그롤로Filippo Negrolo는 동판화銅版畵 제작자로서 명성이 자자했고, 밀라노의 가스파로와 지롤라모 미수로니Gasparo e Girolamo Misuroni는 수정으로 장식한 꽃병이 특히 아름다우며, 코시모 공을 위해 만든 두 작품은 더욱 뛰어나다. 그가 혈석血石으로 만든 꽃병은 엄청나게 클 뿐만 아니라 조각도 매우 아름답다. 유리琉璃로 만든 큰 꽃병도 걸작이다.

야코포 다 트레초Jacopo da Trezzo도 밀라노에서 이런 직업에 종사했다. 이들은 모두 아름다운 작품을 훌륭한 솜씨로 제작해 고대의 것들과 견줄 만한 작품을, 아니 능가하는 것을 만들어냈다. 그 예로 벤베누토 첼리니Benvenuto Cellini는 로마에서 교황 클레멘티우스에게 봉사하면서 금은세공을 할 때 교황 클레멘티우스의 두부상을 두 점 제작했는데, 마치

---

* 「포치오네(Phocione)의 머리」(포치오네는 기원전 400년경 아테네의 장군, 정치가). 이 카메오는 자네티(Zanetti) 작품이며, 영국 박물관에 있다. 또 혈석(血石, heliotrope) 꽃병은 피티 미술관이 소장한 보물 가운데 하나다.

그림 480 발레리오 비첸티노, 「교황 클레멘티우스 7세 메달」
(앞뒷면), 청동, 영국 박물관, 런던.

살아 있는 인물을 보는 듯하다.^{그림 480} 그 뒷면에는 성패聖牌에 격노를
묶었는데, 그의 팔이 불에 타는 장면이다. 또 하나는 모세가 바위를 깨
고 목마른 군중에게 물을 보내는 광경으로, 그의 예술이 경지에 이르렀
다고 할 만하다. 그는 후에 피렌체의 알레산드로 공을 위해 메달과 주
화鑄貨를 만들었다.

기사騎士 레오네 아레티노Leone Aretino도 훌륭한 작품을 만들었는데
그에 대해서는 다른 자리에서 이야기하겠다.

로마의 피에트로 파올로 갈레오토Pietro Paolo Galeotto는 코시모 공작
의 초상이 들어 있는 메달들, 주화를 위한 주형, 그밖에 상감세공象嵌細
工을 했는데 주로 거장 살베스트로Salvestro의 방법을 모방했다. 파스토
리노 다 시에나Pastorino da Siena는 두부 제작에 뛰어난 솜씨를 보였으며,
영주·귀족·예술가들의 초상을 많이 만들었다. 그는 스투코를 사용하
면 초상의 턱수염, 머리카락, 피부색깔들을 연하게 나타내 마치 살아
있는 듯 보인다는 것을 발견했다. 그러나 철과 다른 금속으로 만든 주
형이 더 아름답다.

지금까지 메달과 밀초들로 초상을 만드는 사람들, 또 같은 일을 하는
금은세공가들에 대해서 너무 길게 이야기한 듯하다. 이밖에는 시에나

의 조반 바티스타 소치니Giovan Battista Sozzini, 피렌체의 일 롯소 데 주니 Il Rosso de' Giugni 등 여러 사람이 있다. 또 철에 조각을 하는 볼로냐 출신 지롤라모 파주올리Girolamo Fagiuoli는 구리를 사용했으며, 피렌체의 도메니코 포지니Domenico Poggini는 조폐국을 위해 코시모 공을 새긴 메달의 주형과 대리석 조상을 만들었다.

마르칸토니오 볼로네세
Marc' Antonio Bolognese
1480?~1534

그밖의 판화가

〔해설〕

　16세기 초반 활동한 이탈리아 르네상스 시대의 대표적 판화가로 라파엘로의 회화와 드로잉을 동판화로 옮긴 르네상스 판화의 거장이다. 마르칸토니오는 볼로냐 출신으로 1506년 베네치아에 체류하였고, 1508년 피렌체를 거쳐 1511년 로마에 정착했으며 이후 라파엘로와 만남을 통해 이 거장의 거의 모든 드로잉과 회화를 판화로 옮겼다. 거장들의 회화를 판화로 옮기는 이른바 번안판화Translation Print라 불리는 판화는 이전에는 거의 볼 수 없었던 새로운 장르의 판화로 르네상스 고유의 산물이라 할 수 있다. 번안판화는 원작에 판각사의 해석의 여지를 담았다고 하여 복제판화reproduction print라 칭하지 않고 번안판화로 부른다.

　마르칸토니오는 라파엘로 외에 바티칸에 그려진 미켈란젤로 작품의 일부도 마치 오늘날의 흑백사진처럼 보이는 정교한 동판화로 제작함으로써 이들 르네상스 거장들의 회화를 전 유럽으로 전파하고 확산하는 역할을 했다. 마르칸토니오가 거장들의 회화나 드로잉을 판화로 옮긴 이들 작품은 번안판화, 즉 print of translation라고 부르며 마르칸토니오는 이 장르를 개척한 판화가로 평가되고 있다. 이 같은 평가를 받게 된 데에는 이를 기록한 바사리의 공로가 크다고 할 수 있다.

　마르칸토니오의 영향을 받아 이미 동시대에 많은 번안판화가가 활동했으며 이들 번안판화는 이탈리아는 물론 유럽 전역에 유포되어 이탈리아 거장들의 양식, 이른바 거장들의 마니에라를 배우는 매체가 되었다. 이탈리아 르네상스 미술이 전 유럽으로 전파되고, 후대에 많은 영향을 미친 데에는 마르칸토니오를 비롯한 동시대 판화가들이 만든 판화 작품의 영향이 컸던 것이다. 회화, 조각, 건축, 공예 외에도 당시 새롭게 등장한 판화의 주역들을 평전에 소개함으로써 이들 작가들의 활동상을 역사적 기록으로 남겼다는 점에서 바사리의 미술에 대한 넓은 시야와 판단력에 감탄하게 된다.

　마르칸토니오는 동시대 판화의 거장이었던 독일 르네상스의 거장 뒤러의 판화를 모각함으로써 그의 작품을 이탈리아 미술가들에게 알리는 역할을 하기도 했다. 대표적인 예로 베네치아에 체류했던 1506년경 뒤러의 목판화「성모 마리아의 생애」를 동판화로 제작한 것들이 있다. 마르칸토니오는 1511년 이후 줄곧 로마에서 활동하다가 1527년 '로마의 약탈' 사건 이후 고향 볼로냐로 돌아왔다.

'회화 이론'에 대한 저술들을 두루 살펴보아도 동판화를 설명하는 부분은 아주 조금밖에 없다. 예를 들면 끝이 가는 사각형 철로 만든 조각칼로 비스듬히 은銀을 새기는 방법이라고만 적혀 있다. 나는 이 기회에 마르칸토니오의 생애와 관련된 이 문제에 대해 견해를 피력하려고 한다.*

판화는 1460년경 피렌체 사람 마소 피니구에라Maso Finiguerra가 발명했다. 그가 은판에 새긴 작품은 모두 흑색 합금을 가득 채워서 점토 위에 액체 유황을 부어 본을 뜬다. 이렇게 하면 연기 때문에 검게 변한 은 위에 새겨진 그림이 기름 속에 나타난다. 그는 또 비슷한 빛깔의 축축한 종이 면과 착색한 판에 둥글고 부드러운 롤러로 같은 방법을 되풀이해서 마치 펜과 잉크로 그린 것처럼 보이게 했다.

이 사람의 뒤를 이은 사람이 피렌체의 금은세공가 바초 발디니Baccio Baldini**인데 그는 데생 작업은 많이 하지 않았고 산드로 보티첼리Sandro Botticelli의 그림을 모사했다. 이런 방법을 알게 된 로마의 안드레아 만테냐Andrea Mantegna는 내가 이 화가 생애에서 이야기한 바와 같이 자기 그림을 많이 조판彫板하기 시작했다.

이 발명이 드디어 플랑드르에 전파되어 앤트워프Antwerp 출신의 이름난 화가 마르틴Martin이 판화를 많이 만들어서 'M.C.'라고 서명해*** 이탈리아로 보냈다. 처음 들어온 작품이 어리석은 처녀 다섯은 불을 켜지 않은 등불을, 총명한 처녀 다섯은 불을 밝힌 등불을 가지고 있는 그

---

* 바사리는 원래 이름이 마르칸토니오 라이몬디인 볼로냐의 마르칸토니오 전기를 쓰면서 판화 역사에서 중요한 초기의 판화가들을 언급했다. 동시에 그는 마르틴 숀가우어(Martin Schongauer, 1430?~91)와 알브레히트 뒤러(Albrecht Dürer, 1471~1528) 작품이 이탈리아에 미치는 영향을 논했다.
** 1436~1515.
*** 마르틴 판 클레프(Martin van Cleef)를 뜻한다.

그림 481 마르틴 숀가우어, 「악마들에게 시달리는
성 안토니오」, 1475, 동판화, 311×229cm, 뉴욕 시립 미술관 재단.

림이다. 그밖에 십자가에 못 박힌 그리스도와 밑에 서 있는 성 요한 그
림이 있는데 이에 감동한 피렌체의 사본寫本장식가 게라르도Gherardo가
판화용 조각칼로 모사를 시작해 크게 성공했으나 그가 얼마 안 있어 죽
었기 때문에 작업이 계속되지는 않았다.

　마르틴은 계속해서 판화를 만들어냈다. 그중에서도 복음 전도자 네
사람, 그리스도와 12사도와 베로니카와 성인 여섯 명, 벌거벗은 남녀
가 높이 들고 있는 독일 영주의 문장紋章, 뱀을 죽이는 성 조르조, 빌라
도 앞에 선 그리스도, 좀 커다랗게 그린 동정녀의 행진과 사도들은 가

장 우수한 작품이다. 그밖에도 성 안토니오가 악마들에게 두들겨 맞고서 공중 앞으로 끌려가는, 상상조차 할 수 없는 끔찍한 장면을 그린 그림이 있는데, 미켈란젤로는 젊었을 때 이 그림이 마음에 들어 채색하기도 했다.^{그림 481}

알브레히트 뒤러Albrecht Dürer는 앤트워프에 머물 때 마르틴의 기술을 이어받았는데 그는 훌륭한 데생 실력뿐만 아니라 뛰어난 판단력과 섬세한 재능을 발휘해 생활을 탐구하며 자신이 동경하는 이탈리아풍에 접근하려고 애썼다. 그는 아주 젊었을 때 마르틴만큼 아름다운 작품을 많이 제작했으며, 직접 만든 조각에 이름을 써넣었다. 1503년에 그는 작은 성모상을 제작했는데 마르틴보다는 물론이고 과거에 자신이 만든 작품보다 뛰어났다. 또 말 두 마리를 얇은 판에 사생한 작품도 매우 아름답다. 돌아온 탕아湯兒가 손을 모으고 무릎을 꿇고 위를 쳐다보는 모습을 표현한 작품도 있다. 한편 돼지들이 구유에 모여 있는 독일의 멋지고 작은 집들이 풍경을 더욱 아름답게 한다.

그는 또 손을 붙들어 매어서 머리 위에 올린 성 세바스티아노S. Sebastiano와 성모 마리아, 아기 예수, 뒤에는 들창이 보이는 작은 작품을 뛰어난 솜씨로 만들었다. 그는 시종을 거느리고 말을 탄 플랑드르 여인도 제작했다. 크기가 같은 동판 위에 「사티르Satyr에게 도망간 님프를 벌하는 디아나Diana」를 새겼는데 거장다운 섬세함과 더불어 그의 예술이 경지에 이르렀음을 알려주는 작품으로 나상을 잘 이해했음을 보여준다. 또 조금 큰 작품에는 한 님프가 바다 괴물에게 끌려가는 장면과 다른 님프들은 목욕을 즐기는 장면을 표현했다.

이 화가들은 자기 나라에서는 명성이 높았지만 이탈리아에서는 다만 판화로 칭찬을 받았을 정도다. 뒤러가 자기 장점을 이용하지 못하고 제자들에게 나신을 그리라고 했기 때문에 더 좋은 작품을 제작할 수 없었다고 생각한다. 그렇게 되면 흔히 독일 사람들이 보는 바와 같이 옷을 입은 사람의 그림은 훌륭해 보이지만 나신의 모델은 좋아 보이지 않기 때문이다. 그는 플랑드르 농부의 의상을 여러 판화에 그렸으며, 피리를 불면서 춤추는 장면, 가금 따위를 파는 장면도 그렸다. 또 베누스가 꿈길로 유혹해 뜨거운 욕조 안에서 잠든 사나이와 그 옆에서 죽마竹馬를 타고 노는 큐피드, 대롱으로 그의 귀에 바람을 불어넣는 악마를 그렸다.

그는 아기 예수를 데리고 가는 성 크리스토퍼를 두 가지 양식으로 그렸는데 반짝이는 머리카락과 다른 부분들이 매우 아름답다. 그는 동판화를 만드는 데 시간이 많이 들기 때문에 목판화를 시작하면 광범위하게 이용할 수 있음을 깨달았다. 1510년에는 조그만 목판화를 두 폭 제작했는데, 하나는 성 요한의 참수斬首 장면이고, 또 하나는 그의 머리를 큰 접시에 담아 혜롯 왕에게 바치는 장면이다. 그밖에도 성 크리스토퍼, 교황 성 식스투스S. Sixtus, 성 스테파노, 성 로렌초 등의 판화도 제작했다. 목판화가 동판화보다 쉽다는 것을 안 그는 성 그레고리오와 부제副祭, 차부제次副祭의 미사 집전 장면을 그렸다.

그는 용기를 얻어 1510년에는 「그리스도의 수난」을 크고 얇은 판으로 만들어 네 조각으로 나눠 끝맺으려고 생각했다. 즉 「최후의 만찬」, 「동산에서의 붙잡힘」, 「로마 교황을 구하기 위해 고성소古聖所에 내리심」, 「부활」 등이다. 그가 둘째 번 주제를 유채화로 그린 것이 피렌체에 있으며, 베르나르데토 데 메디치Bernardetto de' Medici가 소장하고 있다. 그의 다른 작품에도 서명이 있지만 머리와 의상 등이 그의 그림 스타일 같지 않으며, 졸작이라서 나는 그가 그렸다고 생각하지 않는다. 아마 그가 죽은 뒤 그의 명성을 이용해 많은 사람이 돈 때문에 그린 것이 아닐까라는 생각을 해본다.

1511년 그는 성모의 일생을 시트 20개에 같은 크기로 그렸는데 구도, 원근법, 건축물, 의상, 젊은이와 늙은이 얼굴 등을 섬세하게 표현한 그의 재주는 비할 데 없이 훌륭하다. 만일 이처럼 다재다능하고 부지런한 사람이 플랑드르가 아니라 토스카나Toscana에서 태어나 우리처럼 로

그림 482 알브레히트 뒤러, 「천계의 여인」(요한의 묵시록 중
한 장면), 1497~98, 목판화, 39×28cm, 영국 박물관, 런던.

마 사물들을 공부했다면 플랑드르 사람들이 그를 최고 거장이라고 하
듯이, 그는 이 땅에서도 가장 훌륭한 화가가 되었을 것이다. 같은 해에
그는 아포칼립스Apocalypse에 기록된 파트모스Patmos섬에서 있었던 성
요한의 굉장한 환시幻視를 목판 15개에 그렸다.그림 482 그의 환상적 상
상력은 이런 주제에 잘 맞아서 하늘과 땅 위의 사물들을 잘 표현했으
며, 각종 동물과 괴물들의 그림은 우리 화가들에게 도움을 많이 주었고
많은 화가가 그의 작품을 빈번히 모사했다.

그는 또 나신의 그리스도가 '수난의 신비'misteri della sua Passione에 둘
러싸여 사람들의 죄로 말미암아 손을 얼굴에 대고 우는 모습을 매우 아

름답게 그렸다. 작품이 높은 평가를 받으면서 용기를 얻은 그는 실력도 점점 좋아졌다. 그는 시트 절반 크기에 말린코니아Malinconia를 제작했는데 여러 물건에 둘러싸인 그림으로, 보는 사람을 우울감에 빠지게 한다. 동판용 조각칼로 이보다 섬세한 작품을 새기지는 못할 것이다. 또 세 여인을 그린 판화도 있다.

뒤러 작품을 말하면서 하나 더 첨부할 것은 「그리스도의 수난」 Passione di Cristo을 36장으로 데생한 작품이다. 그는 이 작품을 볼로냐 사람 마르칸토니오와 협의해 출판하기로 했다.* 이 출판물이 베네치아에 나타나자 이탈리아 판화계는 비상한 자극을 받게 되었는데 그 사연은 아래와 같다.

프란체스코 프란치아Francesco Francia가 볼로냐에서 그림을 그릴 때 뛰어난 제자로 젊은 마르칸토니오가 있었다. 그는 오랫동안 프란치아 밑에 있으면서 데 프란치de' Franci라는 별명을 얻었다. 데생 실력은 선생보다 뛰어났으며 동판용 조각칼도 재치 있게 쓸 줄 알았던 그는 상감用象嵌用 흑색 합금으로 테두리를 아름답게 만들어 널리 쓰이게 했다. 세상에 나가 다른 예술가들의 방법을 시험하고 싶었던 그는 스승 프란치아에게 허락을 받아 베네치아로 떠났고, 그곳에서 예술가들의 환대를 받았다.

그는 산 마르코S. Marco 광장에서 뒤러의 목판화와 동판화를 보고 플랑드르 사람들을 만났으며, 뒤러의 판화 제작 방법과 화풍을 감상하며 볼로냐에서 가지고 온 돈을 이런 시트를 사는 데 다 썼다. 그중에는 뒤러가 찍어낸 4절판 크기의 목판 36장에 새긴 그리스도의 수난이 있는데, 아담의 원죄에서 시작해 낙원에서 추방되고 성령을 보내는 장면까지 계속해서 그린 작품이다. 그는 이탈리아에서 이 예술로 명예와 소득을 얻을 수 있음을 깨닫고 열심히 정성을 쏟아 공부하기로 결심했

* 말린코니아는 1514년 작품이며, 그리스도의 수난은 1511년 작품이다.

그림 483 알브레히트 뒤러, 「동정 마리아의 결혼」, 1504,
목판화, 29×21cm, 시립 그래픽 박물관, 뮌헨.

다. 그는 사들인 고상하고 아름답다고 생각되는 프린트를 모두 연구하
고 뒤러 작품을 모방하기 시작했다. 그는 뒤러가 사용한 나무 두께만
한 구리판 36매에 「그리스도의 수난과 생애」를 뒤러가 자기 작품에 사
인한 'A.D.'와 함께 새겨 뒤러 작품과 똑같게 제작하는 데 성공했으므
로,그림 484 누구도 둘의 차이를 알아낼 수 없었으며 뒤러 작품처럼 매
매되었다.

　이 모조품들이 플랑드르에 들어오면서 이런 사실이 알려지자 뒤러
는 격분해 플랑드르를 떠나 베네치아로 와서 각하에게 마르칸토니오
의 비행을 불평했다. 그러나 뒤러가 얻은 것이라고는 마르칸토니오가

머지않아 자기 사인을 사용하겠다는 것뿐이었다. 마르칸토니오는 로마로 가서 데생을 공부했으며, 뒤러는 플랑드르로 되돌아갔을 때 아름다운 동판화를 많이 만들기 시작한 새로운 경쟁자를 발견했다. 즉 네덜란드 출신의 루카스*인데 데생 실력은 뒤러에 미치지 못했지만 경쟁자임에는 틀림없었다. 그의 많은 작품 중에서 첫째 것은 1509년에 제작한 동그란 모양의 프린트 두 개인데, 하나는 십자가를 지고 가는 그리스도이고 또 하나는 십자가에 못 박힌 그리스도다. 그 후에는 삼손, 말을 탄 다비드, 순교한 베드로와 박해자 등을 제작했다.

얼마 후 루카스는 사울Saul 앞에서 노는 다비드의 동판화를 만들었다. 곧 그는 기술이 눈부시게 발전해서 비르질리오Virgilio가 창에서 몸을 내민 커다랗고 아름다운 판화를 제작했고, 뒤러는 이에 맞서서 정말 훌륭한 시트를 출판했다. 뒤러는 자기 실력을 과시하려고 무장하고 말 탄 사람을 제작했는데, 번쩍이는 무장과 말에 입힌 검은 외투로 인간의 힘을 표현한 것을 보면 무척 힘들여 그린 작품임을 알 수 있다. 사람 곁에는 손에 모래시계를 찬 사신死神이 있고, 뒤에는 악마가 서 있다. 옆에는 털이 많은 개 한 마리가 있는데 아름답게 손질한 작품이다. 1512년 뒤러는 「그리스도의 수난」Passione di Cristo을 작은 장면 16개로 나눠 동판화로 완성했는데 아름답고 부드럽고 우아하며 인물들이 두드러져 보인다.

이 경쟁에 자극을 받은 루카스Lucas는 그리스도의 수난을 열두 조각에 담았는데, 아름답기는 했으나 조각과 데생이 서툴렀다. 그는 또 뱀에게 잡아먹힐까 봐 우는 소녀를 달래는 성 조르조, 우상을 숭배하는 솔로몬, 그리스도의 세례, 피라무스Pyramus와 티스베Tisbe, 아하수에루스Ahasuerus와 무릎을 꿇은 에스테르Ester 왕비 등도 제작했다. 한편 작품의 질과 양에서 루카스에게 질 수 없다고 결심한 뒤러는 구름 위의

* 루카스 판 라이덴(Lucas van Leyden, 1494~1533)이다.

그림 484 마르칸토니오 볼로네세, 「동정 마리아의 결혼」
(알브레히트 뒤러의 목판화 복제), 1506년경, 동판화,
국립 인쇄출판 박물관, 로마.
이 두 판화를 자세히 살펴보면 마르칸토니오의 복제판은
좀 딱딱하고 자연스럽지 못한 데가 있다.

나상, 이상한 날개가 달린 템페란차Temperanza가 손에 금으로 만든 컵과
굴레를 든 장면, 작은 전원 풍경 등을 제작했다. 그녀 옆에는 수사슴 앞
에 성 유스타키오S. Eustachio가 무릎을 꿇었고 사슴의 두 뿔 사이에는 십
자가에 못 박힌 그리스도가 보이는데, 참으로 아름다운 작품이다. 특히
여러 자세로 표현한 개 몇 마리는 감히 흉내 낼 수 없을 정도다. 그는
문장紋章을 장식하려고 소년 그림을 그렸다. 소년들 가운데 몇몇은 방
패를 들고 있으며 그 방패에는 사자死者의 얼굴을 그리고 투구의 앞꽂

이 장식으로는 수탉을 그렸는데 최고 작품이라 하겠다.

끝으로 그는 추기경 모자에 글을 쓰는 성 히에로니무스와 그의 발밑에 잠들어 있는 사자, 초자를 끼운 들창, 햇빛이 이 성좌聖座를 비추는 불가사의한 그림도 제작했다. 그밖에 책, 시계, 서류와 그의 직업에 관계되는 물건들을 볼 수 있다. 1523년에는 그리스도와 열두 제자를 그렸는데 그의 마지막 작품이다. 그가 그린 많은 초상화가 인쇄되었는데 그중에는 로테르담Rotterdam의 에라스무스Erasmus, 황제의 선거인인 브란덴부르크Brandenburg의 알브레히트Albrecht 추기경, 자화상 한 점 등이 있다. 그는 많은 판화를 제작하면서도 그림을 포기하지 않고 패널화, 유화 등 값진 작품을 많이 제작했으며 판화, 회화, 원근법 및 건축에 관한 저서도 남겼다.

다시 판화 이야기로 돌아가자. 루카스는 뒤러 작품에 자극을 받아 제작에 최선을 다했으며, 요셉의 소행에 관한 동판화 네 점과 네 명의 복음 전도자, 맘레Mamre 평원에서 세 천사가 아브라함 앞에 나타나는 장면, 수산나Susanna의 목욕 장면, 다비드David의 기도 장면, 마상의 마르도케오Mardocheo의 개선 장면, 딸들에게 독살되는 로토Lotto, 아담과 이브의 창조, 이들에게 사과를 따먹지 말라는 신의 계명, 카인이 아벨을 살해하는 장면 등을 모두 1529년에 제작했다.*

루카스의 걸작은 큰 시트에 담긴 「십자가에 못 박힌 그리스도」 Crucifissione di Cristo와 본시오 빌라도가 군중에게 공표하는 「이 사람을 보라」Ecce Homo!인데, 그림 485 인물이 많이 그려져 있어서 높이 평가된다. 그밖에 성 바오로의 개종改宗과 「성 바오로가 다마스커스로 가다」도 있다. 이 작품들로 루카스는 뛰어난 판화가들 사이에서 확고한 지위

<hr>

* 뒤러의 동판화 네 점이 모두 1529년에 제작됐다는 것은 바사리의 착오이며 복음 전도자 요셉은 1522년에, 수산나는 1508년에, 마르도케오는 1515년에, 로토는 1530년에 제작되었다.

그림 485 루카스 반 라이덴, 「이 사람을 보라」, 1510, 동판화,
287×452cm, 영국 박물관, 런던.

를 차지하게 되었다.

루카스의 구도는 바르고 명확하고 혼란스럽지 않아 마치 자기 생각을 다른 방법으로는 표현할 수 없는 듯 보이며 뒤러에 비해 예술의 법칙을 잘 따랐다고 할 수 있다. 그는 실제 자연의 모습처럼 사물이 점점 멀어질수록 시계에서 흐릿해지게 아주 부드러운 색조로 신중히 표현해 많은 화가가 이런 표현법에 눈뜨게 만들었다. 그는 작은 프린트와 갖가지 성모상, 그리스도와 열두 제자, 여러 성인, 문장紋章, 투구 장식 등을 제작했다. 특히 한 농부가 이를 빼는 그림은 너무 아파서 한 여인이 돈지갑을 훔치는 것도 모를 정도로 섬세하게 표현했다. 뒤러와 루카스의 이런 작품들은 플랑드르와 독일 사람들에게 이 같은 아름다운 프린트를 갖고 싶다는 욕망을 품게 했다.

다시 마르칸토니오 이야기로 돌아가자. 로마에 도착한 그는 라파엘로가 스케치한 「루크레티아Lucretia」를 아름다운 동판화로 만들어그림

그림 486 마르칸토니오 볼로네세, 「루크레티아」, 1511~12,
동판화, 217×133cm, 영국 박물관, 런던.

486 라파엘로에게 보여주었고, 라파엘로는 자신이 만든 데생으로 프
린트를 몇 장 만들고 싶어 했다. 라파엘로는 자신의 초기작 「파리스의
심판」에 태양의 수레, 숲, 물, 바다의 님프, 배 따위를 환상적으로 첨가
했는데, 마르칸토니오는 이것을 대담하게 새겨 로마 사람들을 놀라게
했다.

　다음에 그는 인노첸트를 눈부신 나신 여인과 어린이, 넵투누스
Neptunus와 옆에 아이네아스Aeneas가 있는 작은 장면, 헬레나의 강탈, 성
녀 펠리치타S. Felicita가 끓는 가마솥에서 순교하고, 그의 아이들이 참수
당하는 스케치들을 만들었다. 이 작품들이 마르칸토니오의 명성을 높
였으며, 플랑드르 사람의 것보다 데생이 훌륭해 상인들도 수익을 더 많

그림 487 마르칸토니오 볼로네세, 「서명의 방」
(원작은 라파엘로 회화), 1517~20, 동판화, 35.6×46.9cm.

이 낼 수 있었다.

　라파엘로는 여러 해 동안 일 바비에라Il Baviera라고 부르는 소년을 옆에 두고 그림물감을 섞게 했다. 똑똑했던 일 바비에라는 라파엘로 그림에 마르칸토니오가 판화를 새기면 인쇄를 하고 끝까지 손질해 고객에게 도소매 판매를 했다. 이렇게 해서 무수한 프린트를 제작해 돈을 많이 벌었는데 프린트에는 라파엘로 산치오의 약자인 'R.S.'와 마르칸토니오의 약자인 'M.F.'라고 서명했다. 이런 작품으로는 라파엘로가 그린 것들, 즉 사랑의 신神이 포옹하는 베누스, 신神이 아브라함의 잉태를 축복하다, 한 딸과 두 아들과 함께 라파엘로가 교황의 홀에 그린 메달들, 즉 피리를 가진 칼리오프Calliope, 현명함과 정의의 신, 아폴로와 뮤즈와 시인들이 모인 파르나소스Parnassus 동산의 작은 그림이 있다. 그밖에 라파엘로가 그림을 그리기 위해 데생한 불에 휩쓸린 트로이Troy에는 아이네아스가 안키세스Anchises를 업고 가는 장면이 있다. 라파엘로의 돌고래가 이끄는 수레를 탄 갈라테아Galatea와 트리톤Triton이 한 님프를 채어가는 것도 표현했다.

　그 후로는 라파엘로가 그린 단독 인물을 판화로 많이 만들었다. 즉 손에 수금竪琴을 들고 있는 아폴로, 평화의 신에게 올리브 가지를 드리는 사랑의 신, 대신덕對神德, Virtu teologiche 세 명과 도덕의 신Morali 네 명을 같은 크기로 만들고, 그리스도와 12사도使徒, 시트 절반 크기에 라파엘로의 아라첼리Araceli에 있는 성모를 그렸다. 또 하나는 성모와 성 예로니모, 대천사 라파엘, 토비아스가 함께 나폴리의 산 도메니코 성당으로 가는 장면과 작은 것으로는 성모 마리아가 의자에 앉아 반라半裸의 그리스도를 포옹하는 작품이다. 그밖에도 라파엘로가 그린 성모상이 여럿 있다.

　다음에 마르칸토니오는 라파엘로의 젊은 세례자 성 요한이 사막에 앉아 있는 그림과 라파엘로가 산 조반니 인 몬테S. Giovanni in Monte 성당을 위해 그린, 성녀 체칠리아S. Cecilia가 다른 성인들과 있는 장면을 판화로 제작해 칭찬을 많이 받았다. 라파엘로는 교황의 경당에 사용될 아라초 직물의 밑그림을 그렸는데, 나중에 명주와 금을 섞어서 짰다. 성 베드로, 성 바오로, 성 스테파노 이야기를 담은 그림인데, 마르칸토니오는 이 그림에 설교하는 성 바오로와 돌에 맞는 성 스테파노, 눈먼 사람을 치유하는 장면을 새겼다. 이 작품은 라파엘로의 재주와 우아한 데생에 마르칸토니오의 판화 솜씨가 어우러져 실로 비할 데가 없이 아름답다.

그는 또 라파엘로가 그린 「그리스도 십자가 강하」Deposto di Croce와 「성모의 혼절하심」Madonna svenuta을 제작했으며, 얼마 후에는 팔레르모 Palermo로 가게 되어 있는 라파엘로의 그림 「십자가를 지는 그리스도」를 아름답게 프린트했다. 또 라파엘로가 데생한 그리스도와 성모 마리아의 승천은 세례자 성 요한과 성녀 카테리나가 무릎을 꿇고, 성 바오로는 서 있는 큰 그림인데 프린트도 아름답다. 그러나 자국이 너무 많아서 더럽혀졌으며, 로마 약탈 때 독일인들이 가져갔다. 그는 다음에 수염을 깨끗이 깎은 교황 클레멘티우스 7세의 초상과 황제 샤를 5세의 젊었을 때와 늙었을 때의 초상화는 물론 로마 왕이며 후에 황제가 된 페르디난도 초상도 새겼다. 로마의 유명한 시인 피에트로 아레티노 Pietro Aretino의 초상도 새겼는데 그의 걸작 중 하나다. 마르칸토니오는 고대의 12황제를 메달로 만들어 그중 몇 개를 알브레히트 뒤러에게 보냈으며, 그는 마르칸토니오를 매우 칭찬하고 라파엘로에게는 자기가 그린 자화상을 보내왔는데 다른 데생들과 함께 좋은 작품이다.

이렇게 마르칸토니오의 명성이 높아지면서 그의 프린트도 높이 평가되자 그에게 배우려고 많은 사람이 몰려왔다. 그중에서도 마르코 다 라벤나Marco da Ravenna*와 아고스티노 비니치아노Agostino Viniziano는 배우는 속도가 빨라 라파엘로 데생으로 판화를 만들어 각각 'R.S.'와

___

* 일명 마르코 덴테(Marco Dente), 1496년 출생.

그림 488 마르칸토니오 볼로네세, 「아폴로」(원작은 라파엘로 회화),
16세기 초, 동판화, 22.7×11.3cm.

'A.V.'라고 사인했다. 즉 성모 마리아와 죽은 그리스도, 성 요한, 마리아 막달레나, 니코데모, 그밖에 성녀들을 그림 제목에 넣었으며, 큰 규모로는 성모 마리아가 양팔을 벌리고 경건한 눈으로 죽은 그리스도를 쳐다보는 것을 만들었다.

아고스티노 작품 중에는 더 큰 것으로 「그리스도의 탄생」이 있는데 목동과 천사들, 위에는 하느님, 외양간에는 옛날과 현세의 많은 인물이 그려져 있으며 두 여인이 향로를 들고 있다. 그는 침대에서 잠든 사람을 죽이러 가던 사람을 늑대로 변모시키는 장면도 그렸으며, 알렉산더 대왕이 록사나Roxana에게 왕관을 증정하는 장면을 공중을 나는 큐피드들이 알렉산더의 갑옷과 투구로 꾸미는 광경과 함께 만들었다. 아고스티노와 마르코는 라파엘로의 데생에서 「예수와 12사도의 최후의 만찬」, 「성모영보」와 프시케Psyche의 결혼에서 두 장면을 만들었다.

아고스티노와 마르코는 라파엘로가 과거에 그렸거나 데생한 것과 줄리오 로마노의 그림을 모사했으며, 그밖에도 로지아에 있는 라파엘로 데생을 로마노가 그린 장면으로 판화를 제작했는데, 지금은 거의 바닥이 났다. 이들이 처음 판화를 만들고 'M.R.'—마르코 라비냐노Marco Ravignano — 와 'A.V.'—아고스티노 비니치아노Agostino Viniziano — 라고 사인한 작품을 다른 사람들이 되풀이해서 복제했다. 즉 「천지창조」 Creazione del mondo, 「하느님이 만물을 창조하시다」, 「카인이 아벨을 살해하다」, 「아브라함이 이삭을 희생하다」, 「노아의 방주와 대홍수」l'arca di Noe e il diluvio, 「동물들의 구원」, 「홍해 횡단」Passare del mare rosso, 「시나이산 위에서의 모세의 계명」Tradizione della legge dal monte Sinai per Moise, 「만나」la manna, 「다비데가 골리앗을 죽이다」David che amazza Golia 등이다. 마르칸토니오가 이미 조각한 것으로는 「솔로몬이 신전을 짓다」Solomonche che edifica il tempio, 「솔로몬의 재판」Giudizio, 「시바 여왕의 방문」Visita della reina Sheba 등이 있으며, 『신약성서』에서 「그리스도의 탄생」Nativita, 「그리스도의 부활」Resurrezione, 「성령의 발현」Missione dello

Spirito Santo 등은 모두 라파엘로 생전에 프린트되었다.

　마르코는 라파엘로가 죽은 뒤 아고스티노와 헤어졌는데 아고스티노는 피렌체의 조각가 바초 반디넬리에게 고용되어 물기 없는 뼈들로 만든 해골과 클레오파트라와 판화를 두 점 제작했는데 좋은 작품이다. 이에 용기를 얻은 반디넬리는 당시로는 가장 큰 규모로 「인노첸티 Innocenti의 학살」을 데생하고 조판調版했는데, 헤롯 왕의 명령으로 무구한 어린이를 죽이는 옷 입은 여인과 벌거벗은 남자들이 가득 찬 장면을 표현했다. 한편 마르칸토니오는 여러 자세의 12사도와 많은 성인을 새겨서 데생 능력이 부족하고 형편이 어려운 화가들에게 많은 도움을 주었다.

　그는 또 다리 밑에 사자 한 마리와 함께 앉아 있는 벌거벗은 젊은이와 그의 의사를 표시하는 큰 기치가 바람을 맞아 나부끼는 장면을 만들었다. 다른 하나는 라파엘로 데생과 아이디어로 만들었는데, 등에 대좌台座를 진 자와 작은 성 히에로니무스가 죽은 사람의 두개골을 바라보면서 한 손가락을 그 구멍에 넣는 장면이다. 또 성당의 태피스트리 직물 그림을 복사해 굴레를 씌운 말 두 필이 정의의 여신과 계절의 여신을 끄는 장면과 동틀 녘을 제작했다. 고대古代 스타일로 세 자매와 신전으로 가는 계단을 오르는 성모 마리아 이야기도 새겼다.

　줄리오 로마노는 겸손한 사람이라서 라파엘로가 살아 있을 때는 그와 경쟁하는 모습을 보이고 싶지 않아 자신의 모든 작품을 프린트하지 못하게 했고, 라파엘로가 죽은 후에는 마르칸토니오와 함께 일하게 되면서 두 기병이 싸우는 장면을 큰 규모로 아름답게 새겼다. 또 페시아에 있는 발다사레 투리니Baldassarre Turini 별장에 보관된 그의 그림을 본떠 베누스, 아폴로, 히아친토Hyacinto 이야기를 판화로 만들었다. 그는 또 부자들을 상대하던 창부가 건립한 트리니티 경당 둥근 기둥 위에 마리아 막달레나와 복음 전도자 네 명의 이야기를 네 장면 그렸는데, 이 그림은 아뇰로 마시미Agnolo Massimi가 소유하고 있다.

그는 마이아노Maiano의 고대석관古代石棺에서 비슷한 판화를 만들었는데 성 베드로 대성당 안뜰에 있다. 이것은 사자 사냥과 이스탄불의 개선문 대리석에 새긴 얕은 돋을새김의 하나를 본뜬 것이다. 끝으로 라파엘로가 궁전의 복도와 로지아를 위해 그린 많은 데생—이것들은 후에 톰마소 바를라키Tommaso Barlacchi가 판화로 만들었다—과 종교법원을 위해 그린 걸개그림으로 판화를 만들었다. 로마노는 또 마르칸토니오를 시켜서 사악한 남녀들의 관계를 판화로 만들었는데 시트마다 피에트로 아레티노가 쓴 매우 외설적인 소네트를 써넣어 교황이 심하게 문책했다. 로마노가 이미 만토바로 떠나지 않았다면 심한 책망을 받았을 것이다.

이 데생들은 나중에 거의 상상도 할 수 없는 곳에서 발견되어 결국 금지당하고 마르칸토니오는 투옥되었다. 만일 추기경 데 메디치와 바초 반디넬리가 없었다면 그는 화가의 길을 계속 걷지 못했을 것이다. 당시 교황에게 봉사하던 이 두 사람이 석방을 중재해 그는 로마에서 풀려났다. 하늘이 준 재주를 이같이 혐오할 만한 일에 쓰면 안 된다는 것을 보여준 좋은 예다. 그러나 우리는 주변에서 그런 일을 왕왕 볼 수 있다.

감옥에서 풀려난 마르칸토니오는 바초 반디넬리를 위해 작품을 만들었다. 그전에 착수했던 것이지만 공력을 들여 격자 모양 위에 성 로렌초를 새겼는데 무척 아름다운 작품이다. 그런데 반디넬리는 이 작품에는 과오가 많다고 교황에게 불평했다. 마르칸토니오가 자기에게 예의를 갖추지 않았으며, 보복 심리에서 이런 작품이 나온 것이라고 했다. 마르칸토니오가 반디넬리 모르게 작품을 완성했기 때문이다.

모든 사정을 들은 마르칸토니오는 데생에 흥미가 많은 교황을 찾아가 반디넬리 원본과 자기가 만든 프린트를 보여주었다. 교황은 그에게는 아무런 잘못이 없을뿐더러 반디넬리 데생 중에서 그리 중요하지 않은 데를 많이 수정한 것도 알아차렸으며, 그가 만든 판화가 반디넬리 그림보다 낫다는 것을 알게 되었다. 그리하여 교황은 그를 크게 칭찬하고 따뜻이 대했으며 호의를 베풀었다. 그러나 로마 약탈 때 그는 거의 적빈赤貧이 되다시피 하여 모든 것을 잃었을 뿐만 아니라 스페인 사람들에게 몸값을 치르지 않으면 안 되었다. 그 일이 있은 후 그는 로마를 떠나 다시 돌아오지 않았는데, 그 뒤의 일들은 다음과 같다. 이탈리아에 판화를 도입한 것은 그의 공적이며, 예술과 더불어 유능한 사람들에게 큰 이익을 주었다.

다른 항목에서 기록한 바와 같이, 아고스티노 비니치아노는 라파엘로가 죽은 후에는 이탈리아에서 제일가는 화가라고 하는 안드레아 델 사르토 밑에서 공부하려고 피렌체에 왔다. 그는 그곳에서 안드레아 작품을 판화로 만들고 싶다고 설득하는 비니치아노에게 못 이겨 세 천사가 부축하는 죽은 그리스도 데생을 제작해 판화로 만들었으나 생각만큼 성공을 거두지 못했고, 안드레아는 다시는 판화를 만들지 않기로 결심했다. 그러나 그가 죽은 후에 다른 사람들이 피렌체의 스칼조Scalzo 성당에 있는, 안드레아가 키아로스쿠로 기법으로 그린 장면을 판화로 만들었다.

마르코 다 라벤나Marco da Ravenna도 비니치아노와 합작해 안드레아의 아름다운 그림—그의 서명을 보면 안다—으로 판화를 제작했다. 그들을 뒤따른 사람들도 판화를 잘 만들었으므로 어느 마을에서나 유명한 화가의 작품을 구경할 수 있었다. 어떤 사람들은 용기를 내서 마치 펜으로 그린 것같이 힘들여 재치 있게 목판화를 만들었다. 예를 들면 평범한 화가이기는 하나 우고 다 카르피Ugo da Carpi도 재치 있고 환상적인 판화를 만들었다.* 기술적 서설에서 나는** 그를 두 종류의 인쇄

---

* 1486년 출생.
** 바사리의 「기법론」을 말한다. 『르네상스 미술가 평전』 제6권을 참조할 것.

2176

에 처음으로 성공한 사람이라고 평가했다. 그 하나는 그늘을 만드는 방법, 다른 하나는 연한 빛깔을 찍는 방법인데 인쇄된 후에는 마치 백연白鉛으로 그린 것같이 보인다.

　그는 앉아서 책을 읽는 무녀巫女와 옷을 입은 어린아이가 횃불을 손에 든 장면을 그리자이유로 그린 라파엘로 데생으로 작품을 만들었다.그림 489 이에 성공한 우고Ugo는 용기를 얻어 판목에 판화를 만들었다. 첫째는 컴컴한 부분, 둘째는 빛이 좀 옅은 부분, 셋째는 밝은 부분으로 되어 있다. 이런 방식으로 트로이가 불에 탈 때 아이네아스가 안키오세스를 업고 가는 스케치를 그리는 데 성공했다. 또 그는 한 경당 안의 벽걸이에 그린 라파엘로의 「십자가에서의 강하」와 시몬 마구스

Simon Magus 이야기를 판화로 만들었다. 라파엘로의 데생, 「다비데가 골리앗을 죽이다」와 필리스티네스Philistines의 도주 등 원래 교황청 로지아에 그리려던 것들도 판화로 만들었다.

그는 그밖에도 많은 작품을 만들었는데, 특히 그리자이유로 제작한 것들 중에는 「베누스가 큐피드와 놀다」 따위가 있다. 우고가 화가로서 유채화를 그릴 때는 브러시를 사용하지 않고 손가락이나 이상한 도구들을 사용했는데, 로마에 있는 볼토 산토Volto Santo 성당 제단의 패널화가 그것이다. 어느 날 아침 나는 미켈란젤로와 함께 그 제단에서 미사를 드릴 때 우고가 브러시를 쓰지 않고 그림을 그렸다는 기사가 눈에 띄어 웃으면서 가리켰더니 미켈란젤로는 만일 그가 브러시로 그렸다면 더 잘 그렸을 테고, 저렇게 나쁘지는 않을 것이라고 말했다. 우고가 발견한 목판화 방법을 많은 사람이 이용하여 아름다운 작품을 만들었다.

우고 다음에는 시에나의 화가 발다사레 페루치Baldassarre Peruzzi가 파르나스 동산에서 금은 용기들을 탐욕Avarizia으로 몰고 가는 헤르쿨레스를 명암법으로 그렸는데, 뮤즈의 자태도 아름답다. 프란체스코 파르미자노Francesco Parmigiano가 만든 디오게네스Diogenes 목판화는 우고 작품보다 아름답다. 파르미자노는 판자 세 개로 판화 만드는 방법을 안토니오 다 트렌토Antonio da Trento*에게 설명하고서 성 베드로와 성 바오로의 참수斬首를 큰 규모로 명암법으로 만들게 했다. 그다음은 판자 두 개에 무녀巫女가 오타비아노Ottaviano에게 그리스도와 성모 마리아를 소개하는 그림인데 등을 돌린 벌거벗은 한 남자도 보인다.

그가 죽은 뒤 요안니콜로 비첸티노Joannicolo Vicentino가 타원체 안에 누워 있는 성모와 몇몇 사람을 그렸다. 그러나 파르미자노가 죽은 뒤에는 시에나의 화가 도메니코 베카푸미Domenico Beccafumi가 그린 것이 최고다. 이 이야기는 도메니코 생애에서 언급하겠다. 그가 발견한 판화

* 안토니오 판투치(Antonio Fantuzzi), 1520년 출생.

제작법은 동판銅版용 조각칼을 사용하는 것보다 훨씬 쉬우며, 가장 값진 발명이라 하겠다. 즉 아쿠아포르테Acquaforte인데 그린 사물들이 선명하지는 못하다. 그는 우선 동銅을 밀초와 니스나 유화 그림물감으로 덮고 그 위에 날카로운 끌로 그림을 그린 후 그 판 위에 산酸을 끼얹어 동을 침식하게 한다. 그러면 언제든지 프린트를 해도 좋다.

이런 방법으로 프란체스코 파르미자노는 우아한 동판화를 많이 만들었다. 즉 라파엘로가 경당의 벽걸이 천에 데생한 「그리스도의 탄생」Nativita di Cristo, 「죽은 그리스도를 애통해하는 여인들」 등이다. 비첸차의 바티스타Battista*와 베로나의 바티스타 델 모로Battista del Moro는 그후 각종 풍경을 50장이나 만들었다. 플랑드르에서는 예로니모 코카Jeronimo Coca**가 「자유학예」自由學藝, Arti Liberali를 만들고, 로마의 세바스티아노 비니치아노Sebastiano Viniziano 신부는 「평화의 방문」Visitazione della Pace***을 만들었으며, 미세리코르디아Misericordia의 프란체스코 살비아티는 「테스타치오의 축제」Festa di Testaccio를 제작했다. 베네치아에서는 화가 바티스타 프랑코Battista Franco가 판화를 많이 만들었다.

다시 단순한 동판화 이야기로 돌아가자. 마르칸토니오가 프린트를 출판한 후 롯소Rosso가 로마에 있었는데 일 바비에라Il Baviera가 롯소에게 작품들을 프린트하도록 설득했다. 롯소는 유능하고 근면한 작가 잔 야코포 카랄리오Gian Jacopo Caraglio****에게 마르칸토니오를 모방해 뱀을 깔고 있는 한 사나이가 손에 해골을 들고 옆에는 백조가 우는 판화를

---

   * 잠바티스타 피토니(Giambattista Pittoni) 또는 바티스타 비첸티노(Battista Vicentino).
  ** 지롤라모 코크(Girolamo Cock)=코코 피암민고(Cocco Fiammingo, 1510~70)는 플랑드르의 화가이자 판화가.
 *** 프라 바스티아노 비니치아노(Fra Bastiano Viniziano)의 「방문」은 프라 바르톨로메오의 작품을 주제로 했다.
**** 1512~51.

만들게 했다. 이 작품이 성공하자 「헤르쿨레스의 속세의 일」, 「히드라를 죽임」, 「케르베루스Cerberus와 싸움」, 「카쿠스Cacus를 죽임」, 「소뿔을 꺾음」, 「켄타우르스Centaurs의 싸움」, 「네수스Nessus가 데이아네이라를 약탈해 가다」를 제작했는데 모두 성공했다.

그 후 야코포는 롯소의 '피케Piche의 딸 이야기'* 데생을 판화로 제작했는데, 「노래하는 뮤즈들과 까치로 변신하다」와 경쟁하고 싶었기 때문이다. 바비에라Baviera는 롯소에게 벽감 안에 신神 20명과 부속물들을 그리게 했는데, 카랄리오Caraglio는 그것을 판각해 아름다운 책으로 만든 다음 나중에 변신시켰다.

이 작품들 중에서 롯소는 단지 둘만 데생했다. 왜냐하면 페리노 델 바가에게 데생을 10개 시키려 한 바비에라와 생각이 달랐기 때문이다. 즉 롯소의 데생은 「프로세르피나Proserpina의 약탈」과 「필리라Philyra가 말로 변신하다」이며, 둘 다 모두 공력을 들여서 새긴 것으로 높이 평가받았다. 다음에 야코포는 롯소를 위해 「사비네Sabine의 약탈」을 제작하기 시작해 상당히 좋은 작품이 될 것 같았는데 로마의 약탈로 미완성에 그쳤다. 롯소가 그곳을 떠났으며, 프린트도 모두 망실되고 말았기 때문이다. 그 후 이 프린트가 출판업자 손에 들어갔는데, 보존 상태는 나빴으나 수익을 위해 판화를 만들어내게 되었다.

카랄리오는 파르미자노를 위해 이 화가의 작품인 「동정녀의 결혼 Sposalizio di Nostra Donna」을 비롯해 여러 작품을 만들었고, 티치아노 베첼리Tiziano Vecelli 작품으로도 판화를 만들었다. 카랄리오는 판화를 많이 만든 다음 카메오와 보석을 새기기 시작했으며, 이 방면에서도 이름을 날렸다. 그 후 폴란드 왕에게 봉사하며 보석과 건축물을 제작하게 되자 본업인 판화에서 손을 뗐다. 왕에게 보수를 많이 받은 그는 그곳

---

* 9인의 뮤즈 이름. 그들의 출생지에 따라 지었다. 즉 피에리오(Pierio)와 엠미치아(Emizia)의 딸들 이야기.

에서 오래 살면서 파르미지아노Parmigiano* 제조 사업을 하며 친구, 제자들과 함께 여생을 즐기며 살았다.

람베르토 수아베Lamberto Suave**는 그를 이어받은 사람으로 훌륭한 동판화가다. 그는 그리스도와 12사도 이야기를 동판 13매에 완벽하게 새겼는데, 만약 데생이 훌륭했다면 더 좋은 작품이 되었을 것이다. 또 성바오로의 서한을 쓴 작은 동판과 「라사로의 소생」을 큰 시트에 그렸는데, 이 작품에서는 많은 인물상뿐 아니라 라사로가 묻혔던 동굴과 몇 사람에게 비친 광선이 특히 아름답다.

만토바 사람 조반 바티스타Giovan Battista***는 줄리오 로마노의 제자 중 한 사람으로, 역시 재주 있는 동판화가다. 그의 여러 작품 중에는 아기 예수를 팔에 안은 성모 마리아와 그의 발밑에 달빛이 비추고 깃 장식이 달린 투구를 쓴 아름다운 얼굴도 보인다. 다른 두 장 가운데 한 장은 말을 탄 장교와 걸어가는 장교이고 다른 한 장은 무장한 마르스Mars가 침대 위에 앉아 있고 베누스는 큐피드에게 젖을 빨려 여러 면으로 좋은 작품이다. 그밖에도 걸작이 두 장 있는데 큰 규모이며, 그중 하나는 트로이가 불타는 장면으로 데생도 우아하다. 그는 작품에 'I.B.M.'이라는 사인을 했다.

파르마Parma 사람 에네아 비코Enea Vico****도 뛰어난 실력으로 롯소의 그림 「헬레나의 약탈」과 불칸Vulcan이 천둥번개를 불어대는 광경을 제작했다. 그는 또 미켈란젤로의 「레다」Leda와 티치아노의 「성모영보」Nunziata, 미켈란젤로가 경당에 그린 「유디타」Iuditta, 반디넬리가 데생한 무장한 젊은 시절의 코시모 데 메디치 공작, 반디넬리 자화상, 신이 큐

---

* 파르메산(Parmesan), 아주 단단한 이탈리아 치즈.
** 랑베르 쉬트망(Lambert Sutmman)이며 리에주(Liege) 사람으로 1550년 전후로 활동했다.
*** 기시(G. B. Ghisi), 1500년대 사람.
**** 1512년에 출생.

피드와 아폴로의 싸움을 지켜보는 장면 등을 동판화로 만들었다. 만일 그가 반디넬리에게 제대로 대우를 받고, 그가 한 일을 정당하게 평가받았다면 아마 아름다운 작품을 더 많이 만들었을 것이다. 피렌체 출신이며 살비아티의 제자인 화가 프란체스코가 에네아Enea에게 「성 바오로의 개종」Conversione di San Paolo을 큰 규모로 제작하도록 했는데, 이 작품이 에네아의 명성을 크게 높여주었다.

그는 다음에 코시모 공의 부친인 데 코시모 각하의 초상화를 만들고 인물 조상으로 장식했다. 또 황제 샤를Charles 5세 초상을 새기고 테두리를 승리와 전리품으로 장식해 공작에게 포상을 받고 일반 사람들에게는 많은 칭찬을 받았다. 다른 시트에는 엘베Elbe강뮐베르크Mühlberg전투의 승리를 제작했으며, 도니Doni를 위해 아름다운 장식으로 많은 인물을 메달 모양으로 만들었는데, 프랑스 앙리 왕, 벰보Bembo 추기경, 로도비코 아리오스토Lodovico Ariosto, 일 젤로 플로렌티네Il Gello Florentine, 로도비코 도메니키Lodovico Domenichi, 라우라 테라치나Laura Terracina 부인, 치프리아노 모로시노Cipriano Morosino와 일 도니Il Doni 등이다.

보기 드문 사본장식가인 돈 줄리오 클로비오Don Giulio Clovio를 위해 말을 탄 성 조르조가 뱀을 죽이는 장면을 만들었는데 그의 첫 작품이었지만 큰 성공을 거두었다. 지성인이며 진보하려고 애쓴 그는 고대 유물, 특히 고대의 메달들을 연구해 판화에 관한 책을 여러 권 출판했는데, 거기에는 역대 왕과 왕비의 초상에 이름을 새기고 여러 가지 불운을 함께 기록했다. 이러한 출판물은 조상에 관한 지식에 관심 있는 사람들을 즐겁게 했으므로 많은 칭찬을 받을 만하다. 그가 지은 책과 메달들을 일부 비난하는 이가 있지만 옳지 않다고 생각한다. 왜냐하면 그의 노력으로 만든 책과 메달들의 이용가치와 아름다움을 생각하면 사소한 과실은 마땅히 용납되어야 하며, 다만 그의 과오라 할지라도 부실한 기본 자료와 남을 쉽사리 믿은 데서 일어난 것이며, 이런 과오는 아리스토텔레스와 플리니, 그밖의 많은 곳에서 비롯했다.

그림 490 마르칸토니오 볼로네세, 「파리스의 심판」
(원작은 라파엘로 드로잉), 16세기 초, 동판화.

그는 많은 수익을 얻기 위해 여러 나라 의상 50종을 데생했다. 즉 이탈리아, 프랑스, 스페인, 포르투갈, 영국, 플랑드르 그밖의 세계 여러 도시와 시골의 남녀 의상인데 참으로 아름답고 환상적인 아이디어다. 또 여러 제후諸侯들의 계보系譜도 작성했다. 여러 해 제작에 힘쓴 그는 마침내 페라라 공작 알폰소 2세의 그늘 밑에서 안식을 취했으며, 그를 위해 에스테Este 가문 공작들과 후작들의 족보를 만들었다. 그는 현역으로 일하고 있는데 이러한 그의 치적을 감안하여 나는 그를 명사 인명록에 포함시키기로 했다.

그밖에 여러 사람이 동판화를 제작했으나 성공하지는 못했다. 그러나 그들의 작업은 거장들의 작품에 빛을 밝혀 원화原畵를 보러 갈 기회가 없는 사람들에게 각종 기량을 보여주었으며, 그들이 알지 못하던 알프스 남쪽 나라의 많은 풍물風物을 보여주어 세상에 유익했다. 명예보다도 금전적 이득에 급급한 인쇄업자들의 부주의로 많은 그림이 손상을 입었다. 몇몇 예를 들면, 교황청의 시스티나 경당에 그린 미켈란젤로의 「최후의 심판」의 큰 데생을 조르조 만토바노Giorgio Mantovano*가 새긴 것이라든지, 성 베드로 대성당의 「십자가상의 그리스도」라든지, 파울리나 경당 안에 그린 「성 바오로의 개종」을 조반 바티스타 데 카발리에리Giovan Battista de' Cavalieri**가 만든 판화와 그가 후에 동판화로 만든 「명상하는 세례자 성 요한」은 물론이고, 로마의 삼위일체Trinita 성당 안에 있는 볼테라Volterra 사람 다니엘로 리차렐리Daniello Ricciarelli의 그림인 「그리스도 십자가 강하」, 「성모 마리아와 천사들」 등 여러 작품의 원작들이 모두 심각한 손상을 입었다.

많은 화가가 안토니오 란페리Antonio Lanferri로부터 미켈란젤로 작품

---

* 조르조 기시(Giorgio Ghisi, 1520~82). 동판화가. 주로 미켈란젤로와 라파엘로 원작을 사용하여 작품을 제작했다.
** 1530~90.

을 판화로 만들어달라는 위촉을 받았다. 란페리에게는 이런 일을 할 인쇄공이 있었으며, 이전에 미켈란젤로가 페스카라Pescara의 후작부인을 위해 만든 「그리스도 십자가 강하」를 비롯해 그밖에 물고기의 습성, 파에톤Phaeton,* 티티우스Tityus,** 가니메데Ganymede,*** 궁수弓手, Saettatori, 바카나리아Baccanaria,**** 몽상Sogno, 애련哀憐, Pietà 등이다. 교회 안의 네 예언자도 새겼지만 결과가 너무 나빠서 판화가나 인쇄공에 관해 아무 말도 하고 싶지 않다.

그러나 나는 안토니오 란파리와 톰마소 바를라키는 잊을 수 없다. 그들은 판화 작업에 적극 참여했으며, 수많은 거장巨匠의 데생으로 장래가 촉망되는 청년들을 확보해 아라베스크풍의 고대 신전, 쇠시리, 대좌, 기둥머리 등을 일정한 비례로 그렸다. 당시 작품들의 질이 너무 나쁜 것을 보고 볼로냐의 건축가 세바스티아노 세를리오Sebastiano Serlio가 건축에 관한 책 두 권을 나무와 동판에 새겼는데, 그 안에는 소박하면서도 섬세한 성문 30개와 그밖의 다양한 내용이 들어 있다. 그는 이 책을 프랑스의 앙리 왕에게 헌정했다.

안토니오 아바코Antonio Abbaco도 로마에 있는 고대 유품과 귀한 물건들을 페루자의 어떤 작가에게 의뢰해 보기 좋게 새겨 판화를 만들어 출판했다.

비뇰라Vignola의 건축가 야코포 바로초Jacopo Barozzo*****도 부단히 노력해서 사물이 다섯 개 법칙에 따라서 커지기도 하고 작아지기도 한다는 쉬운 법칙을 소개하는 책을 출판해 화가들에게도 많은 도움을 주었다. 파

---

* 그리스신화에서 태양신 헬리오스의 아들.
** 거인.
*** 로마신화에서 제우스의 딸.
**** 디오니소스(Dionysus)에게 경의를 표시하는 축제.
***** 바로치(Barozzi, 1507~37).

리Paris의 조반니 쿠지니Giovanni Cugini*가 출판한 판화와 건축술에 관한 책도 마찬가지다.

로마의 니콜로 베아트리초 로테린고Niccolò Beatricio Loteringo**도 동판용 조각칼로 많은 작품을 만들었는데 그중에는 기마병이 전투하는 장면을 새긴 석관石棺도 두 개 있으며, 다른 동물도 많이 들어 있다. 또 그리스도가 과부의 병든 말을 일으키는 장면도 있고, 브레시아의 화가 지롤라모 모시아노Girolamo Mosciano의 데생을 대담하게 표현했다. 그는 또 미켈란젤로가 데생한 「성모영보」Nunziata를 새겼으며 조토Giotto의 작품, 성 베드로 대성당의 회랑에 그린 「나비첼라」Navicella도 판화로 제작했다.

이처럼 아름다운 목판화와 동판화가 베네치아에서 많이 나왔다. 즉, 티치아노의 풍경화, 「그리스도의 탄생」Natività di Cristo, 「성 히에로니무스와 성 프란체스코」가 목판과 동판으로 제작되었고, 탄탈루스Tantalus,*** 아도니스Adonis****를 볼로냐의 줄리오 부오나소니Giulio Buonasona*****가 새겼는데 그밖에도 이 사람은 라파엘로, 줄리오 로마노, 파르미자노 등과 기타 여러 화가의 데생들을 판화로 만들었다.

베네치아의 화가 바티스타 프랑코Battista Franco도 여러 거장의 작품을 새기기도 하고 에칭etching도 했다. 즉 「그리스도의 탄생」, 「동방박사의 경배」, 「성 베드로의 설교」, 사도들 행적과 『구약성서』의 많은 이야기를 제작했다. 당시에는 판화가가 데생을 하는 사람들을 고용했는데, 롯소가 죽은 뒤에는 그의 모든 작품이 판화로 제작되었다. 즉 「클레리

---

* 장 쿠쟁(Jean Cousin, 1530~90).

** 베아트리체토(Beatricetto, 1507~62).

*** 제우스의 아들.

**** 키니라스(Cinyras)의 아들이며 아프로디테의 애인.

***** 줄리오 보나소네(Giulio Bonasone). 1521~74년 동안 BIB 또는 IBF의 서명을 사용하여 366개의 판화 작품을 남겼다.

아Clelia와 사비네Sabine가 강을 건너다」, 프랑수아 왕을 위해 그린 「운명의 신의 탈」, 기이한 「성모영보」, 「춤추는 열 명의 여인」, 「조베Giove의 신전에 홀로 서 있는 프랑수아 왕」과 그 배후에는 무지한 이들과 기타 많은 인물이 있다. 동판화가인 레나토Renato*는 롯소 생전과 사후에 롯소의 많은 데생 중에서 율리시즈Ulysses 이야기, 꽃병, 촛불, 소금 광, 그 밖에 수많은 은기 등을 만들었다.

루카 펜니Luca Penni, 일명 페니Peini도 롯소와 프란체스코 볼로냐 프리마티초Francesco Bologna Primaticcio의 데생 「두 사티르satir가 바쿠스Baccus에게 술을 주다」, 「레다가 큐피드로부터 화살을 받다」, 「목욕하는 수산나」와 여러 작품을 판화로 만들었는데, 프랑스의 상 마르탱St. Martin에 있는 수도원에 있다. 그밖에도 「파리스Paris**의 심판」, 아브라함이 이삭을 제물로 바치는 장면, 성모 마리아, 그리스도와 성녀 카테리나의 신혼神婚, che sposa, 조베Giove신이 칼리스토Callisto***를 곰자리orsa로 변신시키는 것, 공의회公議會, il Concilio 장면, 「페넬로페Penelope****가 여인들과 직물을 짜다」 등을 목판에 조각칼로 새겼으며, 작은 인물상들을 상상할 수 없을 만큼 섬세하게 제작했다.

포를리Forli 출신 프란체스코 마르콜리니Francesco Marcolini 작품은 보는 사람마다 놀라움을 금치 못하는데, 그중에서도 카스텔누오보 델라 가르파냐나Castelnuovo della Garfagnana 출신의 주세페 포르타Giuseppe Porta가 점성가占星家의 지구의地球儀로 속표지를 그린 환상적인 그림을 프린트했다. 이 책에는 운명, 질투, 재난, 수줍음, 칭찬 등 많은 것을 표현

* 르네 브아뱅(René Boivin, 1530~98).
** 프리아모스(Priamos)와 헤카베(Hekabe)의 아들이며 그가 태어나기 전 자기 나라 토리아가 망할 것이라는 운명이 정해져 있었다.
*** 조베의 아내. 성좌 중 곰자리로 변신된다.
**** 그리스의 착한 여왕. 오디시우스의 아내이며 20년 동안 왕의 부재중 정절을 잘 지켰다.

했는데 모두 아름답다.

더욱 칭찬할 만한 것은 '오를란도 푸리오소'Orlando Furioso에 나오는 가브리엘레 졸리토Gabriele Giolito가 그린 멋진 스타일의 인물화이며, 플랑드르의 유명한 화가 요한 데 칼카르Johann de Calcar*의 데생으로 안드레아 베살리오Andrea Vessalio를 위해 그린 11명의 해부도notomia도 훌륭하다. 이것들은 후에 작은 시트에 옮겨져 베살리오 뒤를 따라 해부학을 저술한 발베르데Valverde가 판화로 제작했다.

최근 10년 동안 플랑드르에서 간행된 수많은 프린트 중에는 화가 미켈레Michele**의 훌륭한 작품이 몇몇 있다. 로마에 있는 독일인 성당 안의 두 경당에서 다년간 일한 그의 판화들 중에는 모세의 뱀을 놋쇠로 만든 것, 프시케와 큐피드에 관한 32장면이 있는데 매우 아름다운 그림이다.

플랑드르 사람 히에로니무스 코치우스Hyeronimus Coccius는 마르틴 엠스케르크Martin Heemskerk의 데생 중 「데릴라가 삼손의 머리카락을 자르다」를 큰 시트에 새겼다. 멀지 않은 곳의 폐허 안에서 죽은 자와 공포에 떠는 피난민들이 있는 필리스티네스Philistines 신전이 있다. 작은 시트 세 매에는 아담과 이브의 창조 · 금단의 열매 · 낙원으로부터의 추방, 다른 시트 네 매에는 악마가 사람에게 탐욕과 야심을 심는 장면이 있다. 그는 또 같은 크기의 판화에 『구약성서』에 나오는 27장면을 담았는데, 이탈리아풍으로 대담하고 재치 있게 데생한 마르틴의 작품을 모델로 새겼다.

코치우스는 또 수산나 이야기 장면을 원형으로 만들었으며, 『구약성서』 중에서 23장면을 만들었다. 즉 다비드의 행적을 여섯 장면, 솔로몬

---

* 요하네스 칼카르(Johannes Calcar, 1500~46).
** 미켈레 코치아(Michele Coccia)=미카엘 콕스치에(Michael Coxcie, 1497~1592).

의 행적을 여덟 장면, 발라암Balaam을 네 장면, 유디트와 수산나를 다섯 장면으로 만들었다. 『신약성서』에서는 「성모영보」에서 「그리스도의 수난과 죽음」에 이르기까지 29장면을 만들었다. 그는 마르틴의 데생에 따라 자비의 일곱 가지 올바른 행위, 부자와 가난한 라사로 이야기, 착한 사마리아 사람의 비유 등을 넉 장에 그렸고, 마태복음 18장에 나오는 재주 있는 사람들의 비유를 넉 장에 그렸다.

한스 리프링크Hans Liefrinck*는 코치우스와 경쟁적으로 세례자 성 요한의 생애와 순교에 관하여 10장을, 12부족에 대하여 10장을, 호색好色을 나타내는 돼지 위에 올라탄 라이벤Reiben,** 살인할 검을 가진 시메온Simeon 등을 새겼다. 그는 후에 좀더 섬세한 솜씨로 판화를 제작했다. 다윗David이 사무엘Samuel에게 도유식塗油式을 받는 장면부터 사울Saul 앞에 갈 때까지를 10장에, 암논Amnon과 타마르Tamar의 이야기와 암논의 죽음에 관하여 6장을 만들었다. 그는 얼마 안 되어 다시 욥Job 이야기를 10장, 솔로몬의 금언집에서 5장을 제작했다. 그리고 동방박사의 경배, 성 마태오 이야기에서 결혼식 초대와 혼인 예복을 입지 않은 사나이 이야기를 6장 만들고, 사도들 행적을 실물 크기로 6장 제작했다. 또 아름다운 여인들을 8장 제작했는데, 그녀들은 『구약성서』에 나오는 요엘Joel, 루트Ruth, 아비가일Abigail, 유디트Judith, 에스텔Esther, 수산나Susannah, 『신약성서』에 나오는 성모 마리아와 마리아 막달레나다.

코치우스는 다음에 「인내의 승리」Trionfi della Pacienza에 관한 이야기를 6장에 새겼다. 처음 것은 그가 마차 안에서 왕관 속에 장미꽃이 있는 기旗를 들고 있고, 둘째 것은 망치 세 개로 얻어맞아 흥분한 자로서 날개가 붙은 「욕망」Desiderio과 닻을 지닌 「희망」Speranza이 끄는 수레에

---

   * 조반니 리프링크(Giovanni Liefrinck, 1540~80). 네덜란드의 레이덴(Leyden) 출신 판화가.
  ** 야코포와 레아 사이의 장남. 창세기 29장 32절.

탔으며, 그 뒤에는 바퀴가 부서진 「운명」Fortuna*이 뒤따른다. 셋째 것은 십자가를 그린 기旗를 단 수레 위의 그리스도와 그의 수난, 옆에는 동물을 상징하는 복음 전도자들이 있다. 이 수레를 두 천사가 끄는데, 그 뒤에는 죄수 넷, 악마, 현세와 육욕, 죄와 죽음이 따른다. 다음은 벌거벗은 이삭이 낙타를 타고 있으며, 그의 기에는 수갑이 한 쌍 걸려 있고 그 뒤에 양과 칼과 불이 있는 제단이 보인다.

그다음은 소가 끄는 수레에 요셉이 탔는데 소는 곡식과 열매로 장식한 화환을 귀에 걸고 있으며, 복숭아 상자를 그린 기가 하나 보인다. 그 죄수는 심장을 씹어 먹는 분노Zefira와 질투Invidia를 보여준다. 또 그다음은 사자를 탄 다윗이 승리의 기와 굴레를 들고 있으며, 그 뒤에는 죄수 사울과 혀를 내민 시메이Shimei가 서 있다. 다음에는 당나귀를 탄 토비아스Tobias가 오는데 그의 기에는 근원根源, Fonte이 있으며 죄수로는 빈곤Poverta과 맹목Cecita을 나타냈다. 마지막은 코끼리를 탄 순교자 성 스테파노로 그의 기에는 애덕愛德, Carita이 있으며, 죄수는 박해자 persecutori들이다. 상상을 초월하는 이 모든 환상물을 코크가 대담하게 새겨놓았다. 그는 또 협잡과 탐욕, 술잔치를 뛰노는 소년들과 함께 새겼다.

다른 곳에도 그는 피렌체의 화가 아뇰로 브론치노Agnolo Bronzino가 피렌체의 코시모 공 궁전의 위 성당에 그린 「모세가 홍해를 건너다」 Moise che passa il mare Rosso를 새겼다. 그와 경쟁하려고 조르조 만토바노 Giorgio Mantovano가 역시 브론치노 데생으로 아름다운 「그리스도의 강생」Nativita di Cristo을 만들었다. 코치우스는 데생한 사람을 위해 샤를 5세의 승리와 전쟁과 공적을 새겼다.

또 화가이며 원근법 전문가인 베레세Verese**는 다양한 건축물에 판화

＊ 그리스신화에서 행운의 여신. 변하기 쉬운 수레바퀴로 상징한다.
＊＊ 얀 코르넬리우스 베르메엔(Jan Cornelius Vermeyen)인 듯하다. 바사리

그림 491 피터 부뤼겔(아버지 히에로니무스 코치우스의
판화), 「연금술사」, 16세기, 동판화, 343×448cm,
왕립 도서관, 브뤼셀.

를 20종 새겼으며, 히에로니무스 보시Hyeronymus Bosch*를 위해 이상한
모습의 악마들과 물자를 낭비하고 자기 아내와 아이들을 데리고 병원
으로 가는 연금술사와 배를 함께 탄 성 마르티노를 새겼다.그림 491 이
판화의 데생은 그에게 죽음을 면치 못할 일곱 가지 죄를 갖가지 악마들
과 함께 판화로 만들도록 한 화가가 그렸는데 참으로 환상적이며 칭찬
할 만하다. 그 내용은 '최후의 심판'과 소란한 이 세상 한가운데서 등불
을 들고 평화를 찾으면서 헤매다가 결국은 찾지 못하는 광경이다. 그는

는 때로는 그를 '암스테르담의 조반니 코르넬리스'(Giovanni Cornelis d'
Amsterdam)라고 지칭하기도 한다.
* 1450?~16.

또 큰 고기가 작은 고기를 삼키는 장면, 사순절四旬節, Quaresima을 밀어
내고 사육제謝肉祭, Carnovale의 향연을 즐기는 그림과 이와 반대로 사순
절이 사육제를 내쫓는 장면 등을 그렸는데, 다 자세하게 이야기하려면
피곤해질 만큼 환상적이고 광시적인 장면으로 꽉 차 있다.

플랑드르의 많은 사람이 알브레히트 뒤러 스타일을 열심히 모방
했는데 그중에서도 알브레히트 알데그라프Albrecht Aldegraf*는 아담
의 창조 이야기를 넉 점, 아브라함과 로토 이야기를 넉 점, 수산나 이
야기를 넉 점 만들었는데 모두 여간 아름답지 않다. G.P.**도 자비慈悲,
Misericordia의 일곱 가지 올바른 행위를 둥근 원 안에 조그맣게 그렸
으며, 열왕기列王紀, Libri de' Re 중에서 여덟 장면을 취하여 「레굴루스
Regulus를 긴 못이 가득 찬 통에 던지다」, 「아름다운 아르테미스Artemis***」
등을 그렸다. 또 I.B.****도 복음사가福音史家 네 명을 놀랄 만큼 작게 그렸
고 다른 다섯 매는 사신死神이 무덤으로 데려가는 여러 사람 모습인데,
첫째는 소녀, 둘째는 아담, 셋째는 농부, 넷째는 주교主敎, 마지막으로
추기경들도 사신이 데려간다. 그밖에도 그는 연인과 함께 연회장에 놀
러가는 독일 사람들과 아름다운 사티르Satir들도 그렸다.

프란체스코 플로리*****는 이 방면의 유명한 화가이며 수많은 데생과 작
품을 만들었는데 그의 데생은 대부분 히에로니무스 코치우스가 판화
로 제작했다. 즉 헤르쿨레스가 속세에서 겪은 일들을 10장에 실물 크기
로 만들었으며, 「호라티Horatii와 싸움」, 「솔로몬의 재판」, 「피그미Pygmy

---

* 알브레히트 알데그레버(Albrecht Aldegrever)로 1502~62년경 생존.
** 게오르크 펭크츠(Georg Pencz)로 1500~50년경 생존. 뉘른베르크의 공
방에서 뒤러의 제자였다. 판화 작품을 292점 남겼다.
*** 일명 다이아나(Diana). 제우스의 딸이며 아폴로의 자매로 달의 여신.
**** 조반니 세발도 베함(Giovanni Sebaldo Beham)=한스 베하임(Hans
Behaim. 1500~50년경). 뒤러의 제자. 작품을 300여 점 남겼다.
***** 프란츠 플로리스(Franz Floris, 1520~70). 람베르토 롬바르도의 제자로
로마에서 미켈란젤로와 라파엘로의 작품을 판화로 작업했다.

2192

와 헤르쿨레스의 전투」, 「카인이 아벨을 살해하다」, 「아담과 이브의 애환」, 「아브라함이 이삭을 희생시키다」, 그밖에 불가사의하고 환상적인 작품이 수없이 많다.

끝으로 이 책에 들어 있는 초상들의 목판화는 조르조 바사리와 그 제자들이 화가, 조각가 및 건축가들의 초상화를 그렸고, 이를 공장工匠 크리스토파노*가 판화로 만들었다. 이 사람은 현재도 베네치아에서 활동하며, 기록을 판화로 남기는 가치 있는 작업을 계속하고 있다.

알프스산맥 남쪽 사람들은 이탈리아 스타일을 저쪽 사람들에게 보게 하여 판화에서 많은 이익을 얻었으며, 이탈리아 사람들은 외국 사람들의 작품을 보게 되었는데 그것은 주로 볼로냐의 마르칸토니오 덕분이다.

초기의 판화가들 중에서 한두 사람을 제외하고는 그에 필적할 사람이 없다. 그는 로마를 떠나 얼마 후 볼로냐에서 죽었다. 내가 간직한 책에는 그가 펜으로 그린 데생들과 라파엘로가 유채화로 그린 건물에서 복사한 아름다운 데생들이 있다. 그중에는 교황 율리우스 2세의 심부름꾼이었던 마르칸토니오를 라파엘로가 그린 것도 있다.

이것으로 마르칸토니오와 여러 판화가에 관한 기록을 끝맺고자 한다. 화가 지망생들과 이런 일에 기쁨을 느끼는 인사들을 만족시킬 만큼 길게 이야기했다고 생각한다.

---

* 크리스토파노(Cristofano)＝크리스토포로 코리올라노(Cristoforo Coriolano), 1540년 뉘른베르크의 레데레르(Lederer) 가문에서 태어났다.

피렌체의 건축가

안토니오 다 산 갈로
Antonio da San Gallo

1483~1546

ANTONIO DA SANGALLO
ARCHITETTO

〔해설〕

르네상스 시대인 16세기에 로마에서 활발히 활동한 건축가로 동명인이자 외삼촌인 안토니오 산 갈로 the old와 구분하기 위해 the young이라는 의미의 il giovane라고 부른다.

피렌체에서 목공예 장인으로 출발했으며, 1503년 로마로 건너가 고대 유물을 공부했고, 브라만테가 총감독으로 있던 성 베드로 대성당 건축 현장 작업에 참여했다. 1507년 이후 로레토Loreto의 산타 마리아 성당 작업을 수행했고, 이후 로마로 돌아왔다. 1516년 라파엘로가 베드로 대성당 건축 총감독을 맡게 되자 안토니오 다 산갈로를 베드로 대성당 건축의 대표 건축가capomaestro로 임명했다. 그가 제작한 성 베드로 대성당을 위한 목조 모형 작업은 라파엘로가 베드로 대성당의 건축 감독으로 임명된 후 산 갈로를 불러 제작하게 한 것이다.

안토니오 다 산 갈로의 가장 중요한 작품은 파르네세 가문을 위해 로마에 건축한 파르네세궁이다. 이 궁은 르네상스 고전주의 건축 양식을 실현한 걸작으로 16세기 로마의 대표 건축물 중 하나로 꼽힌다. 파르네세 가문은 당시 로마 최고의 귀족 가문이자 예술 후원자였으며, 미켈란젤로에게「최후의 심판」을 주문한 교황 바오로 3세를 배출한 가문이다. 그는 이 가문을 위해 로마 근교의 비테르보에도 카포디 몬테성을 비롯하여 여러 건축물을 남겼다.

만일 왕후王侯들이 운명의 여신에 힘입어 고매한 정신으로 이 세상을 아름답게 꾸밀 뿐만 아니라 만인의 이익을 도모한다면 그들은 위대한 명성을 길이 남길 것이다. 실제로 영구히 남아 있는 장엄한 건축물 이외에 그들의 이름을 후세에 전해줄 만한 작품이 또 있을까? 옛 로마 사람들이 전성시대에 분별없이 낭비한 것들 중 우리가 숭상하며 모방하기를 꾀하는 동시에 그들의 영원한 영광으로 지금까지 남아 있는 것이 거대하고 장엄한 건축물fabriche e edifici 이외에 무엇이 있는가? 내가 지금 이야기하려는 것이 바로 피렌체 건축가 안토니오 다 산 갈로가 살았던 시대 몇몇 왕후의 취미였던 건축이다.*

산 갈로는 무젤로Mugello 마을 통메장이 바르톨로메오 피코니Bartolommeo Picconi의 아들로 어렸을 때 목수 일을 배우다가 삼촌 줄리아노 다 산 갈로Giuliano da San Gallo가 로마에서 고용살이를 한다는 말을 듣고 피렌체를 떠났다. 당시 줄리아노가 결석증結石症을 앓았으므로 안토니오는 다시 피렌체로 돌아갈 수밖에 없었다. 안토니오는 그곳에서 건축가 브라만테를 알게 되어 손이 마비된 이 늙은 건축가를 도와 제도를 대신해주었다. 브라만테는 그의 솜씨가 훌륭함을 알게 되어 많은 기술과 자료를 넘기고 도와주었다.

안토니오의 판단력과 부지런함을 인정한 브라만테는 1512년에 산 안젤로S. Angelo성城의 호濠로 통하는 복도를 만드는 책임을 맡기고 월급으로 금화 10두카트를 지급했다. 공사가 교황 율리우스 2세의 선종으로 중단되었으나 안토니오는 유능한 건축가라는 명성을 얻었다. 그는 곧이어 교황 파울루스 3세가 될, 당시 성청聖聽의 수석추기경인 알

---

* 바사리는 안토니오 다 산 갈로(안토니오 일 조바노Antonio il Giovano)를 16세기 이탈리아 건축 발전단계에서 브라만테와 미켈란젤로 사이에서 가교 역할을 하는 중요한 위치의 작가로 평가했다.

레산드로 파르네세Alessandro Farnese 저택으로 통하는 벽을 훌륭하게 제작했다. 파르네세가 가족들과 사는 캄포 디 피오레Campo di Fiore의 옛 궁전을 수리하려고 할 때 안토니오는 이 건축공사에서 중요한 직위를 얻으려고 고심한 끝에 설계도를 여러 개 만들었는데, 그중 하나인 집 두 채로 설계한 것을 교황이 두 아들 피에르 루이지Pier Luigi와 라누치오Ranuccio와 의논한 끝에 채용했다. 그 건물에는 두 아들이 살 예정이었다.*

공사는 1513년에 착수하여 해마다 착실히 진행되었다. 그 무렵 안토니오는 트라야나 회랑colonna Traiana 근처 로마의 마첼로 데 코르비Macello de' Corbi에 있는 산타 마리아 디 로레토S. Maria di Loreto 성당에 봉헌한 경당을 아름답게 장식했다. 그 무렵 마르키온네 발다시니Marchionne Baldassini가 안토니오의 설계로 산 아우구스티노S. Augustino 성당 근처에 궁전을 지었는데, 큰 규모는 아니지만 계단, 안뜰, 로지아, 출입문, 방이 우아하게 장식되어 당시 로마에서 제일가는 집으로 평이 났다. 마르키온네는 흡족해서 피렌체의 화가 페리노 델 바가를 시켜 자기 생애와 관련된 사연을 홀에 그리게 하여 장식했는데, 매우 우아하게 완성했다.

안토니오는 토레 디 노나Torre di Nona 근처의 첸텔리Centelli 저택도 완성했는데, 작은 집이었지만 매우 쓸모 있게 만들었다. 또 그전에 그는 추기경 파르네세의 사유지 중 하나인 그라돌리Gradoli로 가서 아름답고 쓸모 있는 저택을 짓고 낮지만 잘 설계된 벽을 둘러서 카포 디 몬테Capo di Monte 요새와 카프라롤라Caprarola 요새도 보수했다. 추기경은 그의 충성심에 감동해 무슨 일이든 잘 도와주었다. 추기경 알보렌세Alborense가 자기 교구敎區의 교회 안에 자신을 기념할 만한 것을 남기려고 안토니오를 시켜서 산 야코포 델리 스파뉴올리S. Jacopo degli Spagnuoli 성당 안

---

* 파르네세궁(Palazzo Farnese)을 말한다.

에 대리석으로 경당과 자기 묘지를 만들도록 했다. 벽기둥 사이에 자리 잡은 이 경당은 펠레그리노 다 모데나Pellegrino da Modena가 그림을 그렸고 야코포 산소비노Jacopo Sansovino가 제대를 장식하기 위해 성 야고보의 대리석 조상을 아름답게 제작했다. 이 건축물은 가장 칭찬할 만한 작품으로, 8각형 천장을 대리석으로 장식했다.

곧 이어서 바르톨로메오 페라티노Bartolommeo Ferratino가 자신과 친구들을 위해 기념물을 남기려고 안토니오에게 자기 저택을 아멜리아Amelia 광장에 짓게 했는데,* 이 아름다운 건축물 덕분에 안토니오는 적지 않은 명성과 이익을 얻었다. 그 당시 로마에 있던 산타 프라세디아S. Prassedia의 추기경 안토니오 디 몬테Antonio di Monte가 한 궁전을 짓게 했는데, 바로 아고네Agone로 통하는 도로, 마에스트로 파스퀴노Maestro Pasquino의 조상 근처이며, 벽기둥과 들창이 있는 3층 건물 위 중앙에 탑을 세울 만한 공간이 있는 건물이다. 추기경은 나중에 여기서 살았다. 프란체스코 델 인다코Francesco dell' Indaco가 점토로 조상과 풍경들을 이 건물 안팎에 제작했다. 안토니오는 친분이 있는 추기경 아리미니Arimini를 위해 톨렌티노 델라 마르카Tolentino della Marca에 궁전을 지었는데 추기경은 평생 그에게 고마워하며 신세를 갚았다.

안토니오의 명성이 날로 높아져 사방으로 퍼질 무렵 늙은 브라만테가 세상을 떠나자 교황 레오는 성 베드로 대성당을 건축하기 위해 세 건축가, 즉 라파엘로, 안토니오의 삼촌 줄리아노 다 산 갈로와 베로나의 조콘도Giocondo 신부를 임명했다. 그러나 조콘도 신부는 오래전에 로마를 떠났고 이미 늙은 줄리아노도 피렌체로 되돌아갈 허가를 받은 상태였다. 추기경 파르네세를 섬겨오던 안토니오는 삼촌 자리에 교황이 자신을 임명해주도록 추기경에게 부탁해 그 자리를 쉽게 얻을 수 있

* 지금의 파트리냐니(Patrignani).

그림 492 안토니오 다 산갈로, 「파르네세궁」, 1548,
바티칸 페트리아노 박물관, 로마.

었다. 1517년의 일이다.* 그는 그 자리에 오를 만한 능력이 충분했을 뿐만 아니라 교황과 추기경 파르네세의 지지가 있었다. 그 후 안토니오와 라파엘로는 대성당 건축을 서서히 진행했다.**

교황이 치비타 베키아Città Vecchia를 보강하려고 행차했을 때 여러 고위층이 따랐으며 그중에는 파올로 발리오니Paolo Baglioni, 비텔로Vitello 경, 피에트로 나바라Pietro Navarra, 교황의 명에 따라 나폴리에서 온 축성築城 건축가 안토니오 마르키시Antonio Marchissi도 있어 각종 설계도가 제출되었으나 교황은 안토니오의 설계를 택했다. 다른 것들도 모두 우수했으나 그에 대한 교황청의 신임이 워낙 두터웠기 때문이다. 얼마 후에 안토니오의 훌륭한 기량은 다른 건축가들이 저지른 큰 오류를 시정할 수 있었다. 즉 교황청의 로지아와 저택을 건설할 때 라파엘로가 이목을 끌기 위해 빈자리를 많이 남겨둔 것이 구조를 손상해 하중荷重이 지나쳐 건물이 뒤틀릴 위험이 생기자 안토니오가 버팀목을 받치고 기초도 다시 견고하게 만들었다.

피렌체 공화국에서 야코포 산소비노Jacopo Sansovino의 설계로 대성당을 반키Banchi 뒤쪽 줄리아Giulia 거리에 신축하고자 했는데, 그 위치가 강 쪽으로 너무 물러서 있었다. 따라서 수중에 기초를 닦는 데만 금화 1만 2,000스쿠디를 소비했다. 산소비노를 당황케 한 이 공사를 물려받은 안토니오는 놀랄 만한 모델을 작성하고 강물 위에 여러 길braccia이나 높이 쌓아올려 공사를 시행하고자 했다. 만일 이 공사가 완공된다면 엄청난 건축물이 되었겠지만, 사실 그것은 무리한 공사였다. 이렇게 큰 성당을 강물 위에 세우려고 20브라차를 강 쪽으로 내밀고자 많은 돈을

---

* 1513년에 기공한 안토니오의 걸작인 파르네세궁을 미켈란젤로가 마무리했다.
** 1517년 1월 22일 안토니오가 성 베드로 대성당의 건축 보조 책임자로 임명되었다. 1518년 5월까지 매달 두 번씩 금화 12두카트의 급료를 받는 계약이었다.

강에 쏟아붓는다는 것은 로마의 국가 수뇌부가 앞을 내다보지 못하는 큰 단견을 드러내는 것이다.

성당을 육지 쪽으로 옮기고 여러 가지로 모양을 바꿔본다면 같은 비용으로 건축을 완성할 수 있었을 것이다. 그들이 공화국의 재력에만 기대했다면 세월이 그들의 계산이 그릇되었음을 증명해주었을 것이다. 성당은 손대지 않은 채 메디치Medici 가문 출신인 두 교황 레오와 클레멘티우스, 피렌체 출신인 교황 율리우스 3세와 마르첼루스Marcellus 재세 때에도 같은 상태로 있었다.* 위대한 추기경과 부유한 상인들이 많았음에도 방치되어 있음을 볼 때, 건축가들은 모름지기 중요한 공사에 착수하기 전에 그 결말을 잘 생각해봐야 할 것이다.

안토니오 이야기로 돌아가자. 어느 해 여름 그는 교황을 수행하고 몬테 피아스코네Monte Fiascone로 가서 과거 교황 우르바누스Urbanus가 건립한 요새Sua Santita를 보수하고 교황 파르네세를 위해 볼세나Bolsena 호수의 비센티나Visentina섬에 작은 성당 두 채를 세웠다. 그 하나는 바깥벽이 팔각으로 되어 있고 실내가 원형圓形이며, 또 한 채는 바깥벽이 사각에 안에는 팔각으로 바깥 귀퉁이마다 감실龕室을 만들어놓았다. 둘 다 매우 우아해 안토니오의 저력을 보여준다.

이 건물들의 공사가 진행되는 동안, 그는 로마로 돌아와 조폐소가 있는 산타 루치아S. Lucia 성당 근처에 체르비아Cervia 주교主教의 저택을 짓기 시작했으나 준공하지 못한 채 남아 있다. 또 그는 코르테 사벨라Corte Savella 부근에 산타 마리아 디 몬페라토S. Maria di Monferrato 성당을 지었는데, 무척 아름답다. 그리고 치보Cibo 궁전 뒤에 있는 마시미Massimi 저택 옆에 마라노Marrano의 저택도 지었다.

교황 레오와 교황 율리우스 2세에 의하여 미술이 개화했으나 교황 레오가 선종하고, 하드리아누스 6세 시대에 접어들자 다시 시들기 시

---

* 이 성당은 1832년과 1838년 사이에 준공되었다.

작했다. 교황 하드리아누스는 미술을 박대했으므로 만일 그가 오래 재임했더라면 마치 고트 사람들이 침입해 모든 조상을 좋고 나쁜 것 가릴 것 없이 불 속에 던져버렸듯이 미술은 황폐했을 것이다. 교황 하드리아누스는 선임자를 본받았는지 미켈란젤로의 경당을 나신의 소굴이라 평하고 허물어뜨리려 했으며, 좋은 그림과 조상들을 음탕하고 지겨운 것으로 규정지었다.*

안토니오를 포함한 유명한 화가들은 모두 제작을 멈추었으며 성 베드로 대성당 공사도 교황 하드리아누스 재직 중 중지되었다. 다만 세속적인 건축물들에 대해서는 이견이 있더라도 부분적으로 공사 감독을 맡기도 했다. 따라서 그는 소품들을 제작하는 데 그쳤으며 산 야코보 델리 스파뉴올리 성당 측랑側廊을 보수하고 정면의 창들을 제작했다. 이마지네 디 폰테Imagine di Ponte의 감실을 석회화石灰華, travertine로 제작했는데, 작지만 매우 우아하다. 거기에 페리노 델 바가가 프레스코화로 소품을 그렸다.

신神이 하나의 죽음으로 천千을 소생시키려 했는지, 불운했던 예술은 하드리아누스 치하治下를 지나 좀더 나은 환경을 맞게 된다. 새 교황은 자기 직위에 부합할 만하게 열심히 길을 헤쳐 나갔다. 교황 클레멘티우스 7세는 교황 레오와 자기 선대의 여러 위인을 답습해, 그가 추기경 시절 많은 기념물을 만들었듯이 교황으로서도 많은 건축과 장식물들을 추진해야겠다고 생각했다. 교황 클레멘티우스는 예술가들에게 용기를 주었으며, 그동안 위축되어 있던 그들에게 활력을 주어 다시 아름다운 작품들이 제작되게끔 했다.

안토니오는 교황의 명에 따라 과거 라파엘로가 그린 로지아 앞의 궁전 뜰을 만들기 시작했다. 그는 좁고 구부러진 길을 넓혀 더욱 편리하

* 교황 하드리아누스 6세는 재위기간(1522~23)이 짧았으나 재임 중 많은 반대에 부딪쳤다.

고 아름답게 해놓았다. 그러나 그 후 교황 율리우스 3세가 자기 저택을 짓는 데 쓰려고 화강암 석주를 빼냈기 때문에 모든 것이 달라졌다. 안토니오는 반키에 옛 조폐국 건물의 둥근 모서리를 가장 우아하게 장식하고 교황의 문장紋章을 붙였다. 그는 또 로지아의 빈 곳에 토대를 만들었는데, 교황 레오의 선종으로 중단되었고 하드리아누스 때는 그대로 내버려두었다가 교황 클레멘티우스의 요청으로 완공했다.

교황은 파르마Parma와 피아첸차Piacenza를 요새화하려고 결심하고 여러 사람이 작성한 설계도를 검토한 다음 안토니오를 감독관 줄리아노 레노Giuliano Leno와 함께 그곳에 보냈다.* 즉 안토니오는 제자 안토니오 라바코Antonio L'Abacco와 재주 있는 기술자 피에르 프란체스코 다 비테르보Pier Francesco da Viterbo, 베로나의 건축가 미켈레 다 산 미켈레Michele da S. Michele와 함께 그곳에 도착한 뒤 서로 합심해 요새의 설계를 완성했고, 안토니오가 로마로 떠난 뒤에 그들이 남아서 공사를 완결했다.

그는 교황의 명에 따라 페라리아로 가서 그곳 궁정 안에 추기경 회의장으로 쓸 회의실을 확장했는데, 이 공사에 매우 만족한 교황은 곧바로 자기 시종의 저택도 짓게 했다. 그밖에도 안토니오는 부실한 기초들을 개축해 위험을 면하게 했으며 그 토대 위에 지은 건축물이 털끝만큼도 흔들리지 않도록 견고하게 손보아 훌륭한 기량을 과시했다.

파울루스Paulus 2세 때 로레토Loreto에 있는 작은 성당인 마돈나 Madonna 성당 지붕이 조잡한 벽돌 기둥으로 지탱하던 것을 줄리아노 다 마이아노Giuliano da Maiano에게 시켜 지금과 같은 모양으로 보수 확장했으며, 후에 식스투스Sixtus 4세가 또다시 건조했다. 그러나 교황 클레멘티우스 때, 즉 1526년에 건물에 금이 가서 강론대의 아치가 위험하게 되었다. 원래 기초가 약하고 벽의 바깥 면이 튀어나와 교황 클레멘티우스는 안토니오를 로레토로 보내 보수하도록 했다. 안토니오는

* 1525년의 일이다.

그림 493 안토니오 다 산갈로, 「성 베드로 대성당 파사드
목조 모형」, 1518~34, 바티칸 페트리아노 박물관, 로마.

재치 있게 아치에 버팀대를 받치고, 기초를 새로 만들고, 벽과 벽기둥을 안팎으로 두껍게 쌓아 외양을 아름답게 했을 뿐만 아니라 어느 쪽에서 잡아당겨도 견딜 수 있도록 만들었다.

그밖에도 교차 아치 천장과 측랑, 그밖의 아치, 프리즈 등에는 화려한 쇠시리를 만들었다. 특히 아름다운 것은 아치 네 개가 있는 강론단의 여덟 쪽에 서 있는 커다란 벽기둥 네 개의 대좌들이다. 아치 네 개 중 셋은 경당들의 교차交叉 천장이고 나머지 하나는 회중석會衆席에 있다. 이 공사는 그의 최대 걸작이라 할 만하다. 왜냐하면 건축물을 처음부터 짓기 시작하는 건축가는 자기 뜻대로 지을 수 있지만 이미 다른 사람이 서투른 설계로 시작했던 건물을 보수하는 경우에는 그런 이점을 도저히 즐길 수 없기 때문이다.

다시 말하면 안토니오는 죽은 사람을 다시 살려낸 격이며, 도저히 불가능한 일을 해낸 셈이다. 그는 지붕을 납으로 덮도록 하고 그밖의 일들을 지시했다. 이리하여 예전에 비해 외양과 우아함이 뛰어날뿐더러 오랜 세월 지탱하도록 만들어놓았다.

그는 약탈이 끝난 뒤 로마로 되돌아왔고 교황은 오르비에토에 있었는데 안뜰에 물이 크게 부족하자 교황은 안토니오에게 돌로 쌓은 우물을 파도록 명했다.* 그는 지름이 25브라차에 나선 모양의 계단 두 개를 벽에 붙여서 계단 하나가 다른 것 위에 자리 잡게 함으로써 물을 먹으러 내려온 동물이 밑바닥에서 돌지 않고 다른 계단으로 되돌아나가 다른 문으로 통하도록 설계했다. 아름다울 뿐 아니라 편리하게 설계된 이 훌륭한 공사는 교황 클레멘티우스가 선종하기 전에 거의 완성되었다. 우물 입구는 파울루스 3세 때 완성되었는데, 이렇게 아름답고 착실하게 만든 우물을 어디서도 찾아볼 수 없었다. 얼마 후 안토니오는 안코나Ancona의 요새 공사를 지휘했다.

* 포초 디 산 파트리초(Pozzo di S. Patrizio)에 1527년 착공했다.

교황 클레멘티우스는 조카인 알레산드로 데 메디치Alessandro de' Medici가 피렌체 공작이었을 무렵, 이 도시를 난공불락의 요새로 만들고자 결심했다.* 이 요새는 알레산드로 비텔리Alessandro Vitelli, 피에르 프란체스코 다 비테르보Pier Francesco da Viterbo와 안토니오가 프라토Prato 문과 산 갈로 문 사이에 쌓은 것으로 고금을 통틀어 이런 공사를 이렇게 빨리 끝낸 예는 없을 것이다. 제일 먼저 쌓아올린 일 토소il Toso라는 탑에는 많은 각자刻字와 메달로 장식하고 성대한 의식을 치렀다. 이 요새는 세계적으로 유명할 뿐만 아니라 난공불락으로 생각된다.

안토니오는 조각가 일 트리볼로Il Tribolo, 라파엘로 다 몬테루포 Raffaello da Montelupo, 당시 아직 청년인 프란체스코 다 산 갈로Francesco da San Gallo와 안드레아 산소비노가 착수했던 대리석 공사에 얕은 돋을새김을 완성한 시모네 촐리Simone Cioli를 데리고 로레토에 갔다. 그곳에서는 우수한 대리석 조각가 안토니오 일 모스카Antonio il Mosca가 펠레그리노 다 포솜브로네Pellegrino da Fossombrone의 후손들을 위해 벽로壁爐를 장식했는데, 무척 아름다운 작품이다. 이 사람은 후에 다시 언급하겠다.

로레토에서 그는 성모를 모신 방을 장식하는 꽃을 대부분 조각했는데 열심히, 빨리 완성했다. 그때 안토니오는 이곳저곳 멀리 떨어진 다섯 곳에서 중요한 공사를 맡았으며 모두 자신이 직접 관리했는데, 자신이 가지 못할 때는 동생인 바티스타Battista를 보냈다. 그 공사들이란 피렌체와 안코나의 요새, 로레토의 성당, 교황의 궁전, 오르비에토의 우물 등이다.

교황 클레멘티우스가 선종하고 파울루스 3세가 즉위하자 안토니오는 더욱 두터운 신임을 받았다. 왜냐하면 신임 교황은 추기경 시절에

---

* 카스텔 산 조반 바티스타(Castel S. Giovan Battista)를 1534년에 착공했다.

안토니오와 워낙 가까웠기 때문이다. 당시 아들 피에르 루이지Pier Luigi를 카스트로 공작에 임명한 교황은 그를 안토니오에게 보내어 공이 이미 시작한 요새를 설계하도록 했다. 즉 광장과 조폐국 가까이에 있는 오스테리아궁palazzo Osteria으로서, 로마에서와 같이 석회화로 지은 건물이다. 안토니오는 그밖에도 내국인과 외국인들이 위촉한 저택과 건물들을 설계하느라 바빴으며, 이들은 믿을 수 없을 정도의 비용을 아낌없이 내주었다.

황제 샤를 5세가 투니스Tunis에서 승리하고 돌아왔을 때 그의 성공을 축하하려고 메시나Messina, 아폴리아Apulia, 나폴리에 개선문을 세웠다. 로마에서는 그를 환영하려고 교황이 안토니오에게 명하여 산 마르코 궁전에 나무로 개선문을 만들어 두 거리를 장식하도록 했다. 만약 대리석으로 이토록 열심히 정성들여 만들었다면 틀림없이 세계 7대 불가사의 중 하나로 손꼽혔을 것이다. 번화한 광장 모퉁이에 개선문을 세우고, 은박으로 둘러싼 원형 코린트 방식 원주로 장식했으며, 그 기둥머리에 아름다운 나뭇잎 모양을 조각하고 금박을 씌웠다. 화려한 평방平枋과 프리즈, 쇠시리가 각 원주 위의 돌출부에 연결되어 있고 원주마다 두 장면을 한 면으로 하여 황제의 거동을 여덟 장면에 그렸다.

끝으로 네 길 반 크기의 인물상 둘을 아치 위에 놓았는데, 그중 오스트리아 가문의 알베르토Alberto와 막시밀리아노Maximiliano 두 황제를 앞에, 페데리고Federigo와 리돌포Ridolfo는 반대쪽에 놓았다. 또 모퉁이마다 두 명씩 모두 포로 네 명과 수많은 트로피, 교황과 황제의 문장들로 장식했는데 안토니오의 지휘에 따라 당시 로마의 일류 조각가와 화가들이 제작에 참여했다. 황제를 영접하는 식전에 필요한 집기들은 모두 안토니오의 설계로 만들었다. 카스트로Castro 공작을 위한 네피Nepi 요새*를 비롯해 여러 도시의 견고한 성도 그가 건조했다.

* 1537년에 기공.

그밖에도 시민들의 저택과 궁전을 설계하고 거리와 광장도 만들었다. 그는 교황을 위해 매우 견고한 로마 요새를 구축했는데, 그중에는 산토 스피리토 성문porta di Santo Spirito도 포함되어 있다. 이 성문은 석회화로 소박하게 장식했으나 장엄하기가 옛것을 방불케 한다. 안토니오가 죽은 뒤에 그를 시기한 자들이 헐뜯으려 했으나 뜻을 이루지 못했다. 또 교황청 안의 미켈란젤로 작품이 들어 있는 시스티나Sistine 경당 정면과 그밖의 몇몇 다른 곳이 쓰러질 위험이 있어 안토니오가 기초를 새로 다졌다. 특히 그는 시스티나 경당의 큰 홀을 더 확장하고 스투코stucco 장식으로 두 반월창半月窓의 문을 크게 만들어 홀을 더한층 아름답게 만들었다. 또 성 베드로 대성당으로 통하는 계단을 만들었는데, 고금을 통틀어 가장 편리하게 만든 작품이다. 성사聖事를 행하는 곳인 파울리네Pauline 경당도 지었는데, 아름답고 우아하며 매력적인 건물이다.

페루자 사람들과 교황 사이에 분쟁이 생겼을 무렵, 교황은 안토니오에게 발리오니Baglioni의 집들을 헐고 페루자의 요새를 짧은 시일 내에 건조하라고 시켰는데 참으로 아름답게 완성했다.* 또 그는 아스콜리Ascoli에 단 며칠 만에 요새를 준공해 오랜 세월 기대조차 하지 못했던 아스콜리 주민들이 수비대를 보고 깜짝 놀라게 했다. 로마에서 안토니오는 테베레Tevere강이 범람할 때를 대비해 줄리아 거리에 있는 자기 저택의 기초를 튼튼히 했고 산 비아조S. Biagio 근처 궁전을 건축하기 시작해 진척을 보았다. 이 집은 추기경 리초 다 몬테풀차노Riccio da Montepulciano 소유이며 그는 수천 두카트를 들여서 으리으리한 방들을 만들었다.

그러나 안토니오의 어떠한 작품도 로마의 장려한 건조물인 성 베드로 대성당과 겨룰 것이 못 된다. 이 건물은 브라만테가 공사에 착수했

* 1540년의 일이다.

그림 494 안토니오 산 갈로와 안토니오 라바코, 「성 베드로
대성당 모형」(측면), 1539~46, 목재, 성 베드로 대성당, 로마.

고, 또 엄청나게 확장했으며 재조정했다. 그가 제자인 안토니오 라바코
Antonio L'Abacco를 시켜서 만든 완전무결한 나무 모형을 보면 알 수 있
듯이 칸사리, 구조, 장식 등 모든 부분에 그의 노력이 미쳤다. 이 모델과
설계도는 그가 죽은 후 라바코가 스승의 기량을 자랑하려고 출판했는
데, 이것을 본 사람은 누구나 그의 안목을 알 수 있을 것이다.

　미켈란젤로도 다른 설계도로 경쟁했다는 것을 이미 이야기한 바 있
다. 미켈란젤로와 여러 사람이 안토니오의 설계도를 보고 구성이 너무
협소하다고 생각했는데 원주와 아치는 아치 위에, 쇠시리는 쇠시리 위
에 안배되어 있다. 그는 두 종루鐘樓와 작은 강론대 네 개와 큰 강론대
의 많은 원주에 달린 화환을 비난했으며, 너무 많이 만들어놓은 피라미
드도 독일풍tedesca에 가까워 좋지 않다고 평했다.그림 494, 그림 495

　라바코는 안토니오가 죽은 뒤 성 베드로 대성당의 모델 일을 끝냈는

그림 495 안토니오 산 갈로와 안토니오 라바코, 「성 베드로
대성당 모형」(전면), 1536~39, 목재, 성 베드로 대성당, 로마.

데, 목수와 소목장이의 임금만도 금화 4,184두카트에 달했다. 로마에
서 발간된, 그가 만든 훌륭한 책을 보면 알 수 있듯이 그는 일류 건축가
였기 때문에 자기가 맡은 직책을 잘 수행했다. 이 모델은 성 베드로 대
성당 본당에 있으며 길이 35뺨palmo*, 넓이 26뺨, 높이 20.5뺨이므로 전
체 크기는 1,040뺨 또는 104칸나canna,** 360뺨 또는 36칸나인데 로마
칸나는 10뺨이다.

　안토니오는 이 모델을 설계하고 제작한 품삯으로 금화 1,500두카트
를 받기로 했으나, 그가 죽을 때까지 금화 1,000두카트만 받았다. 그는
성 베드로 대성당 강론대의 무게를 견딜 수 있도록 벽기둥을 두껍게 세

* 1팔모(palmo)=9인치, 약 25cm.
** 1칸나(canna)=4브라차.

웠으며 고형물로 기초를 구축해 브라만테 시대에 만든 것처럼 견고하기 이를 데 없다. 만일 이 걸작이 건물 안에 숨겨져 있지 않고 지상에 노출되어 있다면, 가장 완고한 지성인이라 해도 누구나 경탄하게 될 것이다. 그러므로 이 칭찬받아 마땅한 희귀한 예술가들은 언제나 가장 출중한 장인들로 추앙받아야 한다고 본다.

고古로마 시대부터 나르니Narni와 테르니Terni 사이에 분쟁이 계속되었다. 왜냐하면 마르모라Marmora 호수가 둘 중 어느 한쪽에 해를 끼쳤기 때문이다. 나르니가 호수를 열려고 하면 테르니가 반대해 양쪽 황제와 교황 치하에서 분쟁이 계속되어왔다. 원로원이 의견 차이를 좁히려고 키케로Cicero를 파견한 일이 있었으나 실패로 돌아갔다. 1546년에 파울루스 3세에게 대사를 파견하고, 안토니오를 보내어 이 분쟁을 해결하려고 했다. 안토니오는 둑이 있는 쪽으로 호수를 방출하기로 결정하고 큰 고생 끝에 끊어 놓았다. 그러나 그때 날씨가 너무 더워 늙은 안토니오는 테르니에서 열병에 걸려 곧 사망했으며, 친구와 가족들은 슬픔에 빠졌다. 또 캄포 디 피오레Campo di Fiore 근처의 파르네세 궁전 등 여러 건물의 손해도 막심했다.

파울루스 3세가 추기경 시절에 궁전을 좀 나은 상태로 만들려고 안뜰을 깨끗하게 손보았으나 충분하지는 못했다. 안토니오는 교황이 선출된 후 디자인을 전부 달리해서 추기경이 아니라 교황의 궁전에 걸맞게 완성했다. 즉 몇몇 집과 낡은 계단을 헐어버리고 큰 살롱과 방을 더 많이 만들었으며 안뜰도 확장하고 화려한 천장들은 아름다운 조각과 장식으로 꾸며 새롭고 기분 좋은 궁전을 조영했다. 안토니오는 둘째 번 창문들을 단지 쇠시리로 둘러싸놓았는데, 원래 지혜롭고 판단력 있는 교황이 좀더 아름답고 가장 훌륭한 쇠시리를 원했으므로 로마의 일류 건축가들에게 안토니오의 설계를 보충해 완공하게 했다.

어느 날 아침 교황이 벨베데레Belvedere에 갔을 때 여러 사람이 그린 설계도를 가져왔다. 그 자리에는 안토니오도 배석했다. 그들은 페리노 델 바가, 바스티아노 델 피옴보Bastiano del Piombo 신부, 미켈란젤로 부오나로티와 당시 파르네세 추기경에게 봉사하던 젊은 조르조 바사리 등이었다. 미켈란젤로는 자신이 설계도를 가져오지 않고 바사리를 시켜 보내왔는데, 바사리는 자신의 설계도는 낼 마음이 없다고 친구에게 변명했다. 교황은 여러 설계도를 자세히 검토한 끝에 모두가 아름답고 걸작이라고 칭찬한 후, 특히 미켈란젤로의 것이 제일이라고 했다.

그러나 안토니오는 모두 마음에 들지 않는다고 했다. 왜냐하면 자신의 것이 으뜸이 되기를 원했기 때문이다. 특히 그가 불쾌하게 여긴 것은 설계도를 내놓지 않은 페라라에서 온 야코모 멜리기노Jacomo Melighino가 별로 분별이 없는데도 교황의 총애를 받으며, 그를 성 베드로 대성당의 조영에 고용해 월급도 안토니오와 같은 금액을 준 일이다. 그것은 멜리기노가 오랫동안 보수도 받지 않고 교황을 모셔왔기 때문인데, 교황은 이런 식으로 그에게 보상하고, 벨베데레와 기타 몇몇 건조물에 대한 책임도 맡겼다.

교황은 설계도를 다 살펴본 뒤 안토니오를 떠보려고 "모두가 훌륭한데 멜리기노가 만든 설계도를 보고 싶소?"라고 물었다. 안토니오는 교황이 자기를 조롱하는 줄로 생각하고 화가 나서 "성하, 멜리기노는 웃기는 건축가올시다"라고 대답했다. 앉아 있던 교황은 이 말을 듣더니 머리가 거의 땅에 닿도록 몸을 굽히고 안토니오 쪽을 보면서 "자네도 그 사람의 봉급을 보면 잘 알겠지만, 그는 훌륭한 건축가임이 틀림없네"라고 응수하고 모두 해산시킨 다음 자리를 떴다. 이 말은 군주들은 신하들을 공적에 비해서 위대하게 만들어준다는 것을 보여주고자 한 것이다. 쇠시리는 마지막에 미켈란젤로가 만들었으며, 이 이야기는 그의 『생애』Vite에서 이미 기록했다. 또 그는 그 궁전을 새로 짓다시피 거의 다 개조했다.

안토니오에게는 바티스타 고보Battista Gobbo라는 동생이 있는데 재주 있는 사람이다. 그는 항상 형의 건축 일에 헌신적으로 임했는데 안토니오는 그를 썩 잘 대하지는 않았다. 그는 안토니오가 죽은 뒤에도 여러 해 살았는데, 그가 죽을 때 비트루비우스의 관찰에 관한 책을 출판해준다는 조건으로 모든 재산을 로마에 있는 피렌체 미세리코르디아에게 기부했으나 이 책은 출판되지 않았다.

안토니오는 테르니에서 죽었는데 여러 예술가가 로마로 옮겨 장려한 장례를 치러주었다. 그 후 유해는 성 베드로 대성당의 교황 식스투스 경당 가까이에 매장되었다. 비명은 다음과 같다.

로마의 성벽 구축과 공공 공사,
특히 성 베드로 성전을 꾸미는 데
가히 건축가들의 으뜸이라 할
피렌체 사람 산 갈루스의 안토니오가
파울루스 교황의 주도하에 베니누스 늪의 배수를 마련하였다.
안테라므나에서 불시에 죽어버리자
비탄에 잠긴 아내 이사벨라 데타가 그를 위해
1546년 9월 29일 건립하였다.
Antonio Sancti Galli Florentino Urbe munienda ac pub.operibus,
praecipueque D. Petri templo ornan architectorum facile principi
dum Velini laccus emissionem parat, Paulo pont. max auctore,
Interamne Iinterpestive extincto, Isabella Deta uxor maestiss.
posuit MDXLVI, iij. calend. Octobris.

안토니오는 뛰어난 작품들로 과거는 물론 현재의 어느 건축가보다도 훌륭하다는 평판을 얻고 있다.

줄리오 로마노
Giulio Romano
1499~1546

GIVLIO ROMANO
PITTORE.

〔해설〕

　라파엘로의 제자로 매너리즘 회화의 대표 화가이자 건축가다. 라파엘로의 수석제자로 1515년 바티칸 「보르고 화재의 방」의 벽화를 시작으로 스승의 작업에 참여했다. 라파엘로 사망 후 스승이 생전에 기획했던 바티칸의 「콘스탄티누스 방」을 완성했다. 이후 만토바 출신인 궁정인 발다사레 카스틸리오네의 소개로 만토바의 군주 페데리코 2세 곤차가의 초청을 받아 만토바로 건너가 이 도시 대성당의 정면과 후면 건축을 완성했고, 무엇보다 이 도시의 가장 중요한 문화재로 꼽히는 매너리즘 건축의 대표작 「차궁」Palazzo de Tè을 건축했다. 그는 자신이 건축한 이 궁 안의 「말의 방」, 「프시케의 잔치상」, 「거인의 방」 등을 거대한 일련의 벽화로 장식했는데 이들 작품은 매너리즘 최고의 걸작으로 꼽힌다.

　이들 방 중에서 특히 '거인의 방'에 그려진 그림을 보면 전성기 르네상스 회화에서 보이던 아름답고 균형 있는 조화, 균형, 비례와 같은 고전주의 회화 요소들이 사라지고 불균형, 불안, 부조화, 거대함 등 조화와 비례의 파괴를 시도함으로써 이전에 볼 수 없었던 실험적이고 아방가르드적인 요소로 가득 채웠다. 그의 작품은 매너리즘의 진가를 한눈에 보여준다고 할 수 있다.

　줄리오 로마노의 건축과 회화는 로마노 자신의 개인적 양식이기도 하지만 넓게 보면 미켈란젤로와 라파엘로의 양식 변화를 좀더 과장하고 파격적인 양식으로 발전시킨 것으로서 매너리즘의 중요한 유형으로 자리 잡았다. 그는 폰토르모 롯소 피오렌티노와 더불어 초기 매너리즘의 개념을 실현한 최고 대가라 할 수 있다.

줄리오 로마노는 라파엘로의 많은 제자 중에서 가장 훌륭하고, 그림 스타일이 스승과 닮았으며, 창의력과 데생과 채색의 기량이 가장 뛰어났다. 로마노만큼 작품에 깊이가 있고 환상적이며 다양할 뿐만 아니라 성품이 친절하고 상냥한 사람도 없을 것이다.* 라파엘로는 그를 자식같이 사랑하고 중요한 작품을 만들 때는 항상 일을 돕도록 했다. 그는 라파엘로를 도와 건축물을 설계하고 교황 레오 10세를 위한 로지아의 그림을 장식했다.

라파엘로는 로마노에게 많은 그림을 맡겼다. 그중에서도 「아담과 이브와 여러 동물의 창조」, '노아 방주'Arca di Noe의 건조와 그의 희생', 그밖에 파라오Pharaoh의 왕녀가 급류에 떠밀려온 돛단배에서 모세Moses를 발견하는 '히브리서'의 한 장면을 아름다운 풍경으로 그린 걸작 등에서 그의 탁월한 기량을 알 수 있다. 그는 또 많은 홀, 즉 「보르고의 화재」l'incendio di Borgo**가 있는 보르자탑, 특히 청동색의 대좌imbasamento, 마틸다Matilda 백작부인, 페팽Pepin 왕, 샤를마뉴Charlemagne 대제, 예루살렘 왕인 고드프레이 데 부이용Godfrey de Bouillon, 그밖에도 교회의 은혜를 베푸는 사람들과 유명인사들을 채색하는 등 라파엘로를 성심껏 도왔다. 그중 일부가 얼마 전에도 로마노의 데생으로 인쇄되어 나갔다.

그밖에 라파엘로가 아고스티노 키지Agostino Chigi 저택 로지아에 프레스코와 유채화로 그린 아름다운 성녀 엘리자베스S. Elizabeth 등을 완성해 프랑스의 프랑수아 왕에게 보냈으며, 라파엘로가 데생을 하고 나

---

* 줄리오 로마노는 로마에서 태어나 라파엘로와 미켈란젤로, 로마에 체재 중이던 베네치아 화가들의 영향을 받았다. 바사리의 친구인 그는 바사리를 만토바로 데리고 가서 그곳에 자신이 건립한 대성당을 르네상스의 훌륭한 작품이라고 과시했다.
** 라파엘로가 바티카노(Vaticano)의 화재의 방(Stanza dell' Incendio)에 그린 「보르고의 화재」.

머지는 거의 모두 로마노의 손으로 완성한 성녀 마르게리타S. Margherita 그림도 역시 프랑수아 왕에게 보냈다. 라파엘로는 나폴리 부왕후副王後의 초상화도 프랑수아 왕에게 보냈는데 이것도 그가 머리 부분만 그리고 나머지는 모두 로마노가 마무리했다.* 왕은 이 작품들을 매우 만족해했으며, 퐁텐블로Fontainebleau의 왕실 경당에 보관하고 있다.

로마노는 이런 방법으로 어려운 예술을 배웠으며, 라파엘로도 인내력 있게 원근법prospettiva, 건축물의 측량과 제도법 등을 로마노에게 가르쳤다. 때때로 라파엘로가 생각나는 대로 스케치를 하면 로마노가 실제로 건축에 활용할 수 있도록 확대했으며, 이렇게 함으로써 그는 훌륭한 대가가 되었다. 라파엘로가 죽은 후 유산을 로마노와 조반 프란체스코Giovan Francesco, 일명 일 파토레Il Fattore에게 남겼으며, 미완성 작품들은 이 두 사람이 책임을 지고 거의 모두 완성해 라파엘로의 명성을 높여주었다.

추기경 줄리오 데 메디치—후에 교황 클레멘티우스 7세—가 로마에 있는 마리오Mario산 아래의 경치 좋고 나무가 무성하고 물이 맑은 몰레 다리Ponte Molle로부터 성 베드로 대성당 문에 이르기까지 테베레Tevere강 일대를 손에 넣고 강기슭 높은 곳의 평평한 땅 위에 궁전을 건립하기로 했다. 추기경은 궁전에 적합한 수의 홀, 로지아, 정원, 분수, 수목 등을 조성하기로 하고 공사를 로마노에게 위촉했다. 로마노는 곧 일에 착수해 이른바 비냐 데 메디치Vigna de' Medici, 지금은 빌라 마다마 Villa Madama**로 알려진 궁전을 완벽하게 건립했다.

로마노는 거기에 숙소를 정하고 추기경이 원하는 대로 건물 정면을 반월형mezzo circolo으로 만들고 이오니아ionica 방식으로 창을 냈는데, 보

---

* 성녀 마르게리타와 아라곤의 조반니(Giovanni d'Aragon)의 초상화는 루브르 박물관에 소장되어 있다.
** '빌라 마다마'는 당시 마르게리타 파르네세 공작부인 소유였는데 한때 나폴리 공국의 법원으로도 사용되었다.

그림 496 줄리오 로마노, 「말의 방」(부분), 1525~35,
테 궁전, 만토바.

는 사람마다 라파엘로가 설계한 것으로 생각하고 칭찬했으나 실제로는 로마노가 자신의 설계로 정성 들여 만든 것이다. 홀과 다른 부분들을 그림으로 장식했으며, 특히 현관을 지나는 로지아loggia가 아름답다. 크고 작은 벽감에는 조베Giove, Jupiter신神을 포함해 여러 희귀한 고대 조상들이 들어 있다. 이것들은 나중에 파르네세 일가가 다른 조상들과 함께 프랑스의 프랑수아 왕에게 증정했다.

벽과 둥근 천장은 아라베스크 문양으로, 로지아는 스투코로 조반니 다 우디네Giovanni da Udine가 장식했다. 꼭대기에는 로마노가 폴리페무스Polyphemus*와 그 옆에서 노는 어린이들과 사티르Satyr**들을 그려 좋은 평을 받았다. 그는 그밖에도 포석鋪石, 시골풍 분수, 나무 따위를 매우 아름답게 데생했는데, 모두 훌륭한 판단력과 창의력을 발휘해 제작했다. 그러나 이 공사는 교황 레오의 죽음으로 모두 중단되었다. 왜냐하면 하드리아누스***가 피선되자 추기경 줄리오 데 메디치는 피렌체로 떠나버렸고 레오가 착수했던 공적 사업은 모두 중단되었기 때문이다.

당시 로마노와 조반 프란체스코는 라파엘로의 미완성 작품들을 대부분 완성했고, 라파엘로가 콘스탄티누스Constantinus 대왕의 행적을 나타낸 장면 네 개를 그려 큰 홀에 쓰일 밑그림을 제작할 준비를 했다. 라파엘로는 죽기 전에 벽 하나에 유채화를 제작할 준비를 끝냈다. 그러나 교황 하드리아누스는 그림, 조각, 그밖의 모든 예술에 아무런 관심이 없었으므로 이런 작업을 원치 않았다. 그가 살아 있는 동안 로마노, 조반 프란체스코, 페리노 델 바가, 조반니 다 우디네, 바스티아노 베니치아노 등 훌륭한 예술가들은 빈곤에 허덕일 지경이었다.

---

* 호메로스의 오디세우스에 등장하는 포세이돈과 님프 사이에서 난 외눈박이 식인 거인.
** 그리스신화에서 반인반수의 숲속의 신.
*** 독일계 하드리아누스 6세 교황은 1523년 9월 23일 서거했다. 그의 재위 기간은 고작 20개월 남짓이었다.

위대한 레오의 그늘에서 자라난 궁정이 이 최악의 경우를 당하고 최고 예술가들이 예술성을 전혀 평가받지 못하다가 신의 뜻인지 하드리아누스가 죽고 추기경 줄리오 데 메디치가 교황 클레멘티우스 7세로 등극하게 되자 하루아침에 모든 예술이 천재들과 함께 재생했다. 로마노와 조반 프란체스코는 교황의 명령으로 콘스탄티누스홀을 완성하려고 일에 착수했다. 그들은 앞서 몇몇 교구 성직자를 장식하기 위한 정의의 여신과 천사들을 그린 두 인물화만 그대로 두고 유채화를 그리려던 벽을 헐어버렸다. 홀은 천장이 낮았기 때문에 라파엘로가 적당히 판단해서 배치를 잘했다. 그는 출입문 위의 모퉁이에 벽감을 만들어 백합, 다이아몬드, 깃털 등 레오 10세의 각종 문장紋章을 든 어린 소년들로 장식했다. 벽감 안에는 정장한 교황들이 각각의 취향을 풍기며 앉아 있고 그들 양쪽에는 책을 든 천사들이 있다. 사도 베드로는 신앙, 자애, 경건함들을 나타냈으며 다른 쪽에는 줄리오가 그린 교황들, 다마수스 Damasus 1세, 알레산드로 1세, 레오 3세, 그레고리우스 1세 대교황, 실베스트로 등 몇 사람이 있는데, 모두 로마노가 전력을 다해 제작했다.

로마노의 아름다운 프레스코 그림은 그의 모든 인내와 노력의 산물이라 할 정도로 뛰어나다. 특히 실베스트로 교황을 묘사한 부분은 그만이 할 수 있는 것으로 신기에 가깝다. 그는 이 프레스코 그림에 자기 구상을 최대한 생생하고 대담하게 감성적으로 표현했는데, 생각해보건대 그는 아마 이 그림을 불과 한 시간 안에 활화산처럼 완성하지 않았을까 싶다. 일전에 그가 몇 달 혹은 1년이나 걸려 오래 그린 유채화 범작들을 보면 나태함이 가득하고 종국에는 일을 시작할 때의 열정이 모두 식어버린 경우가 많았다. 다시 말해 이번 그림 같은 완전무결하고 경이로운 그림을 볼 수 없었다.

그림 이야기로 되돌아가자. 로마노는 한쪽 벽에 콘스탄티누스 대왕이 병사들에게 연설하는 장면을 그렸는데, 하늘에는 '십자성호'segno della Croce와 천사들, 그리고 IN HOC SIGNO VINCES라는 글자가 보인다. 콘스탄티누스 대왕 발밑에는 투구를 쓴 난쟁이를 그렸는데, 참 멋진 예술적 표현이다. 가장 큰 벽에는 몰레 다리Ponte Molle 부근에서 벌어진 기병들의 전투를 그렸다. 콘스탄티누스 대왕이 막센티우스 Maxentius 왕을 참패시키는 광경으로, 부상당한 사람과 죽은 사람들, 보병과 기병들의 자세가 각양각색이라 참으로 자랑할 만하다. 거기에는 초상화도 많은데, 로마노가 좋아하는 검은색이 너무 짙어 이 작품의 가치를 떨어뜨렸다.

마리오 다리Monte Mario 풍경도 보이며 말을 탄 막센티우스가 테베레 강물에 빠지고 있다. 이 장면은* 전투 장면을 그리는 사람들에게 큰 도움을 주었다. 로마노는 로마의 트리야누스Trajanus와 안토니누스 Antoninus의 고대 원주들을 열심히 연구해 병사들의 옷, 병기, 깃발, 요새, 영창, 공성攻城, 망치 등 전쟁에 사용되는 도구들을 많이 그렸다. 그 밑에는 청동색으로 여러 물건을 아름답게 그렸다. 다른 벽에는 교황 성 실베스트로가 콘스탄티누스 대왕에게 세례 주는 장면을 그렸으며, 특별히 왕이 마련한 욕조浴槽도 그렸다. 이 욕조는 산 조반니 라테라노S. Giovanni Laterano 성당에 보관되어 있다. 성 실베스트로의 세례 그림 안에는 교황 클레멘티우스의 초상화를 그렸고, 다른 신하들도 많이 그렸는데 교황이 특별히 아꼈던 '로디의 기사'Cavaliere di Rodi 니콜로 베스푸치Niccolò Vespucci와 요새를 지키는 기마병들을 작게 그렸고, 그 밑의 대좌에는 장차 로마시에 성 베드로 대성당을 건립하려는 콘스탄티누스 대왕의 얼굴을 교황 클레멘티우스를 암시해 그렸다. 그밖에도 이 성당의 평면 설계도를 든 브라만테와 줄리아노 레미Giuliano Lemi의 얼굴을 그렸는데 참으로 아름다운 장면이다.

벽난로 위의 네 번째 벽에는 성 베드로 대성당과 교황의 거처를 원근법으로 그리고 교황 외에도 여러 추기경, 고위 성직자, 소년 성가대

---

* 1524년에 제작되었다.

원과 악사들과 경당을 그렸다. 교황 성 실베스트로가 앉아 있고 그 발밑에 콘스탄티누스가 무릎을 꿇고 앉아 있는데, 고대 메달에서 보는 바와 같이 그가 '로마 교회Chiesa Romana에 선물을 헌정하는 장면'이다. 로마노는 거기에 이 의식을 구경하려고 온 무릎을 꿇은 귀부인들, 도움을 원하는 빈한한 사람들, 개를 희롱하는 소년, 관중이 제자리를 지키게 하는 교황 위병의 창을 그렸다.

그 많은 초상화 중에는 로마노 자신은 물론 친구인 『궁정인』*Il Cortigiano*의 저자 발다사레 카스틸리오네Baldassarre Castiglione, 막역한 폰타노Pontano, 마룰로Marullo, 그밖의 많은 문필가, 궁정인이 보인다. 또 들창 주위에는 많은 데생과 시적 환상을 아름답게 그렸는데, 교황은 이 그림들을 흡족해하며 로마노에게 많은 보상을 주었다.

로마노와 조반 프란체스코Giovan Francesco는 이 홀에 그림을 그리는 중에 퍽 아름다운 「성모 몽소승천」Assunzione di Nostra Donna을 완성해 페루자로 보내서 몬테루치Monteluci의 수녀원에 두었다.* 또 로마노 혼자서 고양이와 함께 있는 성모를 그렸는데, 이 작품은 「고양이의 그림」quadro della gatta으로 알려져 있다.** 또 하나 큰 그림은 「원주 앞의 그리스도」Cristo battuto alla colonna인데 로마의 산 프라세디아S. Prassedia 성당 대제단 위에 걸려 있다.*** 얼마 후에 마태오 지베르티Matteo Giberti — 당시 교황 클레멘티우스의 서기였으며, 후에 대주교가 된 — 가 친구인 로마노에게 벽돌집을 설계해달라고 부탁했다. 이 집은 성 베드로 광장, 교황의 궁전 문과 가까우며 추기경 회의가 있을 때 나팔수들이 서 있는 곳으로, 말을 타고 내리기 쉽도록 계단을 만들어놓았다.

* 1505년 라파엘로가 처음 시작했으며 그의 사후 1525년에 로마노가 완성했다. 로마에서 페루자의 몬테루치 수도원으로 옮겨졌다가 현재는 바티칸 박물관(Museo Vaticano) 소장품.
** 나폴리 박물관(Museo Nationale di Napoli) 소장품.
*** 1523년 작품이며 제노아의 산 스테파노(S. Stefano) 성당이다.

줄리오 로마노는 마태오를 위해 성 스테파노S. Stefano에게 돌을 던지는 장면을 그렸는데,* 무척 우아하고 구도가 뛰어난 작품이다. 유대 사람들이 그에게 돌을 던지는데 어린 사울Saul이 그들 자리에 앉아 있다. 그 후 로마노는 이보다 더 좋은 그림을 그리지 못했다. 그는 이 그림에서 가해자들의 사나운 모습과 스테파노의 인내를 잘 표현했는데, 스테파노는 평온한 하늘의 성부聖父 오른쪽의 그리스도를 바라보는 듯이 보인다. 마태오는 이 그림을 성직록聖職錄과 함께 몬테 올리베토Monte Oliveto 수도원의 수사에게 주었다.

로마노는 독일 사람 야코프 푸거Jacob Fugger를 위해 로마의 산타 마리아 데 아니마S. Maria de Anima의 한 경당에 패널화를 제작했는데, 거기에는 성모 마리아, 성녀 안나, 성 요셉, 성 야고보, 성 요한 그리고 무릎 꿇은 복음사가 성 마르코와 그의 발밑에 사자와 책이 있다. 그가 무척 공들여 그린 그림이다. 사자에게는 부드러운 깃털 같은 날개가 있는데 자연 그대로 보인다. 또 그는 건축물에 그림을 그렸는데 극장처럼 둥글고 아름다운 조상으로 잘 꾸몄다. 거기에는 베 짜는 한 여인이 암탉과 병아리를 바라보는 광경이 있는데 실물을 보는 듯하다. 성모 마리아 머리 위에 천사들이 우아한 닫집을 가지고 있는데, 불행하게도 검은색이 너무 짙어 그가 애쓴 데 비해 그림을 망쳐버렸다. 검은색은 목탄이 아니다 보니 산을 함유해 다른 물감을 침식한다.

로마노의 많은 제자 중에서 이 작품에 관여했던 사람은 바르톨로메오 다 카스틸리오네Bartolommeo da Castiglione, 코르토나Cortona의 톰마소 파파첼로Tommaso Papacello, 페시아 출신 베네데토 파니Benedetto Pagni, 조반니 다 리오네Giovanni da Lione, 보르고 아 산 세폴크로Borgo a San Sepolcro의 라파엘로 달 콜레Raffaello dal Colle이며, 마지막 두 사람은 콘스탄티누스 홀 안을 제작하는 데 고용되었다. 로마노의 방법을 주의 깊게 관찰

▌ * 1523년 작품이며 제노아의 산 스테파노 성당에 있다.

한 솜씨 좋은 화가들은 반키의 조폐국 근처 교황 클레멘티우스 7세의 문장을 로마노의 데생을 바탕으로 양쪽에 그리고 아름답게 채색했다.

라파엘로가 죽은 지 얼마 후에 로마노의 데생으로 추기경 델라 발레della Valle의 궁전 반월창에 사도 성 안드레아와 성 니콜라오 사이에 앉은 성모 마리아가 잠자는 아기 예수를 덮어주는 장면을 프레스코로 그린 것이 있는데 훌륭한 작품이라고 한다. 발다사레 투리니Baldassarre Turini와 친한 사이였던 로마노는 경치 좋은 야니쿨룸Janiculum산 위에 그를 위해 가장 우아하고 쓸모 있는 주택을 데생과 더불어 지어주었다.* 홀들을 스투코와 그림으로 장식했는데, 그곳에 매장된 누마 폼필리우스Numa Pompilius의 이야기를 그린 작품이다. 로마노는 제자들의 도움을 받아서 욕실에 베누스, 큐피드, 아폴로, 히아친토Hyacinto의 이야기를 그렸다.

조반니 프란체스코와 작별할 무렵, 로마노는 로마에서 갖가지 건축을 했다. 즉 반키에 있는 알베리니Alberini 저택의 데생―라파엘로가 만든 것이라고도 하지만―또 로마의 도가나Dogana 광장에 궁전 한 채를 지었으며, 자기가 출생한 곳인 마첼로 데 코르비Macello de' Corbi 모퉁이에 일련의 들창을 제작했는데 작기는 하지만 아름답고 우아하다. 라파엘로가 죽은 후 로마노는 뛰어난 실력으로 이탈리아 최고 예술가라는 평을 받았다. 당시 만토바 후작인 페데리고 곤차가Federigo Gonzaga의 로마 주재 대사 발다사레 카스틸리오네와 친구들은 후작의 부탁을 받고 교황 클레멘티우스에게 허락을 받은 뒤 로마노를 데려갈 수 있게 되었다. 이 일이 성공해 교황이 왕에게 보내는 메시지를 지니고 만토바로 가는 길에 로마노도 동행하게 되었다.**

* 빌라 란테(Villa Lante)이며 후에 카사 보르게세(Casa Borghese)로 이름이 바뀌었다가 근세에 이르러 1837년 이후에는 성심수녀회(Sacro Cuore)의 견습 수련장으로 활용되고 있다.
** 1524년의 일이다.

백작이 로마노를 소개하자 후작은 로마노를 반가이 맞이하여 시설을 잘 갖춘 주택과 유족한 봉급을 주도록 당부하고, 그의 일을 도와줄 베네데토 파니Benedetto Pagni와 청년들에게도 배려를 아끼지 않았다. 또 로마노에게는 각종 벨벳 자와 부드러운 의복을 지급했으며, 타고 다닐 말이 없는 것을 알고는 루지에리Luggieri라는 이름의 자기 애마愛馬를 주었다. 그는 화살이 미치는 거리밖에 안 되는 산 바스티아노S. Bastiano 문까지 늘 이 말을 타고 다녔는데, 거기에는 목장 한가운데에 후작이 종마種馬들을 키우는 '테'Te라고 부르는 마구간이 있었다. 로마노가 여기 왔을 때 후작은 이 헌 건물을 헐지 말고 여기서 휴가를 즐기거나 쉴 수 있도록 개조해달라고 부탁했다.

로마노는 건물 위치를 꼼꼼하게 살펴본 다음 헌 담벼락을 살려서 큰 홀을 만들고 입구에서 보는 바와 같이 양쪽에 방들을 만들었다.그림 497 그곳에는 건축이나 조각물에 사용할 만한 좋은 돌이 없었으므로 벽돌과 타일을 써서 스투코로 장식하고 원주, 대좌 기둥머리, 쇠시리, 출입문, 창, 기타 물건들을 훌륭한 비례로 만들어 둥근 천장을 새롭게 장식하고 내부도 풍부하게 꾸밈으로써 너절한 건물을 후작 마음에 들도록 지금 보는 바와 같이 훌륭한 궁전으로 만들기로 생각했다. 로마노가 안뜰에 통나무로 멋진 모델을 만들자 후작은 무척 마음에 든다며 급료를 넉넉히 지불했고, 로마노는 많은 사람을 동원해 공사를 빨리 완성했다.*

건물은 정사각형이며, 길은 안뜰에서 건물 중앙의 문과 밖의 광장으로 통하게 설계해 십자형이다. 첫 번째 길은 큰 로지아를 거쳐 정원으로 이어진다. 다른 두 길은 스투코와 그림으로 장식한 여러 홀로 통한다. 둥근 천장에는 프레스코 그림을 그렸으며, 벽에는 후작이 교배해 기른 좋은 말들과 말만큼 큰 개들이 그려져 있는데, 하나하나 이름이

* 테 궁전은 1525년에서 1535년 사이에 완공했다.

그림 497 줄리오 로마노, 「테 궁전」, 1526~34, 안뜰, 만토바.

붙어 있다. 데생은 모두 로마노가 하고 그림은 그의 제자인 베네데토 파니와 리날도 만토바노Rinaldo Mantovano가 그렸는데, 동물들이 마치 살아 움직이는 듯이 보인다. 여기서 궁정의 모퉁이에 있는 홀로 통하는 데, 그 홀의 둥근 천장은 스투코와 여러 가지 쇠시리로 장식하고 군데군데 금박을 했다.

둥근 천장의 테두리는 팔각형 네 개를 형성하며, 가장 높은 부분은 하나의 사각형을 이룬다. 거기에는 창공에서 내려오는 빛에 둘러싸인 조베Giove 앞에 서 있는 큐피드가 신神 앞에서 프시케Psyche와 결혼하는 장면을 그렸는데, 참으로 우아한 데생으로 인물들을 원근법으로 잘 처리했기 때문에 실제로는 1브라차 길이밖에 안 되지만 밑에서 보면 3브라차 길이로 보인다. 로마노는 완전한 환각을 일으키려고 조상들을 모두 돋을새김으로 만들었다. 이 팔각형의 그림들은 프시케의 다른 이야기들과 베누스가 그녀에게 격노하는 모습 등 여러 이야기를 아름답게

그림 498 줄리오 로마노, 「테 궁전」(부분), 1526~34, 만토바.

완성한 작품이다.

　다른 모퉁이에도 큐피드들의 그림이 있고, 들창에는 공간에 따라 각양각색으로 그림을 그렸다. 낮은 벽에는 목욕하는 프시케와 시중드는 큐피드 그림이 있다. 머큐리가 베푼 연회석상에서 뛰노는 바칸티Bacchanti와 화사한 세 여신 그라치에Grazie는 그림을 더한층 아름답게 해주며, 사티르들의 부축을 받은 실레누스Silenus*가 당나귀와 산양을 거느리고 서 있고, 두 아기는 젖꼭지를 빨고 있다. 옆에는 바쿠스Bacchus가 식탁 찬장에 기대 있는데, 발밑에는 낙타와 코끼리가 좌우에 한 마리씩 있다. 이 식탁의 찬장은 반월형인데, 꽃줄과 포도주와 포도로 가득 차 있다.

　그 밑에는 다양한 꽃병, 대야, 컵이 세 줄로 진열되어 있는데 빛에 반사되어 로마노가 단지 황색만 사용했는데도 금과 은처럼 보이며, 이 모든 것이 그의 풍부한 재능과 창의력을 보여주는 좋은 예라 하겠다. 그리 멀지 않은 곳에 시녀들에게 둘러싸인 프시케가 보이며, 저 멀리에는 포에부스Phœbus가 사두마차를 몰고 있으며 구름에 기댄 제피르Zephyr가 피리에서 부드러운 바람을 불어내 프시케 주위에 상쾌한 분위기를 만들어준다.

　이 데생들은 곧 베네치아 출신 바티스타 프랑코가 로마노의 밑그림과 같은 크기로 판화로 만들었는데, 그때 바쿠스, 실레누스와 두 어린이는 그림에서 빼버렸다. 이 작품은 로마노가 다시 손질했기 때문에 로마노 것이라 할 수 있다. 그는 이 방법을 라파엘로에게서 배웠는데 그것은 고용한 젊은이들에게 크게 유익한 것이다. 왜냐하면 이런 지도를 하지 않더라도 청년들은 수많은 잘못을 보고 자기들의 잘못된 점을 찾아낼 수 있다고 곧 느끼게 되기 때문이다.

---

　* 그리스신화의 주신 바쿠스의 양부이며 산신령 사티르(Satyr)들의 두목이다.

그림 499 줄리오 로마노, 「프시케의 방」(부분), 1526~28,
테 궁전, 만토바.

'테'의 홀stanze del Tè 이야기를 다시 시작하자. 프시케의 홀에서 다음 방으로 가면 볼로냐의 젊은 프란체스코 프리마티초Francesco Primaticcio 와 조반 바티스타 만토바노Giovan Battista Mantovano가 로마노의 데생으로 그린, 스투코로 된 얕은 돋을새김basso rilievo의 인물화로 가득 찬 프리즈가 있다. 거기에는 멋진 스타일의 로마 트라야나Traiana 원주에 있는 병사들을 전부 그렸는데 앞 홀 천장에는 아버지 다이달루스Dædalus*를 따라가던 이카루스Icarus**가 너무 높이 날다가 사자좌 근처에서 계좌蟹座와 태양의 사두마차에 발견되어 초로 만든 날개가 열에 녹아버려 떨어지는 장면을 유채화로 그렸다. 이 그림은 이카루스의 얼굴이 파랗게 질려 떨어진다는 로마노의 기발한 착상을 보여주며 불과 연기, 날개가 찢어지면서 겪는 죽음의 고통, 다이달루스의 열망과 슬픔을 나타냈다. 나는 이 아름다운 장면을 그린 데생 원본을 가지고 있다. 같은 장소에 로마노는 열두 달의 이야기도 그렸는데, 풍부한 상상력으로 각 달의 역할을 재미있게 표현했다.

스투코 문장紋章과 그밖의 기이한 장식품들로 꾸민 커다란 로지아를 지나면 너무나 환상적이어서 머리를 어리둥절하게 만드는 것들로 가득 찬 홀들이 있는데 로마노의 공상적이면서도 재치 있는 면을 잘 보여주며, 프시케의 홀과 같이 벽들이 그림과 환상으로 가득 차 있다. 늪이 많은 지대였으므로 그는 기초를 깊게 이중으로 만들었으며, 건물을 두꺼운 벽으로 쌓고, 네 귀퉁이는 이중으로 만든 둥근 천장의 무게를 견딜 만큼 튼튼하게 제작했다. 그리고 들창, 문, 난로 등을 시골풍의 돌로 쌓았는데 구불구불하게 한쪽으로 기울어져 무너지지 않을까라는 생각도 든다.

---

* 그리스신화에서 크레타의 미로를 만든 아테네의 명장(名匠).
** 그리스신화에서 이카루스는 다이달루스의 아들이다. 초로 붙인 날개로 아버지와 함께 크레타섬을 탈출했으나 태양에 너무 가까이 다가가 초가 녹는 바람에 바다에 떨어져버렸다고 한다.

그는 이렇게 신기한 건물을 짓고 가장 신기한 그림을 그리기 시작했는데, 조베Giove*가 거인들에게 호통 치는 그림이다. 둥근 천장에는 관을 쓴 조베를 원근법에 따라 그렸는데, 구멍이 뚫린 원주로 된 둥근 이오니아 방식 사원 중앙에 배치하고 위에는 닫집을 만들어놓았다. 구름 속에 독수리가 날고 아래에는 조베가 거인들에게 호통을 치며, 옆에는 주노Juno**가 있다. 그 밑에는 이상한 모양의 바람이 땅 쪽으로 부는데 여신 오프스Ops***가 사자를 데리고 소리 나는 쪽을 바라본다. 다른 신神과 여신女神들, 베누스와 마르스Mars도 같은 자세를 취했다. 그 옆의 모무스Momus****는 하늘이 무너지지 않을까 두려워하며 두 팔을 넓게 벌렸다.

미의 세 여신도 계절의 여신 오라에Horae와 함께 있다가 무서워서 그녀들의 마차 속으로 뛰어 들어간다. 달의 여신도 새턴, 야누스Janus*****와 함께 소란과 격노를 피하려고 구름이 트인 쪽으로 피신하려 하며, 돌고래와 함께 자기 삼지창三枝槍을 가지고 쉬려던 넵투누스도 마찬가지다. 팔라스Pallas******와 뮤즈 9명은 이 같은 불길한 전조前兆에 놀라고 있다. 판Pan*******은 겁에 질린 한 님프를 껴안고 이 법석에 그녀를 다른 데로 데려가려고 한다. 아폴로는 자기 마차 위에 서 있고 계절의 신들은 그 말을 멈추려고 한다. 사티르와 님프들을 거느린 바쿠스와 실레누스는 공포

* 로마신화에서 주피터.
** 로마신화에서 주노의 아내이며 질투 많은 여인. 그리스신화의 헤라(Hera)에 해당.
*** 로마신화에서 새턴(Saturn)의 아내로 수확의 여신.
**** 그리스신화에서 조롱의 신 닉스(Nyx)의 아들로 올림푸스산에서 쫓겨났다.
***** 고대 이탈리아 사람들의 신.
****** 그리스신화에서 아테네(Atene)의 수호 여신.
******* 그리스신화에서 목신.

에 떨며, 불칸Vulcan*은 큰 망치를 어깨에 메고 머큐리**에 관한 이야기를 하는 헤르쿨레스***를 바라본다. 이들 옆에는 포모나Pomona****가 떨면서 서 있으며, 베르툼누스Vertumnus****와 다른 신들도 서 있거나 도망치는 모습을 힘차게 표현해 공포를 잘 나타냈다.

더 밑에 둥근 천장의 아치 아래 벽에는 몇몇 거인이 산과 큰 바위 밑에서 하늘에 올라가려고 한다. 조베는 호통을 치고 그들 때문에 몹시 노한 하늘은 거인들의 명분 없는 대담무적에 산山을 집어던지면서 공포에 떨게 했을 뿐만 아니라 모든 것이 금방 뒤집혀 끝장이 날 것만 같다. 캄캄한 동굴 속에 있던 브리아레우스Briareus******는 산더미 같은 바위로 뒤덮였으며, 다른 거인들도 돌에 맞고 그중 몇몇은 돌에 깔려죽는다. 캄캄한 동굴 틈으로 도망치는 거인들이 보이며, 조베의 우뢰에 맞아서 쓰러질 듯하다.

로마노는 다른 곳에도 신전과 원주를 거인들과 함께 그렸는데, 산의 일부가 무너지며 그들 사이에 큰 살육이 일어나는 것을 보여준다. 쓰러지는 담벼락 사이에는 난로가 있어 불빛이 거인들을 비출 때마다 불타는 것처럼 보인다. 주름살 진 말들이 끄는 마차를 탄 플루토Pluto*******는 푸리에스Furies********와 함께 도망친다. 로마노는 불과 관련된 재미있는 생각으로 벽난로 앞부분을 장식했다. 그는 작품을 더 무섭게 표현하려고 거인들이 천둥·번개와 벼락을 맞거나 땅 밑으로 꺼지거나 산에 깔리게 하는 등 여러 방법을 사용했다. 그림으로서는 이보다 더 무서운 것이 없

* 로마신화에서 불과 대장간의 신.
** 로마신화에서 여러 신의 심부름을 하는 신.
*** 그리스·로마신화에서 주피터의 아들.
**** 로마신화에서 과실나무의 신.
***** 로마신화의 사철에서 신.
****** 그리스신화에서 손이 100개이고 머리가 50개인 거인.
******* 로마신화에서 명부(冥府)의 왕.
******** 그리스신화에서 머리털이 뱀인 복수의 여신.

을 정도며, 누구나 이 홀에 들어와서 들창·문 그밖의 물건들이 구부러져 있는 것을 보면 곧 쓰러질 것처럼 느끼게 된다. 또 산과 건물이 무너지는 소리가 귀에 들리는 것 같고 여기저기 도망치는 신神들이 실제로 보이는 듯하다.

기이한 것은, 이 그림이 시작과 끝을 알 수 없으며, 어느 쪽으로나 중단되지 않고 건물에 가까이 있는 물건들은 매우 크게 보이고 멀리 있는 풍경은 점점 작아져서 사라진다는 점이다. 길이가 15브라차밖에 안 되는 홀이 큰 공간같이 보이며 작고 둥근 돌을 깐 마룻바닥과 벽과 벽이 이어지는 곳을 그림으로 메꾸었기 때문에 구석이 없는 것 같고 무척 넓어 보인다.

로마노가 보여준 솜씨와 예술 덕분에 화가들은 그에게 큰 빚을 지게되었다. 특히 로마노의 데생으로 이 그림을 그린 리날도Rinaldo는 훌륭한 채색화가가 됐다. 그가 좀더 오래 살았다면 로마노에게 큰 영예를 안겨주었을 것이다. 로마노는 이 궁정의 다른 곳에도 칭찬할 만한 많은 일을 했지만 말이 길어질까 봐 이만 줄이겠다. 그는 만토바 공작의 성城에 있는 많은 홀을 수리했으며, 나선형 계단을 두 개나 만들고 스투코로 장식했다. 한 홀에는 트로이의 전쟁 이야기를 그렸으며, 티치아노 베첼리Tiziano Vecelli가 처음으로 그린 로마 황제의 두부상頭部象 아래쪽에 있는 현관에 유채油彩로 열두 장면을 그렸는데, 보기 드문 명작이다.*

로마노는 만토바에서 5밀리아 떨어진 마르미롤로Marmirolo에 '테' 궁전과 성보다 뒤지지 않는 구조물을 짓고 큰 그림을 그렸으며, 만토바에 있는 산 안드레아S. Andrea 성당 안 이사벨라 부스케타Isabella Buschetta 부인의 경당에 풀밭에 누운 아기 예수를 경배하는 성모와 그 옆 여물통 가까이에 나귀, 소와 함께 있는 요셉을 유채화로 그렸다. 그리고 한쪽

그림 500 줄리오 로마노, 「거인의 방」(북쪽 벽), 1532~34,
프레스코, 테 궁전, 만토바.

에는 복음 전도자 성 요한, 다른 쪽에는 성 롱기누스S. Longinus를 실물보다 크게 그렸다.* 이 경당의 담벼락 하나에는 리날도가 자신의 데생으로 그린 작품이 둘 있다. 그 하나는 「십자가에 못 박힌 그리스도」인데, 그리스도 옆에는 도둑들과 하늘에는 천사들, 아래에는 사형집행자들과 성녀들, 말 여러 필그는 말을 즐겨 그렸는데 정말 아름답다. 그밖에 여러자세를 한 병사들을 그렸다.

또 하나는 마틸다Matilda 백작부인 시대의 「그리스도의 피의 발견」인데 매우 아름다운 작품이다. 로마노는 페데리고 공작을 위하여 대야 안의 아기 예수를 씻어주는 성모 마리아와 주전자에서 물을 비우는 성 요한을 실물 크기로 그렸는데 매우 아름답다.** 이들과 멀리 떨어진 곳에는 성모 마리아를 만나러 오는 여자의 반신상을 그렸다. 이 그림은 후에 공이 이사벨라 부스케타 부인에게 기증했다.

로마노는 이 부인의 초상화를 1브라차 높이로 그렸는데 베스파시아노 곤차가Vespasiano Gonzaga 경이 소유하고 있으며, 로마노가 그린 또 다른 그림도 페데리고 공이 그에게 기증한 것이다. 즉 젊은 남녀가 침대 위에서 포옹하는 장면인데*** 한 늙은 여인이 문에서 엿보고 있다. 인물들의 크기는 실물보다 좀 작지만 무척 우아하다. 같은 집에 로마노가 그린 성 히에로니무스의 아름다운 그림도 있다. 니콜라 마페이Niccola Maffei가 소유한 이 그림은 고대 메달에서 알렉산더 대왕이 손에 승리를 쥔 장면을 복사해 실물 크기로 그렸는데, 역시 아름다운 작품이다.

로마노는 그다음에 만토바의 대성당 오르간 연주자인 친구 지롤라모Girolamo를 위해 불칸Vulcan이 화살을 벼르는 장면을 프레스코로 그렸

* 그전에는 샤를 1세의 수집품 안에 있었으나 현재는 루브르 박물관 소장품이다.
** 「마돈나 델라 카티나」(Madonna della Catina)로 드레스덴 미술관 소장품이다.
*** 베를린 미술관 소장품.

다. 불칸이 풀무를 한 손에 쥐고 빨갛게 달아오른 무쇠를 족집게로 움켜쥐고 있는 동안 베누스가 식힌 화살들을 큐피드의 화살통에 넣는 장면이다.* 이것은 로마노 작품 중에서 가장 뛰어난 것으로 그의 프레스코는 별로 많지 않다. 또 그는 로도비코 다 페르모Lodovico da Fermo를 위해「죽은 그리스도」를 그렸다. 그 속에서 요셉과 니코데모Nicodemo는 죽은 그리스도를 무덤으로 옮기려 하며, 성모 마리아와 다른 여인들, 복음 전도자 성 요한이 그 옆에 있다.

그밖에 그는 피렌체의 톰마소 다 엠폴리Tommaso da Empoli를 위해 다른「죽은 그리스도」를 그렸는데, 이 그림은 베네치아에 있다. 그 무렵 총상을 입은 조반니 데 메디치 각하를 만토바로 옮겼는데, 안타깝게도 영면했다.** 그의 충복忠僕 피에트로 아레티노Pietro Aretino와 로마노의 친구 한 사람이 데드마스크를 원했으므로 로마노가 초상화를 제작했는데, 오랫동안 아레티노가 가지고 있었다.

샤를 5세가 만토바에 왔을 때,*** 로마노는 공작의 명으로 아름다운 아치, 희극 무대, 그밖에 많은 물건을 제작했는데 그와 대적할 만한 사람이 없었다. 가장행렬, 마상 창 시합, 축전 등에 쓰일 기이한 의상들을 만들어 황제는 물론이고 거기 모인 사람들을 놀라게 했다. 또 만토바시를 위해 어느 때나 교회, 가옥 정원, 건축의 정면 등을 설계하여 꾸미는 것을 좋아했으며, 근면했으므로 진창에 더러운 물이 고여서 살 수 없었던 곳을 물기를 없애 상쾌하고 건강에 좋은 곳으로 만들기도 했다.

로마노가 공을 섬길 때 어느 해엔가 포Po 강물이 둑 위로 넘쳐 만토바의 몇몇 곳이 4브라차 높이까지 물에 잠겨 개구리가 사철 살 정도였다. 로마노는 해결 방법을 고민한 끝에 공의 명에 따라 강에 면한 도로

* 루브르 박물관 소장품인「베누스와 불카노」(Venus & Vulcano)다.
** 조반니 델레 반데 네레(Giovanni delle Bande Nere)는 1526년 11월 30일 사망했다.
*** 1530년이다.

그림501 줄리오 로마노, 「거인의 방」(남서쪽 벽), 1532~34,
프레스코, 테 궁전, 만토바.

와 집을 수면 위로 높이고 사고의 재발을 방지했다. 즉 작은 집들은 없애버리고 큰 건물을 지어야 할 것이라 생각했다. 이에 반대하는 사람들이 공에게 상소하자 공은 로마노를 공사 책임자로 임명하고 이 사람의 허락 없이는 집을 지을 수 없다고 포고했다.

그 후 더 많은 불평과 협박이 있다는 말이 귀에 들어오자 공은 큰 소리로 "로마노에게 저지르는 짓은 모두 나 자신을 해치는 짓"이라고 엄포를 놓았다. 공은 로마노의 재주를 사랑했고, 로마노 없이 살 수 없었으며, 로마노도 온 마음을 다해 공을 존경했다. 그는 노력하지 않고 얻는 총애는 원하지 않았는데, 그가 죽은 후 1,000두카트나 가지고 있던 것이 알려졌다. 물론 공이 베푼 돈이다.

로마노는 산 바르나바S. Barnaba 맞은편 만토바에 자택을 지은 뒤 환상적인 건물 정면을 스투코로 장식하고 내부도 비슷하게 꾸몄다. 그리고 로마에서 가져온 골동품과 공작이 하사한 물건들을 진열했다. 그는 만토바나 그밖의 장소에 많은 물건을 데생했으며, 궁전과 큰 건물들은 대부분 그의 데생으로 장식했을 정도다. 그는 포강에서 가까운 곳에 검은 수사, 즉 도메니코 교단의 거대하고 장엄한 수도원인 산 베네데토S. Benedetto 성당을 개축하고 아름다운 그림으로 건물을 장식했다.

로마노 작품이 롬바르디아에서 높이 평가되었으므로 베로나의 주교 마태오 지베르티Matteo Giberti는 대성당 계단에 로마노의 데생으로 모로 베로네세Moro Veronese가 그림을 그리도록 위촉했다. 페라라 공을 위해 애라스arazzo 직물 데생을 여럿 만들었는데 후에 플랑드르의 장인 니콜로와 조반 바티스타 롯소Giovan Battista Rosso 등이 명주와 금으로 직물을 짰다. 이것들은 조반 바티스티 만토바노가 조각했으며, 그밖에 전쟁하는 장면 셋도 다른 사람들이 조각했다. 로마노는 여인의 잔등에 거머리를 붙이는 장면, 요셉이 나귀를 끌고 천사들이 종려나무를 구부려 그리스도가 열매를 따게 하는 장면을 표현한 「이집트로의 피난」 등을 그렸다.

로마노 데생으로는 테베레의 이리의 젖을 로물루스Romulus와 레무스Remus가 빠는 장면, 플루토와 조베와 넵투누스가 하늘·땅·바다를 따로따로 나누는 장면 등을 그렸다. 그는 멜리사Melissa가 염소 아말테이아Amaltheia를 길러서 조베를 키우며 사람들이 감옥에서 고문당하는 광경을 큰 시트에 그렸다. 그밖에도 강둑에서 스키피오Scipio와 한니발Hannibal의 군사들 사이의 회담, 세바스티아노 다 레조Sebastiano da Reggio가 조각한 「세례자 성 요한의 탄생」과 이탈리아에서 인쇄된 여러 그림이 있다. 플랑드르와 프랑스에서도 로마노 작품이 많이 인쇄되었음은 말할 필요도 없으며, 모두 아름다웠으므로 대량으로 만들어냈다.

그는 모든 부문의 예술, 특히 데생에 능숙했으므로 그와 겨룰 만한 사람이 없었다. 그는 다재다능하고 모르는 것이 없어 어떤 주제로도 담론할 수 있었으며, 특히 메달을 제작할 때는 많은 시간과 돈을 들여서 새겼다. 그는 대부분 시간을 대작을 제작하는 데 바쳤지만 후원자와 친구를 위해 작은 작품도 많이 만들었는데, 그들이 원하는 바를 입 밖에 내기가 무섭게 로마노는 곧 알아차리고 스케치를 시작했다. 로마노 집에는 보물이 많았는데, 특히 흰 삼베에 그린 알브레히트 뒤러의 자화상은 뒤러가 라파엘로에게 보내온 것으로, 정성 들여 수채화로 그리면서 백연은 쓰지 않았으며, 직물 자체가 흰색 바탕 역할을 하고 섬세한 실가닥이 턱수염의 털로 보이도록 했으며, 빛에 반사해보면 투명하게 보인다. 로마노는 이 작품을 높이 평가했으며 내가 용무로 만토바에 들렀을 때 기적이라면서 보여준 적이 있다.

로마노를 상상 이상으로 총애했던 페데리고 공의 죽음은 그에게 큰 충격을 주었다. 만일 공의 동생으로 공의 자제들이 미성년인 동안 섭정을 맡았던 추기경이 그를 만류하지 않았다면 그는 만토바를 떠났을 것이다. 로마노는 그곳에 처자와 집, 부동산, 그밖에 신사의 품위를 유지하는 데 필요한 모든 것을 가지고 있었다. 추기경은 그에게 대성당의 보수를 위촉했는데 그는 1544년에 착수해 아름답게 성취했다.

당시 조르조 바사리는 로마노와 생면한 적은 없으나 서로 평판을 들어 잘 알았으며, 편지를 주고받는 절친한 사이였다. 바사리는 베네치아로 가는 길에 그를 만나고 작품도 볼 겸 만토바에 들렀다. 그들은 마치 전에 천 번이나 만난 듯이 서로를 잘 알아보았다. 로마노는 몹시 기뻐하면서 바사리에게 자신의 모든 작품과 특히 로마, 나폴리, 포추올로 Pozzuolo, 캄파니아Campania 등지의 중요한 고대 물건의 설계도들을 보여주었는데, 이것들을 하는 데 4일이나 걸렸다. 그리고 벽장을 열어 자기가 설계해 만토바, 로마, 롬바르디아에 건설한 모든 건물의 설계도를 보여주었는데, 바사리는 이렇게 환상적이고 독창적이며 편리한 건축물이 있는지 믿을 수 없을 정도였다.

추기경이 로마노 면전에서 바사리에게 "로마노의 작품을 어떻게 생각하는가?"라고 묻자 바사리는 "그의 조상을 이 도시의 길모퉁이마다 하나씩 세우고 나라의 절반에 세워주어도 그의 업적을 보상하기에는 부족합니다"라고 대답했다. 이에 추기경은 로마노가 개인의 범위를 넘어 나라 전체의 훌륭한 거장이라고 덧붙였다.

바사리는 만토바를 떠나 베네치아로 갔다가 미켈란젤로의 「최후의 심판」Giudizio 개막식 때 로마로 되돌아갔다. 그는 「최후의 심판」에 그린 죽음에 이르는 죄상 일곱 조목에 관한 그림 셋을 만토바의 추기경 비서 코르토나의 니노 니니Nino Nini에게 기탁하여 로마노에게 보냈다. 로마노는 궁전 안에 추기경을 위해 경당을 만들 예정이었으므로 예상한 것보다 큰 자극을 받았다. 따라서 그는 많은 노력 끝에 베드로와 안드레아가 사람을 위한 어부가 되도록 부르심을 받는 장면의 밑그림을 아름답게 그렸다.* 이 밑그림은 그의 작품 중에서 최고로 손꼽히며, 그의 제자 페르모 기소니Fermo Ghisoni가 그렸다.

그 무렵 볼로냐Bologna의 산 페트로니오S. Petronio 성당 건물 책임자가

---

* 원화는 루브르 박물관 소장품이다.

성당의 정면을 만들려고 로마노와 밀라노의 건축가 토파노 롬바르디노Tofano Lombardino에게 사람을 보내 청탁했다. 이들은 데생을 여러 개 만들었다. 또 지금은 없어졌지만 발다사레 페루치가 만든 데생도 로마노가 인정한 것으로 여간 아름답지 않아 많은 찬사를 받고 만토바로 돌려보내졌다.

안토니오 산 갈로가 로마에서 죽자 곤경에 빠진 성 베드로 대성당 평의원들은 이 거대한 건축물을 누구에게 맡겨 완공할지 망설이다가 로마노가 가장 적격자라고 생각했다. 따라서 그들은 많은 급료를 내놓고 친구들에게 부탁해 로마노의 마음을 움직여 보려고 애썼다. 그러나 모든 것이 허사였다. 로마노가 기꺼이 가려고 해도 두 가지 문제가 그를 붙들었다. 하나는 추기경이 그를 못 가게 할 테고, 또 하나는 아내와 친구들, 친척들이 무슨 짓을 해서라도 그를 단념시킬 것이기 때문이다. 그러나 어느 것도 그를 설득하지는 못했을 것이다. 무엇보다 그는 건강이 나빠졌다. 그는 자신과 자식들의 명예를 생각해 준비를 시작하면서 추기경의 허가를 구하려고 했으나 상황이 더욱더 나빠졌다. 운명은 그가 로마로 가지 못하도록 정해져 있었던 것이다.

비탄에 빠져 있던 그는 얼마 후 만토바에서 죽음을 맞았기 때문에 고향 로마를 장식할 수 없었다. 그때 그의 나이는 54세였으며, 아들 하나를 남겼는데 이름은 스승을 따라 라파엘로라고 지었다. 어린 라파엘로는 미술의 기초를 배웠으며, 앞길이 촉망되었지만 얼마 안 있어 죽었다. 모친도 곧 죽고 하나뿐인 딸 비르지니아Virginia는 에르콜레 말라테스타Ercole Malatesta와 결혼해 만토바에서 산다. 로마노의 죽음은 그를 아는 모든 이에게 깊은 슬픔을 안겨주었다. 그는 산 바르나바S. Barnaba 성당에 매장되었으며, 영예로운 기념비가 건립될 예정이었으나 아내와 자녀들이 미뤄 묘소에는 아무것도 없다. 만토바를 위해 그렇게 많은 일을 한 사람을, 그를 고용했던 사람들을 제외하면 아무도 몰라보게 되었으니 참으로 부끄러운 일이다. 그러나 한평생 그를 영예롭게 한 재능

그림 502 줄리오 로마노, 「거인의 방」(동쪽 벽), 1532~34,
프레스코, 테 궁전, 만토바.

그림 503 줄리오 로마노, 「거인의 방」(남쪽 벽), 1532~34,
프레스코, 테 궁전, 만토바.

그림 504 줄리오 로마노, 「거인의 방」(둥근 천장 벽과 남쪽 벽), 1526~34, 프레스코, 테 궁전, 만토바.

그림 505 줄리오 로마노, 「거인의 방」(서쪽 벽), 1532~34,
프레스코, 테 궁전, 만토바.

그림 506 줄리오 로마노, 「거인의 방」(동쪽 벽), 1526~28,
프레스코, 테 궁전, 만토바.

그림 507 줄리오 로마노, 「거인의 방」(북쪽 벽), 1526~28,
프레스코, 테 궁전, 만토바.

그림 508 줄리오 로마노, 「거인의 방」(남쪽 벽), 1526~28,
프레스코, 테 궁전, 만토바.

과 훌륭한 그의 작품들은 아무리 세월이 흘러도 소멸되지 않고 영원히 기억될 것이다.

로마노는 중간 정도 체격에 여위었다기보다는 살찐 편이고 검은 머리에 잘생긴 얼굴과 맑고 웃는 듯한 눈으로 상냥하고 예절 발랐으며, 소식가로서 몸차림이 우아했다. 그의 많은 제자 중에서 뛰어난 사람들로는 조반니 다 리오네Giovanni da Lione, 라파엘로 달 콜레 보르제Raffaello dall Colle Borge, 페시아의 베네데토 파니Benedetto Pagni, 피구리노 다 파엔자Figurino da Faenza, 리날도, 조반 바티스타 만토바노Giovan Battista Mantovano를 비롯해 만토바에 함께 살면서 스승에게 명예를 안겨준 제일 뛰어난 화가 페르모 기소니 등이 있다.

베네데토도 고향인 페시아에서 작품을 많이 제작하며 피사Pisa 대성당에 패널 그림을 그렸다. 성모 마리아에게 메디치 일가의 고위 성직사를 소개하는 장면인데, 조상을 시적 분위기가 풍기는 우아한 모습으로 그렸다. 스페인 사람 몬드라고네Mondragone가 소유하고 있으며 피렌체 공이 높이 평가했다. 로마노는 1546년 '모든 성인의 날 축일'에 죽었으며 그의 묘지에는 다음과 같은 묘비명墓碑銘이 적혀 있다.

로마 사람 율리우스는 죽으면서
예술계의 세 사람을 데려갔으니
조금도 이상하지 않거니와
그들 셋은 하나였다.
Romanus Moriens Secum Tres Julius Arteis
Abstulit Haud Mirum, Quatuor Unus Erat.

프라 세바스티아노 비니치아노 델 피옴보
Fra Sebastiano Viniziano del Piombo
1485~1547

SEBASTIANO VINIZIANO
PITTORE.

〔해설〕

16세기 로마에서 활동한 르네상스와 매너리즘 회화의 대가다. 베네치아 출신으로 벨리니 밑에서 미술을 배웠고 조르조네, 티치아노의 영향을 받았다. 1511년 로마로 와서 라파엘로, 미켈란젤로의 영향을 받았다. 미켈란젤로와 가까운 사이였으며 미켈란젤로가 세바스티아노를 위해 드로잉을 제공하기도 했다. 그는 미켈란젤로와 라파엘로가 개척한 로마의 조형적인 인체에 베네치아의 빛과 색채를 입힘으로써 특유의 다이내믹한 조형미와 다소 어둡고 강렬한 색채가 강조된 작품들을 개척해냈다. 로마 체류 이후에는 미켈란젤로의 영향을 받아 인체의 조형적 표현에 관심을 보임으로써 베네치아 회화와 로마의 회화를 융합시킨 특유의 스타일을 만들어냈다.

1527년 '로마의 약탈' 이후 로마를 떠났다가 1531년 돌아와 교황청 산하 문서를 납으로 봉인하는 직무를 맡았으며 이로써 납이라는 의미의 피옴보라는 이름이 붙여지게 되었다. 그는 이 일로 경제적 안정을 얻게 되었으나 작업량은 줄게 되었다. 그는 특별히 초상화 분야에서 걸출한 작품들을 남겼으며 대표작으로 라파엘로의「율리우스 2세」에서 영향을 받은「교황 클레멘티우스 7세」초상화가 있다.

 여러 사람이 다 인정하듯이 세바스티아노*는 화가가
아니고 노래와 여러 가지 악기, 특히 류트를 반주 없이
잘 연주하는 사람이었다. 당시 베네치아의 귀족들은
이런 악기를 애호했으므로 세바스티아노는 그들과 친
밀한 관계를 맺을 수 있었다. 그는 젊었을 때 화가가 되려고 당시 노인
이던 조반니 벨리니Giovanni Bellini에게 기초를 배웠다. 조르조네 다 카
스텔프랑코Giorgione da Castelfranco가 좀더 근대적이며 조화롭고 채색의
색상미가 좋았으므로 그는 조반니를 떠나 조르조네 밑에서 많은 영향
을 받았다.

그는 베네치아에서 많은 초상화를 제작했는데, 그중에는 산 마르코
대성당의 악장이며 훌륭한 음악가인 프랑스 사람 베르델로토Verdelotto
와 동료 가수 우베르토의 초상화 등이 있다. 베르델로토는 피렌체의 산
조반니 성당의 악장으로 자리를 옮기면서 그 그림도 가지고 갔는데 조
각가인 프란체스코 산 갈로가 소장하고 있다. 당시 세바스티아노는 베
네치아에 있는 산 조반니 그리소스토모S. Giovanni Grisostomo 성당을 위
해 패널에 인물들을 그렸는데 조르조네의 작품과 너무 흡사해 전문가
가 아닌 시민들은 속았다고 한다. 이 그림들은 매우 아름답고 색조의
명암이 뚜렷해 그의 명성이 날로 높아졌다.

당시 시에나Siena의 부유한 상인 아고스티노 키지Agostino Chigi가 장
사하러 베네치아에 왔다가 그 소문을 듣고 세바스티아노를 로마로 데
려가려고 노력했다. 그가 화가일 뿐만 아니라 훌륭한 류트 연주자이
며 이야기도 잘하는 것이 마음에 들었기 때문이다. 로마가 모든 고귀
한 사람의 고향이라는 것을 잘 알았으므로 세바스티아노는 로마로 떠

---

* 세바스티아노 비니치아노(Sebastiano Viniziano=세바스티아노 피옴보
  Sebastiano Piombo), 세바스티아노 루차니(Sebastiano Luciani)는 로마
  와 베네치아 르네상스의 중간에 위치한다.

그림 509 세바스티아노 델 피옴보, 「세례자 성 요한의
머리를 들고 있는 살로메」, 1510, 캔버스에 오일,
55×44.5cm, 국립 미술관, 런던.

났다. 그가 로마에 도착하자* 아고스티노는 트라스테베레Trastevere의 자기 저택 로지아의 아치를 그려달라고 위촉했다. 즉 시에나의 발다사레Baldassarre가 둥근 천장을 그린 정원 입구에 위치한 곳이다. 세바스티아노는 당시 로마의 저명한 화가들 사이에서도 볼 수 없는 시적인 환상을 풍기는 스타일을 베네치아에서 가져다 이곳에 작품을 만들었다.

얼마 후 라파엘로가 갈라테아Galatea 이야기를 제작했으며, 세바스티아노는 아고스티노의 요청에 따라 바로 옆에 폴리페무스**를 그렸는데 발다사레, 라파엘로와 경쟁에 박차를 가해 최선을 다했다. 그밖에도 로마에서 유화 몇 점을 조르조네 스타일로 그렸다. 그가 로마에서 제작하는 동안 라파엘로의 명성이 날로 높아졌고 친구들은 색조의 아름다움과 데생의 우아함이 미켈란젤로보다 낫거나 비등하다고 평했다. 라파엘로의 우아함이 미켈란젤로의 깊이보다 더 우월하다는 여러 화가의 의견이 나라 안팎으로 퍼졌다. 그러나 세바스티아노는 이 두 사람의 능력과 비슷했으며, 특히 그의 절묘한 판단력은 두 사람 것을 겸비했다. 그러므로 미켈란젤로는 세바스티아노의 채색과 우아함에 매혹되어 그를 칭찬하기 시작했다. 왜냐하면 데생을 빗대어 제삼자 격인 세바스티아노를 칭찬함으로써 자기 경쟁자인 라파엘로를 견제하려고 생각했기 때문이다.

이러한 상황에서 미켈란젤로의 지지를 받은 세바스티아노가 크게 이름을 떨칠 때, 마침 교황의 총애가 크던 비테르보의 어떤 인사가 세바스티아노를 고용해 비테르보의 산 프란체스코 성당의 자기 가족을 위한 경당 안에 「죽은 그리스도를 슬퍼하는 성모 마리아」를 그려서 장식했다. 세바스티아노는 어둠이 짙은 전원 풍경을 곁들여 정성을 다해

---

* 1512년경.
** 폴리페무스(Polyphemus), 그리스 전설 속의 식인종 스클로프스의 추장. 그에게 유괴당했던 오디세우스는 그의 눈을 멀게 하고 탈출했다.

그렸는데 의상과 밑그림은 미켈란젤로가 만든 것이었다.* 이 작품을 보는 사람은 누구나 가장 아름답다고 칭찬했으며, 그를 좋아하는 사람들은 그를 더욱더 믿게 되었다. 피렌체 상인 피에로 프란체스코 보르게리니가 마침 몬토리오Montorio의 산 피에트로 성당 안 경당을 소유했는데, 바로 이 성당 입구의 오른편이다.

그는 미켈란젤로의 주선으로 세바스티아노에게 그림을 위촉했는데, 물론 미켈란젤로가 데생을 제작할 것으로 생각했기 때문이었으며 실제 그렇게 했다. 세바스티아노는 이 작품도 아름답게 정성껏 그렸다. 그는 미켈란젤로가 그린 작은 데생으로 큰 작품을 만들었는데 현재 내가 소장하고 있다. 역시 훌륭한 작품이다. 세바스티아노는 벽에 유화로 채색하는 방법을 발견했다고 생각했으며, 실제로 이 방법으로 이 경당 벽면을 상감象嵌으로 제작하고,그림 510 원주에는 그리스도를 유화로 그렸다.

이 그림 중 그리스도와 다른 데생을 미켈란젤로가 대충 손질한 것으로 모두 생각한다. 이 그림이 다른 인물들의 그림과 큰 차이가 있으며, 세바스티아노가 다른 인물들을 그리지 않았다면 그의 명성은 이 때문에 오래 계속되었을 것이다. 이 그림에서는 인물들의 두부 묘사가 훌륭하고 손과 발도 매우 아름답다. 그리고 이 그림은 그가 모사했기 때문에 스타일이 좀 경직된 감이 있지만 일류작가들과 겨룰 만하다.

그는 이 프레스코 외에도 둥근 천장에 두 예언자와 「그리스도의 변용變容」을 그렸는데, 성 베드로와 성 바오로가 그리스도의 양옆 아래에 서 있으며 마치 살아 있는 듯하다. 그는 이 작은 작품을 6년 동안 제작했다. 그러나 작품이 너무 완벽했기 때문에 시간이 많이 걸렸다는 것은 전혀 문제가 되지 않는다. 단시일 안에 작품을 완성해 칭찬을 받는 사람들도 있긴 하지만 서둘러 제작하는 것을 별로 좋아하지 않는 사람들

---

* 1525년의 작품이다.

그림 510 세바스티아노 델 피옴보, 「채찍질당하는
그리스도」, 1516~24, 캔버스에 오일, 산 피에트로 인
몬토리오 성당, 로마.

도 있기 때문이다.

세바스티아노가 이 작품을 전시했을 때 중상모략을 일삼는 자들은 침묵할 수밖에 없었다. 왜냐하면 작품이 매우 훌륭했으며, 공들여 그린 흔적이 역력했기 때문이다. 추기경 데 메디치가 프랑스에 보낼 작품 「그리스도의 변용」을 라파엘로에게 위촉해 제작했으나, 추기경이 죽은 후 몬토리오의 산 피에트로 성당 안의 주제단l'altare principale에 소장하게 되었는데 당시 세바스티아노도 「라사로의 부활」을 그렸다.* 그는 라파엘로에게 경쟁심이 있어 퍽 조심스럽게 제작했는데 일부분은 미켈란젤로도 손을 댔다.** 이 두 작품이 완성되자 주교 회의실에 걸었는데 큰 칭찬을 받았으며, 라파엘로 작품의 우아함에 비할 바 아니었으나 세바스티아노의 작품도 모두들 칭찬했다.

추기경 줄리오 데 메디치Giulio de Medici가 이 두 작품 중 하나를 자기 교구敎區인 나르본느Narbonne에 보냈으며, 다른 하나는 후에 조반니가 장식한 틀을 끼워서 몬토리오 산 피에트로 성당으로 보낼 때까지 재판소에 걸어두었다. 이 추기경이 후에 교황이 되자 이 작품을 제작하는데 극진히 봉사한 세바스티아노를 후하게 대접하고 포상했다.

세바스티아노는 라파엘로가 죽은 뒤에는 미켈란젤로의 도움도 받아 줄리오 로마노, 피렌체의 조반니 프란체스코, 페리노 델 바가, 폴리도로Polidoro, 마투리노Maturino, 시에나의 발다사레와 다른 화가들을 물리치고 그림에서 제일인자가 되었다. 그리하여 아고스티노 키지는 자기 무덤과 산타 마리아 델 포폴로의 경당 안에 그릴 데생을 라파엘로에게 부탁한 바 있으나 결국 세바스티아노에게 그림을 위촉했다.*** 이후 아고스티노의 아들 루이지가 자기 아버지가 이루지 못한 작품을 보고 싶어

---

* 1517~19년에 걸쳐 제작. 런던의 국립 미술관에 있다.
** 1517~19년의 작품. 런던의 국립 미술관 소장품.
*** 1520년 라파엘로의 급서로 작업을 세바스티아노가 맡게 되었으나 결국 그도 이 그림을 마무리하지 못했고 훗날 살비아티가 완성한다.

그림 511 세바스티아노 델 피옴보, 「도로테아 초상화」,
1512~13, 캔버스에 오일, 76×60cm, 국립 미술관, 베를린.

했으나 1554년에 이르도록 그대로 방치되었으므로 그림과 경당의 장식을 프란체스코 살비아티에게 위촉했다. 세바스티아노가 일을 질질 끌며 도저히 매듭을 짓지 못했기 때문이다. 세바스티아노는 이 작품이 완성되고 나서 아고스티노와 후손들로부터 보수를 많이 받았으나 그가 한 일은 별로 없었다. 아마 제작에 싫증이 났든지 안일에 빠졌기 때문일 것이다.

그는 시에나의 필립포*를 위해 로마의 라 파체La Pace 성당 제단 벽에 유화를 제작하기 시작했으나 완성하지 못했다. 실망한 수사들은 길을 막는 비계를 강제로 헐어버리고 캔버스를 덮은 뒤 세바스티아노가 죽는 날만 끈기 있게 기다렸다. 그가 죽자 수사들이 덮개를 벗겨보았더니 아름다운 성모 마리아가 엘리자베스를 방문하는 그림이 있는 게 아닌가! 다른 여러 여인의 초상도 우아하게 그려놓았다.** 세바스티아노가 천품은 간직하지 못했으나 모든 작품에 공을 들였고 끊임없이 노력했다는 것은 인정해야 한다.

라 파체 성당의 키지 경당 안에는 라파엘로의 작품, 즉 「무녀巫女들과 예언자들」Sibille ed Profeti이 있는데 세바스티아노는 라파엘로를 능가하고 싶은 마음에 벽에 석회화石灰華를 바르고 치장 벽토로 틈새기를 메운 뒤 10년 동안 생각에 잠겼다가 죽고 말았다. 그가 초상화를 힘들이지 않고 훌륭하게 그리는 것은 사실이지만 그림의 장면과는 딴판이다. 우리가 메르칸토니오 코론나의 초상, 페스카라의 후작 페르디난도와 비토리아 코론나의 초상화 등에서 보는 바와 같이 인물 묘사는 세바

---

  * 필리포 세르가르디(Filippo Sergardi).
 ** '방문'(La Visitazione)과 '탄생'(La Nativita)을 주제로 한 세바스티아노의 이 그림은 후일 베르니니(Bernini)가 키지(Chigi)를 위한 대리석 묘묘를 제작할 때 옮겨졌으며 현재 영국의 엘름비치(Almvich)성(城)에 있다.

그림 512 세바스티아노 델 피옴보, 「피에타」, 1516~17,
패널에 오일, 270×225cm, 시립 미술관, 비테르보.

스티아노의 특기였다.*

그는 로마에 갔을 때 하드리아누스 6세의 초상도 그렸으며, 추기경 닌코포르트Nincofort가 로마에 있는 산타 마리아 아니마 성당 안의 경당을 그에게 장식하도록 했는데 이 추기경의 초상도 그렸다.** 그러나 세바스티아노가 미루기만 했으므로 추기경은 결국 플랑드르 출신 화가 미켈레에게 위촉했다.*** 그는 성녀 바르바라의 생애에서 취재한 장면들을 이탈리아풍 프레스코로 그렸으며, 이 그림 안에는 추기경의 초상도 보인다.

세바스티아노 이야기로 되돌아가자. 그는 투구와 갑옷 차림의 페데리고 다 보촐로Federigo da Bozzolo를 그렸는데,**** 피렌체의 줄리오 데 노빌리가 소유하고 있고, 로마의 여인을 그린 작품은***** 루카 토리지아니가 가지고 있으며, 조반 바티스타 카발칸티Giovan Battista Cavalcanti 소유인 미완성 초상화가 있다. 또 아기 예수를 의복으로 덮은 동정녀 마리아를 제작했는데 매우 훌륭한 작품으로, 추기경 파르네세의 거실에 있다. 성 미카엘이 악마를 짓밟고 서 있는 아름다운 패널 그림은 원래 프랑스 왕에게 보낼 예정이었지만 미완성 상태다.

줄리오 데 메디치가 교황 클레멘티우스 7세가 됨에 따라 교황은 바소나Vasona의 주교를 통하여 세바스티아노에게 녹祿이 있는 성직의 임지任地가 정해질 것이라고 이야기했다. 세바스티아노는 이와 같은 희망에 부풀어 수많은 초상화를 제작했는데 그중에는 교황 클레멘티우

---

* 런던의 국립 미술관 소장인 성녀 아가타(Sant' Agata)인 듯하다.
** 우트레히트 출신 추기경 굴리엘모 엔켄보르트를 말한다. 나폴리 미술관 소장인 초상화인 듯한데 교황 알레산드로 4세라는 기록도 있다.
*** =미켈레 콕시에르(Michele Cocxier).
**** 베를린 미술관에 있는 기사인 듯하다.
***** 포르나리나(Fornarina)의 초상화인 듯하며 라파엘로가 그린 것으로 추정한다.

그림 513 세바스티아노 델 피옴보, 「안톤 프란체스코
델리 알비치의 초상」, 1520~25, 캔버스(패널에서 옮긴 것)
에 오일, 휴스턴 미술관, 크레스 컬렉션, 텍사스.

스의 초상도 두 점 있다. 이 초상화에는 모두 턱수염이 없는데, 한 점은
바소나의 주교를 위해 그렸으며, 다른 하나는 무릎을 구부리고 앉은 모
습을 크게 그린 작품으로 로마의 세바스티아노 자택에 있다. 그는 당시
사업상 용무로 로마에 머무르던 피렌체 사람 안톤 프란체스코 델리 알
비치Anton Francesco degli Albizzi의 초상화그림 513도 그려주었는데 실물과
똑같다. 그는 이를 피렌체로 가져가 보물같이 소중히 간직했다. 특히
손과 머리를 훌륭하게 그렸는데 벨벳, 모피, 그밖에 부분도 나무랄 데
없이 묘사했다. 세바스티아노는 초상화 화가로서는 일류임이 틀림없
으며, 온 피렌체 시민이 이 작품에 경탄했다.

또 피에트로 아레티노의 초상화도 실제와 똑같이 그렸으며 검은색, 벨벳, 폭이 넓은 의복, 산족제비 털, 능직綾織, 검은 턱수염 등은 참으로 사실적으로 표현해 놀랄 수밖에 없다. 이 조상은 한 손에 월계수 가지를 들고 있고, 또 한 손에는 클레멘티우스 7세의 이름이 적혀 있는 두루마리를 들고 있다. 그 앞에는 가면假面이 둘 있어 하나는 미덕Virtu을, 또 하나는 무시무시한 악덕Vizio을 상징한다. 피에트로 씨는 이 그림을 자기 고향에 기부했는데 시민들은 시 평의회장에 걸고 이 저명한 시민을 칭송했다. 세바스티아노는 유명한 안드레아 도리아의 초상도 그렸으며,* 피렌체의 바초 발로리의 얼굴도 그렸다.

세바스티아노는 이전에 바소나의 주교가 자기에게 했던 약속이 생각나서 피옴보 수사인 프라 마리아노 페티가 죽자 자신의 후임 여부를 피옴보 교구청에 질의했다. 조반니 다 우디네Giovanni da Udine**도 오랫동안 교황에게 봉사했고 이 자리를 원했지만 교황은 바소나 주교의 추천 때문에, 한편으로는 세바스티아노의 그간의 공헌을 인정하여 그에게 성직록을 주기로 하고 그 대신 조반니에게는 금화 300두카트 상당의 저택을 주기로 했다.***

그리하여 세바스티아노는 수사가 되었으며, 더는 붓을 들지 않아도 되었다. 과거에 고된 나날과 쉴 새 없던 밤을 겪은 보답으로 편한 나날을 보내게 되었다. 그러나 사람들은 이러한 보상들이 가난했을 때보다 더 형편없는 결과를 만드는 예를 흔히 볼 수 있다. 토스카나의 속담대로 가슴에 십자가를 그리면 손가락으로 자기 눈을 찌른다는 결과와 같다.

* 로마의 도리아(Doria) 미술관 소장.
** 화가, 1494~1564.
*** 1531년의 일이다. 교황의 문서들에 납의 봉인을 붙인 사무소 책임자. 피옴보(Piombo)는 납(鉛)이라는 뜻의 라틴어 플룸붐(plumbum)에서 유래했다.

그림514 세바스티아노 델 피옴보, 「반디넬로 추기경과 비서,
그리고 두 기하학자」, 1516, 캔버스에 오일, 121.6×149.8cm,
내셔널 갤러리, 워싱턴.

포상과 명예는 미술을 공부하는 사람들을 자극해 그것을 받으려고 애쓰도록 하지만 공부를 게을리한다면 포기해야 한다. 예나 지금이나 유능한 작가들에게 금전적 또는 물질적 도움을 주지 않는 군주들은 비난을 받곤 했다. 그러나 가끔 이 법칙이 역효과를 가져올 때가 있는데, 사람에 따라서는 풍요로울 때보다 빈곤에 처했을 때 외려 더 쓸모가 있기도 하기 때문이다. 세바스티아노도 가난했을 때는 라파엘로와 쉴 새 없이 경쟁했지만 교황 클레멘티우스의 너그러움이 오히려 근면한 세바스티아노를 게으르게 만들고 말았다. 그러므로 착한 군주들은 마땅히 포상하고자 하는 사람의 천품을 잘 고려해 군주의 너그러움이 그들의 근면함을 해치지 않도록 해야 할 것이다.

세바스티아노는 수사가 된 후 아퀼레이아Aquileia 교구를 위해 돌 위에 「십자가를 진 그리스도」의 상반신을 제작했는데 특히 얼굴과 손이 아름다워 많은 칭찬을 받았다. 얼마 후 교황의 조카딸*―그녀는 프랑스의 왕후다―이 로마에 왔을 때 세바스티아노는 그녀의 초상화를 그리기 시작했으나 아직 미완성인 채로 교황의 의상실에 있다. 추기경 이폴리토 데 메디치가 당시 폰디Fondi에 살던 줄리아 곤차가Giulia Gonzaga 부인에게 매혹되어 경기병 네 명을 붙여서 세바스티아노를 그곳에 보내서 초상화를 그리도록 했다.** 세바스티아노는 한 달 만에 이 그림을 완성했으며, 이 부인을 천사와 같이 아름답게 표현했다. 이 그림을 로마로 가져갔더니 추기경이 세바스티아노의 노고를 충분히 인식해 당대의 가장 뛰어난 화가로 인정했다. 얼마 후 이 그림을 프랑스의 프랑수아 왕에게 보내서 퐁텐블로에 간직하게 했다.

세바스티아노는 돌 위에 채색하는 새로운 방법을 고안해 사람들을 놀라게 했으며, 이 방법 덕분에 그림을 영구적으로 보존할 수 있게 되었을 뿐만 아니라 화재와 충해의 염려도 덜게 되었다. 그는 이런 방법으로 많은 작품을 제작해 얼룩얼룩한 돌로 테두리를 만들었지만 무거워서 좀처럼 옮기기가 힘들었다. 사람들은 참신함과 아름다움에 끌려서 작품을 주문하고 그에게 보수를 충분히 주었으나 그는 일하기보다는 이야기하기를 매우 좋아해 제작을 미루었다. 그 후 돈 페란테 곤차가를 위해 스페인으로 보낼 작품인 「죽은 그리스도와 성모 마리아」를 돌로 장식했다.* 이 작품도 매우 아름다워서 그는 로마의 만토바 추기경 대리인 니콜로 다 코르토나에게서 금화 500두카트를 보수로 받았다.

세바스티아노는 확실히 칭찬받을 만한 자격이 있다. 그와 동향 사람인 도메니코는 처음으로 벽에 유화를 그렸고 그 후 안드레아 델 카스타뇨Andrea del Castagno, 안토니오 폴라이우올로와 피에로 폴라이우올로가 뒤따랐으나 세바스티아노는 그들이 극복하지 못한 것, 즉 프레스코에 검은 점이 생기는 현상을 방지하는 법을 발견했다. 그가 몬토리오Montorio의 산 피에트로 성당 원주에 그린 그리스도의 조상은 처음 그렸을 때와 같은 색채가 지금까지 변하지 않고 생생하다. 그는 매우 조심스럽게 송진과 회반죽에 석회를 충분히 섞어 불에 녹여서 벽에 칠하고 붉고 뜨거운 석회를 위에 발라 매끈하게 만들어서 습기에 견디고 빛깔이 변치 않도록 했다. 그는 이런 혼합물을 돌, 대리석, 반암斑岩 등에 사용해 그림이 오랜 시일 보존되도록 했으며, 그밖에도 은, 동, 주석 및 다른 금속 위에 그리는 방법도 고안했다. 그는 원래 잡담하기를 좋아해 일에 손을 대지 않고 하루 종일 이야기를 하다가도 일단 시작하는 날에는 노력의 대가로 변모했다.

아라곤의 추기경을 위해 성녀 아가타S. Agatha의 나체상을 제작했는

---

* 1533년에 위촉한 작품이며, 1539년에 완성. 마드리드의 프라도(Prado) 미술관 소장품.

데, 우르비노 공작 구이도발도Guidobaldo 의상실에 보존되어 있으며 라파엘로, 티치아노 등의 작품과 비교해도 조금도 손색이 없다.* 또 그는 3년간 피에로 곤차가의 초상화를 유화로 돌에 그렸다. 마침 교황 클레멘티우스 치세에 미켈란젤로가 산 로렌초 성당의 성물 안치소를 제작하려고 피렌체에 머물렀는데, 줄리아노 부자르디니Giuliano Bugiardini가 자기 초상화를 바초 발로리Baccio Valori가 그려주기를 원했으며, 또 오타비아노 데 메디치를 위해 교황 클레멘티우스가 들어 있는 그림 한 점과 대주교 카푸아Capua가 들어 있는 그림을 주문했다. 따라서 미켈란젤로는 세바스티아노에게 사람을 보내서 로마에 보낼 예정인 교황의 초상화를 위촉했고 그는 이를 훌륭하게 완성했다.

부자르디니는 이 그림을 잘 이용했으며, 완성되자 미켈란젤로는 막역지간인 오타비아노 공에게 기증했다. 이 그림은 오타비아노의 상속인 집에 있으며, 우리가 보는 바와 같이 세바스티아노가 그린 것 중에서 가장 아름답고 실물과 꼭 같다. 그는 교황 파울루스 3세Alessandro Farnese가 선임되자 곧 초상화를 그렸으며, 그의 아들 카스트로 공작의 초상도 그리기 시작했지만 다른 것들과 마찬가지로 미완성으로 남아 있다.

세바스티아노 수사는 포폴로Popolo 근처에 아름다운 집을 짓고 그림이나 일 따위는 생각하지 않고 유유히 생활했다. 그는 항상 노인으로서 젊은 화가들이 명성을 얻으려고 애쓰는 열정을 구속하기는 힘든 일이며, 생전에 평화롭고 총명하게 사는 것이나 사후의 명성에 구애되는 것이나 매일반이라고 말했다. 또 모든 업적은 죽은 뒤에는 언젠가 사라진다고 했다. 그는 지금 이야기한 대로 실행했으며, 항상 최고급 포도주와 값진 물건들을 소유하려 했고 일상생활을 예술보다 존중했다.

* 추기경 란초니(Ranzoni)로 이 그림은 피티 미술관에 있으며 서명과 1520년의 일부가 적혀 있다.

그림 515 세바스티아노 델 피옴보, 「라자로의 부활」,
1517~19, 캔버스에 오일, 381×289cm, 국립 미술관, 런던.

재주 많은 사람의 벗이었던 그는 종종 일 몰차Il Molza나 간돌포 Gandolfo*와 식사를 했다. 그의 친구인 피렌체 사람 프란체스코 베르니 Francesco Berni는 그에게 시를 한 수 보냈는데 세바스티아노 수사는 해학 있는 토스카나풍 시로 응답했다. 어떤 사람이 그에게 아무것도 하지 않고 세월을 보내는 것이 수치스럽지 않느냐고 물었다. 그는 "네, 아무것도 하지 않아도 충분합니다. 왜냐하면 내가 2년이나 걸려서 할 일을 2개월 만에 할 수 있는 사람들이 세상에 있으니 만일 내가 오래 살 수만 있다면 그들 모두를 존경할 수 있을 것이오"라면서 "내가 아무것도 하지 않아야 그런 사람들이 더욱 많이 고용될 것"이라고 대답했다.

세바스티아노가 이런저런 익살을 부리면서 기지를 보여주었으므로 그보다 나은 친구를 찾아보기 어려웠다. 그는 미켈란젤로의 가장 가까운 벗이었다. 그러나 미켈란젤로의 「최후의 심판」이 있는 교황청 경당 벽에 그가 제작을 하지 않으면 안 되었을 무렵 이 두 사람 사이에는 찬 바람이 오고갔다. 그 이유는 세바스티아노는 교황에게 유화로 그리기를 권면했으나 미켈란젤로가 프레스코로만 그리려고 했기 때문이다. 미켈란젤로는 이렇다 할 의사를 밝히지 않았으며, 벽은 세바스티아노가 원하는 식으로 만들어졌으므로 수개월이 그냥 흘러갔을 뿐 아무 일도 진행되지 않았다. 그러나 결국 미켈란젤로는 자기는 프레스코로만 그릴 것이라고 밝히면서 유화는 부녀자의 미술에 속하며, 세바스티아노 수사같이 게으르고 편한 생활을 좋는 사람들에게나 알맞은 것이라고 했다. 따라서 그는 수사의 취향으로 만든 상감象嵌을 떼어버리고 모든 것을 프레스코 작업에 맞도록 만들었다. 그러나 그는 세바스티아노가 입은 손해에 대해서 빚을 탕감해주지 않았다.

사실 그때 세바스티아노는 62세였으며 오랫동안 자기 사무실 업무와 안락한 생활 이외에는 아무 일도 하지 않았다. 그는 심한 열병에 걸

* 간돌포 포리(Gandolfo Porri).

그림516 세바스티아노 델 피옴보, 「교황 클레멘티우스7세
초상화」, 1526, 캔버스에 오일, 145×100cm,
나폴리 국립 미술관, 나폴리.

프라 세바스티아노 비니치아노 델 피옴보Fra Sebastiano Viniziano del Piombo　2273

려서 온몸이 붉어지고 출혈을 일으켜 며칠 만에 사망했다. 그의 유언에 따라 신부와 수사가 참여하지 않고 점등點燈도 없이 장례를 지냈으며, 절약한 장례비는 모두 빈자들에게 나누어주었다. 그는 1547년 6월 포폴로 성당에 매장되었다. 그의 죽음에 따른 미술계의 손실은 별로 없었다. 왜냐하면 그가 피옴보Piombo의 수사가 되는 날 이미 우리는 그를 잃어버렸기 때문이다. 다만 그의 친구들과 많은 화가가 유쾌한 친구를 잃었다며 슬퍼했다. 많은 젊은이가 그림을 배우려고 그를 찾아왔으나 그의 안락한 생활을 지켜본 것 이외에는 별로 배운 것이 없었다. 그러나 시칠리아 출신 톰마소 라우레티Tommaso Laureti는 여러 작품 외에도 아름다운 베누스와 그 애인을 제작했는데, 프란체스코 볼로네티 집에 있다. 그밖에 베르나르디노 사벨리의 아름다운 초상화와 작품이 몇 점 남아 있다.

PERIN DEL VAGA PITT.
FIORENTINO.

16세기 초에 활동한 매너리즘 화가로 라파엘로의 주요 제자 가운데 한 사람이다. 피렌체 출신인 그는 미켈란젤로의 카르토네라 불리는 베키오궁의 밑그림을 복사하며 미술을 배웠으며 이후 로마로 건너가 1517년경부터 라파엘로의 중요한 제자그룹의 일원이 됨으로써 라파엘로 공방에서 줄리오 로마노와 함께 바티칸의 회랑 Logge Vaticane 장식 작업 등 스승의 작업을 도왔다.

라파엘로 사후 스승의 작업을 지속함과 동시에 스승의 화풍을 로마의 발다시니궁 등에서 선보였으며 1523년경에는 피렌체로 내려와 당시 피렌체의 대표 매너리스트였던 롯소 피오렌티노 등과 교류했다. '로마의 약탈'이 있은 1527년 제노바로 건너가 도리아궁 장식을 비롯한 작업을 하면서 로마의 매너리즘을 이탈리아 북부에 알리는 역할을 했다. 1538년 로마로 돌아와 천사의 성 장식 등 교황의 주문을 받아 많은 작업을 했다.

천품天稟이란 위대한 선물이며 부귀, 권력, 귀천에 관계없이 대개는 불쌍하고 가난한 사람에게 주어진다. 하늘은 성좌星座의 힘이 얼마나 거센지 보여주려고 사람에 따라 관심을 많이 또는 덜 보이며, 불같이 급한 또는 게으른, 굳센 또는 약한, 교만한 또는 온순한, 행운 또는 불행 등 갖가지 소질을 갖고 태어나게 한다. 만일 여기에 의심을 품는 사람이 있다면 페리노 델 바가의 생애가 그것을 증명해줄 것이다. 그의 아버지는 빈한한 사람이었으며 그는 아주 어렸을 때 양친을 여의고 항상 예술을 친어머니처럼 섬겼다.

그는 열심히 공부해 후에 제노바Genova 공국 도리아Doria 태자의 영광을 나타내는 장엄한 장식을 할 수 있는 능력을 길렀다. 그러므로 우리는 하늘만이 각자의 업적에 따라 가장 밑바닥에서 정상으로 올려놓을 수 있다는 것을 믿어야 한다. 이와 같이 페리노는 우아함과 뛰어난 솜씨를 최대한 발휘해 데생의 질을 높였으며, 스투코에서도 우리가 원하는 질의 아름다움, 우수한 솜씨, 채색의 농담과 장식 등이 고금을 통틀어 그와 견줄 만한 사람이 없을 정도였다. 그의 내력을 좀더 자세하게 이야기하겠다.

피렌체에 조반니 부오나코르시Giovanni Buonaccorsi라는 용감하고 도량이 넓은 젊은이가 살았는데, 프랑스의 샤를 8세 섭정 시기에 전쟁으로 모든 재산을 잃고 죽고 말았다. 그에게는 피에로Piero라는 아들이 있었는데 생후 2개월 때 페스트로 어머니를 잃었다고 한다. 아버지가 볼로냐에서 두 번째 아내를 맞이할 때까지 이 아이는 염소젖을 먹고 자랐으며 어렸을 때의 애칭인 페리노Perino를 그대로 부르게 되었다. 그의 아버지가 프랑스로 되돌아갈 때 아들을 피렌체에 사는 친척에게 맡겼는데, 아이를 맡기를 꺼렸던 친척은 그 아이에게 장사를 가르치려고 피나도로Pinadoro라는 약국에 견습생으로 보냈다. 그러나 어린이가 싫어했기 때문에 화가 안드레아 데 체리Andrea de' Ceri가 데려다가 급사일을 시키기로 했는데 그때 그가 재주 있고 기민함을 알게 되었다.

안드레아는 평범한 화가로서 공방에서 일상적인 일을 하며 양초를 만들었다. 그가 만든 양초는 매년 성 요한 축일에 다른 공물貢物들과 함께 사용되었는데, 여기서 그의 이름이 유래했다.* 안드레아는 페리노가 공방에 머문 1년 동안 그림을 열심히 가르쳤으며, 11세인 페리노를 우수한 화가에게 억지로라도 보내기로 했다. 도메니코 기를란다요의 아들이며, 매우 유능한 화가인 리돌포와 절친한 사이였던 안드레아는 페리노를 리돌포에게 보냈다. 페리노는 데생을 배우자마자 눈부신 재능을 발휘해 짧은 시일 안에 동료들을 앞질렀다. 그들 중 천재의 수준에 이르렀다고 할 만한 토토 델 눈치아타Toto del Nunziata가 페리노를 계속 고무시켰다. 토토는 곧 피렌체 상인들과 함께 영국으로 건너가 많은 작품을 만들고 국왕을 위해 궁전을 지어 총애를 받게 되었다. 페리노는 미켈란젤로 밑그림의 스케치를 그려서 많은 기대를 받게 되었다.

당시 바가Vaga라고 부르는 평범한 화가가 피렌체에 있었는데 그는 로마 지방에 있는 토스카넬라Toscanella에서 조잡한 물건들을 만들면서 자기를 도와줄 젊은이들을 구하는 중이었다. 리돌포 공방工房에서 다른 젊은이들과 함께 데생을 하는 페리노가 다른 사람들보다 뛰어날 뿐만 아니라 외모와 일하는 방법이 마음에 든 바가는 페리노에게 로마로 가서 함께 일하지 않겠냐고 의향을 물었다. 또 그렇게 한다면 자기 이름을 붙여주겠다고 제안했다. 페리노는 그의 직업을 이을 생각도 있고 로마 구경도 하고 싶었으나 자기를 놓아주지 않을 것이 뻔한 안드레아에게는 이런 이야기를 하지 않았다. 그러자 바가는 리돌포와 안드레아를 설득해 페리노를 토스카넬라로 데려갔다. 거기에서 바가는 페리노의 조력으로 이미 착수했던 일과 그 후에 시작할 일들을 준비할 수 있었다.

* 체리(Ceri)는 가는 초라는 뜻.

그러나 바가는 자기 이익만 생각하면서 페리노를 로마로 데려가겠다는 약속을 지키지 않았고 결국 페리노는 혼자 로마로 가기로 결심했다. 그러자 바가는 벌려놓은 사업을 모두 걷어치우고 페리노를 데리고 로마로 갔다. 페리노는 거기에서 얼마 동안 지내면서 좋아하던 데생을 다시 시작해 더욱더 열을 올렸다. 그러나 이번에는 바가가 토스카넬라로 되돌아가고 싶어 하면서 페리노를 친구들에게 소개하고 도와주도록 부탁했다. 그리하여 이 소년은 이때부터 페리노 델 바가라는 이름을 갖게 되었다.

페리노는 로마에 머무르면서 고대古代의 조상, 훌륭한 건축물—대개는 폐허이지만—과 이런 명물들을 만든 유명한 사람들을 흠모했다. 그의 예술적 감각은 명성과 재산을 만들기 위해 뛰어난 장인들과 겨루려는 생각으로 불타올랐다. 그는 자기 출신 배경과 빈곤을 생각할 때 생활방법을 바꾸지 않고는 꿈을 이룰 수 없음을 느끼고 공방에서 일하기로 했다. 그리고 오늘은 이 화가 밑에서 일하고 내일은 또 다른 데로 다니며 마치 나그네 같은 생활을 했다. 이런 생활이 공부에 방해가 되고 또 자기가 원하는 대로 빨리 실력이 늘지 않자 그는 비관하게 되었다. 그래서 시간을 나누어 절반은 일하고, 나머지는 데생 공부에 충당했다. 그가 축제일과 대부분의 밤시간을 공부에 충당하려면 될수록 불필요하게 다른 사람들을 만나는 일은 피해야만 했다.

그는 교황 율리우스의 경당 안에 미켈란젤로가 그린 둥근 천장과 라파엘로 스타일과 방법을 데생하기 시작했다. 또 고대의 대리석 조상과 동굴 속의 아라베스크 문양을 연구하고, 스투코 방법을 배우며 훌륭한 기량을 갖추기 위해 온갖 고초를 겪고 음식까지 얻어먹어가며 노력했다. 그 결과 얼마 안 가서 그는 로마에서 가장 훌륭한 데생 화가가 되었으며 근육과 나체 조상을 제작할 때 어려운 점을 누구보다도 잘 체득했다. 마침내 그는 예술가들 사이에서뿐만 아니라 많은 영주와 고위성직자들에게도 알려지게 되었다. 특히 라파엘로의 제자 줄리오 로마노와 조반 프란체스코 일 파토레 등이 페리노의 실력을 알게 되어 관심을 갖게 되었는데, 파토레는 스승 라파엘로에게 그의 이야기를 전했고 라파엘로는 그의 데생을 보자마자 바로 그를 만나고자 했다. 페리노의 인성과 작품에 감탄한 라파엘로는 그의 창창한 장래를 예측하게 된다.

교황 레오 10세는 라파엘로에게 교황 궁전의 로지아를 스투코와 그림과 금박으로 장식하라고 주문했다. 이 공사를 위해 라파엘로는 스투코와 아라베스크를 그릴 책임자로 조반니 다 우디네를 임명했다. 그는 특히 동물, 과실, 기타 작은 물건들을 그리는 재주가 누구보다 탁월한 화가였다. 라파엘로는 로마와 외국에서도 거장들을 구하려고 사람을 보내어 스투코, 아라베스크, 꽃모양, 꽃줄, 풍경 등을 잘 그리는 장인들을 보수를 후하게 주고 초청하여 높은 성과를 거두었고, 그들은 발전을 거듭해 나중에는 훌륭한 화가가 되었다.

그들 중에는 라파엘로가 조반니*에게 추천해 고용한 페리노도 있었는데, 그는 아라베스크와 풍경을 그렸다. 다른 사람들과 경쟁해 능력을 과시하며 열심히 일한 페리노는 머지않아 데생, 채색, 마무리 작업 등에서 여러 사람 중에서 가장 우수했는데, 라파엘로의 데생과 스케치로 그린 그의 작품을 보면 이를 알 수 있다.

그는 로지아 중앙의 둥근 천장에 히브리 사람들이 방주를 타고 요르단강을 건너는 장면, 여리고Gerico의 성벽을 끼고 도는 행진과 성이 무너지는 장면을 그렸다. 여호수아와 아모리인이 태양을 세우고 싸우는 장면을 청동색으로 표현했으며 다음 그림들 밑에 놓았다. 즉, 이삭을 제물로 바치는 아브라함, 천사들과 씨름하는 야곱, 12형제를 영접하는 요셉, 레위Levi의 아들을 삼켜버리는 불, 그밖에도 수많은 그림을 그렸다. 일일이 설명할 수 없지만 이 그림들의 독특한 화풍은 그를 일약 유명하게 만들었다.

* 조반니 디 로렌초(교황 레오 10세).

또 로지아 입구에「그리스도의 탄생」,「그리스도의 세례」, 매우 아름다운「최후의 만찬」 등을 그렸으며, 들창 아래에는 청동색으로 그린 작품이 여럿 있다. 그는 이들 작품으로 찬사를 받았는데, 그곳에 있는 라파엘로와 미켈란젤로의 작품을 거의 매일 접하며 많은 자극을 받음으로써 자기 작품의 허점을 극복하고 싶었을 것이다. 그는 특히 우디네와 라파엘로에게서 격려를 많이 받았으며, 그들이 중요한 작품을 제작할 때 자신을 고용해준 것을 늘 고마워했다. 그는 항상 라파엘로에게 최대한 존경을 표했고 이 거장은 페리노를 자식같이 아끼고 사랑했다.

그 무렵, 교황 레오의 명에 따라 알레산드로Alessandro 6세의 홀 로지아로 통하는 둥근 천장에 핀투리키오Pinturicchio가 그림을 그렸는데 조반니 다 우디네와 페리노가 다시 장식하게 되었다. 그들은 스투코와 아라베스크, 동물 기타 장식품으로 7개 유성에 해당하는 동물들을 그려서 원형 또는 타원형으로 나누었다. 즉 주피터는 독수리로, 베누스는 비둘기로, 루나Luna는 여인으로, 마르스Mars는 이리들로, 머큐리는 닭으로, 태양은 말들로, 새턴Saturn은 뱀으로 표시했으며, 그밖에 황도대黃道帶의 12궁도宮圖, 큰곰자리와 천랑성 등 하늘의 48개 별자리 중 일부, 셀 수 없이 많은 것을 대부분 페리노가 그렸다. 둥근 천장 중앙에는 원형 가운데 조상이 넷 있는데, 교황의 관冠과 자물쇠를 들고 있는「승리」를 의미한다.

이 그림들은 아래에서부터 원근법을 사용해 거장다운 예술성을 표현했고, 명암법키아로스쿠로을 잘 적용하여 팔과 다리가 드러나는 아름다운 의상을 그렸다. 이 그림은 아름다움과 섬세한 매력 때문에 항상 큰 칭찬을 받았으며, 교황도 여기에 참여한 예술가들을 포상했는데 분명 그만한 가치가 있다.그림 517 페리노는 정면을 명암법으로 장식했는데, 이것은 파스퀴노Pasquino 씨와 가까이에 사는 마사Massa 후작부인 저택 맞은편의 폴리도로Polidoro와 마투리노Maturino를 모방한 것이다.*

레오 10세는 교황직에 오른 지 3년 만에 전승 축하 인파로 붐비는 피

그림 517 페리노 델 바가와 조반니 다 우디네,
장식한 둥근 천장, 1510~20, 프레스코, 살라 데이 폰테피치,
보르자 아파트먼트, 바티칸궁, 로마.

렌체에 갔다. 페리노는 고향인 그곳에서 화려한 것들을 보고 싶어 정신
延료보다 먼저 떠났다. 그리하여 옛날부터 라이벌인 토토 델 눈치아타
와 경쟁하면서 산타 트리니타S. Trinità 성당 근처의 개선문 아치에 7브
라차 높이의 조상을 그렸다. 그러나 로마 예술가들의 방법이 매우 뛰어
나다는 것을 안 그는 피렌체를 떠나 로마로 되돌아와서 산 에우스타키
오 달라 도가나S. Eustachio dalla Dogana 성당에서 성 베드로의 프레스코화
를 그리기 시작했는데, 음양이 뚜렷하고 단순한 옷차림이지만 훌륭한

* 1515년의 일이다.

데생이다.

당시 예술 애호가인 키프루스Cyprus의 대주교가 로마에 머물렀는데 그는 특히 그림을 좋아했다. 또 키아비카 근처에 저택이 있었는데 정원은 조상과 고대 유물들로 장식되어 있었다. 그는 페리노를 불러 정원의 벽을 바쿠스 여사제女司祭, Baccanti, 사티르Satyr, 목신牧神, Fauno들의 여러 이야기와 그밖에 고대 바쿠스 동상과 호랑이 옆에 서 있는 대주교의 모습들로 장식하는 등 다양한 분위기를 내기를 원했다. 그리하여 페리노는 거기에 조그만 로지아를 만들고 작은 조상들, 갖가지 아라베스크 전원 풍경을 만들었는데, 아주 우아하게 채색해 예술가들의 칭찬을 받았다.

그 후 독일 상인 푸거Fugger 가문이 그를 알게 되었는데, 이 상인은 피렌체 대성당으로 가는 길목인 반키Banchi 근방에 저택을 짓고 페리노를 고용해 빛과 우아한 스타일이 특색인 많은 조상으로 로지아와 안뜰을 만들게 했다.

당시 마르키온네 발다시니Marchionne Baldassini 백작이 안토니오 다 산갈로가 설계한 아담한 저택을 소유하고 있었는데, 홀에 그림을 장식하고자 여러 젊은 화가를 물색하다 페리노를 택했다. 값이 결정되자 페리노는 곧 제작에 착수해 큰 벽감과 작은 벽감을 가운데 두고 큰 벽기둥에는 철학자 한두 명을, 작은 벽기둥에는 여인의 머리에 얹혀 있는 벌거숭이 어린이를 마치 대리석 같은 느낌이 들게 그렸다. 벽기둥 위의 쇠시리에는 로물루스Romulus로부터 누마 폼필리우스Numa Pompilius에 이르는 로마 사람들의 공훈을 그렸다. 그는 갖가지 대리석 돌pietra di marmi 무늬 기둥을 그렸으며, 난로 위에는 불타는 문장紋章과 트로피를 든 평화의 여신을 아름답게 제작했다. 이 그림은 백작을 비롯해 여러 화가의 칭찬을 받았다.

그는 산타 안나S. Anna 수녀원 경당 안에 여러 프레스코화를 그렸으며, 산 스테파노 델 카코S. Stefano del Cacco 성당 제대 위에는 로마의 한 귀부인을 위해 죽은 예수를 안고 있는 슬픈 성모의 '피에타'를 프레스코로 그렸고, 제대에는 그 귀부인의 초상을 빼어난 솜씨로 아름답게 그렸다. 안토니오 산 갈로가 '상상想像의 다리'Imagine di Ponte라고 불리는 로마의 한 저택 모퉁이에 석회화로 아름다운 성감聖龕을 만들었는데, 그는 어느 기부자로부터 그 안에 그림을 넣어달라는 위촉을 받았다. 당시 페리노가 청년 화가들 중에서는 가장 유명했으므로 그에게 맡겼다.

페리노는 그리스도가 성모에게 면류관을 씌우는 장면을 그렸는데, 밝은 색상에 부드러운 주름이 잡힌 옷을 입은 천사와 치천사seraphim들이 노래를 부르고 꽃을 뿌리는 모습과 아름다운 어린이들도 보인다. 그 양쪽에는 성 세바스티아노와 성 안토니오를 그의 다른 작품처럼 아름답고 우아하게 그렸다. 교회의 최고 기록관 중 한 사람이 미네르바 안의 원주 네 개 위에 경당을 짓고 크지 않은 그림을 페리노에게 부탁했다. 그는 기증자의 희망에 따라 「그리스도 십자가 강하」Deposto di croce를 그렸는데 시체를 십자가에서 내리며 슬픔에 우는 성모 마리아와 다른 여인들, 무구한 그리스도의 죽음을 보면서 깊은 수심에 빠진 니코데모Nicodemo*들과 다른 사람들을 심혈을 기울여 그렸다.

그중에서도 십자가에 매달린 두 도둑의 근육과 신체 묘사가 뛰어나며, 폭력으로 자행된 죽음의 결과를 잘 보여준다. 어둠 속의 전원 풍경도 아름답다. 만일 로마 약탈** 후에 일어난 홍수가 이 그림을 절반 정도만 손상시켰더라도 지금보다 더 훌륭하게 보였을 것이다. 수분水分이

* 바사리는 자신의 저술 도처에서 '십자가 강하'의 그림 장면을 묘사할 때 '예수의 시신을 거두는 남성들'을 통칭하여 '니코데모들'(Nicodemo)이라고 부른다. 옆에 같이 있는 여성들을 '마리아들'(Marie)(복수)이라고 부르는 것과 대비되는 표현이다. 니코데모는 『신약성서』의 요한복음 3장과 7장에 등장하는 회개한 유대인으로 후일 그리스도교로 개종하고 순교까지 했다고 전해진다.
** 1530년 10월 8일.

석고를 묽게 만들었고 그림 아랫부분은 마치 나무껍질을 벗긴 듯해 보는 사람의 마음을 언짢게 할 뿐만 아니라 슬프게 만든다. 왜냐하면 이 작품은 로마 보물의 하나임이 분명하기 때문이다.

당시 야코포 산소비노가 로마에 있는 세르비테 수도회의 산 마르첼로S. Marcello 경당* 공사를 마저 끝내기로 되어 있었으나 아직 완성하지 못한 상태였다. 벽과 몇몇 경당, 지붕 일이 끝나자 수사들은 페리노에게 위촉해 '교회에 헌신한 성모'Nostra Donna devozione in chiesa를 성당 안에, 세르비테의 복음 전도수사 성 요셉과 성 필리포를 양옆의 벽감 속에 넣기로 했다. 이들 위에 아름다운 치천사들을 그렸는데 하나는 기둥머리 위에 서 있고 천사의 어깨에는 꽃줄 둘을 드리웠다. 이 꽃줄은 경당 구석의 세라핌이 들었는데 아름다운 다리의 자세 등 가장 우아한 예술품으로서 밝은 색상이 실물처럼 보이게 한다. 지금까지 제작된 프레스코화 중에서 으뜸가는 작품이며, 인물들이 마치 숨 쉬고 움직이고 말하는 것 같아 예술의 최고 영역인 자연을 정복했다고 하겠다.

페리노는 이 작품으로 이름을 떨치게 되었으며, 미술감식가들도 그의 재주를 높이 평가했다. 그리하여 산티콰트로Santiquattro 추기경인 로렌초 푸치Lorenzo Pucci가 트리니타 수도원 안에 있는 성당의 왼편 경당을 만들어 페리노에게 장식을 위촉했다. 이곳은 파올라Paola의 성 프란체스코의 제의祭衣를 입는 프랑스와 칼라브리아의 수사들을 위한 수도원이다. 여기에 그는 성모 마리아의 일생을 둥근 천장과 아치 아래 벽에 그렸으며 아치 표면 위쪽은 4브라차 높이로 이사야와 다니엘 두 예언자를 그렸는데, 데생과 채색의 묘를 유감없이 발휘했다. 특히 책을 읽는 이사야는 우수에 잠겨서 무엇인가 새로운 것을 바라는 표정이며, 다니엘은 하늘을 쳐다보면서 백성들의 의문을 풀어보려는 표정이다.

이 두 사람 사이에는 문장紋章을 그린 추기경의 방패를 든 두 어린이

---

* 1519년경.

가 있는데 마치 살아 있는 듯하다. 둥근 천장의 네 구분 안에는 동정녀 마리아의 수태, 출산, 성전의 계단을 올라가는 마리아와 결혼하는 장면이 있다. 둥근 천장 아치 밑의 벽에는 성모 마리아의 엘리자베스 방문과 많은 인물화가 있는데, 특히 누가 지나가는지를 보려고 주춧돌에 올라선 사람들의 자연스러운 모습은 물론 건물과 다른 인물들도 아름답게 묘사했다. 페리노는 얼마 안 있어 앓아누웠는데 그가 회복될 무렵인 1523년에 페스트가 로마를 덮쳐 많은 사람이 죽고 말았다.

그 무렵 페리노의 막역한 친구인 필로토Piloto라는 금은세공가가 로마에서 살았는데, 페리노에게 피렌체로 돌아가자고 설득했다. 그가 피렌체를 떠난 지 너무 오래되었으므로 거기에 가서 이름도 알릴 겸 작품도 남기라는 것이었다. 그를 길러낸 안드레아 데 체리Andrea de' Ceri와 그의 아내가 이미 죽었으므로 그곳에는 아무도 없었지만 그는 고향이 그리웠다. 어느 날 페리노와 필로토는 피렌체에 도착해서 자기들이 어렸을 때 사사하던 옛 거장들과 아직 활동하는 선배들의 작품을 보고 기뻐했다. 친구들은 그에게 일자리를 마련해주었다. 이에 관하여 좀더 언급하겠다.

오래전부터 전해 내려온 관습에 따라 예술가, 화가, 조각가, 건축가, 금은세공가, 대리석 및 목각공들이 한자리에 모이는 어떤 기회에 몇몇 사람이 페리노를 만나서 토론할 기회를 만들어 로마와 피렌체의 차이를 논했으며, 대부분 서로 비난과 칭찬을 주고받았다. 그들은 카르미네Carmine 성당 안 브란카치 경당의 마사초 그림을 관람할 기회가 있었다. 이때 그들은 조토Giotto의 작품밖에 볼 수 없었던 시대임에도 훌륭한 판단력으로 이와 같은 현대적 스타일의 데생과 채색법을 구사했으며, 과거에 아무도 시도하지 못했던 명암법, 원근법, 활력, 기교를 잘 배합하여 어려운 예술을 잘 표현한 마사초에게 감탄했다.

페리노는 이런 대화를 나누는 것이 즐거웠다. 그는 이렇게 말했다. "여러분 말이 사실임을 부인하지 않습니다. 우리 중 누구도 이 스타일보다는 낮게 그릴 수 없습니다. 그러나 결코 얕보고 하는 이야기는 아니지만 오늘날에는 이 작품보다 더 아름답고 더 생기 있게 그리는 사람이 많습니다. 저는 일류 화가는 아니지만, 여기에는 조상을 그릴 자리가 없습니다. 과거에 제가 피렌체를 떠나기 전 이 조상들 옆에 프레스코를 그릴 수도 있었습니다. 즉, 요즘 화가가 그린 그림이 과거 것만 못한지 비교해보고 싶은 적도 있었습니다."

그러자 피렌체의 어떤 화가가 페리노 작품을 보고 싶어 하면서도 아마 그의 자긍심을 좀 꺾고 싶었던지 "이 장소는 지금 차 있지만 맞은편에는 이 교회 안에서 어느 것보다도 아름다운 성 바오로가 있습니다. 마솔리노Masolino의 성 베드로나 마사초의 성 바오로 옆에 당신이 말한 대로 그려도 좋습니다"라고 이야기했다. 성 베드로는 들창 가까이 광선을 잘 받는 널찍한 곳에 있었으며, 성 바오로에 뒤지지 않은 작품이었다. 이와 같이 주변 사람들 모두 로마풍 그림을 보고자 페리노에게 작업을 재촉했으며, 이는 몇십 년 동안이나 그들이 마음에 품은 로마 작풍에 대한 환상을 제거하는 데 큰 도움이 될 것이라고 밝혔다.

그리하여 페리노는 피렌체의 재주 있는 예술가들의 격려와 기대에 부응하고자 일을 하기로 결심하고 2주일 동안 서둘러 완성할 예정이었는데, 이 같은 노력이 그에게 여러 해 동안 칭찬을 받게 했다. 그에게 작업을 제안한 사람들은 페리노가 과거의 가장 위대했던 거장들을 결코 능가하지 못할 것으로 믿었다. 페리노는 수도원 부원장 조반니 다 피사Giovanni da Pisa에게 그의 초상화를 그리고 싶으니 빈자리를 허락해 달라고 부탁해 기꺼이 승낙을 받았다. 그리하여 페리노는 일을 착수했다. 그는 성 안드레아의 밑그림을 그리고 정성을 들여서 완성했다.

그가 비계를 다 매놓고 일을 시작하려고 할 때 로마에서 페리노의 작품을 본 친구들이 프레스코 일감 하나를 주선해 그에게 피렌체에서 기념 작품을 남길 수 있게 하는 동시에 그의 재능을 과시해서 통치자들이 중요한 일거리를 그에게 위촉할 수 있도록 했다. 피렌체에 있는 카말돌

리 수도원 성당에서는 당시 화가들이 늘 '순교자 협회'Martiri에서 모였
는데, 그들은 이 성당 벽에 순교 이야기, 즉 두 로마 황제 앞에서 사형
을 받는 장면, 숲속에서 전투 끝에 나무 십자가에 매달리는 장면을 그
리기를 원했다. 비록 장소도 멀고 보수도 적었지만 친구들의 권유도 있
고 그림 주제도 좋아서 그는 기꺼이 그 일을 맡았다. 이 작업은 그때까
지 명성만으로 알려져 있던 그가 피렌체의 시민과 화가들 사이에 인식
을 달리하는 계기가 되었다.

그는 조그만 데생을 그리고 작품 크기만 한 밑그림을 그렸는데, 주요
한 인물들만 그리고 사도는 빼놓았다. 또 흰 시트에 밑그림을 그렸는
데 빛을 받는 부분은 그대로 남겨두었다. 황제는 죄수를 모두 십자가형
에 처하는데 죄수들은 무릎을 꿇거나, 곧바로 서 있거나, 구부린 자세
등을 했으나 모두 벌거벗긴 채 갖가지 방법으로 포박되어 있었다. 어떤
이는 몸을 비틀면서 공포에 떠는가 하면 어떤 노인은 신앙이 확고한 표
정을 했으나 젊은이들은 죽음의 공포 때문에 몸을 비틀고 있고, 근육의
긴장, 공포로 인한 식은땀을 흘리고 있다. 또 재판장으로 죄수를 끌고
들어오는 병사들, 죽음으로 끝나는 잔혹함이 잘 나타나 있다.

황제와 병사들은 허리와 가슴에 대는 갑옷을 입었는데 갖가지로 장
식한 옷, 구두, 투구, 방패 등을 아름다운 장식으로 덮어서 고대 작품을
모방했으며, 예술로 표현할 수 있는 모든 주제를 다 구사했다. 예술가
와 미술감식가들은 이와 같은 대단한 밑그림은 미켈란젤로가 피렌체
시청 회의실에 그린 것 말고는 본 일이 없다고 극찬했다. 페리노는 이
밑그림을 만드는 동안 친구인 금은세공가 필로토에게 줄 성모 마리아
의 미완성 그림을 그리려고 물감을 타는 데 시일을 보냈다.

페리노가 오랫동안 친하게 지내온 친구로, 절름발이 사제이며 산 로
렌초S. Lorenzo 성당 부제副祭인 라파엘로 디 산드로Raffaello di Sandro가 있
다. 당시 페리노는 이곳에 머물 집이 없어 여러 사람 집을 오가며 지냈
는데, 산드로가 자기 사제관으로 오도록 권유해 수주일 동안 거기에서

머물렀다. 그러는 동안 피렌체의 몇 군데에서 페스트가 발생했고 페리노는 그곳을 떠나게 되었다. 그는 그간의 비용을 지불하려고 했으나 산드로는 극구 사양하면서 스케치 한 장이면 만족한다고 했다.

페리노는 4브라차 크기의 거친 캔버스를 두 출입문 사이에 고정하고 꼬박 하루 동안 청동색으로 한 장면을 그렸다. 즉, 홍해를 건너는 모세와 파라오Pharaoh가 말과 마차와 함께 바다에 빠지는 장면인데, 인물들은 훌륭한 자세를 보여준다. 갑옷을 입은 채 헤엄치는 사람, 벌거벗은 사람, 말의 목에 매달린 사람, 수염이 물에 젖어 죽음의 공포에 떠는 사람, 살아나려고 갖은 애를 쓰는 사람도 있다. 바다 맞은편에서는 모세와 아론, 그밖에 남녀 히브리 사람이 하느님에게 감사드리고 있으며, 이집트 사람들에게 재앙을 준 많은 항아리와 부인들의 아름다운 단장, 갖가지 머리 모양을 화려하게 표현했다. 산드로는 이 작품을 받고 무척 기뻐했다. 산드로가 죽은 뒤에 이 그림은 형제인 도메니코 디 산드로에게 넘어갔다.

피렌체를 떠난 페리노는 「순교자」의 제작을 포기했다. 그가 피렌체에 있었더라면 완성했을지도 모르지만, 자기 기량을 충분히 발휘했고 믿었기 때문에 거기서 빠져나가고 싶어졌다. 밑그림과 다른 재산은 친구인 금은세공가 조반니 디 고로Giovanni di Goro에게 맡겼는데, 그가 페스트로 죽자 필로토의 손에 들어갔다. 그는 이 보물을 언제나 원하는 사람에게 보여주기로 되어 있었으므로 그가 죽은 후에는 행방을 알 수 없게 되었다. 페리노는 페스트를 피해 여기저기로 거처를 옮겨 다니며 데생과 연구를 계속하다가 두통거리가 없어지자 다시 돌아와서 작은 작품을 몇 개 더 만들었는데 더는 언급하지 않겠다.

1523년에 교황 클레멘티우스 7세가 선출되자 하드리아누스 6세 때 심히 침체했던 그림과 조각 예술이 다시 살아났다. 하드리아누스 교황이 이런 예술을 싫어했기 때문에 예술가가 되려는 사람이 없었다. 그러나 새 교황이 들어서자 페리노는 많은 작품을 제작했다. 죽은 지 얼마 안 되는 라파엘로를 대신해 줄리오 로마노와 예술 부문의 장인 조반니 프란체스코Giovanni Francesco에게 관례에 따라 라파엘로가 끝내지 못한 일들을 다른 사람들에게 분배하라는 분부가 있었으나, 페리노가 줄리오의 밑그림으로 추기경 체사리노Cesarino의 저택 출입문 위에 교황의 문장을 프레스코로 그려서 크게 성공했으므로 그가 자기들을 앞지를까 두려워서 망설였다. 사실 그들은 라파엘로의 제자였지만 스승의 예술을 충실히 물려받지 못했고 또 페리노처럼 인물을 우아하게 채색하는 재주도 없었다. 따라서 줄리오와 프란체스코는 페리노와 협력하기로 결정하고 1525년에 프란체스코 여동생을 페리노의 아내로 삼게 해서 우의를 굳혔고, 이들의 우정은 오래 계속되었다.

　얼마 안 있어서 페리노가 산 마르첼로S. Marcello 성당 안에 만든 작품으로 이름이 나자 부수도원장으로 이곳 경당을 소유한 크로치피소Crocifisso협회 회장의 귀에 이 소식이 들어갔다. 그는 좀더 좋은 작품을 기대하면서 경당 안의 그림을 페리노에게 위촉했다. 그는 비계를 만든 후 원통형 둥근 천장 한가운데에 이브Eve의 창조를 그렸다. 즉 벌거벗은 아담이 누워 잠들어 있는데, 이브는 매우 활기찬 모습으로 두 손을 꼭 잡아 쳐들면서 조물주의 축복을 받으려고 한다. 조물주의 외모가 장엄해 그의 상의上衣가 나신裸身을 씌우는 듯하다.

　오른편의 성 마르코와 성 요한은 머리와 팔을 제외하고는 모두 페리노가 그렸다. 이들 사이에서는 세라핌들이 서로 포옹해 마치 샨델리아의 장식 같으며, 복음 전도자들의 얼굴과 팔, 의상도 페리노가 그렸는데 살아 있는 듯해 최상의 미를 보여준다. 이 작품은 당시 피렌체를 괴롭히던 질병 때문에 중단되었으며, 협회 사람들이 경비 부족으로 그에게 보수를 덜 지불했다고도 한다. 1527년에 로마 약탈이 일어날 때까지 일을 질질 끌다가 결국 많은 예술가가 학살되었고 그림은 파괴되어 흩어졌다. 페리노는 아내와 딸을 데리고 여기저기 피해 다니다가 불행하게도 붙잡혀 몸값으로 충분한 물건을 그들에게 치러야 했다. 약탈이 끝난 후에도 그는 공포를 떨쳐버리지 못하고 우울증에 빠져서 모든 화구畵具를 던져버렸다. 한때는 스페인 병사를 위해 강제로 면사의복과 환상적인 것을 그려야만 했으며, 그가 제정신을 다시 찾았을 때는 다른 사람들처럼 빈곤하게 살아야 했다.

많은 예술가 중 일 바비에라Il Baviera 신부만큼은 가지고 있던 라파엘로 작품의 복사본들을 거의 잃지 않았다. 그는 페리노에 대한 우정으로 「신들의 변용變容」의 데생을 그리게 하여 유명한 판화공 야코포 카랄리오Jacopo Caraglio에게 새기도록 했다. 그는 페리노 스타일을 잘 살렸으며, 명암과 우아함을 잘 표현했다.

약탈이 행해지는 동안 로마는 폐허가 되었고 주민들은 쫓겨났다. 교황도 오르비에토Orvieto로 피신하면서 아무것도 하지 못했다. 그때 당대의 유명한 자수가이며 도리아 태자의 시종인 니콜라 비니치아노Niccola Viniziano가 로마에 왔다. 성품이 좋고 페리노와 오랫동안 우정을 이어온 그는 페리노에게 로마를 떠나 제노바로 온다면 태자에게서 일감을 얻어주겠다고 약속했다. 태자가 그림을 좋아하고, 항상 자기 홀을 장식하고 싶어 했기 때문에 페리노에게 중요한 일을 맡길 것이라고 했다. 페리노는 로마를 떠나기를 간절히 바라던 터라 그렇게 열심히 설득할 필요가 없었다. 그는 아내와 딸을 로마에 있는 친척에게 맡기고 제노바로 가서 니콜로의 소개로 태자를 만났는데, 난생처음으로 정중한 환대를 받았다. 그들은 많은 의논 끝에 우선 궁전을 스투코, 프레스코, 유채화 등으로 장식하기로 했다. 이 작업은 페리노 작품 중에서 가장 뛰어나다.

정면은 대리석으로 된 도리아 방식인데 페리노의 데생과 설계로 장식되었으며 대좌, 기초, 기둥, 기둥머리, 처마도리, 프리즈, 쇠시리와 앉아서 문장을 든 여인 조상들이 있는데, 조각은 조반니 다 피에솔레Giovanni da Fiesole, 조상은 피에솔레 출신으로 담력 있고 저돌적인 조각가 실비오Silvio가 맡았다. 출입문을 들어가면 둥근 천장이 갖가지 풍경으로 된 스투코와 아라베스크로 장식되어 있고, 아케이드에서는 기사의 종자從者들이 말을 타고 싸움을 벌이는데 여간 정성을 들여서 그린 예술품이 아니다.

왼쪽 계단은 고대풍 아라베스크와 갖가지 풍경, 작은 인물화, 마스크, 어린이, 동물 기타 환상적인 것들로 눈부시게 장식했는데, 그의 훌륭한 솜씨와 견식을 보여주어 사람 손으로 만든 것 같지 않다. 계단을 올라가면 양쪽에 돌로 만든 출입문이 달린 아름다운 로지아가 있고 그 위에는 서로 등을 돌린 두 남녀의 인물화가 있는데 각각 앞뒤를 향하고 있다. 아치 다섯 개 위의 둥근 천장을 스투코로 화려하게 장식하고 타원형 칸 속에는 갖가지 풍경을 그려 최고의 미를 보여준다. 벽에는 마루에 이르기까지 앉아 있는 장군들과 그밖에 많은 초상화를 그렸는데, 일부는 가공인물이나 그 안에 도리스Doris의 초상이 있으며 위에는 큰 금박문자로 다음과 같이 쓰여 있다.

위대한 자여, 영광스러운 문중에서도 가장 출중한 자여, 그대가 일궈낸 최고 위업이여.
Magni viri, maximi duces optima, fecere pro patria.

로지아 왼쪽 문으로 들어가 첫 번째 홀은 둥근 천장을 스투코로 장식했으며, 한가운데에는 큰 그림이 있는데 아에네아스의 난파선이다. 이 그림은 갖가지 자세를 한 산 사람과 죽은 사람, 나체, 조각난 갤리선galeotto과 풍선들이 너저분하며 살고자 하는 필사적인 인물과 음산한 구름, 소용돌이치는 물결, 인명의 피해 등 바다의 악운으로 일어난 모든 재난을 표현했다. 페리노가 제노아에 도착했을 때 지롤라모 다 트레비소Girolamo da Treviso가 정원에 면한 건물 정면에 그림을 그렸다. 페리노가 난파선의 밑그림을 그리기 시작해 일부는 명암법으로, 일부는 목탄으로 일부는 검은 연필로 하고, 또 어떤 것은 단순히 선을 그었는데 지롤라모가 투덜거리면서 "이 밑그림은 무엇에 쓰는 거요? 내 그림은 붓의 끝으로 이루어지는데 말이오"라고 물었다.

지롤라모가 이 말을 자꾸만 되풀이하자 페리노는 화를 내면서 그 밑그림들을 둥근 천장에 붙이고 비계를 일부분 떼어낸 뒤 그림을 보도록 홀을 개방했다. 제노바 시민이 모두 와서 보고 페리노의 데생에 감탄했다. 지롤라모도 인파에 끼어 있었는데 상상조차 하지 못했던 것을 페리노에게서 발견하고 그 아름다움에 놀라서 태자에게 허가도 받지 않고 제노바를 떠나 고향인 볼로냐로 돌아갔다.

그동안 페리노는 홀의 담벼락을 유채화로 아름답게 그리고 반월창牛月窓 밑의 둥근 천장은 스투코로 장식했다. 로지아 오른쪽 문으로 들어가는 홀에는 프레스코와 스투코가 있는데 주피터가 거인들을 정복하는 장면으로,그림 518 실물보다 더 큰 나신의 인물을 많이 그렸다. 하늘에는 무서운 뇌성 가운데 있는 신들을 각기 성격에 알맞은 자세의 스투코로 만들었는데, 가장 정성을 들인 작품으로 채색도 매우 아름답다. 확실히 페리노는 그림에서 완벽한 거장이라 하겠다. 그는 홀 넷을 장식했는데 그곳 둥근 천장을 프레스코와 스투코로 오비디오Ovidio*의 우화를 그렸다. 인물화, 나뭇잎, 동물, 그로테스크의 아름다움과 풍부함과 다양성은 상상조차 할 수 없다. 홀 한쪽에 스투코와 유채화로 그린 네 장면은 그의 제자들 작품이다.

페리노의 제자들 중에는 아라베스크와 스투코가 장기인 루치오 로마노Luzio Romano가 있으며, 다른 제자로는 롬바르디아 사람들이 있다. 한 홀만이 아니라 둥근 천장 높이까지 프리즈 가득히 어린이들, 가면, 동물들로 장식하고 큰 방, 작은 방, 회의실에도 아름다운 그림을 그렸다. 저택에서 정원으로 이어지는 테라스에도 둥근 천장에까지 프리즈

---

* 기원전 43~기원후 17?, 로마의 시인. 아우구스투스 황제에게 추방되어 유배지에서 죽었다.

그림 518 페리노 델 바가, 「주피터가 티탄족을 패배시키다」,
1531~33, 프레스코, 640×920cm, 살라 데이 지간티,
도리아궁, 제노바.

가 붙어 있으며, 홀들과 작은 방들도 비슷하게 만들었다. 이 작업을 할 때 포르데노네Pordenone와 시에나 출신 도메니코 베카푸미가 그를 도와주었다.

페리노 이야기로 되돌아가서, 그가 도리아 태자의 궁전 일을 끝내고 잔네틴 도리아Giannetin Doria 저택의 한 홀을 프리즈로 장식했는데, 아름다운 여인들을 그려 넣었다. 그밖에도 다른 귀족들을 위해 유채화와 프레스코를 많이 그렸다. 예를 들면 아름답게 데생한 성 프란체스코의 패널화 등이다. 그는 '위안慰安의 마리아 대성당'S. Maria de' *Consolatione* 안에 귀족 바차돈네Baciadonne를 위해 「그리스도의 탄생」을 패널화로 그렸다. 아름다운 작품인데도 어두운 곳에 걸어놓아 진가를 느낄 수 없다. 특히 페리노가 어두운 스타일로 그렸기 때문에 제대로 감상하려면 빛을 밝게 비추어야 한다. 그는 디도네Didone 이야기를 포함한 아에네이데Aeneide 대부분을 스케치했으며, 갤리선의 선미루船尾樓를 장식했는데, 조각은 피렌체의 목각공 카로타Carota와 타소Tasso가 맡았다. 그밖에도 태자의 갤리선에 사용될 기旗를 많이 만들어 잘 장식했다. 태자는 그를 점점 좋아하게 되었으며, 그가 오랫동안 이곳에 머물렀다면 더 많은 보상을 받았을 것이다.

페리노는 제노바에서 일하는 동안 아내를 로마에서 데려오기로 결심했다. 그는 노후에 제노바에서 살 작정으로 피사에 집도 한 채 구입했다. 그 무렵 피사 대성당의 시설관리인이었던 안토니오 디 우르바노Antonio di Urbano가 대성당을 미화하려고 무척 노력했다. 대리석으로 장식하고 낡은 것과 균형이 맞지 않는 부분과 조잡한 작품들을 떼어버리고 재주 있는 조각가 스타조 다 피에트라산타Stagio da Pietrasanta를 고용해 개조 중이었다.* 그는 비용을 고려하지 않고 대리석으로 만든 테두리 안을 거장에게 맡겨 스투코와 그림으로 채우려고 했다. 그는 이미

* 1528~39.

성물실聖物室 작업도 착수했는데 거기에는 피렌체의 화가 조반니 안토니오 솔리아니Giovanni Antonio Sogliani가 제작한 그림들이 대제단 뒤의 벽감 안에 많이 들어 있었다. 나머지는 여러 해가 지난 뒤 이 대성당의 시설관리인 세바스티아노 델라 세타Sebastiano della Seta*가 완성했다.

그 무렵 제노바를 떠나 피사에 도착한 페리노는 미술감정가이며 금은세공의 대가인 바티스타 델 체르벨리에라Battista del Cervelliera가 일을 시작한 것을 보고 시설관리인과 사태를 논의했다. 그 결과 출입문 안쪽 면에 성 조르조가 뱀을 죽이는 장면을 그린 패널화를 붙이기로 한 페리노는 어린이들이 한 줄로 서 있고 두 경당 사이에는 예언자들과 풍경을 그린 데생을 만들었다. 그는 시설관리인과 친하게 되어 밑그림을 한 장 그려 그에게 주고 맞은편 출입문에 채색을 시작해 어린이 여섯 명을 완성했다. 이것을 한 바퀴 돌려서 장식을 매듭짓기로 했는데 페리노는 행복하게 살던 제노바로 돌아가고 싶어져서 유채화로 된 패널화 한 폭을 산 마페오S. Maffeo 수도원의 수녀들에게 남기고 떠나버렸다. 그는 수개월 동안 제노바에 머무르면서 태자를 위해 몇 가지 작품을 만들었다.

한편 피사 대성당 시설관리인은 그가 일을 끝내지 않고 떠나버린 것을 유감스럽게 여겨 거의 매일 편지를 보내 빨리 돌아오라고 재촉했으며, 피사에 남겨놓은 페리노의 아내에게도 졸라댔다. 그러나 페리노가 편지를 받고도 돌아오지 않았으므로 시설관리인은 일을 솔리아니에게 맡겼으며, 그는 작업을 곧 끝내 제자리에 가져다놓았다. 얼마 후에 되돌아온 페리노가 솔리아니 작품을 보고 화를 내면서 원래 자기가 시작했던 일을 계속하지 않겠다고 했으므로 솔리아니는 그림 네 폭을 더 그렸다.

그러나 새로 임명된 시설관리인 세타Seta는 솔리아니 작품이 모두 똑같은 스타일이며 처음 것보다 못하다는 이유로 그를 그만두도록 했다.

* 그는 1542년에 우르비노의 뒤를 이었다.

그리고 시험 삼아 도메니코 베카푸미에게 성물실 안의 그림을 그려보도록 한 후 그에게 일을 맡겼다. 하지만 패널화가 마음에 들지 않은 교회위원장은 나머지 두 부분을 아레초의 조르조 바사리에게 위촉했다. 이 두 작품은 교회 정면의 한쪽에 있는 두 출입구에 놓기로 했다. 이 작품과 이탈리아 전국에 산재한 수많은 작품에 관한 판단은 독자에게 맡기겠다. 이 모든 것이 페리노를 슬프게 했다. 왜냐하면 그는 교회를 장식함으로써 자기 이름을 영원히 남기려고 무척 노력해 데생들을 제작했기 때문이다.

페리노는 제노바에서 많은 즐거움과 이익을 보았지만 그곳이 점점 싫어졌다. 그리고 교황 레오 치세하에서 행복했던 로마의 나날과 추기경 이폴리토 데 메디치가 보내온 편지를 떠올리면서 로마로 돌아가기로 결심했지만 추기경의 사망으로 중지되었다. 그러나 많은 친구가 그에게 로마로 오도록 재촉했는데, 사실은 친구들보다 페리노가 로마로 돌아가기를 더욱더 열망했다.

어느 날 아침 그는 아무 말 없이 피사를 떠나 로마로 향했다. 거기서 그는 추기경 파르네세와 차기 교황 파울루스에게 소개되었으나 수개월 동안 아무 일도 하지 못했다. 왜냐하면 첫째 그에게 일감이 주어지지 않았으며, 다음은 팔을 심하게 앓았으므로 병이 낫기도 전에 벌써 수백 두카트를 소비했다. 아무도 자기를 채용하지 않자 그는 궁정의 냉대를 느껴 그곳을 떠나버리고 싶었다. 그러나 일 몰차Il Molza와 여러 친구가 그에게 좀더 참도록 종용하면서 특히 뛰어난 직능인이라도 누구나 로마에서는 처음에는 푸대접을 경험하게 된다고 했다. 그들은 시간이 지나면 로마는 그들의 환심을 사려고 할 것이라고 덧붙였다.

그 무렵 피에트로 데 마시미Pietro de' Massimi가 산타 트리니타 성당 안의 한 경당을 손에 넣은 뒤 둥근 천장과 반월창을 스투코와 유채화로 장식하기로 하고 줄리오 로마노와 페리노의 매부 조반 프란체스코Giovan Francesco에게 위촉했다. 마지막 손질을 하려고 할 때 마리아 막달

레나의 생애 네 장면을 담은 반월창과 「나를 만지지 마라」Noli me tangere
의 제단화와 이에 쓰일 금박본제金箔本製 테두리가 빈약해 보이자 그는
그것과 다른 벽의 작업을 페리노에게 위촉했다. 페리노는 이 작업을 수
개월 후 완성했는데, 몇몇 기이한 아라베스크 문양과 일부는 얕은 돋을
새김을 하고, 일부는 그림을 그리고 다양한 스투코 테두리로 작은 장면
둘을 둘러쌌다.

그 하나는 '양떼의 물웅덩이'Probatica Piscina*인데, 샘물이 움직이기를
기다리는 병자와 천사들, 원근법을 사용한 단축법으로 그린 주랑柱廊
의 경치가 아름다우며 사제가 우아한 자세로 서성거리는 그림이다. 또
하나는 「라사로의 소생」인데, 그의 얼굴은 죽은 사람처럼 창백하고 주
위 사람들은 겁에 질려 떠는가 하면 몇몇은 기이하게 여겨 놀란다. 여
기에서는 거리가 멀어질수록 작아지는 신전들을 표현해 놀랄 만한 기
교를 알 수 있으며, 전부 스투코로 장식했다.

조금 작은 그림 넷은 큰 그림 양쪽에 있는데 백부장百夫長이 그리스
도에게 자기 하인의 병을 고쳐주기를 원하는 장면, '환전상換錢商의 추
방', '그리스도의 변용' 등이다. 그는 벽기둥의 돌출부 내부에 예언자
옷차림의 조상 넷을 그렸는데 무척 아름답고 균형미가 뛰어나다. 이 그
림은 너무 섬세해 그림이라기보다는 세밀화처럼 보이고 채색도 매우
아름답다. 상당한 인내와 노력으로 이루어진 작품으로, 예술을 사랑하
는 그의 마음을 여실히 보여준다.

그는 이 그림들을 모두 직접 제작했으며, 스투코만 페리노의 데생
에 따라 굴리엘모 밀라네세Guglielmo Milanese가 만들었다. 이 사람은 제
노바에서 페리노 일을 도와주었으며, 페리노가 끔찍하게 사랑해 사위
를 삼으려고까지 했다. 굴리엘모는 파르네세궁 안의 고대 유물들을 보
수하기 위한 피옴보Piombo 수도원 수사로 임명되어 베네치아의 세바스

* =베데스다의 영천(靈泉)(pool of Bethesda).

2298

티아노Sebastiano 수사의 대를 이었다. 이 교회 벽에는 조각가 일 볼로냐 Il Bologna*가 제작한 죽은 여인의 조상과 아름다운 대리석 묘지가 있다. 이 여인은 로마의 유명한 고급 창부였는데 그런 여인을 수도원에 두는 것을 망설이던 수사들이 초상을 분리했다고 한다.

페리노의 이번 작품과 과거의 공적을 인정한 추기경 파르네세는 페리노에게 주택을 마련해주고 그를 고용하기로 했다. 교황 파울루스의 명령으로 보르고의 불타는 방 안에 있던 굴뚝을 세냐투라Segnatura로 옮겼는데 여기에는 교황의 조각공인 조반니 수사가 조각한 들보가 있다. 라파엘로가 이 두 홀에 그린 그림이 있었으므로 이 세냐투라 안에 있는 파르나스산의 그림 밑바닥을 복구할 필요가 있었다. 페리노는 대리석은 꽃줄, 마스크, 기타 장식품으로 장식하고, 다른 공간은 청동색으로 만든 물건들로 보수했다. 그리고 철학자, 신학자, 시인들이 각기 철학, 신학, 시를 논하는 장면을 그렸다.

그는 이 그림 전부를 직접 보수하지는 못했으나 세코in secco로 붓을 댔으며 밑그림들을 제작했으므로 사실은 거의 그의 작품이다. 그러나 그가 감기에 걸렸기 때문에 더는 손을 대지 못했다. 교황은 페리노가 이미 고령이었기 때문에 모든 점에서 보상을 받을 만하다고 여겨 그에게 궁전과 파르네세 저택에 봉사하는 조건으로 죽을 때까지 월급 25두가트를 지불했다.

이 무렵 미켈란젤로는 시스티나 경당에 「최후의 심판」을 제막했고, 금과 명주로 만든 애라스d'arazzi 직물로 막을 드리울 곳, 즉 밑바닥만 그리면 되었다. 교황은 플랑드르 지방에서 이 직물을 짜라고 지정했다. 페리노는 미켈란젤로의 동의를 얻어 같은 크기의 캔버스에 같은 그림을 그리기 시작해 여인, 어린이, 꽃줄을 든 경계신境界神 등을 환상적인 사물들과 함께 그렸다. 그가 죽은 후 이것들은 벨베데레궁 안에 미완성

---

* 도메니코 아이모(Domenico Aimo)이며 일명 바리냐나(Varignana)다.

상태로 있었으며 이 장식이야말로 사람이 그린 것 같지 않다.

안토니오 산 갈로가 식스투스 4세의 경당 앞 교황의 궁전 안에 왕의 큰 홀을 완성하자 페리노는 둥근 천장을 십자형과 타원형의 오목한 또는 돋을새김으로 여덟 구역으로 나누고 힘껏 아름답게 스투코로 장식했다. 또 구석마다 어린이 네 명을 돋을새김으로 만들고 발은 가운데로 모으고 팔은 구부려서 장미창薔을 이루게 했다. 나머지 부분에는 모두 파르네세 가문의 문장을 그려 넣었으며, 교황의 문장은 둥근 천장에 넣었다. 이 스투코는 아름다움과 세련됨이 탁월해 고금을 통틀어 으뜸간다고 판단될 뿐만 아니라 그리스도교 신앙의 으뜸가는 가치가 있다고 생각된다.

또 페리노의 데생으로 거장 파스토리노 다 시에나Pastorino da Siena가 스테인드글라스를 제작했으며, 그 밑의 벽에는 스투코로 장면들을 장식했다. 그 후 볼테라Volterra의 화가 다니엘로 리차렐리Daniello Ricciarelli가 작업을 계속하다가 죽어 일이 중단되었지만, 현대 사람들이 고대 사람의 능력과 비등할 뿐만 아니라 능가할 수도 있음을 보여주는 작품이다.

스투코를 만드는 동안 페리노가 그림의 데생을 구상할 때, 새 교회를 건축하려고 성 베드로 대성당의 옛 벽을 헐었다. 그때 조토가 그린 성모 마리아와 다른 그림들이 모습을 드러냈다. 페리노와 친구인 피렌체의 의사 니콜로 아차이우올리Niccolò Acciaiuoli는 이것을 보고서 경건한 마음이 우러나 이 그림들을 파괴하지 말고 철鐵과 나무로 받치고 벽을 들어내서 성 베드로 대성당의 오르간 밑에 놓으라고 했다. 거기에는 제단도 없고 아무것도 없었다.

성모 마리아를 그린 벽을 파괴하기 직전 페리노는 로마의 원로원 의원 오르소 델 안구일라라Orso dell' Anguillara의 초상화를 모사했다. 이 사람은 성모 마리아의 발밑에 그려진 프란체스코 페트라르카Francesco Petrarca에게 관을 씌워주고 있다. 그 주위를 로마 원로원 의원 니콜로

그림 519 페리노 델 바가, 「프시케와 늙은 여인」, 1545~47,
프레스코, 카스텔 산 안젤로, 로마.

아차이우올리를 기념하는 스투코와 그림으로 테두리를 만들기로 되어 있었다. 페리노는 데생을 하고 젊은 사람들과 제자 마르첼로 만토바노 Marcello Mantovano*의 도움을 받아 그 일을 정성 들여 완성했다.

성 베드로 대성당은 담벼락 때문에 좀 너절한 장소에서 성사聖事를 행했으므로 관리위원들은 안토니오 다 산 갈로에게 경당을 성당 중앙에 만들도록 했다. 일부는 고대 대리석 원주 전리품, 일부는 중앙에 도나텔로Donatello가 만든 성물실과 함께 청동 및 스투코로 만들도록 했다. 페리노는 『구약성서』 중에서 성사를 상징하는 장면들로 둥근 천장을 아름답게 만들었다. 한가운데에는 「최후의 만찬」을 그렸는데 그리스도의 양옆 밑에는 두 예언자가 서 있다. 리페타Ripetta에서 가까운 산 주세페S. Giuseppe 성당을 위해 젊은이들을 고용해서 경당을 장식하게 하고 자기는 그 위에 손질했다. 이솔라Isola에 있는 산 바르톨로메오 성당에도 같은 방법으로 제작했다. 또 산 살바도레 델 라우로S. Salvadore del Lauro의 둥근 천장에는 아라베스크를 대제대에 그리고, 정면에는 제자 지롤라모 세르모네타Girolamo Sermoneta를 시켜서 「성모영보」를 그리도록 했다.

이와 같이 그는 말년에도 필요에 따라 혹은 좀 나태한 탓으로 라파엘로의 계획을 본받아 작품을 제작하기보다는 데생을 즐겼다. 이런 위험은 키지의 작품과 다른 화가들, 페리노의 행적에서 엿볼 수 있다. 줄리오 로마노도 직접 작품을 제작하지 않아서 그리 신용을 얻지 못했다. 공작은 작품을 빨리 끝내는 것을 좋아했다. 이는 그 작품에 관여한 화가들에게도 이익이 되었겠지만, 화가들은 공들여 그린 작품보다는 흥미가 적었을 것이다. 밑그림을 아무리 잘 그렸다 할지라도 제자들이 원작자가 요구하는 만큼 정확하게 모방할 수는 없다. 누구나 자기 그림을 망쳐놓은 것을 보면 필사적으로 서두를 것이므로 명예를 갈망하는 사

* 마르첼로 베누스티(Marcello Venusti).

2302

람들은 마땅히 직접 제작해야 할 것이다.

실례를 들면, 나는 로마에 있는 산 조르조 궁전 칸첼라리아Cancelleria 홀의 밑그림에 신경을 많이 써서 100일 만에 완성했지만 너무 많은 화가가 채색해 본래 그림과 동떨어진 것이 되고 말았다. 그래서 그날부터 나는 직접 제작하기로 결심했다. 자기 재능으로 명예를 얻고자 하는 사람은 꼭 이렇게 해야 할 것이다. 페리노는 자신에게 맡겨진 수많은 일 때문에 명예보다는 수입을 생각해 사람을 많이 고용했다. 그는 젊었을 때 돈과 시간을 낭비했기 때문에 젊은 사람들을 억눌러서 길을 잘못 들지 않도록 노력했다.

초상화가로 이미 명성을 떨친 카도레Cadore의 티치아노가 1546년 로마에 도착했는데,* 궁정 안에서 평판이 자자했다. 그는 교황 파울루스가 부세토Busseto에 갔을 때 처음으로 교황의 초상화를 그렸으며, 추기경 파르네세의 초상도 그렸지만 보상을 받지 못했고, 산타 피오레Santa Fiore에서도 그러했다. 그러나 벨베데레궁에서는 환대를 받았으며, 이 소문이 로마 시내로 퍼졌다. 그는 궁전 안 왕의 홀에 그림 몇 점을 그렸는데, 페리노가 이미 스투코를 제작했던 곳이다.

티치아노가 도착하자 페리노는 비위가 상했으며 친구들에게도 불평을 토로했다. 그의 스투코가 자기보다 낫다고 생각해서가 아니라, 자기가 죽는 날까지 조용히 제작하고 싶었으며, 남과 경쟁할 생각도 없었고, 다만 자기 옆에 있는 미켈란젤로 작품인 교회의 벽과 둥근 천장만으로 자기를 채찍질하기에 충분했기 때문이다. 그리하여 티치아노가 그곳에 머무르는 동안 페리노가 그를 피했으므로 그가 다시 떠날 때까지 기분이 언짢은 일들이 있었다.

티베리오 크리스포Tiberio Crispo는 산 안젤로S. Angelo의 성주城主로 후에 추기경이 되었는데, 그림을 좋아해 성을 미화하려고 했으며, 교황이

* 페리노는 1545년 로마에 머물렀다.

그곳에 올 때 잘 맞이하려고 로지아 홀들을 꾸미려고 했다. 거기에는 라파엘로 다 몬테루포Raffaello da Montelupo가 데생하고 안토니오 산 갈로가 손질한 홀이 많은데, 라파엘로에게 로지아를 스투코로 장식하게 했고, 대리석으로 높이 6브라차 크기의 천사 조상을 만들어 성의 탑 위에 올려놓도록 했다. 또 전원으로 트인 쪽 로지아에 지롤라모 세르모네타에게 그림을 그리도록 위촉했다.

나머지 홀들은 루치오 로마노에게 맡겼고, 큰 홀과 중요한 방에는 페리노가 그림을 그렸는데, 일부는 자기 밑그림에 다른 사람들이 채색했다. 큰 홀은 아주 매력적이고 아름다운데, 로마 역사에서 취재한 그림으로 꽉 차 있다. 모두 젊은 사람들과 베카푸미의 제자 마르코 다 시에나Marco da Siena가 그렸으며, 아름다운 프리즈가 있는 방도 몇몇 있다.

페리노에게는 작업을 도와줄 유능한 젊은이들이 있었지만, 그들은 트럼펫에 다는 긴 삼각형의 기旗, 성城에 다는 기, 전투기사단 함대의 기, 교회의 문장 따위를 만드는 사소하고 기계적인 일만 거들었다. 그는 또 도리아Doria 공작을 위해 애라스 직물에 그림을 그리고, 추기경 파르네세를 위한 경당, 오스트리아의 마르게리타 부인을 위한 수도원 사자실寫字室 등을 만들었다. 산타 마리아 델 피안토S. Maria del Pianto 성당과 구이데아Guidea 광장에는 성모 마리아를 장식용 액자에 그린 작품이 있다. 그는 부탁받은 것은 다 제작했기 때문에 너무 많아서 다 기록할 수 없을 정도다.

궁전의 관리들은 그의 자질을 잘 알았기 때문에 그를 계속 고용했으며, 페리노도 봉급과 기타 관계로 얽혀 있는 그들과 사이좋게 지내려고 애썼다. 그가 차지한 지위가 로마의 모든 일을 맡도록 했으므로 그는 아주 작은 일까지도 해야 했다. 그러다보니 건강뿐만 아니라 예술에도 적지 않은 피해를 주었다. 만일 그가 제자들과 함께 「왕의 홀」 작업을 맡았다면 보수를 수백 두카트 받았을 것이며, 그 금액은 공사 담당 대신을 거쳐서 화가들에게 일당으로 지불되었을 것이다. 그는 일을 너무 많이 맡은 데다 허약해서 감당하지 못할 정도였으나 궁전 사람을 만족시키려고 밤낮으로 일을 강행해 파르네세, 추기경들, 영주들을 위해서 수많은 데생을 했다.

　그는 한 시간도 쉴 새 없이 언제나 바빴으며 조각가, 스투코 제작자, 목각공, 재봉사, 소목공小木工, 화가, 금박공金箔工, 기타 기술자들에게 둘러싸여서 살았다. 그는 가끔 친구들과 여관을 찾아가서 휴식을 취했으며, 그 순간만큼은 정말 행복을 만끽하고 고생에서 해방되었다고 생각했다. 그는 과로, 연애사건, 폭음 때문에 건강을 해쳤으며, 천식증으로 점점 건강이 나빠져 어느 날 저녁 자기 집 근처에서 친구들과 환담하다가 뇌일혈로 47세에 죽었다. 많은 예술가가 회화예술의 막대한 손실을 생각하면서 그의 죽음을 슬퍼했다. 그의 부인과 마다마Madama 지방의 의사인 사위 조세포 친초Gioseffo Cincio가 로마 리톤다Ritonda에 있는 산 요셉 성당에 그를 매장했으며, 묘비명은 다음과 같다.

　　피렌체 시민 페리노 보나쿠르시오 바가는 뛰어난 재능과 예술성으로 다른 화가들을 능가했으며

　　동시에 소상예술에서 당대 누구보다도 뛰어났다.

　　그의 처 카테리나 페리니, 딸 라비니아 보나쿠르시오와 사위 요세푸스 친초가

　　이 묘비를 설치했다.

　　그는 46년 3개월 21일을 살고, 1547년 11월 14일 세상을 떠났다.

　PERINO BONACCURSIO VAGAE FLORENTINO, QUI INGENIO ET ARTE

　　SINGULARI EGREGIOS CUM PICTORES PERMULTOS, TUM PLASTAS OMNES

　　FACILE SUPERAVIT, CATHERINA PERINI CONJUGI, LAVINIA BONACCURSIA

PARENTI, JOSEPHUS CINCIUS SOCERO CARISSIMO ET OPTIMO
FECERE.

VIXIT ANN. 46, MEN. 3, DIES 21. MORTUUS EST 14 CALEND.
NOVEMB. ANN. CHRIST. 1547.

페리노가 죽고 볼테라 출신 다니엘로Daniello가 그 자리를 채웠는데, 그는 페리노와 공동으로 많은 작품을 제작했으며, 산 마르첼로S. Marcello 안의 십자가 경당에 두 예언자를 제작했다. 또 산타 트리니타 성당 안에 아름다운 스투코로 경당을 장식하고 엘레나 오르시나Elena Orsina 부인을 위해 그림을 그렸다. 우리는 페리노가 당대에 가장 유명한 화가임을 잘 안다. 그는 화가들을 도와서 훌륭한 스투코, 아라베스크, 풍경화, 동물, 여러 화가의 예술 기법을 가르치고, 유화 채색법, 프레스코, 템페라 등도 지도했으므로 고상한 예술의 아버지라고 불리며, 그를 모방하는 사람들의 생활 속에 살아 있다.

제노바에 있는 거인의 살해, 사도행전 중에서 성 베드로에 관한 여덟 장면과 교황의 갑바를 위한 자수刺繡 등 그의 수많은 데생이 그가 죽은 후에 조각되었다. 페리노는 젊은이를 많이 고용해 가르쳤는데 그중에서 가장 뛰어난 이가 세르모네타Sermoneta의 지롤라모 시치올란테Girolamo Siciolante다. 이 사람은 다른 자리에서 더 언급하겠다. 그밖에도 제자인 마르첼로 만토바노는 페리노의 데생으로 성모 마리아와 여러 성인을 프레스코로 제작했는데, 이것도 다른 자리에서 언급하겠다.

페리노는 데생을 많이 남겼는데 그중에는 보르고 산 세폴크로의 레오나르도 쿤지Leonardo Cungi가 그린 미켈란젤로 경당의 아름다운 데생도 들어 있다. 이 데생들은 그의 상속인들이 팔아버렸는데 내게는 그가 펜으로 그린 스케치 몇 장이 있다.

시에나의 화가 겸 주조의 거장

도메니코 베카푸미
Domenico Beccafumi
1486?~1551

DOMENICO BECCAFVMI
PITTOR SANESE.

〔해설〕

시에나 출신으로 폰토르모, 로소 피오렌티노, 줄리오 로마노와 함께 16세기 전반기에 활동한 가장 위대한 매너리즘 화가의 반열에 서는 선구자다. 시에나는 이미 14세기 고딕 시대부터 이 책의 제1권에서 소개한 두초, 시모네, 로렌체티 형제 등을 통해 중요한 회화 전통을 확립한 도시다. 베카푸미는 이 같은 전통을 이어받아 매너리즘에 방점을 찍은 대가라 할 수 있다. 초기에는 페루지노, 프라 바르톨로메오 델라 포르타, 라파엘로 등의 영향을 받았으나 이후 고전주의 규칙에서 벗어나 인위적으로 색채, 빛, 형태를 강조·왜곡하는 특유의 매너리즘 양식을 고안해냈다. 그의 작품은 운동감이 강조되면서도 인위적이고 현란한 빛과 운동감을 강조한 인물 표현으로 비현실적이며 환상적인 느낌을 만들어냈다.

초기작인 「성혼을 받는 성녀 카테리나」는 15세기 르네상스 전통인 원근법에 따라 공간감과 사실적 묘사가 중심이 되었으나 이미 이 작품에서도 건축물 위에 그려진 천사의 모습 등이 마치 살아 있는 듯한 기괴함을 보임으로써 매너리즘 요소를 선보이고 있다. 이후의 작품들은 하나의 통일된 원근법적 구도가 아닌 다양한 공간을 하나의 작품에 보여주는데 이들 공간은 강렬한 빛의 효과로 인해 초현실적이면서도 신비로운 기운을 만들어내고 있다.

「성모 마리아의 탄생」은 그 대표적인 예로 강렬한 색채와 빛, 정교하게 계산된 구성 등으로 비현실적인 느낌을 만들어낸다. 「저승으로 내려간 그리스도」에서는 당시까지 그 누구도 시도하지 않은 독창적인 기법과 구도로 동시대 최고의 매너리즘 양식을 선보였다. 말년에는 시에나 대성당의 바닥 장식 작업에 몰두했다.

　　조토와 몇몇 화가에게 주어진 자연의 선물을 도메니코 베카푸미도 간직했다. 그의 아버지 파치오Pacio는 농장의 노동자였으며, 시에나 시민이었던 로렌초 베카푸미Lorenzo Beccafumi 집안의 인부였다. 그는 아버지를 도와 양 떼를 지키던 소년 시절 돌멩이 여기저기에 그림을 그리곤 했다. 어느 날 로렌초는 이 소년이 시냇가 모래 위에 막대기로 그림 그리는 것을 보고서 소년의 아버지에게 아들을 자기에게 맡겨주도록 간청했다. 파치오가 기꺼이 승낙했으므로 로렌초는 어린 메케리노 Mecherino — 이 소년의 이름이다 — 를 시에나로 데리고 가서 한 평범한 화가의 공방에 맡겨 주인의 일을 도와주면서 틈틈이 그림을 배우게 했다.

　　이 화가가 자기가 가지고 있던 유명한 화가들의 데생으로 메케리노를 가르쳤는데, 그는 곧 능숙해졌다. 그때 마침 피에트로 페루지노Pietro Perugino가 패널 그림 두 점을 제작하려고 시에나에 머물렀는데* 도메니코는 이 화가의 스타일에 매혹되어 그의 패널을 열심히 연구하고 복제했다. 로마에서 미켈란젤로와 라파엘로가 그림을 그린 경당이 제막되었을 때 이 작품들을 보고 싶었던 도메니코는 시에나에서 공연히 시간만 낭비하느니 로마에 가서 제대로 그림 공부를 하고자 로렌초에게 하직을 청했는데, 로렌초는 도메니코에게 자기 가문의 성 베카푸미를 물려주었다.** 로마에 간 도메니코는 어떤 화가의 일을 무보수로 도와주면서 함께 제작에 종사해 미켈란젤로, 라파엘로, 기타 거장들의 그림과 고대 조상과 석관石棺들을 열심히 연구했다. 그리하여 그는 얼마 안 가서 다양한 작품을 많이 제작하는 담력 있는 공장이자 화려한 색채화가가 되었다. 그 후 2년간은 율리우스 2세의 문장 등을 그리면서 마을의

　* 1508년 또는 1509년.
　** 1520년 이후.

그림 520 도메니코 베카푸미, 「성혼을 받는 성녀 카테리나」,
1515, 나무에 오일, 208×156cm, 피나코테카 나지오날레,
시에나.

정면을 장식하는 데 종사했다.

당시 시에나에서는 상인 스판노키Spannocchi 가문의 한 사람이 기량 있는 젊은 화가 베르첼리Vercelli 출신 조반니 안토니오Giovanni Antonio를 초빙해 유능한 사람들을 후원하는 귀족들의 초상화를 그리도록 했다. 이 소문을 들은 도메니코는 고향인 시에나로 돌아오고 싶기도 했고, 또 조반니 안토니오의 데생 솜씨가 아주 뛰어남을 알게 되어 모든 힘을 다해 그를 연구하고 모방하기로 작정하고, 한편으로는 해부학을 연구하면서 나체 데생을 습작했다. 그리하여 그는 대단한 성공을 거두어 시에나 전체에 이름을 알리게 되었고, 예술과 차분한 인품 덕분에 사람들이 좋아하게 되었다.

한편 조반니 안토니오는 성격이 거칠고 부도덕했으며 어린 소년들과 기행을 일삼았기 때문에 소도마Sodoma, 동성애자라는 별명이 붙어 있었는데 본인은 도리어 의기양양했다. 반면에 도메니코는 경건한 기독교도로 처신에 모자람이 없었고 매사에 공명정대했다. 소도마는 덕이 높아서가 아니라 비상식적인 성격에다 기이한 습성으로 저급한 군중들의 환심을 샀다. 그는 집에서 앵무새, 원숭이, 난쟁이 당나귀, 엘바산産 말, 말하는 까마귀, 북아프리카의 경마말 등을 키우면서 살았는데 그의 어리석음과 비천한 생활 방식은 그의 이름과 걸맞은 것이었다.

조반니가 대성당 근처의 아고스티노 바르디Agostino Bardi 저택 정면에 프레스코를 그렸으므로 도메니코도 이에 맞서 포스티에를라Postierla 원주 옆에 있는 보르게세Borghese 집에 심혈을 기울여 그림을 그렸다. 지붕 밑 프리즈에는 회색만으로 작은 인물화를, 석회화의 들창 사이에는 청동빛으로 고대의 신과 인물들을 그려서 갈채를 받았으나 소도마의 작품이 더 극찬을 받았다. 양쪽 정면은 1512년에 완성되었다.

도메니코는 투피Tufi 문 밖의 몬테 올리베토Monte Oliveto 수사들의 성 베네데토 수도원 안에 성흔聖痕을 받는 성녀 카테리나S. Catharina의 패널화*를 그렸는데, 그녀의 오른편에는 성 베네딕토를, 왼편에는 추기경 옷을 입은 성 히에로니무스를 그렸다. 이 그림은 부드러운 채색과 짙은 명암 때문에 항상 많은 찬사를 받아왔다. 그는 또 제단의 대에 별로 힘들이지 않고 템페라로 작은 작품을 만들었는데 놀랄 만큼 힘차고 더 말할 수 없이 우아하게 표현했다. 거기에는 성녀 카테리나가 한 천사로부터 성체를 영하며, 도미니코회 관습에 따라 예수 그리스도가 그녀와 신혼神婚하는 장면을 표현했다.

산 마르티노S. Martino 성당에도 패널 그림이 있는데, 아기 예수의 강생, 성모 마리아와 요셉, 예수를 경배하러 온 양치기들과 외양간 위에서 춤추는 천사들을 그렸다. 이 그림은 화가들의 칭찬을 받았으며, 도메니코는 이 작품으로 소도마보다 뛰어나다는 평가를 받기 시작했다. 라 마돈나La Madonna 성당의 큰 병원 안에도 무척 아름답고 자연스럽게 「성모 마리아의 방문」**을 그렸으며, 산토 스피리토 성당에도 성모 마리아의 팔에 안긴 아기 예수가 성녀 카테리나와 신혼하는 장면과 성 베르나르도, 성 프란체스코, 성 히에로니무스를 그렸다. 정면에는 성 베드로와 성 바오로가 계단 위에 서 있는데, 의상의 빛깔이 대리석에 반사되어 참으로 아름답게 보인다.

그는 이 작품으로 크게 이름이 났으며 제단의 대에도 작은 인물들을 그렸다. 즉, 성 요한이 그리스도에게 세례를 주는 장면과 왕이 성 지스몬드S. Gismondo의 처와 자식들을 우물에 던지는 장면, 성 도메니코가 이교도의 책을 불태우는 장면, 그리스도가 성녀 카테리나에게 장미관과 가시관을 주는 장면, 성 베르나르도가 시에나의 광장에서 군중에게 설교하는 장면 등이다. 도메니코는 이 작품으로 얻은 명성 덕분에 카르미네Carmine 수도회를 위해 성 미카엘이 루시퍼Lucifer를 정복하는 장

* 시에나 미술관 소장품.
** 1512년 작품.

2312

그림 521 도메니코 베카푸미, 「반역자를 추방하는 성 미카엘
대천사」, 1528, 나무에 오일, 347×225cm, 산 니콜로
알 카르미네 성당, 시에나.

면*을 그리게 되었다.그림 521 창의력이 풍부한 그는 자기 능력을 과시하고자 이 주제를 달리 표현하려고 애썼다. 즉, 루시퍼와 추종자들이 하늘에서 내려오는 장면을 그렸으나 이 작품에 쏟은 정력이 무색하게 혼란이 엿보인다. 이 작품은 결국 완성되지 못했으며, 도메니코가 죽은 뒤 이 병원 위층의 제대 가까이에 있는 방으로 옮겨졌는데, 우리가 보는 바와 같다. 이 작품 속의 몇몇 나체는 원근법을 써서 매우 아름답게 그렸다.

카르미네 수도원에는 작품이 또 하나 있는데, 구름 위에 천주님을 그리고 천사들이 에워싸는 장면이다. 가운데에서는 무장한 성 미카엘이 불붙는 벽에 둘러싸인 땅 한가운데 있는 루시퍼를 향하여 날아들며 창을 겨눈다. 주위에는 바위가 무너지고 호수가 불붙으며, 여러 자태의 천사들과 헤엄치면서 고통스러워하는 나체 인물들이 보이는데, 모두 우아하게 처리해 마치 불빛이 비추는 듯한 광경이다. 시에나의 유명한 화가 발다사레 페루치도 이 작품을 격찬했다.

어느 날, 필자는 시에나를 지나던 길에 템페라로 그린 이 그림의 다섯 장면을 보았는데, 아름다움과 우아한 표현에 감동했다. 도메니코는 또 이 도시의 오니산티 수녀원을 위해 패널을 한 점 제작했다. 즉 그리스도가 영광된 동정녀에게 관을 씌우는 장면으로 성 그레고리오, 성 안토니오, 성녀 마리아 막달레나와 성녀 카테리나가 옆에 배석했다. 제단의 대에는 템페라로 작은 인물들을 그렸는데 매우 아름답다.

마르첼로 아고스티니Marcello Agostini** 집의 한 방에는 둥근 천장에 프레스코 그림을 그렸는데, 벽마다 류넷아치형 채광창 세 개가 있으며 그중 둘에는 한 바퀴 돌아가는 프리즈와 같은 아름다운 작품을 그렸다. 즉, 한가운데에 명주 같은 직물을 두고 거기에 그림을 두 폭 그렸다. 그 하

＊ 시에나 미술관 소장품.
＊＊ 팔라초 빈디 세르가르디(Palazzo Bindi Sergardi).

그림 522 도메니코 베카푸미, 「성가정과 아기 세례자 성 요한」,
1530, 패널에 오일, 지름 84cm, 우피치 미술관, 피렌체.

나는 스키피오 아프리카누스Scipio Africanus*가 상처를 입지 않은 젊은 여자를 그 남편에게 데려다주는 장면이며, 다른 하나는 유명한 화가 제욱시스Zeuxis**가 주노Juno의 신전을 위해 나상裸像의 여인들을 그린 장면이다.

반월창半月窓에는 처음에는 서로 원수였으나 나라의 이익을 위해 화해한 로마 형제의 인물화를 반 브라차 크기로 그렸는데 무척 아름답다. 다른 곳에서는 토르콰투스Torquatus가 법률을 준수하기 위해 자신과 아들의 눈알을 하나씩 빼서 증거로 보여준다. 다음은 탄원이 뒤따른다. 즉, 로마 사람들과 나라에 저지른 죄상이 낭독되고 그는 사형을 받는다. 한쪽에는 로마 사람들이 스키피오Scipio의 아프리카 원정을 결정하는 장면이 있다. 다음 반월창에는 여러 인물로 가득 찬 고대의 희생 장면을 그렸는데, 원근법으로 표현한 신전神殿에서 도메니코의 뛰어난 솜씨를 알 수 있다. 마지막 장면은 카토Cato가 자살하는 그림인데 말들을 아름답게 그렸으며, 작은 풍경들로 공간을 채웠다.

도메니코의 아름다운 그림을 본 정부에서는 그를 고용해 시뇨리Signori*** 궁전 안에 있는 홀의 둥근 천장에 그림을 그리게 했고, 그는 온 정력을 기울여 자기가 출생한 도시의 건물들을 장식했다. 그 홀의 길이는 넓이의 두 배이며 둥근 천장은 배 모양을 했다. 도메니코는 도금한 프리즈와 쇠시리를 경계로 그림을 구분해 잘 안배했으며, 스투코나 다른 장식을 쓰지 않고도 우아하고 아름답게 표현해 마치 돋을새김같이 느껴지게 한다. 홀 양끝에는 커다란 네모꼴의 장면이 그려져 있으며, 담벼락은 팔각형으로 둘로 나누어서 결국 사각형 여섯 개와 팔각형 두 개가 생긴 셈이다. 둥근 천장의 모퉁이는 원형이며, 둥근 천장들이 서

---

* 기원전 237년경의 로마 장군.
** 5세기의 그리스 화가.
*** 살라 델 콘시스토리오(Sala del Consintorio), 1529~35년 사이에 그렸다.

그림 523 도메니코 베카푸미, 「성모 마리아의 탄생」, 1543,
나무에 오일, 233×145cm, 아카데미아 미술관, 시에나.

로 교차하여 생긴 둥근 천장에 의해 반원이 여덟 개 생겨난다. 그 하나
하나에는 나라를 방비하고 법을 준수한 사람들의 좌상을 그려놓았다.

둥근 천장의 가장 높은 평면은 세 개로 나누었는데, 팔각 위는 원형
이고 사각 위는 사방형 두 개로 이루어져 있다. 팔각 하나에는 소년들
에게 둘러싸인 여인이 손에 심장을 들고 있는데 조국에 대한 사랑을 상
징한다. 다른 그림 속의 여인들도 시민들의 화합을 상징하는 모습이다.
그 둘 사이에는 검과 자를 들고 있는 그리스도의 조상을 밑에서부터 단
축법을 써서 놀랄 만큼 대담한 수법으로 묘사했다. 발을 검은색으로 채
색하고 머리로 올라가면서 점점 맑게 채색함으로써 조상이 마치 빛 속
으로 사라지는 듯하다. 그 아름다움은 실제로 보지 못한 사람들에게는
전해주기 어려우며, 단축법으로 그린 다른 그림과 비교하면 뛰어난 판

단력이 돋보이는 작품이다.

홀로 들어가면 왼편에는 옛 로마의 감찰관 마르쿠스 레피두스Marcus Lepidus와 풀비우스 플라쿠스Fulvius Flaccus의 조상이 있다. 그들은 감찰관직에 등용되면서 친구가 되어 후에 나라의 이익을 위해 개인적 불화를 씻어버렸다. 도메니코는 그들이 사람들에게 둘러싸여 무릎을 꿇고 앉아 서로 포옹하는 장면을 그리면서 건물과 성당들을 원근법으로 나타내 그들의 친밀함을 상징했다. 한쪽 벽에는 독재자 포스투미우스 티부르티우스Postumius Tiburtius 이야기를 그렸다. 그는 자기 외아들이 적군을 공격해 승리로 이끌라는 명령에 불복종했다는 이유로 아들에게 무기를 공급하지 않아 결국 아들이 죽음에 이르게 했다. 포스투미우스를 수염을 깨끗이 깎은 얼굴로 표현했는데, 오른손에는 도끼를 들고 왼손으로는 죽어서 땅 위에 쓰러진 아들의 무기를 가리킨다.

팔각형 사이에는 스푸리우스 카시우스Spurius Cassius 참수斬首 장면과 그의 집을 불태우는 광경을 그렸다. 원로원에서 그가 황제가 될까 두려워했기 때문이다. 그의 머리는 사형 집행인 옆에 굴러떨어져 있으며, 몸은 훌륭하게 단축법으로 묘사했다. 다음 장소에는 로마 호민관인 푸블리우스 무치우스Publius Mucius가 스푸리우스의 학정에 협조한 동료들을 화형火刑에 처하는 장면을 그렸는데 불꽃의 묘사가 아름답다. 홀 맨 끝에는 아테네 사람 코드루스Codrus가 황제를 잃은 편이 승리하리라는 신탁神託을 듣고서 옷을 벗어던지고 돌연히 적군에게 몸을 던져 살해됨으로써 자기편이 승리하도록 희생하는 장면이 있다. 코드루스는 성당 가까이에 있는 무장한 많은 군인에게 둘러싸여 옷을 벗고 앉아 있는 모습으로 그려졌으며, 그의 이름을 저 멀리 명각銘刻에서 볼 수 있다.

맞은편 벽의 첫째 장면은 찰레우쿠스Zaleucus 공의 조상인데, 그는 법을 어기지 않겠다는 증거로 자신과 아들의 눈알을 하나씩 뺐다. 구경꾼들은 그에게 이런 잔혹한 일을 하지 말도록 간청한다. 한쪽에는 여자를 희롱하는 아들이 그려져 있고 그 밑의 명각銘刻에 이름이 적혀 있다. 다음 팔각 안에는 카피톨Capitol의 마르쿠스 마니리우스Marcus Manilius 주물鑄物이 있다. 그는 테라스에서 던져졌는데 원근법으로 묘사된 그의 머리는 아직도 살아 있는 것처럼 보인다. 다음은 기사 스푸리우스 멜리우스Spurius Melius인데, 시민들이 그가 폭군이 될까 의심하므로 감찰관 세르빌루스Servilius가 그에게 사형을 선고하는 장면이다. 세르빌루스는 군중에게 둘러싸여 앉아 있으며, 한 사람이 땅 위에 죽어 있는 스푸리우스를 가리킨다.

원형 공간 안에는 나라를 방비한 유명한 사람들의 조상이 있다. 첫째 것은 갑옷을 입고 앉아 있는 파비우스 막시무스Fabius Maximus이며, 한쪽에는 테제아트Tegeatæ의 공작이자 동료인 스페우시푸스Speusippus를 그렸다. 그는 막시무스에게 자기 적과 경쟁자를 제거해주도록 강요했는데 막시무스는 이런 시민에게서 조국을 빼앗지 않으려고 그 요구를 거절했다. 다음 모퉁이 원형 안에는 로마의 집정관 첼리우스Celius를 그렸는데, 그는 전쟁에서 승리했지만 원조를 거부한 탓에 벌을 받았다. 그 곁에 앉아 있는 트라시불루스Thrasybulus는 친구와 함께 폭도 30명을 용감하게 무찌르고 나라를 구한 사람이다. 수염을 깨끗이 깎은 이 노인은 머리카락마저 희다. 그의 이름은 다른 사람 것과 같이 명각에 적혀 있다.

또 다른 모퉁이의 원형 안에는 로마 집정관 게누티우스 키푸스Genutius Cippus를 그렸는데, 그의 머리에는 큰 새 한 마리가 날개를 마치 뿔처럼 펴고 앉아 있다. 옛 로마 점쟁이는 그가 왕이 될 것이라고 예언했지만, 그는 이미 늙었으므로 그런 일을 피하려고 유랑의 몸이 되기로 결심했다. 그래서 도메니코는 그의 머리 위에 새가 앉아 있는 조상을 그렸다. 그 곁에는 카론다스Charondas가 앉아 있다. 그는 무기를 지니고 원로원에 들어갔다는 죄로 사형을 선고받고 스스로 목숨을 끊었다. 원래 원로원에는 무기를 가지고 들어가지 못하는 법이다.

마지막 원형에는 서로 막역한 사이로 이름난 다몬Damon과 핀티아스

Phintias를 그렸는데, 그 옆에는 시칠리아 폭군 디오니시우스Dionysius가 있다. 그 옆에는 브루투스Brutus도 있다. 그는 타르퀸스Tarquins 왕을 되돌려주었다는 죄를 물어 자기 아들들을 사형에 처했다. 위의 걸작들은 도메니코가 뛰어난 판단력과 예지력을 발휘해 모든 장면을 훌륭하게 표현했다는 것을 시에나 시민들에게 보여주었다.

샤를 5세가 처음 이탈리아를 방문했을 때 도메니코는 시에나에 있었다. 공화국의 대사는 왕을 접대하기 위해 성대하게 준비했다. 도메니코는 고대古代 양식으로 무장하고 지휘봉을 들고 있는 황제 조상에서 황제가 탄 말을 두꺼운 종이로 만들었는데, 8브라차 높이의 말을 철로 만든 뼈대로 받쳐놓았다. 바로 밑에는 정복당한 세 사람의 조상이 있는데 공중으로 뻗은 말의 무게를 앞발로 지탱했다.

이 작품은 도메니코가 그림만큼 조각에도 재주가 있음을 보여준다. 이 말을 높이가 4브라차나 되는 나무로 만든 대에 올려놓고 수레바퀴 위에서 달음박질하게 만들었으며, 사람이 안에 들어가서 움직이게 되어 있다. 황제가 시내로 들어오면 이 말이 시뇨리아Signoria 궁전까지 함께 따라가서 광장에 머무르게 할 생각이었다. 이 말은 금박을 입히는 일만 남아 있는데 황제가 시에나에 오지 않았으므로 그대로 내버려두었다. 그러나 도메니코는 이 작품으로 실력을 인정받고 크게 칭찬을 들었다. 이 말은 황제가 아프리카에서 개선할 때까지 대성당의 창고 안에 넣어두었다. 황제가 아프리카에서 메시나Messina, 나폴리, 로마를 지나 마침내 시에나에 들어오자* 말을 대성당 앞 광장에 끌어내게 되면서 도메니코는 큰 칭찬을 받았다.

그의 명성이 나라 밖에까지 퍼지자 도메니코가 시에나에서 제작한 정원을 모두 관찰한 도리아Doria 공은 이미 다른 사람들, 즉 페리노 델 바가, 안토니오 다 포르데노네Antonio da Pordenone, 지롤라모 다 트레비

---

* 1536년 4월 23일이다.

그림 524 도메니코 베카푸미, 「저승으로 내려간 그리스도」,
1530~35, 패널에 오일, 398×253cm,
피나코테카 나지오날레, 시에나.

소Girolamo da Treviso와 계약했던 제노바의 자기 궁전을 그에게 조영하도록 위촉했다. 그러나 도메니코는 두초Duccio가 착수했던 대성당의 대리석 포상舖床을 새로운 스타일로 마무리 짓는 일을 시작했기 때문에 그곳에 갈 수 없었다. 인물 조상과 장면을 대리석에 그린 뒤 윤곽을 돌에 뜬 다음 구멍을 검은색으로 메우고 착색된 대리석으로 가장자리를 장식했다.

도메니코의 뛰어난 판단력 덕분에 작품도 큰 발전을 이루었다. 그는 검은 대리석을 써서 흰색 그늘을 만들었고, 끌로 쪼아서 윤곽을 만들어 명암의 배합에서도 효과를 거두었다.

그는 창의력과 데생, 조상의 질에서 놀랄 만한 성공을 거두고 일찍이 볼 수 없었던 가장 화려한 포상舖床을 만들어놓았다. 그는 일을 꾸준히 계속해 생전에 많은 작품을 완성했다. 대제대大祭臺에는 두초가 착수했던 일련의 작품들을 창세기 이야기부터 시작해 프리즈를 계속 제작했다. 예를 들면, 아담과 이브가 낙원에서 추방되어 밭을 가는 모습, 아벨과 멜키체데크Melchizedek의 희생은 물론 제대 정면에는 아브라함이 이삭을 제물로 바치는 장면 등이 있다. 층계를 내려오면 모세가 시나이Sinai산에서 신의 계명을 받은 대작이 있으며, 이 그림 아랫부분에는 백성들이 황금 송아지를 예배하는데 모세가 크게 화를 내며 그것을 부수는 장면이 있다.그림 525

성가대석 맞은편에는 많은 인물을 그린 우아한 작품이 있는데, 모세가 바위를 깨고 물을 끌어와 목마른 군중에게 물을 마시게 하는 장면이다. 물이 프리즈를 따라 강처럼 흘러내리며, 군중은 무척 자연스럽고 우아한 자세로 물을 마신다. 땅에 허리를 구부린 사람, 바위에 무릎을 꿇고 컵과 병을 쳐든 사람, 손으로 물을 뜨는 사람이 있고, 어떤 사람은 기뻐하는 군중 사이로 가축을 끌고 들어와 물을 먹이려고 한다. 특히 눈길을 끄는 것은 한 소년이 강아지 목을 끌고 와서 물속에 입을 담그니 강아지가 몸부림치는 장면이다. 그림 가장자리는 각양각색으로 장

그림 525 도메니코 베카푸미, 「금송아지」(포상의 일부),
대리석 세공, 대성당, 시에나.

식했는데, 가히 최고 작품이라 할 만하다.

둥근 천장 밑은 육각형 일곱 개와 마름모 여섯 개로 이루어져 있다. 도메니코는 생전에 이 육각형 중 넷만 완성했는데, 그중에는 엘리야 Elijah의 희생도 있다. 이는 그가 작품을 연구하고 기분을 전환하기 위한 것이었으며, 그가 다른 일 때문에 이 작업을 포기한 적은 결코 없다.

도메니코는 여러 곳에 작품을 남겼는데, 산 프란체스코 성당 입구 오른쪽에는 그리스도가 림보Limbo* 동굴로 내려가는 장면을 유채화로 그

* 천국과 지옥 사이에 있는 지옥의 변방.

그림 526 도메니코 베카푸미, 「십계명 판을 부수는 모세」,
1536~37, 나무에 오일, 197×139cm, 피사 대성당, 피사.

린 큰 그림이 있다. 그는 총대주교의 석방, 아름다운 나상의 이브, 그리스도 뒤에 십자가에 매달린 도둑, 사나운 악마들과 불붙는 림보 동굴 등을 그렸다. 그는 템페라 그림이 유화보다 생명이 더 길다고 믿었다. 즉, 코르토나의 루카Luca와 폴라이우올리Pollaiuoli를 비롯해 여러 화가의 유화 작품들이 조반니 신부, 필리포Filippo 신부, 베노초Benozzo, 기타 사람들이 그린 템페라 그림보다 빨리 색이 바랜다고 이야기했다.

그 후 도메니코는 산 프란체스코 광장의 산 베르나르도 조합에서 청탁받은 그림을 템페라로 그렸다. 즉, 성모 마리아와 성인 몇 사람을 그렸는데 참으로 훌륭하다.* 제단의 대에도 성 프란체스코가 성흔聖痕을 받는 장면, 파도바의 성 안토니오가 이교도들을 개종하려고 야훼께 무릎을 꿇는 당나귀의 기적을 행하는 장면을 템페라로 그렸다. 시에나의 성 베드나르디노S. Bernardino가 시뇨리 광장에서 시민들에게 설교하는 장면도 아름답게 그렸다. 또 그는 벽에 성모 마리아 이야기를 그려서 소도마와 경쟁했다. 즉, 하나는 「성모 마리아의 방문」이고 또 하나는 「성모 몽소승천」이다.**

그는 나중에 오랫동안 그를 기다린 도리아 공작이 있는 제노바로 떠났다.*** 그러나 이는 그에게는 참 괴로운 일이었다. 그는 조용한 생활에 익숙해져 있었고 더 바라는 것도 없었으며 여행에 익숙하지 못했기 때문이다. 게다가 그는 시에나의 카몰리아Camollia 문 밖 1밀리아 떨어진 곳에 조그만 집과 별장을 짓고 가끔 찾아가 휴식을 즐기며 시에나를 멀리 떠나본 적이 없었다. 제노바에 도착한 그는 포르데노네Pordenone의 작품 옆에 한 장면을 그렸는데 그에게는 최고 작품이 아니었겠지만 꽤 잘된 그림이다. 그는 원래 자유로운 생활에 젖어 있었으므로 궁정 생활

---

* 1537년에 그린 것이다.
** 1518년 작품이다. 「성모 마리아의 방문」은 소도마의 1537년 작품이다.
*** 1541년.

이 맞지 않아 더 머물 수 없었다. 그래서 일이 끝나자 공에게 하직을 청해 고향으로 되돌아왔다.

그는 고향으로 돌아오는 길에 피사를 지날 때 바티스타 델 체르벨리에라Battista del Cervelliera를 만나 환대를 받고 시중의 유명한 작품들, 즉 솔리아니Sogliani의 그림과 대성당 제단 뒤의 감실 등을 구경했다. 대성당의 회장 세바스티아노 델라 세타Sebastiano della Seta*가 체르벨리에라로부터 도메니코의 명성을 듣고서 솔리아니가 오랫동안 제작 중이던 작품을 끝내달라며 감실의 두 작품을 의뢰했다. 도메니코는 시에나에서 이 작품들을 완성해 피사로 보내주었다.

그중 하나는 모세가 금송아지를 경배하는 군중을 보고 법률평판 위에 새김을 깨뜨리는 장면인데, 그는 이 그림에서 나상을 훌륭하게 표현했다.** 또 하나도 모세를 그린 것인데 땅이 갈라지면서 일부 군중을 삼켜버리는 장면이며, 나상들이 번개에 타죽는 장면도 있다. 도메니코는 이 작품을 끝내고 감실에 작품 네 개를 더 그리게 되었다.*** 즉, 한편에 두 폭씩 복음 전도자 네 명을 그렸다.

세바스티아노는 매우 만족해하며 그에게 대성당 안의 경당 그림도 부탁했다. 거기에는 지금까지 솔리아니가 그림 네 폭을 그려놓았다. 도메니코는 피사에 머무르면서 천사들에게 둘러싸인 구름 위의 성모 마리아****를 그렸다. 그림 아래쪽에 성인들이 대령하고 있는 잘된 그림이지만 거기에 그린 다른 작품만은 못 하다. 그는 이 점에 대하여 친구들, 특히 조르조 바사리에게 자기는 맑고 상쾌한 시에나의 공기로부터 멀리 떨어져 있으면 일이 잘되지 않는다면서 이제부터는 외지에 가서는 제작을 하지 않기로 결심했다고 변명했다.

* 1539~42.
** 1538년의 작품이다.
*** 1539년의 작품이다.
**** 1538년경의 작품이다.

그림 527 도메니코 베카푸미, 「마르쿠스 에밀리우스
레피두스와 풀비우스 프라쿠스의 화해」, 프레스코,
푸블리코 궁전, 시에나.

그리하여 산 마르코S. Marco 성당 가까이 있는 산 파올로S. Paolo 수녀원의 문 뒤에 「동정 마리아의 탄생」을 패널화로 제작했다. 간호하는 여인들과 성녀 안나를 원근법으로 그렸는데, 한 여인이 불빛을 받으면서 옷을 말리고 있다. 매력적인 계단의 대에는 성모 마리아의 신전 방문, 그녀의 결혼, 동방박사의 경배 등 템페라 그림 세 폭을 그렸다.* 시市의 한 재판소에 무척 아름다운 패널 그림이 한 폭 있는데 그곳 직원들의 말에 따르면 도메니코가 청년 시절에 그린 것이라고 한다. 성 바오로가 앉아 있고 그 옆에는 그의 변신인 참수된 작은 조상이 그려져 있다.

마침내 도메니코는 대성당에 고용되어 대제단 뒤에 있는 성당의 큰 감실에 그림을 제작하게 되었는데** 여기는 그가 예전에 반원형 자리에 나뭇잎 장식, 조상 및 두 사람의 승리자를 그린 곳이다. 그는 원주로 나뉜 중앙에 원근법을 사용해 쇠시리에 이르기까지 프레스코 그림 세 폭을 그렸다.*** 가운데 것은 아치 아래에 있는데, 성모 마리아와 성 베드로, 성 요한을 그렸으며, 양옆에서는 여러 자세를 한 사도 열 명이 그리스도의 승천을 지켜본다. 각 사도의 머리 위에서는 원근법으로 그린 천사가 그들을 대표해 그리스도가 하늘에 오르셨다고 외친다. 이 작품은 나쁜 공기 때문에 훼손되었지만 여전히 아름답다. 그는 사람들을 놀라게 하려고 했으나 너무 늙어 그리 매혹적으로 표현하지는 못했다.

도메니코는 데생 실력과 그림의 박진감에서 소도마보다 뛰어났지만 시에나 시민들은 소도마를 오히려 낮게 여겼다. 미술에서는 머리 표현을 중요하게 여기기 때문에 이 부분을 아름답고 우아하게 표현하면 다른 부분은 비난을 면하게 된다. 도메니코의 마지막 작품이 바로 여기에 해당한다. 그는 작품을 돋을새김으로 해서 청동 주형鑄型을 뜨는 데 애를 많이 썼다. 그리고 대성당의 대제단에서 가장 가까운 원주 여섯 개 둘레에 천사 여섯을 만드는 데 성공했다.* 그것들은 실물보다 조금 작지만 불을 켠 촛대들을 받들고 있다.

그는 이 작품으로 많은 칭찬을 받은 데 힘입어 아래의 원주 위에 놓을 12사도의 조상을 제작하기 시작했다. 거기에는 원래 외양이 좋지 못한 낡은 대리석들이 있었다. 그러나 그는 이 일을 끝내지 못하고 세상을 떠났다. 그는 의욕에 가득 찼으며 명암법으로 박아내려고 별 사고도 없이 목판을 만들어 뛰어난 솜씨로 사도 둘을 조각했는데, 그중 하나는 내가 소장하고 있다. 그는 동판용 조각칼로 판을 깎고 연금술의 환상적인 장면들을 에칭etching했는데, 주피터와 다른 신들이 머큐리를 숨기려고 그를 도가니 속에 넣으니 불칸Vulcan과 플루토Pluto가 불을 더욱 지펴서 머큐리가 연기가 되어 피하는 장면이다.

그밖에 도메니코의 별로 중요하지 않은 작품에는 성모 마리아, 또 이와 비슷한 실내장식용 그림들, 주피터가 금 소나기로 변해 다나에Danaë의 무릎 위에 쏟아지는 그림 따위가 있다. 피에로 카스타네이Piero Catanei도 유채화인 아름다운 성모상을 소유하고 있다. 또 산타 루치아S. Lucia의 형제회를 위해 매우 아름다운 관가櫃架를 그렸으며, 성 안토니오에 대해서도** 마찬가지다. 정말 불가사의할 정도로 아름답다.

도메니코는 65세가 되던 해에 누구의 도움도 없이, 날마다 밤을 밝히며 금속을 주조하고 연마함으로써 죽음을 재촉했다. 그는 1549년 3월 18일에 죽었는데,*** 금은세공가 줄리아노의 노력으로 도메니코 자신의 걸작을 많이 남긴 이곳 대성당에 매장되었다. 시에나의 모든 예술가가 이 장례에 참석했다.

* 1551년의 일이다.
** 전자는 1522년에, 후자는 1540년에 제작했다.
*** 정확히는 1551년이다.

그는 정직하고 올곧게 산, 하늘을 경외시하는 예술가였으며, 극히 고독한 사람이었다. 그는 그를 칭송하려고 시민들이 쓴 우리말과 라틴말 추도시의 내용에 부합하는 훌륭한 예술가였다.

아레초의 화가

조반니 안토니오 라폴리
Giovanni Antonio Lappoli
1492~1552

GIOV. ANT. LAPPOLI
PITTORE ARETINO.

〔해설〕

　16세기에 활동한 아레초의 화가로 피에트로 단토니오 데이 공방에서 미술을 배웠다. 이후 피렌체로 건너가 안드레아 델 사르토와 야코포 다 폰토르모의 작품에서 영향을 받았다. 라파엘로의 제자 페리노 델 바가와 교류했으며 이후 고향 아레초로 건너가 활동했다.

포도나무의 늙은 줄기에도 때를 맞춰 새싹이 트고 앙상한 가지에 잎이 생기고 열매가 맺혀 옛 풍미를 되새기게 하는데, 조반니 안토니오 라폴리의 생애가 그러했다. 그는 평범한 화가였던 아버지 마태오Matteo가 죽은 후 어머니의 극진한 보살핌을 받으며 유족한 생활을 하면서 아버지의 예술을 계승하려고 열심히 그림을 공부했다. 안토니오의 첫 스승은 아레초의 화가 도메니코 페코리Domenico Pecori였는데 그는 마태오와 함께 클레멘테Clemente*의 제자였다. 안토니오는 열두 살 때까지 이 스승에게 그림을 배우다가 좀더 훌륭한 선생을 찾아 피렌체로 떠났다. 당시 어머니는 돌아갔고 누이동생은 아레초의 유지였던 레오나르도 리코베리와 결혼했다.

피렌체에서 안드레아 델 사르토와 야코포 다 폰토르모는 누구보다도 그를 기꺼이 맞아들였다. 그는 이 두 사람 중 누구를 스승으로 섬길지 주저했다. 당시 폰토르모가 피렌체의 눈치아타Nunziata 성당 주랑柱廊에 「신앙과 애덕」Fede e Carita을 전시했는데, 그것을 본 안토니오는 그의 아름다운 화풍에 매혹되어 그의 제자가 되기로 결심했다. 당시에는 누구나가 이 젊은 폰토르모가 당대 제일가는 화가라고 평했다.

안토니오는 데생 연습을 열심히 하면서 다른 제자들과 경쟁했다. 그중에서도 특히 조반 마리아 달 보르고 아 산 세폴크로Giovan Maria dal Borgo a San Sepolcro**는 폰토르모의 화법을 열심히 모방했으며, 일명 브론치노Bronzino라고 부르는 아뇰로Agnolo는 온화한 성품에 유머와 근면성까지 갖추었을 뿐 아니라 디자인과 부채법賦彩法이 촉망되는 젊은이여서 폰토르모의 사랑을 받았다.

조반니 안토니오는 배우고자 하는 욕심으로 여러 달 동안 폰토르모의 작품들을 모사해 아름다운 데생을 많이 만들었다. 안토니오는 타고난 재주가 있었으므로 만일 그가 좀더 견뎌냈다면, 훌륭한 선생 밑에서 여러 문하생과 경쟁하면서 우수한 작품을 만들어 장차 거장이 되었을 것이다. 그것은 내가 간직한 수첩에 들어 있는 그의 데생을 보면 알 수 있다. 그러나 우리가 흔히 경험하는 바와 같이, 향락은 지성 있는 젊은이에게 적이 되는 경우가 많으며, 그들을 타락시키기도 하므로 예술이나 학문에 종사하는 사람은 마땅히 자신과 같은 분야에서 건실하게 종사하는 사람들과 사귀어야 한다.

안토니오는 다리가 불편해 거동이 힘든 산 로렌초 성당 사제 라파엘로 디 산드로 집에 고용되어 그를 보좌하며 많은 봉급을 받게 되었다. 산드로는 당시 이름난 인사로서 그림, 음악, 기타 여러 방면에 취미가 있어 산 로렌초 성당에 있는 그의 방에는 많은 인재가 출입했는데, 그중에는 유명한 음악가이며 류트 연주자인 안토니오 다 루카Antonio da Lucca, 화가 롯소를 비롯해 많은 사람이 있었다.

안토니오는 이 화가들에게는 관심이 없었으며, 그림 공부도 소홀히 하고 류트만 열심히 배웠다. 그리하여 정신이 흐트러진 그는 그림에 대한 열정이 식었으나, 다행히 안드레아 델 사르토의 제자인 피에르 프란체스코 디 야코포 디 산드로Pier Francesco di Jacopo di Sandro와 친해져 함께 스칼조Scalzo로 가서 그림을 모사하고 나체화도 사생했다. 그는 얼마 동안 폰토르모의 채색법을 모방한 후에 「성모 마리아」와 실물을 보고 초상화들을 그렸는데 그중에는 안토니오 다 루카와 라파엘로의 초상이 가장 뛰어났다.

1523년에 페스트가 로마를 휩쓸자 페리노 델 바가가 피렌체로 와서 라파엘로 델 조포Raffaello del Zoppo의 집에 머물게 되었는데, 안토니오는 그와 곧 친해졌다. 페리노의 실력을 알아차린 안토니오는 그림에 대한 애착이 되살아나서 지금까지의 모든 향락을 버리고, 페스트가 종식되

그림 528 조반니 안토니오 라폴리(라폴리의 작품으로
돌리나 폰토르모의 작품일 가능성도 있다), 「여덟 명의
성인과 성모자」, 목탄, 루브르 박물관, 파리.

기를 기다려 페리노와 함께 로마로 가려고 결심했다. 그러나 그의 희망
은 이루어지지 못했다. 페스트가 피렌체로 번졌기 때문에 라파엘로를
위해「홍해紅海에 빠진 파라오」를 흑백의 색채로 완성한 페리노와 그것
을 지켜보던 안토니오는 생명에 위협을 느껴 피렌체를 떠나야만 했다.

그리하여 아레초로 되돌아온 안토니오는 심심풀이로 「바칸테
Bacchantes 무녀巫女에게 맞아 죽는 오르페우스Orpheus」를 흑백으로 그렸
는데, 앞서 이야기한 페리노의 그림을 모방한 것이지만 별로 칭찬을 받
지 못했다. 그 후 그는 스승 도메니코 페코리가 착수했던「성모영보」를
마무리했는데, 이 그림은 원래 산타 마르게리타 성당 수녀들의 요청으
로 착수했던 것이며 그 수녀원에 보존되어 있다. 또 허리 위를 사생한

두 초상화의 밑그림이 있는데, 하나는 제자인 미소년 로렌초 단토니오 디 조르조이며, 다른 하나는 들뜬 표정을 한 피에로 구아제시다.

페스트가 자취를 감추자 아레초의 부호 치프리아노 단기아리는 아레초의 산타 피오레S. Fiore 수도원 안에 회색 원주들과 아름답게 장식한 경당을 건립한 뒤 안토니오에게 금화 100두카트를 치르고 제단화 제작을 위촉했다. 마침 로마로 가던 롯소가 아레초를 지나가던 길에 친구인 안토니오 집에 머물게 되었는데 안토니오가 그림을 위촉받았다는 이야기를 듣고, 안토니오의 부탁으로 나상이 가득 찬 아름다운 밑그림을 그렸다. 그리하여 그는 롯소의 데생을 모방해 「성녀 엘리자베스의 방문」을 제단화로 그렸으며, 제단 위의 반월창 공간에는 「성부와 어린 천사들」을 원화 그대로 모사했다. 그는 이 그림을 완성하고 많은 칭찬과 보상을 받았다.

안토니오는 예술가로서 대성하려면 아레초를 떠나야 한다는 것을 깨닫고 로마에서 페스트가 종식되는 대로 그곳으로 가기로 결심했다. 그곳에서는 페리노Perino를 비롯해 롯소, 그밖에 여러 친구가 중요한 작품들을 제작했다. 그러는 동안에 그에게 좋은 기회가 왔다. 즉, 교황 클레멘티우스 7세의 비서 파올로 발담브리니Paolo Valdambrini가 프랑스에서 급히 돌아오는 길에 형제와 조카들을 보려고 아레초에 들렀다. 안토니오는 이 기회를 놓치지 않고 그를 방문해 사정을 이야기했다. 발담브리니는 자신의 고향에서 여러 가지 면에서 이름난 인사들이 배출되어야 한다고 생각해온 터라 자신이 큰 도움이 될지는 모르겠지만 안토니오를 로마로 데리고 가기로 약속했다.

안토니오는 로마에서 페리노, 롯소와 다른 친구들도 만나고, 발담브리니 소개로 줄리오 로마노, 베네치아의 세바스티아노 비니치아노Sebastiano Viniziano, 파르마의 프란체스코 마추올리Francesco Mazzuoli 등 당시 로마에 와 있던 유명한 화가들을 알게 되었다. 마추올리는 류트 연주를 좋아했기 때문에 서로 곧 어울리게 되어 언제나 함께 있었다. 그 덕분에 안토니오는 유명한 화가들 사이에 끼어 데생, 부채법賦彩法을 열심히 공부하면서 최선을 다해 이 기회를 놓치지 않으려고 했다.

그가 등신대人의 「성모 마리아」를 거의 완성해 교황에게 바치고 명성을 얻으려고 하던 차에 불행하게도 1527년 5월 6일 로마의 약탈이 일어났다. 발담브리니가 트라스테베레Trastevere의 산토 스피리토 성문을 방비하러 갔을 때 안토니오도 동행했는데 부르봉Bourbon의 병사들이 그곳에 침입해 발담브리니는 전사하고 안토니오는 스페인의 포로가 되었다. 이때 그는 그림, 데생뿐만 아니라 모든 것을 잃고 몸값을 요구하는 스페인 군대로부터 많은 고통을 받다가 어느 날 밤, 다른 포로들과 함께 내복 바람으로 도망쳐 나와 위험을 무릅쓰고 아레초에 도착했다. 이곳 유지인 삼촌 조반니 폴라스트라Giovanni Pollastra는 그를 따뜻하게 맞아주었고, 그 덕분에 그는 충격과 피폐에서 벗어날 수 있었다.

그러나 아레초에도 페스트가 크게 번져 매일 400명이 죽어갔다. 그리하여 안토니오는 또 한 번 그곳에서 피신하여 수개월 동안 외지에서 지내야만 했다. 이런 불행이 끝나자 이곳 산 프란체스코 수도원장인 구아스파리Guasparri 신부가 그에게 보수로 금화 100두카트를 주면서 「동방박사의 경배」를 제단화로 그리도록 간청했다. 그는 그 무렵 롯소가 로마에서 산 세폴크로San Sepolcro로 와서 산 크로체 조합의 위촉으로 제단화를 제작한다는 소문을 듣고 그곳에 달려가서 제작에 필요한 물건들을 입수하려고 도움을 청했다. 안토니오가 로마 약탈로 피해를 본 것을 롯소가 잘 알았기 때문이다. 그는 롯소에게 아름다운 제단화의 데생을 받아 아레초로 돌아와서 구아스파리 신부와 약속한 날짜인 1년 안에 아름다운 제단화를 완성해 큰 칭찬을 받았다. 롯소의 데생은 조르조 바사리의 손에 들어왔다가 다시 피렌체의 인노첸티Innocenti 병원장인 돈 빈첸치오 보르기니Don Vincenzio Borghini 손으로 넘어가 그가 보관 중인 여러 화가의 데생집 안에 들어 있다.

얼마 후, 롯소가 마돈나 델레 라그리메Madonna delle Lagrime 성당 안에 금화 300두카트를 받고 그림을 그리기로 계약할 때 안토니오가 보증을 섰는데, 롯소가 그림을 끝내지 않고 떠나버려서 그가 금화 300두카트를 변상해야 할 곤란한 처지에 놓였다. 만일 친구들, 특히 조르조 바사리가 미완성 부분을 그려주지 않았다면, 안토니오는 명예를 잃고 고향의 이익도 크게 손상시켰을 것이다. 이 이야기는 롯소 항목에서 이미 언급했다.

이런 역경을 이겨낸 안토니오는 비비엔나Bibbiena에 있는 카마이아니Camaiani 수도원장의 위촉으로 카센티노Casentino에 있는 도메니코 교단의 산타 마리아 델 사소S. Maria del Sasso 성당에 「성모 마리아, 성 바르톨로메오, 성 마티아」를 롯소 스타일을 모방해 성과를 거두었다. 이것이 계기가 되어 얼마 후 비비엔나의 성당 형제회가 그에게 행렬에 쓰이는 기旗에 그림을 그려달라고 위촉했다. 그는 한쪽에는 「십자가를 메고 피를 흘리면서 걸어가는 그리스도」를, 다른 쪽에는 「성모영보」를 그렸는데, 그의 걸작 중 하나다.

1534년 알레산드로 데 메디치 공이 아레초에 올 때, 아레초 시민들과 시장은 그에게 경의를 표하려고 희극 두 개를 상연하기로 결정했다. 이 축전을 진행하는 책임은 자칭 우미디Umidi라 불리는 이곳 귀족 청년들의 모임이 맡았으며, 이 희극의 무대 제작은 「인트로나티 다 시에나」Intronati da Siena라는 제목으로 당시 유명한 화가 니콜로 소지Niccolò Soggi가 담당했는데, 연극이 아주 훌륭하게 상연되어서 모든 시민이 매우 만족했다. 또 다른 축제의 진행은 인피암마티Infiammati라고 부르는 다른 귀족 청년 단체가 맡았고, 희극은 아레초의 시인 조반니 폴라스트라가 상연했으며, 무대는 안토니오가 그려서 시민들로부터 큰 환영을 받았다.

이 기회에 시인 폴라스트라의 예지에 넘친 자세를 이야기하지 않을 수 없다. 축전을 준비하고 진행하는 과정에서 양 단체가 서로 싸우기 시작해 논쟁도 여러 번 되풀이되었는데, 이때 폴라스트라는 완전히 비밀에 부쳤던 놀랄 만한 것을 준비했다. 연극이 상연될 장소에 신사 숙녀들과 관중이 모두 모였을 때, 이미 다른 사건으로 시내에서 서로 싸우던 청년 네 명이 나타났다. 그들은 칼을 빼들고 서로 상대방을 죽이려고 했으며, 그중 머리가 피투성이가 된 하나가 "이 배반자야, 앞으로 나와라"라고 외쳤다.

그러자 관객들이 모두 벌떡 일어서서 저마다 칼집에 손을 댔고, 그들의 친척은 무대 위로 뛰어올라갔다. 그때 젊은이가 상대방 젊은이에게 "칼을 칼집에 넣으시오, 그대여. 나는 사실 다친 데가 하나도 없습니다. 자 이제부터 연극을 진행하겠습니다"라고 말했다. 이와 같은 익살 덕분에 모든 관객과 네 사람을 제외한 모든 배우가 연극을 재미나게 구경했다.

1540년 코시모 공작과 레오노라 공작부인이 아레초에 왔을 때 안토니오는 새로운 무대를 주교좌성당 광장에 만들고 공작 부부 앞에서 희극을 상연했다. 매우 만족한 공작은 이때의 출연자들을 이듬해 사육제謝肉祭 때 피렌체로 초청해 출연토록 했다. 이 두 무대를 제작한 안토니오는 명성이 크게 올라갔다.

그 후 안토니오는 청동색으로 전승 아치를 장식했는데, 후에 마돈나 델레 키아비Madonna delle Chiavi 성당 제단 둘레에 가져다놓았다. 그는 아레초에 정착해 결혼하고 자식들도 낳았다. 정부에서 나오는 봉급으로 만족하게 지내면서 그전같이 제작도 많이 하지 않았다. 얼마 후 그는 산 로코S. Rocco 조합 경당의 제단화와 산 도메니코 성당 대제단화의 제작을 위촉받으리라고 기대했으나 실패했다. 왜냐하면 조르조 바사리의 디자인이 다른 화가들의 것보다 만족스러웠으므로 이 그림들을 바사리에게 위촉하게 되었기 때문이다.

안토니오는 예수승천 조합을 위해 「그리스도의 부활」을 그린 기旗를 제작했는데 무덤 주위에는 많은 병사가 보인다. 또 하나는 「12사도들에게 둘러싸인 성모 마리아와 함께 승천하는 그리스도」를 그린 것이다. 그는 교구教區의 카스텔로 본당 제단화에「성모 마리아의 성녀 엘리자베스 방문」을 그리고, 산 스테파노 교구 본당 제단화에는「성모 마리아와 성인들」을 유채화로 그렸는데, 이 두 그림은 그의 과거 어느 작품보다도 뛰어났다. 왜냐하면 미켈란젤로가 제작한 조상들과 고대 로마 유적에서 본을 뜬 수많은 석고와 돋을새김들을 조르조 바사리가 아레초의 자기 집으로 가져왔는데 안토니오가 이것들을 감상했기 때문이다. 안토니오는 아레초 시내에「성모 마리아」와 그밖에 여러 작품을 남겼다.

특히 유디트가 홀로페르네스의 머리를 베어 시종이 들고 있는 바구니에 넣는 유채화는 안토니오의 친구인 아레초의 주교 베르나르데토 미네르베티가 소유하고 있다. 안토니오를 비롯해 예술가들을 좋아하던 이 주교는 그의 작품「사막을 헤매는 거의 벌거벗은 젊은 세례자 성요한」도 가지고 있는데 그는 특히 이 그림을 높이 평가했다.

마침내 예술의 높은 경지에 도달하려면 오랜 기간 나신裸身을 연구하고 동시에 풍부한 창의력을 갖추어야 힘든 작업을 무난하게 해결할 수 있다는 것을 깨달은 안토니오는 과거에 향락으로 세월을 낭비함으로써 그림 공부에 소홀했던 일을 후회했다. 또 젊었을 때 쉽게 해낼 수 있는 일도 늙어서는 도저히 감당할 수 없음을 절실히 느꼈다. 그러나 그는 언제나 자신의 과오를 뉘우치면서도 자신이 늙어서 그림을 그리지 못하게 될 때를 이해하지 못했다.

그 무렵 조르조 바사리는 아레초의 산타 피오레S. Fiore 수도원 휴게실에「에스테르d'Esther* 여왕과 아하수에루스Ahasuerus 왕의 결혼식」**을 세로 6브라차, 가로 14브라차 크기의 유채화로 그렸는데, 거기에는 실

---

* 아하수에루스(Ahasuerus) 왕의 유대인 아내. 페르시아인으로부터 유대 민족을 구했다.
** 바사리의 이 작품은 아레초의 페트라르카 학술관(Accademia Petrarca= 오늘날의 비블리오테카 델 아카데미아Biblioteca dell'Academia)에 있다.

물보다 더 큰 인물이 60명 이상이나 들어 있다. 당시 안토니오는 바사리의 제작 과정을 보려고 그곳에 머무르면서 가끔 토론을 했는데, 언젠가 안토니오는 바사리에게 "우리의 예술은 영감靈感으로만 이루어지는 것이 아니며, 끊임없는 연구와 실천만이 최고 경지에 도달하게 하는 것임을 깨달았소"라고 했다.

안토니오는 프레스코를 그리 많이 그리지 않았다. 그의 건강을 해쳤기 때문이다. 그러나 그가 무렐로 아 피에타Murello a Pietà 성당에 그린 벌거벗은 두 천사는 매우 훌륭한 그림이다. 사리분별이 뛰어나기는 했으나 실천력이 좀 부족했던 이 화가는 심한 열병으로 1552년에 60세로 세상을 떠났다.

안토니오의 제자로는 아레초의 귀족 출신인 바르톨로메오 토리Bartolommeo Torri가 있다. 그는 후에 로마로 가서 유명한 세밀화가인 돈 줄리오 클로비오Don Giulio Clovio 밑에서 도안과 나상裸像, 특히 해부학을 공부한 후 로마에서 유명한 작가가 되었다. 언젠가 돈 실바노 라치Don Silvano Razzi가 나에게 이런 이야기를 들려주었다.

돈 줄리오 클로비오가 이 청년을 아주 칭찬하면서 모든 것을 숨김없이 이야기했는데, 토리가 자기 방 안과 침대 밑에 사람의 다리, 신체의 각 부분을 몰래 숨겨두어 집 전부가 엉망이 되는 바람에 그를 내보낼 수밖에 없었다고 했다. 무절제하게 인체 해부에 집착한 토리는 그 후에도 질서 없이 생활하고, 넋 나간 철학자처럼 생각하며 사람들과 일절 교류도 없이 자멸하고 말았다.

자신을 절제할 줄 모르고 터무니없는 기행을 일삼는 자들에 대해 자연은 인내하지 않는 법이다. 결국 그는 25세 때 병들어 아레초로 돌아와서 건강을 회복하려고 애썼으나 다시 불규칙한 생활로 4개월 후 그의 스승 조반니 안토니오가 죽은 지 얼마 안 되어 그를 따라갔다. 아레초 시민들은 이 젊은이의 죽음을 안타까워했다. 만일 그가 좀더 오래 살았다면 그의 작품에 거는 기대가 컸을 것이며 자신의 고향뿐만 아니라 토스카나 전 지역에 이름을 떨쳤을 것이다. 그가 어렸을 때 그린 데 생을 본 사람이라면 누구나 경탄하면서 그의 때 이른 죽음을 동정하게 될 것이다.

피렌체의 화가

니콜로 소지
Niccolò Soggi
1480~1554

〔해설〕
　16세기 전반기에 활동한 피렌체 출신의 화가로 피에트로 페루지노 공방에서 드로잉과 채색법 등 회화의 기초를 배웠다. 이후 로마에서는 안토니오 델 몬테 추기경의 도움으로 교황 레오 10세 궁의 정면에 벽화를 그리는 등 비중 있는 작품을 남겼으며 피렌체와 아레초 등에서 작품 활동을 했다.

피에트로 페루지노의 많은 제자 중 라파엘로를 제외하고는 니콜로만큼 부지런하고 열심히 공부하는 사람은 없었다. 이제부터 이 니콜로 이야기를 하려고 한다.

그의 가정은 유족하지는 못했지만 존경할 만한 시민 야코포 소지Jacopo Soggi의 아들로 피렌체에서 태어났으며, 적당한 나이에 로마의 안토니오 달 몬테Antonio dal Monte 추기경에게 가서 봉사하기로 했다. 왜냐하면 야코포의 농장이 발디키아나Valdichiana의 마르차노Marciano에 있었으며, 그 근처에 부동산을 가지고 있던 안토니오 달 몬테와 적지 않은 시간을 함께 보냈기 때문이다.*

야코포는 그림 그리기를 퍽 좋아하는 아들을 피에트로 페루지노에게 맡겼다. 니콜로가 열심히 공부해 빠른 시일 안에 그림에 숙달하게 되었으므로 피에트로는 그를 넉넉히 이용할 수 있었다. 이는 니콜로 자신에게도 큰 이익이 되어 그림과 원근법도 공부해 훌륭한 솜씨를 갖추게 되었다. 그는 점토와 밀초로 조상을 만든 뒤 그 위에 옷을 입히고 젖은 양피지를 드리우기도 했다. 아마 건조한 생활에서 오는 고통을 피하려고 그랬을 것이다.

선생인 피에트로가 죽은 후에 니콜로가 제작한 첫 작품은 피렌체의 산 갈로San Gallo 거리에 있는 부인병원 제단을 장식한 유채화다. 보니파지오 루피Bonifazio Lupi가 창설한 이 병원의 제단 위 측면에 걸려 있으며,「성모 마리아에게 경배하는 천사들」과 원근법으로 처리한 건축물을 그렸는데, 아치들과 둥근 천장 두 개가 교차하는 선이 피에트로의 화법과 같다. 그는 1512년에는 시내의 여러 곳에「성모 마리아」와 소품들을 많이 그렸는데, 이후 더 기량을 쌓고 돈을 벌고 싶어서 로마로 떠났다.

---

* 바사리는 니콜로 소지를 보고 르네상스 예술의 벽지에서 가난에 시달리면서 망설이는 풋내기 화가의 초상화를 그렸다.

로마에서는 앞서 이야기한 안토니오 달 몬테Antonio dal Monte 추기경이 그를 따뜻이 맞이해 교황 레오의 문장을 만들도록 했다. 그것은 로마 시민들과 추기경의 문장 사이에 자리 잡았으며, 정면에는 파스퀴노Pasquino의 조상이 있다. 그러나 나체 인물화와 옷을 입힌 조상들은 문장 장식에 비해 실력을 다하지 못했으며, 그는 자신의 인물화 공부가 부족했음을 알게 되었다. 예기했던 성과를 거두지 못해 실망한 그는 유채화를 그리기 시작해 순교자 성녀 프라세디아S. Prassedia martyr가 피에 완전히 젖은 스펀지를 그릇에 짜는 광경을 정성껏 그려 앞서 문장을 제작해서 잃었던 명예를 일부나마 되찾았다.

추기경을 위해 그린 이 유채화는 산타 프라세디아 성당 중앙의 제단 위에 걸려 있으며, 제단 밑에는 이 그림이 이야기하는 순교자의 피가 담긴 우물이 있다. 그다음에 그린 유채화도 추기경을 위한 것인데 4분의 3브라차 크기로 「성모 마리아와 아기 예수, 어린 시절의 성 요한, 주변 풍경들」을 담은 것으로 마치 세밀화를 그리듯 정성 들여 그렸다. 이 그림은 그의 작품 중에서도 가장 뛰어나며, 여러 해 동안 추기경의 서재에 걸려 있었다. 추기경이 아레초에 가서 산타 피오레의 베네데토 수도원에 체류하게 되자 그 호의에 감사하면서 이 그림을 성물실에 두었는데, 아직도 그곳에서는 귀중한 그림으로 여기며 추기경을 기념해 잘 보관하고 있다.

니콜로는 추기경을 따라 아레초로 가서 내내 그곳에서 살았다. 당시 삼위일체 형제회 위촉으로 「할례」割禮, Circoncisione를 그리던 화가 도메니코 페코리Domenico Pecori와 친교를 맺게 되었다. 두 사람의 우의가 얼마나 두터웠던지 니콜로는 도메니코를 위해 제단화를 그리고 그 안에 원주들과 꽃무늬로 화려하게 장식한 둥근 천장을 받든 아치들을 원근법으로 표현했다. 이런 그림은 당시 풍습에 따랐지만 정말 아름답게 그렸다. 그밖에도 도메니코를 위해 유채화로 「성모 마리아와 아랫부분의 군중들」을 캔버스에 원형으로 그렸으며, 아레초 종교단체를 위해 닫집에도 그렸는데 도메니코 페코리 항목에서 이야기한 바와 같이 산 프란 체스코 성당에서 열렸던 축제 때 불타버렸다.

그는 같은 산 프란체스코 성당의 오른쪽 둘째 번 경당에 템페라로 「대좌에는 성부聖父를 중심으로 성모 마리아, 세례자 성 요한, 성 베르 나르도, 성 안토니오, 성 프란체스코와 하늘에서 노래하는 천사들」을 그렸는데 거의 모두를 화필畵筆 끝으로 정성 들여 그렸다. 그러나 템페 라가 너무 짙어서 화면의 거의 전부가 껍질이 벗겨지는 바람에 애써서 그린 보람이 없어졌다. 니콜로는 새 방법을 시도해보려고 이 그림을 그 렸던 것이다. 그리하여 진정한 방법은 프레스코를 그리는 것임을 알아 차린 그는 이곳 산 아우구스티노 성당 정문으로 들어가서 왼쪽 경당에 프레스코를 착수했다.

이 그림은 용광로 상인 스카마라가 위촉했는데, 니콜로는 「하늘에는 성모 마리아, 그 밑에는 군중과 성 도나토와 성 프란체스코」가 무릎을 꿇은 장면을 그렸다. 이 그림에서 가장 아름다운 부분은 경당 지붕 위 의 성 로코S. Rocco라 하겠다.그림 529

이 작품을 가장 마음에 들어 한 사람은 마돈나 델레 라그리메Madonna delle Lagrime 성당 안에 경당이 있는 도메니코 리차르디Domenico Ricciardi 로, 그는 니콜로에게 제단화를 그려달라고 부탁했다. 그는 제작에 착수 해 정성 들여 「그리스도의 탄생」을 그렸다. 이 그림을 완성하는 데 오 랜 시일이 걸렸으나 아무리 칭찬해도 지나치다고 할 수 없을 만큼 아름 다운 작품이다. 그는 그림 구석구석에 이르기까지 정성을 다해 마무리 지었는데 그리스도와 성모 마리아가 거처하는 오두막 옆의 황폐한 건 물 등을 뛰어난 솜씨로 표현했다. 거기에는 성 요셉과 양치기의 초상들 도 있는데, 니콜로의 친구이며 화가인 스타조 사솔리Stagio Sassoli와 그 의 제자 파피노 델라 피에베Papino della Pieve의 얼굴을 그려 넣었다. 파피 노는 젊은 나이에 죽지 않았다면 뛰어난 재주로 자신과 고향에 많은 공 헌을 했을 것이다.

그림 529 니콜로 소지, 「성모자와 성인들」, 1500~24,
패널에 오일, 175×158cm, 피티 미술관, 피렌체.
니콜로 소지의 작품이라고 추정되는 몇 안 되는 그림 중
하나이며, 그의 고향 피렌체에 남아 있는 단 하나의
그림이기도 하다. 바사리가 이 전기에 기록한 불행한
화가의 몇몇 작품마저 다른 화가의 작품이라고 추정된다.

  그밖에 하늘을 날면서 노래하는 천사들도 니콜로 솜씨를 잘 보여주
며, 얼마나 노력했는지 충분히 알 수 있다. 그는 이 작업을 끝내자마자
몬테 산소비노Monte Sansovino의 산타 마리아 델라 네베S. Maria della Neve
성당의 형제들로부터 지난 8월 5일 로마의 산타 마리아 마조레S. Maria
Maggiore 성당에 내렸던 눈 이야기를 담은 제단화를 유채화로 그려달라
는 주문을 받았는데, 그것이 이 성당을 건립하게 된 동기가 되었기 때
문이다. 니콜로는 이 작업도 훌륭하게 끝냈고 마르차노에서도 프레스
코를 그려 호평을 받았다.

  1524년에 들어서 발도 마지니Baldo Magini가 줄리아노 다 산 갈로

의 동생 안토니오Antonio에게 프라토 지방의 마돈나 델레 카르체리 Madonna delle Carceri 성당 안에 원주 두 개, 처마도리, 쇠시리와 아치로 장식한 닫집 달린 감실을 만들게 했는데, 안토니오는 이 감실의 그림을 니콜로가 그리도록 발도에게 종용했다. 안토니오가 앞서 이야기한 몬 테 산소비노에 있는 달 몬테 추기경의 궁전을 장식할 때, 니콜로와 두 터운 우의友誼를 맺었기 때문이다. 그는 니콜로를 데려다가 발도에게 소개하려 애를 썼다. 발도는 당초에 작업을 안드레아 델 사르토에게 맡 기려고 했지만—이에 관한 이야기는 이미 다른 곳에서 기록한 바 있 다—안토니오의 간절한 부탁에 따라 니콜로에게 맡기기로 결심했다.

그리하여 니콜로는 일에 착수했고 전력을 다해 훌륭한 작품을 만들 어보려고 노력했으나 뜻대로 되지 않았다. 아무리 열심히 일해도 내놓 을 만한 훌륭한 디자인을 만들지 못했으며, 칭찬받을 만한 비범한 것이 아니었다. 왜냐하면 그가 애써서 흙이나 밀초로 만든 모델들의 스타일 이 딱딱하고 거칠어서 거의 모든 작품이 지나치게 무거워 보이고 불쾌 한 느낌마저 주었기 때문이다. 예술에 관한 노력을 이야기하자면 누구 나 자신이 품은 애정보다 더 뛰어난 작품을 만들어낼 수 없을 것이다. 사실 그는 그것을 몰랐다.* 그는 자신보다 뛰어난 사람들이 있다는 사 실을 오랫동안 믿으려고 하지 않았다.

그의 작품 중 성부聖父가 순결과 겸손의 관冠을 성모 마리아를 둘러 싸고 노래하는 천사들로 하여금 그녀에게 내려보내는 장면이 있다. 거 기에 성 우발도S. Ubaldo 주교 발밑에 무릎을 꿇은 발도, 한쪽에는 성 요 셉, 한가운데에는 거기에서 기적을 행한 성모 마리아를 그렸다. 니콜로 는 그 후 높이가 3브라차 되는 발도의 초상화를 그렸는데 그는 손에 그 가 교구 성직자 회의에 기진한 프라토의 산 파비아노S. Fabiano 성당을 들고 있다. 이것은 그가 자신의 성공에 대한 보답으로 교구 사제들의

---

* 문장이 끊겨서 의미가 모호하다.

수장인 주교에게 헌정하는 작품으로, 이 교회 성물실에는 유명한 성모 마리아의 띠 그림이 소장되어 있기도 하다.

이 초상화는 니콜로가 그린 그림 가운데에서 가장 훌륭한 작품이다. 다른 사람의 말에 따르면 프라토의 산 도메니코 광장에 있는 순교자 성 베드로 형제회 안에 초상화가 여럿 걸려 있는데 그중 작은 패널 그림 하나가 니콜로 작품이라고 한다. 그런데 나는 이 그림을 그가 거기에 있는 다른 그림들보다 훨씬 먼저 그린 것으로 생각한다.

그 후 그는 프라토를 떠났다. 그곳에 있을 때 그는 도메니코 준탈로 디Domenico Giuntalodi라고 부르는 유능한 청년에게 회화의 기초를 가르쳤는데, 그는 선생의 스타일을 따르기는 했지만 대성하지는 못했다. 니콜로는 피렌체로 갔지만 거기에서는 중요한 작품들이 모두 뛰어난 화가들에게 위촉될 뿐만 아니라 자신의 작풍이 안드레아 델 사르토, 폰토르모, 롯소 그밖의 화가들과 다르다는 것을 눈치채고 아레초로 가기로 결심했다. 거기에는 친구도 많고 경쟁자도 별로 없었기 때문이다.

그는 아레초에 도착하자마자 이곳 유지인 줄리아노 바치Giuliano Bacci를 방문하여 자신이 아레초에 온 사유를 이야기하고, 고향에 정착하고 싶다는 희망과 함께 차후 적당한 일감을 제공해주면 자신의 능력을 힘껏 발휘하겠다고 했다. 그리하여 줄리아노는 고향을 번영시킬 마음으로 당시 성당 안에 큰 둥근 천장을 만들고 내부를 그림으로 장식하려고 하는 눈치아타Nunziata회의 책임자에게 둥근 천장 담벼락의 아치 하나에 그릴 그림을 우선 니콜로에게 맡기도록 종용했다. 니콜로는 그들에게 그림이 마음에 든다면 나머지 부분도 자신에게 계속 맡겨달라고 간청했다. 그는 부지런히, 정성 들여 작업을 진행했는데도 전체의 반밖에 그리지 못했다.

그가 그린 프레스코는 티부르티네Tiburtine 무녀巫女가 옥타비아노 Ottaviano 왕*에게 아기 예수를 안은 하늘의 동정녀를 보여드리자 옥타비아노 왕이 경건한 태도로 경배하는 장면인데, 옥타비아노는 줄리아노 바치의 초상으로 그렸고, 그의 젊고 키 큰 제자 도메니코에겐 붉은 옷을 입혔으며, 니콜로의 친구 몇 사람의 얼굴도 그려 넣었다. 이 그림이 교회 사람들과 시민들의 마음에 들지 않은 것은 아니었으나, 그가 이 그림을 그리는 데 너무 오랜 세월을 소비했기 때문에 모두 싫증을 냈다. 그렇지만 만일 그 유명한 피렌체의 화가 롯소가 아레초의 화가 조반니 안토니오 라폴리Giovanni Antonio Lappoli와 시인 조반니 폴라스트라Giovanni Pollastra의 소개장을 들고 아레초에 나타나지만 않았어도, 나머지 부분도 계속 그에게 위촉되었을 것이다. 그러나 나머지 부분은 결국 롯소에게 할당되었다.

이에 화가 난 니콜로는 만일 처자를 거느리지 않았다면 곧 떠나고 싶었으나 마음을 가다듬고 아레초에서 2밀리아 떨어진 교외의 프란체스코 수도회 소속 사르자노Sargiano 성당으로 가서 제단화를 그리기로 했다. 즉,「성모 몽소승천」인데 하늘에는 성모 마리아와 그녀를 부축하는 천사들, 띠를 받는 성 도마, 그 주위에는 성 프란체스코, 성 루이스, 세례자 성 요한, 헝가리의 여왕 등을 그렸다. 이 그림에서는 작은 천사들이 특히 아름답다. 화면 밑의 대좌台座에도 작은 조상들과 풍경이 보이는데 훌륭한 솜씨로 처리했다.

그는 같은 교단에 속하는 무라테Murate의 수녀원에 「숨진 그리스도와 성녀 마리아들」을 프레스코로 그렸는데 역시 아름다운 그림이다. 또 베네딕토 교단에 속하는 산타 피오레 수도원 제단의 십자가 위에 「동산에서 기도드리는 그리스도와 그에게 수난의 잔[聖爵]을 드리면서 기쁘게 해드리는 천사들」을 캔버스에 유채화로 그렸는데 매우 아름답고 우아하다. 그는 아레초의 카말돌리 교단의 성 베네딕토 수녀원 휴게실 입구의 아치 위에도 「성모 마리아, 성 베네딕토, 성녀 카테리나」를

＊ 일명 아우구스티누스(Augustus). 로마의 최초 황제(기원전 27~기원후 14), 율리우스 카이사르의 후계자.

그렸는데, 후에 이 수도원을 확장할 때 파괴되었다.

발디키아나의 마르차노 마을은 그가 처음에는 남의 도움으로, 후에는 자신의 수입으로 꽤 오래 살았던 곳이다. 니콜로는 이곳에서 「죽은 그리스도」의 제단화를 비롯해 많은 작품을 제작하면서 지냈다. 그때 그는 제자인 도메니코 준탈로디를 자식처럼 사랑하면서 그림을 가르쳤는데, 명민한 도메니코는 원근법, 사생법, 디자인 등 모든 것을 잘 체득했다. 니콜로가 그를 열심히 가르친 것은 자신이 늙었을 때 도메니코에게 의존하려 했기 때문이기도 하다. 니콜로는 누구에게나 상냥했으며, 특히 그림을 열심히 배우려는 젊은이들에게는 자신이 아는 모든 지식을 기꺼이 가르쳐주었다

얼마 후 니콜로는 마르차노에서 아레초로 돌아왔는데 도메니코는 그곳에 남아 있었다. 니콜로는 '그리스도 성체회'Corpus Christianus로부터 산 도메니코 성당 대제단에 놓을 제단화를 위촉받았다. 그때 니콜로는 당연히 제단화를 그리고 싶어 했으며, 당시 아주 젊었던 조르조 바사리도 같은 마음이었는데, 니콜로는 우리 예술인 사회에서 많은 인사가 쉽사리 할 수 없었던 결정을 해냈다. 그는 그때 '그리스도 성체회' 회원이었는데 젊은 바사리를 키우기 위해 많은 사람이 제단화를 그에게 맡기고 싶어 한다는 것과―물론 바사리 자신의 바람도 있었지만―바사리의 열망을 알아차리자 욕심을 버리고 협회가 바사리에게 제단화를 위촉하도록 양보했다. 그가 자신의 이익보다 젊은 사람의 장래를 더 중요하게 생각했기 때문이다.

한편 로마로 간 도메니코는 포르투갈 왕의 대사인 돈 마르티노를 알게 되어 그곳에 머물면서 큰 캔버스에 20여 명의 초상을 그렸다. 한가운데에 자신을 그리고 주위에 친구들의 조상을 그렸는데 서로 대화하는 모습이 대사의 마음을 사로잡아 그는 도메니코를 이 세상에서 가장 유명한 화가로 여겼다고 한다.

얼마 후 시칠리아Sicilia 총독에 임명된 돈 페란테 곤차가Don Ferrante

Gonzaga가 그 나라의 도시들을 요새화하려고, 그런 설계를 할 수 있는 사람을 고용하고 싶으니 소개해달라며 돈 마르티노에게 서한을 보냈다. 돈 마르티노는 우선 도메니코가 그린 설계도 몇 장과 과거에 안토니오 살라만카의 요청으로 볼로냐의 지롤라모 파주올리가 동판銅板에 새긴 '콜로세움'을 도메니코가 다시 원근법으로 그린 것, 또 그가 그린 손수레를 탄 노인과 '안코라 임파로'Ancora imparo 이야기를 첨부한 편지, 자신의 작은 초상화도 함께 보냈다. 그리고 곧 도메니코도 보내어 만나보게 하자 돈 페란테는 매우 기뻐하면서 그에게 후한 봉급에 말과 시종까지 붙여주면서 그 비용도 자신이 지불하겠다고 했다.

도메니코는 시칠리아 각처에 성벽과 요새를 구축하기 시작하면서 차차 그림에서 손을 뗐다. 영리한 그는 힘든 노동을 하는 인부들, 짐을 나르는 짐승들의 비용을 다른 항목에서 지불하면서 모래, 석회 등을 모아 순식간에 큰돈을 벌어 로마에 금화 2,000두카트 상당의 사무실을 마련했다. 또 얼마 후에는 돈 페란테의 비서로 임명되었는데 주인이 총독의 명령에 따라 밀라노Milano로 전임하게 되자 그를 따라갔다. 거기에서도 도메니코는 나라의 각처를 요새화하면서 인색하게 돈을 모아 부자가 되었을 뿐만 아니라 정부 요직에 앉게 되었다.

니콜로는 이미 늙고 아무 일도 할 수 없어 아레초에서 가난하게 살았는데, 이 소식을 듣고 도메니코를 만나러 밀라노로 갔다. 자신이 과거에 도메니코에게 베푼 은혜를 생각하면 반가이 맞아주겠지 하는 기대와 자기 밑에서 일할 때 아들처럼 돌보아주었으니 손발이 뒤틀어진 노경의 자신을 도와주리라는 믿음으로 말이다. 그러나 너무 지나치게 기대하면 실망하게 마련이라는 것을 쓰라린 경험을 한 다음에나 이해할 수 있는 법이다. 대개 사람의 성품은 환경에 따라 바뀐다. 니콜로는 밀라노에 갔지만 그에게 호소할 기회를 얻기가 어려웠다. 그를 만나서 자신의 참상을 이야기하고 어떤 일이든 자기를 고용해달라고 부탁했지만, 도메니코는 자신이 니콜로에게 아들처럼 귀염을 받았다는 사실조차 잊어버렸으며, 돈 몇 푼을 집어주면서 빨리 돌아가라고 재촉했다.

니콜로는 아레초로 되돌아와서 과거에 아들처럼 보살펴준 사람이 원수보다 나을 것도 없다며 푸념했다. 그는 생계를 유지하기 위해 손에 들어오는 일은 모조리 해야 했다. 그가 몬테 산소비노Monte Sansovino 마을 사람들을 위해 「하늘의 성모 마리아와 양옆에 있는 두 성인」을 캔버스에 유채화로 그린 것이 있는데, 이 그림은 산소비노에서 얼마 떨어지지 않은 카말돌리 교단의 마돈나 디 베르틸리Madonna di Vertigli 성당 제단을 장식했다. 이곳은 자신을 동정녀에게 맡기는 이들에게 기적이 많이 일어난 곳이다.

율리우스 3세가 착좌했을 때 니콜로는 80세의 고령이었으나 몬테Monte 가족과 맺은 친분 덕분에 로마에 가서 교황을 알현하게 되자 몬테에 건립 예정인 건축물과 관련된 일에 자신을 고용해달라고 간청했다. 몬테는 피렌체 공작이 교황에게 조건 없이 헌납한 영지다. 교황은 그를 각별히 맞이해 특별한 직책 없이도 로마에서 사는 데 충분한 생활비를 지급하라고 신하에게 명했다. 그리하여 그는 로마에 머무르면서 소일거리로 고대 로마 유적을 소묘하며 수개월을 보냈다.

교황이 자기 고향인 몬테 산소비노에 도수관導水管을 확장하는 공사를 조르조 바사리에게 위촉했고 바사리는 니콜로를 총책임자로 임명하도록 추천해 그를 따뜻하게 맞이했다. 몬테 지방은 본래 물이 귀한 곳이었다. 그리하여 니콜로는 희망에 차서 아레초에 갔지만 일에 지치고 오랫동안 몸을 돌보지 않아 얼마 후 세상을 떠났으며, 그 도시의 산 도메니코 성당에 매장되었다.

얼마 후 돈 페란테 곤차가가 서거하자 도메니코는 밀라노를 떠나 프라토로 돌아와서 여생을 편안히 지내려고 했다. 그러나 그에게는 친한 친구도 친척도 없었으며 사람들도 더는 관대하지 않았다. 그는 과거에 니콜로를 배신했던 일을 후회하면서 돈 페란테의 아들을 모시고자 다시 롬바르디아로 돌아왔다. 얼마 후 그는 병을 얻어 곧 죽었는데 유언에 따라 프라토의 학생들에게 장학금으로 금화 1만 두카트를 기부했다. 그 후 그의 유지는 지속적으로 이어져 지금까지도 가치 있게 활용되고 있으며, 시 당국은 감사하는 뜻으로 그의 미덕을 영원히 기념하기 위해 시 평의회실에 그의 조상을 세우고 나라를 위해 헌신한 공로자로 대접하고 있다.

조각가 겸 건축가

니콜로 일명 일 트리볼로
Niccolò, called Il Tribolo
1500~1550

NICCOLO DETTO IL TRIBOLO
SCVLTORE, ET ARCHI.

〔해설〕

16세기 초반 활동한 피렌체 매너리즘 양식의 조각가이자 코시모 1세 대공의 궁정 건축가였다. 피티궁에는 보볼리 정원이라는 아름다운 정원이 있는데 이는 유럽 최초의 근대 정원으로 이후 베르사유궁을 비롯하여 유럽 공원의 모델이 된 중요한 공원이다. 니콜로 트리볼로는 바로 이 공원의 설계·제작을 맡은 건축가로 그에게 역사적 명성을 가져다주었다.

일명 '이탈리아식 정원'Giardino all'italiana이라 불리는 보볼리 정원은 기하학적인 공간 설계에 자연과 조각을 함께 어우러지게 하고 과학을 이용한 각종 수로와 분수, 공연무대까지 만든 것으로 이 같은 방식은 이후 유럽 각 궁정의 공원에서 널리 수용되었다. 이 정원의 절정은 「동물들의 동굴」로 당대 최고 조각가인 잠볼로냐가 공원을 위하여 동물 조각을 비롯해 다양한 조각을 제작했다.

 피렌체의 몬테롤로Monteloro 모퉁이에서 가까운 곳에 살던 목수木手 라파엘로는 일명 일 리초 데 페리콜리Il Riccio de' Pericoli라고도 불렸는데 1500년에 아들 하나를 낳았다. 아이 이름을 할아버지 이름을 따라 니콜로Niccolò라고 지었다고 라파엘로가 내게 이야기한 일이 있다. 소년이 머리가 좋은 것을 보고 읽기·쓰기와 수학을 가르쳤으나 성미가 급해서 집에서나 학교에서나 가만있지 못하고 들락날락하면서 계속 말썽만 일으켰으므로 일 트리볼로Il Tribolo라는 별명이 붙었는데,* 이 별명이 한평생 그를 따라다녔다.

그가 좀더 자란 후 아버지는 아들에게 자기 상점에서 일을 시키면서 성격을 바로잡아보려고 했으나, 아들이 장사에는 소질이 없는 것을 깨닫고 힘이 좀 덜 드는 목각술木刻術을 가르치기로 했다. 도안을 할 줄 모르고는 뛰어난 공장이 될 수 없음을 안 아버지는 그에게 쇠시리, 나뭇잎 모양, 아라베스크 무늬 등의 데생 공부를 시켰는데 그는 곧잘 만들었다. 눈치 빠른 아버지는 자기가 아들에게 가르칠 것이 없음을 깨닫고, 친구이며 목수인 차피노Ciappino와 의논해 역시 친구인 난니 운게로Nanni Unghero에게 약 3년 동안 제자로 보내기로 했다. 난니의 공방에는 야코포 산소비노, 안드레아 델 사르토, 그밖에 훗날 거장이 된 사람들이 자주 출입했다.

난니는 당시 이름이 나 있었으며, 로베자노에 있는 크로체 문 밖의 차노비 바르톨리니Zanobi Bartolini 저택, 차노비 동생인 조반니가 건축한 산타 트리니타 광장의 바르톨리니 궁전, 구알폰타 저택과 정원에 필요한 소목세공小木細工 일과 목각 일을 많이 주문받았다. 소년 트리볼로는

---

* 트리볼로(Tribolo)는 산토끼꽃이라는 뜻이다. 미켈란젤로 스타일의 과장과 억지로 맞춘 비유에 따라 매너리즘이 자라났는데, 이것을 바사리는 트리볼로와 피에리노 다 빈치(Pierino da Vinci)에서 추구한다.

아무런 보수도 받지 못하고 일만 하다가 체력이 일을 견뎌낼 수 없는 지경에 이르렀다. 트리볼로는 난니 공방에 더는 있을 수 없다고 아버지에게 말하고, 난니 상점에서 알게 된 안드레아 델 사르토나 야코포 산소비노에게 자기를 보내주기를 원했다. 그러면 건강도 되찾고 일도 잘하게 될 것이라고 말했다. 리초는 차피노의 권고에 따라 아들을 산소비노에게 맡겼는데 산소비노는 트리볼로를 옛 친지로 기꺼이 맞아들였다. 그는 트리볼로가 난니 공방에 있을 때 디자인과 목각을 잘했던 것으로 기억했기 때문이다.

그때 산소비노는 베네데토 다 로베차노Benedetto da Rovezzano, 안드레아 다 피에솔레Andrea da Fiesole, 바초 반디넬리와 경쟁하면서 산타 마리아 델 피오레 대성당의 작업실에서 사도使徒 성 야고보의 대리석 조상을 제작했다. 트리볼로는 이 기회를 놓칠세라 부지런히 점토 모델과 설계를 공부해 실력이 눈부시게 늘었다. 이에 산소비노는 날이 갈수록 그를 좋아하게 되어 격려를 아끼지 않았다. 산소비노의 공방에는 솔로스메오 다 세티냐노Solosmeo da Settignano, 피포 델 파브로Pipo del Fabro 등 장래가 촉망되는 젊은이들이 있었지만, 트리볼로가 가장 뛰어났다.

트리볼로가 끌과 점토, 철鐵의 사용법을 잘 알았으므로 산소비노는 그와 다른 일도 함께 시작했다. 산소비노는 구알폰다 저택에서 사도의 조상과 바쿠스 조상을 제작한 후 마돈나 광장에 면한 조반니 가디 저택에 방과 사암으로 만든 욕실과 굴뚝을 제작하게 되었다. 그는 트리볼로에게 쇠시리를 장식할 커다란 점토로 어린이 조상을 만들게 했다. 트리볼로가 그 일을 훌륭하게 끝내자, 가디는 그의 능력을 인정해 자기 집출입문 위를 장식할 대리석 메달 두 개를 위촉했다.

포르투갈 왕의 묘묘를 장대하게 건조하려고 건축가를 물색할 때 바르톨로니Bartolini의 영향으로 산소비노가 뽑혔는데, 그가 당시 명망 있던 몬테 산소비노의 안드레아 콘투치Andrea Contucci*의 제자였기 때문이다. 산소비노는 밀초로 만든 아름다운 풍경과 조상으로 가득 찬 훌륭한 목재 모델을 만들었는데, 그 대부분을 트리볼로가 제작해 명성이 점점 높아졌다. 산소비노가 용무로 자리를 비웠을 때, 마태오 디 로렌초 스트로치Matteo di Lorenzo Strozzi가 트리볼로에게 위촉해 어린이 석조상을 만들었는데 조상이 마음에 들어 물을 뿜는 돌고래를 껴안은 어린이 조상 두 개를 더 만들어달라고 부탁했다. 이 작품들은 피렌체에서 약 8밀리아 거리의 산 카시아노에 있는 마태오 별장에 있다.*

트리볼로가 피렌체에서 이 제작에 종사할 때 볼로냐의 신사 바르톨로메오 바르바치Bartolommeo Barbazzi가 상용으로 그곳에 들렀다가 산 페트로니오 성당 정면을 대리석 조상으로 장식하는 데 젊은 조각가가 있어야 한다는 생각이 머리에 떠올라 트리볼로를 만난 자리에서 작품이 마음에 든다면서 그를 볼로냐로 데려왔다. 트리볼로는 그곳에서 잠시 일하면서 대리석 무녀巫女 조상 둘을 제작해 성당 정문을 장식했다. 이 작품이 마음에 든 바르톨로메오는 좀더 큰 작품을 만들기로 약속했으나 1525년 볼로냐와 롬바르디아에 페스트가 만연하자 트리볼로는 피렌체로 피신했다가 볼로냐로 돌아갔다.

바르톨로메오는 그에게 건물 정면 일보다는 자기와 자기 친척, 친구들의 묘소를 만들도록 종용했다. 트리볼로는 묘지 모형을 만든 다음, 자신이 직접 카라라로 가서 현장에서 대리석을 대충 깎아 운반하기 편하게 했을 뿐만 아니라 조상을 더 크게 제작할 수 있도록 처리했다. 그는 시간을 절약하려고 볼로냐로 가져온 대리석에 두 어린이의 윤곽이 나타날 때까지 끌로 손질하는 한편 짐을 지고 온 짐승들, 작업에 필요한 도구들도 그곳에 남겨두었다. 바르톨로메오가 죽었다는 소식을 들은 그는 슬픔을 견디지 못하고 모든 것을 볼로냐에 남겨둔 채 총총 피렌체로 가버렸으니 그 대리석들이 오늘날까지 산 페트로니오 성당에

---

* 콘투치는 안드레아 산소비노의 별명이다.
* 빌라 카세로타(Villa Caserotta)다.

그림 530 니콜로(일 트리볼로) 설계, 「보볼리 공원」(부분),
1550, 피티 궁전, 피렌체.

내버려져 있다.

그는 피렌체로 가던 길에 피사에 들러 조각가이자 친구인 스타조 다 피에트라산타Stagio da Pietrasanta를 만났다. 이 조각가는 이곳 대성당 대제단의 성물聖物을 넣는 닫집 달린 감실 양쪽에 구멍을 뚫은 대리석 원주 두 개를 제작했다. 거기에는 약 2브라차 크기의 대리석으로 만든 천사가 손에 촛대를 들고 있다.

이 조각가는 트리볼로를 초대해 천사의 조상을 제작했는데 아주 섬세하고 훌륭하게 손질했다. 이 천사는 등불을 손에 꼭 붙든 채 날려고 하는데 우아한 의상 밑으로 몸매가 잘 드러나 있으며 어느 모로 보나 감동을 금치 못할 만한 작품이다. 그는 이 작품을 제작하느라 많은 시일을 보냈으나, 예술의 즐거움을 맛보려고 한 것이지 성당 관리인에게 보수를 받으려고 한 일이 아니었다.

그는 피렌체로 되돌아와서 조반 바티스타 델라 팔라Giovan Battista della Palla를 만났다. 이 사람은 당시 프랑스의 프랑수아 1세에게 보내려고 유명한 예술가가 제작한 조각과 그림뿐만 아니라 각종 고대 유적들을 모았으며, 매일같이 짐을 꾸려서 그곳으로 보냈다. 때마침 트리볼로가 도착하니, 조반 바티스타는 간직하고 있던 아름다운 화강암 꽃병을 왕궁의 분수로 쓰기에 알맞도록 손봐달라고 트리볼로에게 부탁했다. 트리볼로는 「자연의 여신」Dea della Natura의 조상을 만들어 그 꽃병을 머리에 이게 하고 그녀 가슴은 아름다운 장식으로 꾸몄다. 첫 줄은 대리석으로 만든 어린이들이 꽃줄을 들고 있는 아름다운 자세로, 둘째 줄은 네 발 짐승으로 꾸몄는데 그 발들을 갖가지 물고기 문양으로 장식했다. 조반 바티스타는 이것을 다른 선물들과 함께 프랑스 왕에게 보냈는데, 왕은 귀중한 보물로 평가해 퐁텐블로를 장식하도록 했다.

1529년 피렌체가 포위 공격을 받았을 때, 교황 클레멘티우스 7세는 군대를 어디에 배치하면 좋을지 연구하면서 비밀리에 이 도시의 지도를 작성하고 동시에 그 둘레 1밀리아 반경에 있는 마을과 언덕, 산, 개천, 바위, 건축물, 성당, 기타 그 안에 있는 거리와 광장, 그것을 둘러싼 모든 차폐물을 자세히 조사하도록 명했다. 그리고 그 책임이 벤베누토 디 로렌초 델라 볼파이아Benvenuto di Lorenzo della Volpaia에게 주어졌다.

벤베누토는 유망한 시계 제작자이자 뛰어난 점성가占星家이며, 탁월한 지도 제작자이기도 하다. 벤베누토는 트리볼로에게 도움을 청했다. 그가 이런 계획의 필요성을 넌지시 표현했기 때문이다. 산의 높이, 낮은 땅의 깊이, 그밖에 모든 것을 명암으로 표시해야 하는데 그들이 성당의 둥근 지붕을 기준으로 길이를 측량하며 종루, 탑의 높이 등을 밤을 새워가면서 컴퍼스로 일일이 측량했기 때문에 많은 위험이 뒤따르는 일이었다.

지도는 가벼워야 하므로 코르크를 4브라차 크기로 압축해 모든 것을 눈금 안에 집어넣었다. 이 작업에 여러 달이 걸렸는데, 이 코르크를 하나하나 조각으로 낸 뒤 양모로 싸서 꾸러미를 만들어 피렌체로부터 페루자로 몰래 내간 다음, 임무를 맡은 사람에게 건네주어 교황에게 전달했다. 교황은 피렌체가 포위 공격을 당하는 동안 그것을 옆에 놓고 매일 보내오는 편지와 자료를 보면서 군대가 어디에 배치되어 있으며, 전투가 어디서 벌어졌는지를 한눈에 알 수 있었다. 한마디로 이 지도는 보기 드문 희귀한 작품이라 하겠다.

이 전쟁 동안 트리볼로는 친구들, 특히 안드레아 델 사르토를 위해 점토로 조상을 제작했는데 그중에서도 밀초로 만든 조상 셋은 안드레아가 콘도타Condotta 광장에 프레스코를 그릴 때 모델로 이용한 것으로, 장교 세 사람이 돈이 들어 있는 상자를 다리에 매달고 탈출하는 장면이다. 교황에게 소환당한 벤베누토는 로마로 가서 그의 발에 입 맞추고 벨베데레궁의 책임을 맡아 봉급도 유족하게 받았다. 그가 교황을 알현한 자리에서 기회를 놓치지 않고 트리볼로가 뛰어난 조각가라고 고했기 때문에 피렌체 포위가 끝난 뒤 교황 클레멘티우스가 트리볼로를 고용했다. 즉, 교황 레오의 명령으로 안드레아 콘투치Andrea Contucci가 안토니오 다 산 갈로에게 시켜 로레토의 마돈나 성당을 건조해왔는데 콘투치가 죽자 공사가 중단되었었다. 교황 클레멘티우스는 산 갈로가 완성하지 못한 부분을 트리볼로가 마무리 짓도록 위촉했다.

트리볼로는 가족을 데리고 로레토로 가서, 그곳에서 유명한 대리석 조각가 시모네 모스카Simone Mosca, 라파엘로 다 몬테루포, 프란체스코 다 산 갈로Francesco da San Gallo, 안드레아의 제자이며 조각가인 지롤라모 페라레세Girolamo Ferrarese, 시모네 촐리Simone Cioli, 라니에리 다 피에트라산타Ranieri da Pietrasanta, 프란체스코 델 타다Francesco del Tadda*와 함께 작업을 완성했다. 트리볼로는 가장 중요한 작품이자 앞서 안드레아가 착수했던 「마리아의 혼례」를 아름답게 만들었다. 그는 이 장면에 덧붙여 마리아의 혼례를 지켜보면서 서 있는 많은 조상 가운데에, 꽃이 안 달렸다고 화를 내면서 장대를 꺾어버리는 조상을 아주 자연스럽게 만들어놓았다. 이 공사와 그밖에 모든 일이 잘 끝난 뒤 트리볼로는 성당 감실에 들여놓을 예언자들의 모델을 밀초로 만들었는데, 교황이 그 작업을 돌아보고 특히 트리볼로의 작품을 칭찬했다.

교황은 미켈란젤로 감수 아래 산 로렌초 성당 안의 성물실과 도서관, 건물 정면을 장식할 조상을 완성하려고 지체 없이 피렌체로 되돌아가라고 재촉했다. 시간을 낭비하지 않도록 교황은 미켈란젤로와 벨베데레궁에서 일하던 프라 조반니 아뇰로Fra Giovanni Agnolo를 피렌체로 함께 보내서 미켈란젤로의 지도로 대리석 조상들을 깎도록 했다. 트리볼로는 성모 마리아 조상 옆에 놓을 성 코시모S. Cosimo의 조상을, 몬테루포는 성 다미아노S. Damiano의 조상을 만들도록 했다. 이 작품을 제작하도록 위촉받은 미켈란젤로는 트리볼로에게 나상 둘을 만들도록 했는데 그 하나는 미켈란젤로가 이미 제작한 줄리아노 공작의 대리석 조상 양쪽을 장식하기 위한 것으로, 하나는 삼나무로 만든 관을 쓰고 머

---

* 일명 프란체스코 페루치(Francesco Ferrucci).

그림 531 니콜로(일 트리볼로),「동물들의 동굴」, 1540년경,
카스텔로 메디치 빌라, 피렌체.

리를 숙인 채 팔을 뻗고서 줄리아노 공작의 죽음을 애통해하는 「땅」la
Terra의 조상이며, 다른 하나는 하느님이 넋을 내리시자 팔을 번쩍 들면
서 기뻐하며 미소를 짓는 「하늘」il Cielo을 나타낸 조상이다.

　트리볼로는 「땅」을 제작하기 시작했을 때 공기가 나쁜 탓인지, 허약
해서인지 또는 무절제한 탓인지 말라리아에 걸려 수개월 동안 누워 있
었으며, 수사와 라파엘로가 일을 시작한 것을 보고 슬픔에 잠겨 있었
다. 그래도 경쟁자들보다 뒤처지고 싶지 않아 점토로 「땅」의 모델을 만
든 다음 대리석 조상의 앞부분을 만들었다. 그러나 전연 예기치 않았
던 클레멘티우스 교황의 승하는 미켈란젤로 지도하에 불멸의 작품을
완성하려던 희망에 부푼 사람들에게 큰 실망을 주었다. 당시 앓고 있던
트리볼로는 이 일로 크게 낙심했는데, 피렌체뿐만 아니라 다른 곳에도
일터가 없었기 때문이다. 그러나 그를 항상 도와주던 조르조 바사리는
자기가 봉사하는 오타비아노 데 메디치 공에게 이야기해 알레산드로
데 메디치로부터 일자리를 얻도록 애썼다.

　다소 용기를 되찾은 트리볼로는 미켈란젤로가 만든 성물실의 대리
석 조상들을 모두 점토로 모형을 떴다. 「새벽」Aurora, 「아침」Crepuscolo,
「낮」Giorno, 「밤」Notte을 상징하는 이 조상들은 정말 훌륭했는데 산 로

렌초 성당 주임사제인 조반 바티스타 피조반니Giovan Battista Figiovanni가 그것을 알레산드로 공에게 기증했고, 그는 또 그것을 바사리에게 주었다. 이 조상들은 현재 바사리 관저에 있다. 트리볼로는 그 성당 성물실에 미켈란젤로가 제작한 성모 마리아 조상을 점토로 모조해 오타비아노 공작에게 기증했는데 공은 바티스타 델 친퀘Battista del Cinque를 위해 원주, 대좌台座, 쇠시리 등으로 아름답게 장식했다. 트리볼로는 공작 가령家令의 은고恩顧로 당시 요새 건축을 주재하던 베르톨도 코르시니Bertoldo Corsini에게 고용되어, 능보陵堡마다 가문家紋을 넣어 붙일 방패를 장식할 나상裸像을 두 개 만들었다. 하나의 크기가 4브라차이고 가면假面 세 개가 받친 장대한 조상인데, 트리볼로는 이 작품을 빠른 시일 안에 열심히 완성해 공작의 호감을 샀다.

샤를 5세가 튜니스Tunis에서 돌아올 무렵* 공작이 시민이 꾸민 중상中傷을 피하려고 나폴리로 갔는데, 샤를 5세는 딸인 오스트리아의 마르게리타 공주를 공작과 결혼시키려고 했다. 공작은 대왕을 피렌체에서 대대적으로 환영하기 위해 조반니 코르시, 루이지 구이차르디니Luigi Guicciardini, 팔라 루첼라이Palla Rucellai, 알레산드로 코르시니Alessandro Corsini 네 사람에게 장식을 하도록 위촉했다. 트리볼로에게는 가장 크고 힘든 일이 맡겨졌다. 그는 큰 조상을 네 개 만들었는데, 그중 하나는 6브라차 높이의 헤르쿨레스가 히드라Hydra를 죽이는 장면이며, 은 글자로 명문銘文을 적어 마자오 거리 끝의 산 펠리체 광장 모퉁이에 은막을 씌워 놓았다. 그 명문은 다음과 같다.

헤르쿨레스가 용기와 힘을 가지고 맹수를 길들였던 것같이
카이사르는 용기를 가지고 적을 패망시키고
천하에 자비로운 평화와 평정을 가져오게 했다.

* 1535년의 일이다.

Ut Hercules labore et aerumnis monstra edomuit,

ita Caesar virtute et clementia, hostibus victis seu placatis ,

pacem orbi terrtarum et quietem restituit.

　다른 것들은 8브라차 높이인데, 하나는 로마에서 가져온 뱀 위에 앉은 바그라다스Bagradas강이며, 또 하나는 한 손에 아말테이아Amaltheia의 뿔을, 다른 손에는 배의 키를 들고 있는 히베로Hibero로 둘 다 청동빛으로 채색했다. 대좌 밑에는 '*Hiberus ex Hispania*'스페인에서 히베로, 다른 대좌 밑에는 '*Bagradas ex Africa*'아프리카에서 바그라다스로라는 명문銘文이 적혀 있다. 마지막 것은 「평화」의 여신을 상징하는 5브라차 높이의 조상인데, 데 메디치 거리의 모퉁이에 놓여 있다. 그 여신은 한 손에는 올리브나무 가지를, 또 한 손에는 불붙은 횃대를 들었는데, 그녀가 앉아 있는 대 위에 쌓아올린 장대에 불을 붙인다. 명문은 '*Fiat Pax in Virtute Tua*'너희의 용기만이 평화를 손에 넣으리라.

　그는 자기 일을 완성하지 못했는데, 산타 트리니타S. Trinita 광장에 만들어놓은 7브라차 높이의 말 위에 갑옷을 입은 샤를 5세의 조상을 올려놓겠다고 제안했기 때문이다. 그 내용은, 친구인 목각공 타소Tasso가 대좌와 다른 목각을 만들 때 서두르지 않고 잡담과 익살로 시간을 낭비하고, 점토로 만든 말이 채 마르기도 전에 주석을 씌워서 간신히 시간에 맞췄다고 한다. 대좌에는 다음과 같은 명문이 있다.

　　이 기념비는 적을 무찌르고 이탈리아에 평화를 회복시키고

　　형제 페르디난도 공에게 인사드리는

　　카를로 아우구스투스에게

　　피렌체 공 알레산드로 메디치가 바친 것이다.

　　아우구스투스 왕은 아프리카에서 터키족을 쫓아내고

　　평화를 회복했다.

IMPERATORI CAROLO AUGUSTO VICTORIOSISSIMO, POST DEVICTOS HOSTES,

ITALIAE PACE RESTITUTA ET SALUTATO FERDIN. FRATRE, EXPULSIS ITERUM

TURCIS AFRICAQUE PERDOMITA, ALEXANDER MED. DUX FLORENTIAE, D.D.

샤를 5세가 피렌체를 떠나고 마르게리타 공주의 혼례 준비가 시작되었는데, 그녀와 후행을 맡은 나폴리 여왕이 오타비아노 데 메디치 저택에 편히 머무르도록 4주간에 걸쳐 부속건물을 지었다. 화가인 트리볼로와 안드레아 디 코시모Andrea di Cosimo를 비롯해 시내의 화가 90명과 조각가들이 바사리를 도와 로지아와 안뜰을 결혼식에 어울리도록 장식했다. 트리볼로는 그밖에도 얕은 돋을새김으로 새긴「승리」의 조상을 정문 가까이에 만들었는데, 역시 돋을새김으로 제작한 독수리에 대왕의 문장紋章을 걸어놓았다.

그는 또 반신상 조상 주위를 아름다운 천사들로 장식했다. 이 축제가 벌어질 때 볼로냐에 있던 친구 피에트로 델 마뇨Pietro del Magno로부터 편지를 받았다. 그곳의 마돈나 디 갈리에라Madonna di Galliera 성당에 3브라차 되는 깊은 돋을새김 대리석 조상을 제작하도록 간청하는 내용인데 아름답게 장식한 대리석 대좌는 이미 제작되었다는 사연이었다.

트리볼로는 별로 할 일이 없었으므로 볼로냐에 가서 승천하는 성모 마리아와 12사도의 모델을 제작했는데 사도들의 자태가 각양각색이다. 그런데 제작을 시작한 그는 별로 즐겁지 못했다. 밀라노산 대리석의 질이 좋지 않았으며, 염분을 띠어 조각할 때 대리석 표면이 사람의 피부 같은 느낌이 없어 시간만 낭비했다. 내가 교황 클레멘티우스가 시작한 성물실을 완성하고자 미켈란젤로와 그밖의 예술가들을 로마로 불러들이려고 알레산드로 공작을 설득할 무렵, 트리볼로가 볼로냐에서 일을 거의 끝냈으므로 나는 그가 피렌체에서 일할 수 있도록 공작에게 제의했다. 그러나 불행하게도 공작이 로렌초 디 피에르 프란체스코 데 메디치에게* 살해되었으므로, 사정이 일변하여 이 계획은 수포로 돌아가고 많은 예술가가 실망하고 말았다.

공작이 죽었다는 소문을 들은 트리볼로는 나에게 위로의 편지를 보내왔다. 그는 궁전을 떠나 공부를 계속하겠다는 내 마음을 이해했기 때문에 나에게 로마로 갈 것을 권하면서 내가 준비만 한다면 함께 가겠다고 했다. 그러나 그럴 필요가 없게 되었다. 코시모 데 메디치Cosimo de' Medici가 공작이 되었으며, 그의 치세治世 첫해에 몬테 무를로Monte Murlo의 적들을 패퇴시켜** 평온을 되찾았기 때문이다.

공작은 피렌체에서 약 2밀리아 거리에 있는 카스텔로의 별장에 자주 왕래하면서 장차 자기 정신廷臣들과 안락하게 지내려고 건축물을 짓기 시작했다. 이는 공작의 어머니 마리아 공작부인의 헌신적인 신하이며, 건축가이자 미덕으로 이름난 피에트로 다 산 카시아노Pietro da San Casciano의 충고에 따른 것이었다. 이 건축가는 오랫동안 열망하던, 수로水路를 궁전으로 끌어오려고 결심하고 카스텔로에서 400미터가량 되는 카스텔리나Castellina 언덕에서부터 도수관導水管을 만드는 데 많은 인부를 고용해 공사를 힘차게 진행했다.

공작은 피에트로가 급수 시설과 장소를 고안하고 설계할 만한 능력이 없음을 깨닫고, 어느 날 오타비아노 데 메디치, 시뇨라 마리아의 시종이며 트리볼로의 친구인 크리스토파노 리니에리Cristofano Rinieri와 이 공사에 관하여 의논했다. 그러다 트리볼로가 이런 공사에 가장 적합한 사람이라는 칭찬을 듣고, 크리스토파노로 하여금 트리볼로를 볼로냐에서 데려오도록 했다. 일은 지체 없이 진행되었고, 그전부터 코시모

* 1537년 1월 6일의 일이다.
** 1537년 7월 31일의 일이다.

공작에게 봉사하고 싶었던 트리볼로는 곧 카스텔로에 왔다. 코시모 공은 그에게 모델을 만들라며 공사를 위촉했다. 그가 모델을 제작하는 동안 피에로는 도수관을 만들었다.

피렌체가 포위 공격을 당했을 때 미켈란젤로의 설계로 만든 산 미니아토S. Miniato 언덕 위의 능보陵堡 주위에 성벽을 쌓기 시작한 코시모는 트리볼로로 하여금 피렌체에 면한 능보 모퉁이에 「승리」의 조상 두 개에 피에트라 포르테pietra forte의 문장紋章을 만들어 붙이도록 했다. 트리볼로가 고심 끝에 문장과 4브라차 높이의 「승리」 조상 하나를 완성했을 무렵 피에트로가 공작이 만족할 만한 도수관을 만들었기 때문에 공작은 트리볼로가 하던 일을 중단시킨 뒤 궁전 장식을 위한 모델을 제작하도록 했다. 그리고 피에트로가 받는 월급 금화 8두카트를 트리볼로에게도 지급하기로 했다. 따라서 도수관과 샘터의 장식 사이에는 아무런 혼란도 일어나지 않았으며, 나는 여기서 카스텔로의 지형에 관해 몇 마디 언급하고자 한다.

카스텔로 별장은 몬테 모렐로Monte Morello 중턱에 있는 토파이아Topaia 별장 바로 밑에 자리 잡았다. 전면에는 1밀리아 반가량의 평야가 완만한 경사를 이루고 거기에서 아르노Arno강과 만나게 된다. 이 지점에서 산이 시작되는데 여기에 피에르 프란체스코 데 메디치가 설계한 아름다운 궁전이 있다.그림 532 건물 정면은 남쪽을 향했는데 넓은 잔디 평야가 내려다보이며, 물이 넘쳐흐르는 커다란 연못이 둘 있다. 이 물은 옛 로마 시대에 발디마리나Valdimarina에서 피렌체까지 도수관으로 끌어다가 저수지에 저장했던 것인데, 경관이 아름답다. 이 연못 한가운데에는 폭이 12브라차 되는 다리가 걸려 있어 같은 폭의 큰길과 연결되는데, 길 양쪽에는 뽕나무가 무성해 상쾌한 나무 그늘이 300브라차나 뻗어 있다.

마침내 양쪽에 분수가 있는 문에 이르러 프라토로 통하는 큰길로 이어지는데 이 분수는 여행자와 가축의 목을 축여준다. 동쪽에는 훌륭한

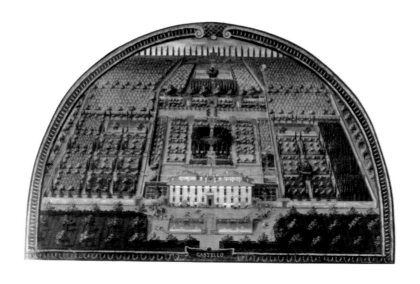

그림 532 주스토 우텐스, 「카스텔로 별장」(북쪽에서 보다),
패널에 오일, 지형학 박물관, 피렌체.
지상에 늘어놓은 것들은 바사리가 기록한 바와 같이 이미
없어졌다. 빽빽한 수목과 관목에 둘러싸였던 트리볼로의
화려한 분수를 생각할 때 여간 불행한 일이 아니다. 이 그림은
16세기경에 그린 것이며 바사리가 당시 본 바와 같은 정원과
별장이 보인다.

마구간들이 있고, 서쪽은 개인 정원이다. 안뜰의 마구간에서도 들어갈
수 있는데 1층 로지아, 홀, 방들을 지나면 궁전으로 직통한다. 이 홀의
서쪽을 지나면 과수가 가득 찬 다른 뜰로 통하고 그 끝에는 사환들과
일꾼들의 집이 있는데 무성한 전나무들에 가려 잘 보이지 않는다. 북쪽
에는 궁전만큼 넓은 목장이 있다.

　이곳 잔디밭에서 계단으로 오르면 담장으로 둘러싸인 큰 정원이 나
오는데 올라갈수록 햇빛을 흠뻑 받은 정원 때문에 전면의 궁전이 잘 보
이지 않을 정도다. 이 꼭대기에 오르면 궁전뿐만 아니라 멀리 평야에
둘러싸인 시가까지 보인다.

정원 한가운데에는 크고 굵은 삼나무, 월계수, 전나무가 무성해 2브라차 높이의 산울타리에 둘러싸이면서 미궁迷宮을 이루었으며, 무척 정연해서 마치 그림같이 보인다. 트리볼로는 공작의 청에 따라 이 미궁 안에 대리석으로 아름다운 분수를 만들었다. 트리볼로는 이 호수에서 통하는 정문에 아르노강으로 향하는 1밀리아 길이의 큰길을 만들고자 했으며, 길옆으로 분수에서 흘러나오는 물을 개천에 넣으려고 했다.

이번에는 이미 완성된 것들과 이제부터 착공해야 할 궁전들에 관해 말하려고 한다. 트리볼로는 궁전 정면에 로지아를 만들어, 안뜰로 통하는 새 궁전을 짓고자 했다. 즉, 지금의 궁전과 같은 규모의 것이다. 또 정문에 있는 안뜰을 지나 미궁이 있는 정원의 사방이 30브라차 되는 공간에 흰 대리석으로 분수를 만들었으며 14브라차 높이의 장식을 제작하고 그 꼭대기에 올려놓은 6브라차 높이의 조상에서 물을 뿜어내도록 했다. 잔디가 끝나는 양쪽에는 길이 30브라차, 폭 15브라차 크기의 로지아를 만들고 그 중앙에는 길이 12브라차의 대리석 판자를, 그 바깥쪽에는 8브라차의 수반水盤을 만들어 두 조상이 들고 있는 꽃병에서 나오는 물을 받도록 했다.

미궁의 한가운데에서 뿜어내는 물과 대리석 수반, 분수 둘레에 아름다운 의자를 두어 가장 아름다운 분수를 만들려고 계획했는데 후에 만들어진 것은 원래 있던 큰 분수에 비하면 아주 작았다. 정원 끝 중앙에는 천사들이 사방으로 물을 뿜어대는, 대리석으로 만든 조상으로 장식한 출입문을 만들기로 했다. 또 정원 모퉁이에 조상을 배치한 벽감은 푸릇푸릇한 초목으로 덮인 정원을 가로지르는 도로를 연결하는 곳에 있는 울타리 장식과 흡사했다.

이 정원 위쪽의 출입구를 지나면 다른 정원으로 들어가게 되는데 앞서 말한 정원보다는 길이가 좀 짧으며, 산 밑에 자리 잡았다. 거기에는 양쪽에 로지아가 하나씩 있으며, 언덕 맞은편 담벼락 안에 동굴이 하나 있어 물을 모으는 수조水槽 셋과 벽 양쪽에 샘이 둘 있다. 아래 정원에 있는 샘터 수는 위 정원의 것과 같으며 위에서 내려오는 물을 받도록 되어 있다. 여기에는 오렌지나무를 가득 심었는데 벽과 산이 폭풍을 막아준다.

부싯돌 계단 둘을 오르면 삼나무, 전나무, 너도밤나무, 월계수가 무성한 숲으로 가는 길과 아름답게 줄지은 상록수 숲으로 가는 길로 갈라지는데, 트리볼로가 그 사이에 물고기가 노는 아름다운 연못을 설계해 만들었다. 여기서부터는 점점 좁아져서 각을 이루게 되어 끝이 뾰족한 로지아를 만들어야 했다. 여기에서 계단을 오르면 궁전, 분수, 정원, 포조 아 카이아노Poggio a Caiano의 공작 별장과 프라토, 피렌체, 시에나,* 그밖에 사방 몇 밀리아 떨어져 있는 마을들이 한눈에 들어온다.

앞에 이야기한 피에로 다 산 카시아노는 카스텔로까지의 도수관 공사를 끝내고, 카스텔리나Castellina의 물을 모두 끌어다 댄 며칠 후에 심한 열병에 걸려 죽었다. 트리볼로는 이 공사의 책임을 이어받았는데 카스텔로 별장으로 끌어오는 물이 많다는 것은 잘 알았지만 그가 장차 쓰려고 예상한 양에는 미치지 못하는 사실도 잘 알았다. 그래서 그는 공작의 허락을 얻어 카스텔로보다 150브라차나 높은 곳에 있어 수질이 좋고 수량이 풍부한 페트라이아Petraia에서 물을 끌어오기로 했다. 다른 공사 때 만든 것과 같은 도수관을 만들어 물을 끌었는데, 지형이 높아서 다른 수로를 통해 큰 호수까지 물을 댈 수 있었다.

이 공사를 끝낸 트리볼로는 석굴石窟 제작을 시작했는데, 아름다운 건축학적 설계에 따라 벽감 셋과 그 양쪽에 분수를 하나씩 만들었으며, 그중 하나는 몬테 아시나이오Monte Asinaio의 조상이 수조 쪽으로 물을 뿜게 했다. 이 물은 다시 미궁의 정원 뒤에 있는 큰 분수와 회색 돌로 만든 큰 벽감 안에 서 있는 무뇨네Mugnone강을 나타내는 조상과 견각肩角이 실린 수반으로 들어간다. 이 공사는 계획과 달리 일부분만 진행되

* 아마 시냐(Signa)일 것이다.

었지만 그것이 완성되었다면 무뇨네강은 몬테 아시나이오에서 원류했다는 사실과 같았을 것이다.

완공된 무뇨네 조상은 4브라차 높이로 위풍당당한 자세인데 어깨에 멘 꽃병에서는 수조 쪽으로 물이 쏟아지며, 왼쪽 다리를 오른쪽 다리에 의지했다. 그 뒤에는 피에솔레Fiesole를 상징하는 여자 나상이 벽감 안에 서 있는데 이 도시의 옛 문장인 달을 들었다. 벽감 아래에는 큰 염소 두 마리가 떠받친 커다란 수반이 있는데 공작의 문장紋章을 나타낸 것으로서 꽃줄과 탈로 장식했다. 수반 밑의 염소 입술에서 나오는 물은 미궁 정원의 담을 돌아 벽감들 사이의 샘터와 오렌지나무와 석류나무 사이로 빠져나간다.

트리볼로는 둘째 번 정원에 무뇨네강의 물을 대기 위한 몬테 아시나이오를 상징하는 조상과 비슷한 몬테 델라 팔테로나Monte della Falterona 조상을 만들어 여기에서 아르노강을 나타내는 조상이 물을 받도록 제작하려고 했으나, 어느 것도 완성하지 못했다. 트리볼로가 제작한 분수와 아르노 조상에 관해 좀더 언급하고자 한다. 아르노강을 상징하는 조상은 누운 자세로 한쪽 넓적다리 위에 수반을 올려놓고 한쪽 팔로 사자에 기댔는데, 사자 발에는 백합 한 송이가 끼워져 있다. 수반은 구멍 뚫린 벽에서 흘러나오는 물을 받는데, 뒤에는 팔테로나 조상을 놓도록 되어 있으며, 이미 이야기한 바와 같이 무뇨네강의 조상이 거기에서 물을 받도록 되어 있다. 무뇨네 수반과 같은 긴 수반들이 여러 방향으로 통해 있으므로 더 이야기할 것은 없지만, 이 아름다운 공사에 대리석을 깔지 않은 것은 유감천만이라 하겠다.

트리볼로는 물을 끄는 공사를 계속해, 석굴이 있는 곳에서 오렌지나무 정원을 지나 미로까지 이어지도록 원형을 만들고 중앙에 끌어간 파이프에서 분수의 물을 뿜어내도록 했다. 그다음 아르노강과 무뇨네강에서 합쳐진 물이 구리관을 통해 미로의 지하로 가도록 아름다운 양식으로 공간을 배치한 다음 가는 물줄기가 나오도록 만들고, 사람들이 분수를 구경하려고 오면 꼭지를 틀어 물을 뿌리게 해서 사람들이 쉽게 피할 수 없게 만들었다. 더욱이 분수 주위에는 돌로 만든 의자들을 놓고 그 밑을 얕은 돋을새김으로 된 사자와 바다 괴물들이 받들게 했는데, 분수 뒤쪽 지면의 경사가 심해 공사하기가 어려웠을 것이다.

다음에 그는 미로의 분수 제작에 착수해 대리석 좌대의 둘레를 꼬리를 비꼰 바다 괴물로 장식했는데 이런 종류의 것으로는 최상이라 하겠다. 그리고 오래전에 카스텔로에 가져다두었던 대리석 판으로 수반水盤을 만들었다. 이것은 원래 오타비아노 데 메디치가 줄리아노 살비아티Giuliano Salviati에게서 사들였던 것으로, 빌라 델 안텔라Villa dell' Antella에서 운반해왔다.

트리볼로는 이보다 앞서 수반의 가장자리를 꾸밀, 바다 괴물들로 장식한 꽃줄을 든 천사들의 돋을새김을 만들었는데, 수반 위의 대리석 기둥에 새겨놓은 어린이 조상들의 자세가 정말 우아하다. 이 기둥 제일 위에는 3브라차 높이의 물을 뿜어내는 청동 조상을 만들었는데, 아시나이오산과 팔테로나Falterona산에서 아르노와 무뇨네의 강물을 피렌체로 끌어왔기 때문에 피렌체를 상징하고자 한 것이다. 이 조상은 손으로 자기 머리카락을 짜 물이 앞으로 흐르도록 했는데 자세가 무척 아름답다.

미로 밑에는 사방 30브라차 크기의 연못을 만들고, 미로와 다른 도수관을 통해 흘러드는 물줄기를 받아들일 큰 분수를 만들기 시작했다.그림 533 그러니까 여덟 면에는 각기 계단이 있는데 한 층계 높이가 5분의 1브라차이고 모퉁이마다 5분의 2브라차 높이의 돌출부가 색다른 모양을 보여주며, 분수의 가장자리는 꽃병 같은 형태를 했다. 중앙의 지주는 팔각이면서 분수 밑까지 팔각형으로 되어 있다.

모퉁이마다 자리를 만들어 실물 크기의 어린이 여덟 명이 서로 손을 잡은 자세가 아름답다. 이 위는 첫째 수반의 가장자리가 사방 6브라차에 이르므로 분수가 사방으로 물을 뿜어내도 이 어린이들은 물에 젖지

그림 533 니콜로(일 트리볼로), 헤르쿨레스 분수,
1536년 이후, 대리석과 청동, 카스텔로 별장, 피렌체 근교.

않는다. 첫째 수반 위의 기둥은 사각형으로 되어 있어 역시 네 어린이
가 물을 뿜어내는 거위들의 목을 쥐고 희롱한다. 이 어린이들 위쪽에도
기둥이 있어 역시 물을 뿜어낸다.

그 위에는 둘째 수반이 있는데 사방으로 염소 머리가 튀어나왔으며,
뿔에서는 역시 물을 첫째 수반 쪽으로 뿜어낸다. 둘째 수반 위에도 기

둥이 뻗어 있어 꼭대기에는 헤르쿨레스가 안타에우스Antaeus*를 처부수는 조상을 올려놓았는데, 이것은 트리볼로와 다른 사람들이 합작했다. 안타에우스는 입에서 물을 토해내는데 이것은 페트라이아Petraia의 큰 도수관을 통해 나온 물이다. 이 조상은 땅에서 16브라차 높이에 있다. 여기에서 나온 물은 카스텔로에서 나온 것과 합류해 팔테로나 분수와 몬테 아시아이오로, 아르노 분수와 무뇨네 분수로 간다. 그리고 다음 미로의 분수에서 합류해 앞서 이야기한 어린이들이 거위와 희롱하는 큰 분수로 들어간다.

트리볼로의 설계에 따르면 하나는 로지아의 수반으로 가는 도수관과 또 하나는 개인의 정원으로 가는 도수관이 있다. 그중 서쪽에 자리 잡은 정원에는 약용식물이 무성하며, 대리석 수반 뒤 분수의 벽감 안에 에스쿨라피우스Aesculapius, 약의 신의 조상으로 장식하도록 되어 있었다. 이 분수는 트리볼로가 대리석으로 제작했는데 장식이 풍부하고 균형도 잘 잡혀 있으며 매혹적이어서 지금까지 제작된 분수 중에서 가장 완벽한 것이라고 평하고 싶다. 트리볼로는 우선 모델을 만든 다음 대리석으로 이 조상을 제작하기 시작했지만 다른 일 때문에 중단할 수밖에 없었으며, 후에 제자인 안토니오 디 지노Antonio di Gino가 완성했다.

트리볼로는 동쪽 정원에 너도밤나무를 심고 담쟁이덩굴이 나뭇가지를 휘감게 했는데, 마치 숲처럼 보인다. 나무로 만든 계단으로 오르면 사방이 의자로 둘러싸인 네모난 정자가 있는데 한가운데 얼룩진 대리석으로 만든 탁자 위에 꽃병들이 보인다.

트리볼로는 이 미로의 정원을 둘러싼 벽감을 조상들로 장식하고자 당시 저명한 시인이자 웅변가이며 철학자였던 베네데토 바르키

---

* 그리스신화에서 바다의 신 넵투누스와 땅의 신 테라 사이에 태어난 거인인데 몸이 땅에 붙어 있는 동안은 당해낼 사람이 없으나 헤르쿨레스가 번쩍 들어 목을 졸라 죽였다.

Benedetto Varchi 씨와 상의해 사계四季를 가장 적당한 장소에 세우려고 했다. 「겨울」은 출입구 오른쪽에 두었는데 미덕을 소유한 코시모 공작과 더불어 메디치 가문의 위대함을 과시하는 조상 여섯 개를 만들었다. 이 조상들은 정의, 효애孝愛, 용기, 고결, 지혜, 관용을 뜻한다. 맞은편에는 법률, 평화, 무기, 과학, 언어, 예술을 상징하는 조상을 세우고자 했다. 즉, 메디치 제후가 법률에 공정하고, 평화를 사랑하며, 전쟁에서 용맹스럽고, 과학에 해박하며, 언어와 천재를 찾아내는 데 현명하고 예술에 관대했기 때문이다.

트리볼로는 이 조상들을 아르노 분수와 무뇨네 분수 가까이에 두고 피렌체를 찬미하려고 했다. 그리하여 그는 메디치 가문 사람들의 초상으로 이들 조상을 만들고자 했다. 즉 법률은 코시모 공, 애련哀憐은 줄리아노, 용기는 조반니 경, 고결은 로렌초 일 마니피코, 지혜는 코시모 1세나 교황 클레멘티우스 7세, 관용은 교황 레오를 상징한다. 다른 쪽 박공博栱 벽에는 메디치가의 다른 인물이나 그의 친척을 놓기로 내정했다. 이 조상들의 배치를 알아보기 쉽도록 다음과 같이 표시한다.

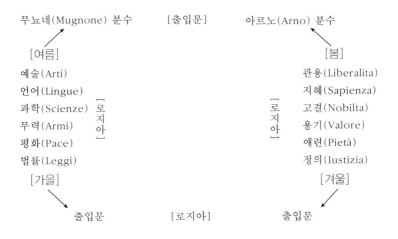

완성되었더라면 이런 장식은 유럽에서 가장 장엄한 작품이 되었을

것이다. 그런데 이것이 공작의 마음에는 들었지만 트리볼로가 계속 밀고 나가지 않았기 때문에 완성되지 못했다. 공작은 당시 경비를 자유로이 쓸 수 있었고 인재들을 갖추고 있었다. 공작은 용수用水 부족을 염려해 카스텔로에서 피렌체로 이어지는 도수관을 연결하려고 트리볼로보다 활동적이며 야심 있는 사람에게 공사를 위촉했다.

트리볼로는 공작을 위한 잡무를 처리하느라 분망해 아르노강과 무뇨네강의 두 분수와 피에솔레의 조상을 제작하는 데 그쳤다. 그는 또 공작의 위촉으로 무뇨네강에 다리를 가설했는데, 강에 잘 어울리도록 아치를 뒤틀어진 모양으로 만들어 당시 새로운 구상이라고 많은 칭찬을 받았다.

얼마 전 공작은 자기 아버지 조반니 데 메디치*의 무덤을 만들고 싶어서 트리볼로에게 위촉했다. 트리볼로는 라파엘로 다 몬테루포와 경쟁해 아름다운 모델을 만들었다. 몬테루포는 공작의 문장紋章을 제작한 프란체스코 디 산드로Francesco di Sandro의 은고를 받은 사람이다. 공작이 트리볼로의 모델을 채택하기로 결심하자 트리볼로는 카라라에 채석採石하러 가서 카스텔로 별장 로지아를 제작할 때 쓸 수반水盤 두 개, 평석平石, 그밖에 큰 대리석 조각을 입수했다.

한편 피스토이아Pistoia 주교 조반 바티스타 다 리카솔리Giovan Battista da Ricasoli가 공작의 공용으로 로마에 갔을 때 바초 반디넬리가 찾아왔는데, 그는 당시 미네르바Minerva 성당 안에 교황 레오 10세와 클레멘티우스 7세의 묘묘 제작을 끝냈으며, 공작에게 자기를 소개해주도록 카솔리 주교한테 부탁했다. 주교가 이런 사연을 적은 서한을 공작에게 보냈고 공작은 그를 데려오라는 회신을 보내왔다. 피렌체에 도착한 그는 뻔뻔스럽게 공작 저택에 무상출입하면서 자기가 만든 데생과 모델을

---

* 일명 조반니 델레 반데 네레(Giovanni delle Bande Nere). 1526년에 죽었다.

공작에게 보여주며 트리볼로가 제작할 예정인 조반니의 무덤을 자기에게 맡기라고 했다. 그리하여 그는 미켈란젤로가 피렌체의 모차Mozza가街에 간직해두었던 대리석을 거리낌 없이 잘라서 일을 시작했다. 카라라에서 돌아온 트리볼로는 자신이 맡았던 공사가 반디넬리에게 넘어간 것을 알고 자신이 너무 꾸물거리고 자만한 탓이라고 후회했다.

코시모 공작이 당시 나폴리 총독이었던 빌라프랑카Villafranca의 후작 돈 페드로 디 톨레도Don Pedro di Toledo 경의 딸 레오노라와 성대하게 결혼식을 거행할 때, 트리볼로는 프라토 성문에 개선문을 만들도록 위촉받았는데 포조에서 오는 신부가 그곳을 통과하게 되어 있었다. 트리볼로는 원주, 벽기둥, 처마도리, 쇠시리, 박공博栱벽을 장식했다. 또 베네치아의 바티스타 프랑코Battista Franco, 리돌포 기를란다요와 그의 제자 미켈레Michele가 그린 조상들과 아름다운 장면, 트리볼로가 만든 조상들로 웅장하게 장식했다.

돋을새김으로 그린 주요 인물은 대좌 한가운데 놓았는데, 다산多産, fecondita을 나타내는 여성으로, 다섯 어린이 중에서 셋은 그녀 다리 옆에, 하나는 무릎 위에, 또 하나는 팔에 안은 모습이다. 양옆에는 같은 크기의 조상이 있는데, 하나는 「안전」Sicurita을 상징하는 조상으로 기다란 장대를 들고 원주에 기댔으며, 또 하나는 「영구불멸」Eternita을 상징하는 조상인데 손에 지구의를 들었다. 그녀 발밑에는 「시간」Tempo을 나타내는 백발의 남자가 손에 해와 달을 들고 있다. 그밖의 것들은 특별히 기재하지 않겠다. 이 결혼식을 위해 장만한 장식물들을 하나하나 설명하는 기사가 있기 때문이다.

트리볼로는 메디치 궁전을 장식하는 일에서 특별한 임무를 띠었으며, 이번 결혼식에 적합한 표어와 더불어 건물 둥근 천장의 반월창에도 많은 장식을 했고, 메디치 일가의 저명인사들과 관계되는 것들도 만들었다. 트리볼로는 그밖에도 넓은 궁전 안에 장엄한 장식을 했는데, 한쪽에는 그리스와 로마신화에 나오는 장면들을 그리고, 한쪽에는 자신이 지도한 당대 유능한 젊은 화가들, 즉 브론치노Bronzino, 피에르 프란 체스코 디 산드로Pier Francesco di Sandro, 프란체스코 일 바키아카Francesco Il Bacchiacca, 도메니코 콘티Domenico Conti, 안토니오 디 도메니코Antonio di Domenico, 베니스의 바티스타 프랑코Battista Franco로 하여금 메디치 일 가 명사들의 행적을 그리게 했다.

브론치노는 산 마르코 광장에 면한 10브라차 높이의 넓은 대좌 위에 있는 쇠시리 윗부분 기둥 받침돌에 청동색으로 아름다운 장면을 그렸다. 트리볼로는 앞발을 높이 든 12브라차 높이의 말을 만들고 말 위에는 공작의 부친인 용감한 조반니 데 메디치의 조상을, 땅에는 부상한 사람과 죽은 사람들을 제작했는데 이 조상을 본 사람은 누구나 그의 구상력과 예술성을 높이 평가했다. 빠른 시일 안에 이런 작품을 완성한 것은 놀랄 만한 일이다. 이때 그를 돕던 젊은 조각가 산티 불리오니Santi Buglioni가 낙상해 죽음은 겨우 면했지만 절름발이가 되었다.

또 트리볼로 지휘하에 연극이 상연돼 아리스토틸레 다 산 갈로 Aristotile da San Gallo가 무대 배경을 그렸는데 이 부문에서는 최고 작품이며, 이에 관해서는 산 갈로 전기에서 다시 이야기하겠다. 막간 연주 때 입은 의상은 이 연극의 총책임자인 조반 바티스타 스트로치 작품이다. 트리볼로는 이 연극에서 상상조차 할 수 없을 만큼 재미있고 기발한 착상으로 의복, 반장화, 머리 장식을 만들었다. 공작은 그 후로는 환상적인 가장무도회를 위해 곰, 물소, 갈까마귀 등 많은 장식을 제작할 때 트리볼로의 비상한 재주를 이용했다.

공작의 맏아들 돈 프란체스코가 출생하던 해에 피렌체의 산 조반니 성당의 장식을 트리볼로가 맡았는데, 왕자의 영세 성사를 위해 궁전에서 성당까지 가는 동안 귀족 처녀 100명이 배웅할 만큼 화려하고 웅장한 장식을 했다. 이 장식을 제작할 때 타소Tasso의 도움을 받아 낡은 성당이 새롭고 현대적으로 보이도록 좌석에 아름다운 금박 칠을 했다. 성당 중앙, 샹들리에 밑에는 나무를 깎아 여덟 면으로 만든 꽃병을 네 계단 높이에 놓았는데, 모퉁이마다 땅에서 솟아오르는 줄기 윗부분에는 여러 자태를 한 천사들이 꽃병을 메고 있고 한쪽 어깨에는 꽃줄이 마치 화환처럼 연결되어 있다. 트리볼로는 꽃병 한가운데에 나무로 만든 좌대를 만들고 거기에 지스몬도 마르텔리Gismondo Martelli 집에서 가져온, 도나텔로가 제작한 세례자 성 요한을 올려놓았다.

다만 본당은 그가 장식하지 않았는데 안드레아 피사노Andrea Pisano가 오래전에 돋을새김으로 장식한, 우아한 옛 닫집 달린 감실이 있는 곳이다. 모든 것이 새롭게 치장되긴 했지만 아쉽게도 옛 본당의 우아한 모습들이 다 사라지고 말았다. 어느 날, 공작이 이번 식전의 장식을 둘러보러 갔는데, 모든 것이 뛰어난 판단으로 잘 이루어졌으며, 트리볼로가 맡겨진 임무를 잘 수행하여 행사에 어울리게 제작했다고 매우 칭찬한 반면, 단 한 가지만은 몹시 질책했다. 즉, 옛 본당을 고려하지 않았다는 것이다.

공작은 과감한 성격에 판단력이 뛰어난 인사답게 이 본당을 모두 명암법chiaroscuro으로 그린 캔버스로 덮으라고 명령했다. 그는 거기에 그리스도에게 세례를 주는 세례자 성 요한과 구경하는 사람들, 세례를 받으려고 옷을 벗는 사람들, 옷을 입는 사람들 등 여러 자세를 한 사람들이 그리스도를 둘러싼 장면과 하늘에는 성령聖靈과 더불어 요르Jor와 단Dan을 상징하는 개천의 신과 같은 모양을 한, 물을 뿜어내면서 요르단Jordan을 만들어내는 분수噴水를 내려보내는 하느님을 그리도록 했다.

당시 공작의 가령家令이었던 피에르 프란체스코 리초Pier Francesco Riccio가 야코포 다 폰토르모와 트리볼로에게 이 작업을 맡기려고 했으나 그들은 6일 만에 일을 끝낼 수 없다는 이유로 거절했다. 리돌포 기를란다요, 브론치노Bronzino, 그밖에 여러 화가도 마찬가지였다.

그 무렵 볼로냐에서 돌아온 조르조 바사리는 피렌체의 산토 아포스톨로S. Apostolo 성당의 빈도 알토비티Bindo Altoviti 경당에 그림을 그릴 예정이었다. 그가 트리볼로, 타소와 친한 사이였으나 이 문제에 개입하지 않은 이유는 아무리 유능한 사람이라도 리초 마음에 들지 않으면 궁중 일에 아무런 혜택도 받지 못하는 실정이었기 때문이다. 공작의 많은 도움으로 유능한 사람이 되었지만, 타소가 추천하지 않아 고용되지 못하면 영영 도외시되고 말았다. 타소는 궁중의 모든 일을 도맡아 보는 건축가였으며, 리초는 타소가 시키는 대로 일을 처리할 뿐 자신이 발의한 일은 거의 없다. 그들은 바사리를 꺼렸으며, 공작이 바사리에게 캔버스를 그리도록 위촉할 줄은 생각조차 못했다. 바사리는 6일 동안 이 본당을 명암법으로 우아하게 장식했다.

트리볼로 이야기로 되돌아가자. 그는 이번 축제 때 제작한 장식으로 많은 칭찬을 받았다. 공작이 원주들 사이의 장식을 그대로 두기로 했으므로 지금 우리가 보는 바와 같다. 트리볼로는 카스텔로에 있는 크리스토파노 리니에리Cristofano Rinieri 별장에 분수를 제작하는 동안 못 위에 있는 벽감에 놓을 수신水神을 회색 돌로 실물 크기로 만들었는데, 여러 조각의 돌로 만든 조상이 마치 돌 한 덩어리로 만든 것처럼 보이며, 힘차게 뿜어내는 물이 큰 수반 위에 떨어졌다.

그다음 트리볼로는 공작의 명령에 따라 산 로렌초 도서관 출입문으로 올라가는 계단을 네 층 만들었는데, 이때 미켈란젤로가 만든 설계도가 보이지 않자 공작은 미켈란젤로의 의견도 물을 겸 트리볼로를 로마에 보내서 그를 피렌체로 데려오도록 했다. 그러나 미켈란젤로는 도서관 계단을 어떻게 설계했는지 생각이 나지 않았을뿐더러 로마를 떠나려 하지 않았다.

피렌체로 돌아온 트리볼로는 계단 일은 중지하고 도서관 마룻바닥을 흰 벽돌과 붉은 벽돌로, 그가 로마에서 보고 온 것같이 교회점토膠灰粘土로 땜질하면서 이리저리 노력한 끝에 둥근 천장과 정간井間 모양을 만들어 역시 칭찬을 받았다. 그 후 그는 당시 성주城主인 돈 조반니 디 루나Don Giovanni di Luna의 위촉으로 회색 돌에 깊은 돋을새김으로 쌍두의 독수리 모양 가문家紋이 붙은 방패를 만들어 포르타 아 파엔자Porta a Faenza의 요새 탑에 올려놓을 예정으로 제작을 시작했지만, 밀초로 모형을 만드는 데 그쳤고, 보루만 완성했다.

해마다 세례자 성 요한 축일이 되면 피렌체에서는 번화한 밤거리에서 지란돌라girandola 놀이를 하는데, 꽃불을 가득 실은 교회 건물, 배 또는 바위 모양으로 만들어 매우 환상적이다. 어느 해엔가 트리볼로가 꽃불 장치를 만들기로 위촉되었는데 정말 아름다운 장치를 만들었다. 이에 대해서는 시에나의 반노치오 비린구치Vannoccio Biringuci*가 있기 때문에 나는 여러 말을 하지 않겠다.

다만 지란돌라에 관해 간단히 적겠다. 이는 폭이 넓은 나무판자로 만들며, 밑에서 불이 붙기 시작해도 불길이 확 일지 않고, 적당한 시간 간격을 두고 서서히 불길이 올라오게 해 판자 아래위에 붙으면서 하늘을 메운다. 불이 한꺼번에 타버리지 않고 장관을 이룬다. 또 모르타르를 지란돌라의 단단한 장소에 바르면 불탈 때 듣기 좋은 소리가 난다. 이때 가장 중요한 것은 유황과 주정으로 된 불씨를 잘 조절해 불이 밤새도록 광장을 비추게 해야 한다는 점이다.

지란돌라에는 여러 가지 장면을 그려놓는데 얼마 전에는 소돔Sodom 시에서 도망쳐 나오는 롯Lot과 그의 딸들을, 또 언젠가는 베르길리우스Virgilius와 단테Dante가 탔다는 제리온Geryon, 단테가 저서『신곡』의「지옥」편에서 이야기한 괴물을, 그리고 꽤 오래전에는 오르페우스Orpheus와 그의 아내 에우리디체Eurydice도 그린 적이 있다. 공작은 이런 장식은 여러 해를 두고 보아야 하므로 솜씨 없는 엉터리에게 맡기지 말고 뛰어난 작가에게 위촉해야 한다고 명령했다.

이에 따라 트리볼로가 고용되어 높이 20브라차나 되는 팔각형의 신

---

* 1480년 시에나에서 출생. 그의 저서『불꽃 제조술』(Pirotecnica)의 초판이 1540년 베네치아에서 출판되었다.

전을 건축하고, 「평화」를 상징하는 조상이 발밑의 큰 무기 더미에 불을 붙이는 장치를 만들어 아름답게 장식했다. 무기, 조상, 그밖의 것들은 모두 종이, 점토, 헝겊으로 가볍게 만들었는데, 이것을 밧줄에 매서 길거리 위에 높이 매달게 되어 있었다. 그러나 불이 너무 빨리 붙었으며, 꽃불이 서로 가까웠기 때문에 한 시간도 못 가서 모두 다 타버려 손해가 적지 않았고 시민들의 실망도 컸다. 그러나 물건 자체는 여지껏 만든 지란돌라 중에서 가장 아름다웠다.

공작은 시민과 상인들의 이익을 위해 메르카토 누오보Mercato Nuovo* 에 로지아를 만들기로 결심했으나 트리볼로에게 과중한 일을 시킬 생각은 없었다. 트리볼로는 카피타니 디 파르테의 주임 토목기사였으며, 동시에 하천과 하수구 관리위원으로서 항상 피렌체 지역을 순시하면서 홍수 때문에 손상된 하상河床을 복구하고, 다리를 수리하는 임무를 맡았다. 그래서 공작은 가령인 피에르 프란체스코의 권고에 따라 타소에게 그 임무를 맡겼는데,** 피에르는 이 기회에 타소를 목수에서 건축가로 전환시키려는 의도가 있었다.

트리볼로는 이런 처사에 별로 내색하지는 않았지만 의사에 거슬리는 일이었다. 타소와 격의 없는 친구로 지내면서도 타소가 만든 모델에서 드러난 많은 잘못을 지적하지 않았다. 예를 들면, 주춧돌 위에 놓은 원주들의 기둥머리들인데, 이것 때문에 만일 이것저것 부품들을 정렬해놓으면 원주들은 충분한 공간이 없어지고, 기둥머리들을 제자리에 가져다놓으면 그 위에 실릴 쇠시리가 들어갈 수 없게 되니 결국은 잘라버려야 하고 건축물의 양식을 망쳐놓게 된다. 그밖에도 잘못된 점이 많지만 일일이 들고 싶지 않다.

피에르 프란체스코는 산 로몰로S. Romolo 성당 출입문과 두카 광장에

* 새 시장터.
** 1547년.

낮은 들창을 제작했는데, 자기 나름대로의 양식이라고밖에 말할 수 없으며, 기둥머리가 주춧돌 역할을 하니 건축의 양식과 척도는 전연 찾아볼 수 없었다. 이 사람 때문에 토스카나 지방에 독일 양식이 되살아났다고나 할까. 공작의 궁전 계단과 홀을 이런 식으로 꾸며놓았으니 건축의 양식, 비율은 물론 공간도 없었으며 한쪽으로 기울어진 곳도 있었고 또 쓰기에 편리한 점도 전혀 찾아볼 수 없었으므로 공작은 마침내 모두 헐어버렸다.

트리볼로는 이런 일들로 공작이 돈을 낭비하고 실망하는 것을 차마 볼 수 없었으며, 이런 철면피한 행동을 자행하는 친구 타소 때문에 난처했다. 전문가들은 예술에 관해 아무것도 모르는 자가 주제넘게 일을 저지른다는 것, 또 그것이 나쁜 줄 잘 알면서도 마음에 든다면서 숨긴다는 것을 잘 알았다. 공작에게는 손해가 되며 여러 사람에게는 수치스러운 일이지만, 그가 궁전 안에 만들어놓은 것들을 조르조 바사리가 모두 파괴해버렸다.

타소와 같은 운명이 트리볼로에게도 닥쳤다. 즉, 타소는 자기와 필적할 만한 자가 없던 목각 일을 버리고 아무것도 모르면서 건축에 뛰어들었는데, 트리볼로는 탁월한 솜씨를 보이던 조각을 버리고 하천의 제방을 쌓는 일에 종사하게 되었다. 그는 하천 공사를 어설프게 만지작거리면서 비난을 받았을 뿐만 아니라 이득보다는 손해를 보았으며 적을 많이 만들었다. 특히 비센치오Bisenzio 사건으로 프라토 지방에서, 또 발디 니에볼레Val di Nievole의 각처에서 그러했다.

코시모 공작이 피티 궁전을 사들이고 정원, 나무, 분수, 연못으로 장식하려고 트리볼로에게 설계를 맡겨 언덕을 꾸몄는데, 우리가 보는 바와 같이 만들었으며 일부는 그 후에 좀 변경되었다. 유럽에서 제일로 손꼽히는 피티 궁전은 적당한 기회에 다시 언급하겠다.

그 후 공작은 트리볼로를 엘바Elba섬에 파견했는데 그곳에서 그는 장차 공작이 이 섬에 건설할 예정인 도시와 항구를 답사했을 뿐만 아니라 피티 궁전의 잔디에 세우려고 지름 12브라차나 되는 화강암을 운반해 올 계획을 짜려고 했다. 그는 그곳에서 화강암을 운반할 배를 만들게 하고 석공石工들에게 지시를 내린 뒤 피렌체로 돌아왔는데, 가는 곳마다 불평과 저주의 말을 들어야 했다. 당시 큰 홍수가 나서 침수로 엄청난 피해가 났기 때문인데, 하천의 보수공사를 일시적으로 땜질한 게 원인이었다. 그 잘못이 트리볼로 책임만은 아니었는데도 관리들과 트리볼로 밑에서 일을 도와주던 사람들은 악의와 시기로 그를 비난하고 나섰다. 그는 성품이 대담하지 못할 뿐만 아니라 수단이 없었으며, 이 사건으로 혹시 공작의 총애를 잃지나 않을까 두려워했다.

그는 이런 궁지에 몰려 있던 차에 1550년 8월 20일 심한 열병에 걸렸다. 당시 조르조 바사리는 피렌체에 머물렀는데, 그는 몬토리오Montorio에 있는 산 피에트로 성당 안에 건립한 교황 율리우스 3세의 묘를 만들 대리석을 로마로 가져가던 길이었다. 트리볼로를 극진히 공경하던 바사리는 그를 찾아가서, 그에게 오직 건강 문제만 염두에 두도록 타이르고, 회복되면 카스텔로 별장의 공사를 끝내려 노력하고, 하천의 보수공사는 손대지 말라고 권고했다. 만일 그랬다가는 이익과 명예를 얻기보다는 오히려 해로울 것이었기 때문이다. 그는 성심껏 그렇게 하기로 약속했으나 그해 9월 7일에 죽었다.

그리하여 카스텔로 별장 공사는 일시 중단되었다가 다시 계속되었으나 트리볼로가 살아 있을 때처럼 공사가 활발하고 정성이 들어가지 못했으며, 공작도 열의가 적었다. 자비를 들여 하는 공사는 열의를 가지고 밀고 나가지 않는다면 일이 성취되지 못할 것이다. 왜냐하면 공사를 인계받은 사람이 전임자의 설계와 의사를 받들어 기꺼이 공사를 마치는 경우가 매우 드물기 때문이다.

그러나 공작의 위촉을 받은 조르조 바사리는 전임자의 설계를 잘 받들어 카스텔로 별장의 호수를 완성했다. 트리볼로는 65세에 죽었으며, 스칼조Scalzo 조합에서 그를 매장했다. 그에게는 라파엘로라는 아들이 있었는데 예술에는 종사하지 않았다. 두 딸 중 하나는 카스텔로 별장 공사 때 트리볼로를 도와주던 다비드David와 결혼했으며, 또 하나는 피렌체, 피사와 그 근방에 물을 대주는 직업에 종사하는 이의 아내가 되었다.

조각가

피에리노(피에로) 다 빈치
Pierino(Piero) da Vinci
1520?~1554?

〔해설〕

레오나르도 다 빈치의 동생 피에로의 아들이다. 당시 피렌체 최고의 조각가였던 바초 반디넬리 공방에서 조각을 배웠으며, 보볼리 공원 설계자 트리볼로 공방에서 일하면서 보볼리 공원 이전의 공원 건축 사례라 할 수 있는 빌라 카스텔라, 빌라 라 베트라이아 등에서 함께 일했다. 이후 가깝게 지냈던 당대 유명한 인문학자 베네딕토 바르키의 소개로 코시모 1세 대공을 위해 봉사할 기회를 얻었다.

그의 조각은 미켈란젤로 조각의 매너리즘 버전이라 할 정도로 거장의 영향이 직접적으로 보인다. 환조와 부조 등 대리석 조각을 다루는 기법에서 타의 추종을 불허할 듯한 경지에 이르렀으나 자신만의 독창적인 양식을 만들어내지는 못한 듯하다.

 우리는 대개 훌륭한 업적을 이룬 사람을 칭찬하지
만, 만일 그 일이 예측할 수 없는 불운이나 상식적으로
이해할 수 없는 상황으로 당초 목표를 달성하지 못했
다 하더라도 그가 나름의 최선을 다해 정진했다면 엄
밀히 평가해서 그의 성과를 어느 정도는 인정해주어야 할 것이다. 마찬
가지로 피에리노 다 빈치Pierino da Vinci는 짧은 생을 살았지만, 열심히
공부해서 훌륭한 결과물을 내놓고 칭찬을 받으면서 생애 처음으로 개
화기에 들어섰을 때, 모진 폭풍우가 그에게서 열매와 나무를 함께 앗아
간 것을 생각하면 당연히 그를 칭찬할 수 있을 것이다.

필자가 다른 자리에서 이야기한 바 있지만 발다르노Valdarno 지방 빈
치Vinci 마을에 유명한 화가 레오나르도 다 빈치Leonardo da Vinci의 아버
지 피에로 빈치Piero Vinci가 살았다. 빈치는 아들 레오나르도 다음으로
막내 바르톨로메오Bartolommeo를 낳았는데, 바르톨로메오는 자라서 결
혼을 하고 아들을 보기를 원하면서 아내에게 항상 형 레오나르도 같은
재주 있는 아이를 낳아달라고 했다. 얼마 후에 사랑스러운 아들을 낳자
이름을 레오나르도로 짓고 싶었지만 친척들의 충고에 따라 아버지 이
름을 따서 피에로Piero라고 지었다. 이 아이는 세 살이 되자 행동이 남
달리 우아하고 아름다운 곱슬머리에 지력도 뛰어났다. 그 무렵, 유명한
점성가 줄리아노 델 카르미네Giuliano del Carmine*와 손금 보는 수사 한
사람이 함께 친한 친구 바르톨로메오의 집에 잠시 머물게 되었다. 두
사람은 이 아이의 앞머리와 손금을 보고 바르톨로메오에게 아들이 머
지않아 예술 방면에 뛰어난 재주를 보이겠으나 단명할 것이라는 말을
했다. 정말 그들의 예언이 맞아 들어갔다.

* 프라토 출신의 줄리아노 리스토리 수사('Fra Giuliano Ristori' di Prato).
카르미네 수도회 소속 수사, 저술가.
저서로 프라토의 『참고문헌 서지』(*Bibliografia Pratese compilata un da
Plato*)가 있다.

바르톨로메오가 피에로에게 글자는 가르쳤지만 데생이나 점토로 모델 만드는 법은 가르친 일이 없었는데도 피에로는 기대했던 대로 놀랄 만한 재주를 보여주었다. 바르톨로메오는 하느님이 자신의 기도를 들어주셔서 형 레오나르도의 재주가 아들에게 나타났다고 생각했다. 그리하여 바르톨로메오는 피에로가 12세 때 피렌체에 데리고 가서 레오나르도의 옛 친구 반디넬리Bandinelli에게 맡겼고 그는 피에로를 잘 돌보면서 공부시키겠다고 했다. 피에로가 그림보다는 조각에 더욱 열중했기 때문이다. 그 후 바르톨로메오는 반디넬리를 자주 방문했지만 그가 약속을 이행하지 않는 것을 보고, 아들을 잘 보살피며 가르쳐줄 것 같은 트리볼로에게 데리고 갔다.

트리볼로는 당시 메디치 별장 카스텔로에서 분수*를 제작 중이었는데, 피에로는 그곳에서 트리볼로가 일을 시키는 젊은이들과 서로 경쟁하면서 다시 데생을 시작했다. 밤낮없이 공부에 열중해 실력을 쌓은 그는 2~3개월 만에 주위 사람들이 깜짝 놀랄 만큼 실력이 늘었고, 자신이 머릿속에서 구상하는 것을 해보고 싶어 철로 만든 도구를 쓰기 시작했다. 크리스토파노 리니에리Cristofano Rinieri로부터 주문받은 수반水盤 일을 막 끝낸 트리볼로는 피에로의 손재주가 보통이 아님을 깨닫고 그에게 대리석 조각을 건네주면서 입으로 물을 뿜어내는 소년의 조상을 만들도록 했다. 피에로는 기뻐서 어찌할 줄 몰랐다. 그는 곧 점토로 모델을 만든 후 우아한 조상을 만들었다. 그것을 본 트리볼로와 다른 사람들은 그가 머지않아서 거장이 될 것이라고 했다.

트리볼로는 공작이 쓰는 관冠, Mazzocchio**을 피에로에게 보여주면서

---

* 1546년경.
** 마조키오(Mazzocchio)는 당시 귀족 가문 남자들이 쓰는 특이한 형태의 화관이다. 바사리의 이 저술에서 각 장의 앞에 실린 초상화 중에, 특히 타데오 가디(Taddeo Gaddi) 등의 두부상를 보면 그 형태를 잘 알 수 있다. 그 모양을 유지하기 위해 안쪽에는 나무로 된 테를 둘렀다.

그것을 돌로 만들라고 했다. 공작의 가령家令 피에로 프란체스코 리초가 메디치가의 가문家紋이 붙은 방패 위를 장식하려고 주문했는데, 피에로는 다리를 뒤얽히고 마주 선 두 소년이 손으로 관을 추켜들어 방패 위에 올려놓은 자세를 그렸다. 산 안토니오 수도원 근처의 산 줄리아노 성당 맞은편에 있는 이 가령의 집 출입문을 장식하게 될 이 작품을 본 피렌체의 모든 공장은 트리볼로가 앞에 말한 것과 같다고 느꼈다.

피에로는 이 작품을 끝낸 후 카스텔로 별장 분수를 장식할 물고기를 조각했는데 역시 입에서 물을 뿜는 모양이었다. 트리볼로는 또 그에게 큰 대리석 단편을 주어 포옹하고 서 있는 두 소년이 역시 물고기를 쥐고 뒤틀면서 입에서 물을 뿜게 하는 조상을 만들게 했다. 이 소년들의 우아한 얼굴, 팔, 다리, 머릿결과 같은 힘든 작업을 그는 완벽하게 해냈다. 피에로는 용기를 내어 2.5브라차 길이의 화산암을 사서 브리가Briga 모퉁이에 있는 자기 집으로 간 뒤 매일 저녁부터 밤까지, 축제일 같은 휴일에도 열심히 쪼아서 바쿠스의 조상을 만들었다. 바쿠스는 한 손에는 컵을, 또 한 손에는 포도송이를 들고 머리에는 포도관을 썼으며, 다리 밑에는 사티르Satyr를 거느린 형상이다. 이러한 그의 초기 작품들은 경이로운 솜씨로 우리를 놀라게 한다. 이 작품은 완성된 후 본지아니 카포니Bongianni Capponi와 그의 조카 로도비코 카포니가 사서 그 집 정원에 가져다놓았다.

이러한 작업을 하는 동안에 몇몇 사람은 그가 레오나르도 다 빈치의 조카라는 것을 알게 되었다. 그러나 그의 실력이 자연히 알려져서 이름이 나기 시작했으며, 후에는 삼촌이 레오나르도 다 빈치라는 사실과 그의 뛰어난 재주 덕분에 유명해져 모두가 그를 피에로가 아니라 빈치라고 불렀다.

로마Roma를 칭찬하는 이야기를 자주 들은 빈치는 다른 사람들과 마찬가지로 로마에 가서 고대의 작품들, 미켈란젤로의 작품들, 또 그곳에 사는 예술가들을 보려는 큰 욕망을 품고 몇몇 친구와 함께 가서 보고 싶었던 모든 것을 구경하고 피렌체로 되돌아왔다. 그리고 로마에 있는 작품들은 모두 자신에게는 너무 깊고 높고 어려워서 자신과 같은 초보자가 아니라 예술에 상당히 조예가 깊은 사람이 관찰하고 모방해야 할 것이라고 현명한 결론을 내렸다.

당시 트리볼로는 카스텔로 별장 미로迷路 분수의 기둥 모델을 끝냈는데, 거기에는 얕은 돋을새김으로 만든 사티르와 포도나무 가지에 앉은 가면 네 개와 어린이 네 명을 돋을새김으로 장식했다. 트리볼로는 로마에서 돌아온 빈치에게 이 작품을 만들게 했는데, 그는 지금까지 다른 사람들이 사용한 적 없는 새로운 아이디어로 우아하게 제작해 다른 사람들을 놀라게 했다. 트리볼로는 분수의 기둥 작업을 끝내고 빈치에게 수반 가장자리에서 물장난을 하면서 노는 네 어린이를 만들게 했는데 청동으로 본을 뜰 예정이었다. 빈치는 점토로 모델을 만들었으며, 조각가 차노비 라스트리카티Zanobi Lastricati가 본을 뜬 다음 분수 위에 올려놓았는데 정말 아름답다.

메르카토 누오보 건물 관리인 루카 마르티니는 날마다 트리볼로를 방문해 빈치의 재주와 얌전한 성격을 칭찬하면서 그를 도와주고 싶어 대리석을 가져다주기도 했다. 빈치는 그것으로 원주 옆에서 고통당하는 그리스도를 얕은 돋을새김으로 조각했는데, 평생 조각에 종사한 사람이라야 할 만한 일을 5년밖에 공부하지 않은 17세 소년이 만들었다며 모든 사람이 놀라워했다.

당시 트리볼로는 하수도사무소 총책임자에 임명되어 산타 마리아 노벨라S. Maria Novella 성당 앞 옛 광장의 하수도를 확장해 물을 더 많이 고이도록 하는 작업을 했다. 그는 빈치에게 큰 마스크의 모델을 만들게 했는데 3브라차나 되는 큰 마스크의 입에서 물이 나오게 했다. 토레 Torre 사무소는 그 공사를 빈치에게 맡겼는데 그는 일을 빨리 끝내려고 조각가 로렌초 마리뇰리Lorenzo Marignolli의 도움을 받아 굳은 돌덩이로 시공해 광장 전체를 아름답게 장식했을 뿐만 아니라 시민들에게도 적지 않은 이익을 가져다주었다.

빈치는 지금이 자신이 로마에 가도 좋을 때라고 생각하고, 그곳에 가서 예술가들과 만나면 도움이 많이 될 것이라고도 생각했다. 때마침 미켈란젤로의 절친한 친구 프란체스코 반디니Francesco Bandini가 로마에서 왔는데 루카 마르티니는 빈치를 그에게 소개하면서 칭찬을 아끼지 않았다. 반디니는 빈치에게 산타 크로체S. Croce 성당 안 자신의 경당에 조성할 예정인 묘지의 밀초 모델을 만들어달라고 위촉했다. 마침 빈치가 루카에게 표명한 로마로 가고 싶다는 의사가 받아들여지자 반디니는 그를 데리고 로마로 떠났다.

빈치는 1년 동안 로마에 머무르면서 훌륭한 작품을 몇 점 제작했다. 우선 십자가에 못 박힌 그리스도가 영혼을 성부聖父에게 의탁하는 장면인데 미켈란젤로의 디자인을 모방해 얕은 돋을새김으로 조각했다. 다음은 리돌피Ridolfi 추기경을 위해 두부頭部만 있던 고대 조상에 상반신을 보완한 작품을 청동으로 만들고, 얕은 돋을새김으로 베누스 조상을 대리석으로 만들었다. 또 프란체스코 반디니를 위해 여러 부분이 빠져 있던 고대 말 조상을 완전히 보완했다. 빈치는 자신이 로마에 온 후 편지를 보내주는 루카에게 감사의 뜻을 전하기 위해 미켈란젤로가 성 베드로 대성당 안 율리우스 2세의 묘묘 위에 얹어놓은 모세 조상을 3분의 2 크기로 만든 밀초 모델을 제작해 선사했는데 정말 훌륭한 작품이다.

빈치가 로마에서 앞서 이야기한 조상들을 제작하는 동안, 피렌체의 공작은 루카 마르티니를 피사의 감독관에 임명해 친구의 정을 소홀히 하지 않았다. 피사로 부임한 루카는 아늑한 방과 3브라차 높이의 대리석도 마련해 불편하지 않을 테니 마음 내킬 때 피사에 오라고 빈치에게 편지로 알렸다. 루카를 좋아한 빈치는 피사로 가기로 결심하고 그곳에서 좋은 작품을 많이 만들려고 생각했다. 빈치는 피사에 도착하자 방 안에 준비되어 있는 대리석을 새기기 시작했으나 1브라차쯤 크기에 흠

집이 나타났기 때문에 가로누운 조상을 만들기로 했다. 그는 강을 상징하는「청년」을 제작했는데 그가 손에 든 항아리에서는 물이 쏟아지고 세 소년이 항아리를 붙든 모습이다. 그 조상의 발에는 물이 넘치며, 그 안에서 물고기들이 뛰논다. 빈치는 이 조상을 루카에게 보냈는데 루카는 그것을 공작부인에게 선사했다. 그녀는 그것을 남동생 돈 가르치아 디 톨레도Don Garzia di Toledo에게 주었다. 그는 나폴리의 키아이아Chiaia에 있는 자기 저택 정원에 이 조상을 가져다놓았다.

당시 루카 마르티니는 단테Dante의『신곡』神曲에 관한 논평을 썼는데, 그는 피사 시민들과 대주교 루지에리Ruggieri가 우골리노 델라 게라르데스카Ugolino della Gherardesca 백작을 그의 네 아들과 함께 토레 델라 파메Torre della Fame*에서 굶겨 죽인 잔인성을 지적하면서 빈치에게 새로운 작품을 만들고 싶은 마음을 품게 했다. 그때 빈치는「강」의 신을 제작하면서 청동으로 본을 뜬 밀초 모델을 1브라차 이상의 높이에 4분의 3브라차 폭으로 만들기 시작했다. 백작의 두 아들은 이미 죽었으며, 또 한 아이는 마지막 숨이 막 넘어가고 있었고, 넷째 번 어린이는 굶주림에 시달려 거의 죽을 지경이었으나 아직 숨은 거두지 않았으며, 눈먼 아버지는 슬픔에 잠겨서 땅 위에 뻗은 아들들의 몸을 가엾게 손으로 더듬는 장면이다.**그림 534

이 작품에서 빈치는 단테가 운문韻文에서 보여준 시적 기교를 조금도 손색없이 나타냈다.*** 왜냐하면 빈치의 모델이 이 시인의 시구 못지않게 우리로 하여금 동정심을 자아내게 하기 때문이다. 그는 이 사건이 일어난 장소를 알리려고 대좌 위에 아르노강을 보여주면서 이 강가에서 얼마 멀지 않은 탑 근처를 표현했다. 탑 위에는 굶주림을 나타내는

* 굶주림의 탑.
** 옥스퍼드(Oxford)의 애슈몰린(Ashmolean) 소장품이다.
*** 단테의『신곡』「지옥」편 XXXiii.

그림 534 피에리노 다 빈치, 「우골리노 백작과 아들들의 죽음」,
스투코, 바르젤로 미술관, 피렌체.

주름진 여인의 나체 조상을 올려놓았는데 로마 시인 오비디오Ovidio가
시에서 읊은 것과 같다. 그는 이 장면을 청동으로 본을 떴는데, 백작이
매우 기뻐했으며 보는 사람마다 훌륭한 작품이라고 칭찬했다.

당시 코시모 공작은 피사를 장식하려고 메르카토 광장에 수많은 상
점을 건축했으며, 그 중심지에는 높이 10브라차 되는 원주를 세우고
꼭대기에는 루카가 디자인한 「풍요」의 여신을 올려놓고자 했다. 루카
는 공작에게 진언해 빈치를 추천했고* 공작은 그에게 조상을 만들게 했
는데, 공작은 이처럼 언제나 유능한 예술가를 도와주려고 했다. 공작의

* 1550년.

분부를 받은 빈치는 3.5브라차 높이의 조상을 석회화石灰華로 제작해 칭찬을 받았다. 그는 염소 뿔을 든 여신을 도우려는 소년을 여신 발밑에 놓았는데, 다루기 힘든 거칠거칠한 돌을 부드럽게 새겨서 우아한 조상을 만들었다.

루카는 카라라에 사람을 보내서 높이 5브라차, 폭 3브라차 크기의 대리석을 채취했는데, 빈치에게 미켈란젤로가 데생한 '삼손Samson이 당나귀 턱뼈를 가지고 필리스티네Philistine를 죽이는' 장면을* 제작하게 했기 때문이다. 빈치는 대리석이 도착하기도 전에 각양의 모델을 만들었다. 마침내 그는 모델 하나를 결정하고 대리석이 도착하자마자 제작을 시작해 미켈란젤로의 데생을 본뜨고 자신의 아이디어도 살리면서 착실하게 진행했다. 그는 부지런히 구멍을 뚫고 도려내고 귀퉁이를 다듬어서 전체적으로 매력 있는 스타일을 만들어갔으나 지루한 작업이었기 때문에 그리 중요하지 않은 일을 하면서 기분을 풀기도 했다. 이때 「아기 예수를 안은 성모 마리아와 성 요한과 성녀 엘리자베스」를 대리석에 돋을새김으로 제작했는데, 정말 놀랄 만한 작품이다. 이 작품은 공작부인 소유로 돌아갔는데 사자실寫字室에 간직되어 있는 귀중품 중하나다.**

그리고 공작이 수복시킨 피사의 광경을 높이 1브라차, 폭 1.5브라차 크기의 대리석에 얕고 깊은 돋을새김으로 제작했는데 공작의 얼굴도 그 안에 보인다. 공작 옆에는 「덕」과 「지혜」를 상징하는 미네르바도 있어 공이 피사의 예술을 부흥시켰음을 잘 나타냈다.*** 즉, 피사가 악과 결합에 포위되어 마치 적에게 시달리는 듯했는데 공작이 구원해준 것이다. 빈치는 모든 덕과 악을 유감없이 표현했지만 안타깝게도 이 작품을

* 빈치의 「삼손과 필리스티네」는 피렌체에 있는 베키오궁(Palazzo Vecchio) 안뜰에 있다.
** 우피치 미술관에 있다.
*** 바티칸궁에 있다.

2400

완성하지 못했다.

빈치의 명성은 이처럼 사방으로 퍼졌으며 페시아의 발다사레 투리니Baldassarre Turini의 후손은 그에게 발다사레의 무덤을 만들어달라고 위촉했다. 서로 만족할 만한 의견의 일치를 본 빈치는 재주 있는 대리석공 프란체스코 델 타다Francesco del Tadda를 카라라에 보내서 대리석을 채취하도록 했다. 타다가 대리석 한 덩어리를 보내오자 빈치는 미켈란젤로의 스케치에서 따온 듯한 조상을 만들었다. 모든 사람이 그의 능력을 칭찬해 그는 당시 누구보다도 주문을 많이 받았는데, 죽음이 다가와 모든 계획을 중단해야만 했다. 더 높은 곳으로 올라가려던 그의 노력은 일진광풍 때문에 무너지고 말았으며, 온 세상은 빈치와 함께 살던 수많은 아름다운 작품을 잃게 되었다.

당시 빈치는 누구 것인지 알 수 없는 무덤을 만들려고 했는데, 공작은 중요한 일로 루카를 제노바에 보내게 되었다. 루카는 빈치를 좋아했기 때문에 이 기회에 그를 데리고 가서 제노바 구경도 하고 기분도 좀 돌리려고 했다. 루카는 용무를 보느라 바빴지만 아다모 첸투리오니Adamo Centurioni에게 빈치를 고용해 성 요한의 조상을 만들도록 권했고, 빈치는 모델을 만들기 시작했다. 그러나 빈치는 곧 심한 열병에 걸려 곤경에 빠졌는데 루카마저 그의 곁을 떠났으니 빈치의 운명은 다한 듯했다. 그때 루카는 자신에게 위촉된 사업을 수행하기 위해 공작과 상담하려 앓고 있는 빈치를 남겨두고 피렌체로 떠나지 않을 수 없었다.

네로Nero 수도원에 누워 있는 빈치의 병세가 하루가 다르게 나빠졌다. 빈치는 제노바를 떠나려고 결심하고 사람을 피사로 보내서 티베리오 카발리에리Tiberio Cavalieri를 제노바로 데려오도록 했고, 그의 도움으로 바닷길로 리보르노Livorno까지 가서 피사에 도착했다. 그때가 밤 10시였다. 여행에 지친 그는 그날 밤 한잠도 못 자고 이틀날 아침에 죽었는데, 그의 나이가 23세도 되기 전이었다. 그가 세상을 떠나자 모든 친구가 애도했는데 그중에서도 루카 마르티니가 가장 큰 슬픔에 빠졌다. 그의 앞날에 기대가 컸던 모든 사람이 그러했다. 베네데토 바르키 Benedetto Varchi는 그를 기념해 다음과 같은 소네트를 읊었다.

만일 당신이 나의 크나큰 고통에 힘과 휴식을 주지 않는다면
내가 어떻게 평화로이 견뎌낼 수 있으리요?
하느님, 지금 나에게 새로운 고통을 내려주시렵니까?
저 높고 푸른 영원한 천국으로 날아가서
깊은 연옥에서 내내 슬피 울면서 있겠습니다.
제발 당신의 친절로 최소한 나를 풀어주소서.
나는 지금 신의神意의 죄인이 되었나이다.
그는 누구보다도 하늘의 영광을 빛냈습니다.
나와 슬퍼하는 마르티노는
제2의 빈치Vinci를 잃었습니다.

Come potro da me, se tu non presti

O forza, o tregua al mio gran duolo interno,

Soffrirlo in pace mai, Signor superno,

Che fin qui nuova ognor pena mi desti?

Dunque de' miei piu cari or quegli, or questi,

Verde sen voli all'alto Asilo eterno,

Ed io canuto in questo basso inferno

A pianger sempre e lamentarmi resti?

Sciolgami almen tua gran bontade quinci,

Or che reo fato nostro, o sua ventura,

Ch'era ben degno d'altra vita, e gente,

Per far piu ricco il cielo, e la scultura

Men bella, e me col buon MARTIN dolente,

N'ha privi, o pietà, del secondo VINCI.

피렌체의 조각가

바초 반디넬리
Baccio Bandinelli

1488/93~1560

BACCIO BANDINELLI SCVL.
FIORENTINO

〔해설〕

　16세기 전반기에 활동한 피렌체의 대표 조각가로 미켈란젤로가 로마에서 활동하는 동안 피렌체의 주요 조각 작업을 맡아 했다. 세공사인 미켈라뇰로 비비아노의 아들로 어려서부터 세공 일보다는 조각에 소질이 있었으며 이를 알아차린 부친이 그를 조각가 루스티치에게 맡겨 조각을 공부하게 했다고 전해진다. 미켈란젤로의 영향을 받았으며 그 자신이 미켈란젤로의 경쟁자라 여길 정도로 자신감이 넘쳤다. 1518년 이탈리아 동부의 도시 로레토에 모셔진 산타 카사의 보호벽 공사에서 「성모 마리아의 탄생」을 주제로 부조를 제작했다. 산타 카사는 나사렛에 있는 예수와 성모 마리아와 성 요셉이 살던 집으로 십자군전쟁 때 십자군 병사들이 로레토로 옮겨온 것이다.

　그밖의 주요 작품으로 로마의 천사의 성 꼭대기에 설치할 천사의 모형을 제작했으며 피렌체 시뇨리아 광장의 「헤르쿨레스와 카쿠스」, 피렌체 대성당 성가대석의 부조 등 명성이 높은 장소에 작품을 제작했다. 1530년 황제 카를 5세로부터 성 야고보 기사를 수여받았고, 1540년 피렌체 코시모 1세 대공의 공식 조각가로 임명받았다. 그는 고전주의의 절제와 조화에서 벗어나 거대하고 근육이 강조된 터미네이터와 같은 인체의 과장된 표현을 즐겨했던 매너리스트였다. 회화의 폰토르모나 롯소가 보여준 실험적 작품이라기보다는 과잉 표현된 고전주의이자 미켈란젤로의 조각을 매너리즘 양식으로 발전시킨 것이라 할 수 있다.

　　회화예술이 로렌초 데 메디치의 비호 아래 피렌체에서 개화開花할 무렵 가이우올레Gaiuole의 미켈라뇰로 디 비비아노Michelagnolo di Viviano라는 금은세공가가 살았는데, 그는 조각칼로 에나멜이나 각종 세공을 재주 있게 조각했다. 그는 보석에 관한 지식이 풍부하고 세팅도 매우 잘할 뿐 아니라 다재다능해 자기 부문의 일에 종사하는 외국인들과 도시의 젊은이들에게서 장長의 직위를 받았고, 그의 상점은 이 도시에서 제일 번영했다.

　　로렌초와 메디치 가문 모두가 그를 고용했으며, 그는 로렌초의 동생 줄리아노Giuliano를 위해 산타 크로체S. Croce 광장에서 거행되는 마상시합 행사에 필요한 투구와 그 앞꽂이 장식, 문장 등을 뛰어난 기술로 교묘하게 장식했다.* 이것으로 그는 이름이 났으며, 그의 작품을 항상 높이 평가하던 로렌초의 자제들은 그를 총애하게 되었다. 1494년에 메디치 가문이 피렌체에서 축출되었을 때 그가 금은보석을 몰래 숨겼다가 그들이 귀환한 후 되돌려주는 충성을 보여 칭찬과 보상도 많이 받았다.

　　1487년 미켈라뇰로에게 아들 바르톨로메오가 태어났는데 후에 바초Baccio**로 알려진 사람이다. 미켈라뇰로는 피렌체 습관에 따라 자신의 직업과 재산을 물려주고 싶어 바초를 다른 젊은이들과 함께 자기 상점에 데려다가 도안을 가르치기로 했다. 왜냐하면 당시에는 도안을 잘해도 돌을새김을 보기 좋게 하지 못하면 훌륭한 금은세공가로 인정을 받

---

　*　폴리치아노의 개막 서사시로 유명했던 이 행사는 1468년에 거행되었는데 미켈라뇰로의 출생연도가 1459년이므로 이는 저자 바사리의 착오인 듯하다.
**　바사리는 반디넬리를 미켈란젤로를 능가하겠다는 아주 큰 야망에 사로잡힌 조각가로 그렸다. 바사리는 피렌체의 시뇨리아 광장(Piazza della Signoria)을 장식한 바초의 대작「헤르쿨레스와 카쿠스」를 보고 감탄하면서도 그의 시기심 많고 파괴적인 성격을 잘 표현했다.

을 수 없었기 때문이다. 바초는 여러 젊은이와 서로 경쟁하며 도안을 배웠다. 그때 동료 중에는 후에 금은세공가로서 이름 난 필로토Piloto도 있었다. 그들은 함께 자주 성당에 가서 유명한 그림을 데생하고 도나토 Donato와 베로키오Verrocchio의 작품을 밀초로 모형을 뜨고, 점토로 완전 한 돈을새김 작품으로 만들기도 했다.

바초는 소년 시절에 산 폴리나리S. Pulinari 광장 근처에 사는 평범한 화가 지롤라모 델 부다Girolamo del Buda*의 화실에 가끔 출입했다. 이 광 장에 눈이 많이 내린 어느 겨울날 부다가 바초를 보면서 농담으로 "이 눈이 만일 대리석이라면 누워 있는 마르포리오Marforio 같은 거인을 만 들어볼 생각은 없는가?"라고 물었다. 바초는 "그것이 대리석이라면 한 번 해보겠습니다"라고 대답하고는 외투를 벗어던지고 다른 아이들의 도움을 받아 눈을 빚어서 모델을 만들고 길이 8브라차나 되는 가로누 운 마르포리오를 만들어놓았다. 화가들과 다른 사람들은 어린 소년이 이렇게 큰 작품을 만든 것을 보고 깜짝 놀랐다.

사실 바초가 금은세공 일보다는 조각을 더 좋아한다는 징조는 여러 곳에서 드러났다. 그는 핀치리몬테Pinzirimonte에 있는 아버지 별장에 서 자주 벌거벗은 직공과 농장의 가축 앞에서 사생을 했다. 당시 별장 에서 얼마 멀지 않은 프라토Prato에 매일 아침 가서 교구본당敎區本堂 안 에 필리포 리피Filippo Lippi 수사가 그린 그림을 모두 필사했으며, 또 거 장들이 제작한 착의着衣들을 묘사해 전부 그리기 전에는 쉬는 일이 없 었다. 그는 끝이 뾰족한 붓과 펜으로 그리는 검붉은 백토Matita를 잘 다 루었다. 백토는 프랑스의 산에서 나오는 부드러운 돌인데 끝을 톱으로 베어내면 섬세한 그림을 그리기에 좋다. 아들의 소질을 알아차린 아버 지는 친구들과 의논한 끝에 계획을 바꿔 아들을 당시 유명한 조각가 중 한 사람인 조반 프란체스코 루스티치Giovan Francesco Rustici에게 맡기기

* 산 아폴로니아(S. Apollonia).

로 결심했다. 레오나르도 다 빈치도 그곳 공방에서 오랫동안 일한 적이 있다.

이 거장은 바초의 데생이 마음에 들어 도나토의 작품들을 대리석에 조상을 새기든가 얕은 돋을새김을 만들어보라고 권고했다. 레오나르도의 권고에 고무된 바초는 그전에 메디치 정원에 있던 고대 여성의 대리석 조상을 본뜬 작품을 만들었다. 바초 아버지는 이 작품을 안드레아 카르네세키Andrea Carnesecchi에게 주었는데, 그는 작품의 가치를 인정해 라르가Larga 거리에 있는 자기 집 안뜰 출입문 가까이에 놓았다. 바초는 그 후에도 점토만 가지고 일했는데, 아버지는 본격적으로 공부할 수 있도록 바초를 카라라에 보내서 대리석을 가져오게 한 다음 핀티Pinti에 있는 자택에서 가까운 피에솔라나Fiesolana 거리에 일하기에 적합한 광선까지 고려해 새로운 화실을 만들어주었다. 바초는 각종 대리석 조상을 스케치하고 죽은 카쿠스Cacus를 두 다리 사이에 붙든 헤르쿨레스의 대리석 조상을 만들었는데 높이가 2.5브라차나 된다.

그때 마침 미켈란젤로가 피에로 소데리니를 위해 대공大公회의 홀에 쓰려고 나신 조상을 그린 밑그림이 발견되자 이 훌륭한 그림을 모방하려고 많은 화가가 모였다. 그중에는 바초도 있었는데, 그는 당시 누구보다도 나체 그림을 잘 그렸으며, 선과 명암과 끝손질이 뛰어났다. 다른 견습생들 중에는 야코포 산소비노, 안드레아 델 사르토, 어린 롯소, 스페인 사람 알폰소 베루게타Alfonso Berughetta도 있었다. 바초는 다른 사람들보다 자주 그곳에 출입했으며, 위조열쇠도 가지고 있었다.

그때, 즉 1512년에 피에로 소데리니가 면직되고 메디치 가족이 되돌아오면서 혼란스러운 틈을 타서 바초는 몰래 밑그림을 없애고 작은 조각을 만들었다. 그가 왜 이런 짓을 했는지 모르지만 어떤 사람은 자기것을 만들려고 그랬을 것이라고 했으며, 또 다른 사람들은 견습생들이 볼 수 없게 하려고 그랬다고도 했다. 한편에서는 미켈란젤로의 이 밑그림 때문에 명성이 희미해진 레오나르도 다 빈치에게 바초가 애정을 표시한 것이라고도 했다. 다 빈치가 평생 미켈란젤로를 증오했기 때문이라는 추측도 하지만 근거 없는 이야기는 아니다. 어찌됐든 미켈란젤로의 밑그림이 사라져 피렌체시는 큰 손실을 입었으며, 바초는 시기심 많고 악의에 찬 사람이라는 소문이 무성했다.

바초는 연백鉛白과 초크로 그린 클레오파트라의 아름다운 나체화를 포함해 몇몇 밑그림을 금은세공가인 필로토에게 보냈다. 훌륭한 도안공이라는 명성을 얻은 그는 그림물감 쓰는 방법을 배우려고 했는데, 두 방면의 직업에서 미켈란젤로를 앞지르고 싶었기 때문이다. 그는 백조의 알에서 나온 카스토르Castor와 폴룩스Pollux,* 레다Leda를 함께 그린 밑그림에 채색해 자신의 힘으로 발견한 음양의 빛깔에 변화를 보여주려고 마음먹었다. 그는 물감 섞는 방법과 회화의 비밀을 알려고 친구 안드레아 델 사르토에게 자기 초상화를 그려달라고 부탁했다. 친구로서 바초가 물어보면 모든 것을 잘 알려주던 사르토는 바초의 의도를 눈치채고 교활함과 불신감에 분개했다. 사르토는 모든 것을 알려주는 체하면서 팔레트 위에 여러 가지 물감을 펴놓고 재치 있게 이것저것 섞어 바초의 안색을 생생하게 표현했다. 사르토가 너무 빨리 그렸기 때문에 바초는 가만히 앉아 있을 수밖에 없었고 자기가 원하던 것도 볼 수 없었다. 이것은 불신하는 친구를 벌하는 좋은 방법으로, 재주를 과시하며 그림 그리는 데는 경험이 필요함을 아울러 보여주었다.

그러나 바초는 계획을 포기하지 않고 롯소에게 자기가 원하는 것을 솔직히 말하고 도움을 청했다. 롯소는 그리스도의 도움으로 지옥에서 풀려나오는 총대주교總大主教와 노아가 대취大醉한 장면을 유채화로 그렸다. 바초는 새로 칠한 석회 위에 그림을 그려보고 자기 집 담벼락에 머리·팔·다리 등을 그리고는 다양하게 채색했다. 그러나 석회가 말라

* 카스토르와 폴룩스(Pollux)는 제우스(Zeus)와 레다(Leda) 사이에 난 쌍둥이로 형제애의 전형이다.

가는 것을 보면서 그림이 자기가 생각하던 것보다 힘들다는 것을 깨닫고 조각에 전념하게 되었다. 그는 열심히 연구해 손에 피리를 든 머큐리의 대리석 조상을 3브라차 크기로 만들어 칭찬을 많이 받았다. 이 작품을 1530년에 조반 바티스타 델라 팔라Giovan Battista della Palla가 구입해 프랑스 왕 프랑수아에게 기증했는데 왕이 높이 평가했다고 한다.

바초는 오랜 세월 해부학을 연구했다. 그가 자기 분야에서 누구보다도 뛰어나려고 했던 욕망만큼은 우리가 칭찬해야 한다. 그는 노력을 아끼지 않았으며 시간을 낭비하지 않고 언제나 바빴다. 게으르지 않고 누구보다 뛰어나겠다는 생각이 그를 열심히 일하게 만들었다. 데생을 많이 그려서 아고스티노 비니치아노Agostino Viniziano가 클레오파트라의 패널화를 만들게 했으며 해부도를 크게 만들어 칭찬을 받았다.

그가 참회 중인 성 히에로니무스를 밀초로 만든 조상은 크기가 1.5브라차인데 초췌한 얼굴에 근육, 뼈, 신경이 말라붙어 있어 화가들뿐만 아니라 모든 사람에게 칭찬을 받았다. 특히 레오나르도 다 빈치는 이런 작품을 과거에 본 일이 없다며 격찬했다. 바초는 이 작품을 추기경 조반니 데 메디치Giovanni de' Medici와 그의 동생 줄리아노에게 가지고 가서 자기가 금은세공가 미켈라뇰로의 아들이라고 인사해 많은 칭찬을 받았으며 여러 사람에게 소개되기도 했다. 이는 메디치가 1512년에 피렌체로 복귀하고 얼마 후의 일이다.

그 무렵 바초는 산타 마리아 델 피오레 대성당의 대리석 감실에 놓으려고 대리석으로 사도使徒들의 조상을 만들 예정이었다. 거기에는 로렌초 디 비치Lorenzo di Bicci의 그림도 있다. 줄리아노는 바초에게 성 베드로 조상을 만들도록 했는데 높이가 4.5브라차에 이른다. 오랜 시일이 걸려 완성했지만 완벽하다고는 할 수 없으며 설계는 그런대로 좋다고 하겠다. 1513년부터 1565년까지 그 자리에 두었는데 마침 오스트리아의 요안나Joanna 공주 결혼식 때문에 이 대성당의 외부를 단장할 무렵, 성 베드로를 포함해 네 사도의 조상을 제자리에 안치했다. 이 성당은 아직 준공하지 못했다.

　1515년 교황 레오 10세가 볼로냐로 가는 길에 피렌체를 통과할 때 궁전에서 가까운 광장 로지아의 아치 밑에 9.5브라차의 콜로세움을 세우고 헤르쿨레스의 조상을 바초에게 위촉했는데, 바초는 이때 시민들에게 미켈란젤로의 「다비데」를 능가할 작품을 기대하라고 말했다. 그러나 그의 작품은 자신 있게 말한 것과 달랐으며, 그의 오만은 결국 예술가로서 자신은 물론이고 피렌체시에도 손해를 입혔다.

　교황 레오가 몬테 산소비노Monte Sansovino의 안드레아 콘투치Andrea Contucci에게 로레토에 있는 델라 마돈나della Madonna 성당 대리석 장식과 몇몇 조상, 그밖의 풍경들을 만들도록 했다. 그는 이전에 아름다운 작품을 많이 제작했다. 그때 바로 바초가 다비데가 골리앗의 머리를 베는 모델을 로마의 교황한테 가지고 왔다. 이 모델은 사실 피렌체의 메디치 궁전 안에 도나토Donato의 작품 「다비데」를 놓았던 장소에 세우기로 하고 대리석이나 청동으로 제작하기로 되어 있었으며, 피렌체 침공 때 공작의 옛 궁전으로 옮겨졌다. 교황은 바초를 칭찬한 다음 다비데의 조상을 만들 생각이 별로 없었으나 어쨌든 그를 로레토로 보냈다. 안드레아는 그에게 얕은 돈을새김 일을 맡길 생각이었다. 이미 유명해진 데다 교황의 추천까지 받은 바초가 그곳에 도착하자 안드레아는 환영한 뒤 그에게 「동정 마리아의 탄생」을 제작하도록 했다.

　그러나 바초는 곧 안드레아와 다른 사람들의 작품이 데생이 시원치 않다며 비판을 퍼부었고, 결국 모든 사람이 그를 싫어하게 되었다. 안드레아는 바초가 자기에게 한 험담을 듣고 바초를 불러 점잖게 타이르면서 작품은 혀가 아니라 손으로 만드는 것이며, 좋은 데생은 종이 속이 아니라 돌로 완성한 작품 속에 있다고 했다. 그리고 다음부터는 좀더 신중하게 말하라고 부탁했으나 바초는 도리어 사나운 언사로 대꾸했다. 격노한 안드레아는 더 참지 못하고 바초를 해치려 했는데 주변의 만류로 바초는 화를 면했다. 로레토에서 쫓겨난 바초는 자기가 만든

2410

얕은 돋을새김을 안코나Ancona로 가지고 갔으나 일에 지쳐서 거의 완성된 것을 내버려두고 그곳을 떠났다. 이 작품은 후에 라파엘로 다 몬테루포가 손질해 완성했으며, 안드레아의 작품들과 함께 진열되었는데 칭찬할 만한 것이기는 하나 아름다움은 다른 작품들에 비할 바가 못 된다.

로마로 되돌아온 바초는 추기경 줄리오 데 메디치에게 부탁해 교황에게 피렌체의 메디치 궁전 안뜰에 조상 몇 개를 제작하도록 청하여 허락을 받았다. 그리고 그는 피렌체로 가서 오르페우스Orpheus*가 노래와 몸짓으로 체르베루스Cerberus**를 달랜 다음, 명부冥府를 감동시켜서 자신을 불쌍히 여기게 한다는 내용의 대리석 조상을 만들었다. 이 작품은 로마 벨베데레궁의 아폴로를 모방했지만 아폴로의 풍모는 없으며, 다만 토르소와 인물상들을 잘 모방한 정도의 수작이라 하겠다. 이 작품이 완성되자 추기경 줄리아노는 자신이 피렌체를 지배하는 동안 이 작품을 안뜰 대좌 위에 놓았다. 이 대좌는 조각가 베네데토 다 로베차노Benedetto da Rovezzano가 만들었다. 그러나 바초는 건축술에는 문외한이었으므로 천재 도나토가 자기 작품 「다비데」를 위해 만든 대좌를 참고하지 않고 조잡한 대 위에 올려놓아 외관을 손상했으며, 출입문의 공간을 차지해 참관인들은 첫째 안뜰에선 아무것도 볼 수 없었다.

로마의 몬테 마리오Monte Mario 아래에 추기경 줄리오가 아름다운 별장을 짓고 큰 조상 둘을 만들고자 했는데 바초가 그 방면에 뛰어나다는 말을 듣고 그에게 스투코로 만들게 했다. 높이 8브라차에 이르는 이 조상들을 들로 통하는 출입문 양쪽에 세웠는데 무척 아름답다. 바초는 이렇게 바쁜 중에도 데생을 손에서 놓지 않고 판화가 마르코 다 라벤나

---

* 그리스신화. 아폴로(Apollo)와 칼리오프(Calliope) 사이의 아들로 하프의 명수.
** 그리스·로마신화에서 지옥문을 지키는 개로 머리가 셋이다.

Marco da Ravenna와 비니치아노를 시켜서 큰 규모로 「헤롯 왕의 영아 대학살」을 제작했다. 그는 많은 남녀 나체, 죽었거나 살아 있는 아기들, 여러 자세의 여인과 병사들로 가득 채운 이 작품에서 인물들의 근육과 수족을 매우 훌륭하게 데생해 전 유럽에 명성을 떨쳤다. 그는 또한 영국 왕의 묘지 모델로 아름다운 숲과 인물상들을 만들었으나 후에 베네데토 다 로베차노에게 위촉되었으며, 그는 금속으로 제작했다.

비비에나Bibbiena의 추기경 베르나르도 디비치오Bernardo Divizio가 프랑스에서 돌아왔는데,* 그는 프랑스 왕이 미술품을 매우 애호하지만 고대나 현대의 대리석 미술 작품을 한 점도 가지지 않은 것을 보고 자기가 이탈리아에 되돌아가면 교황에게 권유해서 몇 작품을 보내오도록 하겠다고 약속했다고 했다. 그 후 프랑수아 왕의 대사 두 사람이 교황을 방문했는데 벨베데레궁에서 조상들을 구경하고 라오콘Laocoon**을 칭찬했다. 추기경과 비비엔나가 이것과 비슷한 작품이면 만족하겠느냐고 묻자 그들은 매우 좋은 선물이 될 것이라고 승낙했다. 추기경은 라오콘이나 이와 비슷해 라오콘과 구별하기 힘든 훌륭한 것을 선사하겠다고 약속한 뒤 복제품을 만들려고 바초를 불러 라오콘의 모조품을 만들겠냐고 물었다. 그는 더 훌륭한 것을 만들겠다고 쾌히 승낙했고 추기경은 그를 믿었다.

대리석이 오기를 기다리는 동안 그는 밀초로 아주 훌륭한 모델을 만들고 대리석상과 같은 크기의 데생을 목탄으로 그렸다. 대리석이 도착하자 그는 벨베데레궁에 비계를 만들고 큰아들***부터 제작하기 시작했는데 그가 만든 것이 고대 물건과 거의 구별할 수 없을 정도여서 교황은

---

    * 1520년의 일이다.

   ** 트로이에 있는 아폴로 신전의 사제. 그리스군의 목마(木馬) 계략을 폭로한 죄로 그리스에서 보내온 바다뱀 두 마리에게 두 아들과 함께 물려 죽었다.

  *** 안티파스.

그림 535 바초 반디넬리, 「죽은 그리스도와 니코데모」,
1454~59, 대리석, 281×224cm, 베키오 궁전, 플로렌스.

물론 미술감정인들도 마음에 들어했다. 그러나 교황이 죽은 후로는 둘째 아들*과 아버지는 시작하려 하지 않았다. 하드리아누스Hadrianus 6세가 교황이 되자 그는 추기경을 따라 피렌체에 가서 데생을 공부했다.

클레멘티우스가 하드리아누스의 뒤를 이어 교황이 되자 바초는 다시 로마로 가서 교황의 명에 따라 조상들과 돈을새김들을 만들어 대관식 일을 도왔다. 교황은 후에 그에게 주택과 많은 봉급을 주었고 그는 다시 라오콘을 제작하기 시작해 2년 후 훌륭한 작품을 완성했다. 그는 원물原物에는 없던 오른팔을 밀초로 만들고 근육도 잘 살리는 등 자신의 지식을 잘 표현하여 고대 조각의 특징을 잘 부각했다. 이 팔 제작은 그가 라오콘 전체를 제작할 때 그의 기법의 전형이 되었다. 이 작품이 너무 잘 제작되었기 때문에 교황은 마음이 변해 고대의 진품을 프랑스로 보내고 바초의 작품을 피렌체로 보내기로 결심했다.** 그리하여 당시 피렌체 주재 교황대사이며 실력자인 코르토나 출신 추기경 실비오 파세리노Silvio Passerino에게 명하여 이 조상을 메디치궁 둘째 안뜰 정면에 놓도록 했다. 1525년의 일이다.

이 작품으로 바초의 명성은 크게 높아졌으며, 그는 교황을 위해 피렌체의 산 로렌초S. Lorenzo 성당 본당에 성 코시모와 성 다미아노S. Damiano의 순교 장면을 한쪽 벽에, 성 로렌초S. Lorenzo의 순교를 다른 벽에 그렸다. 그는 성 로렌초의 순교 장면에서 나신과 옷을 입은 인물들, 이 성인 주위에 서 있는 사람들의 움직임을 참으로 섬세하게 표현했다. 특히 이 순교자에게 불을 서둘러 대며 죽음을 재촉하는 험악한 데키우스Decius***의 외모를 잘 묘사했으며, 순교자는 하늘을 향해 팔을 들어 하느님에게 영혼을 기탁했다. 이 그림에 크게 만족한 교황은 마르칸토니

---

* 팀브라이우스 또는 멜란토스.
** 우피치 미술관 소장품이다.
*** 트라야노 데키우스(Trajano Decius, 201~251). 로마 제국의 황제.

오Marc'Antonio에게 판화를 만들게 하고 바초에게는 그 재주를 가상히 여겨 기사 작위를 주었다.

피렌체로 되돌아온 바초는 「성 바오로의 개종」을 그리는 스승 조반 프란체스코 루스티치를 보았다. 바초는 그와 경쟁하려고 사막에서 벌거벗은 성 요한이 왼팔에 어린 양을 안고 오른팔을 하늘 높이 쳐든 데생을 그렸다. 바초는 채색을 끝내고 오르산미켈레Orsanmichele에서 메르카토 누오보로 가는 좁은 길 맞은편에 있는 자기 아버지 공방에서 전시회를 열었다. 화가들은 그의 데생을 칭찬하면서도 채색이 조잡하고 스타일이 나쁘다고 비난했다. 그러나 바초는 이 작품을 클레멘티우스 교황에게 선사했으며, 교황의 의상실에 보관되어 있다.

레오 10세 때 길이 9.5브라차, 폭 5브라차의 대리석을 카라라에서 채석했는데 피렌체의 산 로렌초 성당 정면을 장식할 대리석도 곁들여 가져왔다. 미켈란젤로는 이 돌로 자신의 작품 「다비데」가 있는 옆의 광장에 놓을 헤르쿨레스가 카쿠스Cacus를 죽이는 조상을 만들겠다고 청원했다. 이유인즉 추기경 줄리오 데 메디치와 교황 레오로부터 받은 총애에 보답코자 했던 것으로 모델을 이미 여럿 만들어놓았는데 그는 조각가 안드레아가 처음에 스케치했던 「다비데」에 결함이 많다고 이야기했다. 그러나 교황 레오의 갑작스러운 승하로 성당 정면과 조상 제작일이 모두 무산되었다.

그 후 교황 클레멘티우스는 산 로렌초 성당의 성물실에 메디치 묘지를 만들기 위해 미켈란젤로를 고용하고자 했으며, 따라서 새로운 대리석을 채석할 필요가 있었다. 이에 대한 회계는 도메니코 부오닌세니Domenico Buoninsegni가 맡기로 되어 있었다. 그는 산 로렌초 성당 건물 정면 공사에 사용되는 경비에서 돈을 편취하려고 미켈란젤로를 회유하여 비밀을 지키고 협조해주도록 유혹했으나 미켈란젤로는 자기 재능이 교황을 속이는 데 쓰이는 것을 용납하지 않았다. 도메니코는 몹시 화가 나서 은근히 미켈란젤로를 중상모략하려고 갖은 수단을 다 썼다.

또 그는 건물 정면의 작업은 공사를 중단하고 성물실을 먼저 착공하되 두 공사를 모두 미켈란젤로에게 맡기면 여러 해가 걸릴 것이라고 교황을 설득한 뒤 거인ㅌㅅ의 대리석 조상은 바초에게 맡겨서 두 거장을 경쟁시켜야 한다고 했다. 당시 바초는 일감이 없어 쉬고 있었고 교황은 도메니코의 충고를 받아들였다.

그리하여 바초는 헤르쿨레스가 무릎 사이에 카쿠스의 머리를 붙들어놓고 왼팔로 몸을 비트는 장면을 제작했는데, 헤르쿨레스의 긴장한 근육과 그 힘에 눌려 고통스러워하는 카쿠스를 밀초로 크게 만들었다. 헤르쿨레스는 머리를 원수에게 구부리고 이를 갈면서 곤봉으로 대항자의 머리를 치고 있다. 대리석이 바초 손에 들어갔다는 소문을 들은 미켈란젤로는 몹시 화가 났으나 이미 바초의 모델에 만족한 교황의 마음을 바꿀 수는 없었다. 바초는 미켈란젤로의 「다비데」보다 훨씬 훌륭한 작품을 만들겠다고 떠벌렸으며, 도메니코는 미켈란젤로가 모든 것을 혼자 하려 한다고 비방했다. 이로써 피렌체시는 미켈란젤로가 틀림없이 만들었을 위대한 장식품 하나를 빼앗기고 말았다. 바초가 만든 모델은 코시모 공작 의상실에 있는데 공작은 물론 다른 화가들도 다 높이 평가한다.

산타 마리아 델 피오레 대성당의 사무장은 대리석을 카라라에서 아르노강을 거쳐 시냐Signa까지 운반하도록 바초를 카라라에 보냈다. 시냐는 시에나에서 약 7밀리아 떨어진 곳이다. 그런데 대리석을 운반하는 도중 아르노 강물에 빠뜨리는 불상사가 일어났다. 대리석이 너무 무거워서 모래 속 깊숙이 묻혀버려 사무장이 갖은 노력을 다했으나 건져낼 수 없었다. 교황은 어떤 대가를 치르더라도 대리석을 회수하려고 당시 유명한 건축가 피에트로 로셀리Pietro Rosselli를 고용해 이 일을 맡겼다. 로셀리는 아르노강의 물길을 돌린 다음 지렛대로 대리석을 회수해 큰 칭찬을 받았다. 이 사고 때문에 다른 화가들에게 독설을 퍼부어 빈축을 산 바초를 풍자하는 토스카나어와 라틴어로 쓴 시가 항간에 나돌았다. 예를 하나 들면 대리석 중 하나가 천재 미켈란젤로 몫으로 할당 되어 있었는데 바초가 자기를 제거하려고 하자 실망한 나머지 강工에 투신하고 말았다는 내용이다.

대리석이 물에 잠겨 있을 때 바초는 그 크기가 자신의 첫 모델을 조 각하기에 적당하지 않다는 사실을 깨달았다. 그는 로마에 가서 교황에 게 새로운 데생을 만들지 않으면 안 될 것이라고 보고했다. 그가 만든 여러 데생 중 교황이 뽑은 것은 헤르쿨레스가 두 다리 사이에 카쿠스를 붙들어 잡고 머리카락을 꼭 움켜쥐어 꼼짝하지 못하게 하는 장면이다. 피렌체로 되돌아온 바초는 로셀리가 그 대리석을 큰 호두나무 들보를 돌 밑에 깔고 윈치 세 개로 끌어다가 산타 마리아 델 피오레 대성당 사 무실에 옮겨놓은 것을 보았다.

바초는 여기서 몇 달 동안 대리석 크기만 한 점토 모델을 로마에서 구상했던 대로 만들었다. 그러나 예술가들이 보기에는 첫 모델에 비해 생기가 없었다. 그는 대리석을 쪼아 배꼽 근처에서 두 팔을 새기면서 점토 모델과 같은 얼굴을 만들려고 심사숙고했다. 동시에 그는 체스텔 로Cestello에 있는 성당을 위해 패널화를 꽤 크게 그리기 시작해 뭇 여성 에게 둘러싸여 있는 죽은 그리스도의 밑그림을 만들었다. 그 장면에는 니코데모Nicodemo와 다른 인물들도 있었는데 다음과 같은 이유로 중 단했다. 당시 그는 또 하나의 밑그림, 즉 십자가에서 내려져 니코데모 의 팔에 안긴 그리스도와 그의 다리 옆에서 우는 성모 마리아, 못과 가 시관을 든 천사들을 그렸다. 이것을 급히 채색해서 사람들의 평가, 특 히 미켈란젤로의 반응이 궁금해서 친구인 금은세공가 조반니 디 고로 Giovanni di Goro의 공방에서 전시했다.

미켈란젤로는 금은세공가 필로토Piloto와 함께 가서 구경했는데 자세 히 관찰한 다음, 바초 같은 훌륭한 조각가가 데생을 이처럼 거칠고 품 위 없이 그려 놓았다며, 시시한 화가라도 이보다는 더 잘 그릴 것이라 며 바초답지 않다고 했다. 필로토가 이 말을 전하자 바초는 미켈란젤로를 싫어했지만 진심 어린 비평은 받아들였다. 사실 바초의 데생은 훌륭했지만 채색은 빈약하고 볼품이 없었다. 그는 앞으로 그림을 그리지 않기로 결심하고 유명한 화가 프란차비조Franciabigio의 동생 아뇰로Agnolo를 데려오기로 했다. 체스텔로의 성당에 둘 패널화를 아뇰로에게 그리게 했으나 1527년의 로마 약탈 때 메디치 가문이 피렌체를 떠나게 되어 결국 미완성인 채로 있다.

바초는 핀치리몬테Pinzirimonte 별장 근처에 서민 출신의 적이 있었으므로 신변에 위험을 느껴 메디치가가 소유하던 카메오Cameo와 고대 청동 조상들을 땅에 묻고 루카Lucca로 이사 갔다. 그는 샤를 5세가 대관식을 올리려고 볼로냐에 올 때까지 루카에서 살다가 그곳에 들른 교황에게 자신을 소개하고 함께 로마로 와서 그가 예전에 살던 벨베데레궁에 머무르게 되었다.

바초가 그곳에 있을 때 교황은 폰테 디 카스텔로Ponte di Castello 앞에 대리석탑을 만들어 세움으로써 자기가 산타 아뇰로S. Agnolo 성안에서 행한 선서를 이행하고자 결심했다. 즉, 다양한 자세로 누워 있는 6브라차 높이의 청동 조상 일곱 개를 얼룩얼룩한 대리석 원주 위에 올려놓으려고 했다. 한 손에 칼을 든 천사가 이 조상들에게 관을 씌웠다. 천사로는 교황을, 감옥에서 풀어준 성城의 관리자를 대천사 미카엘로 묘사하기로 되어 있었다. 7인의 조상은 교황이 천사의 도움으로 사악한 적에게서 벗어난 것을 보여준 일곱 가지 죄를 말한다. 모델을 만들자 교황은 바초에게 본래 크기의 조상을 점토로 만들고 청동으로 주조하도록 명했다. 바초는 벨베데레궁 안에서 조상 하나를 먼저 만들어 칭찬을 받았다.

그는 기분 전환을 하면서 주조 방법을 익히려고 피렌체의 야코포 델라 바르바Jacopo della Barba를 시켜 헤르쿨레스, 베누스, 아폴로, 레다 등많은 조상의 본을 떠서 크게 성공했다. 이것들을 교황과 여러 영주에게 선사했는데, 그중 몇몇은 코시모 공의 사자실寫字室에 다른 희귀한 물건들과 함께 보존되어 있다. 동시에 그는 「그리스도 십자가 강하」를 얕은 돋을새김과 중간 돋을새김으로 만들어 주조함으로써 보기 드문 걸작을 만들어냈다. 이 작품을 제노바에 있던 샤를 5세에게 증정했더니 매우 높이 평가하고 바초에게 기사단의 지방 영지領地를 주고 기사 작위도 주었다. 그는 도리아Doria 태자에게서 많은 호의를 받았으며, 제노바 공화국은 그에게 도리아 태자를 상징하는 6브라차 높이의 대리석 조상 제작을 위촉했다. 이 조상은 공화국이 태자에게서 받은 은덕을 기념하기 위해 광장에 세우려는 것이었다. 보수는 1,000플로리네였는데 우선 500플로리네를 받고 곧 카라라의 폴바치오Polvaccio 채석장으로 향했다.

시민 정부가 피렌체를 지배하는 동안 미켈란젤로는 시를 요새화하는 일에 고용되었는데 바초가 대리석에 끌로 새겨 만든 헤르쿨레스와 카쿠스의 모델을 볼 기회가 있었다. 만일 대리석을 지나치게 깎지 않았다면 미켈란젤로는 자기 작품, 즉 조상 두 개를 만드는 데 사용하고 싶었을 것이다. 그러나 군상을 제작하고 싶다는 생각이 머리에 떠올랐다. 즉 삼손이 두 필리스티네Philistine 사람—그중 한 사람은 이미 죽었다—을 누른 채 당나귀 턱뼈로 그를 때려죽이려고 하는 장면이다. 그러나 세상에 왕왕 있는 일이지만, 일은 사람이 꾸며도 성패는 하늘에 달려 있는 법이다. 왜냐하면 전쟁이 발발하자 미켈란젤로가 다른 일을 생각하지 않으면 안 되게 되었기 때문이다. 즉, 시민들 모두가 공포에 사로잡히게 되고 그도 피렌체시를 떠나야만 했다.

전쟁이 끝나자 교황은 미켈란젤로를 다시 불러 산 로렌초 성당의 성물실 작업을 끝내도록 하고 바초에게는 「거인」을 완성하도록 했다. 바초는 이 일을 하는 동안 메디치궁 안의 방에서 자기가 얼마나 헌신하는지를 보여주려고 거의 매주 교황한테 편지를 썼다. 그는 미술에 관한 것뿐만 아니라 시市와 정부에 일어난 일들을 그전보다 더욱 나쁘게 표현했다. 알레산드로Alessandro 공이 교황청에서 피렌체로 되돌아오자 시민들은 바초의 못된 처사에 불평을 쏟아냈고, 「거인」 제작을 중단시키려고 할 정도였다.

그 무렵, 헝가리 전쟁이 끝나고 교황 클레멘티우스와 프랑스의 샤를 왕이 볼로냐에서 만날 때 추기경 이폴리토 데 메디치와 알레산드로 공도 동석했다. 바초는 그곳에 가서 교황의 발에 키스하고 얕은 돋을새김으로 만든 작품을 증정할 생각이었다. 즉, 그리스도가 두 나체 조상한테 고통당하는 모습을 높이 1브라차, 폭 1.5브라차로 만들었는데 훌륭한 작품이었다. 그는 이것을 친구인 프란체스코 달 프라토Francesco dal Prato를 위해 앞면에는 교황, 뒷면에는 고통받는 그리스도를 새겨 만든 메달과 함께 교황 클레멘티우스에게 증정했다. 교황이 이 선물을 받자 바초는 헤르쿨레스를 제작하면서 겪는 방해와 곤욕을 호소하면서 작품을 완성할 수 있게 해달라고 간청했다. 이에 덧붙여 시민들이 자기를 질투하고 싫어한다며, 교황을 설득해 알레산드로 공으로 하여금 헤르쿨레스 제작을 완성해 광장에 가져다놓게 해주도록 하는 데 성공했다.

바초 아버지는 바초에게 은으로 만든 큰 십자가를 남겨주고 죽었는데, 바초는 그것으로 산타 마리아 델 피오레의 사무장에게 「그리스도의 수난」을 얕은 돋을새김으로 만들어주기로 하고 이미 조상들과 풍경의 모델을 밀초로 만들어놓았다. 당시 은銀을 여러 파운드 소유하고 있던 바초는 교황에게 "그 작품을 프란체스코 달 프라토에게 증여할까요?"라고 물었다. 프라토는 그를 따라 볼로냐에 와 있었다. 교황은 바초가 자기 아버지의 작품으로 이득을 보려고 하며, 또 프라토에게 무엇인가 바라는 게 있음을 눈치챘다. 교황은 바초에게 그 은銀과 이미 완성한 작품을 사무장에게 가져다주면 대금을 지불할 것이고, 사무장은 은으로 만든 십자가를 전부 녹여 성당에서 필요한 곳에 사용할 것이라고 말했다. 왜냐하면 적군이 점령해 성당 장식품을 모두 약탈해갔기 때문이다. 바초에게는 금화 100플로리네를 주고, 피렌체로 되돌아와 「거인」을 완성하라는 추천장도 써주었다.

바초가 볼로냐에 머무를 때 추기경 도리아Doria는 그가 궁정을 떠나려 한다는 소식을 듣고 사람을 보내서 선물로 금화 500두카트를 받고도 도리아 태자의 조상과 스케치를 카라라에 내버려둔 채 약속을 어기느냐고 책망하면서 만일 안드레아가 그를 붙든다면 바초를 갤리선*에 보낼 것이라고 했다. 바초는 자신의 작업이 방해받는다고 겸손하게 변명한 뒤 피렌체에서 만든 것과 같은 크기의 대리석으로 조상을 만들어 제노바로 보내겠다고 약속하고 그밖에 허울 좋은 말로 얼버무리고 위기에서 벗어났다. 피렌체로 되돌아온 그는 부지런히 「거인」의 대좌를 제작하기 시작해 1534년에 완성했다. 그러나 시민들의 반발 때문에 알레산드로 공은 그것을 광장에 가져다놓기를 꺼렸다.

수개월 전 로마에 돌아온 추기경이 미네르바Minerva 성당 안에 자기와 교황 레오를 위해 무덤을 만들고자 했으므로 바초는 재빨리 로마로 갈 기회를 붙잡게 되었다. 교황은 「거인」을 광장에 가져다놓은 후에 바초에게 무덤을 제작하게 했다. 교황은 공에게 편지를 보내 바초에게 모든 편의를 제공하도록 했다. 그리하여 결국 대좌가 제작되었으며, 내부에 클레멘티우스를 기념하는 명패銘牌를 새기고 교황과 공의 머리 조상들을 새긴 메달들로 장식했다. 또 성당 사무소 안에서 제작된 「거인」을 안전하게 운반하려고 프레임 안에 넣고 밧줄로 단단히 맸다. 「거인」이 황소 열 쌍에 끌려서 광장으로 나왔는데, 큰 대들보 위에 올려놓고 그 밑에는 바퀴를 만들어 구동하게 했다.

이 모든 작업은 건축가이며 대성당 건축을 담당한 바초 다뇰로와 안토니오 산 갈로Antonio San Gallo가 맡았으며, 이들이 후에 「거인」을 대좌 위에 올려놓았다. 많은 시민이 이 「거인」의 제막祭幕을 구경하려고 이틀 동안이나 광장에 모였으며 갖가지 의견이 나왔는데, 결국 이 작품과 바초를 비난하는 데 의견이 모아졌다. 토스카나어와 라틴어로 쓴 시 여

* 옛날 노예나 죄수가 노를 젓던 돛배.

러 편이 대좌에 붙었는데 대부분 기지機智에 찬 것이었다. 그중에는 풍자가 지나쳐 모함하는 내용도 있자 공은 투고자 일부를 처벌해야겠다고 했으며, 결국 이 으름장이 헐뜯는 사람들의 입을 틀어막았다.

바초가 이 조상을 제자리에서 보니 근육이 너무 약해서 외양이 마음에 들지 않았다. 그는 새로 칸막이를 한 뒤 끌을 가지고 일을 시작해 처음 조각한 것보다는 좀 세련되게 만들어놓았다. 마침내 베일을 걷었을 때는 각 부분이 잘 처리된 모습이었고 카쿠스의 조상도 제법 정돈되어 훌륭한 작품이라 하겠다.그림 536 바초의 조상은 그 옆에 있는 미켈란젤로의 「다비데」 때문에 큰 칭찬을 받지 못했다. 왜냐하면 미켈란젤로의 「다비데」는 지금까지 제작된 작품 중에서 가장 거대하고 아름다운 조상으로 우아하고 장엄했지만 바초의 것은 스타일이 전혀 달랐기 때문이다. 그러나 바초의 헤르쿨레스는 그 자체로 크게 칭찬받을 만하며 다른 많은 조각가가 이와 같은 거대한 조상을 만들었으나 이 수준에는 도달하지 못했다. 진실로 하늘은 바초에게 우아함과 재능을 많이 주었으며, 그는 꾸준히 노력하여 완전한 조각가가 되었다.

바초는 자기 작품을 사람들이 어떻게 평가하는지 알고 싶어 현학자衒學者 한 사람을 광장에 보내서 그가 들은 대로 정직하게 알려달라고 했다. 나쁜 소리밖에 듣지 못한 이 사람은 기운 없이 돌아와서 바초의 물음에 모든 사람이 「거인」을 비난하더라고 했다. "당신은 무어라고 말했소?"라고 바초가 물었더니 그는 "당신이 기뻐할 말을 잘 이야기했지요"라고 대답했다. 바초는 "빨리 가서 나쁘게 이야기하시오. 내게 아무도 칭찬하지 않는 것을 당신은 알지 않소? 우리는 손을 끊었소"라고 말했다. 그는 아무런 고민이 없는 것처럼 숨기고 보통 때와 같이 혹평을 모르는 체했다. 그러나 누구라도 명예를 얻기 위해 일하는 것은 당연지사인즉, 아마 그의 고통은 심했을 것이며, 그 비난이 비록 부당하더라도 비난받는다는 것은 역시 괴로운 일이다.

다만 교황 클레멘티우스가 보수와 별도로 하사한 선물이 그에게

그림 536 바초 반디넬리, 「헤르쿨레스와 카쿠스」, 1525~34,
대리석, 높이 505cm, 시뇨리아 광장, 피렌체.

위로가 되었다. 교황은 바초의 핀치리몬테Pinzirimonte 별장 바로 옆에 붙은 토지를 선물로 주었는데, 원래 이 땅은 그의 숙적인 리냐도리 Rignadori 소유였으며, 농장 경계 문제로 계속 싸움이 벌어져 반역자라고 부르던 사람의 것이었기 때문에 바초에게 두 배로 값진 것이었다.

그 당시 도리아 태자는 알레산드로 공에게 편지를 보내, 바초가 「거인」을 완성했는데 자기 조상도 끝냈는지 알고 싶다며 만일 그가 의무를 이행하지 않았다면 벌할 것이라고 했다. 이 소식을 들은 바초는 카라라에 가기를 두려워했다. 그러나 그는 추기경 치보Cibo와 공의 보증 아래 카라라에 가서 다른 사람들의 도움을 받아 계속 조상을 제작했다. 공은 바초가 무엇을 하는지를 날마다 보고받았으며, 또 조상이 예상했던 것보다 신통치 않다는 것도 알게 되어 바초에게 일을 소홀히 하면 벌하겠다고 경고했다. 한편 바초는 태자에 관한 나쁜 이야기를 많이 했는데, 태자는 이것을 모두 듣고 다른 예술가를 구하는 대로 바초를 노예선에 데려가겠다고 말해 바초가 겁을 집어먹게 하려고 했다. 그러나 바초는 주도적이고 결단력 있는 사람이었기 때문에 자기를 감시하는 스파이들을 보면서도 일을 던져버리고 피렌체로 돌아갔다.

그 무렵, 바초의 정부 하나가 아들을 낳았는데 최근에 죽은 교황의 이름을 따서 클레멘티우스라고 이름을 지었다.* 추기경 이폴리토 데 메디치, 추기경 치보, 추기경 살비아티Salviati, 추기경 리돌피Ridolfi와 페시아의 발다사레 투리니Baldassarre Turini는 교황의 유언 집행자들이다. 미네르바 성당 안에 지을 교황 레오와 클레멘티우스의 묘지를 누군가에게 맡긴다는 소문을 들은 바초는 미리 모델을 만들어놓았다. 이 묘소는 페라라의 조각가 알폰소 롬바르디Alfonso Lombardi에게 위촉하기로 내정되어 있었다. 그가 오랫동안 섬겨온 메디치 추기경의 호의에 따른 것이

---

* 교황 클레멘티우스 7세는 1534년 9월 25일에 죽었다. 클레멘티우스는 바초를 무척 총애했다.

었다.

알폰소는 확실한 보증은 없었지만 미켈란젤로의 충고에 따라 설계를 바꿔서 대리석 석재를 마련하려고 카라라로 가기를 매일 기대하면서 모델들을 제작했다. 그러는 동안 추기경 이폴리토가 샤를 5세를 방문하러 가던 도상에서 독살되었다.* 이 소문을 들은 바초는 기회를 놓치지 않고 로마에 달려가, 교황 레오의 누이인 루크레치아 살비아티 데 메디치Lucrezia Salviati de' Medici를 만나 누구도 자기만큼 교황의 총애를 받은 사람이 없다면서, 알폰소Alfonso는 모델도 가지지 않았을뿐더러 대리석을 다루는 재주도 판단력도 없어 훌륭한 작품을 제작할 수 없다고 덧붙였다. 바초는 모든 수단을 동원해 집행위원들을 움직여서 추기경 살비아티가 자신에게 그 작업을 맡기도록 하는 데 성공했다.

이때 샤를 5세가 나폴리에 도착했는데 필리포 스트로치Filippo Strozzi, 안톤 프란체스코 델리 알비지Anton Francesco degli Albizzi와 다른 추방자들이 알레산드로 공의 의사에 반대해 황제와 협상을 하려고 추기경 살비아티에게 접근했다. 그들은 언제나 추기경과 함께 있었는데 바초도 묘소의 계약을 따내려고 같은 홀에서 기다렸다. 바초가 언제나 그 방에 있는 것을 본 그들은 그가 공작의 스파이가 아닌지 의심을 품고 어느 날 밤 젊은 사람들을 불러 그를 없애버리려고 했다. 그러나 바초는 적시에 구원될 행운을 맞이했을 뿐 아니라 집행위원들이 모인 자리에서 계약을 매듭짓게 되었다. 바초의 건축술이 보잘것없다고 생각한 그들은 안토니오 다 산 갈로의 데생을 채택해 모든 대리석 공사를 조각가 로렌제토Lorenzetto에게, 대리석 조상과 돌을새김을 바초에게 맡기기로 했다. 계약이 이렇게 마무리되자 바초는 다시는 그 자리에 나타나지 않았고 의심도 받지 않게 되었다.

* 1535년 8월 10일 알레산드로 공의 명에 따라 이트리(Itri)에서 독살되었다.

그는 밀초로 조상을 만들고 돋을새김으로 모델 둘을 제작했다. 대좌에는 돌기突起가 없고 이오니아 방식으로 꼭대기에 홈을 판 원주 네 개가 세 공간을 둘러쌌다. 중앙에 있는 큰 원주에는 각각 교황의 좌상을 위한 대좌가 들어 있는데 성체강복식聖體降服式을 하며, 작은 공간에는 조상 하나와 벽감 하나가 들어 있다. 교황의 양쪽에는 4브라차 높이로 만든 성인들이 있다. 마치 개선문의 아치를 방불케 하며 쇠시리가 들어 있는 원주 위에 높이 3브라차, 폭 4.5브라차 되는 얕은 돋을새김이 있는데 교황 레오의 조상 너머로 볼로냐를 방문하는 프랑수아 1세를 표현한 것이다.

이 조상은 성 베드로와 성 바오로가 들어 있는 두 벽감 사이에 서 있으며, 그 위에는 좀 작은 돋을새김이 둘 있다. 하나는 죽은 사람을 부활시키는 성 베드로, 또 하나는 설교하는 성 바오로다. 교황 클레멘티우스에 해당하는 돋을새김은 볼로냐에서 거행된 샤를 5세의 대관식 장면인데, 세례자 성 요한이 군중에게 설교하는 장면과 반대쪽의 복음 전도자 성 요한이 죽은 드루시아나를 되살려 일으키는 두 장면 사이에 있다. 그 아래의 벽감에는 4브라차 높이로 만든 이 성인들의 조상이 들어 있는데 교황 레오에서와 같이 교황 클레멘티우스의 조상이 함께 들어 있다.

이 작품에서 바초는 미흡한 신앙심이거나 지나친 아첨이거나 또는 이 둘을 다 보여주었다. 그는 초기 그리스도 교회의 교부들과 성인들을 레오 교황이나 클레멘티우스 교황보다 미진한 위치로 그 품격이 하향된 듯이 묘사했는데, 이는 틀림없이 바초의 그릇된 판단의 소치라 할 것이다. 교회의 교의적 측면에서 생각건대, 모든 성인을 공경해야 하는 것은 당연지사인즉, 특정인을 이에 결부해 칭송하려면 그 한계를 잘 판단해서 적정선을 지나치게 넘어서지 않도록 조심해야 한다고 본다. 특히 시기심과 오해가 개입되는 경우가 있기 때문이다.

바초는 모델을 몬테 카발로의 산타 아가타S. Agata에 있는 추기경 리돌피의 정원에서 취했으며, 거기에 치보, 살비아티, 페시아의 발다사레를 식사에 초대해 묘지를 마지막으로 손질하는 데 필요한 일을 했다. 그들이 식사를 하는 동안 조각가 솔로스메오Solosmeo가 도착했다. 그는 대담하고 속내를 쉽게 털어놓는 낙천가로 바초를 싫어했다. 그가 들어오기 전에 리돌피는 바초를 바라보며 "나는 이 무덤 일을 할당한 것과 관련해 솔로스메오 씨의 의견을 듣고 싶습니다. 그러니 당신은 일어서서 휘장 뒤에 숨으시오"라고 했다. 바초가 그 말에 따랐고 솔로스메오가 안으로 들어왔다. 술을 든 후 그들은 묘지에 관해 토론을 벌였는데 솔로스메오는 하나하나 예를 들어 바초를 무식하고 탐욕스럽고 거만하다고 책망하면서 그런 사람에게 묘지를 맡긴 추기경도 비난했다.

휘장 뒤에 숨어 있던 바초는 그가 말을 끝낼 때까지 가만있지 않았다. 화가 난 그는 휘장 밖으로 나와서 "내가 무슨 짓을 했길래 당신이 이렇게 나를 비난하는 거요?"라고 외쳤다. 바초가 나타나자 깜짝 놀란 솔로스메오는 리돌피에게 "이게 무슨 일입니까? 나는 성직자들과 이런 장난은 하고 싶지 않소"라는 말을 던지고 획 나가버렸다. 그러나 추기경은 두 사람을 보고 함께 웃었다. 그다음 살비아티는 바초에게 "자, 당신은 지금 예술가들의 견식이 어떻다는 것을 알았을 것이오. 당신 작품을 헐뜯는 이에게 뭔가를 보여주시오"라고 말했다.

바초는 조상과 돋을새김 일을 시작했으나 별로 부지런히 일한 것도 아니고 약속과 달리 볼품도 없고 결함투성이로 남았다. 그가 좋은 작품을 만들려고 애쓰기보다는 돈에 더 신경을 썼기 때문이다. 두 교황의 조상을 새겨야 할 큰 대리석이 그대로 있었다. 바초의 행동에 관해 이야기를 듣던 추기경은 그에게 좀더 일에 열중해 잘 끝내도록 지시했다. 그러나 바초는 이미 대금을 다 받은 터라 코시모 공의 일을 보려고 로마에 머물던 코르토나의 대주교 조반 바티스타 다 리카솔리Giovan Battista da Ricasoli와 협상을 벌였다. 그 내용은 피렌체로 가서 카스텔로에 있는 그의 저택 기초공사와 조반니Giovanni 각하의 묘지 일을 하며 코시모 공을 모시겠다는 것이었다. 공이 승낙하자 그는 묘지를 완성하지 않은 채 조상들은 제자들에게 맡기고 한마디 말도 없이 그곳을 떠났다. 추기경은 하는 수 없이 교황 레오의 조상은 라파엘로 다 몬테루포에게, 교황 클레멘티우스의 조상은 조반니 디 바초Giovanni di Baccio에게 각각 나누어 맡겼다.* 일이 끝나면 제 위치에 두기로 했는데 조상과 돈을새김의 여러 군데를 윤을 내지 않아 바초는 명성 대신 비난을 들었다.

피렌체에 도착한 바초는 공이 카스텔로의 기초공사에 필요한 대리석을 가지러 트리볼로Tribolo를 카라라에 보낸 것을 알았다. 그는 필요한 대리석은 모두 피렌체에 있다며 그 공사를 자기에게 맡겨달라고 공작을 설득했다. 그는 공작과 점점 더 친해졌지만 모두가 그를 멀리했으며, 그의 거만한 성격이 더욱 그렇게 만들었다. 그는 공작에게 무덤을 어둡고 좁은 장소, 즉 네로니Neroni 성당 안에 안치하고, 위대한 왕들이 하는 것처럼 새로운 교회를 세우지 말라고 넌지시 이야기했다. 또 공을 설득해 미켈란젤로가 피렌체 시내에 많이 가지고 있는 대리석을 회수하게 함으로써 작업이 꽤 진척된 조상 하나와 스케치한 조상 여러 개를 손에 넣었다.

바초는 미켈란젤로에게 앙갚음을 하고 그를 귀찮게 하려고 그 대리석을 모두 깨버렸다. 바초는 산 로렌초 성당 안에 미켈란젤로가 작업하던 홀을 발견하고 공작이 조각가 프라 조반니 아뇰로Fra Giovanni Agnolo에게 위촉해서 만든, 헤르쿨레스가 안타에우스Antæus를 쳐부수는 군상群像을 부수면서 공에게 이 수사가 대리석을 망친다며 멀쩡한 작품을 산산조각 냈다.

끝으로 그는 묘지에 사방 4브라차 크기로 대좌를 만들었다. 기둥 받침돌이 에워쌌으며, 그 위에는 주름을 잡은 휘장과 함께 말의 해골을 파서 장식한 프리즈가 있고, 4.5브라차 높이의 고대풍으로 무장한 장

* 1540년의 일이다.

군이 지휘봉을 쥐고 앉아 있는데 조반니 각하를 표현한 것이다. 그런데 그는 이 조상을 완성하지도 제자리에 놓지도 못했다. 전면에는 반돌을새김으로 만든 높이 2브라차의 대리석 조상을 완성했는데 앉아 있는 조반니 각하를 표현한 것이며, 그 면전에 끌려나온 죄수들, 병사, 벌거벗은 여인, 머리가 헝클어진 여인들이 있으나 데생과 표현이 볼품없다. 이 조상은 어깨에 돼지 한 마리를 올려놓았는데 사람들 말에 따르면 발다사레 다 페시아Baldassarre da Pescia를 표현한 것이며, 그가 교황 레오와 클레멘티우스의 초상을 다른 조각가에게 위촉했기 때문에 바초가 그를 적으로 삼았다고 한다. 또 그가 바초에게 선불로 주었던 보수를 강제로 회수한 일도 있기 때문이라고 한다.

바초는 조상들과 건축물들이 쟁취한 고대의 영광을 언급하면서 코시모 공은 마땅히 자신의 공훈을 남길 기념물을 건립해야 한다고 코시모 공에게 주장했다. 그는 무덤 제작이 거의 끝날 무렵 공에게 장엄하고 값진 공사를 시작하자고 제의했다. 코시모는 메디치궁 살림을 끝내고 법원과 함께 시뇨리아 궁전으로 돌아와서 매일 아름답게 손질하고 있었다. 바초는 공에게서 외국 사신과 시민을 영접하는 데 쓰일 알현실을 설계하라는 위촉을 받고 줄리아노 디 바초 다뇰로Giuliano di Baccio d'Agnolo와 함께 폭 38브라차, 높이 18브라차 크기의 돌로 만든 장식을 준비했는데, 이것은 궁전의 큰 홀 북쪽 끝에 쓰일 예정이었다.

거기에는 깊이 14브라차의 큰 홀을 만들 예정이었는데 계단 일곱 개 위에 자리 잡아 전면은 중앙 출입구를 제외하고는 총안銃眼 있는 흉장胸牆으로 둘러싸인다.그림 537 중앙 출입구에는 큰 아치 셋을 만들게 되어 있는데 그중 둘은 들창문이며 각기 네 원주로 나뉜다. 그중 둘은 석재石材로, 둘은 대리석으로 만들며 위 가장자리에는 아치를 만들고 까치발을 댄 프리즈를 붙인다. 벽감을 이루는 중앙의 아치 홀 끝에는 벽감과 비슷한 것이 둘 있는데, 하나는 동쪽 또 하나는 서쪽에 만들어 돌출한 쇠시리가 붙은 네 개의 코린트방식 원주로 장식한다. 중앙의 벽에

그림 537 바초 반디넬리, 「베키오궁」, 1549년 완공, 친퀘첸토
살롱, 피렌체.
이 큰 홀은 원래 크로나카의 설계에 따라 바사리가
완성했다는 것은 이미 이야기했다. 또 큰 벽의 그림들도
바사리와 그의 조수들이 그렸다.

는 벽기둥 네 개를 만들어 홀을 둘러싼 처마도리, 프리즈와 쇠시리를
받들게 된다. 벽기둥 사이에는 조상을 넣을 벽감이 차지할 약 3브라차
의 공간을 둔다. 각 벽감에는 조상을 세 개씩 두기로 되어 있다.

그들은 또 베키오궁에 면한 부분에 6브라차 길이의 정방형으로 된
돌출물 네 개의 외면을 장식하는 데 어마어마한 비용이 드는 공사를 제
안했는데 거기에는 높이 14브라차의 원주 아치가 다른 원주를 받들고
있다. 그 밑에는 한 바퀴를 돌 만한 길이의 로지아가 있는데 민사소송
법원과 「거인」이 자리 잡는다. 윗부분 다른 원주의 줄에도 아치가 있어
궁의 창문을 한 바퀴 돌면서 궁전의 정면을 이루고 이 벽기둥 위를 아

치와 벽기둥의 다른 줄과 더불어 극장 모양으로 만든다. 따라서 궁전의 총안이 달린 흉장은 전체적으로 쇠시리 모양이다.

그들은 이 작업에 비용이 얼마나 많이 드는지 알면서도 공에게는 알현소 장식에 관한 계획과 광장 전면에 쓰일 길이 24브라차의 돌만 설명했다. 바초는 줄리아노가 제작한 데생과 설계도를 공에게 보여주면서 높이가 4브라차나 되는 대좌 위의 큰 벽감에 대리석 조상을 안치하고 싶다고 제안했다. 그중 하나는 이탈리아의 평화를 간구하는 교황 레오로, 또 하나는 샤를 5세에게 관을 씌우는 교황 클레멘티우스로 하고, 좀 작은 벽감에는 교황의 덕을 나타내는 조상 둘을 두고자 한다고 말했다. 또 벽기둥들 사이마다 조반니 각하, 알레산드로 공, 코시모 공의 조상을 만들되 조각한 장식물과 얼룩얼룩한 대리석으로 포장도로를 만들겠다고 했다.

공은 그들의 제안에 매우 만족해서 다른 장식과 천장을 추가해 빨리 이탈리아에서 제일가는 홀을 만들고 싶다고 했다. 공은 이루어질 작업을 열망한 나머지 바초가 요구하는 대로 돈을 주었다. 바초는 석재를 캐서 기초인 원주, 쇠시리를 만들 돌을 조각하며 산타 마리아 델 피오레 대성당의 석공들이 일해주기를 바랐다. 공장들은 기꺼이 일에 종사했으며, 바초와 줄리아노가 원했다면 틀림없이 장식한 돌로 마지막 손질까지 했을 것이다. 그러나 바초는 단지 조상들을 스케치하고 끝손질만 하고도 매달 공이 주는 월급을 가져갔는데 공이 최소한의 경비만 지출했으므로 조상 하나에 금화 500두카트를 지불했다. 그러니 이 공사가 절대로 완결될 리가 없었다.

만일 바초와 줄리아노가 홀의 끝을 직각으로 했다면—실상 그들이 그렇게 생각했을지도 모르지만 원주를 좀더 높여서 스타일을 더 웅장하게 했다면, 쇠시리를 원래 천장 높이까지 끌어올렸다면, 그들은 훌륭한 능력과 판단력을 과시했을 것이며, 막대한 노동력을 낭비하지도 않았을 것이다. 또 모두 이런 결과가 나오리라고 예측했다. 하지만 후에 출입문, 벽감 등에 많은 잘못이 드러나 개조해야만 했다. 소규모 개조로는 마루와 천장에 나타난, 직각을 이루지 못한 곳은 도저히 고칠 수 없었다. 그들이 큰 작업을 해냈으며, 많은 석재를 쪼아서 서로 연결해 아름다운 일을 한 것은 칭찬받을 만하다. 그런데 홀의 모양 때문에 그 절반이 손실되었다. 항상 건축술을 얕보는 바초가 만일 줄리아노보다 판단력이 나은 사람에게 상담했다면 매우 훌륭하게 공사를 마쳤을 것이다.

줄리아노는 원래 유능한 목공이며 훌륭한 건축가였지만 그의 경험이 보여주듯이 이런 일은 잘하지 못했다. 이 공사는 여러 해 동안 계속됐지만 일이 아직 절반도 진행되지 못했다. 바초는 조반니 각하와 알레산드로 공의 조상은 작은 벽감 안에 놓고 교황 클레멘티우스의 조상은 벽돌 대좌台座 위에 놓았다. 그는 또 코시모 공의 조상도 완성했는데 머리 부분을 만드느라 매우 고생했으나 공이나 정신正臣들은 모두 조상이 공을 조금도 닮지 않았다고 했다. 그래서 바초는 우선 대리석 조상 하나를 만들어 같은 궁전 위층 홀에 놓았는데 그가 만든 것으로는 최상의 작품이며, 처음에 잘못 만들어진 곳을 훌륭하게 고쳤다. 그러나 머리 부분을 사람들이 흉보는 말을 듣고 화가 나서 산산조각 낸 뒤 그 자리에 다른 것을 만들고자 했지만 아직 손대지 않았다.

바초는 대리석 조상 속에 작은 인물과 큰 인물을 만드는 작업을 조금도 성가시게 느끼지 않고 쉽게 해냈다. 예를 들면 오르페우스Orpheus 속에 체르베루스Cerberus의 머리를, 산타 마리아 델 피오레 대성당 안의 성 베드로 조상에는 착의 조각을, 광장의 카쿠스 조상 어깨와 다리를 그렇게 만들었다. 그는 다른 곳에서도 이런 수법을 많이 사용해 조각가들로부터 비난을 받았다.

그는 이번 조상을 교황 레오의 조상으로 만들어 상당한 진척을 보였으나 시일이 오래 걸릴 것 같았다. 그는 많은 경비와 시일을 들였으나 첫 번째 데생을 끝내지도 못했고 일은 반도 진척되지 않았기 때문에 시민들에게 희망을 주지 못했고, 일에 지쳐 공의 관심을 궁으로부터 딴 데로 돌리려고만 했다.

산타 마리아 델 피오레 대성당의 일터에서 바초는 관리인과 많은 석공石工을 적으로 만들었으며, 알현실 안의 모든 조상이 바초 스타일이었는데 어떤 것은 완성되었고, 어떤 것은 데생에서 그쳤으며, 결함을 보완하려고 여러 부분을 장식했다. 바초는 공에게 성당 일터 안에는 낭비가 심해 훌륭한 작품이 나오기가 어렵겠다고 주장했다.

그는 공이 이 쓸모없는 항목으로부터 성당의 팔각형 성가대석, 제단, 계단과 공의 전용 좌석을 비롯해 성당 참사회원, 사제, 서기 등의 좌석을 장식하는 등 성당에 적합한 데 쓰도록 경비를 그쪽으로 돌릴 것으로 생각한다고 말했다. 필리포 브루넬레스키가 성가대석으로 쓰려고 간단히 나무로 만든 모델이 있는데 적당한 시기에 같은 모양으로 좀더 장식을 하여 대리석으로 제작할 작정이었다. 바초는 이 성가대석이 마침 자기에게 제대와 성가대석에 대리석과 청동 돋을새김으로 작품을 만들 기회를 제공하는 것이라고 생각했으며, 그밖에 성가대 설교단 두 개를 대리석으로 만들고, 또 팔각형의 성가대석 외면을 대리석 테두리 안에 청동 돋을새김으로 장식하리라고 생각했다.

그는 그밖에도 원주와 벽기둥의 열列을 만들어 쇠시리와 교회의 굴대에 따라 나뉜 아치 네 개를 받들도록 했다. 하나는 대제단 너머로 아치에 해당하는 정문이 되고 좌우에 있는 다른 둘 밑에는 설교단들을 놓게 된다. 또 쇠시리 위에는 여덟 면을 도는 난간동자 형태의 처마를 만들고 그 위에는 전에 목재로 되어 있는 것과 같은 광선으로 성가대석을 비출 촛대의 줄을 달 것이라고 제안했다. 그는 이 모든 것을 공에게 보여주고 성당 사무소의 수입과 자기가 기증한 것을 합치면 교회를 장식해 빠른 시일 안에 피렌체시의 장엄함을 보여줄 수 있으며, 동시에 공을 상징하는 고상한 기념물이 될 것이라고 했다. 그는 공이 자기에게 훌륭한 작품을 많이 만들 기회를 주면 메디치가 길러낸 자기 이름을 자

손에게 남기게 할 것이라고 했다.

바초는 이런 건의로 공을 설득했고, 공은 모든 성가대석의 모델 제작을 그에게 맡기고 작업을 진행하도록 했다. 바초는 자기 건축가인 줄리아노 디 바초 다뇰로Giuliano di Baccio d'Agnolo와 의논한 끝에 함께 현장을 답사한 뒤 필리포Filippo의 모델에서 벗어나지 않고, 그저 단순히 원주와 까치발을 장식하고 구조를 풍부하게만 하는 데 그쳤다. 그러나 구조를 풍부하게 한다는 것은 단순히 장식을 더 많이 하는 것이 아니라 좋은 판단력이 뒷받침되었을 때만 칭찬받을 만하다. 하지만 줄리아노와 바초는 그렇게 생각한 것 같지 않다. 왜냐하면 그들의 경험을 보면 알 수 있듯이 그들은 매우 힘들고 곤란한 일에 착수했기 때문이다.

줄리아노는 8각 하나하나의 벽기둥을 이오니아 방식으로 만들 작정이었는데 그것들은 밖이 넓고 안이 좁아서 비례가 맞지 않았다. 중심부의 선이 희미해져서 벽기둥 양쪽의 원주가 날씬하게 보이나, 안팎으로 모두 우아하지 못하다. 줄리아노는 성가대석의 장식에서 1.5브라차 떨어져 있는 제대의 모델을 제작했으며, 바초도 그 위에 죽은 그리스도와 두 천사를 밀초로 만들었는데 한 천사는 무릎으로는 그리스도의 머리를 받치고 있고 한 손으로는 그의 오른팔을 안고 있으며, 한 천사는 「수난의 신비」를 안고 있다. 이 조상이 제대를 온통 차지해 거기에서 축복을 드리기가 어려웠다.

그는 제대 뒤에 불쑥 나온 대좌를 만들고 그 위에 6브라차 크기의 성부聖父를 놓았는데, 성부는 좌정하고 성체강복聖體降福을 행하며 모퉁이, 즉 제단의 대 끝에는 전능하신 하느님 발밑에 두 천사가 대령하고 있다. 이 제단의 대는 높이가 1브라차 이상이며 청동으로 만들 예정인 「그리스도의 수난」을 그린 돋을새김이 들어 있다. 모퉁이의 두 천사는 촛대를 들고 제대를 장식하며, 전능하신 하느님은 중앙에 좌정하고 있다. 그 옆에는 채광창採光窓으로 올라가는 반 브라차 정도의 공간이 있다.

아치 밑 성가대석 출입구에는 '지혜의 나무'*와 이 나무를 감고 있는 사람 얼굴을 한 뱀이 있으며, 그 옆에 벌거벗은 아담과 이브가 서 있다. 외부에는 3브라차가량의 공간이 있어 「아담과 이브의 창조」를 대리석에 돋을새김한 것이 있는데 『구약성서』를 주제로 한 21장면을 돋을새김한 것 가운데 하나다. 이 하나하나의 구멍은 대리석에 새길 나신 또는 착의한 예언자들의 조상을 넣게 되어 있어 완벽한 거장이 예술을 표현해 자기 이름을 영원히 남길 기회가 될 큰 작업이다. 공은 그들이 만든 데생을 보고 그 다양한 수와 아름다움에 만족했는데, 바초가 심혈을 쏟아 밀초로 모델을 만든 것이다. 공은 곧 일에 착수하도록 명령하고 성당 사무실의 자금을 거의 모두 그리로 돌렸으며, 대량의 대리석을 카라라에서 가져오도록 했다.

바초는 먼저 팔을 쭉 뻗은 아담의 조상을 약 4브라차 높이로 만들었다. 비록 완성은 했지만 품이 좁고 다른 결함이 있자 그는 그것을 바쿠스로 고쳐서 공에게 기증했는데 공은 오랫동안 궁중에 보관했다. 얼마 후에는 공이 여름을 지내는 아래층 벽감에 놓아두었다. 같은 크기로 이브 조상을 반쯤 끝냈지만 아담 조상을 만드느라 늦어졌고 또 다른 자세를 한 아담을 만들기 시작했으니 이브의 자세도 달리 표현해야만 했다. 처음에는 이브를 케레스**로 바꾸어서 나신의 아폴로와 함께 공작부인에게 기증했는데, 바사리가 설계한 피티 정원 호수 전면에 세웠다.***

바초는 아담과 이브를 제작해 보수를 많이 받았으며, 다른 예술가들의 만족을 기대한 것만큼 자신도 만족했다. 그는 이 작품들을 열심히 제작했으나 베일을 벗기고 나니 그의 다른 작품과 운명이 같았으며, 소네트와 라틴어 시로 거친 대접을 받았다. 한 예를 들면 아담과 이브가

* 지혜의 나무(Tree of Knowledge), 이 나무의 열매를 아담과 이브가 먹었다.
** 로마신화에 나오는 곡식과 수확의 신.
*** 보볼리(Boboli) 정원으로 알려졌다.

불복종한 탓으로 낙원에서 추방당했듯이 이 조상들이 땅을 망신시켰으니 교회에서 마땅히 추방당해야 한다는 것이다. 그러나 이 작품들은 균형이 잘 잡히고 좋은 점도 많으며, 비록 우아하지는 못했지만 데생과 예술은 칭찬받을 만하다. 이 나체 조상들을 어떻게 생각하느냐는 질문을 받은 한 여인은, 자기는 남자에 관해 이야기할 자격이 없지만 이브에게는 두 가지 좋은 것이 있다면서 그 하나는 살결이 흰 것이고, 또 하나는 부드러운 것이라고 대답했다. 그녀는 이렇게 칭찬하는 척하면서 기지 있게 이 예술가를 비난했다. 왜냐하면 이 좋다는 점은 대리석에 속하는 것이지 예술가가 만들어낸 것이 아니기 때문이다.

바초는 다음에 「그리스도의 죽음」을 시작했으나 많이 진행된 후에 포기하려고 했기 때문에 완성되지 못했다. 그는 또 한 천사가 무릎으로 그리스도의 머리를 받들고 팔을 부축하는 자세를 한 「그리스도」를 시작했는데 완성하지 못했다. 이 작품을 제단에 올려놓았을 때 자리를 너무 많이 차지해 사제司祭가 설 자리가 없어졌다. 아주 훌륭하게 만든 바초의 걸작 중 하나지만 이 조각도 비난거리가 되었으며, 시민과 사제들이 함께 산산조각 냈다.

바초는 작업을 완성하지 않고 그대로 내버려둠으로써 예술가와 예술감정가들 사이에 자신의 인기가 떨어지는 것을 눈치채고는 그리스도가 대령하는 성부聖父를 제작하기로 결심하고 카라라에서 아름다운 대리석을 가져왔다. 얼마 동안 주피터의 나체 조상 같은 것을 제작했는데 공의 마음에도, 자기 마음에도 들지 않아 사무실에 그대로 있다. 그는 누가 무어라 해도 개의하지 않고 오직 재산을 모으는 데만 힘썼다. 그는 피에솔레 언덕 위에 스피넬로Spinello라고 부르는 훌륭한 농장과 아프리코Affrico 강가의 산 살비San Salvi 들판에 있는 일 칸토네Il Cantone라는 건물을 사들이고, 공이 준 돈으로 지노리Via de' Ginori가에 있는 큰 주택을 샀다. 그는 상당한 재산을 마련했으며 조반니 각하의 무덤, 알현소, 성가대석과 제대 등을 미완성으로 내버려둠으로써 받는 비난은 아랑곳하지 않고 노심초사하지도 않았다. 그리고 성부를 위한 제대와 대리석 대좌를 만들고 모델을 제작한 뒤 석공들의 도움을 얻어 천천히 일을 시작했다.

바로 그 무렵 프랑스의 왕에게 가서 일하던 당대의 가장 유명한 금은 세공가 벤베누토 첼리니Benvenuto Cellini가 돌아왔다.* 그도 청동주물을 만들었는데 피렌체시를 꾸미고자 하는 코시모 공에게 소개되어 환영을 받았다. 공은 그에게 약 5브라차 높이의 청동 페르세우스Perseus와 메두사Medusa**를 만들도록 위촉했는데그림 538 후에 광장의 로지아 아치 밑에 놓기로 되어 있었다. 벤베누토는 그밖에도 여러 작품을 만들게 되어 있었다.

그러나 마치 도공陶工이 다른 도공을 질투하듯이 바초는 같은 조각가로서 공이 벤베누토에게 주는 총애를 견딜 수 없었다. 바초는 메달이나 작은 조상 따위를 만드는 일개 금은세공공이 거대한 조상을 만든다는 것이 이상하다는 생각을 했다. 그는 감정을 숨길 수 없었으며, 호적수를 만났다는 생각에 어느 날 공의 면전에서 벤베누토를 신랄하게 비판했다. 성미가 급한 벤베누토도 과격한 어조로 예술과 상대방의 결점에 관해 지적하면서 공 앞에서 말다툼을 했다. 공은 그들에게 마음먹은 것은 모두 이야기하도록 내버려두었고 마치 그들의 언쟁을 듣고 즐기는 것 같았다. 공은 그들에게 아무런 주의도 주지 않았다.

바초는 자기 「성부」聖父, Dio Padre의 조상을 밀고 나가서 경쟁이라기보다는 증오에까지 이르렀으며, 예전과 같은 공의 총애를 더는 받을 수 없게 되자 공작부인의 환심을 사려고 애썼다. 어느 날 언제나 하듯이 둘이 싸우다가 벤베누토가 "바초, 다른 분야나 알아보시죠. 나는 이 분

---

* 1545년의 일이다.
** 그리스신화에서 제우스와 다나에 사이에서 태어난 영웅. 여자 괴물 메두사를 퇴치하고 후에 안드로메다를 바다의 괴물에서 구출하여 아내로 삼았다.

그림 538 벤베누토 첼리니, 「메두사의 머리를 들고 있는
페르세우스」, 1540년경, 청동, 높이 75cm, 란치 주랑, 피렌체.

야에서 당신을 축출하고 싶소"라고 말하자 바초는 "하루만 말미를 주
게. 그러면 내 의사를 결정하겠네. 그러나 나는 자네처럼 개죽음을 당
하지는 않을 걸세"라고 대답했다. 수개월 동안 이 두 사람의 언쟁을 즐
기던 공은 이들 사이에 어떤 불행한 일이 잇따라 일어날까 염려해서 두
사람에게 침묵을 지키도록 명했다. 그리고 둘 다 채용해 자기 청동 조
상을 제작하도록 경쟁시켰다.

그동안 바초는 6브라차 높이로 착의한 「성부」 조상을 완성해 제대

옆 대좌 위에 올려놓았다. 이 작품을 로마의 제자 빈첸치오 데 롯시 Vincenzio de' Rossi에게 보내서 대리석 제대 위 결함 있는 곳을 점토로 보완케 하고 모서리에 가지촛대를 든 천사 둘을 추가했으며 벽기둥과 대좌의 돌을새김 대부분도 제작하게 했다. 그리고 모든 것을 제단 위에 가져다놓고 제막을 보도록 공에게 사람을 보냈다. 공작부인은 바초를 총애했지만 제대로 완성한 것이 없는 바초의 작품에 격앙해 공을 초대하지 말라고 했다. 공은 그의 살림을 넉넉하게 해주고 많은 총애와 혜택을 베풀었는데 시민들 사이에는 나쁜 소문이 파다하게 퍼졌다. 작업이 끝날 무렵 공은 바초의 아들 클레멘테를 참여시킬 생각을 했다. 총명하고 데생 실력이 늘고 있던 클레멘테에게 아버지 작품을 보완해 일을 하게 하고 싶었기 때문이다.

그 무렵, 즉 1554년에 조르조 바사리가 공의 초청을 받아 로마에서 왔다. 바사리는 오랫동안 교황 율리우스 3세 밑에서 일했는데 코시모 공이 새 건물을 건축해서 광장에 면한 궁전을 장식하고, 커다란 홀을 짓고 싶어 했기 때문이다. 이듬해 바사리는 조각가 바르톨로메오 암마나티Bartolommeo Ammanati를 로마에서 데려와 바초가 착수했던 알현실 맞은편에 파사드façade를 만들어 중앙에 분수를 세우고, 곧 조상 제작에 착수했다. 공이 다른 사람들을 고용한 것을 본 바초는 이제 더는 공이 자기를 필요로 하지 않음을 알고 번민에 가득 차 상도에서 벗어난 짓을 더 많이 했고, 사람들은 더욱 그를 상대하기를 꺼렸다. 그래서 그는 아들 클레멘테를 매우 교묘하게 활용했다.

클레멘테는 알현소에 둘 공작의 머리 조상을 점토로 만들면서 자기 아버지의 괴팍한 성정에 계속 시달리게 되자 자신을 로마로 보내달라고 공작에게 허락을 청했다. 공이 허가했지만 바초는 피렌체에서 자신의 오른팔 노릇을 하던 아들에게 아무것도 도와줄 생각을 하지 않았으며, 출발마저 거들떠보지도 않았다. 그러나 열심히 일하다가 건강이 나빠진 클레멘테는 코시모 공의 아름다운 흉상을 남긴 채 같은 해에 로마에서 객사했다. 이 흉상은 후에 바초가 지노리Ginori 거리의 자기 집 정문 위에 놓아두었다.

클레멘테는 그밖에도 죽은 그리스도를 니코데모가 부축하는 모습을 작품으로 남겼다. 여기서 니코데모의 초상은 바초의 일생을 담은 것이다. 이 칭찬할 만한 조상들을 바초는 세르비테 수도회 성당에 가져다두었다. 클레멘테의 죽음은 후에 평가된 바와 같이 바초는 물론 예술계에도 큰 손실이었다.

바초는 전부터 비난을 받아온 산타 마리아 델 피오레의 제대와 성부 조상을 제막했다. 그는 제대는 손대지 않고 성가대석만 고쳤다. 여러 해 전에 높이 10.5브라차, 폭 5브라차의 큰 대리석을 카라라에서 채석採石했는데, 그 소문을 들은 바초가 그리로 가서 감독에게 금화 50두카트를 보증금으로 주고 사서 피렌체로 돌아온 일이 있다. 그는 공작부인을 움직여 이 큰 대리석 덩어리를 잘라서 자기 몫으로 광장의 사자 옆에 놓을 거인과 커다란 분수, 해마海馬가 이끄는 수레에 앉은 넵투누스 등을 만들게 해주도록 부탁했다. 바초는 여러 모델을 만들어 공작부인에게 보였지만 1559년까지 아무런 진전을 보지 못했다. 그때 카라라의 감독이 찾아와서 잔금을 독촉하는 한편 그렇지 못하면 약속대로 그 대리석을 조각내서 팔겠다고 위협했으므로 공이 바사리를 시켜 잔금을 치르게 했다.

벤베누토와 암마나티는 공이 그 대리석을 바초에게 주지 않은 것을 알고, 공에게 서로 경쟁해 모델을 가장 잘 만든 자에게 대리석을 주면 어떻겠느냐고 청원했다. 공은 거절하지 않고 그들의 청원을 받아들였다. 공은 바초가 열심히만 일한다면 자신에게 봉사하던 조각가 중에서 능력, 판단, 데생 등이 가장 뛰어난 것을 알기에 바초를 격려하는 의미에서 이번 경쟁에 참가시켰다. 바초는 공의 미움을 사는 것을 무엇보다 두려워했으므로 열심히 모델을 만들기 시작했다.

한편 공작부인에게는 카라라에 가서 대리석을 피렌체에 보내는 일을 지휘하라는 허락을 받았다. 그곳에 도착해 다른 조각가들이 좋은 조상을 만들 수 없게 대리석을 자르도록 하는 것이 그의 목적이었다. 피렌체로 되돌아온 바초는 대리석을 망쳤다고 이미 공에게 일러바친 벤베누토와 오랫동안 싸움을 계속했다. 드디어 공작부인은 바초에게 할당한 대리석을 입수하는 데 성공해 바닷길을 거쳐 아르노강에서 시냐까지 운반하도록 명령했다.

바초는 광장의 로지아에 대리석을 끌로 새길 자리를 정하고 피티 궁전을 장식할 그림들의 밑그림들을 그리기 시작했다. 안드레아 델 민가Andrea del Minga라는 젊은 화가는 아주 믿음직하게 채색을 잘했는데, 그가 그린 장면들은 「아담과 이브의 창조」, 「모세와 십계명」, 「낙원 추방」 등이다.* 이 그림들이 완성되자 바초는 자기가 논쟁 중에 있는 처지를 고려해 공작부인의 총애를 염두에 두고 그림을 그녀에게 증정했다. 사실 그녀가 바초를 지지하지 않고 그의 재능을 칭찬하지 않았다면 그는 공의 총애마저 동시에 잃어버렸을 것이다. 공작부인은 바초를 고용해 피티 정원에 부석浮石과 석회화石灰華로 석굴石窟과 분수를 만들도록 명했는데 바초는 제자 조반니 판첼리Giovanni Fancelli에게 큰 수반水盤과 물을 내뿜는 실물 크기의 염소, 호수에서 물 한 잔을 다 마시는 시골 사람 등을 만들게 했다. 이 일에 공작부인은 계속해서 바초를 추천했으며, 공은 드디어 바초에게 넵투누스의 모델을 만들도록 명했다. 그리하여 바초는 피렌체를 떠나 로마에 가 있는 빈첸치오 데 롯시Vincenzio de' Rossi를 데려오도록 사람을 보냈다.

그러는 동안 바초는 「니코데모가 받든 죽은 그리스도」의 완성을 서둘렀다. 이 조상은 아들 클레멘테가 대부분 만들어놓았던 것인데, 로마의 미켈란젤로가 군상 다섯 명이 들고 있는 대리석 조상을 완성해 산타 마리아 마조레의 묘지에 가져다놓으려 한다는 소문을 들었기 때문

* 피티 궁전 앞 프로메테우스(Prometheus) 홀에 있다.

그림 539 바초 반디넬리, 「성모 마리아의 탄생」, 1518년경,
대리석, 대성당, 로레토.

이다. 이런 사정으로 바초는 빨리 작품을 완성하려고 박차를 가했으며, 피렌체의 큰 성당을 돌아다니면서 놓을 자리를 찾았다. 그는 거기에 그 조상을 놓고 자기 무덤을 만들 계획이었다. 적당한 곳을 찾지 못한 바초는 세르비테 성당 안 파치 경당을 택했다.

이 경당 소유주는 공작부인의 요구에 따라 권리와 물건들을 포기하면서 다만 아래에는 무덤을 만들고 그 위에 간단한 제대와 조상을 두게 했다. 따라서 바초는 제단과 대리석 대를 만들고 자기 아버지 미켈라뇰료를 매장하자고 제안했다. 거기에는 자신과 아내도 묻힐 예정이었다. 이때 그가 앓아눕게 됐는데 아버지 장례 때 과로한 탓인지, 그로 인한 감정의 동요 탓인지 모른다. 그는 점점 병세가 악화돼 여드레 만에 72세로 숨을 거두었다. 그는 죽는 날까지 튼튼했으며, 하루도 앓은 적이 없었다. 그는 자기가 미리 만들어놓은 아버지 옆의 무덤에 명예롭게 매장되었으며 묘비명은 다음과 같다.

전능하신 하느님께
뛰어난 야코포 바초 반디넬리가
제작한 이 구세주 조상 밑에
그의 아내 야코바 도니아와 함께 잠들다.
주 탄생 1559년

D. O. M.
BACCIUS BANDINELL. DIVI JACOBI EQUES
SUB HAC SERVATORIS IMAGINE,
A SE EXPRESSA, CUM JACOBA DONIA
UXORE QUIESCIT, AN. S. MDLIX.

그는 아들 둘과 딸 하나를 남겼는데 그들은 많은 땅과 집, 돈을 물려받았다. 그가 세상에 남긴 조각 작품들은 이미 이야기했으며, 그밖에도 많은 데생을 아들이 소유했다. 내가 갖고 있는 것은 다른 것들보다 좋지 못하다.

「거인」의 대리석에 관한 논쟁은 벤베누토가 끈덕지게 공을 괴롭힘으로써 끝이 없었고 그는 작은 모델 하나를 만들었다. 한편 대리석 조각에 경험이 더 많은 암마나티는 작업을 자신이 맡아야 한다고 생각했다. 조르조 바사리가 공작의 아들인 추기경과 함께 로마로 가는데 암마나티가 밀초로 만든 조상의 모형과 대리석과 같은 크기로 만든 목재 모델을 바사리에게 주었다. 바사리가 이 모델들을 미켈란젤로에게 보여주고 그의 의견을 듣고자 한 것이며, 그렇게 함으로써 공이 대리석을 자기에게 주게 하려고 했다. 바사리는 이미 동의했으며, 공작은 그를 고용해 광장 로지아의 아치를 메우려고 하면서 암마나티에게는 거인의 모델을 실물 크기로 만들게 했다. 이런 말을 들은 벤베누토는 화가나 피사로 가서 공작에게 자기는 그런 시시한 사람과는 도저히 경쟁할 수 없으니 같은 장소에 큰 모델을 하나 만들게 허락해달라고 요청했다. 공작은 기꺼이 동의하고 로지아에 다른 아치 하나를 더 만들라며 그에게 재료를 주었다.

이 공장들이 모델을 만들면서 울타리를 쳐서 무엇을 하는지 아무도 모르게 작업하는 동안 플랑드르의 젊은 조각가 조반 볼로냐Giovan Bologna가 명부에 올랐다. 그는 피렌체의 태자 돈 프란체스코Don Francesco에게 봉사했는데 대리석 크기의 거인 모델을 만들도록 허락해달라고 태자에게 청원했다. 태자는 기꺼이 동의했지만 조반 볼로냐는 대리석으로 작품을 만들 생각은 하지 않고 그저 자기 능력만 보여주려고 했다. 그는 산타 크로체S. Croce 성당 수도원에서 모델을 만들기 시작했다. 이 세 사람과 페루자의 조각가 빈첸치오 단티Vincenzio Danti — 그중 가장 젊은—가 대리석을 손에 넣지 못한 채 자기 정신력과 지력을 겨루려고 참가했다. 그는 알레산드로 디 오타비아노 데 메디치Alessandro di Ottaviano de' Medici 저택에서 같은 크기의 모델을 만들었는데 매우 좋은 부분이 많다.

첫 번째 모델들을 보러 온 공작은 암마나티 모델이 벤베누토 것보다 낫다고 여겨 대리석 일을 더 재치 있게 하는 암마나티에게 대리석을 주려고 결심했다. 조르조 바사리는 공작에게 암마나티를 위해 대리석을 처분하라고 촉구했다. 바사리는 훌륭한 사무실을 많이 만들었고, 또 공작을 위해 어떤 수고도 할 준비가 되어 있으며, 그가 빨리 훌륭한 작업을 마무리 짓는 모습을 보고 싶었기 때문이다. 공은 조반의 모델을 볼 생각이 없었다. 그에게 이렇게 큰일을 맡기고 싶어 하지 않는 듯 보였다. 여러 예술가, 예술 감정가들이 조반의 모델이 다른 누구 것보다 훌륭하다고 공에게 이야기했지만 공은 그의 성과물을 하나도 본 적이 없기 때문이다. 만일 바초가 살아 있다면 아마 이런 경쟁이 필요 없었을 것이며, 이 일은 틀림없이 그에게 돌아갔을 것이다. 죽음이 그에게서 일감을 빼앗아갔지만 그의 영광됨은 다른 거장들의 모델과 비교해도 단연 빛을 발하는 「헤르쿨레스와 카쿠스」의 위대함으로 충분히 입증된다.

바초가 죽은 지 7년 후 코시모 공은 조르조 바사리를 총책임자로 임명해 오스트리아 요안나 공주의 결혼식을 위해 알현실을 준공했다. 바사리는 최초 설계에서 드러난 많은 결점을 시정하려고 노력했고 벽감, 벽기둥, 조상 등을 풍부하게 장식해 하느님의 은총으로 공사를 마쳤다. 그는 될 수 있는 대로 건물을 정사방형으로 만들고 회랑을 토스카나 원주 위로 올렸다. 바초가 착수한 교황 레오의 조상은 바사리의 제자 빈첸치오 데 롯시Vincenzio de' Rossi가 완성했다. 수많은 인물 조상을 넣었는데 스투코가 풍부한 프리즈로 장식했다. 또 벽감 밑의 둥근 천장을 구분해 각각의 공간에 패널화를 스투코로 만들어 구조를 많이 미화했다.

본래 설계에 따르면 알현실의 지붕은 21브라차 높이이며, 강당은 겨우 18브라차여서 공간이 3브라차 남아 있었다. 그러나 지금은 옛 지붕을 12브라차가량 높였으니 바초와 줄리아노의 강당 위로 15브라차나 되며 지붕이 13브라차 더 높아진 셈이다. 코시모 공은 결혼식을 5개월 앞두고 이 공사를 하는 데 확실히 고매한 정신을 발휘했으며, 그때 바로 15년 이상 걸린 공사의 3분의 2가 진척되어 있었다.

그는 바초의 일을 전부 끝냈을 뿐만 아니라 바사리에게 시켜서 위의 복도를 만들어 광장과 홀을 바라보게 했다. 그리하여 영주들과 태자가 다른 사람의 눈에 띄지 않고 축제들을 볼 수 있으며, 사적私的이나 공적公的으로 복도를 통하여 방으로 돌아갈 수 있다. 하지만 알현실 건물이 사방형이 아닌 것에 대해 사람들의 평가가 좋지 않자 건물 대부분을 헐어버리고 새로 지었다. 이처럼 군중의 억측을 해소하고자 타인의 과오를 시정하게 된 경우라 하더라도 불필요한 중상은 하지 않는 것이 좋겠다.

바초 이야기로 되돌아가자. 그는 살아 있을 때 재주를 인정받고 좋은 평가를 받았으나 죽은 뒤에는 그렇지 못했다. 그가 만일 좀더 상냥하고 예의바른 성격이었다면 더 존경받고 능력을 인정받았을 것이다. 그러나 그는 입정 사나운 언사로 선의를 인정받지 못했으며 재능을 약화시켰다. 사람들은 그의 말을 의심하고 믿으려 하지 않았다. 그는 여러 영주를 섬겼으나 그리 공손하지 못했기 때문에 아무도 그를 존중하지 않았다. 또 다른 사람의 작품을 나쁘게 평했기 때문에 사람들은 그때마다 욕설을 되돌려주었다. 그가 구역질나는 고발장을 법정에 제출했기 때문에 그 고발은 늘 그에게 되돌아왔다. 즉, 그는 언제나 소송을 걸어놓고 거기서 재미를 느끼는 것 같았다. 그나마 너무나도 훌륭했던 조각 솜씨가 그의 결점을 상당수 덮어주었으며, 그는 작품에 온 정력을 쏟아 몰두함으로써 예술가들 사이에서도 독보적 지위를 차지했다. 나는 그의 작품들을 항상 높이 평가하며, 그가 영원히 명성과 영예를 받을 만한 가치가 있다고 생각한다.

나는 지금까지 그의 성을 브란디니Brandini 또는 반디넬리Bandinelli라고 했다. 브란디니는 그의 판화에 적혀 있는 것이고 그 자신은 반디넬리를 좋아했던 것 같다. 그는 자기 조상은 시에나의 반디넬리라면서 죽을 때까지 반디넬리를 사용했다. 그의 가족은 시에나에서 가이우올레를 거쳐서 피렌체로 왔다.

줄리아노 부자르디니
Giuliano Bugiardini
1475~1554

VALERIO VICENTINO
INTAGLIATORE.

〔해설〕

16세기 전반기 피렌체에서 활동한 화가로 미켈란젤로의 친구로
더 잘 알려져 있다. 미켈란젤로가 산 마르코 수도원 정원에서 고대
조각을 공부할 때 부자르디니도 함께 있었던 것으로 알려졌다. 그
는 도메니코 기를란다요와 피에로 디 코시모의 제자로 당시 피렌
체에서 활발히 활동하던 마리오토 알베르티넬리와 프라 바르톨로
메오와도 함께 작업했다. 라파엘로와 미켈란젤로의 영향을 받았으
며 미켈란젤로가 시스티나 천장화를 시작할 무렵 그를 도왔던 조
수 중 한 사람이다.

피렌체가 1530년에 포위 공격을 당하기 얼마 전의 일이지만, 피렌체 인구가 급작스럽게 늘어서 성문 밖마다 작은 도시라고 할 만한 마을이 생겼다. 교회, 수도원, 병원도 많이 들어섰는데 시내보다는 세금과 다른 부과세가 적었기 때문에 그리 부유하지 못한 시민들, 존경할 만한 인사, 중견 예술가들이 살았다. 줄리아노 부자르디니는 이곳 파엔자Faenza 성문 교외에서 태어났는데, 그의 선조들이 1529년에 건물들이 모두 파괴될 때까지 이곳에서 살았기 때문이다.

그는 어렸을 때 산 마르코 광장에 있는 메디치가의 정원에서 조각가 베르톨도Bertoldo에게서 미술을 배웠으며, 미켈란젤로와 친숙한 사이가 되었다. 미켈란젤로가 그를 좋아하게 된 것은 그가 각별히 예술, 데생 등에 조예가 깊어서가 아니라 부지런하고 성품이 착했기 때문이다. 다만 줄리아노의 큰 결점이라면 자신의 작품에 너무 집착하고 과대평가하는 것이었는데, 그가 작품을 만들 때 지나치게 정력을 쏟았기 때문으로 보인다. 미켈란젤로는 그를 행복한 사람이라고 했는데, 그는 자신이 아는 것만으로 만족했으나 자신의 작품에는 완전히 만족하지는 않았다.

그는 정원에서 데생을 공부하면서 미켈란젤로·그라나치Granacci·도메니코 기를란다요와 산타 마리아 노벨라 성당의 경당에서 회합을 하곤 했다. 그가 일가를 이룬 후에는 마리오토 알베르티넬리Mariotto Albertinelli와 함께 구알폰다Gualfonda의 공방에서 작품을 만들었는데, 그 중 하나가 피렌체의 산타 마리아 마조레 성당 출입문 옆에 걸려 있는 패널 유채화다. 카르멜 교단Carmelitano 수사인 성 알베르토 발밑에 여인 모양을 한 악마를 그린 작품인데 칭찬을 많이 받았다.

피렌체 포위 공격 이전에는 귀족이 죽으면 장례 때 영구대靈柩臺 앞에 길쭉한 삼각기旗를 드리웠다가 죽은 사람의 유족을 기념하고 싶으면 그것을 성당 안에 남겨두는 풍습이 있었다. 코시모 루첼라이Cosimo

Rucellai가 죽었을 때, 아들 베르나르도와 팔라Palla는 좀 색다른 것을 하고 싶어 삼각기뿐만 아니라 폭 4브라차, 길이 5브라차의 네모진 기旗에 루첼라이 집 문장紋章을 그려 넣은 사각기를 붙이기로 했다. 그들은 줄리아노에게 위촉해 네모진 기에 성 코시모·성 다미아노·성 베드로와 성 바오로 등 조상 네 개를 그리게 했는데, 헝겊 위에 그린 그림으로는 이보다 뛰어난 것이 없을 만큼 아름답게 제작했다.

줄리아노의 작품들을 본 마리오토 알베르티넬리는 줄리아노가 데생을 한 치도 틀리지 않고 베끼는 것을 알았고, 자신이 그림을 그만둘 생각에서 프라 바르톨로메오가 패널에 수채화로 약간의 농담만 칠한 것을 주면서 완성하라고 했다. 줄리아노는 온 정성을 다해 마무리 지어서 산 갈로 성문 밖에 있는 산 갈로San Gallo 성당을 장식했다. 후에 피렌체 포위 공격 때 이 성당이 파괴되자 이 그림은 시내 산 갈로가街에 있는 수사들의 병원으로, 그다음엔 산 마르코 수도원으로, 마지막에는 알베르티가街 모퉁이에 있는 산 야코포 트라 포시S. Jacopo tra Fossi 성당으로 옮겨져 대제단에 걸려 있다.* 이 그림은 「죽은 그리스도와 그의 다리를 안은 마리아 막달레나, 한쪽 무릎으로 그리스도의 머리를 지탱하면서 그를 껴안은 복음 전도자 성 요한, 눈물을 흘리는 성 베드로, 두 팔을 벌리고서 그리스도를 찬찬히 쳐다보는 성 바오로」 등이다. 줄리아노는 큰 애착과 깊은 사려와 판단으로 그림을 그려 칭찬을 많이 받았는데 당연한 일이다. 그는 후에 크리스토파노 리니에리Cristofano Rinieri를 위해 프라 바르톨로메오가 미완성으로 둔 「디나의 유괴」rapimento di Dina를 손질해 그린 다음 프랑스로 보냈다.**

그는 몇몇 친구의 초대를 받아 볼로냐로 갔다. 그곳 산 프란체스코

---

* 피렌체의 피티 미술관에 있다.
** 1531년에 그린 그림으로 비엔나의 미술사 박물관(Kunsthistorisches Museum)에 있다.

성당 안의 한 경당에 「성모 마리아와 성인들」*을 그려 칭찬을 많이 받았다. 그곳에는 본래 유능한 화가들이 별로 없었다. 그 후 피렌체로 돌아와서 어떤 인사의 주문으로 「성모 마리아의 생애 중에서 다섯 장면」을 그렸는데 메디치 공작의 주치의 안드레아 파스콸리Andrea Pasquali 저택에 있다.

팔라 루첼라이는 줄리아노에게 산타 마리아 노벨라 성당의 제단화를 제작해달라고 주문했는데, 그는 「성녀 카테리나의 순교」를 그리기 시작했으나 12년이 지나도록 매듭을 짓지 못했다. 구상이 전혀 떠오르지 않았으며, 순교 때 어떤 물건들이 있어야 하는지 알 수 없었기 때문이다.그림 540 수레바퀴를 어디에 놓아야 적당할지, 그녀를 불태울 불꽃을 어떻게 그려야 할지 몰라서 오늘 그렸던 그림을 내일 다시 고쳐 그리곤 했다.

그러는 동안에도 그는 많은 작품을 만들었다. 그중에서도 볼로냐에서 감독관을 하다가 몬티치Montici로 돌아와서 역사를 집필하던 프란체스코 구이차르디니Francesco Guicciardini**의 초상화를 당시 피렌체의 수비사령관 알레산드로 비텔리 부인의 위촉으로 그리고, 산세콘도 백작의 여동생 안젤라 데 롯시Angela de' Rossi 부인의 초상화도 그렸다. 또 오타비아노 데 메디치의 명을 받아 교황 클레멘티우스의 앉은 모습과 그 옆에 선 니콜로 델라 마냐를 그렸는데, 이것은 프라 세바스티아노 델 피옴보Fra Sebastiano del Piombo의 사생화를 모방했다. 그밖에도 앉아 있는 클레멘티우스 교황과 그 앞에 무릎을 꿇고서 이야기하는 바르톨로메오 발로리의 초상화를 훌륭한 솜씨로 그렸다.

어느 날 오타비아노 데 메디치가 줄리아노에게 미켈란젤로의 데생을 그려주겠느냐고 물었다. 평소 늘 미켈란젤로와 재미있는 대화를 하

---

* 볼로냐 미술관에 있다.
** 1534년.

그림 540 줄리아노 부자르디니, 「알렉산드리아의 성녀
카테리나의 순교」, 1530~40, 패널에 오일, 로첼라이 경당,
산타 마리아 노벨라 성당, 피렌체.

던 그는 이 대예술가를 두 시간 동안 앉혀놓고 그리고 나서는 "당신 얼
굴을 보고 싶으면, 내가 당신의 인생을 어떻게 포착했는지를 이리 와서
보십시오"라고 했다. 그림을 본 미켈란젤로가 웃으면서 "어떻게 이런
악마를 그렸소. 한쪽 눈이 관자놀이에 붙어 있지 않소? 자! 와서 보시
오"라고 말하자 줄리아노는 "미처 몰랐소. 다시 앉아보시오. 정말 그런
가 보지요"라고 대답했다. 미켈란젤로는 어디서 잘못했는지를 알고 다
시 의자에 앉아서 씩 웃었다. 줄리아노는 그를 여러 차례 다시 보고서

는 "당신 얼굴은 내가 그린 그대로입니다"라고 말했고 미켈란젤로는 "옳소. 난 타고난 기형畸形입니다. 계속해서 그대로 그리십시오"라고 대답했다. 그는 이 초상화*와 함께 미켈란젤로가 로마에서 가져온 세바티아노 수사Fra Sebastiano가 그린 클레멘티우스 교황의 초상화도 오타비아노에게 가져다주었다.

그 후 줄리아노는 추기경 인노첸치오 치보Innocenzio Cibo를 위해 이전에 우르비노의 라파엘로가 그린 교황 레오, 추기경 줄리아노 데 메디치, 추기경 데 롯시의 초상화를 모사했다. 여기에는 추기경 롯시 대신에 추기경 치보를 그려 넣었는데 온 정성을 다해 훌륭한 작품을 만들었다. 또 당시 미소년이던 첸치오 구아스코니Cencio Guasconi의 초상화도 그렸으며, 그 후 올모 아 카스텔로Olmo a Castello에 있는 바초 발로리 별장에 가서 닫집 달린 감실에 프레스코를 그렸는데 디자인이 그렇게 좋다고는 못하겠지만 잘 그린 그림이다.

한편, 앞에 이야기한 바와 같이 팔라 루첼라이가 주문했던 제단화 그림을 독촉하자 줄리아노는 미켈란젤로를 자기 화실로 데려다가 그리던 그림을 보여주기로 결심했다. 줄리아노는 그에게 지금까지 이 그림 때문에 자신이 얼마나 고생했는지를 말하면서 하늘에서 떨어진 불덩어리로 수레바퀴가 파괴되고, 그 근처에 있던 사람들이 죽는 장면과 하늘에서 비친 햇빛이 성녀 카테리나를 죽음에서 구해내는 장면을 설명했다. 그는 어처구니없어하는 미켈란젤로에게 자신은 이 좁은 공간에 상처를 입고 쓰러져 죽어가는 병사 열 명을 전축법前縮法으로는 그릴 수 없으니 가르쳐달라고 간청했다. 줄리아노에게 연민을 느낀 미켈란젤로는 목탄 조각을 쥐고 여러 가지 자세를 한 벌거벗은 조상들을 한 줄로 그렸는데, 앞으로 쓰러진 사람, 뒤로 자빠진 사람, 상처 입은 사람, 죽은 사람들을 특유의 필치로 그렸다.

* 루브르 박물관의 한 초상화가 미켈란젤로의 초상임이 확인되었다.

줄리아노는 미켈란젤로에게 고맙다는 인사를 하고, 곧 가장 친한 친구인 트리볼로에게 가서 지금까지 있었던 일을 모두 이야기했다. 그러나 미켈란젤로가 조상의 윤곽만 그렸을 뿐 명암 표현을 하지 않아 그것만으로는 그림을 그릴 수 없었다. 따라서 트리볼로는 그를 도우려고 미켈란젤로의 데생에서 좀 조잡하기는 하나 진흙 모델을 만들어 미켈란젤로 특유의 스타일과 특징을 그라디나gradina, 톱니 모양 끌를 사용하여 잘 표현했다.

줄리아노는 좀 거칠어 보이는 이 스타일이 마음에 들지 않아, 트리볼로가 떠난 후에 모델을 물속에 넣고 솔로 닦아서 매끈하게 만들다가 그만 이 훌륭한 모델을 망치고 말았다. 이 소식을 전해들은 트리볼로는 줄리아노의 미련함에 무척 놀랐다. 마침내 줄리아노는 작품을 완성했지만 이미 망가진 그림에서는 미켈란젤로가 일전에 이 그림을 보았을 때의 흔적은 찾아볼 수 없다.

이미 늙고 가난한 줄리아노는 작품을 별로 많이 내지 못했으며, 스페인으로 보낼 예정인 닫집 달린 감실에 넣은 작은 「피에타」를 만들기에 여념이 없었다. 노령의 예술가가 예술에 이토록 열중하고 힘들게 일하는 것은 보기에 흔한 일은 아니다. 닫집 문 뒷면에는 「밤」Notte을 그렸는데 「구세주의 죽음」을 나타내는 '어둠'tenebre을 뜻하며, 미켈란젤로가 산 로렌초S. Lorenzo 성당의 성물실에 만든 것을 모방했다. 「밤」 장면에는 올빼미, 밤에 새를 잡는 데 쓰는 전등, 양초, 베개, 박쥐 등 어둠을 상징하는 것들을 그려 자신의 환상을 표출시켰다. 미켈란젤로는 줄리아노의 기이한 그림을 보고 헛웃음을 지으며 어처구니없어 했다. 줄리아노는 이 같은 말년을 보내다가 1556년에 75세로 세상을 떠났으며 피렌체의 산 마르코S. Marco 수도원에 매장되었다.*

---

* 줄리아노는 실제로는 1554년 2월 16일 79세로 죽었으며, 유해는 산타 마리아 노벨라 성당에 안장되었다.

어느 날 줄리아노가 브론치노Bronzino에게 어떤 아름다운 여인을 입에 침이 마르게 칭찬했다. 그래서 브론치노가 그에게 "잘 아는 여자인가?"라고 물었더니 "아니, 그렇지만 그녀는 정말 아름답다네. 그녀는 내 그림 속 여인일세. 난 그것으로 만족하네"라고 대답했다.

크리스토파노 게라르디
일명 보르고 산 세폴크로의 도체노
Cristofano Gherardi, called Doceno of Borgo
San Sepolcro
1508~1556

CHRISTOFANO GHERARDI
PITTORE

15세기 전반기에 활동한 이탈리아 중부 보르고 산 세폴크로 출신 화가다. 오랜 기간 바사리와 함께 일한 동료이자 친구로 미술사에서는 거의 언급되지 않는 인물이지만 지인이라는 인연으로 바사리 전기에서 길게 기록되었다. 바사리와 함께 볼로냐, 로마, 베네치아, 피렌체 등지에서도 함께 일했다.

줄리오 로마노의 제자인 라파엘로 달 콜레Raffaello dal Colle는 보르고 산 세폴크로Borgo San Sepolcro 출신인데, 그는 로마에서 교황청의 콘스탄티누스 홀과 만토바에 있는 델 테Del Tè궁 안의 홀에 프레스코를 제작하던 선생을 도와주다가 고향 보르고로 돌아와 산 질리오 에 아르카니오S. Gilio e Arcanio 성당 안 한 경당의 제단화로 「그리스도의 부활」Resurrezione di Cristo을 줄리오와 라파엘로의 스타일을 본떠 그렸다. 또 마을 밖에 있는 프란체스코 수도원과 치타 디 카스텔로Città di Castello의 세르비테 수도원에도 「그리스도의 승천」을 제작해 명성을 얻고 재산을 늘렸다.

그 무렵 이 마을의 유서 있는 집안 출신이며, 구이도 게라르디Guido Gherardi의 아들인 크리스토파노Cristofano, 성을 도체노Doceno라고 한다라고 부르는 16세 된 소년이 그림을 좋아해 선생의 시중을 들면서 데생과 부채법賦彩法 등을 공부한 뒤 훌륭한 그림으로 사람들을 놀라게 했다.[*] 라파엘로는 크리스토파노가 그린 개, 이리, 토끼, 그밖의 여러 종류의 새와 물고기를 보고 그의 재주가 비범함을 알았을 뿐만 아니라 재미있고 재치 있는 대화가 마치 철학자 같고, 보통 아이와 다른 점에 흥미를 느껴 기꺼이 그를 벗으로 삼아 자기 공방工房으로 자주 찾아오게 하고 그림도 가르쳤다.

크리스토파노가 라파엘로의 제도弟徒로 있는 동안 이 마을에 화가 롯소가 왔는데, 크리스토파노는 그와 친해져 데생도 몇 점 얻어 그림 공부를 더욱 열심히 했다. 그때까지 라파엘로의 그림밖에 본 적이 없는 크리스토파노에게는 롯소의 그림이 정말 아름다웠다. 그러나 불행하게도 그의 그림 공부는 이 무렵 좌절되고 말았다. 당시 황제와 교황 클

---

[*] 크리스토파노 게라르디(일명 도체노Doceno)는 조르조 바사리의 작품 대부분을 도와준 그의 제자다. 그는 프레스코와 스투코 장식에 재주가 있었다. 바사리는 그의 보헤미안 기질을 유머를 섞어가면서 기재했다.

레멘티우스의 군대가 피렌체를 포위 공격하자 피렌체의 육군 대위였던 보르고의 조반니 데 투리니가 보르고와 치타 디 카스텔로에서 병사들을 징발해 피렌체를 지키게 되었는데, 크리스토파노는 친구들의 꼬임에 빠져 사병이 되었다. 그는 이 기회에 피렌체에 있는 걸작 미술품들을 연구할 수 있기를 기대했지만 시외 능선상의 요새에 배치되었으므로 허사가 되었다.

전쟁이 끝나자 그는 희망을 버리지 않고 친구들과 함께 치타 디 카스텔로 출신이며 사령관이었던 알레산드로 비텔리의 위병으로 근무하면서 시내에 있는 그림과 조각을 구경했다. 그가 거기에 있을 때, 치타 디 카스텔로의 병사로 화가인 바티스타 델라 빌리아Battista della Bilia에게서 크리스토파노도 화가라는 말을 전해들은 알레산드로 경은 그를 다른 화가들과 함께 치타 디 카스텔로에서 착공한 로지아와 정원을 그림으로 장식하는 작업을 위해 파견했다. 그러나 공사 도중 바티스타가 죽고 다른 바티스타가 그 자리에 왔지만 일은 제대로 진행되지 않았다.

한편 조르조 바사리는 이폴리토 추기경이 헝가리에서 귀국할 때까지 피렌체에서 알레산드로 공작과 함께 소일했다. 바사리는 세르비테 수도원에 기거하면서 카이사르Caesar의 생애 중에서 몇 장면을 프레스코로 메디치 궁전 모퉁이 홀에 그리기로 되어 있었다. 이 궁전의 둥근 천장은 조반니 다 우디네Giovanni da Udine가 스투코와 그림으로 장식했다. 크리스토파노는 1528년에 바사리가 보르고에 롯시Rossi를 만나러 갔을 때 서로 알게 되었는데, 바사리는 그를 이곳으로 데려와서 과거보다도 열심히 공부할 기회를 주려고 결심했다. 과거에 바사리는 몇 해 동안 크리스토파노와 사귀었는데, 재주 있고 재미있는 대화를 나누었던 터라 그를 좋아했다.

안토니오 다 산 갈로, 피에르 프란체스코 다 비테르보Pier Francesco da Viterbo와 상의해 치타 디 카스텔로의 성채城砦를 구축하라는 알레산드로 공의 위촉을 받은 바사리는 크리스토파노를 데리고 현장에 가서 비텔리궁 정원의 벽을 수리하고 그에게 홀을 장식할 프리즈와 그림을 디자인하고 또 로지아 정면에 필요한 스케치를 만들게 했는데, 그는 바티스타Battista와 함께 완성했다. 그들은 아름답고 우아한 작품을 만들었으며, 특히 크리스토파노는 유능한 화가답게 데생과 채색을 연습하는 데 이번 작업이 큰 도움이 되었다.

1536년에 프랑스의 샤를 5세가 이탈리아에 올 때 피렌체에 들렀는데 알레산드로 공은 그를 성대하게 환영하려고 바사리에게 작업을 맡겼다. 바사리는 공의 명에 따라 산 펠리체 인 피아자S. Felice in Piazza 성당 정면의 산 피에로 가토리니 문과 산타 마리아 델 피오레 대성당 정문 위에 박공博栱벽을 만들고, 성에 드리울 큰 기―길이 40브라차, 폭 15브라차나 되며 금박으로 된 잎이 5만 개나 붙은―를 만들었다. 이 작업에 참여한 피렌체의 화가들은 알레산드로 공이 바사리를 지나치게 총애한다면서 그가 관여하는 일자리에서 떠나 다른 사람들과 일하고자 했다.

그것을 알아차린 바사리는 크리스토파노, 라파엘로 달 콜레, 자기 친척인 몬테 산소비노의 스테파노 벨트로니Stefano Veltroni를 불렀으며, 그 밖에도 아레초 화가들의 도움으로 맡은 일을 훌륭하게 해냈다. 특히 크리스토파노는 놀랄 만한 솜씨를 보여 자신과 바사리의 명성을 올렸다. 크리스토파노는 일이 끝난 후에도 피렌체에 남아서 바사리가 알레산드로 공의 결혼식을 위해 오타비아노 데 메디치궁에서 제작하는 일들을 도와주었으며, 오스트리아의 마르게리타 공작부인을 위해 독수리와 소년들이 받든 장면으로 문장紋章을 만들었는데, 매우 아름다운 작품이다.

얼마 후에 알레산드로 공이 살해되자* 보르고에서는 세스티노Sestino에 온 피에로 스트로치에게 성문 하나를 넘겨주려는 음모가 일어났다.

보르고에서 추방당한 병사 몇 사람이 자신들을 도와달라고 탄원하는 편지가 크리스토파노에게 왔는데, 그는 동의하지 않고 편지만 찢어버렸을 뿐 당시 보르고에 와 있던 코시모 공의 감독관 게라르도 게라르디에게 고발하지는 않았다.

사건이 진정되자 많은 보르고 사람이 추방되었는데 크리스토파노도 거기에 포함됐다. 알레산드로 비텔리는 사건 내용을 잘 알았으므로 크리스토파노를 구제할 수 있었으나 한마디도 꺼내지 않았다. 앞서 이야기했듯이 그가 치타 디 카스텔로에 있는 자신의 궁전 정원에 와서 일하게 만들기 위해서였다.

그러나 기다리다가 지친 크리스토파노는 실망 끝에 다른 추방자들과 함께 도망쳐서 산 주스티노S. Giustino 마을로 갔다. 그곳은 보르고에서 1.5밀리아 떨어진 교회 지구이며, 피렌체 전선과 거의 인접해 있었다. 그는 신변에 위험을 느끼면서도 치타 디 카스텔로의 수도원장 부폴리니의 위촉으로 망루望樓에 자리 잡은 매우 아름다운 휴게실에 소년들을 전축법으로 그리고, 그로테스크와 꽃줄 장식으로 화려하게 꾸몄으며, 상상조차 하기 힘든 기괴한 마스크도 그려놓았다.그림 541 크리스토파노의 작업에 매우 만족한 수도원장은 다른 홀 하나를 더 장식하라고 시켰고, 크리스토파노는 스투코 장식에 종전처럼 대리석 가루를 쓰지 않고 바닷가의 돌을 갈아서 썼는데 더 잘 붙었다. 이 스투코 장식에서 그는 로마인의 행적을 프레스코로 아름답게 그렸다.

당시 바사리는 카말돌리 교단 수도원의 칸막이를 장식했다. 윗부분 전체를 프레스코로, 아랫부분에는 그림 두 장면을 그리려고 했는데 크리스토파노의 조력이 아쉬웠다. 바사리는 그를 사면해달라고 오타비아노 데 메디치 공에게 간청했으나 뜻대로 되지 않았다. 그리하여 바사리는 그가 지금 있는 위험한 곳, 산 주스티노에서 그를 다른 곳으로 보내기 위해 노력했다.

1539년에 바사리는 볼로냐 교외에 있는 산 미켈레 인 보스코S.

그림 541 크리스토파노 게라르디, 「장식한 둥근 천장」(부분),
프레스코, 라 팔라치나, 비텔리 아 산 에지디오궁,
치타 디 카스텔로.

Michele in Bosco 수도원의 몬테 올리베토 수사들의 위촉에 따라 수도원
내 휴게실에 각각 길이 4브라차의 유채화 패널 3점, 지름 3브라차의 원
형 프리즈에 요한계시록의 장면 20개를 그리고, 이 교단의 모든 수도
원을 사생하되 일부는 그로테스크로, 둥근 창들은 꽃줄과 과실로 장식
하게 되었다.

그는 곧 크리스토파노에게 편지를 보내서 산 주스티노에서 볼로냐로 가라고 지시하고, 또 7년 동안 바사리 일을 도와준 볼로냐 출신 바티스타 쿤지Battista Cungi도 동행하도록 했다. 그들은 곧 볼로냐로 왔지만, 바사리는 그곳에 없었다. 그는 그때 카말돌리에 머무르면서 칸막이 일을 끝내고 「그리스도 십자가 강하」의 밑그림을 그렸는데 이 그림은 후에 대제단을 장식했다.

그들은 패널 그림에 착수했다. 바사리는 유대인 상인 다테로Dattero에게 수수료를 주곤 했는데, 오타비아노 데 메디치 공의 친구인 그는 볼로냐에 은행을 소유하고 있었으며, 공명정대하고 겸손한 사람이었다. 당시 크리스토파노와 바티스타는 볼로냐에 체류 중이었는데 다테로는 두 사람에게 많은 도움을 주곤 했다. 크리스토파노는 한쪽 눈에 큰 점 하나가 있었고, 바티스타는 눈이 매우 컸기 때문에 사람들은 이들을 유대인으로 알았다.

어느 날 아침, 다테로가 구두장수에게 새 구두 한 켤레를 사서 크리스토파노에게 갖다주라고 했다. 구두장수가 수도원 출입문에 들어서면서 그때 문간에 서서 연보를 지켜보던 크리스토파노에게, "선생님, 유대인 화가 두 사람이 이 안에서 일한다는데 어디 계신지 아십니까?"라고 물었다. 크리스토파노는 "유대인 말입니까? 유대인이 아닌 사람 말입니까? 당신은 그에게 무슨 용무가 있습니까?"라고 물었다. 구두장수는 "나는 그중 한 사람, 크리스토파노에게 주려고 이 구두를 가져왔습니다"라고 대답했다. 크리스토파노는 "나는 당신보다 더 믿음이 깊은 크리스천입니다"라고 외쳤다. 구두장수는 "좋으실 대로 하십시오. 그러나 당신이 유대인이라는 것을 누구나 다 압니다. 당신의 생김새가 증명하는 걸요"라고 대답했다. 크리스토파노는 "우리는 크리스천으로서 맡은 바 직분에 충실할 것입니다"라고 화답했다.

다시 작품 이야기로 돌아가자. 볼로냐에 돌아온 바사리는 약 한 달 동안에 패널 그림의 디자인을 끝내고 다른 작품의 데생, 스케치, 채색

등을 했다. 다음엔 프리즈를 제작했는데 이것은 크리스토파노가 혼자 힘으로 마무리 지었다. 크리스토파노는 카말돌리에서 볼로냐에 온 바사리의 사촌 스테파노 벨트로니가 「그리스도 십자가 강하」를 그릴 때 그를 도와서 놀랄 만큼 아름답게 패널 그림을 제작했다. 그는 그로테스크를 그 이상 기대할 수 없으리만큼 잘 만들었다. 반면에 스테파노의 붓은 선을 정확하게 따르지 못해서 섬세하지도 못하고 우아하지도 못했다. 그러나 열심히 익혀 고생한 끝에 그의 아라베스크는 많이 나아졌다. 두 사람은 선의의 경쟁을 하면서 프리즈를 끝냈는데, 스테파노는 크리스토파노에게서 마무리 짓는 방법을 배웠고 크리스토파노에게는 아름다운 스타일의 화법을 가르쳤다.

들창 가장자리를 따라 계속되는 꽃줄 장식을 만들기 시작했는데, 바사리는 과일 하나를 손에 들고 사생했다. 그다음 크리스토파노와 스테파노에게 그 과일을 주면서 한 사람은 이쪽에서, 또 한 사람은 저쪽 끝에서부터 그리도록 했는데, 가장 잘 그린 사람에게는 상으로 진홍색 구두 한 켤레를 주기로 약속했다. 이런 우의에 넘친 경쟁으로 꽃줄은 기장열매, 회향苗香다발 같은 문양들로 아름답게 그려졌고 바사리는 두 사람 모두에게 상을 주었다. 또 그는 크리스토파노에게 프리즈 데생을 열심히 가르쳤으나 아무런 효과가 없었다. 바사리는 건축물들을 패널 두 개에 그렸는데 스타일이 매우 우아해 어떤 화가라도 피나는 노력 없이는 이런 작품을 완성하기 힘들 것이다.

그다음 바사리가 프리즈에 요한계시록 중에서 20장면을 완성할 무렵 크리스토파노는 성 그레고리오─클레멘티우스 7세의 초상을 사생한 것이다─가 가난한 사람 열두 명과 식사하는 장면을 그렸는데, 식사 시중을 드는 모습을 실감나게 표현했다.* 셋째 번 패널 그림을 시작할 때, 스테파노는 다른 패널 그림 두 개의 틀에 금박을 칠했고, 크리스

* 볼로냐 미술관(Picacoteca di Bologna) 소장품.

토파노는 바사리가 맘브레Mambre 골짜기에서 아브라함 앞에 나타나는 세 천사를 그릴 때 쓰일 나무 비계를 만들었다. 조심성 없는 크리스토파노는 때때로 걸상이나 의자, 심지어는 물통이나 양동이를 뒤집어 선반을 만들고 그 위에 올라서서 일했는데 어느 날 그는 자신이 그린 것을 보려고 뒷걸음질하다 발을 헛디뎌 선반이 뒤집히는 바람에 5브라차 높이에서 낙상했다. 그때 적절히 사혈寫血하지 않고 제대로 간호하지 않았다면 그는 죽었을 것이다.

그런데도 어느 날 밤 다친 팔의 붕대가 풀어진 것을 내버려두었는데, 만일 그때 함께 자던 스테파노가 빨리 손쓰지 않았다면 침대가 피범벅이 되어 다시 살아나지 못했을 것이다. 바사리는 그를 친형제처럼 보살펴주었지만 이 작업이 끝날 때까지 회복하지 못했다. 훗날 크리스토파노는 산 주스티노로 되돌아가서 수도원장실에 자기가 과거에 미완성으로 내버려두었던 작품들을 마무리 지었다. 또 치타 디 카스텔로에서는 친구 바티스타가 위촉받았던 패널 그림을 혼자서 끝내고 산 피오리도S. Fiorido 성당 옆문 위의 반월창 공간에 조상 셋을 프레스코로 그렸다.

바사리는 피에트로 아레티노Pietro Aretino의 제의로 베네치아에 가서 귀족들과 영주들의 협회인 칼차Calza를 위해 열리는 호화로운 축제와 피에트로가 쓴 희극의 무대 배경에 관한 상의를 했다. 바사리는 이렇게 큰일을 혼자서 치를 수 없었으므로 크리스토파노와 바티스타 쿤지를 베네치아로 불러왔다. 이들은 바닷길로 스클라보니아Sclavonia에 도착한 후 베네치아로 왔는데 그때 바사리가 디자인 작업을 모두 끝냈기 때문에 그들은 그림을 그리기만 하면 되었다.

칼차의 영주들은 바사리를 고용해 카나레이오Canareio 종점에 지은 벽과 지붕밖에 없는 미완성의 큰 집을 손질하게 했는데, 그는 길이 70브라차, 폭 16브라차로 만든 귀부인용 의자 두 줄을 배치했다. 벽은 사방 4브라차의 공간 넷으로 나누고 9브라차 높이의 돌출부 밑에 조상과 벽감을 만들었다. 모두 벽감 열 개와 맨 끝에 놓을 조상과 그림 여덟 장면이 들어 있다.

　맨 오른편에 있는 것은 키아로스쿠로chiaroscuro로 장식했다. 바다 가운데에 우뚝 선 바위 위에 베네치아를 상징하는 아드리아Adria가 앉아 있고, 주위에는 넵투누스,* 테티스Thetis, 프로테우스Proteus, 네레우스Nereus, 글라우쿠스Glaucus, 팔레몬Palemon, 그밖에 많은 바다의 신과 님프가 둘러쌌는데 보석, 진주, 금, 기타 깊은 바다의 보물들을 나타낸 것이다. 큐피드들은 활을 쏘며 장미꽃을 뿌리고 있고, 나머지 공간은 종려棕櫚로 메웠다. 둘째 것은 꽃병을 든 드라바Drava강과 사바Sava강의 나체화, 셋째 것은 뚱뚱한 포Po강과 그의 일곱 아들인데 강에서 갈라져 흐르는 지류支流 일곱 개를 뜻한다. 넷째 것은 브렌타Brenta강과 프리울리Friuli강, 그리고 아드리아해海 맞은편에 있는 칸디아Candia섬인데, 거기에는 님프들에게 둘러싸인 주피터Giove가 양에게 젖을 물리고 있다. 그 옆, 드라바강 맞은편에는 탈리아멘토Tagliamento강과 카도레Cadore 산이 보인다. 그 밑, 즉 포강 맞은편에는 베나코Benaco 호수와 민치오Mincio 호수가 있고, 그 옆 브렌타강 맞은편에는 바다로 들어가는 아디체Adice강과 테시노Tesino강이 있다.

　오른쪽 벽 그림에는 관용Liberalita, 화합Concordia, 자비Pietà, 평화Pace, 신앙Religione을 상징하는 역천사力天使들이 서로 흩어져서 벽감 속에 들어 있다. 맞은편 벽에는 강건剛健, Fortezza · 현명Prudenza · 정의Iustizia의 조상이 있고, 그 밑에는 전쟁의 승리Vettiria · 정결Carita 등의 조상이 그려져 있다. 이들 위에는 쇠시리, 처마도리, 프리즈들이 있는데, 초자로 만든 공 안에 증류수를 넣고 뒤에서 빛을 비춰서 홀을 밝혔다. 둥근 천장은 길이 10브라차, 폭 8브라차 크기의 공간 넷으로 나누었는데, 4브라차의 쇠시리와 같은 폭의 프리즈가 쇠시리를 둘러쌌다. 전체 구획의 수

---

* 넵투누스는 그리스신화의 포세이돈(Poseidon)에 해당한다.

는 갑절 크기의 하나를 빼면 23개이며, 이 큰 구획 안에는 낮을 표시하는 조상 12개와 밤을 표시하는 조상 12개 등 시간을 상징하는 조상이 들어 있다. 그 위쪽 단에 자리 잡은 10브라차 길이의 첫째 칸막이에는 「시간」Tempo이 들어 있어 각처로 시간들을 보냈는데 바람의 신 아이올루스Æólus,* 유노Juno, 이리스Iris가 따른다. 다른 출입문 입구에서는 티토노스Tithonos** 품에서 달려 나오는 오로라Aurora***의 꽃수레를 수탉이 끌고 나오는데, 장미꽃을 뿌린다. 다음은 태양의 수레, 그다음은 「밤」Notte의 꽃수레를 올빼미가 끌고 나온다. 「밤」은 머리 위에 「달」Luna을 얹었으며, 주위의 암흑 속을 박쥐가 떠돈다.

크리스토파노는 이 그림의 대부분을 재치 있게 작성했으며, 특히 「밤」의 꽃마차는 거의 불가능하다고 생각되는 유채화로 스케치를 했다. 또 아드리아 그림에서 바다의 괴물들을 아름답고도 변화무쌍하게 그려서 보는 사람들마다 그의 해박한 지식에 깜짝 놀랐다. 한마디로 그는 기대 이상으로 모든 것을 재치 있게 처리했고, 특히 그로테스크와 나뭇잎 장식에서는 훌륭한 화가임을 과시했다.

바사리와 크리스토파노는 축전 준비를 끝내고 몇 달간 베네치아에 머무르면서 조반니 코르나로의 위촉으로 홀의 쇠시리와 아치의 아랫면에 큰 유채화를 9점 그렸다. 그때 베네치아의 건축가 미켈레 산 미켈레Michele San Michele의 간청으로 바사리는 베네치아에 1~2년 동안 머물 생각도 있었지만, 크리스토파노가 바사리에게 베네치아는 화가들의 가치를 인식하지 못하는 곳이므로 고상한 예술의 진정한 전당인 로마로 되돌아가서 활동하는 편이 더 많이 인정받는 길이라고 설득해 단념시켰다. 바사리는 그곳에 머무를 의욕이 없어져서 두 사람은 함께 떠

났다.

그런데 크리스토파노는 피렌체 공화국에서 추방된 몸이므로 바사리를 따라가지 못하고 산 주스티노로 돌아와서 잠시 머물렀다가 앞서 이야기한 수도원에서 일했다. 페루자 시민들과 전쟁이 끝난 후 처음으로 교황 파울루스 3세가 페루자를 방문하는 기회에 크리스토파노도 함께 갔다. 거기서 그는 교황 환영 준비 공사를 할 때 많은 일에 참여했으며, 특히 그곳 총독인 바르바의 요청으로 리니에리 조합 정문에 분노한 주피터와 두 여인 사이에 지구를 등에 진 아틀라스Atlas를 제작했다.

그밖에도 많은 일을 한 공적으로 얼마 후 이곳 총독이며 성주인 티베리오 크리스포Tiberio Crispo가 페루자에 성채城砦를 구축하고 많은 홀을 그림으로 장식할 때 크리스토파노를 비롯해 마르키March의 화가 라탄치오Lattanzio* 등 여러 화가에게 일을 시켰다.** 크리스토파노는 처음에는 라탄치오의 도움을 받았으나 나중에는 혼자서 훌륭한 작품을 많이 제작했다. 당시 여기에 참가한 다른 화가로는 라파엘로 달 콜레, 아시시 출신 아도네 도니Adone Doni, 톰마소 파파첼로Tommaso Papacello가 있는데 그중 크리스토파노가 가장 뛰어나 칭찬을 많이 받았다. 또 그는 라탄치오의 알선으로 크리스포의 비호를 받아가면서 그 후에도 자주 기용되었다.

그 무렵, 크리스포는 페루자에 자그마한 성당 하나를 세웠는데 처음에는 델 메르카토del Mercato라고 불렸지만 지금은 산타 마리아 델 포폴로Santa Maria del Popolo라고 부른다. 라탄치오는 제단을 유채화로 장식했는데, 크리스토파노는 혼자 힘으로 그 윗부분을 그려서 칭찬을 받았다. 그 후 라탄치오는 페루자의 보안관에 임명되었고, 크리스토파노는 한

* 라탄치오(Lattanzio)의 패널 그림은 페루자의 피나코테카(Pinacoteca)에 있다.
** 1539년.

때 산 주스티노로 가서 부폴리니가 위촉한 작품들을 만들었다.

바사리는 1543년에 추기경 파르네세Farnese의 명령으로 칸첼레리아 Cancelleria에 패널 그림을 그리고, 갈레오토 다 지로네의 위촉으로 산 아우구스티노 성당에도 그림을 그리게 되자 크리스토파노의 도움을 받으려고 그를 불렀는데, 로마에 오고 싶었던 그는 곧 달려왔다. 그는 로마에 여러 달 머물렀는데 시내 구경을 다니느라 바빠서 일은 얼마 하지 못했다. 그러나 그동안 보고 배운 것을 바탕으로 산 주스티노에 돌아가서 어떤 홀에 그가 상상하는 대로 조상들을 그렸는데 실로 아름다워서 그가 20년이나 연구한 끝에 그린 것이라 할 만하다.

1545년에 바사리는 몬테 올리베토 수도원 수사 휴게실에 그림을 그리려고 나폴리에 갔는데 작업량이 그전에 볼로냐의 산 미켈레 인 보스코S. Michele in Bosco 성당에서 그린 것보다 꽤 많았다. 그는 크리스토파노, 라파엘로 달 콜레, 스테파노 등을 불렀는데, 크리스토파노는 병 때문에 오지 못하고 나머지 두 사람은 기일 안에 도착했다. 그들은 바사리의 독촉을 받고 나폴리로 오던 길에 로마에 들렀는데, 거기서 프랑스에 가서 조반니 투리노 대령의 부하로 들어가고 싶어 하는 크리스토파노의 동생 보르고뇨네Borgognone에게 붙들려 그를 프랑스에 데려다주느라 기회를 놓쳤다. 그의 동생은 보르고에서 추방되었었다.

1546년에 나폴리에서 로마로 돌아온 바사리는 유채화 스물넉 점을 그려 후에 나폴리로 보내 산 조반니 카르보나로 성당 성물실을 장식하게 했는데, 그림 주제는『구약성서』에 나오는 몇몇 이야기와 세례자 성 요한의 생애, 피스코피오Piscopio 주교좌 본당의 오르간 덮개 장식이었다. 그때 바사리는 크리스토파노를 고용해 조상과 풍경을 그리게 했는데 그는 뛰어난 솜씨를 보여주었다. 바사리는 추기경 파르네세Farnese의 요청으로 칸첼레리아 응접실에 자신의 디자인으로 100일 안에 그림을 완성하려고 크리스토파노의 도움을 받으려 했으나, 그가 병에 걸려 고향으로 돌아갔으므로 라파엘로 달 콜레, 조반 바티스타 바냐카발로

Giovan Battista Bagnacavallo, 로비알레Roviale, 비체라Bizzerra, 그밖에 화가 제자의 도움으로 완성했다.*

그 후 바사리는 로마를 떠나 피렌체를 거쳐 리미니Rimini로 가서 몬테 올리베토 수도원의 한 성당에 잔 마태오 파에타니Gian Matteo Faettani 수도원장을 위해 그림 한 점과 또 다른 경당에 프레스코를 그리고, 크리스토파노를 데리러 산 주스티노에 갔다. 그러나 그에게 그림을 위촉한 부폴리니 수도원장이 그를 당장은 데려가지 못하게 했으나 곧 보내주겠다고 약속했다. 여러 날 묶여 있던 크리스토파노가 바사리를 찾아갔을 때는 니콜로 마르게셀리가 주문한 리미니Rimini에 있는 산 프란체스코 성당 제단화와 돈 로무알도 다 베로나가 위촉한 카말돌리 수도회의 클라시Classi 대성당 패널 그림은 이미 완성되어 있었다.

그보다 조금 앞서 1550년에 바사리는 아레초의 산타 피오레 베네데토 수도원 휴게실을 「에스테르d'Ester 가문의 결혼식」으로 장식했다. 또 율리우스 3세가 착좌한 후 그에게 봉사하려고 로마로 불려가던 때, 피렌체에 있는 산 로렌초S. Lorenzo 성당의 마르텔리 경당에 성 지스몬도 S. Gismondo의 초상화를 패널에 그렸다. 바사리는 당시 피렌체로 이주했던 파르네세 추기경의 도움으로 크리스토파노를 사면해달라고 코시모 공에게 청원해보았지만 실패로 돌아갔다. 그리하여 이 가련한 크리스토파노는 1554년까지 추방되어 있다가 바사리가 공작에게 중용된 후에야 겨우 그의 사면을 받았다.

데 리카솔리 주교가 공작의 후은에 보답하고자 카라이아교橋 옆에 있는 공작 궁전의 삼면을 명암법으로 장식하기 시작했을 때, 공작이 가장 사랑하는 가령 스포르차 알메니Sforza Almeni도 세르비가街에 있는 자기 집을 장식하기로 작정했다. 당시 피렌체에는 적당한 화가가 없어 지방에 있던 바사리에게 편지를 보내 설계를 부탁했다. 알레산드로 공에게 봉사하던 시절부터 그와 친하게 지낸 바사리는 그에게 한 사람이 태어나 죽을 때까지의 이야기를 주제로 작성한 아름다운 설계도를 보냈다. 이 설계도가 스포르차는 물론이고 공작 마음에도 들었기 때문에 그들은 바사리가 피렌체에 도착하는 것을 기다려서 착공하기로 했다. 피렌체에 온 바사리는 그들과 협의해 시공자를 택하게 되었는데, 그는 이 기회를 놓칠세라 자신을 도와서 이 공사를 해나갈 적임자로 크리스토파노만 한 사람이 없다고 강조했다. 스포르차가 공작에게 이런 일을 보고하자 크리스토파노의 죄가 이미 보고된 것처럼 중대한 것이 아님이 인정되어 공이 마침내 그를 사면해주었다.

아레초에서 이 소식을 들은 바사리는 아무것도 모르는 크리스토파노에게 곧바로 전갈을 보냈다. 그는 바사리의 우의에 감사하면서 이튿날 아침 치타 디 카스텔로를 떠나 보르고로 가서 자신이 자유의 몸이 되었다는 편지를 감독관에게 제시한 다음, 부모 형제를 찾아가 2~3일 동안 즐겁게 지냈다. 가족들은 벌써 사면되어 있었다. 그는 곧 아레초로 가서 바사리를 만났는데, 서로 형제같이 기뻐했으며 두 화가는 이제부터 함께 일하기로 굳게 약속하고 피렌체로 갔다. 크리스토파노가 공작의 손에 키스하며 인사했고 공작은 그동안 그를 폭한暴漢으로 생각했는데 예상과 달리 몸집이 작고 성품이 착한 것을 보고 깜짝 놀랐다. 스포르차도 그에게 많은 호의를 베풀었다.

크리스토파노는 궁전 같은 데서 일한 경험이 없었기 때문에 데생, 조상 등을 석회에 그릴 때 바사리가 많이 도와주었다. 바사리가 여기저기 다시 손질하기는 했지만 건물 정면, 거의 대부분의 조상, 장식, 꽃줄 등은 크리스토파노가 직접 만들었다. 바사리는 프레스코를 제작할 때 물감의 안배 등에서 크리스토파노의 실력이 자신보다 뛰어나다는 것을 느꼈다. 만일 크리스토파노가 젊었을 때부터 착실하게 공부해 진지하게 그림을 그렸다면 그와 어깨를 겨룰 사람이 없었을 것이다. 그는 자신이 맡은 일을 놀랄 만한 솜씨로 훌륭히 또 빠르게 해냈다. 그는 일단 일을 시작하면 고개도 들지 않고 작업했으며 시간 가는 줄 몰랐다. 그가 일하면서 하는 이야기가 얼마나 재미있었는지 바사리는 그와 함께 아침부터 저녁때까지 일해도 조금도 피로를 느끼지 않았다.

크리스토파노는 건물 정면 장식을 1~2개월 안에 끝내고 휴식을 취하려고 보르고로 갔다. 우리가 이 건물 정면의 작업을 할 때 노천에서 뜨거운 햇볕과 변덕스러운 날씨 때문에 때로는 폭우와 쏟아지는 우박을 맞아가면서 건강을 해친 기억은 오래도록 남아 있을 것이다. 이 작업은 세 구역으로 나눠 진행했다. 첫째 구역은 맨 아래층으로, 여기에는 출입문 하나와 창 둘이 있다. 그 위층의 들창 창턱부터는 둘째 구역, 다음은 그 위층의 들창에서부터 지붕의 쇠시리까지 셋째 구역으로 나눴다. 그밖에 각 층에는 들창 여섯에 공간이 일곱 있다. 쇠시리 밑에는 소년들의 초상으로 장식한 프리즈로부터 까치발이 돌출해 있는데, 소년 여섯 명이 들창 윗부분인 아치 한가운데에 서 있다. 그들은 어깨에 나뭇잎, 과일, 꽃으로 새긴 꽃줄 장식을 맸는데, 과일과 꽃은 계절을 나타낸다.

프리즈가 끝나는 곳, 즉 들창과 사이에는 천체를 상징하는 혹성 일곱 개로 장식했다. 이 들창들의 창턱 밑 난간에는 덕德, Virtu을 상징하는 두 여신 조상이 타원형 물건을 들고 있는데, 거기에는 교회 연령을 표시하는 이야기를 그렸다. 그 밑의 아래층 들창과 사이에는 대신덕對神德*과 추요덕樞要德**을 그렸고, 그 밑의 출입문 위 프리즈에는 일곱 예술을, 오른편에는 덕과 혹성 등을 그렸다. 들창 사이에는 죽음, 지옥, 부활의 장면을 표현한 조상들이 있다.

한마디로 말하면, 크리스토파노는 쇠시리, 꽃줄 장식, 어린이들과 혹

---

* 대신덕(Virtus theologica)은 믿음[信], 희망[望], 사랑[愛]의 세 가지 덕을 말한다.
** 추요덕(Virtus moralis)은 지혜, 용기, 정의, 절제의 네 가지 덕을 말한다.

성들을 거의 혼자서 그렸다. 그는 처음에「달」을 디아나Diana 모양으로 그렸는데 마치 프로세르피나Proserpina*처럼 무릎에 꽃을 가득 뿌려놓고 머리에 달을 이고 있다. 그 밑의 타원형에는 유년기를 다루었으며, 어린애에게 젖을 빨리는 유모와 방금 출산한 여인을 크리스토파노가 그렸는데, 반나체의 여인이「정결」貞潔, Carita의 타원을 받들고 있다. 그 밑에서는「문법」Grammatica이 어린이에게 글을 가르친다. 다음은 머큐리가 헤르메스Hermes의 지팡이를 들고 따라가는 모습이다. 타원형 안에는 소년 시절을 표현했는데, 학교에 가는 소년, 놀고 있는 소년이 보인다. 이것을 벌거벗은 소년「진리」Veritas가 지탱하는데, 옆에는 어여쁜 얼굴에 퀭한 눈매를 한「거짓」Falsita이 서 있다. 이 타원 밑에는「신앙」Fede의 여신이 손에 십자가를 들고 물이 가득 찬 조개껍질 안의 소년에게 세례를 준다.

다음은 수금堅琴을 든 아폴로가「태양」을 따라가는 모습이다. 타원 속에는 미성년자들이 있는데, 하나는 올리브 지팡이를 가지고 산을 오르지만 다른 하나는 도중에 벼랑 위에 누워서 그를 유혹하는 아름다운「사기」Fraude 여신을 바라본다. 바쿠스의 양부養父처럼 생긴 뚱뚱하고 졸리는 얼굴을 한 벌거벗은「게으름」Ozio이 이 타원을 지탱한다. 농사기구를 가지고 씩씩하게 일하는「노동」Fatica이「희망」Speranza을 그려놓은 들창 사이를 장식하고 있다. 난간 위에서는「음악」Musica이 각종 악기를 보여준다. 베누스는「사랑」Amore을 포옹하며, 타원 안에는「청춘」Gioventu을 그렸는데 젊은이가 책을 들고 앉아서 기구들을 가지고 측량한다. 지도, 지구 등이 있고, 그 뒤에는 노래하고 춤추며 노는 젊은이도 보인다. 이 타원은 한쪽에서는 육분의六分儀, 천체관측소, 사분의四分儀에 둘러싸인「자각」自覺, Cognizione이, 또 한쪽에서는 자각을 비웃는「사기」가 지탱한다. 타원 밑에는 아름다운 마스크를 굴레로 씌워서

---

* 그리스신화에서 제우스와 데메테르(Demeter) 사이에서 난 딸.

표현한 「절제」Temperanza가 있으며, 난간 위에는 「수사학」Rettorica도 보인다.

다음에는 무장한 「마르스」Mars가 사자의 문장을 한 채 많은 전리품을 들고 서 있다. 그 밑에는 성숙한 「청년」Virilita이 「기억」Memoria과 「의지」Volonta 사이에 자리 잡았는데 그에게 주사위가 들어 있는 금 술잔을 주면서 안전하게 산에 오르는 길을 가르쳐준다. 이 타원을 「무구」無垢, Innocenza를 상징하는 소녀가 지탱하는데 그녀는 어린 양과 미소를 띤 「환희」Ilarita를 대동하고 있다. 그 밑에는 거울 앞에서 지친 「현명」Prudenza이, 그녀 밑에 있는 난간에는 「철학」Filosofia이 보인다. 천둥번개와 독수리를 거느린 주피터가 뒤를 따르며, 그 타원에는 사제 옷을 입은 '노년'Vecchiezza이 제단 앞에 엎드린 모습이 보인다. 이 타원을 벌거벗은 어린이와 제의를 입은 「신앙」Religione이 지탱한다. 바로 그 밑은 「강건」Fortezza이며, 그녀는 다리로 깨진 원주를 밟고서 사자 입에 공을 넣는다. 그녀 밑의 난간에는 「점성술」Astrologia이 있으며, 혹성 일곱 개 중 마지막 것이 「새턴」Saturno*인데 노쇠한 노인이 어린이에게 음식을 먹인다. 옆에서는 뱀이 제 꼬리를 물고 있다.

이 타원에는 「노인」Decrepita을 그려놓았는데 하늘에 있는 「주피터」를 상징한다. 그는 노인을 영접하는데, 이 노인이 옷을 벗어던지는 것을 「불멸」Immotalita이 지켜본다. 이 타원을 「행복」Batitudine이 지탱하며, 그 밑에는 「정의」正義, Iustizia가 손에 홀笏을 들고 앉아 있는데 그녀의 어깨에는 황새가 앉아 있다. 그 밑의 난간에는 「기하학」Giometria이 있고 또 그 밑에는 브래킷을 붙인 들창과 출입문이 있다. 벽감 안에서는 레아**가 생기 있는 생활을 보여주며, 「재능」Industria을 상징하는 뿔***과 창

---

    * 로마신화에서 농업의 신.
    ** 성서 중 야코포의 첫 아내.
    *** 그리스신화에서 제우스에게 젖을 먹인 양의 뿔.

도 한 쌍 있다. 출입문 쪽으로는 대장간, 건축가, 석수들이 엘바섬에 코시모 공이 건립한 국제도시에서 선뵌다. 프리즈에는「예술」Arte을 그렸는데, 풍경은 물속에서 잉어, 장어 등 물고기와 뛰노는 님프를 그린 트라지메노Trasimeno 호수이며, 그 옆의 호수는 페루자를 상징하는데, 개한 마리를 안은 나체화로 나타냈다.

맞은편에 있는 피렌체를 아르노강이 포옹하며, 그녀 밑에는 정관靜觀하는 살림을 나타내는 장면을 그렸다. 즉 많은 철학자와 점성가가 천체를 관측하고 공작의 천궁元宮계를 제작하며, 옆의 벽감 안에는 라반Laban의 딸 레아Leah와 그의 자매 라켈Rachel이 있다. 마지막 장면은 두 벽감 사이에 있는데 이들 두 사람의 의장意匠을 결산하는 듯하다. 즉「죽음」Morte이 손에 큰 낫을 들고 야윈 말을 타고 있고, 그 뒤를「전쟁」Guerra,「페스트」,「굶주림」Fame이 따른다.

또 이쪽 벽감 안에는 명부冥府의 신 플루토네Plutone, 그 밑에는 지옥의 사냥개 케르베로스Cerberus, 또 저쪽에는 최후 심판의 날에 무덤에서 기어 나오는 유령들이 보인다. 크리스토파노는 브래킷을 씌운 들창 위에 공작의 문장紋章을 받든 나상裸像을, 출입문 위에는 공작의 가문家紋을 만들고 날아다니는 어린이들이 받든 볼도 만들었다. 대좌는 스포르차Sforza 문장으로 장식했는데 공 세 개 위에 놓인 삼각형 피라미드에 임모빌리스Immobilis 이야기를 만들었다.

이 공사가 끝나자 공작과 스포르차는 크리스토파노를 크게 칭찬했는데, 예의 바르고 착한 크리스토파노는 자신에게 베푼 공작의 사랑에 감사하면서 어떤 포상도 받지 않았다. 이 공사를 진행하는 동안, 과거에 그랬던 것처럼 바사리와 크리스토파노는 함께 베르나르데토 데 메디치의 저택에서 기거했다.

베르나르데토가 그림을 좋아했으므로 크리스토파노는 그 집 정원 모퉁이에 키아로스쿠로chiaroscuro로 두 장면을 장식했다. 그중 하나는 프로세르피나의 겁탈rapimento di Proserpina이고, 또 하나는 베르툼누스

Vertumnus*와 포모나Pomona**다. 그밖에도 테르미니*** 소년 등으로 아름답게 장식했다.

한편 궁전 안에 새로 지은 홀에는 그림을 그리기로 결정되었는데, 타소Tasso가 지은 이 홀의 폭은 20브라차이고 천장 높이가 불과 9브라차밖에 되지 않아서 바사리가 놀라운 창의력을 발휘해 천장을 3브라차 높여 12브라차로 했다. 다행히 방형方形 지붕이었기 때문에 지붕을 들어내지 않고도 공사가 잘 이루어졌다.

바사리는 지붕과 홀 개축에 시일을 소비했기 때문에 그림을 그리기 전에 크리스토파노와 함께 아레초로 돌아가서 한두 달가량 쉬고 싶었다. 그러나 코르토나에서 주문이 와서 크리스토파노와 함께 그곳에 가서 예수형제회의 담벼락과 둥근 천장에 프레스코를 그려야 했기 때문에 쉬려던 계획이 무산됐다. 크리스토파노는 천장 사이의 삼각 소간小間 안에 『구약성서』에 나오는 열두 가지 희생 이야기를 아름답게 그렸다. 바사리는 약간의 스케치를 하고 석고 몇 군데에 데생과 필요한 곳 여기저기에 가필을 했을 따름이다. 이 그림은 다양한 변화와 창의를 가미했기 때문에 정말 칭찬받을 만한 작품이다.

그들은 작업을 끝내고 1555년 1월에 피렌체로 돌아와서 엘레멘티 Elementi 홀의 작품을 시작했다. 바사리는 천장에 그림을 그리고 크리스토파노는 프리즈들을 그림으로 연결했는데, 돛새치의 등지느러미가 달린 일각수一角獸와 거북이의 머리, 공작의 문장 등으로 장식했다. 그는 그중에서도 낮은 프리즈에 과실을 새긴 꽃줄을 아름답게 채색했으며, 괴상한 동물들의 입에 꽃줄 장식을 물려서 이채롭게 표현했다. 크리스토파노는 다른 벽에 바사리의 밑그림으로 베누스의 탄생을 크게

* 로마신화의 사철의 신.
** 과실나무의 여신.
*** 로마신화에서 경계신(境界神).

그리고, 배경인 풍경에는 작은 인물들을 우아하게 그렸다. 다른 벽에는 「사랑」을 나타내는 활을 쏘는 큐피드와 주피터의 천둥번개에 철을 밝히는 외눈의 거인ㅌㅅ 셋을 그렸다. 또 출입문 여섯에는 타원형의 프레스코를 그렸는데 그리자이유와 청동색 풍경으로 장식했다. 그 홀 들창 사이의 공간에는 머큐리와 플루토를 역시 훌륭한 솜씨로 그렸다.

그 옆방은 오프스Ops*의 홀인데 천장에 사계절을 프레스코로 그리고, 역시 변화가 풍부한 아름다운 꽃줄로 장식했다. 봄은 수많은 꽃으로 가득 차 있고, 여름은 풍성한 과실과 곡식으로, 가을은 포도와 포도 덩굴로, 겨울은 순무, 무, 당근과 마른 잎으로 장식했다. 그림 한가운데는 사자 네 마리가 오프스 여신의 수레를 끄는 모습인데, 동물 그림은 그를 당할 사람이 없다. 그다음 방인 케레스Ceres**의 홀에는 어린이들을 그리고 홀 모퉁이는 꽃줄로 장식했다. 한가운데에는 바사리가 그렸는데, 두 마리 뱀이 끄는 수레를 탄 케레스가 소나무 햇불을 들고 프로세르피나를 찾아 헤매는 모습이다. 바사리가 앓아눕게 되어 완성하지 못한 것을 크리스토파노가 아름답게 손질하여 마무리했다.

끝으로 주피터의 홀과 그 옆에 있는 오프스의 홀 뒤편 테라스에는 우노Juno*** 이야기를 그리기로 했다. 즉 스투코 장식과 조상들의 밑그림은 바사리가 맡고, 프레스코는 크리스토파노에게 맡겨 실력을 발휘하게 했다. 그는 둥근 천장의 타원형 공간에 하늘에서 결혼식을 올리는 우노를 그렸는데 이쪽에는 젊은이의 여신 헤베Hebe를, 저쪽에는 무지개를 가지고 온 이리스Iris를 그렸다. 이 둥근 천장에는 그림이 셋 더 있는데, 그중 타원형 안에 그린 큰 그림은 결혼식에서 공작이 끄는 수레를 우노가 몰고 오는 장면이다. 다른 두 그림에서는 「힘」과 「풍요」의 여신이

* 로마신화에서 수확의 여신.
** 농사, 곡식의 여신.
*** 로마신화에서 주피터의 아내로 질투가 심한 여신.

2480

홀을 들고 있다. 그 밑의 벽, 즉 출입문 위에는 우노가 강의 여신 이나 쿠스의 딸 이오Io를 암소로 변신시키고, 칼리스토Callisto를 곰으로 변신시키는 장면을 그렸다.

이 작품들을 본 공작은 크리스토파노가 매우 부지런하게 작업한 데 감동해 그를 무척 좋아하게 되었다. 사실 크리스토파노는 매일 이른 새벽 작업장에 나타나 옷도 제대로 안 입고 일을 시작했다. 그는 허둥지둥 슬리퍼를 신은 채 침대로 들어갔으며, 자주 외투를 뒤집어 입었다. 어느 날 아침, 사냥을 나가던 공작 부부가 크리스토파노의 작업장에 들렀다가 괴벽한 그가 외투를 뒤집어 입은 채 일하는 모습을 보았다. 공작이 "크리스토파노, 자네 외투는 어째서 그 모양인가?"라고 물었다. 크리스토파노는 "각하, 몰랐습니다. 저는 앞뒤가 같고 안팎이 같은 외투를 원합니다. 또 저는 아침 일찍 어두울 때 일어나서 옷을 입는 데다가 한쪽 눈이 나빠서 잘 보이지도 않습니다. 각하, 제 옷을 보지 마시고 제가 무엇을 그리는지 봐주십시오"라고 대답했다. 공작은 아무 대답도 하지 않았지만, 며칠 후 안팎이 없고 앞뒤가 없는 외투를 좋은 천으로 만들게 했는데, 바느질로도 안팎을 구분할 수 없었다. 그리고 사환을 시켜 선물로 크리스토파노에게 가져다주었다. 크리스토파노는 선물을 격식 없이 받은 다음 사환에게 "각하는 양식 있으신 분입니다. 참 잘 맞는다고 말씀 전해주십시오"라고 말했다.

그러나 크리스토파노는 몸단장에 무관심했으며, 특히 새 옷 입는 것을 싫어했다. 그의 기질을 잘 아는 바사리는 그에게 새 옷이 필요하다고 느끼면 몰래 그의 옷을 장만했다가 잠자는 틈을 타서 새 옷을 가져다놓고, 입던 옷을 빼내오곤 했다. 그러면 크리스토파노는 할 수 없이 새 옷으로 바꿔 입었다. 그가 새 옷으로 갈아입으면서 화내는 모습이 정말 재미있다. 그는 이렇게 외칠 것이다. "이 얼마나 어리석은 행위냐? 사람이 제멋대로 살 수 없으니…. 왜 악마들은 남의 기분을 나쁘게 하려고 애쓰지?"

어느 날 아침, 크리스토파노가 희고 긴 양말을 새로 신었는데, 같은 작업장에서 일하는 화가 도메니코 벤치Domenico Benci가 그를 데리고 마돈나 델 임프루네타Madonna dell' Impruneta에 가서 춤추며 재미나게 논 뒤 저녁을 먹고는 늦게 돌아왔다. 크리스토파노는 피곤해서 겨우 한쪽 양말만 벗고 잠을었다. 바사리가 궁금해서 가보았더니 그는 양말을 한쪽만 신고 있었다. 사환을 불러 양말을 벗기자 그는 바사리와 옷을 만들어낸 사람들에게 욕설을 퍼부었다. 그러고는 자기 마음먹은 대로 편히 살 수 있는 산 주스티노로 돌아가겠다고 떠들었는데, 그를 달래느라 무척 힘들었다.

크리스토파노는 다른 사람과 토론하기를 별로 좋아하지 않았으며, 대화도 간단히 했다. 이름도 짧은 것을 좋아했다. 스포르차의 사환 가운데 '므'M라고 간단히 불리는 사람이 있었는데 크리스토파노는 그들에게 "참 훌륭한 이름이다. 만일 조반니 안토니오나 조반 프란체스코였다면 발음하는 데만 한 시간이 걸릴 것이다"라고 외쳤다. 그는 온후하고 호감을 주는 성품이었다. 그가 보르고 사투리로 이야기하는 것을 들으면 웃음을 참을 수 없다.

그는 축제일이 되면 이야기책이나 인쇄한 그림을 파는 곳을 찾아가곤 했는데, 거기에서 온종일 서성거리면서 간혹 한두 권을 살 때도 있었으나 또 다른 곳에 가서 기웃거리다가 그것을 놓아두고 왔다. 그는 좋은 가문 출신으로 부유했으나 남이 시키지 않는 한 말을 타고 다니지 않았다.

바사리는 크리스토파노의 봉급을 그전부터 맡아두었다. 크리스토파노의 동생 보르고뇨네가 죽어서 그가 고향인 보르고로 가게 되었을 때 바사리가 그에게 "내가 자네 돈을 전부 맡아두었는데 이번에 가서 필요한 데 쓰도록 하게"라고 했더니, 그는 "돈은 필요 없네. 자네가 가지게. 나는 자네와 함께 지내는 것만으로도 행복하네. 그리고 죽을 때까지면 더욱더 좋고…"라고 대답했다. 바사리는 "나는 남이 애써서 번 돈으로 이익을 보는 사람은 아니네. 만일 자네에게 그 돈이 필요 없다면 자네 부친 구이도 씨에게 보낼 생각이네"라고 했다. 크리스토파노는 "그렇게 해서는 안 되네. 우리 아버지는 언제나 그렇듯이 그 돈을 나쁜 데 쓰실 것이 틀림없네"라고 대답했다.

마침내 그는 몸도 아프고 마음도 편치 않아 그 돈을 가지고 보르고로 갔다. 사랑하는 동생의 죽음을 슬퍼하던 그는 신장병으로 세상을 떠났다. 그는 종부성사를 받은 후 가족들과 가난한 사람들에게 돈을 나누어 주었다. 그가 죽기 전에 한 이야기는 바사리와 궁중의 여러 사람과 떨어져 있어 슬프다는 것이었다. 얼마 후 크리스토파노가 죽었다는 소식을 듣고, 대리석 흉상胸像을 만들어 다음과 같은 비명을 쓴 뒤 보르고로 보내 그곳 산 프란체스코 성당에 세웠다.

전능하신 하느님께
보르고 출신으로 회화예술의 거장이며
피렌체의 코시모 공 궁전을 장식한 크리스토파노 게라르디
이 훌륭한 업적은 아레초의 조르조 바사리가 확인했다.
에트루리아의 화가들은
게라르디를 가장 뛰어난 화가로 존경한다.
그는 56년 3월 6일을 살고
주 탄생 1556년에 세상을 떠났다.
D. O. M.
CHRISTOPHORO GHERARDO BURGENSI
PINGENDI ARTE PRAESTANTISS.
QUOD GEORGIUS VASARIUS ARETINUS HUJUS
ARTIS FACILE PRINCEPS
IN EXORNANDO
COSMI FLORENTIN. DUCIS PALATIO

ILLIUS OPERAM QUAM MAXIME

PROBAVERIT,

PICTORES HETRUSCI POSUERE.

OBIIT A.D. MDLVI.

VIXIT AN. LVI, M. III, D. VI.

피렌체의 화가

야코포 다 폰토르모
Jacopo da Pontormo
1494~1556/7

〔해설〕

　피렌체에서 활동한 16세기 매너리즘의 선구자로 매너리즘의 특징과 개념의 상당 부분이 이 작가 작품에서 나왔다. 전성기 르네상스 고전주의가 한창이던 1517년에 이미 반고전주의적이고 실험적이며 개혁적인 양식을 선보여 동시대인에게 충격을 주었다. 르네상스 회화의 특징인 수학적 원근법, 합리적 공간 표현, 이상적 인체 비례에서 탈피하여 인체를 길게 늘이고 비현실적·환상적인 색채를 사용함으로써 매너리즘 양식의 탄생을 알렸다.

　매너리즘이 첫선을 보인 시기는 폰토르모의 「이집트에서의 요셉」, 「푸치 제단화」 등이 완성된 1517년과 1518년경이다. 이들 작품에서 원근법의 소실점이 사라졌는가 하면, 중세의 회화에서처럼 한 그림 안에 여러 장면이 그려졌으며 비현실적이고 강렬한 색채가 등장했다. 그의 작품은 미켈란젤로의 시스티나 천장화, 뒤러의 판화 등에서 영향을 받았는데 이미 미켈란젤로의 천장화에는 기괴함, 비례의 파괴, 공간감의 파괴, 고명도, 고채도의 강렬하고 추상적인 색채가 사용되었고 폰토르모는 이 같은 요소를 일관성 있고 깊이 있게 탐구하여 매너리즘 양식을 탄생시켰다.

　그의 작품에서 볼 수 있는 원근법적 공간의 파괴, 길게 늘인 인체 비례, 괴이한 표정 등은 그동안 르네상스를 지배했던 자연주의 미술과 객관화된 표현에 반하는 것으로서 미술이 작가 중심의 주관적 미술로 전환하는 계기가 되었다. 매너리즘은 기존의 전통적이고 공식화된 양식을 거부하고 새로운 대안을 제시한 첫 아방가르드미술이라 할 수 있다. 미켈란젤로는 폰토르모를 특별히 아껴서 그에게 회화로 제작할 수 있는 「나를 만지지 마라」, 「레이다」 등의 드로잉을 제공하기도 했다. 피렌체에서 주로 활동하면서 메디치 가문의 후원을 받았으며 바사리로부터는 경쟁자로서 견제와 질투를 받았다.

폰토르모의 혁신성과 현대성은 20세기 초에 활동한 그리스 출신의 화가 데 키리코De Chirico가 기존 회화의 크기 개념에서 탈피하여 작은 고무장갑을 집채만 하게 그리는 등 그림 속 사물의 크기를 실제 물체의 크기와 다르게 왜곡하는 작업을 시도함으로써 초현실주의 개념을 탄생시키는 데 결정적인 역할을 했으며 이 같은 작업에 폰토르모의 작품이 결정적인 영향을 미쳤다는 사실에서도 증명이 되고 있다. 폰토르모와 키리코의 연관성은 키리코가 폰토르모의 「방문」을 응용하여 「에토레와 안드로마케」를 제작한 것에서도 알 수 있다.

 내가 전기를 쓰는 야코포 다 폰토르모Jacopo da
Pontormo의 부친 바르톨로메오 디 야코포 디 마르티
노Bartolommeo di Jacopo di Martino의 조상들은 발다르노
Valdarno에 있는 안치사Ancisa에서 이주해온 듯하다. 그
곳은 프란체스코 페트라르카의 조상들이 살았던 곳이기도 하다. 그들
이 어디에서 왔든 바르톨로메오는 피렌체 시민이었으며, 카루치의 일
가였다. 그는 도메니코 기를란다요의 제자이자 훌륭한 화가였으며, 발
다르노에서 활약하다가 나중에 엠폴리로 옮겨 일자리를 구했다. 그곳
에서 그는 폰토르모 근처에 사는 파스콸레 디 차노비와 모나 브리지다
사이에 난 딸 알레산드라Alessandra와 결혼해 1493년에 폰토르모 야코
포를 낳았다.

폰토르모는 1499년에 아버지를 잃고, 1504년에 어머니를 여의었다.
1506년에 조부마저 사망하자 폰토르모에서 수년간 조모 슬하에서 초
등교육을 받았으며, 라틴어 기초도 익혔다. 그가 13세 때 조모는 그를
피렌체로 데려다가 소년 보호소에 위탁했는데, 관례에 따라 얼마 되지
않는 그의 재산도 관리인이 맡아보게 되었다. 조모는 그를 먼 친척인
구두 수선공 집에 맡기고 폰토르모로 돌아가서 그의 여동생과 함께 있
었으나 곧 사망했다. 폰토르모는 하는 수 없이 여동생을 피렌체로 데려
다 시내의 세르비가街에 사는 친척 니콜라이오의 집에 맡겼으나 그녀
는 1512년에 죽었다.

폰토르모는 피렌체에 몇 달 머무르지 못했는데, 베르나르도 베토리
Bernardo Vettori가 그를 레오나르도 다 빈치에게 보내주었기 때문이다.
그 후 마리오토 알베르티넬리Mariotto Albertinelli, 피에로 디 코시모를 거
쳐 1512년 안드레아 델 사르토에게 갔으나 거기에도 오래 있지 못했
다. 폰토르모가 세르비테 수도원 아치의 밑그림을 그렸으나 안드레아
마음에 들지 않았기 때문이다.

그림 542 야코포 다 폰토르모, 「베르툰노와 포모나」(부분),
1519~21, 프레스코, 메디치 별장,
포치오 아 카이아노.

폰토르모의 첫 작품은 친구인 재단사를 위해 그린 「성모영보」 Nunziata였으나 완성되기 전에 친구가 죽었으므로 자기 집에 간직해두었다. 당시 함께 지내던 마리오토가 그 그림을 좋아했다. 그때 라파엘로가 피렌체에 들른 일이 있는데 그 그림을 보고 깜짝 놀라면서 폰토르모가 장래에 틀림없이 성공하리라고 예언했다.* 얼마 후에 마리오토는 프라 바르톨로메오가 그리기 시작한 패널 그림을 도우려고 비테르보로 떠났다. 어린 폰토르모는 섬길 주인 없이 외롭게 혼자 남게 되자 제발로 안드레아 델 사르토를 찾아갔다. 그때 안드레아는 세르비테 수도원 안마당에 얼마 전에 시복된 필립포의 생애에 관한 일련의 그림을 완성했다.

폰토르모는 안드레아의 그림 스타일, 데생, 그밖의 모든 점이 무척 마음에 들어 그의 화풍을 모방하려고 노력했다. 그리하여 얼마 지나지 않아 데생과 채색법이 놀랄 만큼 발전해 마치 오랫동안 미술을 공부한 사람 같았다. 안드레아는 산 갈로 성당의 수사들을 위해 「성모영보」를 완성하고―지금은 파괴되었지만―폰토르모에게는 제단의 그림을 유화로 그리게 했다. 폰토르모는 숨진 그리스도와 울면서 햇불을 든 두 어린 천사를 그렸다. 그 옆에는 예언자 두 사람을 그렸는데 대가의 솜씨다. 브론치노Bronzino의 말에 따르면 그 제단화를 제작할 때 롯시도 참여했으며, 폰토르모는 안드레아와 함께 오랫동안 작업에 참여했다고 한다.

조반니 데 메디치 추기경이 교황 레오 10세로 승진할 무렵, 피렌체에 있던 가족 친지들은 수많은 명찰을 돌과 대리석으로 만들었으며, 그

---

* 야코포 다 폰토르모는 피렌체 매너리스트(mannerist) 중에서 지도적 역할을 한 화가다. 바사리는 끊임없이 변화한 그의 양식과 예술에 미친 여러 가지 영향, 특히 미켈란젤로와 알브레히트 뒤러의 영향을 조심스럽게 연구했다. 그가 고고한 정신의 소유자임을 잘 보여준다.

그림 543 야코포 다 폰토르모, 「부활한 그리스도」, 1523~25,
프레스코, 291 ×232cm, 체르토사 디 갈루초, 피렌체.

림과 프레스코도 제작했다. 세르비테 수도원 수사들도 메디치 일가와 교황에게 헌신한다는 뜻을 표하려고 교황 레오의 문장을 만들어 눈치 아타Nunziata 성당 현관의 아치 한가운데에 걸었다. 화가 안드레아 디 코시모Andrea di Cosimo, 일명 펠트리니Feltrini도 자신의 장기인 아라베스크 풍으로 장식하고 도금鍍金한 메디치 문장과 더불어 양쪽에 신앙과 자비의 표징을 붙였다. 안드레아는 모든 것을 직접 다 할 수 없어 일부분을 다른 사람에게 맡기려고 폰토르모를 불렀다. 폰토르모가 당시 19세밖에 안 되어서 중요한 일을 맡기를 처음에는 주저했기 때문에 설득하기가 매우 힘들었다. 그러나 폰토르모는 용기를 내서 미숙한 솜씨지만 프레스코를 그리기로 결심했다.

폰토르모는 안드레아 델 사르토와 함께 있을 때 파엔자 문앞의 산토 안토니오Santo Antonio 성당에 쓰일 밑그림을 그렸는데 그림이 완성된 어느 날 선생에게 보였다. 안드레아는 그림을 격찬했지만 질투 때문인지 어떤 원인인지는 모르지만 다시는 폰토르모를 친절히 돌보아주지 않았다. 심지어 폰토르모가 자신의 화실畵室을 방문하면 문을 닫아버리거나 제자를 시켜서 그를 쫓아버리기도 했다. 폰토르모는 갈 곳도 없이 가난에 시달리면서도 열심히 공부했다. 안드레아 디 코시모가 문장의 도금을 끝내자 폰토르모는 그가 남긴 일을 마무리 짓기 시작했는데, 타고난 재능과 독창성으로 경탄할 만큼 빨리 제작했으며, 노대가와 같이 완전한 작품을 만들었다.

수사들은 제작이 다 끝난 뒤 폰토르모가 다시 오지 않는 것을 보고 안드레아에게 가서 작품의 제막식을 거행하도록 그를 설득하라고 했다. 안드레아는 혹시 그가 자신의 작품을 더 손질하기를 원하지 않을까 생각하고 그를 찾았으나 그는 새로운 데생에 열중했으므로 아무도 만나려고 하지 않았다. 안드레아는 비계를 다 떼어버리고 작품을 드러냈다. 그날 저녁 폰토르모는 일을 정리하고 새로운 데생을 시작하려고 집에서 나와 세르비테 수도원으로 가던 길에 작품의 제막식과 군중을 보왔다. 폰토르모는 안드레아가 생각났고, 이윽고 자기를 저버리고 행동한 속셈이 무엇인지 알고 격노하여 불평을 퍼부었다. 그러나 안드레아는 그를 다독거리며 "불평하지 말게나. 자네 작품은 그 무엇보다도 훌륭하네. 그러니 어디를 가나 자네는 고용될 것이네. 자, 이 데생들을 마음대로 쓰게"라고 말했다.

폰토르모는 신선한 감각으로 두 여인의 얼굴에는 감미로움을 표현하고 어린이들을 매력적으로 그렸는데, 지금까지 보지 못한 프레스코라 하겠다. 하늘에는 교황의 팔 너머로 드리운 천을 든 두 어린이를 그렸는데 형언할 수 없이 아름답다. 다른 인물들은 최고의 명암을 나타내며, 부색賦色도 찬란하다. 미켈란젤로는 이 그림이 19세 청년의 작품임을 알고 "이 청년이 장수해 계속 예술에 정진한다면 하늘에 이를 것이다"라고 칭찬했다. 폰토르모의 명성을 들은 고향 사람들이 사람을 보내서 그를 고용해 교황의 문장紋章을 만들어 큰길 문 위에 붙였으나 얼마 후 폭풍우에 파괴되었다.

그해 사육제謝肉祭는 교황 레오의 착좌着座도 있어 온 피렌체시가 환희에 들떴으며, 다른 축제에서는 시에 사는 고관과 귀족들의 모임에서 출자해 사업이 두 개 추진되었다. 그 하나는 교황의 형제인 줄리아노 데 메디치가 주관하는 것으로, 다이아몬드라고 불렸다. 다이아몬드는 그의 부친인 로렌초 공작*의 문장이었다. 다른 하나는 나뭇가지를 문장으로 한 것으로, 피에로 데 메디치의 아들 로렌초 경**의 문장이며, 그의 조부의 부흥을 상징한다. 즉, 새 잎이 달린 월계나무 가지다.

다이아몬드 모임은 당시 피렌체 대학에서 그리스어와 라틴어를 강의하던 안드레아 다치Andrea Dazzi에게 승리를 위해 무엇인가를 고안하라는 책임을 지웠다. 그는 로마 사람들이 만들었던 것과 비슷한 것을

---

* 로렌초 일 마니피코(Lorenzo il Magnifico, 1449~92).
** 우르바노 공작 로렌초(Lorenzo duca d'Urbano, 1492~1519).

하나 준비했는데, 아름답게 채색한 목제 수레 석 대였다. 첫째 것은 어린이들이 늘어선 소년시대를 나타내고, 둘째 것은 생애의 각 계절에 훌륭한 일을 한 장년시대를 상징하며, 셋째 것은 늙었을 때도 위대한 공적을 이룬 노년을 표시했다. 각 인물들은 가장 호화로운 의상을 입었다. 이 수레의 건축가는 라파엘로 델레 비볼레Raffaello delle Vivole, 조각가는 카로타Carota, 화가는 안드레아 디 코시모와 안드레아 델 사르토였다. 인물들의 의상은 레오나르도의 부친 피에로 다 빈치Piero da Vinci와 베르나르디노 디 조르다노Bernardino di Giordano가 디자인했으며, 그림의 명암과 농담의 배합, 변모하는 신神의 표현 등은 폰토르모가 담당했다. 이 물건들은 훌륭한 금은세공가인 피에트로 파올로 갈레오토Pietro Paolo Galeotto가 소유하고 있다. 첫째 수레에는 에리무스Erimus, 둘째에는 수무스Sumus, 셋째에는 푸이무스Fuimus의 문장紋章이 각각 들어 있다. 다시 말해, 각각 "앞으로 할 것이다", "지금 하고 있다","과거에 했다"의 뜻이다. 그리고 노래는 "한 해가 흘러가고"Volano gli anni 등으로 시작된다.

브론코네 상사Compagnia del Broncone 대표인 로렌초 각하는 위의 수레들을 보고 더 나은 것을 원하면서, 귀족으로 학식이 높은 야코포 나르디Jacopo Nardi에게 모든 책임을 지웠다. 야코포는 '다이아몬드 문장' 모임의 두 배인 여섯 대를 만들었다. 폰토르모는 첫째 것에는 풀잎으로 예쁘게 덮은 수소를 그려 새턴Saturn*과 야누스Janus**의 황금시대를 나타냈으며, 수레 꼭대기에는 전차, 낫을 든 새턴과 평화의 신전의 열쇠를 가진 쌍두의 야누스가 다리가 묶인 푸로레Furore***와 새턴에 속하는 수많은 물건을 아름답게 채색해놓았다.

* 농업의 신.
** 로마신화에서 얼굴이 두 개인 신.
*** 로마신화에서 복수의 신.

이 수레를 동반하는 양치기 여섯 쌍은 흑담비와 흰털발제비 털옷을 입고 옛날풍 신발을 신었으며 머리에는 각종 풀잎으로 엮은 화관을 썼다. 그들이 안장 없이 올라앉은 말들은 사자와 범, 이리의 가죽으로 덮여 있으며, 금박 칠을 한 발톱이 양쪽으로 드리워져 있다. 말의 껑거리 띠는 금실로, 박차는 양과 개의 머리로 치장했다. 굴레는 각종 풀과 은으로 엮은 노끈으로 만들었으며, 양치기들은 각각 종복 네 명을 거느렸다. 다른 동물의 가죽으로 만든 간단한 복장을 하고, 마른 나뭇가지 같은 횃불과 소나무 가지를 든 장면으로, 보는 사람들마다 경탄을 자아냈다.

둘째 수레는 아름다운 천을 예쁘게 덮은 수소 두 쌍이 머리에는 화관을 쓰고 금박을 칠한 뿔에 큰 방울을 매달았는데, 로마 제국의 제2대 왕인 누마 폼필리우스Numa Pompilius가 타고 있다. 이 왕은 신앙을 관장해 희생을 바칠 수 있는 최초의 로마 가톨릭 교도이므로 성경과 성직자다운 장식과 희생에 필요한 것들을 가지고 있다. 노새를 탄 사제 6명이 그를 따르는데, 그들은 금빛과 은빛의 담쟁이덩굴로 수놓은 두건으로 머리를 가렸다. 모두 참으로 뛰어난 작품이다. 그들은 금빛 술과 가장자리가 있는 고대 성직자 의상을 입었으며, 향로香爐를 든 이와 금빛 꽃병을 든 이가 있다. 그들의 종복들은 고대의 가지 촛대를 든 레위 사람같이 보인다.

셋째 수레는 카르타고전쟁이 끝난 후의 집정관인 티투스 만리우스 토르콰투스Titus Manlius Torquatus의 집정관직을 상징하며, 그가 통치할 때 로마는 미덕과 번영을 꽃피웠다. 폰토르모는 이 수레를 매우 섬세하게 장식했는데, 원로원元老院 의원 12명이 금빛 피륙으로 덮인 토가Toga, 로마신화의 겉옷를 입고 말을 탔으며, 속간束桿, fasci*과 도끼, 처벌 용

* 막대기 다발 사이에 도끼를 끼운 집정관의 지위 표시.

구를 든 릭토르Lictor*가 뒤따른다.

넷째 수레에는 코끼리처럼 꾸민 물소 네 마리를 그렸는데 클레오파트라Cleopatra와 전쟁에서 승리한 율리우스 카이사르Julius Caesar를 상징하며, 혁혁한 공적을 올리고 수레에 탄 광경을 폰토르모가 그렸다. 금빛으로 번쩍이는 갑옷으로 무장한 중기병重騎兵 여섯 쌍이 창을 들고 그를 따른다. 가볍게 무장한 종복들은 트로피 모양의 횃불을 들었다.

다섯째 수레에는 그리핀** 모양의 날개가 달린 말들을 그렸는데, 우주를 지배하는 아우구스투스Augustus가 카이사르처럼 월계관을 쓰고 자기 나라의 의상을 입은 시인 여섯 쌍을 거느렸다. 시인들은 각기 이름을 적은 두루마리를 가지고 있다.

여섯째 수레에는 찬란하게 장식한 마의馬衣를 입힌 암소 네 쌍을 그려 트라야누스Trajanus 황제를 표시하고, 황제 뒤에는 발끝까지 드리운 토가를 입은 법관 여섯 쌍이 옛날과 같은 복장을 한 장면을 그렸는데, 폰토르모 작품이다. 종복들은 횃불을 들고 공증인들은 서적과 문서를 들었다.

그 뒤에는 바초 반디넬리가 제작한 많은 인물의 돋을새김과 폰토르모가 그린 아름다운 그림이 있는 황금시대가 뒤따르는데, 그중에서도 사추요덕四樞要德, Virtu cardinali***이 사람들에게 칭찬을 받았다. 수레 한가운데 큰 공이 있고 그 위에는 마치 죽은 듯한 사람이 누워 있는데 팔에는 녹이 나고 벌어진 등에서는 벌거벗은 금빛 찬란한 어린애가 나타나 교황이 창조해 재생한 황금시대Eta del Oro의 새로운 도래와 흑철黑鐵시

대Eta del Ferro*의 종말을 상징한다. 새로운 잎을 뿜어내는 마른 가지도 어떤 사람은 우르비노의 공작 로렌초 데 메디치의 암시라고도 말하지만, 같은 의미가 있다. 빵 굽는 집의 금박 소년은 금화 10두카트를 손에 넣으려고 애쓰다가 곧 목숨이 끊어졌다.

가면무도회에서 부른 이 노래는 야코포 나르디Jacopo Nardi가 작곡했는데 첫 구절은 다음과 같다.

자연의 법칙을 창조하고 권품천신權品天神과 시대를 적소에 배치하신 천주는 모든 선의 근원이시다. 만일 천주께서 사악을 허락하신다면 세상은 억압을 받게 될 것이다. 한 시대에 다른 시대가 어떻게 해서 따르는지 또 어떻게 선이 사악으로 변하는지, 사악이 선으로 변하는지 이 조상을 찬찬히 보면 알게 될 것이다.

Colui che da le leggi alla Natura

E i varii stati e secoli dispone,

D'ogni bene e cagione;

E il mal, quanto permette, al Mondo dura;

Onde questa figura

Contemplando si vede,

Come con certo piede

L'un secol dopo l'altro al Mondo viene

E muta il bene in male, e 'l male in bene.**

폰토르모는 이 축제를 위해서 작품을 제작해 많은 이익을 보았으며,

---

* 신화 속에서 황금시대(golden age), 은시대(silver age), 청동시대(bronze age)에 이어 계속되는 세계의 최후이고 최악인 시대.

** 사육제의 성가(Canti Carnascialeschi)들을 수집하여 모음곡을 만든 나르디(Nardi) 작품 중 가장 뛰어난 곡이다.

그림 544 야코포 다 폰토르모, 「엠마오에서의 저녁식사」,
1525, 캔버스에 오일, 230×173cm, 우피치 미술관, 피렌체.

그의 나이에 비해 피렌체시에서 누구보다도 칭찬을 많이 받았다. 그리하여 후에 피렌체에 온 교황 레오는 필요할 때마다 그를 고용했다. 폰토르모는 당시 조각가이며, 바디아 성당의 계단에서 팔라조가街 위에 있는 목재 아치를 제작한 바초 다 몬테루포와 함께 아름다운 장면을 여럿 그렸으나 위탁한 사람들의 태만으로 거의 모두 파괴되고 칠현금七弦琴을 든 아폴로를 향해 우아하게 악기를 연주하는 팔라스*를 그린 장면만 남아 있다. 그러므로 이 작품을 보면 다른 장면들이 얼마나 훌륭했는지를 가히 짐작할 수 있다.

같은 축제 때에 리돌포 기를란다요는 로마 교황의 옛날 저택이었던 산타 마리아 노벨라 성당의 수도원에 인접한 교황의 홀을 꾸미도록 위촉받았는데 시일이 급해서 조수를 고용하지 않을 수 없었다. 다른 방들은 모두 꾸몄고, 폰토르모에게는 교황이 매일 아침 미사를 올리는 경당의 벽에 프레스코를 그리게 했다. 폰토르모는 성부聖父와 성부를 모시는 치품천신熾品天神과 성녀 베로니카의 얼굴을 몹시 서둘러 그려서 큰 칭찬을 받았다.

피렌체의 대교구 관저 뒤에 있는 산 루필로S. Ruffillo 성당산 라파엘로 성당의 반월창半月窓에도 그의 작품이 있다. 즉 성모 마리아와 아기 예수 양쪽에는 성 미카엘과 성 루카와 다른 성인들이 무릎을 꿇었으며, 그리스도는 치품천사들에게 둘러싸여 있다. 세르비테 수도원 원장 야코포는 폰토르모에게 수도원 일부를 할당했는데 그 이유는 안드레아 델 사르토가 그곳에서 하던 작업을 중단하고 프랑스로 떠나 이 미완성의 일을 그에게 맡기고 싶었기 때문이다. 폰토르모는 정성을 들여서 밑그림을 그리고 명예를 얻고 싶은 마음에 부인병원 입구 위에 아름다운 초상을 둘 그렸다. 이 병원은 시에나의 산타 카테리나S. Caterina 수녀원 맞은편에 있는 산 마르코 광장과 비아 디 산 갈로 중간에 있는 성직자 병원

＊ 그리스신화의 아테나 여신.

의 경당 뒤에 있다. 그리스도가 순례자로서 여인 몇 명을 병원 안으로 맞아들이는 이 그림은 칭찬받을 만한 가치가 있는 작품이다.

그 무렵 그는 카로 델라 모네타Carro della Moneta의 조폐국 직원들을 위해 유채화를 몇 점 그렸다. 근처에서 매년 열리는 성 요한 축일의 행렬에 참가하는 수레는 마르코 델 타소Marco del Tasso가 제작했다. 피에솔레 언덕 위에 있는 성녀 체칠리아S. Cecilia 집회소 문 위에 그는 장미를 든 성녀 체칠리아의 프레스코를 그렸는데 현존하는 것 중에서 가장 아름다운 프레스코다. 세르비테 수도원 원장 야코포는 이 작품들을 보고 경탄해 폰토르모를 데려다가 수도원에서 일하는 다른 화가들과 경쟁시켜 훌륭한 작품을 단시일 안에 제작하려고 했다. 폰토르모는 「성모 마리아의 방문」을 그가 원하는 것 이상으로 우아하게 완성했는데, 보수보다는 명예를 얻고 싶다는 갈망이 더욱더 컸다.

그림 속의 남녀노소 모두 매력 있게 묘사되었으며, 부채賦彩가 조화된 놀랄 만한 작품이다. 계단 위에 앉아 있는 어린이의 살빛과 다른 모든 인물의 부드러움은 형언할 수 없을 정도다. 이 그림과 다른 작품으로 폰토르모는 그곳에서 함께 일하던 안드레아 델 사르토와 프란차비조Pranciabigio와 같은 자리를 차지하게 되었다. 그는 1516년에 이 작품을 끝내고, 단돈 금화 16두카트를 보수로 받았다.

프란체스코 푸치가 세르비테가街에 산 미켈레 비스도미니S. Michele Bisdomini 성당을 건립하고 제단화를 폰토르모에게 위촉한 것을 나는 잘 기억한다. 폰토르모는 이 제단화를 불가사의한 스타일과 눈부신 채색으로 완성했다. 즉, 앉아 있는 동정녀 마리아가 자연스러운 미소를 띤 성 요셉에게 아기 예수를 안겨주며, 세례자 성 요한과 닫집을 든 벌거벗은 두 어린이도 모두 아름답다. 노경의 복음 전도자 성 요한과 무릎을 꿇고 경건한 태도로 합장한 성 프란체스코가 동정녀 마리아와 아기 예수를 지켜보는데, 정성이 깃든 작품이다. 옆의 성 야고보도 훌륭하며 폰토르모 그림 중에서도 최고라 할 만하다.

그는 그 후에 룬가르노Lungarno의 바르톨로메오 란프레디니 Bartolommeo Lanfredini를 위해 산타 트리니타 다리와 카라이아 다리 중간의 명찰을 거는 문 위에 어린이 두 명을 아주 우아한 프레스코로 그렸다. 그리고 이 작품과 관련해 브론치노는 폰토르모의 초기 작품이라고 신뢰할 만한 언명을 했다. 사실이라면 폰토르모를 더한층 칭찬할 만하다.

이야기를 계속하면, 폰토르모는 폰토르모읍 사람들을 위해 그곳 산 아뇰로 성당의 마돈나 경당에 안치할 패널 그림을 그렸다. 당시 보르고아 산 세폴크로Borgo a S. Sepolcro에 조반 마리아 피키Giovan Maria Pichi라고 부르는 청년이 폰토르모와 함께 머물렀다. 그는 후에 세르비테 수도원의 수사가 되었지만 그림을 잘 그려서 산 스테파노의 본당에서 작품을 몇 개 만들었다. 그는 폰토르모와 함께 보르고로 보낼 예정으로 성 퀸티노S. Quintino가 순교하는 대작을 그렸는데, 폰토르모는 그에게 영예를 돌리려고 그 그림에 가필加筆하다가 도중에 손을 떼지 못하고 다 그려버리고 말았다. 따라서 이 작품은 폰토르모의 걸작이라고 할 수 있으며, 산 프란체스코 성당에 있다.

다른 곳에서도 이야기하겠지만 폰토르모의 다른 제자인 아레초의 조반니 안토니오 라폴리는 볼록거울에 비친 자신의 초상화를 그렸다. 이 그림은 아레초에 사는 그의 후손이 집에 보관하고 있다. 폰토르모도 자기 친구 두 사람을 한 장에 그렸는데, 그중 한 사람은 베쿠치오 비키에라이오의 사위이며, 또 한 사람의 이름은 모르겠다. 폰토르모는 바르톨로메오 지노리를 위해 그가 죽은 뒤 쓰려고 피렌체 풍습에 따라 벽걸이를 만들어주었다. 윗부분 호박단琥珀緞 위에는 동정녀 마리아와 아기 예수를 그리고 옆에는 그 가문의 문장紋章을 그렸다. 벽걸이의 중앙부는 호박단 24조각으로 되어 있는데 여기에 높이 2브라차로 성 바르톨로메오 둘을 그렸다. 이 새로운 스타일이 초라하고 무의미해 보여 오늘날 것과 같이 크고 가볍고 비용이 싼 것을 만들게 되었다.

폰토르모는 산 갈로 문 밖의 산 갈로 수도원 정원과 포도밭 입구로 통하는 길의 경당에 죽은 그리스도와 옆에서 눈물을 흘리는 성모 마리아, 하늘에는 두 치품천사熾品天使를 그렸다. 그중 한 천사는 컵을 들고 있으며, 또 한 천사는 그리스도의 머리를 받치고 있다. 한쪽에는 팔을 벌리고 눈물을 흘리는 성 요한을 그리고, 다른 쪽에는 성 아우구스티노가 감독파의 관례에 따라 목장牧杖에 슬프게 몸을 기대고 구세주의 죽음을 곰곰이 생각하는 장면을 그렸다. 조반니 살비아티의 친한 친구이며, 교황 레오가 추기경으로 선출한 필리포 스피나Filippo Spina를 위해 문장紋章을 만들어 붉은 모자와 두 치품천신을 붙여서 저택의 정문 맞은편 안뜰에 놓았으니, 폰토르모의 아름다운 작품을 필리포 스피나는 매우 격찬했다.

또 폰토르모는 피에르 프란체스코 보르게리니의 저택에 요셉 이야기에서 상자 두 개 위에 목각으로 아름답게 작은 인물상을 제작했다. 그러나 그의 작품 중에서 얼굴 표정이 생생해 인물들의 구성과 자세의 다양성, 창조력의 아름다움으로 그의 천재성을 엿볼 수 있는 것은 피렌체의 귀족 보르게리니의 저택 입구 왼편에 있는 이 방에서만 볼 수 있다. 즉 이집트의 요셉이 자기 아버지 야곱과 여러 형제를 맞이하는 광경을 그린 작품이며 그 안에는 작은 인물들도 있다.*그림 545 폰토르모는 이 그림 안의 인물들 가운데에 자기 제자 브론치노를 그려 넣었으며, 또 그림 아래쪽에 광주리를 들고 앉아 있는 어린이 모습은 마치 살아 있는 듯 아름답다. 만일 이 그림이 크기가 컸더라면 우아하지도, 완전하지도, 훌륭하지도 못한 작품이라고 나는 서슴지 않고 말할 수 있다. 다른 화가들도 이 그림을 폰토르모의 최대 걸작이라고 평한다. 따라서 보르게리니가 이 그림을 높이 평가하는 것은 당연하고 또 누가 이 작품을 사서 군주나 귀족에게 선사하고 싶어 하는 것도 놀랄 일은 아

* 런던의 국립 미술관 소장.

그림 545 야코포 다 폰토르모, 「이집트에서의 요셉」,
1515~18, 패널에 오일, 96×109cm, 국립 미술관, 런던.

니다.

피렌체가 포위되고 피에르 프란체스코가 루카로 퇴각하자 이 저택의 장식품들을 탐내던 조반니 바티스타 델라 팔라는 공작의 이름으로 프랑스 왕 프랑수아에게 선사하려고 장관과 각하에게 권유해 대금을 지불하고 물건들을 가져오도록 피에르 프란체스코의 부인에게 사람을 보냈다. 그러나 그들이 그 집에 도착하자 부인은 그들과 맞서서 "이 비열한 자들아! 감히 내 집에 와서 귀족의 장식품을 도둑질하고 피렌체의 귀한 재산을 빼앗아 우리의 적국인 프랑스를 장식하려 하는가? 태생이 천박하고 나라의 적인 당신들에겐 내가 놀라지 않지만, 이런 나쁜 짓을 시킨 장관에게는 놀라지 않을 수 없소. 당신들이 욕심내는 이 침대는 내 결혼기념물로 시아버님인 살비Salvi께서 직접 장식해준 것이며, 사랑하는 내 남편의 기념물이므로 목숨을 걸고 지켜야겠소. 자, 보자기를 가지고 빨리 이 집에서 나가시오. 그리고 당신들을 여기 보낸 자에게는 어떤 물건도 이곳에서 가져가는 것을 허락하지 않을 것이며, 당신들처럼 프랑수아 왕에게 선물을 주고자 하는 비열한 자들을 지지하는 자들이 있다면 그들의 집에 있는 물건을 가져가시오. 만일 당신들이 분별없이 다시 여기 들어온다면 그때는 당신들에게 귀족 가문에 대한 예법을 가르쳐줄 것이오"라고 말했다. 고귀하고 총명한 시민, 루베르토 아치아이우올리의 딸이며, 피에르 프란체스코 보르게리니의 부인인 마르게리타는 이렇게 하여 가문의 보물을 지킬 수 있었다.

거의 같은 시대에 조반니 마리아 베닌테니도 보르게리니 집에 있는 폰토르모의 작품을 모방한 여러 화가의 그림으로 자기 집을 장식했다. 폰토르모는 자기 명성에 용기를 얻어 「동방박사의 경배」*를 제작했으며, 노력과 성실로 많은 조상彫像과 여러 물건을 아름답고 칭찬받을 만하게 그렸다. 당시 메디치가의 비서였던 고로Goro를 위해 코시모 데 메

* 피렌체의 피티 미술관 소장.

디치부친의 초상화―인물의 4분의 3이 보이는―를 그렸다. 이 그림은 오타비아노 데 메디치의 저택에 있으며, 고결한 성품을 지닌 알레산드로*가 소유하고 있다. 그는 야코포 살비아티의 딸이며 코시모 공작의 숙모뻘 되는 프란체스카 부인의 아들이다.

폰토르모는 이런 작품들을 제작함으로써 오타비아노와 친해져 카이아노 언덕에 있는 큰 홀의 둥근 창 두 개와 천장에서 벽에 이르는 곳의 그림을 그려달라는 위촉을 받았다. 이런 위치에 좀 비범한 작품을 만들어 같은 곳에 작품을 제작 중인 다른 화가들과 경쟁하게 된 폰토르모 마음은 괴로웠으며, 그동안 작품을 제작할 때마다 새로운 창조를 해왔지만 제작에 착수했다가 지워버리곤 했다. 그리고 마침내 베르툼누스Bertumnus**가 가지 치는 칼을 쥐고 시골 사람 모양으로 앉아 있으며, 어린이들의 모습도 마치 살아 있는 듯 매우 아름다운 그림을 그렸다. 저쪽에 있는 포모나Pomona와 디아나Diana의 의상들도 전체가 아름답고 칭찬할 만하지만 장식을 지나치게 많이 한 듯하다. 그러는 동안에 레오가 죽었으니 로마, 피렌체, 로레토, 그밖의 다른 곳에서와 마찬가지로 일은 미완성으로 남게 되었다. 세상은 진짜 재능꾼 메체나스Mecenas***를 잃어버렸다.

피렌체로 돌아온 폰토르모는 작품 하나를 만들었다. 즉 성 아우구스티노가 앉아서 하늘을 나는 벌거벗은 두 어린이와 성체 강복을 한 그림이다. 그 그림은 산 갈로가街에 있는 산 클레멘테 수녀원의 조그만 경당 제단 위에 있다. 그는 또 「피에타」Pietà를 완성했는데 벌거벗은 천사들이 아름다우며, 이 그림을 주문한 라구사Ragusa의 상인들이 높이 평가했다. 전원 풍경이 멋진데 대부분이 알브레히트 뒤러의 그림을 복사

* 훗날의 교황 레오 11세.
** 로마신화에서 베르툼누스는 정원 · 과수원의 신. 포모나의 남편.
*** 로마의 예술 보호자.

그림 546 야코포 다 폰토르모, 「마리아가 엘리자베스를
방문하다」, 1528~29, 나무에 오일, 202×156cm,
산 미켈레 피에베, 카르미냐노.

한 것이다. 그는 또 동정녀 마리아와 아기 예수, 치품천신도 그렸는데, 알레산드로 네로니의 저택에 있다. 스타일이 좀 다른 성모 마리아의 그림을 스페인 사람이 주문해 제작한 것도 있는데, 바르톨로메오 판치아티키에게 주려고 브론치노가 당초에 위촉받은 것이다.

1522년 페스트가 피렌체에서 유행했을 때, 많은 사람이 지방으로 도망갔는데 폰토르모도 그때 도시를 떠날 기회가 있었다. 피렌체에서 약 3밀리아 떨어진 곳에 아치아이우올리Acciaiuoli가 건축한 체르토사 수도원의 원장이 잔디에 둘러싸인 크고 아름다운 수도원의 한구석에 프레스코를 그리도록 폰토르모에게 위촉했다. 물론 그는 승낙했으며, 그곳에 브론치노만 데리고 갔다. 폰토르모는 적막과 고독을 즐기면서 그림 스타일을 바꿀 연구를 해볼 좋은 기회라고 생각했다. 알브레히트 뒤러의 섬세한 판화版畵가 피렌체로 들어온 지 얼마 되지 않았던 때이며, 그 중에는 의상의 다양성, 창의력 등이 뛰어난 아름다운 「그리스도의 수난受難」 등이 있었다. 폰토르모는 그런 양식을 수도원에 도입하기를 희망했고, 그럼으로써 자신은 물론이고 판화의 평가에 동조하는 피렌체의 대다수 미술가가 만족할 것이라고 기대했다. 그리하여 자기 그림이 뒤러의 표현방식, 힘, 다양성과 잘 어울릴 것이라고 생각해 독일 양식으로 바꾸었기 때문에 자기 고유의 자연스러운 유연성과 우아함을 잃고 말았다. 결국 그의 후기 작품은 아름답기는 하지만 초기 작품처럼 우아하지는 않다.

그는 뒤러의 작품을 모방해 수도원 입구에 그리스도가 어두운 밤 동산에 있는 그림을 그렸는데 달빛이 비쳐서 낮처럼 환하다. 그리스도는 기도를 드리지만 그 옆에 있는 베드로, 야고보, 요한은 깊이 잠들어 있는 장면인데 매혹적인 작품이다. 멀지 않은 곳에서 유다가 자신이 이끄는 병사들과 마찬가지로 이상한 표정을 하고 있다. 모두가 독일 스타일로 표현되어 누구나가 좋아하는 스타일을 버리고 좋지 않은 것을 애써서 배우려는 이 화가에게 동정을 자아내게 했다. 폰토르모가 애써서 체득한 이탈리아 화풍畵風을 독일 사람, 플랑드르 사람들이 배우려고 오는데도 그것을 나쁘다고 버리려고 한 것은 이해가 가지 않는다.

그림 이야기를 계속하자. 그리스도는 빌라도 앞에 끌려나왔는데, 간악한 무리에게 던져진 구세주는 결백한 겸손을 나타내며, 빌라도 아내는 동정심과 더불어 하늘의 심판을 두려워하며 남편에게 그리스도를 변호하는 듯 그리스도를 바라본다. 빌라도는 병사들에게 둘러싸여 있으며, 표정이 독일풍이어서 이 작품의 작자를 모르는 사람들은 작자가 알프스 남쪽 사람이라고 생각하지는 않을 것이다. 좀 먼 곳에서는 빌라도의 하인이 물주전자를 들고 층계를 올라와 주인의 손을 씻어주려고 한다. 이 장면은 마치 살아 있는 듯해 폰토르모의 스타일이 엿보인다.

폰토르모가 다른 곳에 그린 「그리스도의 부활」을 보면 부채賦彩 방법을 완전히 바꾸었으며, 그의 머리는 언제나 새로운 것으로 변화해 부드럽고 아름답다. 만일 그가 독일풍이 아닌 다른 스타일을 받아들였다면 그의 작품은 더할 나위 없이 아름다웠을 것이다. 병사들은 다양한 자세로 잠들어 있어 마치 죽은 듯하며 형언할 수 없을 정도다. 또 한쪽 구석에 십자가를 지고 가는 그리스도를 그렸는데, 그리스도 뒤에는 예루살렘 사람들이 뒤따르며, 벌거벗은 도둑 둘이 벌써 앞서가고, 그 중간에는 사형 집행자들이 서 있거나 사닥다리에 올라갔으며, 십자가의 재목, 망치, 못, 밧줄 등이 있다.

언덕 뒤에는 땅에 엎드린 그리스도를 바라보면서 눈물을 흘리는 성모 마리아가 보인다. 유대인들은 그리스도를 매질하며, 고통받는 구세주를 보고 우는 여인들 옆의 베로니카는 그리스도에게 손수건을 드린다. 이 그림은 다른 그림보다 훨씬 더 훌륭한데, 폰토르모가 독일 스타일이 나빴다는 것을 느꼈거나 친구들이 그에게 충고를 했기 때문인지도 모른다. 또 다른 장소에 「십자가에 못 박힌 그리스도」Crocifisso와 「십자가 강하」Deposto를 계속해서 그리다가 그대로 두고 십자가 강하만 독일 스타일로 그렸으며, 색조를 매우 조화롭게 사용했다. 그리스도 발에 키스하는 아름다운 막달레나 옆에 두 노인, 즉 아리마테아Arimatea의 요셉과 니코데모Nicodemo를 독일 스타일로 그렸는데, 턱수염의 솜털과 부드러운 색조가 상상할 수 없을 만큼 아름답다.

폰토르모는 한적한 체르토사Certosa가 마음에 들어서 몇 해 동안 여기서 제작에 몰두하다가 페스트가 종식하자 피렌체로 다시 돌아갔으나 여러 차례 체르토사를 오가면서 수도원 일을 돌보아주었다. 여러 가지 일 가운데 당시 120세인 평신도의 초상화를 그려 성당으로 들어가는 문 위에 걸어놓았는데 마치 살아 있는 듯했다. 이 작품은 인적이 없는 조용한 산촌에서 만들어서인지 가히 걸작이라 하겠다.

수도원장 방에는 「예수 강탄降誕」Nativita을 그렸는데, 어둠 속에서 요셉이 든 등불의 불빛이 아기 예수 얼굴에 비친다. 이것은 독일에서 온 판화에서 아이디어를 얻어 그렸다. 당시 여러 사람이 알브레히트 뒤러를 모방했으므로 폰토르모만 비난할 수는 없다. 그러나 그는 다른 사람의 아이디어를 모방할 때 피해야 할 의상, 표정, 자세 등 여러 부분을 딱딱하고 거친 스타일로 묘사했다. 또 객실에는 그리스도와 클레오파스, 루카를 큰 캔버스에 유채화油彩畵로 별로 힘들이지 않고 그렸는데 정말 살아 있는 듯하며* 그의 천부적인 능력을 보여주는 걸작이라 할 만하다. 그림 속의 하인은 내가 잘 아는 수사 얼굴로 그렸는데 실물과 꼭 같았다.

브론치노는 선생인 폰토르모가 이같이 제작에 종사하면서도 자기를 사랑해주는 데 힘입어 그림 공부를 열심히 계속했다. 그는 유채화로 채색하는 것을 본 적이 없으면서도 성당으로 가는 수도원의 문 위, 창살 모양 대들보 위에 성 로렌초의 나상裸像을 멋지게 그려서 훗날 대성할 징조를 보여 폰토르모를 기쁘게 했다. 얼마 후 로도비코 디 지노 카포니가 로마에서 돌아오면서 장식품을 많이 가져다가 산타 펠리치타 성

* 1528년에 제작. 우피치 미술관 소장.

그림 547 야코포 폰토르모, 「그리스도의 매장」, 1528,
나무에 오일, 카포니 경당, 산타 펠리치타 성당, 피렌체.

당S. Felicita 입구 오른편에 경당을 만들고 거기에 두기로 했다. 산타 펠
리치타 경당은 브루넬레스키가 바르바도리Barbadori를 위해 건립했다.
지노 카포니Gino Capponi는 폰토르모의 재능을 칭찬하면서 친구 로도
스의 기사騎士인 니콜로 베스푸치에게 소개했고 로도비코는 폰토르모
에게 경당 일을 맡겼다.그림 547 그는 즉시 경당에 장막을 치고 3년 동안

그림 548 야코포 폰토르모, 「성모영보」, 1527~28, 카포니
경당에서 분리한 프레스코, 산타 펠리치타 성당, 피렌체.

제작에만 종사했다. 즉, 천장에 총대주교 4인에게 둘러싸인 성부聖父를
그리고 모퉁이에 있는 원 네 개에는 복음 전도자를 그리기로 한 뒤 그
중 하나를 브론치노에게 주었다. 폰토르모는 제작할 때 제자를 쓴 일이
거의 없으며, 자기가 그린 그림에는 손을 대지 못하게 했다. 그는 오로
지 가르칠 목적으로만 제자를 썼으며, 전체를 혼자 그리곤 했다. 이번
에도 그런 경우였다.

경당에 폰토르모가 그린 프레스코 그림은 거의 종전 스타일로 되돌
아간 듯하며 밝은 빛과 중간색의 구별, 중간색과 그늘의 구별이 어려
울 만큼 부채賦彩를 완벽하게 구사해 참신한 작품을 제작했다. 즉 무덤

으로 옮겨지는 죽은 그리스도를 성모 마리아와 성녀 몇 명이 따랐는데, 화풍畵風이 전과는 완전히 달라 그의 머리가 한곳에만 집착하지 않고 새로운 환상을 쫓고 있음을 보여주었다. 배치와 부채가 천장의 것과 네 복음 전도자와 완전히 다른데 매우 잘되어 있다. 창문이 있는 벽에는 동정녀 마리아와 수태를 고지하는 천사를 그렸는데, 기발한 아이디어를 보면 그가 만족한 상태에 머물러 있지 않음을 알 수 있다. 그는 이 작품을 제작하는 동안 후원자 출입도 금지했으며, 자기 소신대로 제작했다. 그리하여 결국 작품을 공개하는 날까지 친구들도 아무도 몰랐으며 온 피렌체 시민이 놀랐다. 로도비코 방에는 같은 모양으로 로도비코의 어여쁜 딸을 그려서 성녀 마리아 막달레나를 묘사했다.

피렌체에서 2밀리아 거리의 체르치나 고개로 올라가는 카스텔로가街에 접해 있는 볼드로네Boldrone의 수도원 근처 감실tabernacolo 위에 십자가에 못 박힌 그리스도와 눈물을 흘리는 성모 마리아, 복음 전도자 성 요한, 성 아우구스티노, 성 율리아노를 독일풍으로 그렸는데 체르토사에서 그린 것과 비슷하다. 프리아노문門의 산 안나 수녀원의 수녀들을 위해 동정녀 마리아와 아기 예수를, 그 뒤에는 성녀 안나, 성 베드로, 성 베네딕토와 그밖의 성인들을 그렸다.* 제단의 대에는 나팔수, 풍적수, 권표權票를 받드는 사람들과 나머지 가족을 작게 그려 넣었는데, 이 패널은 장관의 위촉으로 제작했다.

폰토르모가 이 일을 맡았을 때 코르토나의 추기경 실비오 파세리니는 교황 클레멘티우스 7세의 명으로 알레산드로, 이폴리토 데 메디치와 함께 로마에 갔으며, 교황은 오타비아노를 시켜서 폰토르모에게 그들의 초상화를 그리도록 추천했다. 그는 독일풍에서 벗어나지 못했으나 썩 잘 그렸다. 로돈이란 이름의 개와 함께 있는 이폴리토를 마치 살아 있는 것처럼 그렸다. 그는 또 후에 추기경이 된 아르딘겔리Ardinghelli

---

* 1543년 작품으로 루브르 박물관 소장.

의 초상화도 그렸다. 친구 필리포 델 밀리오레를 위해 포모나*를 그렸는데 독일 스타일에서 벗어나려고 무척 애쓴 듯하다. 이것은 라르가가 街의 그의 저택에 소장되어 있다.

폰토르모가 나날이 유명해지는 것을 본 조반니 바티스타 델라 팔라는 그의 그림과 다른 화가들의 그림을 입수해 프랑스 왕 프랑수아에게 증정하고 싶었으나 뜻을 이루지 못했다. 왕도 그의 그림을 원했다. 마침내 그는 폰토르모를 설득하는 데 성공하여 「라사로의 회생回生」을 제작해 다른 그림과 함께 프랑수아 왕에게 증정했다. 그의 걸작 중 하나인 이 그림은 회생하는 라사로의 표정을 무척 우아하게 표현했는데 눈가는 초록빛이며 손과 발끝은 죽은 살빛이다.

인노첸티 병원의 수녀들을 위해 그린 1.5브라차 크기의 그림에는 디오클레티아누스Diocletianus 황제**의 명령에 따라 1만 1,000명이 나무 십자가에 못 박혀 순교하는 이야기를 담았다. 기마 병사와 사형 집행자를 향하여 활을 겨눈 세라핌들이 아름다우며, 황제는 숨이 끊어지려는 나상들에게 둘러싸여 있다. 이 그림은 어느 부분을 보아도 칭찬할 만하며 폰토르모의 친구이며 이 병원 원장인 돈 빈첸치오 보르기니가 높이 평가했다. 그는 이와 비슷한 그림을 카를로 네로니를 위해 그렸으며, 순교자 한 사람과 세례를 받는 천사와 카를로의 초상을 제작했다. 또 피렌체가 포위당했을 때도 군복을 입은 프란체스코 구아르디Francesco Guardi의 초상을 그린 일이 있다. 브론치노는 이 작품 겉부분 — 우리가 신화에서 보듯이 — 조각에 숨을 쉬게 생명을 달라고 베누스Venus에게 애걸하는 피그말리온Pigmalion***을 그려서 조상彫像을 생생하게 만들었다. 그 무렵 그는 오랜 고생 끝에 그토록 원하던 자기 집을 산타 마리아

* 로마신화의 여신, 베르툼누스의 아내.
** 피티 미술관 소장품. 복제품은 우피치 미술관에 있다.
*** 그리스신화. 자기가 만든 상에 반한 조각가.

델리 안젤리S. Maria degli Angeli 성당 수녀원 맞은편 비아 델라 콜론나Via della Collonna에 마련했다.

피렌체의 포위가 풀리자 교황 클레멘티우스는 오타비아노 데 메디치에게 포조 아 카이아노Poggio a Caiano 별장을 완성하라고 명령했다. 프란차비조와 안드레아 델 사르토는 이미 죽었으므로 그 일에 대한 책임을 모두 폰토르모에 맡겼다. 그는 곧 비계를 설치하고 밑그림을 그렸으나 지칠 줄 모르는 환상에만 사로잡혀 작업을 시작하지 않았다. 만일 브론치노가 가까이에 있었더라면 이런 일은 일어나지 않았을 테지만, 당시 브론치노는 페사로 근처의 우르비노 공작 궁전인 임페리알레Imperiale에서 제작했으므로 만일 폰토르모가 불러서 왔다고 해도 그는 자기 일을 손에서 놓지 않았을 것이다. 폰토르모가 궁전의 천장을 벌거벗은 아름다운 큐피드Cupid로 장식했을 때, 구이도발도Guidobaldo 태자는 이 젊은이의 기량을 한눈에 알아보고 자기 초상화를 그려달라고 부탁했다. 태자는 롬바르디아에서 도착할 예정인 갑옷을 입은 초상화를 원했기 때문에 예상했던 것보다 오래 이곳에 체류할 수밖에 없었다. 그동안 그는 아르피코르도arpicordo=cembalo를 넣을 상자를 아름답게 그렸고, 마침내 초상화를 그려서 태자를 크게 만족시켰다.

폰토르모가 여러 번 편지를 보내 마침내 브론치노가 왔지만 오타비아노와 알레산드로 공작의 간절한 부탁 때문에 브론치노는 자기 스승에게 그림을 그리도록 권유했으나 성공하지 못했으며, 다만 밑그림 정도만 제작했다. 그 밑그림 대부분이 로도비코 카포니 저택에 있다. 그중 하나는 헤르쿨레스Hercules가 안타이오스Antaios를 쳐부수는 장면이며, 베누스와 아도니스Adonis, 그밖에 구기球技를 하는 나체화 등이 있다.

프라 니콜로 델라 마냐Fra Niccolò della Magna의 도움으로 「나를 만지지 마라」의 밑그림을 손에 넣은 일 구아스토의 알폰소 다발로스Alfonso Davalos 후작 각하는 미켈란젤로를 시켜서 폰토르모가 그것을 그리도

그림 549 야코포 다 폰토르모, 「성 히에로니무스」, 1529~30,
캔버스에 오일, 105×80cm, 니더작센 주립 박물관, 하노버.

록 백방으로 권유했다. 왜냐하면 그를 따를 만한 사람이 없다고 미켈란젤로가 이야기했기 때문이다. 이 작품은 미켈란젤로의 웅장한 디자인과 폰토르모의 굉장한 부채賦彩가 어우러져 완성되었다. 당시 피렌체의 경비대장 알레산드로 비텔리Alessandro Vitelli 각하가 그것을 본 뒤 폰토르모에게 그와 비슷한 밑그림을 그리게 해서 치타 디 카스텔로Città di Castello에 있는 자기 집에 두었다.

이런 점으로 보아 미켈란젤로가 폰토르모를 얼마나 존경했으며, 또 폰토르모가 미켈란젤로의 밑그림을 얼마나 훌륭하게 잘 살렸는지를 알 수 있다. 바르톨로메오 베티니는 자기 친구 미켈란젤로를 움직여서 나신의 베누스와 그녀에게 키스하는 큐피드의 밑그림을 폰토르모에게 채색해 그리게 한 뒤 자기 집 방 한가운데 놓았으며, 반월창에는 토스카나의 서정 시인들을 나타내고자 단테Dante, 페트라르카Petrarca, 보카치오Boccaccio를 폰토르모에게 그리도록 했다. 그는 밑그림을 자유스럽게 세상이 다 아는 스타일로 그렸으니 내가 구구하게 설명할 필요가 없다. 이 데생은 그가 미켈란젤로의 스타일을 고려했으므로 그를 모방하려고 애썼다. 그때 그는 오랫동안 아팠기 때문에 포지오 아 카이아노의 일을 맡은 것이 좋지 않다고 깨달았는데 결국 교황 클레멘티우스의 죽음으로 모든 일이 중단되었다.

폰토르모는 당시 피렌체에서 인기 있는 청년 아메리고 안티노리Amerigo Antinori의 초상화를 그렸는데 평판이 아주 좋았다. 폰토르모와 친한 알레산드로 공작이 자신의 커다란 초상화를 부탁했을 때도 그는 종이 반절 크기에 장식해 실물을 잘 닮았을 뿐만 아니라 좋은 그림의 모든 조건을 다 갖추어서 정성껏 그렸다. 코시모 공작의 의상실에 보관 중인 이 그림을 한 장 더 복제해 손에 펜을 쥔 공작과 여인의 얼굴을 제작했다. 공작은 이 그림을 마사Massa 후작부인의 자매인 타데아 말레스피나Taddea Malespina 부인에게 주었다. 공작은 폰토르모에게 보수를 주려고 니콜로 다 몬타구토를 시켜서 그가 무엇을 원하는지 물었는데 겁

많은 이 화가는 자기가 저당 잡힌 외투를 되찾을 액수면 충분하다고 대답했다. 이 이야기를 전해들은 공이 웃으면서 금화 50두카트와 연금을 주기로 했으며 니콜로는 거절하는 그를 설득하느라 진땀을 뺐다고 한다.

폰토르모는 베티니Bettini가 소유한 밑그림으로 베누스를 그렸으나, 그가 약속한 대금 때문에 베티니에게 돌려주지 않았다. 그러나 어느 사기꾼이 베티니에게 앙갚음하려고 거의 강제로 폰토르모에게서 그림을 빼앗아 알레산드로 공작에게 기증했으므로 밑그림이 다시 베티니에게 돌아왔다. 이 소식을 들은 미켈란젤로는 폰토르모가 공작으로부터 금화 50두카트만 받았지만 그렇다고 해서 베티니를 속일 수 없었으므로 베티니는 다만 공작의 명령에 따랐을 뿐이라며 폰토르모를 크게 나무랐다.

어떤 사람들은 베티니의 욕심이 지나쳤다고 말하기도 했다. 폰토르모는 그 돈으로 자기 집을 수리할 수 있게 돼 공사에 착수했으나 별로 진척이 없었다. 어떤 사람에 따르면, 상태가 엉망인 이 집을 편리하게 개조하려고 적지 않은 비용을 장만했으나 원래 성품이 괴짜인 고독한 그가 지은 집은, 그의 침실이며 때로는 아틀리에로 쓰는 방은 도르래로 끌어올리게 된 사닥다리를 타고 올라가게 되어 있으며, 그의 허가나 양해 없이는 올라갈 수 없었다고 한다.

더구나 그는 신이 날 때만 일하고 귀족들이 가끔 일을 부탁해도―특히 오타비아노 데 메디치가 부탁한 경우에는―일을 맡으려고 하지 않으면서 평민들에게는 저렴하게 잘 만들어주어 귀족들의 불평이 많았다. 한 예로 손재주가 비상한 석공石工 로시노Rossino가 공사 대가로 폰토르모에게서 아름다운 성모 마리아 조상을 받았는데 폰토르모는 이 그림의 제작에 큰 애를 썼다고 한다. 로시노는 그밖에도 폰토르모에게서 라파엘로를 복사한 줄리오 데 메디치 추기경의 초상화와 「십자가에 못 박힌 그리스도」를 얻어내는 데 성공했다. 오타비아노는 이 그림을 폰토르모 작품으로 알고 로시노에게서 사들였지만 브론치노 작품임이 틀림없다. 즉, 폰토르모가 간직했지만 그가 브론치노와 체르토사에 함께 있을 때 브론치노가 그린 작품이다. 그 경위를 알 수는 없지만 이 그림 석 점은 오타비아노의 아들 알레산드로 데 메디치의 저택에 있다.

그의 이런 성격과 독단적인 방식은 비난받을 만하지만 자신이 좋아하는 일을 열심히 했으며 남을 비난하지 않았으니 기꺼이 그를 인정할 만하다. 어떠한 예술가든 간에 항시 작업하는 것은 아니므로 예술가의 기분과 작품이 밀접하게 연결되어 있다는 것을 알 수 있다. 그는 늘 자신의 행동 때문에 고생했다. 그가 발전하는 데 고독이 틀림없이 도움이 되었다고 나는 늘 판단한다. 만일 그렇지 않았다 하더라도 하느님과 이웃에게 죄를 범하지 않고 자기 스타일에 맞게 마음대로 살아가는 사람을 비난할 수는 없다.

폰토르모의 작품 이야기로 되돌아가자. 피렌체에서 2밀리아 떨어진 곳에 코시모 데 메디치가 지은 빌라 디 카레지Villa di Careggi*를 복구한 알레산드로 공작은 안뜰 한가운데 있는 분수와 미로迷路를 장식하고 나서 폰토르모와 그의 제자에게 안뜰에 면한 로지아 두 개에 될 수 있으면 단시일 안에 그림을 그리도록 위촉했는데, 복잡한 환상이 그의 머리를 어지럽히지 않도록 기분 좋은 대화를 나누었다. 공작은 폰토르모에게 사람을 보내서 되도록 빨리 일을 끝내달라고 부탁했다. 그래서 폰토르모는 브론치노에게 둥근 천장의 5구획 안에「운명」Fortuna,「정의」Iustzia,「승리」Vittoria,「평화」Pace,「명성」Fama을 상징하는 인물들을 그리게 하고, 여섯째 구획에는 자신이 직접「사랑」Amore을 제작했다. 그는 둥근 천장의 타원형 부위에는 멀리서부터 원근법을 써서 치품천사들과 각종 동물을 그렸으며 채색하는 한 부분만 브론치노가 그렸다.

폰토르모와 브론치노가 이 인물들을 제작하는 동안 야코네Jacone와

* 카레지와 카스텔로의 메디치 별장은 모두 파괴되었다.

피에르 프란체스코 디 야코포Pier Francesco di Jacopo를 비롯한 다른 화가들은 변두리를 장식했는데 모든 작업이 빨리 끝나서 공작이 기뻐했다. 1536년 12월 13일에 공사가 일단 끝나자 공작은 다른 로지아를 장식하고 싶어 했는데 친척인 로렌초에게 이듬해 1월 6일 암살되어 공사를 계속할 수 없었다.

코시모 공작이 계승하고 폰테물로 사건이 성공적으로 해결되자 트리볼로의 생애와 관련된 공사가 카스텔로에서 시작되었다. 공작은 자기 어머니를 위해 궁전 입구의 좌측 로지아를 장식할 그림을 폰토르모에게 위촉했다. 그는 장식을 끝낸 뒤 그것을 브론치노에게 맡기고 다른 부분은 카레지Careggi에서 일하는 다른 사람들에게 맡겼다.

한편 그는 자기가 전혀 손댄 적이 없는 카레지의 작품을 능가하는 작품을 제작하려고 집에 틀어박혀 힘껏 노력했다. 그는 제작에 착수했을 때부터 매월 금화 8두카트를 공작으로부터 받았으므로 마음 편히 일할 수 있었다. 5년 동안이나 비계가 서 있었으나 폰토르모가 무엇을 하는지 아무도 볼 수 없자 공작의 어머니는 너무 화가 나서 비계를 치우라고 명령했다.

그러나 폰토르모는 경고를 받고도 며칠만 시간을 달라고 해서 자기 작품에서 필요하다고 생각하는 곳을 다시 손질했다. 그리고 카레지에서처럼 혹시 공기가 작품을 손상시킬까 봐 덮개를 만들었다. 사람들은 여태까지 그가 제작한 모든 작품 중에서 가장 뛰어난 것이 아닐까 기대가 자못 컸다. 그러나 이런 기대와 달리 부분적으로는 특이한 데가 있었으나 인물들의 균형과 자세가 어색해 보이고 불규칙했다. 폰토르모는 도시에서 멀리 떨어져서 장소가 마음에 들지 않았고 병사들의 행패와 사고에 노출되어 있었다고 변명했다. 그가 그림을 마른 석회 위에 유채화로 그렸으므로 대기와 시간이 점점 그림을 파괴해갔다. 둥근 천장 한가운데는 염소자리Capricorno를 나타내는 새턴Satunus을 그리고, 사자궁獅子宮과 처녀궁處女宮을 표시하는 헤르마프로디투스Marte

Hermaphroditus*와 날고 있는 치품천사들을 카레지궁에 그렸던 것같이 그렸다. 그밖에 거의 나체로 그린 철학Filosofia, 점성학Astrologia, 기하학 Geometria, 음악Musica, 산술학Arismetica, 케레스Ceres** 등을 엷은 빛깔의 작은 인물들로 그려 원형으로 배치했다. 무척 애를 썼지만 기대에 어긋나 큰 만족을 주지 못했으나 공작은 훌륭하다고 칭찬했고 기회 있을 때마다 폰토르모를 등용했다. 과거에 아름다운 작품을 많이 제작해 시민들이 그를 존경했기 때문이다.

애라스 직물 제조의 유명한 기술자이며 플랑드르 사람인 조반니 롯소와 니콜로***를 피렌체로 데려다 그곳 시민들에게 기술을 가르치려고 했던 공작은 두젠토 평의회consiglio de'Dugento를 위해 금과 은으로 만든 커튼을 금화 6만 두카트에 제작하도록 지시하고 폰토르모와 브론치노에게는 요셉 이야기에 관한 밑그림을 그리라고 위촉했다. 폰토르모는 요셉의 죽음과 또 하나의 요셉과 포티파르Potiphar의 아내를 그렸으나 공작과 기술자들이 좋아하지 않았으며, 무늬가 이상하고 부적당하다고 했으므로 더 손을 대지 않았다. 그리고 자기 본래 일로 되돌아서 공작이 스페인으로 가는 돈 모 씨에게 선사할 성모 마리아를 그렸다.

선조를 답습하던 공작은 항상 피렌체시를 장식하려는 생각에서 이번에는 코시모 데 메디치아버지가 건조한 산 로렌초 대성당 본당을 장식하려고 직접 가령家令인 피에르 프란체스코 리치Pier Francesco Ricci를 시켜서 폰토르모에게 의뢰했다. 폰토르모는 이 사업의 중요성을 인식하고, 또 그동안 크게 진보한 자신의 좋은 기량을 보일 기회라고 여겨 매우 기뻐했다. 어떤 사람 말에 따르면, 그 사업이 자기에게 위촉되었다는 말을 들은 그는 당시 유명한 화가 프란체스코 살비아티가 피렌체

---

* 로마신화에서 헤르메스와 아프로디테 사이에 태어난 아들.
** 로마신화에서 농업의 여신.
*** 조반니 롯소와 니콜로의 본이름은 각각 얀 로스트(Jan Rost)와 니콜라스 케르케르(Nicholas Kercher)다.

그림 550 야코포 다 폰토르모, 「코시모 1세」, 1537,
패널에 오일, 48×31cm, 팔라니타 미술관, 피렌체.

에서 시뇨리아 광장의 큰 강당을 장식했는데 자기는 프레스코를 어떻게 데생하고 어떤 식으로 그리겠다며 떠벌렸을 뿐만 아니라 다른 화가들은 개성이 없다는 둥 거만한 이야기를 했다고 한다. 그러나 나는 그가 이야기를 점잖게 하는 겸손한 사람임을 알며, 또 그런 자랑거리를 입 밖에 냈다고도 믿지 않을 뿐 아니라 쓸데없이 주제넘은 소리를 하는 인격 없는 사람으로 생각하지 않는다. 더구나 나는 진실만 말하는 역사가이므로 더는 언급하지 않겠다. 이런 말이 사람들 사이에 전해진다면 악의를 가지고 널리 퍼지기 때문이다.

그는 경당을 닫고 11년 동안 아무도 들어오지 못하게 했다. 그 건물의 지붕에 기어올라 미켈란젤로의 성물 안치소에 들어가려던 청년들이 경당에 있는 모든 것을 보았다는 소문은 틀림없는 사실이다. 이 소문을 들은 폰토르모는 크게 화를 내고 더욱 굳게 문을 닫았다고 한다. 항간에는 그가 그 후에 그 청년들을 몹시 괴롭혔다는 소문이 있었다.

그는 어느 화가보다도, 또 위대한 미켈란젤로보다도 뛰어난 작품을 만들겠다고 마음먹었다. 윗부분에는 「아담과 이브의 창조」, 「인간의 타락과 낙원 추방」, 「아벨의 희생」, 「카인의 죽음」, 「노아의 자손의 축복과 방주方舟」 등을 그렸으며, 아래 담벼락에는 사방 15제곱브라차 되는 면적에 물에 빠진 시체들과 홍수, 노아와 하느님의 대화, 죽은 이의 부활, 지상 최후의 날에 일어나는 혼란 등을 그렸다. 제단 맞은편의 창과 창 사이에는 지상에서 천국으로 올라가는 나체의 행렬이 있는데 그중 두 명은 옷을 입고 횃불을 들었다. 꼭대기와 가운데에서는 나체의 천사에 둘러싸인 그리스도가 장엄한 자세로 심판을 하려고 죽은 자를 일으킨다.

나는 이 광경을 이해할 수 없지만 폰토르모가 천재이며 유식한 사람들과 사귄다는 것은 알았다. 성부聖父가 아담과 이브를 창조하는 옆에서 그리스도는 죽은 자를 일으키고, 다른 구석에는 손에 책을 든 복음전도자들이 있다. 나는 그가 그림을 그릴 때 장면, 크기, 시대, 인물의 종류, 살빛의 변화, 비례, 원근법 등을 고려하지 않았다고 생각한다. 화면 전체가 나체로 가득 차 있고, 자기 나름대로 배열, 구상, 부채를 했으며, 너무 우울해 보는 사람이 조금도 즐거움을 느낄 수 없는 그림이다. 화가인 나도 이해하기가 힘들며, 11년간의 이 노력에서 그는 자신과 관람객을 어리둥절하게 만들려고 생각한 듯하다.*

　거기에는 정면과 측면을 향해 어깨를 돌린 토르소들이 있는데, 이것은 놀랄 만한 연구와 노력으로 제작되었다. 폰토르모는 대부분 모델을 찰흙[粘土]으로 만들었는데, 이 작품은 그의 종전 스타일과 다르며, 누가 보아도 치수가 맞지 않았다. 토르소도 몸집은 크지만 머리는 말할 것도 없고 다리와 팔도 작아 그가 다른 작품에서 늘 보여주던 즐거움을 주는 비범한 우아함과 탁월함을 찾아볼 수 없다. 그는 정말로 쓸데없는 데만 노력하고 중요한 것을 소홀히 했다. 그리하여 그는 다른 화가들보다 뛰어나려고 애썼으나 오히려 자신의 본래 실력보다도 훨씬 못해졌다. 여기서 우리는 자연에 무리한 것을 원하면 자연이 주신 천부天賦의 재주를 망친다는 것을 알 수 있다. 그러나 화가들도 다른 사람과 같이 잘못을 범하기 쉬우므로 그를 동정하지 않을 수 없다. 저 유명한 호메로스Homeros도 가끔 활동하지 못했다니까. 폰토르모는 비록 자연에 어긋난 무리를 했지만 좋은 작품을 약간 남기지 않았는가?

　그는 이 작품을 끝내기 조금 전에 죽었다. 어떤 사람은 슬픔과 고통 때문이라고 말하지만 사실 그는 늙었고 초상화, 찰흙, 모델, 프레스코 제작에 지쳤으며 심한 수종水腫에 빠져서 65세로 세상을 떠났다. 그가 죽은 뒤에 집에서 아름다운 데생, 밑그림, 찰흙 모델 등이 여러 점 발견되었으며, 아름다운 성모 마리아의 조상도 있었다. 아마 몇 년 전에 제작한 듯하다. 이 유품들은 그의 상속인들이 피에로 살비아티에게 팔아 넘겼다. 그의 유해는 많은 화가, 조각가, 건축가들이 참석한 가운데 세

　* 이 그림은 1558년에 제막되었으나 1738년에 흰 도료를 칠해버렸다.

르비테 성당의 첫째 수도원 안에 그가 직접 그린「방문」바로 밑에 매장되었다. 그는 생전에 행동과 옷차림은 좀 가벼운 데가 있었지만 소박하고 온화한 성격이었으며, 일생을 독신으로 지내 식사를 준비해주는 사람이 없었다. 그러나 말년에 똑똑하고 젊은 바티스타 날디니Battista Naldini를 양자로 삼았는데, 그는 폰토르모를 잘 돌보아주었다. 그는 폰토르모 밑에서 배운 데생이 눈부시게 발전해 크게 촉망을 받았다.

폰토르모가 말년에 가까이 지낸 친구들 중에는 피에로 프란체스코 베르나치와 돈 빈첸치오 보르기니가 있으며, 그들과 환담하면서 때때로 식사도 함께했다. 그는 다시 찾아온 브론치노에게 애정을 다 쏟았으며, 브론치노도 자기가 받은 은혜를 감사히 여겼다. 폰토르모는 죽음을 무척 두려워했으며, 그런 이야기는 되도록 피했을 뿐만 아니라 사체死體도 피했다. 또 그는 혹시 다칠까 봐 사람이 많이 모이는 곳을 피했으며 생각하는 것보다 훨씬 고독했다. 그는 일하러 가서도 가끔 깊은 생각에 잠겨서 저녁때까지도 일에 손을 대지 못했다. 이런 일은 그가 산 로렌초 성당에서 제작할 때에 왕왕 있었다.

조각가 겸 건축가

시모네 모스카
Simone Mosca
16세기경 생존

〔해설〕

16세기 초·중반 바사리와 동시대에 활동했던 조각가이자 건축가다. 안토니오 다 산 갈로를 따라 로마로 가서 고대 건축물 장식과 조각에 눈을 떴으며 이후 고전적 모티프의 대리석 장식 조각에서 뛰어난 역량을 보여주었다. 저택이나 궁의 실내 디자인이나 대형 조형물의 벽감 장식 등에서 등장하는 아칸투스라 불리는 아라베스크 모양의 장식 모티프를 비롯한 장식 조각이 바로 시모네 모스카와 같은 장인들의 작품이다. 로마, 피렌체, 오르비에토, 아레초, 페루자, 볼세나 등의 주요 도시에서 작업했다.

바사리는 화가, 조각가, 건축가 외에도 이처럼 장식 미술가들에 대한 기록을 남겼다. 바사리가 전기에서 다룬 이들 작가들은 오늘날 인명사전에서 데이터베이스화의 필수 작가들이 되었다.

세티냐뇨Settignano 출신 시모네 모스카가 고대 그리스와 로마의 대좌, 기둥머리, 프리즈, 쇠시리, 꽃줄, 트로피, 가지촛대, 새, 아라베스크, 기타 조각품과 대등한 아름다운 작품들을 만들어내리라고는 기대하지 못했을 것이다. 우리 선배들이 고대의 우수한 예술품을 모방할 수 없어 조잡하고 품위 없는 것밖에 만들지 못했지만 모스카는 비범한 재주로 나뭇잎, 꽃, 과실, 새는 말할 것도 없고 꽃줄과 그밖의 모든 조각을 우아하고 아름답게 만들어냈다. 그는 조각가들이 흔히 범하는 실수인 대리석의 딱딱한 감각을 없애버렸으며 그의 작품은 모두 실물처럼 보인다.

그는 어렸을 때에 열심히 데생을 공부했으며 조각에 좀 능숙해지자 그의 재주를 알게 된 안토니오 다 산 갈로가 로마로 데리고 갔다. 거기에서 모스카는 기둥머리, 대좌, 나뭇잎으로 장식한 프리즈들을 만들었는데, 피렌체의 산 조반니S. Giovanni 성당과 알레산드로Alessandro 공작의 궁전 장식에 사용되었다. 그는 축제일이나 시간이 있으면 놀지 않고 시내에 있는 고대 유물들을 열심히 그려 머지않아 산 갈로보다 더 잘 그리게 되었고 훌륭하고 우아한 설계도를 만들게 되었다.

그는 고대풍의 잎 장식, 잎의 굴곡을 연구한 끝에 가장 아름다운 형태를 묘사함으로써 몇 해 만에 독보적인 자리를 차지했다. 줄리아가街의 산 조반니 성당을 위해 만든 문장紋章과 그중 하나로 피렌체시의 문장인 나뭇잎과 덩굴손을 배경으로 한 큰 백합 작품을 정말 놀랄 만한 디자인으로 만든 것이 그 증거다. 1550년 무렵 산 갈로는 산타 마리아 델라 파체S. Maria della Pace 성당 안의 아뇰로 체시Agnolo Cesi 경당과 가족 묘지를 대리석으로 장식하려고 모스카를 고용해 프리즈로 풍부하게 꾸민 대좌를 만들었다.* 그때 모스카는 그것을 완전하고 우아하게 완성

---

* 체시 경당(Cappella Cesi nella Pace)은 1524년 안토니오 산 갈로가 건축했다. 그러므로 바사리가 시모네의 작업 시기를 1550년이라고 언급한

했는데 다른 사람의 작품보다 훨씬 뛰어났다. 특히 고대풍 제단을 대좌 위에 만들었는데 너무 아름답고 환상적이어서 이런 제단을 다른 곳에 서는 찾아볼 수 없다. 그 후 산 갈로가 빈쿨라Vincula에 있는 산 피에트 로 수도원의 우물을 만들 때도 모스카를 기용했는데 그는 우물 가장자 리를 아름답게 장식했다.

모스카는 여름에 피렌체로 돌아왔는데, 그때 메디치 궁전 뜰을 장 식할 오르페우스를 제작하던 바초 반디넬리가 모스카를 고용해 꽃 줄을 조각하게 했다. 이 작업에 필요한 대좌는 베네데토 다 라베차노 Benedetto da Ravezzano가 이미 만들어놓았다. 그밖에도 모스카는 회색 사 암砂岩, macigno 등에 많은 작품을 만든 다음 로마로 가고 싶었으나 당시 로마의 포위 공격 때문에 뜻을 이루지 못했다. 그래서 그는 피렌체에서 아내를 맞아들였는데 아무런 수입이 없어 무슨 일이든 닥치는 대로 다 해야 했다.

그 무렵 아레초의 유명한 석수 피에트로 디 수비소Pietro di Subisso*가 피렌체에 왔는데 그의 밑에는 유능한 공장이 많았으며, 그 때문에 아 레초의 건축공사는 모두 그의 손을 거쳐 갔다. 그는 모스카를 데리고 아레초로 가서 펠레그리노 다 포솜브로네 저택의 벽난로 장식을 맡겼 다. 이 집은 안드레아 산소비노의 설계로 유명한 점성학자 피에로 게리 Piero Geri가 지었는데 그 조카가 팔아넘겼다. 제작에 착수한 모스카는 우선 벽로 장식을 벽기둥 두 개에 올려놓은 다음 벽두께만 한 벽감 두 개를 화로에 면하도록 만들고, 벽기둥 위에 차례로 처마도리, 프리즈, 커다란 쇠시리를 만든 뒤 그 위에 꽃줄과 이집트 문장紋章으로 장식한 박공博棋을 올려놓았다. 그는 다양한 무늬로 조각해 비록 사암에 만든

것은 오류인 듯 보이며 이에 밀라네시(Milanesi)는 1530년이라는 연대 를 제시하고 있다.

 * 아레초의 조각가, 원래 이름은 피에트로 디 베르나르데토 디 구이도 (Pietro di Bernardetto di Guido).

작품이었지만 우수한 솜씨로 사람들을 놀라게 했으며, 대리석 조각보다 더 뛰어나게 보였다.

박공 위에는 투구, 장화, 방패, 무기들을 깊고 얕은 돋을새김으로 조각해 트로피를 제작했는데 아름답기가 비할 데 없다. 박공과 쇠시리 사이의 프리즈에는 잘게 조각한 나뭇잎 장식과 새들을 조각했는데, 특히 새의 다리들은 실물보다 더 작으며, 새들이 실제로 나는 듯하다. 돌에 이런 조각을 하리라고 짐작조차 할 수 없는, 정말 기적같이 보이는 작품이다. 꽃줄에도 잎과 과실들을 정성껏 새겼는데 실물보다 훨씬 아름다워 보인다. 그밖에 섬세한 가면과 가지촛대 등도 제작했다. 그가 받은 보수가 몇 푼 안 되었으므로 그는 이 작업에 온 힘을 쏟지 않아도 되었을 터인데, 원래 그는 예술을 사랑하는 사람이라 일에 열중했다. 그러나 이 저택의 수반水盤은 평범하게 끝냈다.

그는 안면식도 없던 피에트로 디 수비소와 우연히 함께 일을 하게 되었다. 많은 건축물을 설계했는데 가옥, 출입문, 들창을 비롯해 그밖의 건물에 관계되는 것들을 디자인해주었다. 아레초의 대학 아래쪽, 알베르고티Albergotti 모퉁이에 모스카가 디자인해서 제작한 아름다운 들창이 있고, 펠리체리아Pelliceria의 베르나르도 세랄리 저택에도 들창 둘이 있다. 또 프리오리Priori 광장 모퉁이에도 그가 만든 교황 클레멘티우스 7세의 문장紋章이 붙은 큰 방패가 있으며, 아레초의 베네데토 교단의 산타 피오레S. Fiore 수도원 안에 그의 설계로 일부분을 자신이 제작한, 회색 사암砂岩을 사용해 코린트 양식으로 지은 경당이 있다. 이는 베르나르도 디 크리스토파노 다 지오비가 위촉한 것이다. 베르나르도는 이 경당의 제단화를 안드레아 델 사르토와 롯소가 그려주기를 원했으나 여러 걸림돌 때문에 뜻을 이루지 못했다.

마침내 그는 조르조 바사리와 접촉했는데, 그래도 어려움을 해결할 수 없었다. 왜냐하면 이 경당은 성 야고보와 성 크리스토파노에게 봉헌되었는데, 베르나르도는 「아기 예수를 팔에 안은 성모 마리아」와 '성 크리스토파노가 어깨 위에 아기 예수를 올려놓은' 그림을 고집했으며, 그가 원하는 6브라차 크기의 성 크리스토파노를 4브라차의 제단화 속에 넣을 수 없었기 때문이다. 그래서 바사리는 베르나르도가 납득할 만한 구도를 내놓았다. 즉, 하늘에 성모 마리아를 그리고 그녀의 등에는 햇빛을 내리게 했다. 그 밑에 성 크리스토파노가 무릎을 꿇고 한쪽 발을 물에 담그고 있고 성모 마리아는 지구를 들고 있는 아기 예수를 어깨에 얹어놓은 그림인데 성 야고보도 한구석에 그렸다. 베르나르도는 이 그림을 마음에 들어했지만 제작에 착수하려던 차에 불행하게도 죽었으며 그 자손들은 이후 아무런 계획도 없었다.

모스카가 이 경당에서 일하는 동안 산 갈로는 아레초에서 파르마로 가서 성채를 수리하고 마돈나 성당을 준공하려고 로레토에 갔다. 그는 그곳에 트리볼로, 라파엘로 다 몬테루포, 프란체스코 다 산 갈로, 지롤라모 다 페라라, 시모네 촐리 등을 한자리에 모아놓고 안드레아 산소비노가 미완성으로 남겨둔 이 성당을 완공하려고 했다. 그는 모스카도 그곳에 데리고 갔는데 그에게는 조각뿐만 아니라 건축, 장식 일까지 책임을 맡겼다. 임무를 맡은 모스카는 혼자 힘으로 맡은 것을 훌륭하게 만들었는데, 특히 출입문 위의 대리석으로 만든 소년 조상은 뛰어난 작품이다. 거기에는 시모네 촐리Simone Cioli의 작품도 있었으나 감히 비교가 안 되었다. 모스카는 대리석으로 꽃줄도 만들었는데 참으로 우아하고 칭찬할 만하며, 많은 예술가가 먼 곳에서 그의 작품을 보려고 왔다.

모스카의 실력을 인정한 안토니오는 그 후부터 중요한 작업을 할 때마다 그를 기용했으며, 어느 날 그에게 특별히 보수를 건네주면서 자신이 그의 능력을 얼마나 높이 평가하는지를 보여주었다. 교황 클레멘티우스 7세의 뒤를 이어 교황이 된 파울루스 3세는 안토니오에게 오르비에토Orvieto에 미완성으로 내버려둔 우물을 마무리하라고 명령했다. 이 공사가 까다로울 것이라고 짐작한 안토니오는 모스카를 데리고 갔는데, 우물 입구가 둥글고 속이 비어 있어 돌 장식 부분에 네모난 출입문을 붙이기가 어려울 뿐만 아니라, 출입문을 장식하기도 힘들었다. 그러나 재주가 뛰어난 모스카는 이 모든 어려움을 극복하고 우아하고 완전하게 공사를 마무리했다.

그는 우물 입구와 가장자리를 회색 사암砂巖으로 만들어 벽돌과 장식한 흰 돌로 쌓고 매우 조화 있게 출입문들을 붙였다. 또 클레멘티우스 7세의 기념물이 있던 자리에는 파울루스 3세의 문장紋章을 대리석으로 만들었으므로 볼이 백합으로 바뀌고 메디치Medici가家의 문장이 파르네세Farnese가家의 문장으로 바뀐 셈이다. 그러나 클레멘티우스 교황이 계획하고 진행했던 이 장엄한 사업들이 결국 그와는 아무런 연관도 없이 이 중요한 장소에서 만들어졌으니 세상만사는 알다가도 모를 일이다.

모스카가 이 작품을 마무리하는 동안, 오르비에토 대싱당 산타 마리아의 사목위원들은 전에 미켈레 산 미켈레가 대리석으로 기초만 만들어 놓았던 경당을 완성하고 싶었다. 모스카가 훌륭한 예술가라는 것을 알게 된 그들은 모스카에게 공사를 위촉했다.그림 551 오르비에토 사람들과 친해진 그는 공사와 관련해 합의가 이루어지자 편하게 일하고자 가족을 그곳으로 데려왔는데, 시민 모두가 환영했다. 그가 기둥머리와 프리즈를 만드는 동안 뛰어난 재주를 인정한 사목위원들은 그에게 연봉으로 금화 200두카트를 주기로 결정했다.*

중앙에는 모스카의 친구인 피렌체의 조각가 라파엘로 다 몬테루포가 제작한 아름다운 「동방박사의 경배」의 대리석 돋을새김을 배치했다. 장식은 제단 양쪽에 폭 2.5브라차의 대좌를 만들고, 그 위에 높이 5브라차의 벽기둥을 세워 이 벽기둥 사이에 「동방박사의 경배」를 넣었다. 여기에서 가까운 벽기둥은 가지촛대로 장식했으며 아라베스크, 마스크, 조상, 그밖의 나뭇잎 장식이 들어 있다. 제단의 단에는 돋을새김

* 1538년.

그림551 시모네 모스카와 미켈레 산 미켈레, 「동방박사의
제단」, 대리석 대성당, 오르비에토.

을 한 상반신의 어린 천사가 명각銘刻을 손에 들고 있는데, 위에는 꽃줄
장식이 붙어 있다.

또 두 벽기둥 사이에는 평방, 프리즈, 쇠시리 장식이 보인다. 중앙부
위에는 「동방박사의 경배」 조각이 들어갈 공간 위를 아치로 장식했는
데 반월창 공간에는 많은 천사가 있고, 그 위는 정면의 입구인 쇠시리
인데 두 벽기둥을 연결하는 것으로 만들었다. 여기에는 돌을새김으로

만든 「성부」聖父가 있고, 그 양쪽에는 「승리」의 조상이 둘 보인다. 전체적으로 섬세하고 다양한 조각이며 각 부분, 즉 기둥머리, 쇠시리, 마스크, 꽃줄, 가지촛대 어느 것 하나 빈틈없이 아름답게 꾸며놓았다.

모스카가 오르비에토에 체류하는 동안 15세가 된 그의 아들 프란체스코─일 모스키노Il Moschino라는 별명으로 불렀다─는 출생할 때 손에 끌을 들고 나왔는지, 재주가 보통이 아니어서 만들고자 마음먹은 것은 무엇이든지 우아하게 만들어냈다. 그는 아버지의 감독하에 명각을 손에 든 천사, 성부, 아치의 천사, 「승리」의 조상 등 이곳 제단에 쓰일 작품을 제작했는데 보는 사람들마다 그의 뛰어난 재주에 놀라곤 했다. 경당이 완성되자 사목위원들은 맞은편 빈자리에 대제단 경당을 만들되 건축물의 내용은 그대로 두고 조상들만 다르게 제작하게 했다. 즉 중앙에 둘 「성모 마리아의 방문」을 모스키노에게 맡기기로 했다. 이 작업이 합의되자 모스카 부자父子가 함께 일에 착수했다.*

한편 모스카는 이 도시에서 많은 일을 하여 큰 도움을 주었다. 즉 개인 집과 공공 건축물을 설계했는데, 비테르보Viterbo 주교의 부친 라파엘로 구알티에리의 저택 정면과 영주 펠리체의 저택 등이 대표적이다. 또 체르바라 백작의 집을 설계하고, 오르비에토 교외 여러 곳에도 스트리피차노Stripicciano의 피에로 코론나를 위해 많은 저택을 설계했다. 교황이 페루자에 성채城砦를 구축할 때 안토니오 산 갈로가 모스카를 파견해 출입문, 들창, 벽로를 장식하고, 교황의 문장을 아름답게 제작하게 했다.

성주城主 티베리오 크리스포Tiberio Crispo는 모스카를 볼세나Bolsena로 파견해 그 마을의 높은 산에 자신의 저택을 짓게 했다. 모스카는 옛 분수를 손질해 새로운 분수를 만들고 아름다운 계단과 돌로 장식했는데, 그곳에서 호수를 바라보는 전망이 일품이다. 티베리오가 산 안젤로 성

* 1550년.

의 성주로 임명되자, 그는 곧 모스카를 로마로 불러 성안의 홀들을 수리하고 그밖에도 출입문, 들창, 벽로 장식 등의 디자인과 교황의 문장을 새로 만든 로지아 끝의 아치 위에 장식했는데 구멍을 아름답게 뚫은 주교관主敎冠과 자물쇠와 꽃줄들이 주목을 끌었다. 경당 작업을 끝내려고 오르비에토로 돌아온 그는 교황 파울루스가 살아 있는 동안 그곳에서 일했다. 그는 예술을 사랑하고 일하기를 즐거워하여 돈벌이보다는 영예를 갈망했다.

1550년에 율리우스 3세가 교황이 되자 사람들은 성 베드로 대성당 건립을 신중히 생각하게 되었는데, 모스카는 로마로 가서 건축 총감독으로부터 대리석 기둥머리를 손에 넣고자 했다. 그것은 다른 이유에서가 아니라 조카 잔 도메니코Gian Domenico*에게 편의를 도모하고 싶었기 때문이다. 본래 모스카를 존경해온 바사리는 혹시 그가 교황의 부름을 받고 왔을지도 모른다고 여겨 백방으로 일자리를 찾아보았다. 노쇠한 몬테Monte 추기경이 죽을 때 후손들에게 자신의 무덤을 산 피에트로 아 몬토리오 성당 안에 대리석으로 만들도록 지시했으므로 그의 상속인이며 조카인 현 교황은 추기경의 무덤을 만들라고 명령하고 모든 책임을 바사리에게 맡겼다.

바사리는 모스카가 그의 무덤에 특별히 뛰어난 조각품을 만들기를 기대했다. 교황은 바사리가 만든 무덤의 모델을 미켈란젤로에게 보여주면서 의논했는데, 미켈란젤로는 교황에게 자신은 이 작업에 개입하지 않겠다고 전제하고는 작성한 모델은 훌륭하지만 조상들을 혼동하기 쉬우니 차라리 돋을새김으로 만들면 다른 조상들과 조화를 이룰 것이라고 진언했다. 교황이 그의 충고에 따랐으므로 바사리는 모스카를 채용할 수 없었고 모스카는 몹시 실망했다. 무덤은 다른 계획에 따라

---

* 그의 성은 베르술리아(Bersuglia) 또는 베르술리아(Versuglia)이며 카라라(Carrara) 출신의 건축가 겸 조각가다.

제작되어 아름답게 완성되었다.

오르비에토로 되돌아온 모스카는 자신의 설계로 성당 정면의 십자가에 큰 닫집 달린 감실 두 개를 만들었는데 우아하고 아름다울 뿐만 아니라 균형도 잘 잡혀 있다. 그중 한곳에는 라파엘로 다 몬테루포가 벌거벗은 그리스도가 어깨에 십자가를 멘 대리석 조상을 제작하고, 다른 곳에는 모스키노가 「벌거벗은 성 세바스티아노」를 제작했다. 모스키노는 이 성당 안에 같은 크기의 성 베드로와 성 바오로의 조상을 만들었다.

한편 「성모 마리아의 방문」*이 있는 경당의 공사는 모스카가 살아 있는 동안 상당히 진척되었으나 새 두 마리가 아직 완성되지 못했다. 그러는 사이 비테르보의 주교 바스티아노 구알티에리는 그를 계속 고용해 프랑스의 로렌 추기경에게 보내는 대리석 장식 네 개를 만들게 했다. 모스카가 이것들을 아주 정성껏 만들었기 때문에 잎 장식도 놀랄 만큼 아름다웠다. 추기경도 이 작품을 소중히 간직했는데 모스카의 작품 중에서도 가장 훌륭한 작품일 것이다. 그는 이 작품을 끝내고 얼마 지나지 않아 1554년 58세로 죽었는데, 교회로서는 큰 손실이었다. 그는 이 교회에 매장되었다.**

모스키노는 이 대성당 사목위원의 천거로 자기 아버지 자리에 앉게 되었지만 담담하게 그 자리를 라파엘로 다 몬테루포에게 양보하고 로마로 떠나서 루베르토 스트로치Ruberto Strozzi를 위해 「마르스」와 「베누스」 조상을 아름답고 우아하게 제작했는데 반키에 있는 그 집 정원에 있다. 당시 그는 디아나가 님프와 함께 목욕하는 장면과 그것을 바라보던 악테온Actæon이 수사슴으로 변신한 뒤 개에게 갈기갈기 찢기는 장

---

* 성모 마리아가 세례자 성 요한의 어머니 엘리자베스를 방문한 일.
** 모스카는 1492년 태어나서 1553년 4월에 죽었으므로 향년 58세가 아니라 61세다.

면을 돋을새김으로 만들었다. 그는 피렌체로 가서 이 작품들을 코시모 공작에게 헌정했는데, 공은 그가 궁 안에서 일하기를 절실하게 바랐다.

공은 재능 있는 사람들을 언제나 고용했기 때문에 이 작품을 칭찬했을 뿐만 아니라 그의 소망도 기꺼이 들어주었다. 공은 그를 피사 대성당으로 보내서 일을 시켰는데 거기에서 그는 높이 4브라차의 「성모 마리아와 천사들」, 「아담과 사과를 든 이브」, 「성부聖父와 천사들」을 제작하고, 그밖에 대리석 조각을 많이 만들었다. 또 스타조 다 피에트라산타Stagio da Pietrasanta가 건립한 눈치아타 경당을 장식했는데 모스키노는 이 작품 덕분에 명성이 크게 높아졌다. 이 경당이 거의 완성될 무렵 코시모 공은 이 성당을 들어서면 바로 왼편에 인코로나타Incoronata 경당을 새로이 만들겠다고 발표했다. 모스키노는 그 후에 요안나Joanna 황녀와 피렌체 공의 결혼식에 쓰일 기구들을 만들도록 위촉되었는데 그는 모든 작업을 훌륭하게 해냈다.

지롤라모와 바르톨로메오 젠가
Girolamo and Bartolommeo Genga
1476?~1551   1518~1558

조반 바티스타 산 마리노
Giovan Battista San Marino
1506~1554

BARTOLOMEO GENGA
PITTORE

〔해설〕

지롤라모 젠가는 15세기 전반기에 활동한 우르비노 출신의 화가, 조각가, 건축가다. 이 작가에 대해서는 바사리의 전기 외에는 거의 알려진 것이 없다. 우르비노에서 미술을 시작했고 15세기 말 오르비에토의 대성당에서 루카 시뇨렐리의 제자로 일했으며, 우르비노에서 라파엘로와 만난 것으로 추측한다. 이후 피렌체로 옮겨 다빈치와 미켈란젤로 등 르네상스 거장들의 작품을 접했으며 포를리, 만토바, 페사로 등에서 일했다. 라파엘로, 페루지노, 루카 시뇨렐리 등 15, 16세기 거장들의 작품에 영향을 받은 매너리즘 작가다. 바르톨로메오 젠가는 그의 아들이자 동업자로 군사 건축 방면에서 역량을 발휘했다.

조반 바티스타 산 마리노는 산 마리노 출신의 건축가로 일 산마리노라는 이름은 출생지인 그의 고향에서 비롯된 별명이다. 이 장에서 함께 소개된 지롤라모 젠가는 그의 두 번째 아내의 부친으로 그에게는 장인이다. 1543년 코시모 1세 대공의 부름을 받고 코시모 1세 궁정에서 일하며 피렌체, 피사, 피스토이아 등의 성벽을 설계했다. 군사 건축에 관한 저술을 한 권 남겼으며 코시모 1세 대공이 이끄는 토스카나 대공과 시에나 공화국의 전투에서 전사했다.

 우르비노에서 온 열 살 된 지롤라모Girolamo를 아버지는 양털 공장으로 보내서 일을 배우게 했으나 지롤라모는 그것을 몹시 싫어했으며, 숯이나 연필로 몰래 그림을 그렸다. 그 모습을 본 아버지 친구는 그를 화가로 키우라고 충고했다. 지롤라모를 우르비노의 평범한 화가에게 맡겨서 그림 공부를 시켰는데, 어느 날 아버지는 지롤라모의 그림 솜씨가 뛰어난 것을 보고 당시 거장이었던 코르토나의 루카 시뇨렐리Luca Signorelli에게 맡겼다. 지롤라모가 15세 때의 일이다.* 그는 시뇨렐리 밑에서 여러 해 동안 공부하면서 선생이 가는 곳마다 따라다니며 그림을 배웠다. 즉, 안코나, 코르토나, 특히 오르비에토에서는 대성당의 성모마리아 경당에 많은 조상을 그렸는데 지롤라모는 열심히 스승을 도왔으므로 루카의 우수한 제자 가운데 한 사람이 되었다.

시뇨렐리 밑을 떠난 그는 당시 널리 알려져 있고 존경받던 피에트로 페루지노에게 가서 3년간 머무르면서 원근법을 깊이 이해하고 훌륭한 지식을 체득했는데, 지롤라모의 그림과 건축을 보면 곧 이해할 수 있다. 그때 페루지노와 함께 우르비노에서 온 천재 라파엘로가 있었는데, 지롤라모는 그와 친교를 맺었다. 그는 페루지노를 하직하고 피렌체에서 잠깐 머무르다가 시에나로 가서 수개월간 판돌포 페트루치Pandolfo Petrucci 집에서 기거하면서 훌륭한 데생과 아름다운 부채賦彩로 여러 방을 장식했는데 페트루치도 그를 후대했다.**

---

* 우르비노의 지롤라모 젠가(Girolamo Genga)는 화가, 조각가, 건축가이며 예절 바른 사람으로 현대양식 건축의 전형을 만들었다. 그의 대표적인 건축물은 페사로(Pesaro)의 산 조반니 성당인데 그의 아들이 마무리했으며, 그 외에도 1528년경에 건축한 만토바 성당 파사드 등을 들 수 있다.
** 페트루치를 위해 그린 프레스코 가운데 둘은 시에나의 피나코테카(Pinacoteca)에, 하나는 국립 미술관에 있다.

페트루치가 죽자 지롤라모는 우르비노로 되돌아와* 공작 구이도발도Guidobaldo에게 봉사하면서 마의馬衣를 장식하고, 이곳 중진 화가 티모테오 다 우르비노Timoteo da Urbino**와 함께 만토바의 주교 조반 피에로 아리바베네Giovan Piero Arrivabene를 위해 산 마르티노S. Martino 경당을 장식했다. 이 두 화가가 모두 훌륭한 솜씨를 선보여 주교의 초상화는 마치 살아 있는 듯했다. 특히 지롤라모는 연극 연출 때 쓰이는 무대 배경을 장식하는 일에 고용되어 원근법과 건축술 지식을 유감없이 발휘해 아름다운 그림을 그렸다.

그 후 지롤라모는 우르비노를 떠나 로마로 가서 줄리아Giulia가에 있는 산타 카테리나S. Caterina 성당에 「그리스도의 부활」을 그렸는데, 데생이 훌륭하며, 조상들을 전축법으로 표현하고 아름다운 부채로 다듬어서 그가 거장임을 유감없이 보여주었다. 그의 작품은 화가들은 물론이고 보는 사람들마다 놀라게 했다.그림 552 그는 로마에 머무르는 동안 고대 유적에도 큰 관심을 갖고 측량도 했는데, 그의 후손들이 보관하는 책자를 보면 이런 사실을 알 수 있다.

구이도 공작이 죽고 우르비노의 3대 공작인 프란체스코 마리아가 대를 이은 다음, 로마에 가 있던 지롤라모를 우르비노로 불러들였다. 당시 공작은 만토바 후작의 딸 레오노라 곤차가Leonora Gonzaga와 결혼했는데, 지롤라모에게 축제 때 쓰일 전물 아치, 연극에 쓰일 무대 배경을 만들게 했으며, 그는 우르비노를 로마의 축전같이 화려하게 장식했다. 공작이 자기 나라에서 추방되었을 때 지롤라모는 그를 따라 만토바로 갔다가 다시 공작 가족들과 함께 체세나Cesena에서 은퇴했다.

그는 산토 아고스티노S. Agostino 성당 대제단에 유채화를 그렸는데 제일 위에 「성모영보」를 그리고, 그 밑에는 성부聖父, 그 밑에는 네 명의

---

* 1512년이다.
** 티모테오 다 우르비노=티모테오 비티(Timoteo Viti).

그림 552 지롤라모 젠가, 「그리스도의 부활」, 1520년경,
패널에 오일, 산타 카테리나 다 시에나 성당, 로마.

교회 박사dottori della Chiesa 사이에 아기 예수를 안은 성모 마리아가 있
는 장면을 그렸다.* 그는 이 그림만으로도 충분히 존경받을 만하다. 그
다음 포를리Forlì에 있는 산 프란체스코 성당 안 오른쪽에 「성모 몽소승
천蒙召昇天」을 그렸는데 성모 마리아는 많은 천사와 예언자들, 사도들

* 밀라노의 브레라 미술관(Pinacoteca di Brera) 소장품이다.

에게 둘러싸여 있다. 이 그림도 매우 아름다워 그가 거장임을 다시 증명해주었다. 1512년에 그는 의사 프란체스코 롬바르디Francesco Lombardi를 위해 「성령聖靈, Spirito Sancto의 이야기」를 완성했으며 그밖에도 로마냐Romagna 지방에 많은 작품을 제작해 영예를 얻고 포상을 후하게 받았다.

공작이 다시 자기 나라로 돌아가게 되자 지롤라모도 따라가서 페사로Pesaro의 몬테 델 임페리알레에 있는 고궁古宮을 수리하고 탑을 새로 만들었다. 궁전 장식은 공작이 주축이 되어 지롤라모 지휘하에 프란체스코 다 포를리Francesco da Forlì,* 라파엘로 달 보르고Raffaello dal Borgo,** 카밀로 만토바노Camillo Mantovano, 젊은 브론치노Bronzino 등이 그림을 그렸는데, 브론치노는 폰토르모 전기에서 언급했다. 페라라의 돗시Dossi도 홀 하나를 할당받아 그림을 그렸으나 공작 마음에 들지 않아 모두 지워버리고 다른 화가가 다시 그렸다. 지롤라모는 높이 120피트약 36.5미터 되는 탑을 건립하고 꼭대기까지 오르는 데 나무 계단 13개를 만들었는데 설계가 잘되어서 오르내리기에 편했다.

공작은 페사로의 성을 요새화하려고 유명한 건축가 피에로 프란체스코 다 비테르보를 불러 일을 맡겼는데 항상 자문에 응한 지롤라모의 의견이 존중되었다. 나한테 솔직히 말하라면 요새는 지롤라모의 설계로 만들어진 것이라고 하겠다. 공작은 그의 능력을 높이 평가하고 임페리알레의 고궁 옆에 새 궁을 건립하기로 결정했다. 지롤라모가 홀, 주랑柱廊, 정원, 로지아, 분수, 안뜰 등을 아름답게 설계했으므로 그곳을 지나는 제후들이 모두 궁전을 구경했는데 교황 파울루스 3세도 정신延臣들과 함께 볼로냐로 가던 길에 들른 일이 있다. 공작은 또 지롤라모에게 페사로의 궁전과 정원을 수리하게 하고, 로마의 벨베데레궁 계단

* 프란체스코 민조키(Francesco Minzocchi).
** 라파엘로 델 콜레(Raffaello del Colle).

을 모방해 폐허를 만들게 했다. 그는 또 그라다라Gradara의 요새와 카스텔 두란테Castel Durante를 수리하고, 우르비노 궁전 안뜰의 회랑과 막힌 안뜰을 돌에 구멍을 내서 통하게 하는 공사도 부지런히 재치 있게 해냈다.

지롤라모는 자신의 설계로 몬테 바로치오Monte Baroccio에 있는 프란체스코 수도원을 짓고, 공의 사망으로 중단되었던 세니갈리아Senigaglia의 산타 마리아 델레 그라치에Santa Maria delle Grazie 성당을 건립했다. 그 무렵 시니갈리아 주교좌主敎座 성당도 그의 설계로 건축되었는데 지금 우리가 보는 바와 같다. 그는 주교를 위해 은으로 신기한 모양의 주전자를 만들었으며 공작을 위해 식기를 얹어놓는 살강을 제작했다.

1515년에 구이도발도 공작 취임을 기념해 페사로에 산 조반니 바티스타S. Giovanni Battista 성당을 건립했는데, 지롤라모의 설계로 그의 아들 바르톨로메오 젠가Bartolommeo Genga가 시공했다. 로마의 고대 유물을 본뜬 이 건물은 어느 모로 보나 정말 아름답다. 피렌체의 젊은 조각가 바르톨로메오 암마나티가 우르비노의 산타 키아라S. Chiara 성당에 프란체스코 마리아의 분묘를 지롤라모의 설계로 제작했는데, 하찮은 비용으로 제작한 단순한 묘지지만 아름다운 작품이다.

그는 우르비노 대성당을 보수하려고 베네치아에서 화가 바티스타 프랑코Battista Franco를 데려다 오르간을 장식했다. 만토바의 추기경이 우르비노 공에게 의뢰해 지롤라모를 데려다가 교구 성당을 수리하게 했는데 추기경 마음에 들었다. 추기경은 그에게 대성당 정면의 모델도 만들게 했는데, 그 장엄함과 우아함, 균형, 세밀한 부분의 구조가 당대의 어느 성당보다도 뛰어났다.

만토바에서 되돌아온 늙은 지롤라모는 우르비노 교외에 있는 자신의 별장 레 발레Le Valle에서 여생을 즐기면서 쉬었다. 그는 게을러지지 않으려고 초크로 「성 바오로의 개종改宗」을 그렸는데, 사람과 말의 자세가 아름답다. 그의 후손이 보관하는 이 작품은 높은 평가를 받았다.

얼마 후 그는 고열에 시달리다가 1551년 7월 11일에 종부성사를 받고 75세로 부인과 아들들의 슬픔 속에 세상을 떠났다. 유해는 우르비노로 옮겨져 그의 작품이 걸려 있는 산 마르티노 성당 앞 교구 묘지에 친척과 시민들이 애통해하는 가운데 경건하게 매장되었다.

지롤라모는 착한 사람이었으며 누구도 그를 탓하지 않았다. 그는 화가, 조각가, 건축가이자 훌륭한 음악가였다. 그는 친척, 친구들과 친하게 지냈으며, 유쾌하고 예절 바르고 애정 깊은 사람이었다. 그는 우르비노에 가정을 꾸리고 명예와 좋은 평판을 누리며 부유하게 살았다. 그에게는 아들이 둘 있는데 하나는 건축가가 되었고 하나는 집안일을 돌보았다.

프란체스코 멘초키Francesco Menzochi는 포를리 출신으로 지롤라모의 제자다. 그는 어려서 혼자 그림을 그리기 시작해 같은 포를리 출신 마르코 파르미자노Marco Parmigiano가 그곳 대성당 안에 그린, 당대 그림으로는 최고 작품이라는 평을 받은 「성모 마리아와 성 히에로니무스」를 모사했으며, 동시에 마르코보다 더 유명하다는 론디니노Rondinino*의 작품도 모사했다. 즉, 그가 대성당 제단에 그린 유채화 「최후의 만찬」과 또 하나 반월창에 그린 「죽은 그리스도」, 제단의 대에 그린 성녀 헬레나의 이야기 등이다.**

지롤라모가 포를리에 있는 산 프란체스코 성당에 그림을 그리러 갈 때 멘초키가 따라가서 그림을 배웠고 그 후 평생 그를 선생으로 모시면서 그의 사랑을 받았다. 멘초키의 그림은 포를리 각처에 흩어져 있는데, 산 프란체스코 성당에 석 점, 궁전 안 홀에 프레스코화 몇 점이 있다. 로마냐 지방, 베네치아에는 파트리아르크 그리마니Patriarch Grimani를 위해 그린 유채화 넉 점, 그 집 둥근 천장에 그린 프시케가 있고 여

---

* 일명 론디넬로(Rondinello).
** 1506년 작품으로, 포를리 미술관(Forli Gallery) 소장품이다.

덮 면에 프란체스코 살비아티가 그린 것도 있다. 그러나 그의 최고 걸작은 로레토 성당 안의 '거룩한 성사聖事경당'Santissima Sagramento에 그리스도의 유해가 쉬는 대리석의 감실tabernacolo 주위를 둘러싼 천사들을 그린 것과 교회 벽에 그린 프레스코화 두 점인데, 하나는 멜키체데크Melchizedek이고 다른 하나는 만나Manna가 떨어지는 장면이다.

그의 아들 피에트로 파올로Pietro Paolo도 화가이며 산 프란체스코 성당과 산타 안나 성당에 작품이 있다. 그는 경건한 기독교도였으며 본업에 충실한 사람이었다.

우르비노 출신의 발다사레 란치아Baldassarre Lancia*도 지롤라모의 제자다. 그는 다방면으로 공부한 끝에 요새화要塞化에 손을 댔으며, 루카의 영주 밑에서 얼마 동안 지낸 후 피렌체와 시에나를 요새화할 때 코시모 공작 밑에서 봉사했는데, 기량 있게 일을 수행해 공작에게 칭찬을 받았다.

공작이 추방되던 해인 1518년에 지롤라모의 아들 바르톨로메오Bartolommeo가 체세나에서 태어났다. 아버지는 그에게 문학을 가르쳤는데 성적이 좋았다. 그가 18세 때 그의 아버지는 그가 문학보다 그림을 좋아하는 것을 알고 자신이 약 2년 동안 가르쳤다. 그 후 그를 피렌체에 보내서 그림 공부를 시켰는데, 그는 거장들의 작품이 무수히 많고 고대의 유물들이 즐비한 이곳이 바로 공부할 만한 고장이라고 느꼈다. 그는 화가 조르조 바사리와 조각가 바르톨로메오 암마나티를 벗으로 삼아 그들에게 많은 것을 배웠다.

바르톨로메오는 피렌체에 3년간 머무른 뒤 집으로 돌아가서 페사로에 있는 산 조반 바티스타의 집을 짓는 일에 관여했는데, 아버지는 그가 만든 설계도를 보고 아들이 그림보다는 건축에 더 재능이 있음을 알았다. 그리하여 수개월간 원근법을 가르친 다음 로마로 보내 고대와 현

* 1510~71.

대의 건축을 공부하게 했다. 그가 4년간 건축물의 측량과 원근법을 연구하고 돌아오는 길에 친척이며 코시모 공작의 토목기사로 일하는 프란체스코 산 마리노Francesco San Marino를 만나려고 피렌체에 들렀는데, 공의 사무장 스테파노 코론나Stefano Colonna가 그 소문을 듣고 후한 월급으로 그를 채용하겠다는 의사를 비쳤다. 그러나 바르톨로메오는 우르비노 공작에게 큰 은혜를 입었기 때문에 거절했다.

그가 우르비노로 되돌아온 지 얼마 안 되어 공작은 비토리아 파르네세Vittoria Farnese와 결혼식을 올리게 되었고, 바르톨로메오는 이 식전에 소요되는 물건들을 제작할 책임을 지게 되었다. 그는 로마에서 공부한 실력을 유감없이 발휘해 발부오나Valbuona에 전물 아치 다섯 개를 만들었는데 비할 데 없이 아름답다. 공작은 베네치아 총독 자격으로 롬바르디아에 요새를 점검하러 떠날 때 그를 데리고 가서 장소를 선택하게 한 뒤 요새의 설계, 특히 베로나의 산 펠리체 성문의 설계를 그에게 위촉했다.

그들이 롬바르디아에 머무는 동안 스페인에서 돌아오던 보헤미아Bohemia 왕이 그곳을 지나다가 공작의 영접을 받으면서 요새를 구경했다. 일행은 그가 마음에 들어 후한 봉급을 약속하고 그를 데리고 가서 자기 나라를 요새화하는 일에 고용하려 했으나 공작이 반대해 무산되었다. 그는 우르비노로 돌아오고 얼마 지나지 않아 아버지를 잃었는데, 공작은 그를 아버지의 자리에 앉히고 국가의 모든 건축물을 책임지게 했다. 공작은 그를 페사로에 파견해 지롤라모의 설계도에 따라 산 조반니 바티스타의 건축물을 짓도록 했다.

그동안 바르톨로메오는 페사로에 있는 궁전에서 홀 출입문, 들창, 계단 벽로 등을 아름답게 장식했는데, 이곳은 공작이 거처하는 방이다. 공작은 이런 홀들을 산 도메니코 성당에 면한 궁전에 하나 더 만들게 했다. 볼로냐의 영주도 그를 데려다가 궁정의 일을 시키고 보수를 많이 주었다. 또 그는 공작을 위해 항구港口를 아름답게 설계했다. 그것을 후에 베네치아 대사 조반 자코모 레오나르디Giovan Giacomo Leonardi 백작의 집으로 가져갔는데 그 집에 자주 출입하는 인사들의 의견을 묻고 싶어서였다. 그 후 그가 페사로로 되돌아왔지만 공사는 착수되지 않았는데, 아마 공작이 이보다 더 중요한 문제에 부딪혀서 그랬는지도 모른다. 그가 몬테 라바테Monte l'Abbate의 경당과 몬다비오Mondavio에 있는 산 피에로 성당을 설계하고 돈 피에르 안토니오 젠가Don Pier Antonio Genga가 공사를 진행했는데, 규모는 작지만 이보다 아름다운 건축물은 없을 것이다.

교황 율리우스 3세가 취임해 우르비노 공작을 총지휘자로 임명하자 공작은 그를 데리고 로마로 갔다. 교황이 마을의 강화를 원했기 때문이며 공작은 그가 만든 설계도를 갖고 있었다. 그리하여 바르톨로메오의 명성이 사방으로 퍼졌다. 제노바 사람들도 그의 도움을 받으려 했지만 공작이 허락하지 않았으며 바르톨로메오가 죽기 얼마 전에 로데스Rhodes섬의 기사가 예루살렘 교단 기사 두 사람을 파견해 바르톨로메오에게 섬을 요새화해주도록 두 달 동안이나 공작에게 의뢰했으나 허사였다. 그들이 마르타섬의 마을을 통합해 터키의 침략을 막으려 했기 때문이다.

그들은 마지막으로, '그리스도 공동체본부'Republica Cristiana의 핵심 멤버이자 공작이 존경하던 카푸치노Capuccino 수사신부에게 부탁해 다시 한번 승낙을 제의해왔다. 바르톨로메오는 기사들과 함께 1558년 1월 20일에 출항했으나 바다 사정으로 3월 11일에 말타Malta에 도착해 큰 환영을 받았다. 그는 현지 사정에 맞추어 요새를 훌륭하게 만들었는데, 수사들과 기사들의 눈에 또 하나의 아르키메데스Archimedes처럼 보여 그에게 보수를 후하게 주고 깊이 감사했다.

그는 도시, 성당, 궁전, 기사들의 주택을 아름답게 장식해주었지만 불행히도 그만 병에 걸리고 말았다. 6월은 그곳에서 가장 무더운 달인데, 어느 날 그는 창문을 열고 바람을 쐬다가 갑자기 심한 통증을 느꼈다. 설사병에 걸린 그는 17일 만에 숨졌으며 수사들과 기사들은 정말 마음에 드는 사람을 잃었다며 슬퍼했다. 이 소식을 전해 들은 공작은 깊은 슬픔에 잠겨 애통의 표시로 그가 남긴 다섯 아이를 끝까지 돌보아 주기로 했다. 바르톨로메오는 가장무도회와 연극에 쓰이는 무대 배경을 탁월하게 제작했으며, 「8행 운문시」ottava rima와 같은 소네트에 곡을 붙이기도 했다. 그는 1558년에 40세의 나이로 죽었다.

조반 바티스타 벨루치Giovan Battista Bellucci*는 지롤라모 젠가의 사위였기 때문에 그의 이야기를 여기에서 기록하는 것이 적당하다고 생각된다. 내가 특히 여기서 보여주고 싶은 것은, 지력이 뛰어난 사람들은 마음만 먹으면 설령 나이가 들어서 곤란한 일에 부딪히더라도 반드시 성공한다는 것이다.

조반 바티스타는 1506년 9월 27일 유서 깊은 가문의 후손인 바르톨로메오 벨루치Bartolommeo Bellucci의 아들로 태어났다. 그는 아버지에게 인문학의 기초를 배운 다음 19세 때 볼로냐에 가서 바스티아노 디 론코Bastiano di Ronco에게 양모 상인의 훈련을 받았다. 거기에서 2년간 봉사하다가 사일열四日熱에 걸려서 산 마리노로 되돌아왔다. 그는 회복된 후 1535년까지 장사를 했다.

그때 그는 구이도 페루치Guido Peruzzi의 딸과 결혼했지만 아내가 곧 죽었으므로 처남 도메니코 페루치를 찾아 로마로 가서 2년간 머무르다가 페사로로 돌아왔다. 이곳에서 일하던 지롤라모 젠가는 예절 바르고 유능한 청년을 보고 사위로 삼아 자기 집에 데려다두었다. 건축술에 흥미를 느낀 조반 바티스타는 장인이 하는 일을 열심히 배우고 건축술과 비트루비우스를 연구해 훌륭한 건축가가 되었다. 그는 특히 축성술築城術에 능통했다.

1541년에 아내가 두 아들을 남기고 죽자, 그는 1543년까지 독신으로 지냈다. 그해 9월 그곳에 상용으로 주재하던 스페인 사람 구스타만 테Gustamante의 소개로 코시모 공작의 토목기사로 봉사하게 되었는데 피스토이아*의 성채를 완공한 다음 피사에 견고한 방파제防波堤를 구축해 코시모에게 칭찬을 받았다. 그는 산 니콜로 문에서 산 미니아토 S. Miniato 문에 이르는 산 미니아토 언덕에 성벽을 쌓고 안팎에 보루를 구축해 피렌체시 전체와 이 공화국의 동쪽과 남쪽을 지배하는 언덕 꼭대기에 요새를 만들었다. 그는 이 공사를 마치고 많은 칭찬을 받았다. 또 열심히 공부해 축성술에 관한 소책자도 저술했다.**

그는 계속해서 피렌체 각처에 보루를 구축했으며 1554년에는 유명한 영주 돈 가르치아 디 톨레도Don Garzia di Toledo와 함께 몬테 알치노Monte Alcino에 가서 보루 밑에 굴을 파고 부수다가 가슴을 다쳤으나 곧 회복되었다. 그는 몰래 시에나로 가서 그곳 시가 지도와 카몰리아Camollia 문에 만든 보루의 설계도를 빼내 코시모 공작과 마리냐노 Marignano 후작에게 보여주면서 그곳을 점령하는 일이 힘들지 않다고 했다. 조반 바티스타가 공작의 명을 받고 후작을 따라서 간 날 시에나가 함락되었기 때문에 이는 사실이다.***

그는 이 일을 계기로 후작과 더욱 가까워졌는데 시에나와 전쟁을 하려면 그의 판단력과 전쟁터에서의 기민성이 꼭 필요했기 때문이다. 후작은 공작에게 조반 바티스타를 포병대대의 지휘관으로 임명하도록 했다. 그리하여 공작은 그를 군인 겸 건축가로 채용했다. 후작은 키안티Chianti에 있는 요새의 하나인 아이우올라Aiuola에 그를 파견했는데, 그는 포열砲列을 정비하던 중 적군의 화승총에 머리를 맞았으며 리카솔리Ricasoli 주교좌에 속하는 산 파올로로 후송되었으나 며칠 후 사망

----

* 1544년.
**『축성술에 대한 논고』(*Trattato della Fortificazione*), 1598년 베네치아에서 출판했다.
*** 1555년 4월 17일.

했다.

조반 바티스타는 크게 칭찬받을 만하다. 겨우 35세일 때 자기 직업에서 그렇게도 탁월했다는 것이 놀랄 만한 일이기 때문이다. 그가 좀더 젊어서 일을 시작했다면 아마 지금은 대성했을 것이다. 그러나 완고한 그의 마음을 돌리기가 힘들었다. 그는 역사책을 즐겨 읽으면서 큰 가치를 느꼈다. 공작을 비롯해 여러 친구가 그의 죽음을 애도했으며, 그의 아들 잔 안드레아Gian Andrea가 공작의 손에 키스하려고 다가갔을 때 공작은 그의 아버지를 생각해 따뜻하게 받아들였다. 조반 바티스타는 48세에 세상을 떠났다.

베로나의 건축가

미켈레 산 미켈레
Michele San Michele
1484~1559

16세기 전반기에 활동한 베로나 출신의 건축가다. 로마로 건너가 고대 건축을 연구했고 라파엘로, 산소비노의 작품에 영향을 받았으며 이후 고향으로 돌아와 베로나의 대표작가로 평생을 활동했다. 군사 건축 전문가로서 이탈리아 북부의 베네치아, 베르가모, 베로나, 브레샤 등의 주요 도시에서 요새를 건축했으며 일반 건축물도 다수 설계, 시공했다.

 미켈레*는 1484년에 베로나Verona에서 태어나 훌륭한 건축가였던 아버지 조반니Giovanni와 삼촌 바르톨로메오에게 건축술의 기초를 배웠다. 그는 16세 때 아버지와 착한 두 형제를 두고 로마로 떠났다. 형제 하나는 야코포Jacopo라 부르며 문학을 공부하고 있었으며 또 한 형제인 돈 카밀로Don Camillo는 교단의 정식 회원이었다. 그는 고대 건축을 열심히 연구하고 모든 것을 주의 깊게 측정하고 관찰했으므로 짧은 시일 안에 로마뿐만 아니라 근처에서도 유명해졌다.

그의 이름이 알려지자 오르비에토 사람들은 좋은 보수를 주고 그를 데려다가 주교좌성당Duomo의 건축사로 임명해** 몬테 피아스코네Monte Fiascone로 가서 본당을 건축하게 했다. 이곳에 그는 훌륭한 건축물을 두 개 남겼는데 하나는 오르비에토에 있는 산 도메니코S. Domenico 성당에 설계한 아름다운 묘소이고,*** 다른 하나는 시에나의 귀족 페트루치Petrucci의 묘지라고 생각되는데 많은 비용을 들여 제작했다. 같은 마을에 개인 주택도 무수히 많이 설계해 그들로부터 명성을 얻었다.

교황 클레멘티우스는 당시 이탈리아를 휩몰아치던 전쟁 때 중요한 일을 맡기려고 후한 보수를 주고 그를 고용한 뒤 안토니오 산 갈로와 함께 교회도시가 있는 중요한 장소에 파견해 필요하면 요새화하게 했다. 특히 로마에서 가장 멀고 전쟁 위험이 큰 파르마와 피아첸차에 신경 쓰도록 했다. 여러 해가 지나자 그는 가족, 친척, 친구들이 그리워졌

---

* 미켈레 산 미켈레는 베로나의 건축가 가족의 일원이다. 그의 대표작은 베로나와 베네치아 시내에 많으며 특히 팔라초 그리마니(Palazzo Grimani)를 들 수 있다. 1535년에 건립된 베로나의 노바(Nova)와 포르타 팔리오(Porta Palio)의 고전적이고 단조로운 건축 양식을 바사리는 높이 평가했다.
** 1509년의 일이다.
*** 1518~22.

고, 무엇보다 베네치아의 요새要塞를 보고 싶었다. 그는 며칠 동안 베로나에 머무르고 나서 트레비소Treviso의 요새를 관찰하고 같은 용무로 파도바에 갔다.

베네치아 지배자들은 그가 혹시 자기들을 해치지 않을까 의심해 파도바에서 그를 체포해서 투옥한 뒤 오랫동안 심문했으나 무고함이 밝혀지자 오히려 그에게 후한 보수를 줄 테니 일을 봐달라고 부탁했다. 그러나 산 미켈레는 교황에게 고용되어 있음을 밝히고 그곳을 떠났다. 오래전부터 성직자들과 각하가 간청하자 교황은 그가 베네치아 공화국에 가서 귀족들의 일을 봐줘도 좋다고 허락했다. 물론 매우 어려운 공사였지만 산 미켈레가 베로나에 거대하고 튼튼한 능보陵堡를 건조해* 자기 판단력과 능력을 과시하자 영주와 우르비노 공작뿐만 아니라 총사령관까지도 매우 흡족해했다.

그다음에 아디제Adige강을 다리로 연결해 양쪽을 장악하는 데 요충이 되는 레냐고Legnago와 포르토Porto를 강화하기 위한 계획을 위촉하면서 그에게 모델을 제시하라고 했다. 공과 모든 사람이 산 미켈레가 제출한 데생을 보고 만족했으므로 그는 실행에 옮겼으며, 그것을 본 사람이면 누구나 그의 적수가 없다고 인정할 만큼 튼튼한 성채를 건설했다. 그는 또 레냐고 포구와 비슷한 브레시아노Bresciano의 오르치누오보Orzinuovo를 요새화했다. 그는 밀라노 공작 프란체스코 스포르차Francesco Sforza의 요청에 따라 3개월 동안 허가를 얻어 그 나라의 요새를 모두 관찰하고 보수해야 할 것을 지도했다. 그러자 공이 무척 만족해하며 사례로 금화 500두카트를 주고 동시에 베네치아 정부에 감사했다.

그가 베네치아로 돌아가기 전에 친척이며 유명한 건축가인 마태오 산 미켈레Matteo San Michele가 건설한 카살레 디 몬페라토Casale di

* 1522년.

Monferrato의 도시를 보러 갔다. 그곳에 있는 산 프란체스코 성당 안에도 역시 마태오가 만든 대리석 묘지가 있다. 그는 집에 돌아오기가 바쁘게 우르비노 공과 함께 요충지인 키우사Chiusa를 시찰하러 떠났다. 베로나를 거쳐 프리울리Friuli, 베르가모Bergamo, 비첸차Vicenza, 페스키에라Peschiera와 기타 지방들을 시찰한 뒤 정부에 보고했다. 정부에서는 다시 그를 파견해 도시와 지방, 달마티아Dalmatia 등 필요하다고 생각되는 곳을 수리·강화하게 했다. 그는 혼자 모든 일을 할 수 없었으므로 조카잔 지롤라모Gian Girolamo를 보내서 자라Zara를 튼튼하게 복구하고 세베니코Sebenico항港 어구에 있는 산 니콜로S. Niccolò의 요새를 훌륭하게 건설했다.

한편 산 미켈레는 코르푸Corfu로 급히 가서 키프루스Cyprus와 칸디아Candia에서 요새를 수리했는데, 터키와 계속되는 전쟁 때문에 섬을 빼앗길까 봐 두려워 그를 소환했다. 이때는 바로 그가 이탈리아 베네치아 지방의 요새들을 시찰한 직후였으며, 그는 바삐 카네아Canea, 칸디아Candia, 레티모Retimo, 세티아Settia, 특히 카네아와 칸디아를 거의 신축해 난공불락으로 만들었다. 얼마 후 로마니아Romania의 나폴리Napoli가 터키군의 공격을 받았을 때, 이를 성공리에 막아낸 것은 산 미켈레가 부지런히 요새화했고 또 사령관인 베로나의 아고스티노 키소니Agostino Chisoni가 용감히 싸웠기 때문이다.

산 미켈레는 전쟁이 끝나자 해군제독 톰마소 모체니고Tommaso Mozzenigo와 함께 가서 코르푸를 새로이 강화했다. 그들은 조반 지롤라모가 정성껏 건설한 산 니콜로의 요새를 보고 칭찬한 후 세베니코로 돌아왔다. 베네치아로 되돌아온 산 미켈레는 공화국에 공헌한 공로로 감사를 받았다. 그는 베네치아항 입구에 자리 잡은 리도Lido에 요새를 구축하는 책임을 맡게 되었는데,* 사면이 바다로 둘러싸이고 밀물과 썰물

---

* 1544년.

이 만나는 습지가 많은 곳에 보기 좋고 튼튼하고 안전한 기초를 어떻게 만들지 기대가 많았다.

그는 우선 모델을 만들고 지체 없이 일에 착수하도록 위촉받았으며, 정부로부터 일에 필요한 것들을 입수해 기초 작업을 하는 데 충당했다. 말뚝을 두 줄 세우고 수중에서 일하는 숙련공을 많이 고용해 땅을 팠으나 펌프와 기계들을 동원해 일을 열심히 할수록 밑에서 물이 더 올라왔는데, 사방이 바다였기 때문이다. 어느 날 아침에 그는 최후의 노력을 하려고 숙련한 인부들을 모을 수 있는 대로 모두 모아놓고, 믿을 수 없을 만큼 빠른 동작으로 침수를 막고 말뚝 위에 첫 번째 돌을 올려놓는 데 성공했다. 이때 현장에는 고관현신들이 많이 참석했다. 모두가 불가능하다고 생각했지만 그는 계속 신속하게 침수를 막았다.

산 미켈레는 기초를 만들고 얼마동안 내버려두었다가 그 위에 요새를 건립했는데 겉모습은 시골풍이지만 대단히 튼튼하고 침수에 잘 견디는 이스트리아Istria산 석재를 썼다. 그리하여 위치와 모양이 매우 아름답지만 엄청난 비용이 들었으며, 유럽에서 가장 장엄한 건물로서 로마 시대의 유명한 건축에 비할 만하다. 그 모양이 커다란 덩어리 같으며, 돌을 서로 교묘하게 이었기 때문에 마치 큰 바위로부터 떼어낸 돌한 덩어리로 지은 듯 보인다. 안쪽에는 벽기둥과 아치로 장식한 시골풍의 광장을 만들어놓고 잘 손질했다.

이 큰 공사가 끝나자 영주는 아주 불길한 미신에 사로잡혔는데, 그것은 이 건물이 아름답게 잘 지어진 것은 분명하지만 일단 유사시에는 쓸모없고 경우에 따라서는 위험할 것 같다고 생각했다. 왜냐하면 그 건물 안에 있는 대포의 무게 때문에 쓰러질 것 같았기 때문이다. 그리하여 그는 조병창에 있는 많은 대포를 이 건물 안에 가져다놓은 다음 일제히 발포해 최후의 심판을 하는 천둥 같은 폭음을 내고 지옥과 같은 불을 붙여보는 것이 현명하다고 판단했다. 실험 결과 건물이 그대로 남아 있을 만큼 튼튼했으므로 산 미켈레의 명성은 더욱더 확고해졌으며, 임부姙婦들은 시내에서 떠나라고 경고했던 반대자들까지도 어리둥절해했다.

산 미켈레는 석호潟湖에 자리 잡은 비교적 중요한 마라노Marano의 요새를 부지런히 완공했다. 산 미켈레와 조카의 명성이 사방에 퍼지자 프랑스의 샤를 5세와 프랑수아 왕은 갖가지 초대장을 보내왔다. 명예로운 조건이었지만 그들은 영주를 떠나 외국인에게 봉사하기를 꺼려 초청을 거절하고 베네치아의 요새를 점검하고 수리했다.

산 미켈레는 고향인 베로나의 요새를 특히 견고하게 만들었다. 그는 포르타 누오바Porta Nuova를 전원풍 도리아dorica rustica 방식으로 지었는데, 이 육중한 건축물은 그 장소의 튼튼함과 조화를 이루었다. 투포tufo*와 부싯돌pietra viva의 일종으로 지었는데 내부에는 수비병이 거처할 큰 방들이 있고 과거의 이 같은 건축물에서 볼 수 없었던 여러 구조물을 만들어놓았다.** 사각형 모양으로 뒤가 트였고, 군마가 들어오지 못하도록 양쪽에 능보陵堡, bastione와 잘 지어진 탑 등이 있으며, 적당한 거리마다 문을 만들어놓았다. 이는 많은 비용이 든 장엄한 건축으로 과거는 물론 후일에도 이 같은 건물은 볼 수 없을 것이다.

몇 해 후 산 미켈레는 달 팔리오dal Palio***라고 부르는 성문을 만들었는데, 결코 어디에도 뒤지지 않는 건조물이다.그림 553 베네치아 통치자는 실로 이 두 성문 덕분에 고대 로마의 것과 같은 건축물을 갖게 되었다. 달 팔리오 문의 외부는 불쑥 나온 도리아 방식의 원주 여덟 개로 만들고, 윤을 잘 낸 늑재肋材와 시장市長의 아름다운 문장紋章으로 장식했는데, 정말 아름다운 건축물이다. 들창들은 정사각형이며, 도리아 방식으로 장식한 쇠시리와 그 위에는 모델에서 보는 바와 같이 대포들을 배열

---

* 돌의 성분이 탄산석회의 일종이다.
** 1533년.
*** 1542년 착공, 1557년 준공.

그림 553 미켈레 산 미켈레, 「팔리오 문」, 1550~61, 베로나.

할 흉장胸牆을 만들어놓았다. 내부에는 병정들이 유숙할 큰 홀과 다른
용도에 쓰일 방들이 있다.

시가에 면한 쪽에는 아름다운 로지아를 만들었는데 바깥쪽은 도리
아 방식과 전원풍이 섞여 있고 안쪽은 단지 전원풍이다. 큰 벽기둥의
바깥쪽은 둥글고 안쪽은 얕은 돋을새김을 새긴 평면이며, 도리아 방식
의 기둥머리는 대좌 없이 로지아 안팎 전체에 도리아 방식으로 된 까치
발로 둘러싸여 있다. 한마디로 놀랄 만한 건축이며 베네치아군 사령관
스포르차 팔라비치노Sforza Pallavicino는 이런 건물은 전 유럽을 통틀어도
찾아볼 수 없다고 칭찬했다. 그러나 그것은 산 미켈레의 최후의 기적이
라 할까? 그가 죽었을 때는 첫 단계조차도 완성할 수 없었다. 큰일을 할
때 으레 일어나는 일이지만 몇몇 불길한 미신이 떠돌면서 이 작업의 가
치를 떨어뜨려 공사를 도저히 완성할 수 없었다. 왜냐하면 그들에게는
이런 훌륭한 건물을 지을 능력이 없었기 때문이다.

산 미켈레는 베로나*에 산 제노S. Zeno 문을 만들었지만 다른 문 두 개

* 1540년의 일이다.

때문에 평가가 모호하다. 그는 성문 가까이 능보陵堡를 만들고 산 베르나르디노S. Bernardino 성당 맞은편에 하나를, 그 밑 마르치오 묘지Campo Marzio 맞은편에 하나를 구축했는데 마지막 것은 아디체Adice 강줄기가 시내로 들어오는 곳에 있으며, 규모가 가장 크다. 파도바에도 코르나로Cornaro와 산타 크로체S. Croce 능보를 만들었는데 아주 큰 규모다. 그가 도입한 스타일은 종래의 원형이 아니라 각角지게 했는데, 외부의 모퉁이를 둔각鈍角으로 하여 측면의 능보나 출입구에서 쉽게 방어할 수 있게 했다. 그는 능보를 구축할 때 정면 하나와 측면 둘을 쌓았는데 측면 하나에는 총안銃眼, cannoniera이 있어 호濠와 막벽幕壁, cortina*을 방위하고 또 하나는 적을 공격하는 데 쓴다. 지하에 포대를 만드는 기존 방법으로는 연기가 대포들의 조작을 방해하며 탑과 벽의 기초를 약화시키므로 포기하고 산 미켈레의 방법을 따르게 되었다.

그는 레냐고Legnago에 훌륭한 성문 둘을 만들었으며 페스키에라Peschiera에는 요새를 쌓고 브레시아에서도 모든 일을 착실하고 부지런히 수행하여 털끝만큼도 움직이지 않는 견고한 건물들을 지었다. 또 키우사Chiusa의 요새도 수리해 요새를 통과하지 않고도 들어갈 수 있는 통로를 만들었다. 다리를 높여서 바위를 깎아 만든 좁은 통로에는 아무도 접근하지도 못하고 들어가지도 못하게 했다. 그는 로마에서 되돌아온 뒤 시의 행정책임자인 조반니 에모Giovanni Emo의 요청으로 베로나에 아름다운 폰테 누오보Ponte Nuovo를 만들었는데 튼튼하기가 비길 데 없다.

산 미켈레가 축성술築城術뿐만 아니라 개인 저택, 교회, 수도원 등의 건축술에도 뛰어났음은 베로나와 다른 곳에 지은 건물들을 보면 이해할 수 있다. 특히 산 베르나르디노 성당 안의 구아레스키Guareschi 경당

* 두 능보를 잇는 벽.

을 코린트 방식으로 장식한 것으로 더욱 이름이 났다.* 그는 이 건물을 브론조bronzo라고 불리는 희고 부드러운 돌만으로 만들었는데 이 돌은 지금까지 발견된 것 중에서는 대리석 다음으로 튼튼해 금이 안 가고 흠 때문에 상하지도 않는다. 이 재료로 훌륭한 석공이 조각했기 때문에 이 경당이 이탈리아에서 가장 아름다운 것으로 여겨진다.

산 미켈레는 제단을 쇠시리와 성수반聖水盤과 함께 원형으로 만들어, 출입문과 더불어 모두를 완전한 원형을 이루게 함으로써 마치 필리포 브루넬레스키가 피렌체의 산 안젤리S. Angeli 성당에 만들어놓은 출입문과 흡사하게 했는데, 이는 매우 힘든 작업이었다. 산 미켈레는 경당 위를 둘러싼 계랑階廊을 아름다운 주랑, 기둥머리, 잎사귀 장식, 그로테스크 문양, 벽기둥, 기타 믿을 수 없을 만큼 부지런한 작업으로 아름답게 새겨놓았다. 출입문 밖의 사각형 공간은 코린트 방식으로 만들어 마치 고대 로마를 방불케 한다. 이 건물은 모략과 다른 원인으로 다른 사람이 끝내게 되어 산 미켈레는 손을 뗐다. 그러나 생전에 이 건물을 보고 싶어 했던 산 미켈레에게는 유감스럽게도 이 공사는 형편없이 끝나고 말았다. 사연인즉, 될 수 있으면 비용을 덜 내려고 갖은 탐욕을 부려서 결국 이 건물을 부실공사로 돌아가게 만든 한 부인에게서 이 기념물을 되찾으려면 수천 두카트가 필요한데 자기 손에 그 돈이 없다고 산 미켈레가 친구들에게 하소연했다고 한다.

산 미켈레는 베로나 근처에 있는 마돈나 디 캄파냐Madonna di Campagna 성당 안에 아름다운 원형 경당을 설계했는데,** 건설 책임자의 무지와 판단력 부족으로 얼마 안 가서 여러 부분이 파괴되기는 했으나 산 미켈레의 친척 베르나르디노 브루뉴올리Bernardino Brugnuoli가 다시 모델을 완성해 건축했다. 그는 또 베로나의 산타 마리아 인 오르가노

---

* 펠레그리니에 있으며 1557년 건축했다.
** 1559~86년에 건립했다.

S. Maria in Organo 성당 수사들과 몬테 올리베토Monte Oliveto의 수사들을 위해 코린트 방식으로 건축 정면을 설계했다. 파올로 산 미켈레가 그 건물을 어느 정도 쌓아올렸을 때 수사들이 다른 일에 돈을 너무 많이 써서 중지되었다. 왜냐하면 이 공사를 시작했던 수도원장 돈 치프리아노Don Cipriano가 사망했기 때문이다.

산 미켈레는 산 조르조 인 알레가S. Giorgio in Alega 수도원의 산 조르조 성당 안에 둥근 천장을 아름답게 만들었는데 사람들이 그 버팀벽이 건물 무게를 지탱하기에는 약하다고 생각했으나 그가 보완해 별 위험이 없었다. 그는 이 수도원 안의 종루鐘樓를 네모난 투파ufa와 다른 굳은돌을 써서 아름답게 건설했고 조카 베르나르디노가 마무리 작업을 했다.

베로나의 주교 루이지 리포마니Luigi Lippomani가 100년 전부터 짓던 종루를 산 미켈레의 설계도로 완성하려고 했는데, 산 미켈레는 오랫동안 끌어온 이 낡은 공사와 대주교가 부담할 비용을 신중히 고려했다. 그러나 로마 출신으로 이 교구의 보좌주교인 도메니코 포르치오Domenico Porzio는 다른 일에는 유능할지 모르지만 건축에는 문외한이어서 이 공사를 무식한 사람에게 맡겼다. 그가 산에서 캐내 다듬지도 않은 돌로 쌓은 디딤판을 벽 안으로 밀어 넣었기 때문에 누구나 이 건물이 무너지리라고 예측했으며, 건축술을 열심히 연구한 베로나의 마르코 데 메디치Marco de' Medici 수사 역시 그렇게 생각했다. 그러나 그는 마르코 수사에게 문학·철학·신학에는 박식하겠지만, 건축학의 깊이는 모른다고 응수했다. 종을 달 높이까지 종루를 쌓아올렸을 때 사방에 금이 갔으므로 이 공사에 수천 두카트를 소비했지만 결국 금화 300 두카트를 더 들여서 이 건물을 보수하기로 했다. 만일 그대로 두었다가 무너지면 근처의 모든 것을 파괴할 위험이 있었기 때문이다. 서투른 직공 때문에 거장을 저버린 결과는 항상 이런 것이다.

몬시뇨르 루이지가 베르가모 주교로 선출되자 아고스티노 리포마니

Agostino Lippomani가 베로나 주교를 계승했는데, 그는 산 미켈레를 고용해 종루 설계를 위촉했다. 그는 일에 착수해 리포마니를 이어받은 도메니코회 신부 지롤라모 트리비사니Girolamo Trivisani 지도 아래 서서히 일을 진행했다. 모델이 매우 아름다우며 계단이 잘 꾸며져 견고한 건축물이 되었다.

산 미켈레는 베로나의 델라 토레della Torre를 위해 프마네Fumane 별장에 원형 경당을 짓고 중앙에 제단을 만들었다. 파도바의 산토Santo 성당 안에는 산 마르코S. Marco 대성당 사무원이었으며 베네치아 함대에 물자를 제공하던 알레산드로 콘타리니Alessandro Contarini*의 무덤을 만들었는데, 종전 방식과 달리 무덤 자체보다는 제단과 경당에 더 비중을 두어 건축에 관한 자신의 개념을 보여주었다. 이 무덤은 군인에게 알맞게 짜임새 있는 구도로 되어 있다. 알레산드로 비토리아Alessandro Vittoria가 제작한 테티스Thetis**와 두 죄수는 비교적 잘된 조상들이며, 카라라 출신 다네세Danese가 콘타리니의 대리석 흉상을 만들었다. 밑은 죄수들, 트로피, 전리품들로 장식했다.

산 미켈레는 베네치아에서 산 비아조 카톨도S. Biagio Catoldo 수녀원을 위해서 모델을 제작해 절찬을 받았다. 그는 또 역병疫病 환자를 돌볼 병원의 재건을 의뢰받아 교외에 있는 헌 건물을 헐고 아름다운 설계로 강 근처에 착공했다. 이 데생은 그의 조카 루이지 브루뉴올리Luigi Brugnuoli가 소유했는데 공사가 중지되었다. 그 이유는 초기에 공사를 주재했고 정신이 고매했던 고관 몇 사람이 죽은 후 당국자들의 야비하고 천한 행위와 판단력 부족 때문이다.

산 미켈레는 당시 모든 문필가가 찬양하던 로도비코 카노사Lodovico Canossa, 디 바유스di Bajus 각하가 베로나에 지은 카노사 백작의 저택을

---

* 그의 무덤은 1553년에 만들었다.
** 바다의 신.

꾸몄다. 그는 또 같은 백작을 위해 베로나 지방의 그레차노Grezzano에 참으로 아름다운 저택을 지었다. 베빌라콰Bevilacqua 백작 주택의 정면을 수리하고 베빌라콰성의 모든 홀을 손질했으며 베로나에서 라베촐리Lavezzoli*의 저택을 지어 많은 칭찬을 받았다. 베네치아에서는 산 폴로S. Polo 성당 가까이에 코르나로Cornaro의 호화로운 주택을 짓고 그의 친구 조반니 코르나로를 위해 산 베네데토 알 알보레S. Benedetto all' Albore에 있는 코르나로의 저택도 수리했다.** 그는 조르조 바사리를 고용해 이 저택의 호화스러운 둥근 천장에 유화 9폭을 그리게 했는데, 그 천장의 나무 부분은 조각과 금박으로 장식했다.

그 후 산타 마리나S. Marina 성당 맞은편에 있는 브라가디니Bragadini의 저택도 쓸모 있고 아름답게 장식해 수리했다. 또 베네치아시의 산 루카S. Luca***에서 가까운 대운하에 있는 지롤라모 그리마니Girolamo Grimani 저택의 기초를 세우고 땅을 돋우고 공사에 착수했으나 그가 죽었기 때문에 준공을 못 보았고 다른 사람이 설계를 많이 변경했다.그림 554

그가 카스텔프랑코Castelfranco 근처 소란치Soranzi의 유명한 궁정을 감독해 그의 가족들이 지었는데 그 일대에서는 가장 아름답고 편리하게 지은 별장 겸 주택으로 알려져 있다그 후 헐어버렸다. 또 피옴비노Piombino 지역에도 코르나로의 집과 개인 주택을 많이 지었지만 다 기록하기에는 너무 장황해 중요한 것 한둘만 이야기하겠다. 그는 아름다운 출입문을 두 개 만들었는데 하나는 베로나의 시장이자 사령관의 저택에, 또 하나는 공화국 행정장관 저택에 있다.**** 이 문들은 이오니아식의 2중 원주와 기둥 사이의 장식이 화려하고 모퉁이에 있는 승리의 여신들이 실

* 1550년경인데 폼페이에 있으며 치비코 박물관도 여기에 있다.
** 전자는 모체니고(Mocenigo)라고 불렸고, 후자는 코르나로 스피넬리(Cornaro Spinelli)다.
*** 현재의 항소원(抗訴院).
**** 앞의 것은 법관석에 있으며, 후자는 1532년에 만든 것이다.

그림 554 미켈레 산 미켈레(굴리엘모 데이 그리지가 완공),
「그리마니궁」, 1561~75, 베네치아.

제보다 작게 보이며 대좌 없이 원주를 둘로 만들어 넓어 보이는데 이렇
게 하는 것이 제작자인 조반니 델피니Giovanni Delfini가 원하는 바였다.

산 미켈레가 예전에 고생한 덕분으로 자기 나라 안에서 안락과 명예
와 명성을 누릴 때 자기 목숨을 단축하게 하는 사건이 벌어졌다. 그러나
내용을 명확히 하기 위해 또 산 미켈레가 이룩한 일들을 평가하기 위해
그의 조카 잔 지롤라모Gian Girolamo에 관하여 몇 마디 이야기하겠다.

산 미켈레의 사촌형제 아들인 잔 지롤라모가 어려서부터 머리가 좋
았으므로 삼촌은 그에게 건축술을 열심히 가르쳤다. 산 미켈레는 그를
총애했고 언제나 자기 옆에 두고 건축술의 중요한 점, 특히 요새 구축
법을 가르쳤다. 그리하여 지롤라모는 훌륭한 건축가가 되었고 산 미켈
레는 힘든 요새를 축성할 때도 그를 믿고 맡길 수 있었다. 베네치아 통
치자들도 그의 재능을 인정해 젊은 그에게 여러 건축가와 동등하게 후
한 급료를 주고 여기저기에 있는 요새를 점검하고 수리하게 했으며 삼

촌이 설계한 것을 집행케 했다.

그는 특히 자라를 요새화할 때 좋은 판단력을 보였으며 세베니코 Sebenico에 있는 산 니콜로 요새의 경우도 그러했다. 이 둘은 현존하는 개인의 요새로는 가장 튼튼한 것으로 알려져 있다. 그는 삼촌의 설계로 코르푸에 있는 큰 요새를 수리했는데* 이탈리아에서는 모범적인 지침으로 알려져 있다. 그는 이곳의 육지 쪽에 그전보다 튼튼한 호濠 두 개와 그 옆에 포대砲臺를 갖춘 큰 탑을 산 미켈레의 설계에 따라 만들었다. 그리고 외호外濠를 넓히고, 마치 요새를 바라보며 명령하는 듯한 언덕을 깎아버렸다. 그는 한구석에 견고한 장소를 만들어 적이 섬을 공격해도 섬사람들이 안전하게 숨어 적에게 붙잡히지 않게 함으로써 큰 신임을 얻었다. 그는 삼촌과 같은 금액을 보수로 받았으며 심지어는 요새화한 기술이 삼촌보다 낫다는 평이 있을 정도였다.

여기저기 여행할 힘이 고갈된 산 미켈레는 자신의 기술을 조카가 배워서 발전한 것을 보고 몹시 기뻐했다. 지롤라모가 요새 위치를 선택할 때는 물론, 데생과 모델을 만들 때도 사소한 것까지 자세하게 제시했으므로 정부 관리들이 마음에 들어했다. 그 자료만 보면 멀리 떨어진 정부 소유지에 가서 답사하지 않아도 다 이해할 수 있었기 때문이다.

지롤라모는 많은 보수를 받으면서 여러 영주에게 봉사할 수 있었으나 베네치아 사람들과 떨어질 수 없었다. 그는 아버지와 삼촌의 충고에 따라 베로나 귀족 프라카스토로Fracastoro의 딸 오르텐시아Ortensia와 결혼해 그곳에 정착했다. 그러나 사랑하는 오르텐시아와 결혼하고 며칠이 안 되어 베네치아로 소환되는 바람에 급히 키프루스Cyprus로 가서 비상사태에 대비할 장소를 시찰하고 관리들을 지도해야 했다. 그곳에서 3개월 동안 지내면서 정부에 이익이 될 만한 모든 것을 기록하고 그려야 했다.

* 1548년에 코르푸에서 있었던 일이다.

그는 의무 수행에 열중한 나머지 건강을 돌보지 않다가 무더위에 열병에 걸려서 6일 만에 죽고 말았다. 어떤 사람들은 독살되었다고도 한다. 그러나 그는 상사에게 봉사하면서 중요한 일에 고용된 것에 만족하면서 죽었다. 사람들은 그가 요새를 쌓는 데 누구보다도 뛰어났다고 이야기했다. 그는 병에서 회복될 수 없음을 깨닫게 되자 모든 데생과 기록, 왕국의 영주에게 되돌려줄 열쇠를 처남이자 건축가인 루이지 브루뉴올리Luigi Brugnuoli에게 넘겨주었다.

잔 지롤라모의 죽음이 베네치아시에 전해지자 원로원 의원들은 너나 할 것 없이 공화국을 위해 헌신한 그를 애도했다. 그는 45세로 죽었는데, 파마고스타Famagosta의 산 니콜로 성당에 그를 매장하고 베네치아로 되돌아온 그의 처남은 시정장관에게 설계도와 서류들을 제출했다. 그 후 그는 산 미켈레의 디자인으로 다년간 요새를 보강하는 레냐고Legnago에 가서 일을 마무리했다. 그러나 얼마 후 불행하게도 그마저 죽었는데, 건축술과 디자인에 뛰어난 두 아들을 남겨놓았다.

큰아들 베르나르디노는 산 조르조 대성당 종루, 마돈나 디 캄파냐Madonna di Campagna 성당 등의 건축 책임자로 활약했다. 특히 베로나의 산 조르조 본당을 코린트 방식과 이오니아 방식을 절충해 건립 중인데 장엄함이나 디자인이 이탈리아에서 제일간다고 베로나 시민들이 칭찬했다. 즉, 벽감의 곡선, 이중 원주로 된 코린트 방식과 이오니아 방식을 절충한 기둥머리, 그 뒤에는 돋을새김과 벽기둥으로 장식한 것 등이다. 트렌토 공회의에서 돌아온, 이 방면의 전문가이기도 한 아퀼레이아Aquileia의 대주교 바르바로Barbaro 경은 이미 만들어진 건축물과 매일 건조되는 모습을 보고, 이렇게 훌륭한 건축물을 과거에 본 일이 없으며 또 이보다 훌륭한 건물을 지을 수도 없을 것이라고 칭찬했다. 산 미켈레의 모계母系 가족의 재능을 이어받은 베르나르디노의 재능을 여실히 증명해주는 것이라 하겠다.

산 미켈레 이야기로 되돌아가자. 잔 지롤라모의 죽음으로 그의 가계는 끊어졌고 슬픔에 잠겨 있던 산 미켈레는 며칠 후 악성 열병에 걸려 곧 죽고 말았다. 1559년의 일이며 선조들이 묻힌 갈멜 수도회carmelitani 의 산 톰마소San Tommaso 성당 묘지에 매장되었다. 의사 니콜로 산 미켈 레가 그의 대리석 묘비를 최근에 세웠다.

산 미켈레는 모범적인 생활을 했으며 항상 존경할 만했다. 천성이 낙 천가이지만 때로는 근엄했다. 그는 신을 두려워했으며 신앙심이 매우 깊었기 때문에 미사를 드리고 기도를 올리고 성령이나 성모께 노래를 바치지 않고는 어떤 중요한 일도 시작하지 않았다. 언제나 친구들에게 솔직하고 친절했으며 인색하지 않았다. 나는 여기에 몇 사람한테만 알 려진 그의 미담 하나를 소개한다.

내가 그와 베네치아에서 마지막으로 작별할 때 그는 "조르조 군! 내 가 젊었을 때 몬테 피아스코네Monte Fiascone에 있었는데, 그 무렵 한 석 공의 아내와 사랑에 빠졌다네. 그녀는 내 열정을 받아들였지. 아무도 모르는 일이야. 최근에 들으니 가련한 그녀가 딸 하나를 데리고 과부가 됐다네. 그녀는 그 애가 내 아이라고 하는데 나는 그렇게 생각하지 않 네. 그러나 그 딸에게 적당한 것을 장만해주도록 금화 50두카트를 그 녀에게 전해주게"라고 부탁했다. 그녀를 만났더니 그녀는 산 미켈레가 딸의 아버지가 아니라고 실토했다. 내가 그녀에게 전한 금화 50두카트 가 다른 사람에게는 금화 500두카트만큼 요긴한 것이었다.

산 미켈레는 매우 예의 바른 사람이었으므로 친구들이 원하는 것을 알아차리기가 바쁘게 그것이 자기 생명과 바꿀 만한 것일지라도 그들 을 기쁘게 하려고 애썼다. 그리고 자기를 섬기는 사람들에게는 사례금 을 갑절로 주었다. 조르조 바사리가 베네치아에 머무를 때 산 미켈레를 위해 온 힘을 다해 데생을 하나 만들었는데, 그것은 루시퍼Lucifer와 그 추종자들이 성 미카엘에게 정복되어 천국에서 무서운 지옥에 떨어지 는 장면이다. 바사리가 아레초에 돌아오자마자 산 미켈레는 바사리 어 머니에게 아름다운 옷 한 벌과 아들에게 감사 편지를 보내왔다.

베네치아 지배자들이 산 미켈레에게 봉급을 올려주겠다고 여러 번 말했으나 그는 항상 거절하면서 자기 조카에게 주도록 부탁했다. 그는 유순하고 예절 바르고 상냥한 성품이었으므로 후에 교황 클레멘티우스 7세가 된 메디치 추기경, 후에 파울루스 3세가 된 알레산드로 파르네세Alessandro Farnese 추기경, 신인神人 미켈란젤로 부오나로티, 우르비노 공작 프란체스코 마리아, 베네치아의 수많은 원로원 의원, 귀족들의 호의를 받을 만했다. 베네치아에서 그는 마르코 데 메디치를 비롯해 많은 사람과 친교를 맺었다.

나는 이 기회에 베로나에서 활약하는 화가들 중에서 뛰어난 사람 몇몇을 소개하겠다. 먼저, 도메니코 델 리초Domenico del Riccio*는 베로나의 폰테 누오보 근처에 있는 피오리오 델라 세타**의 저택 정면에 작품 셋을 제작했다. 이 프레스코는 대부분 흑백으로 그렸지만, 일부는 채색했다. 강에 면한 부분에는 켄타우루스Centaurus의 싸움, 그다음은 바다 괴물들의 싸움을 그리고, 다음은 유채화 두 폭이다. 좀더 자세하게 적어보면, 첫 화면은 출입문 위 벽에 제신諸神의 연회 장면을, 강에 면한 벽에는 베나코Benaco의 인어 카리다Carida의 결혼식 광경을 그렸는데 미니치오Minicio강이 시작되는 호수 가르다Garda도 보인다.

또 이 집의 커다란 프리즈에는 채색으로 「개선」凱旋, trionfi을 거장다운 솜씨로 그렸다. 그는 베로나시에 있는 펠레그리노 리돌피 저택에 샤를 5세의 대관식incronazione을 그렸는데 볼로냐에서 대관식을 끝낸 후에 진행된 교황과의 기마 행렬을 장려하게 그렸다.그림 555 또 그는 만토바 공작이 성 근처에 새로 건립한 성당에 성녀 바르바라S. Barbara가 순교하는 장면을 유채화로 아름답게 그렸다.

예전에 만토바 대성당Duomo의 마르게리타 경당을 네 화가가 장식한

---

* 일명 브루사소르치(Brusasorci). 카로티(Caroti)의 제자.
** 법원의 외벽(Murari della corte).

그림 555 도메니코 델 리초, 「샤를 5세와 교황 클레멘티우스 7세의 볼로냐 입성」(일련의 작품 일부), 1529~30, 프레스코, 리돌피 디 리스카궁, 베로나.

일이 있는데, 그때 도메니코는 패널 한 장을, 파올리노Paolino는 성 안토니오를, 파올로 파리나토Paolo Farinato는 성 마르티노를, 바티스타 델 모로Battista del Moro는 성녀 막달레나를 제작했다. 만토바 공은 당시 도메니코의 그림이 마음에 들었기 때문에 다시 그림을 그리도록 위촉했다. 줄리오 로마노의 데생으로 재건한 이 성당을 장식하려고 만토바의 에르콜레 추기경이 베로나 출신의 네 화가를 초빙한 것이다. 도메니코는 베로나는 물론 비첸차, 베네치아에서도 많은 작품을 만들었는데 더는 말하지 않겠다. 그는 성품이 온화했고 그의 재능은 그림에만 머무르지 않았다. 그는 뛰어난 음악가이기도 하며, 베로나의 가장 고귀한 필하모니 아카데미의 중요한 멤버이기도 하다.

그의 아들 펠리체Felice는 아직 젊지만, 아버지에 뒤지지 않는 훌륭한 화가이며, 트리니타 경당에 「성모 마리아와 6인의 성인」을 실물 크기로 그려 뛰어난 솜씨를 보여주었다. 그는 피렌체에서 유지 베르나르도

카니자니Bernardo Canigiani 집에 기거하면서 그림 공부를 한 일이 있다.

베로냐에는 당시 베르나르디노Bernardino, 일명 린디아L'India라는 화가가 있었는데 그는 마르칸토니오 델 티에네Marc'Antonio del Tiene 백작의 저택 둥근 천장에 프시케Psyche 이야기를 환상적인 스타일로 그려 많은 칭찬을 받았으며, 카노사Canossa에 있는 지롤라모 백작의 저택에도 그의 작품이 있다.

또 유명한 화가로는 엘리오도로 포르비치니Eliodoro Forbicini가 있는데, 그는 특정 그로테스크 화법에 기량이 뛰어나 지롤라모 백작 저택의 방 두 곳을 장식했다.

바티스타 다 베로나Battista da Verona*도 베로나에 있는 삼촌에게 그림을 배운 젊은 화가인데 국외에까지 이름을 알렸으며, 베네치아의 티치아노와 더불어 유명하다. 그는 젊었을 때 파울리노와 함께 티에네Tiene의 백작 저택을 장식하고, 비첸차 지방의 재정관 관저, 포르테스코 사정관에 인물화를 그려 명성을 얻었다. 그와 파올리노는 산 미켈레의 주선으로 카스텔프랑코에 있는 라 소란차la Soranza 궁전에 프레스코를 그렸다. 그들은 그밖에 베네치아의 대운하에 면한 안토니오 카펠로의 저택을 장식하고 '열10평의회'consiglio Dieci의 회의실에 그림 여러 장을 그렸다. 그 후 바티스타는 비첸차로 가서 몬테 델라 피에타Monte della Pietà 건물 정면에 갖가지 자세를 한 나상 인물화를 여럿 그렸다. 그는 30세가 되기 전에 이렇게 훌륭한 작품을 많이 만들었으니 장래가 촉망된다.

파올로 베로네세Paolo Veronese**도 베네치아에서 이름 난 화가로 나이가 비록 30세 전후이지만 좋은 작품을 많이 냈다. 그는 베네치아에서 조각가의 아들로 태어나 조반니 카로토에게 그림의 기초를 배웠으며,

---

* 1532~92. 일명 바티스타 파리나티(Battista Farinati), 첼로티(Zelotti)라고도 한다.
** 1528~88. 일명 파올로 칼리아이(Paolo Calliai).

그림 556 파올로 베로네세, 「마리아 막달레나, 그리스도의
발을 씻다」(나병 환자 시몬의 집에서 저녁식사), 1560년경,
캔버스에 오일, 315×451cm, 사바우다 미술관, 토리노.

이미 이야기한 바와 같이 바티스타와 함께 티에네의 홀에 그림을 그리
고, 소란차에서도 그와 함께 일했다. 트레비사노Trevisano의 아솔로Asolo
에서 가까운 마시에라Masiera에 아퀼레이아Aquileia의 총대주교가 다니
엘로 바르바로Daniello Barbaro의 저택에 아름다운 그림을 그렸다.* 또 베
로나의 산 나자로 수도원修道院 식당에 큰 규모로 유채화를 그렸다.**그림
556 나병 환자 시몬이 그리스도에게 성찬을 드리는 장면을 원근법으로
그렸는데, 여러 인물 가운데 한 여인이 그리스도의 다리에 유약을 바르
는 장면으로 주위에는 개 두 마리와 장애인들이 보인다.

* 빌라 마세르(Villa Maser), 1560년에 그렸다.
** 토리노 미술관 소장품. 파울리노의 대표작이다.

베네치아 시의회 한 홀의 둥근 천장 한가운데 타원형 안에 베로네세가 크게 그린 장면이 있는데 최고회의를 상징한다. 그는 또 산 세바스티아노 성당 둥근 천장에도 보기 드문 아름다운 그림을 그리고,* 본당에도 그림 한 폭을 그리고 오르간 뚜껑도 장식했다. 대회의장에는 프레데리크 바르바로사Frederick Barbarossa가 교황을 알현하는 장면을 그렸는데,** 황제의 수행원, 베네치아의 원로원들, 귀족들의 조상과 갖가지 의상을 보여주었으며 보는 사람들마다 장엄함과 여러 자세 등을 칭찬했다. 그밖에도 '10평의회'의 회의실 둥근 천장에 원근법으로 조상들을 그려 장식했다.

산 마우리치오S. Maurizio 성당과 산 모이제S. Moisè 성당 사이에 있는 상인의 집 정면에 그린 아름다운 그림은 바닷바람 때문에 점점 파괴되고 말았다. 카밀로 트레비사니Camillo Trevisani를 위해 무라노Murano의 로지아에는 그림을, 홀에는 프레스코를 그렸고 베네치아의 산 조르조 마조레S. Giorgio Maggiore 성당 큰 홀에 「카나Cana의 결혼」을 캔버스에 유채화로 그렸는데,*** 그 크기만 보아도 경탄할 만한 작품이다. 수많은 인물의 다양한 자세와 의상이 돋보이는데 내 기억으로 그림 속 인물이 100~150명쯤 되는 것 같은데 모두 서로 달랐으며 대단한 노력과 정성으로 그렸다.그림 557

산 마르코S. Marco 대성당 관리인은 그를 고용해 추기경 베사리온Bessarion이 각하에게 남긴 니체네Nicene 도서관의 둥근 천장 안 원형의 한 모퉁이에 그림 몇 폭을 그리게 했다. 또 정부는 이곳에 그림을 가장 잘 그린 화가에게는 일반 지출 이외에 특별 상여금을 주기로 하고 당시 베네치아의 유명한 화가들에게 할당했다. 작품들이 완성되자 심사위

* 1555년에 제작을 위촉했다.
** 이 프레스코는 1577년에 일부 파괴되었다.
*** 1562년에 그림을 위촉. 루브르 박물관 소장품.

그림 557 파올로 베로네세, 「카나의 결혼」, 1563,
캔버스에 오일, 666×990cm, 루브르 박물관, 파리.

원들은 금목걸이를 베로네세에게 걸어주었다. 즉, 가장 뛰어난 화가라
고 평가했다.

그는 「음악」Musica이라는 그림에서 젊은 여인을 세 명 그렸다. 그중
한 여인은 리로네 다 감바lirone da gamba를 연주하면서 건반을 바라보며
한쪽 귀를 기울여 듣고 있고, 다음 여인은 류트lute를 연주하며, 셋째 여
인은 악보를 보면서 노래한다. 바로 옆에서는 날개 없는 큐피드가 쳄발
로를 연주하는데 음악은 사랑을 낳는다는 것을 보여주는 듯하다. 아니
사랑은 항상 음악과 함께 있다. 큐피드에게 날개가 없는 것이 그 이유
다. 그는 이 그림에 양치기의 신神 판Pan을 그렸는데 그가 가진 피리는
전원시인이 그에게 증정한 것이다.

베로네세는 같은 장소에 그림을 두 폭 더 그렸는데 하나는 고대풍의
옷을 입은 산술Arithmetica과 철학자들이고, 또 하나는 「명예」인데, 앉아
있는 그에게 제물과 관을 바치는 장면이다. 이때 그는 32세였지만 절

정기였다.

베로나 출신 파올로 파리나토Paolo Farinato도 재주 있는 화가였다. 그는 니콜로 우르시노Niccolò Ursino의 제자였을 때 베로나에서 많은 그림을 그렸다. 그의 중요한 작품 중 하나는 프마넬리 저택의 프레스코인데, 이 그림은 유럽 전체에서 이름을 떨치던 의사 안토니오의 요청으로 그렸다. 그는 그밖에도 산타 마리아 인 오르가노 성당에 대작大作 두 폭을 그렸는데, 하나는 「영아嬰兒 대학살」*이며, 또 하나는 콘스탄티누스 왕이 나병을 고치려고 아기들의 피로 목욕하기 위해 아기들을 잡아오라고 명령하는 장면이다. 경당의 벽감 안에도 성 베드로가 물 위를 걷는 장면과 성 그레고리가 가난한 사람들에게 잔치를 베푸는 장면을 그렸다. 그는 이 그림에서 수많은 인물을 뛰어난 디자인으로 정성껏 아름답게 그렸다. 만토바 대성당에는 성 마르티노를 그린 패널 그림이 있다.

이것으로 탁월한 미켈레 산 미켈레와 베로나의 다른 유명한 사람들―그들의 예술을 칭찬할 만한―의 생애 이야기를 끝맺고자 한다.

＊ 영아 대학살. 베들레헴에서 있었던 헤롯 왕의 갓난아이 대학살.

조반니 안토니오 바치 일명 소도마
Giovanni Antonio Bazzi, called Sodoma
1477~1549

GIOVANNANTONIO SODDOMA
PITTORE.

〔해설〕

16세기 초반에 활동했던 매너리즘 대표 화가로 라파엘로와 전성기 르네상스 회화의 제작 현장에서 함께 일했다. 이탈리아 북부 베르첼리 출신으로 롬바르디아 지방에서 레오나르도 다 빈치 회화의 혁신을 경험했으며 이탈리아 중부의 페루지노, 시뇨렐리 등으로부터도 영향을 받았다. 1504년 시에나에서 체류하며 몬테 올리베토 수도원 정원에 시뇨렐리가 미완성으로 남긴 성 베네딕토의 일화를 완성했다.

1508년 교황 율리우스 2세의 명에 따라 라파엘로와 함께 바티칸에서 스탄차 천장을 프레스코로 그렸으며 「아테네 학당」에 그려진 인물들 속에 소도마의 초상화도 보인다. 라파엘로를 도와 1508년 로마의 파르네세궁 프레스코 벽화 작업에도 참여했다. 그의 대표작들은 산 베르나르디노 오라토리오의 벽화와 산 도메니코 성당의 성녀 카테리나 일화를 비롯하여 시에나에서 찾아볼 수 있다.

　　모름지기 어떤 사람이 젊은 시절 부유한 후원자의 도움을 받게 되고 이 기회를 잘 살려 자기 능력을 최대한 발휘한다면 실로 눈부신 성과를 얻을 수 있을 것이다. 그러나 우리가 흔히 보는 바와 같이, 운만 믿다가 실패하는 사람이 많으며, 한편으로는 좋은 운이 따르지 않으면 능력만으로는 성공할 수 없을 때가 많다. 만일 조반니 안토니오에게 열심히 닦은 기술만큼 행운이 따랐더라면 말로 표현하기 어려울 정도로 야수 같은 생애를 보내며 늙어가지는 않았을 것이다.

　　조반니 안토니오는 스판노키Spannocchi 가문 대리점 상인들의 초대를 받고 시에나에 와서 운이 좋은지 나쁜지는 몰라도 경쟁자 없이 시간을 보냈다. 언뜻 보면 이로운 것 같았으나 결국 그에게는 해가 되고 말았다. 왜냐하면 마치 잠만 자는 것같이 공부를 게을리했으며 모델 없이 제작을 하며 공부하는 유일한 방법이란 야코포 델라 폰테Jacopo della Fonte의 유명한 작품을 모방하는 일뿐이었기 때문이다. 그는 롬바르디아에서 배운 유채화 기술로 초상화를 밝은 색상으로 그렸는데, 그곳에서 유능한 화가라기보다는 괴팍한 사람으로 알려지며 많은 사람의 관심을 끌게 되었다.

　　그의 생활태도는 한마디로 방탕하고 파렴치했으며 언제나 어린 소년이나 젊은이들과 어울리며 그들을 지나치게 좋아했으므로 소도마 Sodoma라는 별명을 얻었다.* 그러나 이를 부끄러워하기는커녕 오히려 기뻐하며 이것을 소재로 시를 지어 류트 연주에 맞추어 노래를 불렀다.

---

* 조반니 안토니오 다 바르첼리(Giovanni Antonio da Vercelli)=조반니 안토니오 바치(Giovanni Antonio Bazzi), 일명 소도마(Sodoma)는 롬바르디(Lombardi)의 마니에리스트 화가다. 주로 시에나에서 활동했다. 처음에는 고향인 베르첼리에서 그림의 기초를 배웠는데 주로 레오나르도와 라파엘로의 영향을 받았다. 소도마에 대한 바사리의 윤리적 비난이 뚜렷하다. 소도마라는 별명은 1513년 후에 붙었다.

또 오소리, 곰, 다람쥐, 원숭이, 아메리카 표범, 나귀, 야생 경마 말, 엘바 섬의 망아지, 유럽산 까마귀, 밴텀닭, 산비둘기 등 기이한 동물들을 집에 모아놓고 즐겼다. 그밖에 갈까마귀에게는 말을 열심히 가르쳤기 때문에 그의 목소리를 잘 모방했으며 틀린 대답이지만 곧잘 응답했다. 다른 동물들도 길을 잘 들였기 때문에 모두들 주인 옆에 모여들어 날뛰었으므로 흡사 노아의 방주 같았다.

몇몇 좋은 특성을 지닌 그는 기이한 생활과 그림 덕분에 시에나 사람들로부터 좋은 평판을 얻었고 귀족들 사이에서 더욱 유명해졌다. 그리하여 롬바르디아 사람 도메니코 다 레코Domenico da Lecco 신부가 몬테 올리베토 수도원의 원장으로 부임하자 소도마는 시에나에서 15밀리아 거리의 이 수도회 본당 몬테 올리베토 디 키우수리Monte Oliveto di Chiusuri에 가서 그를 방문하고 성 베네데토의 생애* 장면을 완성하도록 설득했다. 그에 관한 그림의 일부는 루카 시뇨렐리가 완성했다. 결국 그는 싼 보수, 즉 심부름꾼이나 물감 반죽하는 사람 임금을 받고 일을 시작했다. 그가 거기에서 저지른 추태는 말할 것도 없는데 이것을 수사들은 즐겁게 바라보았으며 소도마에게 마타치오Mattaccio**—바보라는 뜻—라는 별명을 붙였다.

소도마의 제작 이야기로 되돌아가자. 그가 시시한 솜씨로 몇 장면을 끝내자 수도회의 원장이 불평을 했다. 그러자 소도마는 자기 붓은 돈 액수에 달려 있으며 보수를 많이 주면 더 좋은 그림을 그리겠다고 대답했다. 수도회 원장이 약속하자 그는 홀 모퉁이에 조금 나은 작품을 세 폭 그렸다. 그 하나는 성 베네데토가 노르차Norcia와 양친을 하직하고 로마로 공부하러 떠나는 장면이며, 다음 것은 어린 성 마우르S. Maur와 성 플라시두스S. Placidus의 양친이 그들을 신에게 바치는 장면이고, 마

---

* 1502년과 1506년의 일이다.
** 마토(Matto)의 최상급 욕설.

그림 558 조반니 안토니오 바치, 「피오렌초가 수도원에
매춘부를 보내다」(성 베네데토의 생애 중에서 부분),
1505~1508, 프레스코, 수도원 경당, 몬테 올리베토 마조레.

지막은 고트 사람들이 몬테카시노Monte Cassino를 불태우는 장면이다.
그는 원장과 수사들을 괴롭히려고 마지막 장면에는 성 베네데토의 적
인 수사 피오렌초Fiorenzo가 동료들을 유혹하려고 매춘부들을 데려다가
수도원 안에서 춤추는 광경을 그렸다.그림 558 그는 나쁜 사람답게 벌거
벗은 여인을 그려서 모두를 불쾌하고 화나게 만들려고 자기가 하는 일
을 방해할까 봐 수사들이 접근하지 못하게 했다. 결국 그림이 공개되자
수도회 원장은 그림을 없애버리려고 결심했다. 그가 화난 것을 본 소도

마가 한참 여러 이야기를 늘어놓은 다음 그림에 옷을 입히니 이곳에 있는 일련의 장면 중에서 가장 훌륭한 그림이 되었다. 매 장면 아래에 메달을 두 개씩 만들어 이 수도회 원장들을 표시했으며 그들의 초상화를 그리는 대신 당시 이곳 수도원 수사들 중에서 자기에게 이 제작을 맡긴 도메니코 신부 등 몇몇 사람을 그려놓았다. 그러나 그 조상의 머리에서 차례로 눈이 지워졌으므로 안토니오 벤티볼리Antonio Bentivogli가 재빨리 그림 전부를 지워버렸다.

소도마가 이 그림을 제작할 때 이 집의 복장 책임을 맡은 밀라노의 귀족 한 사람이 당시 관습대로 검은 장식을 한 황색 외투를 입고 다녔는데, 후에 이 수도회에 입단할 때 수도원장이 그 외투를 소도마에게 주었다. 그는 성 베네데토가 구멍 뚫린 유모의 체를 수선하는 장면을 그린 그림에 거울을 보면서 자신의 초상화도 그려 넣었다. 까치, 비비狒狒,* 기타 짐승들도 발밑에 보인다. 그는 이 그림을 끝내고 「빵 다섯 덩어리와 물고기 두 마리의 기적」과 다른 조상들을 같은 수도회의에 속하는 몬테 올리베토에서 5밀리아 떨어진 산타 안나** 수도원 식당 안에 그렸다. 그 후 시에나로 돌아와 라 포스티에를라la Postierla에 있는 바르디Bardi의 아고스티노Agostino 집 정면 입구에 칭찬받을 만한 그림 몇 장을 그렸으나 거의 모두가 비바람에 파괴되었다.

그 무렵 시에나의 호상豪商 아고스티노 키지는 소도마가 괴짜이며 이름난 화가라는 평판을 듣고 친구가 되었다. 아고스티노는 소도마를 데리고 로마로 가서 교황 율리우스 2세에게 소개했다. 당시 니콜라우스 5세가 축조한 바티칸 궁전Vaticano의 교황 거실들을 장식할 그림을 그리던 페루지노Perugino가 보르자Borgia탑 근처에 있는*** 아케이드의 둥

---

* 실제로는 오소리다.
** 산타 안나 인 크레타(S. Anna in Creta), 1503년에 위촉받았다.
*** 1508년.

근 천장을 만들었으나 이미 늙어서 일을 빨리 진행하지 못할뿐더러 이미 세워놓은 계획대로 이행하지도 못했으므로 소도마에게 페루지노가 일하는 바로 옆방에 그림을 그리도록 했다.*

여기서 소도마는 쇠시리, 나뭇잎 문양, 프리즈가 있는 둥근 천장을 그리고 쓸 만한 원형 프레스코도 몇 점 그렸다. 그러나 동물적 욕망에 사로잡혀 별로 진전이 없었으므로 당시 건축가 브라만테가 우르비노에서 데려온 라파엘로의 실력을 알게 된 교황은 이후 공사를 페루지노나 소도마에게 맡기지 않고 라파엘로에게 모든 것을 헐어버리라고 명했다. 원래 점잖은 라파엘로는 늙은 스승의 작품은 남겨두고 소도마의 작품 중에서 원형과 사방형 안의 조상들을 헐어버리고 나머지 부분, 즉 라파엘로 자신이 그린 신앙, 철학, 시, 신학을 둘러싼 프리즈와 장식들은 남겨두었다.

그러나 존경할 만한 아고스티노는 소도마의 굴욕은 아랑곳하지 않고 그에게 트라스테베레Trastevere 궁전 안 큰 홀로 통하는 방 안에 알레산드로와 록사나Roxana 이야기에 관한 그림을 그리게 했다.** 여기에 그는 알렉산더가 입은 흉갑의 끈을 푸는 큐피드들, 헬멧과 옷을 벗기는 큐피드들과 침대 위에 꽃을 뿌리는 큐피드들을 많이 그렸다. 홀 옆에는 불칸이 화살을 겨눈 장면을 그려 칭찬을 많이 받았다. 소도마가 만일 좋은 자질과 자연의 도움으로 좀더 자기 직업에 충실했다면 크게 성공했을 것이다. 그러나 소도마가 쾌락밖에 생각하지 않고, 내킬 때만 일하고, 옷을 화려하게 입으려 하고, 비단으로 장식한 상의와 금으로 장식한 망토나 화려한 모자와 목걸이 등 쓸데없는 일에만 관심을 가졌으며, 마치 사기꾼 같아서 아고스티노만 즐거워했다.

교황 율리우스 2세를 계승한 레오 10세는 소도마와 같이 괴상하고

---

* 1508년.
** 파르네세(Farnesina)이며 1514년의 일이다.

사리 분별이 없는 사람들을 좋아하고 율리우스 2세가 자기에게 치욕을 준 데 원한이 있었기 때문에 이 예술가를 좋아했다. 그래서 소도마는 새 교황을 위해 나신의 루크레치아Lucrezia가 자신을 찌르는 조상*을 만들었다. 또 그는 몸이 아름답고 머리가 기발한 조상을 만드는 데 성공했다. 아마 운명의 신은 바보와 무분별한 자들도 도와주는 것 같다. 아고스티노는 교황과 친분이 두터워 소도마의 그림을 교황에게 헌정했으며 교황은 소도마에게 기사 작위를 내려 치하했다. 작위를 받은 소도마는 스스로를 대단한 사람으로 착각해 정말 필요한 일이 아니고는 제작에 손대지 않았다.

그러나 아고스티노가 용무로 그를 시에나에 데리고 가자 그는 용돈이 궁해 다시 그림을 그리게 되었다. 즉, 「그리스도 십자가 강하」를 그렸는데 기절한 성모 마리아, 등을 돌린 무장한 병사의 얼굴이 땅에 뒹구는 투구에 잘 반영되어 있다.** 소도마는 이 그림에 자신의 초상을 그려 넣었는데 당시 유행하던 긴 머리를 한 젊은이 모습이다. 이 작품은 그의 걸작 중 하나이며 산 프란체스코 성당 입구 오른쪽에 있다. 그 경당 옆 수도원 안에 그리스도 조상과 필라토를 에워싼 유대인들과 원근법을 써서 만든 원주들로 법정을 만들어놓았다.*** 얼마 후 그는 피옴비노Piombino의 영주 야코포 6세**** 집에 머무는 동안 그들을 위해 그림 몇 폭을 그렸다. 소도마는 야코포에게서 받은 호의와 선물 외에도 그의 수입으로 엘바Elba섬의 작은 동물들을 많이 구해 시에나로 가져왔다.

소도마가 피렌체에 머무르는 동안 산 프리아노S. Friano 성문 밖 몬테올리베토의 수도원장 브란돌리니Brandolini가 식당 담벼락에 프레스코화를 그리려고 소도마를 고용했다. 그러나 원래 좋은 그림을 기대한 사

　　 * 1518년.
　　 ** 시에나 미술관 소장품. 1502년의 작품인 듯하다.
　　 *** 시에나 미술관 소장품. 1507년경 제작한 듯하다.
　　 **** 소도마는 그를 위해 1538년에 작품을 만들었다.

람들에게 비웃음을 살 만큼 졸작을 만들었다. 그러는 동안 그는 말을 데리고 와서 산 바르나바S. Barnaba의 경마에 나가 승리했다. 승자는 나팔을 분 다음 승리를 외치게 되어 있었는데, 소년들이 어떻게 부를 것이냐고 그에게 물었다. 그가 "소도마, 소도마"라고 대답하자 소년들은 소도마라고 반복했다. 큰 소리로 떠드는 것을 들은 몇몇 성직자가 "이게 무슨 상스러운 말이냐? 우리 도시 안에서 어찌하여 이런 이름을 큰 소리로 외치게 되었느냐?"라고 물었다. 이런 아우성에 가련한 소도마는 소년들과 군중들에게 돌을 맞을 뻔했던 차에 말과 비비를 데리고 돌아갔다. 그는 여러 해 동안 자기 말들이 우승해 얻은 상패를 모아 자랑했으며 방문객들에게 보여주고 들창에 진열하기도 했다.

다시 그의 작품 이야기를 시작하자. 그는 우밀리아티Umiliati 성당 뒤의 카몰리아Camollia에 있는 산 바스티아노S. Bastiano 상회를 위해서 행렬 성가용 기치를 유채화로 그렸다. 그는 나무에 결박된 성 세바스티아노*의 왼쪽 다리를 원근법으로 묘사하고, 오른쪽 다리로 쉬는 장면을 그렸으며, 천사들이 관을 씌워주는 쪽으로 머리를 기울이게 했는데, 정말 아름답고 칭찬받을 만한 작품이다. 그 반대편에는 성모 마리아와 아기 예수, 그 밑에는 성 지스몬드S. Gismondo, 성 로코S. Rocco와 편태 고행자鞭笞苦行者, Flagellatore** 몇 사람이 무릎을 꿇고 있다. 루카의 몇몇 상인이 금화 300두카트를 지불하겠다고 산 바스티아노 상회 사람들에게 졸라댔으나 그들은 이같이 희귀한 그림을 이 마을에서 빼앗지 못했다. 작품 수는 많지 않으나 지극 정성 때문인지 혹은 행운 덕분인지 소도마는 이런 걸작들을 제작할 수 있었다. 그는 카르미네Carmine 수도원 성물실에 「동정 마리아의 탄생」을 매우 아름답게 그리고, 데 톨로메de'

---

* 우피치 미술관 소장품.
** 13~15세기경 스스로를 채찍질하면서 고행과 속죄로 예수의 수난을 재현하는 극단적 형태의 수도회.

Tolomei 광장에서 가까운 길모퉁이에 구두 제조업자들을 위해 아기 예수를 안은 성모 마리아와 성 프란체스코, 성 로코, 그들의 후원인인 성 크리스피노S. Crispino가 신발을 들고 있는 그림을 제작했는데 인물들을 훌륭하게 묘사했다.

소도마는 산 프란체스코 성당 옆의 산 베르나르디노 상회 안에 시에나의 화가 지롤라모 델 파키아Girolamo del Pacchia, 도메니코 베카푸미와 경쟁하면서 「성모의 신전 방문」, 「엘리자베스 방문」, 「성모 몽소승천」, 「면류관을 쓴 성모 마리아」* 등을 프레스코로 그렸다. 또 같은 성당 모퉁이에 주교의 관습에 따라 성인 한 사람과 성 루이, 파도바의 성 안토니오를 그렸는데 그중에서도 특히 성 프란체스코가 자기에게 이야기하는 듯한 천사를 보려고 머리를 돌리는 광경은 누구에게나 감동을 준다. 소도마는 시에나의 시뇨리아 궁전 한 홀에 원주와 치품천사熾品天使, 장식으로 꽉 차 있는 성감聖龕을 그렸는데** 이 성감 안에는 조상들이 들어 있다. 즉, 고대식으로 무장하고 손에 칼을 든 성 비토리오S. Vittorio, 그 옆에는 세례를 받는 성 안사노S. Ansano, 그다음에는 성 베네데토를 그렸는데 모두 매우 아름답다. 궁전의 아래층, 즉 소금 파는 곳에는 부활하는 그리스도를 그렸고 성묘聖墓 옆에는 병사들과 머리를 아름답게 꾸민 천사들을 그렸다. 멀리 떨어진 출입문 위에는 아기 예수를 안은 성모 마리아와 그밖에 두 성인을 그린 프레스코가 있다.***

산토 스피리토S. Spirito 성당 안에 있는 스페인을 위한 산 야코포 경당 오른쪽에는 톨렌티노Tolentino의 성 니콜라스S. Nicholas를, 왼쪽에는 루시퍼Lucifer를 죽이는 성 미카엘을, 또 반월창 안에는 천사들에 둘러싸인 성모 마리아가 한 성인에게 사제직을 부여하는 장면을 그렸다. 유채

* 성모 대관의 그림은 1532년에, 나머지는 1518년에 그렸다.
** 1529~34년경이다.
*** 1530년경이다.

화로 그린 이 작품을 보면 반월창 안의 성 야고보가 달리는 말 위에서 칼을 빼들고 있고 그 밑에는 그가 상처를 입혔거나 살해한 터키 사람들이 쓰러져 있다. 또 등단^{登壇} 옆에는 수도원장 성 안토니오와 원주에 묶인 나상의 성 세바스티아노를 그린 프레스코가 있는데, 칭찬받을 만한 작품이다.

이 도시의 대성당 입구 왼쪽 제단에 성모 마리아와 아기 예수, 그 좌우에는 성 요셉과 성 칼릭스투스S. Calixtus가 있는 유채화 한 폭이 있는데, 소도마 작품 중에서 채색에 정성 들여 매우 아름답다. 또 트리니타Trinità 상회와 모르테Morte 상회를 위해 각각 아름다운 관대^{棺臺}를 그렸다. 이것들은 시에나에서 가장 아름답고 또 그가 아주 정성껏 손질한 값진 작품이라고 할 수 있다.

시에나의 산타 카테리나 성당 안에 은으로 만든 성인의 머리가 들어 있는 성감^{聖龕} 양쪽에 그가 그린 두 장면이 있다.[*] 오른쪽 그림은 천상의 그리스도로부터 성흔^{聖痕}을 받고 혼절하여 수녀들에게 의지하는 성녀를 그린 것이다.^{그림 559} 시에나의 화가 발다사레 페루치는 혼절한 성녀를 소도마보다 더 잘 그린 사람을 본 일이 없다고 감탄했다. 내가 보관하는 이 그림의 데생도 마찬가지다. 왼쪽에는 한 천사가 성인에게 성체^{聖體}를 가져다주는 장면을 그렸는데, 그녀는 천상^{天上}에서 두 수녀가 대령하는 성모 마리아와 아기 예수를 우러러본다.

오른쪽 담벼락에 그린 또 하나의 장면에서는 한 죄인이 구원받지 못해 사형장으로 끌려가는데 성인이 그를 위해 기도하며, 죄인의 머리가 잘리고 그의 영혼은 하늘로 오르는 것이 보이는데 이로써 성인이 조성하는 힘을 보여준다. 그는 이 장면에 조상을 많이 그렸지만 신통치 않다. 내가 들은 바와 같이 그는 태만해서 절대로 데생이나 밑그림을 그

---

* 시에나의 산타 카테리나(S. Caterina) 경당의 그림은 소도마의 대표작으로 1526년경의 작품이다.

그림 559 조반니 안토니오 바치, 「시에나의 성녀 카테리나
성흔을 받다」(성녀 카테리나의 생애에서 부분), 1526,
프레스코, 산타 카테리나 경당, 산 도메니코 성당, 시에나.

리는 일이 없이 여기서 보는 바와 같이 석회 위에 붓으로 아무렇게나
그어버린다. 그는 또 경당 아치 위에 그리스도를 그렸는데 다른 장소의
것은 완성하지 못했다. 왜냐하면 그는 기분 좋을 때만 그림을 그렸고
임금을 받지 못하면 붓에 손을 대지 않았기 때문이다.* 그 아래에는 그

* 이 그림들은 프란체스코 반니(Francesco Vanni)가 1593년에 완성했다.

리스도와 성모 마리아를, 그 밑에는 성 도메니코, 성 지스몬도, 성 세바스티아노, 성녀 카테리나를 그렸다.

산 아우구스티노 성당 안의 경당 입구 오른쪽에는 「동방박사의 경배」Adorezione de Magi를 패널에 그렸는데* 훌륭한 작품으로 성모 마리아와 동방박사, 말들뿐만 아니라 두 나무 사이에 실물 크기로 그린 양치기 얼굴도 보인다. 이곳 산 비에네S. Viene 성당 출입문 위의 큰 성물실에 「그리스도의 탄생」Nativita di Cristo을 그렸는데 하늘에는 천사들을, 아치 위에는 어린이들을 원근법을 써서 높은 돋을새김으로 제작해 하느님의 아들이 인성으로 변했음을 보여준다. 이 작품에서 소도마는 자신을 붓을 들고 있는 턱수염이 난 노인으로 그려 넣었으며, 'Feci'라고 써넣어 자기 작품임을 표시했다.

궁전 밑 광장에 있는 교구 성당 안에 천사들과 성 안사노, 성 비토리오, 성 아우구스티노, 성 야고보가 받든 성모 마리아와 아기 예수를 프레스코화로 그렸다.** 위의 피라미드에는 천사들에게 둘러싸인 그리스도를 제작했는데 이 작품을 보면 그가 이미 예술에 관심이 없어졌음을 알 수 있으며, 참신한 두뇌를 하늘로부터 받아 우아함과 미를 창조하던 과거의 우수성도 찾아볼 수 없다. 이보다 오래전에 완성한 작품이 몇 있는데, 예를 들면 포스티에를라Postierla 너머 로렌초 마리스코티Lorenzo Mariscotti 집 출입문 위 담벼락에 피에타Pietà의 거룩하고 우아한 모습을 프레스코화로 그린 그림이 있다. 또 코스테렐라Costerella의 에네아 사비니Enea Savini를 위해 그린 성모 마리아도 칭찬을 많이 받았다. 산 마르티노S. Martino의 아수에로 레토리Assuero Rettori를 위해 유화를 그리고, 그녀의 부친과 남편의 원조로 루크레치아Lucrezia가 자기 몸을 찌르는 장면을 그렸는데 모두 자태가 훌륭하고 얼굴은 매우 우아하다.

＊ 1536년의 작품이다.
＊＊ 1537년에 위촉한 것이다.

소도마는 도메니코 베카푸미의 기량과 우수한 작품들에 시에나 시민들이 완전히 매혹되었음을 깨달았다. 한편 모든 것을 탕진해 집도 없고 수입도 없어지고 설상가상으로 늙은 소도마는 실망한 끝에 볼테라Volterra로 떠났다. 그곳에서 그는 운 좋게 부유하고 명망 있는 로렌초 디 갈레오토 데 메디치Lorenzo di Galeotto de' Medici를 알게 되어 거기서 얼마 동안 머무르고 싶었다. 소도마는 로렌초 집에서 파에톤Phaëton이 태양의 개선차凱旋車를 몰고 가다 포Po강에 빠지는 유채화 한 폭을 그렸다. 그러나 그가 심심풀이로 제작에 임했으므로 아무 사료 없이 부주의하게 일을 끝냈을 것이 뻔하다. 원래 그는 방종을 좋아했기 때문에 볼테라와 보호자의 집에 싫증이 나서 피사로 떠났다.

그는 피사에서 바티스타 델 체르벨리에라Battista del Cervelliera 주선으로 대성당의 회장 바스티아노 델라 세타Bastiano della Seta를 위해 성당 안에 그림을 두 폭 제작해서 솔리아니Sogliani와 베카푸미의 그림 옆인 대제단 뒤 감실에 놓았다. 하나는 죽은 그리스도와 성모 마리아, 그밖의 마리아들Marie을 그린 것이고, 또 하나는 아브라함이 이삭을 제물로 바치는 장면이다.* 그러나 그림이 신통치 않자 소도마를 고용해 패널 그림 몇 장을 부탁하고 싶었던 회장은 그를 해고하고 말았다. 왜냐하면 이미 노쇠한 소도마가 자연을 연구하지 않고 평범한 화풍에서 벗어나지 못했기 때문이다.

소도마는 그때 산타 마리아 델라 스피나S. Maria della Spina 성당 안에 예전에 착수했던 패널 그림 한 폭을 완성했다. 즉, 아기 예수를 안은 성모 마리아와 그 옆에 무릎을 꿇은 막달레나Magdalena와 성녀 카테리나, 성 요한과 성 세바스티아노, 성 요셉이 옆에 서 있는데 모든 인물이 앞서 이야기한 대성당 안의 두 그림보다 훨씬 낫다.** 피사에서 할 일이 없

---

* 1541년의 작품이다.
** 1542년에 그린 것으로 피사의 키비코(Civico) 미술관 소장품이다.

게 되자 그는 루카로 가서 몬테 올리베토Monte Oliveto의 수도원 중 한 채인 산 폰치아노S. Ponziano 기숙사에 원래 친분 있던 수도원장을 위해 성모 마리아를 한 폭 그렸다. 그 후 다시 시에나로 되돌아온 그는 늙어 지치고 가난했기 때문에 병이 들었지만, 아무도 그에게 관심이 없었다. 큰 병원에 갔지만 몇 주 만에 운명했다.

그는 젊고 유명했을 때 시에나의 양갓집 딸과 결혼해 첫해에 딸 하나를 낳았다. 그러나 그의 음탕한 생활에 아내는 정이 떨어져 그를 다시 보려 하지 않고 자립했으며, 자신의 지참금으로 이 음탕하고 바보 같은 사람의 생활을 지탱해주었다. 몬테 올리베토의 수사들이 그를 '마타초'Mattaccio라고 불렀는데 참으로 잘 맞는 별명이다.

소도마의 제자 리초Riccio는 소도마의 사위이자 재주 있는 화가였다. 어머니에게 가정교육을 잘 받은 그는 장인의 예술적 유산을 모두 물려받았다. 그의 원래 이름은 바르톨롬메오 네로니Bartolommeo Neroni로 시에나와 다른 지방에 많은 작품을 제작했는데 시에나 대성당 입구 왼쪽을 프레스코와 스투코로 장식했다. 그는 루카에 살며 좋은 작품을 많이 제작했다. 조모 델 소도마Giomo del Sodoma라는 다른 젊은이도 소도마의 제자인데 젊어서 죽었으므로 기량을 발휘할 기회가 없었으니 별로 할 이야기가 없다.

소도마는 75세인 1554년에 죽었다.*

* 소도마는 1549년 2월 15일에 죽었다.

바스티아노 다 산 갈로 일명 아리스토틸레
Bastiano da San Gallo, called Aristotile
1477~1549

BASTIANO DETTO ARISTOTILE
PITTORE ARCHIT.

〔해설〕

16세기 전반기에 활동했던 피렌체의 화가이자 조각가이며 무대장식가다. 르네상스 시대 최고의 건축가이자 조각가였던 줄리아노 및 안토니오 산 갈로의 조카다. 조용하고 신중한 성격의 소유자였으며 이로써 아리스토틸레라는 별명으로 불리기도 했다. 페루지노의 제자였으며 당시 피렌체 화가들 대부분이 그러했듯이 미켈란젤로의 영향을 받았다.

1525년 안드레아 델 사르토와 함께 마키아벨리의 「만드로골라」 Mandrogola를 위한 연극무대를 제작했으며 이듬해에는 단독으로 마키아벨리의 「클리치아」Clizia를 연극무대에 올렸다. 바사리가 아니었다면 오늘날 화가, 조각가, 건축가 이외의 분야에 속하는 다양한 장식미술 분야 장인들에 대해 알 수 없었을지도 모른다. 바스티아노는 현재 소실된 미켈란젤로의 「카시나 전투」의 밑그림을 1542년에 카피한 것으로 알려지며 그중 한 점이 영국 노리치의 홀컴 홀 Holkham Hall di Norwich에 소장되어 있다.

 피에트로 페루지노가 늙어서 피렌체의 산 세르비테 성당의 제단화를 그릴 무렵, 그에게는 바스티아노 다 산 갈로Bastiano da San Gallo, 일명 아리스토틸레Aristotile라는 제자가 있었는데 그는 줄리아노와 안토니오 다 산 갈로의 조카였다. 그러나 바스티아노는 페루자의 공방工房에 오래 머물지 않았다. 왜냐하면 그가 메디치 궁전에 있는 미켈란젤로의 밑그림들을 보고 그 양식이 무척 마음에 들었을 뿐만 아니라 페루지노 그림이 건조하고 무게가 없으며 도저히 비교가 안 되어 더 배울 만한 가치가 없다고 생각했기 때문이다.

밑그림을 공부하는 사람들 중에 리돌포 기를란다요가 가장 뛰어났다는 평이 있었으므로 바스티아노는 그를 친구로 택하고 부채법賦彩法을 배우며 매우 친해졌다. 당시 화가들이 밑그림을 공부하러 가는 곳은 학교나 다름없었다. 그는 그곳에 있는 나상들뿐만 아니라 과거에 아무도 그리려 하지 않았던 조상들의 밑그림을 모두 모사했다. 그는 이렇게 열심히 공부해 미켈란젤로가 그린 조상들의 여러 자세, 즉 힘찬 근육을 아름답게 표현할 수 있게 되었다. 그가 성품이 느긋하고 말도 천천히 하며 근엄하게 행동했으므로, 친구들은 그를 아리스토틸레Aristotile라고 불렀다. 그는 점점 위대한 철학자의 풍모를 풍기게 되었다.

아리스토틸레가 그린 밑그림 이야기로 되돌아가자. 그는 자신이 그린 밑그림을 무척 소중하게 보존했으며 미켈란젤로의 밑그림이 망실되었을 때도 모사한 그림을 보여주지도 팔지도 않았는데, 각별히 친한 친구에게만 보여준 일이 있다. 그는 1542년에 친분이 있던 조르조 바사리의 설득으로 밑그림 하나를 흑백으로 그렸다. 그것을 조비오Giovio 경이 프랑스의 프랑수아 왕에게 보냈더니 왕이 마음에 들어 푸짐한 선물을 했다고 한다. 데생 작품은 쉽게 파손되므로 바사리는 이런 식으로 기념물을 보존하기를 원했다.그림 560

아리스토틸레는 젊었을 때 건축술을 좋아해 즐겁게 건축물을 측

그림 560 바스티아노 다 산 갈로(그의 작품으로 추측),
「미켈란젤로의 카시나 전투의 복사」, 1542, 나무에 오일,
77×130cm, 라이세스터의 얼 컬렉션, 홀컴 홀.
바사리가 기록했듯이 이 패널 그림은 복사물이라고 생각된다.
망실된 원화의 앞부분만 보여준다.

량하고 원근법을 공부했다. 당시 그의 형제 조반 프란체스코Giovan
Francesco는 성 베드로 대성당 건축 총감독 줄리아노 레노Giuliano Leno 밑
에서 건축기사로 일했는데 형을 많이 도와주었다. 조반 프란체스코는
아리스토틸레를 로마로 데려다가 난로와 솥 등을 만드는 큰 공장의 회
계를 맡겨 큰 수익을 얻게 했다. 아리스토틸레는 당분간 그곳에 머무르
면서 미켈란젤로 경당의 그림을 모사하거나 트로이아Troia의 주교 잔노
초 판돌피니Giannozzo Pandolfini 소개로 라파엘로 집에 출입하는 것 외에
는 별로 하는 일이 없었다.

　라파엘로가 설계한 이 주교의 저택을 피렌체의 산 갈로가街에 짓게
되었는데, 조반 프란체스코가 시공을 맡아 열심히 일했다. 그러나 1530
년에 프란체스코가 죽고, 또 피렌체가 포위되는 바람에 공사는 중단되
고 말았다. 따라서 레니가 오래전부터 피렌체로 돌아와 있던 아리스토

틸레에게 공사를 맡기고, 프란체스코가 로마에 있을 때 저축했던 많은 돈을 보증금으로 아리스토틸레에게 선불로 주었다. 그는 친구인 루이지 알라만니Luigi Alamanni와 차노비 부온델몬테Zanobi Buondelmonte의 충고에 따라 그 돈 일부로 세르비테 성당의 수도원 근처에 집을 장만한 뒤 결혼하고 자리를 잡을 생각이었다.

원근법에 흥미를 갖고 로마에서 브라만테 밑에서 공부한 그는 모든 일을 신중하게 해나갔다. 그는 「낙원추방」을 유채화로 그렸으나 미켈란젤로가 시스티나 경당 둥근 천장에 그린 것을 모사했기 때문에 칭찬을 받지 못했다. 그러나 교황 레오가 피렌체를 방문했을 때, 바디아 문 맞은편에 프란체스코 그라나치Francesco Granacci와 함께 승리의 아치를 제작해 칭찬을 많이 받았다. 또 로렌초 공작의 결혼식을 축하하는 식전에서 총책임을 맡은 프란차비조와 리돌포 기를란다요를 도와 희극의 시나리오를 만들어 절찬을 받았다.

그는 자신의 데생과 다른 사람의 데생으로 유채화 몇 점을 그렸다. 그중에는 로마의 산타 마리아 델 포폴로S. Maria del Popolo 성당에 있는 라파엘로의 「아기 예수에게 베일을 씌우는 성모 마리아」를 모사한 그림이 있는데, 필리포 델 안텔로가 소유하고 있다. 라파엘로가 그린 로렌초의 초상화를 아리스토틸레가 모사한 유채화는 오타비아노 데 메디치의 상속인이 가지고 있다. 그밖에도 많은 작품을 제작했으며 그중에는 영국으로 가져간 것도 있다. 회화는 데생의 기초가 튼튼하고 끊임없는 연구와 독창성이 뒷받침되어야만 대성한다는 것을 깨달은 그는 건축과 원근법을 직업으로 삼기로 결심하고, 자신이 좋아하는 연극의 장면 정도를 그리는 데 그치기로 했다. 트로이아 주교는 다시 산 갈로 가街에 주택을 짓기로 하고 아리스토틸레에게 맡겼는데 그는 훌륭하게 완성해 많은 보수를 받았다.

그 후 새 가정을 꾸민 아리스토틸레는 이웃과 잘 사귀었으며 특히 안드레아 델 사르토와 친교를 맺고 그에게서 원근법 등 많은 것을 완전히 익혔으며, 평화로운 시대에 피렌체에 살던 신사들의 모임이 개최하는 축제에 자주 고용되었다. 카추올라Cazzuola의 모임이 개최하는 재미 있는 희극 만드라골라Mandragola*를 몬텔로로Monteloro에 있는 베르나르디노 디 조르다노Bernardino di Giordano 집에서 상연하게 되었는데, 안드레아 델 사르토와 아리스토틸레가 합작해 무대 배경을 아름답게 장식했다.

그 후 산 프리아노S. Friano 문 가까이에 사는 난로상인 야코포의 집에서 마키아벨리의 다른 작품을 공연한 일이 있는데, 아리스토틸레가 단독으로 무대 배경을 그려 시민들의 큰 환영을 받았다. 특히 당시 피렌체에 와서 코르토나의 추기경 실비오 파세리니Silvio Passerini 저택에 머무르던 알레산드로와 이폴리토 데 메디치의 마음에도 들었다. 그리하여 아리스토틸레는 명성을 떨쳤으며 그 후 이것을 본업으로 삼게 되었다. 누군가는 아리스토틸레가 철학에서 유명해진 것만큼 원근법으로도 이름을 알렸다고 말했다.

그러나 평화와 안정의 절정에서 전쟁과 내분으로 빠지듯이, 1527년에 피렌체 정세는 슬픔과 불안에 빠지고 말았다. 메디치Medici 일가가 쫓겨나고 페스트가 유행했으며, 피렌체시는 포위당하고 예술가의 일자리는 모두 사라지고 말았다. 아리스토틸레 역시 혼자 습작으로 소일하며 세월을 보냈다. 그 후 알레산드로 공작이 피렌체시를 다시 장악하게 되자 정화청년단원들은 조반 마리아 프리메라니Giovan Maria Primerani 가 타마르Tamar의 폭행으로 계속해서 일어나는 고난을 그린 『제왕諸王의 서書』에서 취재한 내용을 희비극으로 엮어서 상연했다.

이 무대 배경도 아리스토틸레에게 제작을 위촉했는데, 그가 지금까지 만든 것 중에서 가장 아름다웠으며, 연극도 잘 상연되었으므로 공작과 그의 누이 마음에 들어 이 연극 제작자를 감옥에서 풀어주고 다

* 니콜로 마키아벨리(Niccolò Machiavelli)의 작품.

른 연극을 만들게 했다. 아리스토틸레는 이 작품의 무대 배경도 만들었는데 이번에는 산 마르코S. Marco 광장에 있는 메디치 정원의 로지아 안 원근법을 사용한 주열柱列, 벽감, 닫집 달린 감실들에 과거에는 쓰지 않았던 수법들로 장식했다. 이 연극은 감옥에 갇힌 요셉 이야기를 다루었는데 역시 공작 마음에 들었다.

이 연극은 공이 오스트리아의 마르게리타와 결혼하던 날, 오타비아노 데 메디치의 저택 옆 산 갈로가衒의 직조조합이 최초로 상연하도록 했는데, 무대 배경은 역시 아리스토틸레가 담당했다. 로렌초 디 피에르 프란체스코 데 메디치Lorenzo di Pier Francesco de' Medici는 상연 예정인 연극의 각본을 자신이 쓰고 연출과 음악까지 책임졌으며, 그렇게도 자기를 총애하던 공작을 어떻게 죽일지 항상 곰곰이 생각하면서 이 희곡이 좋은 기회가 되기를 은근히 바랐다. 그는 원근법으로 만든 계단이 끝나는 곳에서 양쪽에 18브라차 높이의 날개 같은 벽을 쌓고 넓은 방을 만들고자 했다. 그리고 1층에는 하프시코드, 오르간, 그밖의 육중한 악기들을 놓고, 전면의 헐어버린 공간에는 그림을 그린 막을 드리우기로 했다.

앞무대가 장식이 풍부하고 음악가들이 거기에 앉지 않게 되어 있어 아리스토틸레는 우선 만족했으나, 벽에서 불쑥 나온 지붕을 지탱할 서까래가 아치보다 약한 것이 마음에 걸렸다. 그러나 로렌초는 음악을 방해한다는 이유로 작은 받침대를 고집했다. 아리스토틸레는 이것이 많은 사람을 해치기 위한 함정임을 눈치채고 동의하지 않았다. 사실 로렌초는 공작을 죽이려고 했는데, 아리스토틸레는 로렌초의 의도를 막을 수 없다고 생각했으므로 그 자리를 사직하려고 했다. 그때 조르조 바사리는 공작과 오타비아노 데 메디치를 섬겼는데 무대 배경을 그리면서 이 두 사람의 논쟁을 듣고 슬며시 개입해 어떻게 하면 아치 없이도 가능한지, 음악을 방해하지 않을지를 설명했다. 그는 15브라차 길이의 서까래를 벽에 올려놓고 철로 만든 띠로 간 다음 그 위에 마루대공을 얹어놓으면 아치를 사용한 것처럼 안전할 것이라고 말했다.

그러나 로렌초는 아리스토틸레가 찬성한다는 말에도 귀를 기울이지 않았고, 바사리 건의도 안중에 없었으며, 매사에 흠만 잡았으니 결국 그의 사악한 흉계가 폭로되고 말았다. 바사리는 300명가량이 죽는 불행한 사고가 일어날 것을 예견하고, 공작에게 이 일을 알리겠다고 했다. 그러면 공작이 사람을 보내서 모든 것을 수습할 것이라고 생각했기 때문이다. 이 소문을 들은 로렌초는 계획이 폭로될 것이 두려워 아리스토틸레를 시켜서 바사리의 충고에 따르겠다고 기별했다. 결국 아리스토틸레는 아름다운 작품을 만들어냈다.

알레산드로 공작이 앞서 이야기한 로렌초에게 암살당한 후 1536년에 코시모가 새로운 피렌체 공작이 되었다. 코시모는 그해에 레오노라 디 톨레도Leonora di Toledo 공주와 결혼식을 올리게 되었는데, 그녀는 당대에 가장 추앙받고 사랑받은 여인으로서 고결함과 재색才色을 겸비한 재원이었다.

1539년 6월 27일 거행된 결혼식을 위해 아리스토틸레는 메디치 궁전 안뜰의 분수가 있는 곳에 공연 무대를 제작했다. 그는 피사Pisa를 주제로 자신의 재능을 한껏 발휘해 건축의 다양한 아름다움을 구현했는데 건물의 문들과 창문들을 다양하게 배치하면서 궁전의 정면 외벽을 좀더 환상적이고 독특한 모양새로 장식했으며 건물들이 배치된 거리의 광경을 원근법prospettiva을 완벽하게 응용하여 원거리로 멀어져 희미해져 갈수록 멋지게 묘사하여 아름다움을 배가했다. 교구 대성당 Duomo의 기울어진 사탑斜塔, campanile과 둥근 천장cupola, 산 조반니 성당, 기타 도시의 모형도 만들었다.

아리스토틸레가 작업한 계단들의 형태에 대해 많은 사람이 궁금해 했다. 필자는 불필요한 오해를 피하고자 가급적 말을 자제하고 싶지만 그래도 이것만큼은 언급해야 할 것 같다. 즉, 지층에서 솟아나와 무대까지 쭉 이어지는 것처럼 보이는 계단은 중앙에서 보면 팔각형이고 측면에서 보면 사각형이다. 이 건축 양식은 실로 군더더기 하나 없는 단순미의 극치를 보여주며 이것만으로도 여타 건축물과 비교를 불필요하게 한다.

아리스토틸레는 이 건축물 뒤편에는 아치 형태의 나무로 만든 조명등을 배치해놓았는데 이는 그의 천재적 발상이다. 조명등에는 1브라차 높이에 태양을 의미하는 크리스털 구球가 자리하는데 안에는 증류수를 채워놓았고 그 뒤에는 횃불 모양의 조명등 두 개를 설치하여 불을 밝혀놓았다. 이 장치들의 시각적 효과는 대단해서 하늘을 배경으로 하고 보았을 때와 원거리에서 보았을 때의 환한 주변 전경이 사람들로 하여금 마치 실제로 태양을 마주하는 듯한 착각을 불러일으킨다. 이 태양 역할의 구球는 그 가장자리에 금빛 광선을 만들었는데 이 광선이 무대막 커튼을 뒤덮고 있다. 커튼은 윈치로 천천히 젖혀지는데 그 전개 방식을 보면 공연 첫 부분에는 태양이 솟아올라 일출日出의 모양이며 이후 천천히 아치 중간 부분까지 태양이 떠올라 있다가 공연이 끝날 때쯤에는 다시 하강하여 지평선 아래로 떨어지며 마치 일몰日沒과 같은 모습을 재현한다.

희곡의 작자는 피렌체의 귀족 안토니오 란디Antonio Landi이며, 음악과 막간연주 책임자는 조반 바티스타 스트로치Giovan Battista Strozzi였다. 무대 아래의 측면 벽에는 가로 5브라차, 세로 8브라차 크기로 그림을 그리고 둘레를 장식했는데, 화면으로 튀어나온 쇠시리와 프리즈를 이루었고, 라틴어로 쓰인 그림 설명이 원圓 속에 들어 있다. 그림 장면 위의 프리즈에는 유명한 메디치 가문의 문장紋章들이 보인다.

계단 동쪽에는 프란체스코 우베르티니가 귀양살이에서 돌아온 코시모 공작을 그렸는데 프리즈 안에는 그의 문장이 보인다. 다음도 그가 나폴리를 방문하는 로렌초를 그린 것으로 그의 문장이 보인다. 셋째 것은 피에르 프란체스코 디 야코포 디 산드로가 그린 피렌체를 방문한 교황 레오 10세와 줄리아노 공작의 문장이고 넷째 것은 같은 화가가 그린 비에그라사Biegrassa*에서의 승리이며, 주피터의 천둥번개 문장, '오스트리아와 메디치'라는 뜻의 알레산드로 문장도 보인다. 다섯째 것은 교황 클레멘티우스가 볼로냐에서 샤를 5세에게 대관戴冠하는 장면이며 문장은 자신의 꼬리를 물고 있는 뱀이다. 이 그림은 안드레아 델 사르토의 제자 도메니코 콘티Domenico Conti의 작품이지만 제자들의 충분한 조력을 얻지 못한 평범한 그림이다. 여섯째 것과 마지막 것은 브론치노Bronzino가 그렸는데, 나폴리에서 알레산드로 공작과 피렌체 실향민들이 왕 앞에서 논쟁하는 장면이다. 앞에는 세베토Sebeto강과 군중이 보이는데, 그가 그린 그림들 중에서 가장 아름답다. 문장은 '종려'棕櫚다.

맞은편은 코시모의 귀환, 즉 공작의 탄생이며, 피렌체시의 문장인 붉은 백합이 보인다. 프리즈 안에는 요새의 성주城主를 그렸는데, 데생은 피렌체를 곧 떠나야 할 프란체스코 살비아티가 그렸으나 롤로Loro의 카를로 포르텔리Carlo Portelli가 아름답게 완성했다. 셋째는 로마의 역사가 티투스 리비우스Titus Livius의 『역사』 제20권에 기록된 고사故事를 취급한 것으로, 무례한 요구를 한 분별없는 세 사절이 로마 원로원元老院으로부터 내몰려는 헛된 생각을 했던 세 추기경을 풍자한 그림이다. 문장은 '날개 돋친 말'이다. 다음은 몬테 무를로Monte Murlo의 체포이며, 문장은 피루스Pyrrhus**의 머리에 앉은 이집트의 뿔난 올빼미다. 안토니오 디 돈니노Antonio di Donnino의 그림이며, 기마병들의 전투를 힘찬 동작으로 표현해 다른 화가들보다 찬사를 많이 받았다. 다섯째 것은 알레산드로 공작이 국왕 폐하에게 훈장을 받는 장면이며, 문장은 단풍잎을 물고 있는 까치로, 베네치아 출신 바티스타 프랑코Battista Franco의 작품이다. 마지막 것은 알레산드로 공이 나폴리에서 결혼식을 올리는 광경

* 밀라노와 모르타로(Mortaro) 사이에 있으며 코시모의 아버지 조반니 델레 반데 네리(Giovanni delle Bande Neri)가 1524년에 점령했다.
** 옛 그리스의 왕.

이며, 문장은 나폴리 총독 돈 페드로 디 톨레도Don Pedro di Toledo의 것이다. 브론치노가 그렸는데, 다른 작품들보다 가장 뛰어났다.

아리스토틸레는 프리즈 위를 다른 장면들과 문장들로 장식해 공작의 칭찬을 받았다. 이때부터 그는 매년 열리는 사육제 때 상연하는 연극의 무대 배경을 그렸다. 그러나 얼마 후부터는 정부가 브론치노와 프란체스코 살비아티를 고용하는 바람에 그는 이 일을 그만두지 않으면 안 되게 되었다.

아리스토틸레는 여러 해 동안 실직 상태에 있다가 삼촌 안토니오 산 갈로를 찾아 로마로 갔다. 그는 조카를 반가이 맞이해 곧 건축공사를 시키고 금화 10스쿠디scudi를 월급으로 지불했다. 그 후 안토니오는 그를 카스트로Castro로 파견해 자신의 설계로 만들던 파울루스 3세를 위한 성벽의 일을 맡겼다. 아리스토틸레는 소년 시절을 안토니오와 함께 지내 서로 가족같이 익숙하긴 했지만 안토니오는 그와 어느 정도 거리를 두고 싶어 했다.* 왜냐하면 아리스토틸레가 안토니오에게 '귀하'貴下, signori 등의 존칭어를 전혀 쓰지 않았으며, 교황이나 귀족의 사교장에서도 '자네'voi라는 호칭으로 하대下待했기 때문이다. 당시 피렌체 사람들은 옛 풍습대로 노르치아Norcia에서 온 사람들같이 누구에게나 이렇게 불렀으며 새로운 예법에는 익숙지 못했다.** 안토니오는 추기경과 같은 지위 높은 사람들에게서도 존중을 받아온 터라 그것이 마음에 들지 않았다. 아리스토틸레가 카스트로에서 지친 나머지 로마로 되돌아가겠노라고 안토니오에게 간청하자 그는 즉시 동의하고 앞으로는 지위가 높은 사람들 앞에서 자기와 대화할 때는 좀더 예의를 지켜줄 것을 부탁했다.

* 실제로 조카뻘인 아리스토틸레가 나이는 안토니오보다 네 살 위였다.
** 노르치아(Norcia)는 움브리아(Umbria) 지방의 지역명으로 당시에는 돼지 도살업자들의 집단 거주지였다. 주로 무지하고 천박한 출신이라는 의미로 사용되었다.

사육제가 열렸던 해 루베르토 스트로치Ruberto Strozzi가 연회장에서 귀빈들을 접대했는데, 아리스토틸레는 큰 홀 안에 희곡을 공연할 무대 배경을 제작했다. 그 아름다운 장면을 본 추기경 파르네세Farnese와 그 밖의 인사들은 후에 그를 고용해 재판소가 있는 산 조르조 궁전 정원에 붙은 홀을 장식하도록 하고, 그 후에도 계속 일하도록 했다. 그때 추기경이 아리스토틸레를 잘 다독여달라고 쿠르지오 프란치파노Curzio Franzǐpano에게 부탁하자 분별 있는 이 사람은 혹시 돈을 지나치게 지불하지나 않을까 두려워서 공사 대금이 대충 얼마나 될지를 페리노 델 바가Perino del Vaga와 조르조 바사리에게 의논했다. 페리노에게는 기분 좋은 일이었다. 왜냐하면, 본래 그는 아리스토틸레를 몹시 싫어했으며, 자신이 추기경의 신하이므로 무대 배경 일은 당연히 자신이 맡아야 하는데 아리스토틸레 손에 들어가서 불쾌했기 때문이다.

페리노는 불안했고 시기심에 차 있었다. 추기경이 아리스토틸레뿐만 아니라 바사리까지 채용했고, 아리스토틸레에게는 재판소 안의 '파르코 마요리'Parco Majori에 100일간 프레스코화를 그리는 대가로 금화 1,000두카트를 지불했다. 당초부터 페리노는 이 그림을 나쁘게 평가하려고 했던 터였다. 아리스토틸레는 자기 그림을 낮게 평가한 사람이 누구인지를 알고 페리노를 찾아가서, 원래 하던 버릇대로 첫마디로 '너'라고 불렀다. 처음부터 그에게 감정이 나빴던 페리노는 화가 나서 마음먹었던 대로 다 털어놓았다. 아리스토틸레는 바사리에게 페리노를 찾아갔던 일을 모두 이야기했다. 바사리는 그에게 아무 염려도 하지 말라고 타일렀다. 아리스토틸레는 손해 볼 것이 거의 없었기 때문이다.

그 후 페리노와 바사리는 이 문제를 수습하게 되었는데, 페리노는 선배로서 우선 아리스토틸레 작품을 비난하면서 서푼짜리 값어치도 없다고 주장했다. 그리고 아리스토틸레와 그의 조수들에게 지급된 선금이 필요 이상으로 과하다고 힐난했다. 또 그는 "만일 내가 이 일을 맡았다면 그 사람의 그림과는 완전히 다른 작품을 만들었을 텐데 추기경은 자신에게 별로 이익이 되지 않는 사람에게 호의를 베푸신다"라고 비꼬았다. 페리노가 한 이런저런 말로 미루어보면, 그의 행동은 선량한 예술가의 기량과 능력을 식별했기 때문이라기보다는 추기경에 대한 불만을 아리스토틸레를 통해 간접적으로 표시한 것 같다.

바사리는 그를 이렇게 이해하고 조용히 그에게 이야기했다. "나는 이 작품을 많이 알지는 못하지만, 내가 보기에는 실력 있는 사람이 제작한 훌륭한 작품이며 당신이 이야기한 것처럼 서푼짜리는 분명히 아닙니다. 나는 주야겸행畫夜兼行으로 여러 날 열심히 일하는 사람에게 그저 낮에만 일하면서 남을 모방하는 사람의 보수를 지불하는 것은 부당하다고 생각합니다. 당신이 좀더 많은 장면을 그렸다 할지라도, 아리스토틸레만큼 우아하게는 그리지 못했을 것입니다. 추기경께서는 그의 그림이 당신의 것보다 훌륭하다고 판단했습니다. 그러므로 아리스토틸레와 당신보다는 예술과 유능한 사람들에게 해가 가지 않도록 조심하시오. 왜냐하면 작품을 보는 사람들은 작품 자체보다는 우리의 그릇된 판단, 아마도 우리 악의를 비난할 것이기 때문이오. 또 다른 사람의 작품을 비난하거나 과소평가함으로써 자기 작품을 과장하려는 자는 종국에는 질이 나쁜 무지한 자로 하느님이 판단하실 것이오. 당신이 로마에서 많은 작품을 만들었는데 다른 사람들이 당신의 작품을 평가할 때 당신이 남의 작품을 평가하듯이 똑같이 했을 경우를 생각해보시오. 이제 그동안 당신이 얼마나 비합리적이었는지를 생각해보고 그들에게 호의를 베풀기 바랍니다."

이 우정 어린 충고 덕분에 페리노는 안정을 찾았으며, 아리스토틸레도 만족했다. 아리스토틸레는 여기서 받은 보수와 프랑스에서 보내온 그림값을 가지고 즐거운 마음으로 피렌체로 되돌아갔다. 그가 떠나기 전 로마 사람들이 캄피돌리오Campidoglio에 건축물을 건립하려고 할 때 미켈란젤로가 그를 고용하려 했으나 그는 사양했다.

아리스토틸레는 1547년에 피렌체로 돌아와서 코시모 공작에게 인사드리러 갔는데 공작은 새로 짓기 시작한 많은 건축물 공사에 그를 고용하려고 했다. 공작은 유능한 작가에게는 언제나 그랬듯이 아리스토틸레를 반갑게 맞이하고 금화 10두카트를 월급으로 지불하면서 기회가 되면 꼭 일을 해달라고 부탁했다. 그는 이 봉급으로 몇 해 동안 조용히 살다가 1551년 5월 31일에 70세로 세상을 떠났다. 그는 세르비테 성당에 매장되었다. 나는 그가 그린 데생을 몇 장 가지고 있다. 안토니오 파르티치니Antonio Particini도 원근법으로 그린 아름다운 데생 여러 장을 가지고 있다.

같은 시대에 아리스토틸레의 친구 두 사람이 활약했다. 그들은 훌륭한 작품들을 만들어 보기 드문 거장의 반열에 들 자격이 있기 때문에 간단히 피력하겠다. 그중 한 사람은 야코네Jacone이고 다른 한 사람은 프란체스코 우베르티니Francesco Ubertini, 일명 바키아카Bacchiacca*다. 야코네는 작품을 많이 제작하지 못했지만 열띤 토론으로 세월을 보냈다. 그는 자신에게 주어진 약간의 운에 만족하며 게으르게 지냈다. 그러나 안드레아 델 사르토와 친하게 사귀었기 때문인지 그의 데생은 훌륭하고 대담했으며, 그가 그린 조상들의 자세는 독창적이고 환상적인 면이 있었다. 그가 젊었을 때 피렌체에서 그린 성모상은 대부분 피렌체 상인들이 프랑스에 팔았다. 바르디Bardi街의 산타 루치아S. Lucia 성당 안에는 그가 성령과 그리스도, 성모 마리아를 그린 유채화가 있다. 로도비코 카포니 저택 옆의 닫집 달린 감실에는 흑백으로 그린 조상이 두 점 있다. 산 로메오 성당 대제단에는 성모 마리아와 두 성인을 그렸다.

폴리도로와 마투리노Maturino가 로마에서 어떤 건물 정면에 그린 그림이 평판이 높아졌으나, 그는 아무에게도 알리지 않고 로마로 가서 몇 달간 머물면서 그것들을 모사해 그림 실력이 많이 향상되었고 후에 훌륭한 화가가 되었다. 그리하여 부온델몬테 경은 그를 고용해 산타 트

* 1494~1557.

리니타S. Trinita 성당 맞은편에 있는 자기 집을 장식하게 했다. 야코네는 거기에 알레산드로 대왕의 생애를 여러 장면 그렸는데, 데생이 너무 훌륭해서 안드레아 델 사르토의 그림으로 의심하는 사람도 있다.

이 작품으로 야코네의 장래는 기대할 만했지만 그는 항상 그림 그릴 시간을 만들려고 노력하면서도 친구들과 함께 연회나 축제에 갔기 때문에 얻는 것보다 잃는 것이 많았다. 그것을 어떻게 표현해야 할지 나는 모르겠다. 그들에겐 친구라는 말보다 군대라는 표현이 어울렸다. 그들과 어울리며 철학자 같은 행동을 한다는 핑계로 돼지처럼 생활하고, 몸을 씻지 않았으며, 턱수염도 깎지 않았다. 집 안 청소는 물론 침대는 두 달에 한 번 정도 정돈하고 식탁에는 도화지를 깔았으며 음료는 병째 마시면서 자신의 생활양식을 정상적인 것으로 생각했다. 사람의 외양은 그 사람의 속마음을 반영하듯이, 심성이 추하고 잔인한 사람은 겉모습에 드러난다고 나는 믿는다.

1525년에 광장에서 산 펠리체S. Felice 축제가 거행되었을 때 오르치우올로Orciuolo 조합이 「성모영보」를 상연했다. 야코네는 이때 혼자 우뚝 서 있는 이중 전승 아치를 만들었는데, 원주 여덟 개, 벽기둥들, 합각머리들을 이름난 목공 피에로 다 세스토Piero da Sesto와 합작했다. 거기에는 아홉 장면을 그렸는데 그중 하나를 야코네, 다른 것들은 프란체스코 우베르티니가 주로 『구약성서』 중에서 모세 이야기를 그렸다.

야코네는 친척인 스코페티네Scopetine 수사의 초청으로 코르토나에 가서 교외에 있는 마돈나 성당 대제단에 유채화 두 점을 그렸는데, 하나는 성모 마리아와 성 로코, 성 아우구스티노, 그밖의 성인들을 그린 것이고, 다른 하나는 성부가 성모 마리아에게 면류관을 씌우는 광경, 중앙에는 성흔聖痕을 받는 성 프란체스코를 그린 것인데 두 작품 다 아름답다.

피렌체로 돌아온 그는 본잔니 카포니Bongianni Capponi의 집과 몬티치Montici에 있는 그의 별장을 장식했다. 야코포 다 폰토르모가 카레지

그림 561 프란체스코 우베르티니의 밑그림에 따른 얀
(조반니) 로스트의 공방. 위의 그림은 8월, 9월이며,
아래 그림은 10월, 11월이다. 벽에 거는 융단,
우피치 미술관, 피렌체.

Careggi에 있는 알레산드로 공작의 별장 로지아에 공작의 생애에 관한 장면을 그릴 때, 야코네는 그를 도와 그로테스크 등으로 장식했다. 야코네는 그밖에도 몇몇 작품을 남겼지만 특별히 여기에 기록할 만한 것이 못 된다.

결론적으로 야코네는 생애의 가장 좋은 시대를 어리석은 행위, 무익한 일들, 다른 사람들을 험구하는 데 낭비했다. 당시 피렌체 미술계에는 작품 활동 자체보다는 향락을 위주로 삼은 패거리의 모임이 있었다. 그들은 상점이나 다른 곳에 모여서 뛰어나고 명예롭게 생활하는 사람들의 작품을 헐뜯는 비평을 일삼았다. 이 모임의 우두머리는 야코네로, 금은세공인 필로토Piloto, 목공사 타소Tasso 등이 있었는데, 그중에서도 야코네가 가장 질이 나빴으며 항상 누군가를 헐뜯었다. 이런 모임에서는 불상사가 일어나도 놀랄 일이 아니며 필로토는 자신의 독설毒舌 때문에 한 젊은이에게 맞아 죽었다. 그들의 언행은 점잖은 인사들의 빈축을 샀으며, 늘 양몰이꾼같이 행동하고 성벽 주위를 빈둥거리며 선술집에서 마시고 떠들어댔다.

어느 날 조르조 바사리가 피렌체 교외에 있는 몬테 올리베토의 수도원장 돈 미니아토 피티Don Miniato Pitti를 방문하고 돌아오는 길에 메디치 궁전 모퉁이에서 야코네와 그 패거리를 만났다. 야코네는 바사리에게 농담 반 진담 반으로 불쾌한 말을 던졌다. 바사리가 탄 말이 그들 사이로 들어가자 야코네가 외쳤다. "바사리 씨, 안녕하십니까?" 바사리는 "예, 덕분에 잘 지내지요. 그런데 야코네 씨는요?"라고 물었다. 야코네는 계속해서 "나도 한때는 당신같이 빈한했지만 지금은 금화 3,000두카트 이상의 재산이 있소. 당신은 나를 바보로 알지만, 사제들은 나를 유능한 화가로 알지요. 나는 한때 당신의 시중을 든 일이 있지만 지금은 시종 한 사람이 나와 내 말을 돌보아주지요. 나는 한때 가난한 화가의 작업복을 입었지만 지금은 벨벳옷을 입고 말을 타고 외출하지요. 잘 가십시오."

이 불쌍한 야코네는 단숨에 이렇게 외치고는 정신이 나간 듯, 아무 말 없이 멍하니 서 있었다. 결국 사기꾼이 사기당한 사람보다 얼마나 더 해를 입는지 알 수 있다. 마침내 그는 모든 것을 탕진하고 코다리메사Codarimessa 뒷골목의 오두막집에서 병들어 돌보는 사람 없이 다리를 쓰지 못하고 누워 있다가 1533년 죽음을 맞았다.

프란체스코 우베르티니는 근면한 화가였으며, 야코네의 친구이기는 했지만 질서 있게 생활했다. 그는 안드레아 델 사르토와 친하게 지냈으며, 그에게서 많은 도움을 받았다. 그는 작은 조상을 그리는 솜씨가 뛰어났는데, 피렌체의 산 로렌초 성당 안의 조반니 안토니오 솔리아니Giovanni Antonio Sogliani가 그린 제단화 밑에 순교자들의 이야기를 제작한 제단의 대를 보면 잘 알 수 있다. 크로치피소Crocifisso 경당 안 제단의 대에도 그의 작품이 있다. 피에르 프란체스코 보르게리니Pier Francesco Borgherini 사무실에도 의자 뒷면에 요셉 이야기를 그렸다.* 또 조반 마리아 베닌텐디Giovan Maria Benintendi의 저택에도 작은 조상 두 점을 그렸는데 그 하나가 「그리스도의 세례」**다.

그밖에도 프랑스와 영국에 보내진 작품들이 있다. 나중에 그는 훌륭한 동물화가로서 코시모 공작에게 봉사하게 되었는데, 각종 동식물의 유채화로 사자실寫字室을 가득 채웠다.그림 561 그밖에 수많은 조상을 그려 넣어 일 년 열두 달을 나타내는 아름다운 밑그림을 그렸으며, 이것을 플랑드르 출신 조반니 로스토Giovanni Rosto의 아들 마르코Marco가 융단에 명주와 금으로 짜 넣었다. 그는 피티 궁전의 분수에 그로테스크 양식의 프레스코를 그렸고, 진주와 기타 아름다운 것들로 장식한 침대를 디자인해 그의 형제 안토니오 바키아카Antonio Bacchiacca가 수를 놓은 직물을 만들기도 했는데, 이것은 메디치 일가의 결혼 침대 장식에

* 국립 미술관 소장품이다.
** 베를린 미술관에 있는 것이 그의 작품으로 여겨진다.

쓰일 것이었다.

그러나 그는 완성을 보지 못했으며 조르조 바사리가 마무리했다. 그는 피렌체에서 1557년에 세상을 떠났다.

페라라의 화가들

벤베누토 가로팔로와 지롤라모 다 카르피
Benvenuto Garofalo and Girolamo da Carpi
1481~1559   1501~1556

그밖의 롬바르디아 미술가들

GIROLAMO DA CARPI
PITTORE.

　바사리의 방대한 전기 중 4권 마지막은 이탈리아 북부 롬바르디아 지방 작가들에게 헌정되었다. 실제로 바사리는 "그들의 작품을 본 일도 없으니 미리 계획했던 것은 아니지만 계획에서 빠진 작품들을 기록하고자 한다"라고 하면서 1542년부터 1566년까지의 작품 중 보지 못한 부분은 나중에 증보할 계획이라고 밝혔다. 바사리가 전기를 위해 얼마나 큰 노고와 애정을 보였으며 또한 객관적 기록을 충실히 하기 위해 노력했는지를 알 수 있다. 가로팔로는 만토바, 페라라 등 15세기 이탈리아 북부 회화를 익힌 후 이들 화풍을 고전주의로 발전시켜 표현한 작가다.

여기에서는 앞서 기록한 만테냐Mantegna, 코스타 Costa, 크레모나Cremona의 보카치노, 볼로냐의 프란치 아Francia의 뒤를 이어 롬바르디아Lombardia의 이름난 화 가, 조각가, 건축가들을 일괄적으로 소개하려고 한다. 나에게는 그들의 생애를 자세하게 기록하거나, 그들의 작품을 체계적 으로 열거할 만한 자료가 부족하기 때문이다. 애당초 내가 실제로 확인 해보지 못한 작품들에 대한 평가는 계획에 없었으나, 이참에 계획에 없 던 작품들을 애써 기록하고자 한다. 필자는 1542년부터 1566년까지, 즉 24년간 이 책의 지면을 많이 늘려줄 많은 작품을 답사하기 위해 이 탈리아 각처를 여행할 틈이 없었으며 또 이 책이 이제 마무리 단계에 접어들기 때문에 차후 가서 직접 보고 증보增補하려고 한다.

필자의 주군主君이신 피렌체와 시에나의 대공大公 돈 프란체스코 데 메디치Don Francesco de' Medici 각하와 오스트리아의 요안나Joanna 공주 결혼식에 즈음하여 궁전의 큰 홀 천장을 장식하는 데만 2년이 걸렸다. 그래서 이제는 비용과 시간에 구애받지 않고 로마, 토스카나, 마르크 March 일부, 움브리아Umbria, 로마냐Romagna, 롬바르디아, 베네치아의 여러 곳을 다시 방문해 옛것들을 다시 한번 보고 1542년 이후에 제작 된 작품들을 구경하고자 한다. 이미 가장 이름난 작품들은 기록했지만 그밖의 많은 우수한 예술가에게 결례를 범하고 싶지 않으며, 처음 내가 의도했던 바와 같이 성실하게 편견 없이 역사를 저술해 그 간격을 메우 려고 한다. 또 아직 살아 있으면서 우수한 작품을 제작하는 이들을 언 급하고자 한다.

먼저 페라라 사람들을 이야기하겠다. 벤베누토 가로팔로Benvenuto Garofalo는 1481년에 페라라의 피에로 티지Piero Tisi에서 태어났으며, 조 상은 파도바 사람이다. 그는 어렸을 때 학교에 가면 그림이 좋아서 아 무것도 하지 않고 늘 그림만 그렸다. 회화繪畵를 시시하다고 생각한 그 의 아버지는 아들 마음을 돌리려고 애썼으나 허사였다. 제2의 천성이 필요하다고 느낀 그는 아침부터 밤까지 그림만 그리는 아들을 페라라의 화가 도메니코 파네티Domenico Panetti에게 맡겼다. 파네티는 당시 명성 있는 화가였지만 스타일이 무미건조하고 좀 억지스러운 데가 있었다.

벤베누토는 도메니코 밑에서 얼마 동안 지내다가 어느 날 크레모나를 방문한 일이 있는데, 그곳 대성당 안에 크레모나의 화가 보카치오 보카치노Boccaccio Boccaccino가 그린 여러 점 중에서 기도하는 네 성인과 가운데에 가시관을 쓴 그리스도의 그림을 보고 매우 감동해 그에게로 갔다. 보카치노는 당시 성당 회중석會衆席에 성모 마리아와 그리스도의 생애에 관한 장면을 프레스코로 장식했는데, 맞은편 벽에 그리스도를 그리던 알토벨로Altobello*와 경쟁하던 중이었다.

벤베누토는 2년간 크레모나에서 보카치노의 교육을 받으면서 많은 진전을 보였으며, 19세 때인 1500년 로마로 갔다. 그는 피렌체 출신의 화가 조반니 발디니Giovanni Baldini를 알게 되었는데 이 화가는 여러 거장의 스케치를 많이 가지고 있었다. 벤베누토는 틈나는 대로, 밤마다 이 스케치들을 연구했다. 여기서 15개월을 지낸 후 로마의 풍물을 구경하고 한때 만토바를 방문한 다음** 이탈리아 전역을 돌아다녔다. 화가 로렌초 코스타Lorenzo Costa와 2년을 함께 지내면서 그에게 봉사하고 사숙했는데 그곳을 떠나기 전에 코스타는 벤베누토를 만토바 후작 프란체스코 곤차가Francesco Gonzaga에게 소개했다. 그러나 벤베누토는 아버지의 병환으로 페라라에 돌아가야 했기 때문에 그곳에 오래 머무를 수 없었다. 그 후 그곳에서 4년간 머물며 몇 점은 혼자서, 몇 점은 돗시Dossi와 함께 작품을 만들었다.

벤베누토는 1505년 로마에 사는 페라라의 귀족 제로니모 사그라토

---

* 알토벨로 다 멜로네(Altobello da Melone).
** 1511년경이다.

Geronimo Sagrato 초청으로 기꺼이 로마로 돌아와 라파엘로의 그림과 미켈란젤로가 교회 안에 그린 작품들을 연구했다. 그러나 라파엘로의 우아함과 생동감, 미켈란젤로가 그린 데생의 심오함에 깜짝 놀라 말문이 막혔다.* 그는 롬바르디아의 화풍을 저주하게 되었고 자신이 만토바에서 오랫동안 고생하며 공부한 것도 후회하고는 현재 자기 지식을 깨끗이 씻어버리고 과거를 청산하기로 결심했다. 그리고 소묘素描부터 다시 시작해 2년간 부지런히 공부함으로써 난관을 극복하고 과거의 나쁜 방법을 고치게 되었다. 그는 겸손한 태도로 일터에 나가서 성실히 봉사해 라파엘로 다 우르비노Raffaello da Urbino와 벗이 되었다. 라파엘로는 그를 예절 바르게 대하면서 가르치고 도와주었다.

만일 벤베누토가 로마에서 좀더 공부했다면 자신의 훌륭한 재능을 틀림없이 발전시켰을 것이다. 고향으로 돌아가지 않으면 안 되었을 때 그는 떠나면서 라파엘로에게 꼭 로마로 되돌아오겠다고 약속했다. 왜냐하면 라파엘로가 그에게 원하는 것 이상으로 도와주었기에 중요한 작품을 만들겠다고 약속했기 때문이다. 벤베누토가 페라라에서 용무를 마치고 로마로 되돌아갈 준비를 끝냈을 때 페라라의 알폰소 공작이 성의 작은 성당 안에 다른 화가들과 함께 그림을 그려달라고 위촉했고, 페라라의 귀족 안토니오 코스타빌리Antonio Costabili가 산 안드레아S. Andrea 성당 제대에 유채화를 그리도록 고용했기 때문에 출발하지 못했다. 그는 이 작업을 마치고 시토회Cistercian 수도원에 속하는 산 바르톨로S. Bartolo 성당에서 거의 강제로 그림을 그렸는데, 「동방박사의 경배」를 그려 칭찬을 많이 받았다. 또 그곳 대성당에 많은 인물화를 그렸으며 산토 스피리토S. Spirito 성당 한곳에 하늘에서 아기 예수를 안고 있는 성모를 그리고, 다른 곳에는 「그리스도의 탄생」을 그렸다.**

* 시스티나(Sistina) 경당은 1508년에는 아직 공개되지 않았다.
** 이 세 작품은 페라라 피나코테카에 있다. 첫째 것은 산 안드레아 성당에

이런 일을 하는 동안 그는 로마를 생각하면서 슬픔에 잠겨 있었으며 반드시 로마로 떠나겠다고 결심했다. 이 계획은 아버지의 죽음으로 무산되었으며, 혼기를 맞은 누이, 14세 된 동생, 자신의 건강문제로 완전히 좌절되었다. 그리하여 그는 고향에 남아 그때까지 협력하던 돗시 Dossi와 함께 일하기로 결심하고, 산 프란체스코 성당 안에 「라사로의 회생」Resurrezione di Lazarus을 혼자서 그렸는데 매력 있는 채색으로 힘찬 자세를 한 인물들을 그려 칭찬을 받았다. 또 이곳의 다른 성당에는 「영아 대학살」l'uccisione de'fanciulli innocenti을 그렸는데 병사들의 힘찬 움직임, 칭찬받을 만한 여러 감정, 어머니들의 공포, 죽은 어린이들, 살인자들의 잔악성을 잘 표현한 불가사의한 그림이다.그림 562

벤베누토는 빛과 그늘을 구별하려고 점토로 모델을 만들고 또 어떤 모양으로나 옷을 걸칠 수 있도록 관절이 움직이는 조상도 만들었는데 이것은 롬바르디아에서는 처음 있는 일이었다. 더욱 중요한 것은, 그가 자연을 관찰하고 모방하려면 그것이 얼마나 필요한지를 알고 실물의 세부들을 사생했다는 점이다. 그는 이 성당에 제대를 만들고 벽에 프레스코를 그렸다.*

그는 시내의 산 도메니코S. Domenico 성당에 패널화 두 폭을 그렸는데, 하나는 「십자가의 기적」과 성녀 헬레나, 순교자 성 베드로와 많은 인물화를 그린 것으로, 이 그림은 자기의 과거 스타일에서 벗어난 듯하며 더 힘차고 힘을 덜 들인 것 같다.** 또 산 살베스트로S. Salvestro 수녀원 수녀들을 위해 산 위에서 성부聖父와 대화하는 그리스도, 아래에는 세 사도가 잠든 장면을 그렸다.*** 산 가브리엘로S. Gabriello 수녀원을 위해 「성모영보」를, 산 안토니오 성당 제대에 「그리스도의 부활」을 그렸다.

▌　　있던 것인데 돗소 돗시 작품이다.
　* 1520~24년 제작.
　** 1536년 작품.
　*** 베를린 미술관 소장.

그림 562 벤베누토 가로팔로, 「영아 대학살」, 패널에 오일,
페라라 피나코테카, 페라라.

산 지롤라모S. Girolamo의 예수회Ingesuati 수도회 경당에 「구유 안의 예수
와 구름 위에서 합창하는 천사」를 그렸는데 정말 아름답다.* 산타 마리
아 델 바도S. Maria del Vado에도 그가 그린 아름다운 데생들과 채색한 패
널화가 있는데, 그리스도 승천을 그린 그림 아랫부분에는 사도들이 놀
란 얼굴을 하고 있다.** 시 교외의 몬테 올리베토Monte Oliveto 수사들의

* 드레스덴 미술관(Galleria Dresden) 소장.
** 로마의 키지 미술관 소장.

숙사인 산 조르조 교회에 그가 그린 걸작의 하나인 「동방박사의 경배」
가 있다.

이 작품들이 페라라 시민들의 마음을 매혹시켜 그는 시민의 주택, 수
도원, 촌락 등에 수많은 그림을 그렸다. 그밖에도 본데노Bondeno에 「그
리스도의 부활」을, 산 안드레아 성당 식당에는 『신약성서』와 『구약성
서』의 여러 장면을 프레스코화로 그려 재능을 충분히 나타냈다.* 그의
작품은 수없이 많지만 나는 좋은 작품만 다루었다.

지롤라모 다 카르피Girolamo da Carpi는 벤베누토에게 그림의 기초를
배운 후 함께 보르고 누오보Borgo Nuovo의 무차렐리Muzzarelli에 있는 저
택 정면을 일부는 그리자이유로, 일부는 채색했다. 그는 또 페라라 공
의 휴양지인 코파라Coppara 궁전 외부와 내부도 장식했다. 벤베누토는
공을 위해 단독으로, 때로는 다른 화가들과 함께 많은 그림을 그렸다.
그는 오랫동안 결혼할 결심을 하지 못하고 지내다가 동생들과 헤어지
고 혼자 살기에 지쳐 48세 때 아내를 맞이했다. 1년간 중병을 앓고 난
그는 한쪽 눈이 멀었는데, 나머지 한쪽도 시력을 잃을 위험에 빠졌다.
그는 이후로는 회색 옷을 입기로 하느님께 맹세하고 하느님의 은총으
로 한쪽 눈을 지켰으며 65세까지 꾸준히 노력해 잘 다듬어진 작품을
만들어냈다.

어느 날 페라라 공이 벤베누토가 라파엘로의 밑그림을 소재로 하여
그린 길이 5브라차나 되는 「바쿠스의 승리」**와 「아펠레스의 무고誣告」
를 교황 파울루스 3세에게 보여준 적이 있는데 이 그림은 공의 맨틀피
스를 장식했다. 이 그림을 한쪽 눈이 먼 65세 노인이 그렸다는 말을 들

---

* 몬테 올리베토(Monte Oliveto)의 「동방박사의 경배」와 산 안드레아 성
  당 프레스코는 페라라의 피나코테카(Pinacoteca)에 있다. 산 안드레아
  수도원의 「토렌티노(Torentino)의 산 니콜라오(S. Nicolao)가 소년을 희
  생시키다」는 뉴욕의 메트로폴리탄 박물관 소장.
** 드레스덴 미술관 소장.

은 교황이 깜짝 놀랐다고 한다. 그는 20년 동안 계속해서 축제일에는 산 베르나르도 수녀원 집회소에서 하느님의 사랑에 보답하려고 유채화, 템페라, 프레스코를 그렸다. 이것은 정말 놀라운 일이며 그의 성실하고 훌륭한 성품의 소산이라 할 수 있다. 그에게는 경쟁자도 없었으며, 다만 거기에 자주 출입한 것만큼 관심과 노력을 다했을 뿐이다. 이 작품들은 풍부하게 표현되었으며 복잡하지 않으면서 부드럽고 아름다운 스타일로 구성되어 있다.

벤베누토는 많은 제자를 열심히 가르쳤으나 별로 효과가 없었다. 그는 그들에게 감사 정도를 기대했으나 슬픔만 경험했다. 그는 자기에게는 적이 없지만 사실은 제자들이 적이었다고 입버릇처럼 말했다. 1550년에 눈병이 악화돼 완전히 멀고 말았다. 그는 그 후에도 하느님의 뜻에 복종하면서 9년을 더 살다 78세에 죽었는데, 어둠 속에서 너무 오랫동안 살았다고 생각하면서도 영원한 빛을 누리고 싶어 했다. 그는 1559년 9월 6일에 죽었으며 아주 상냥한 아들 하나와 딸 하나를 남겼다.

벤베누토는 훌륭한 성격을 지녀 역경을 잘 견뎠으며 농담을 좋아해 그와 대화하면 항상 즐거웠다. 그는 펜싱을 좋아했으며 류트를 잘 연주했고 친구들에게 따뜻했다. 조르조네Giorgione, 티치아노, 줄리오 로마노, 그밖의 많은 예술가와 친하게 지냈다. 내가 페라라를 두 번 지나간 일이 있는데 그는 나를 정중히 맞이했다. 그는 산타 마리아 델 바도에 명예롭게 매장되었으며 사람들은 그의 덕을 아름다운 시와 운문으로 찬양했다. 나는 그의 초상화를 입수하지 못했으므로 지롤라모 다 카르피Girolamo da Carpi의 것으로 대신했는데 이 사람에 관한 이야기도 쓰려고 한다.

지롤라모 다 카르피는 페라라 출신이며 벤베누토의 제자였다. 그는 처음엔 명찰名札 화가인 아버지에게 고용되어 명찰 수십 종을 만드는 일에 종사했다. 그는 벤베누토 밑에서 어느 정도 실력이 늘자 아버지가 이런 기계적인 직업을 시키지 않기를 희망했다. 그러나 그의 아버지 톰

그림 563 지롤라모 다 카르피, 「성모 몽소승천(봉헌자
줄리아노 무자렐라와 함께)」, 1530~40, 패널에 오일,
199.4×131.1cm, 워싱턴 국립 박물관, 워싱턴 케레스 컬렉션.

마소Tommaso는 돈벌이에만 정신이 팔려 그렇게 하지 않았고, 그는 아
버지 곁을 떠나기로 결심했다. 그는 볼로냐에 가서 어느 귀족 집에 머
물며 초상화를 그렸는데 평판이 좋아 아버지 밑에 있을 때보다도 수입
이 더 많아 살림에 도움을 주었다.

그 무렵 코레조Correggio가 그린 「나를 만지지 마라」Noli me tangere를
볼로냐의 에르콜라니Ercolani 백작 집으로 가져왔는데, 믿을 수 없을 정

도로 훌륭한 색조와 재주로 그렸다. 그 화풍이 카르피를 사로잡아 그는 이 그림을 모사하는 것으로 만족하지 않고 코레조 그림을 보러 모데나 Modena까지 갔다. 그 그림들 가운데 그를 특히 놀라게 한 것이 하나 있었다. 아기 예수를 안은 성모 마리아와 신혼神婚하는 성녀 카테리나, 그 밖에 성 스테파노와 여러 인물을 그렸는데, 가느다란 머리카락, 손, 매우 매혹적이고 자연스러운 채색 등 더 바랄 것이 없어 마치 천국에서 일어난 일인 듯했다.* 이 그림을 소유한 코레조의 막역한 친구인 의사 프란체스코 그릴렌초니Francesco Grillenzoni가 이 그림의 모사를 카르피에게 허락하자 그는 매우 열심히 모사했다. 그밖에 코레조가 신부들의 협회를 위해 그린 순교자 성 베드로도 모사했는데, 원화는 높이 평가받을 만해서 성모 무릎에 앉은 아기 예수가 마치 숨 쉬는 듯하다.**

카르피는 그 후에도 산 바스티아노 협회 소유의 그다지 신통치 않은 그림도 모사했다. 이 그림들을 모사함으로써 그는 화풍을 완전히 바꿨다. 그는 코레조의 그림이 있다는 소문을 듣고 모데나에서 파르마Parma로 가서 대성당 회중석을 장식한 그의 그림을 모사했다. 성모 마리아가 여러 천사와 사도들이 바라보는 가운데 승천하는 장면을 원근법에 따라 단축법으로 아름답게 그린 것과 벽감 안의 네 성인, 세례자 성 요한과 양쪽의 성 요셉과 우베르티Uberti의 성 베르나르도, 이 시의 추기경과 대주교 및 기타 후원자를 그린 훌륭한 그림들이다. 또 산 조반니 에반젤리스타S. Giovanni Evangelista 성당에 있는 코레조의 그림, 즉 경당 안의 성모 마리아 대관식에는 복음 전도자, 세례자 성 요한, 성 베네데토, 성 플라치두스S. Placidus와 군중, 그밖에 산 세폴크로의 산 요셉 경당 안의 인물화 등 걸작이 있다.

어떤 스타일을 좋아하면 그것을 주의 깊게 연구한 후 최소한 부분적

---

* 루브르 박물관 소장품이다.
** 드레스덴 미술관 소장품이다.

으로나마 스승보다 더 훌륭해질 수 있는데, 카르피도 그런 방법으로 코레조의 스타일을 무척 닮게 되었다. 볼로냐로 돌아온 그는 코레조 화풍을 연구하면서 계속 모방하고 라파엘로 작품이라고 전해지는 작품도 연구했다. 나는 이런 자세한 이야기를 1550년경부터 로마에서 친구가 된 카르피에게 직접 들었다. 그는 만약 자신이 젊은 시절을 로마에서 보냈다면 더욱 발전했을 텐데 한창때 페라라와 볼로냐에서 보낸 것이 애석하다고 한탄했다. 그가 연애에 너무 열중한 것과 그림을 공부해야 할 때에 류트를 연주한 것도 그의 예술에 적지 않은 손해를 입혔다.

그는 볼로냐에 돌아와 그곳에서 공부하던 피렌체 사람 오노프리오 바르톨리니Onofrio Bartolini의 초상화를 그렸는데 이 사람은 후에 피사의 대주교가 되었다. 이 그림은 그의 상속인 노페리Noferi가 소유하고 있는데 매우 아름답고 우아하다. 그때 볼로냐에서 일하던 화가 비아조Biagio*가 카르피의 명성이 높아지는 것을 보고, 그가 자기를 밀어내거나 자신의 수입이 줄지나 않을까 염려했다. 그는 카르피와 사귈 기회를 엿보다 결국 친한 친구가 되어 당분간 함께 일하기도 했다. 이 일은 카르피의 수입과 예술에 불리했다. 왜냐하면 카르피가 비아조와 마찬가지로 다른 사람의 데생들을 무엇이든 빌려 썼으며 일하는 데 아무런 어려움을 느끼지 않았기 때문이다.

볼로냐 교외 보스코Bosco에 있는 산 미켈레S. Michele 수도회의 수사 가운데 안토니오라는 이가 있었다. 그는 몬테 올리베토Monte Oliveto에 있는 같은 수도회의 수도원 안 스카리칼라시노Scaricalasino에 실물과 같은 크기의 성 세바스티아노를 유채화로 그렸다. 또 몬테 올리베토의 산 스콜라스티카S. Scholastica 정원 안에 프레스코 조상들을 그린 일이 있는데 볼로냐에서 이 수사를 1년이나 머무르게 한 기아치노Ghiaccino 수도원장이 자기 교회의 새로 만든 성물실에 그림을 그리도록 이 수사에게

---

* 비아조 푸피니(Biagio Pupini).

부탁한 일이 있다.

안토니오 수사는 이 일이 적당하지 않다고 느꼈는지 아니면 이런 사람들과 함께 일하는 것이 흥미가 없었는지 그 일을 카르피와 비아조에게 맡기는 것이 좋겠다고 했다. 이들은 천장을 구분하고 천사와 지품천신을 모두 프레스코로 그렸고, 큰 인물화로「그리스도의 변용變容」을 그렸으며, 몬토리오Montorio의 산 피에트로S. Pietro 성당 안에는 라파엘로가 그린 스타일로 벽에 다른 아름다운 부분과 함께 성인들을 그렸다. 그러나 카르피는 비아조와 함께 일하다가는 발전이 없을 것 같아 이번 일이 끝나는 대로 서로 헤어지기로 하고 그 후에는 혼자 일을 시작했다. 처음으로 제작한 것이 산 살바도레S. Salvadore에 있는 산 세바스티아노 성당의 한 경당에 그린 패널화인데 썩 훌륭하게 완성했다. 아버지가 죽은 후 페라라로 돌아간 그는 초상화 몇 점을 그렸을 뿐 신통한 일을 하지 못했다.

한편, 알폰소 공작 저택에서 일하려고 티치아노가 페라라에 왔다. 이 저택에는 조반니 벨리니가 이전에 와서 일한 적이 있고, 또 돗소가 바카날Bacchanal과 인물들을 그려서 많은 칭찬을 받고 훌륭한 화가라는 칭호를 받았다. 티치아노의 도움으로 공을 알게 된 카르피는 자기 재주를 과시하려고 티치아노가 그린 공의 초상화를 모사하고 싶다고 했다. 그가 모사한 그림이 원화와 똑같았기 때문에 공은 그것을 프랑스로 보냈다. 카르피는 그 후 결혼하고 아이도 낳았다.

그는 페라라의 산 프란체스코 성당 천장에 네 사도와 천사들을 그려서 찬사를 받았고, 같은 장소에 교회의 프리즈를 만들고 풍부하게 장식했다. 또 상반신 조상과 지품천신들이 매혹적으로 서로 휘감은 그림을 그렸으며 파도바의 성 안토니오와 다른 조상들, 두 천사와 함께 승천하는 성모 마리아를 줄리아 무차렐리Giulia Muzzarelli 부인의 초상과 함께 제대에 그렸다.

로비고Rovigo에 있는 산 프란체스코 성당 안에도 성령강림聖靈降臨

을 그렸는데 구성과 인물의 얼굴이 아름답다. 볼로냐의 산 마르티노 S. Martino 성당에 「동방박사의 경배」를 그린 패널화가 있으며, 페라라에는 벤베누토와 함께 바티스타 무차렐리Battista Muzzarelli 집의 정면을 만들었다. 또 페라라에서 12밀리아 떨어진 곳에 있는 공의 별장 코파라궁도 조영했다.* 페라라에 있는 피에로 손치니Piero Soncini의 집 — 장터에서 광장으로 가는 길에 있다 — 정면에 샤를 5세가 골레타Goletta를 잡는 것을 상징하는 작품을 만들었다. 그곳 시내 산 폴로S. Polo의 갈멜 수도회 성당에 실물 크기만 한 성 히에로니무스와 두 성인을 유채화로, 공의 궁전에도 실물 크기만 한 씩씩하고 우아하고 약동하는 포르투나 Fortuna**를 상징하는 조상을 만들었다.

그는 또 기대고 있는 실물 크기 베누스와 사랑의 여신이 옆에 있는 조상을 만들어서 파리의 프랑수아 왕에게 보냈다. 이 작품은 1540년에 착공한 것으로 그 우수함은 보증할 만하다. 그는 또 페라라의 몬테 올리베토 수도원 수사의 숙소 산 조르조의 식당을 착공해 거의 마무리하고 장식했는데 최근에 볼로냐의 화가 펠레그리노 펠레그리니Pellegrino Pellegrini가 완성했다. 그가 귀족과 영주를 위해 그린 그림이 너무 많아다 이야기할 수 없으므로 아름다운 그림 두 점만 이야기하겠다. 그 하나는 불가사의한 미를 간직한 것으로 코레조를 모사한, 성모 마리아가 그리스도에게 입을 옷을 주는 장면인데 파르마의 바이아르도Baiardo 기사가 소유하고 있다.*** 또 하나는 파르미자노 것을 모사한 그림인데 파비아에 있는 체르토사의 대목代牧 실내에 있다.

카르피는 건축에도 흥미가 있었기 때문에 개인 집과 추기경 이폴리토 저택을 설계했다. 이 추기경은 로마 몬테 카발로Monte Cavallo에 있

---

* 1535년의 작품인데 1808년에 궁전의 화재로 파괴되었다.
** 그리스신화에 나오는 기회의 여신.
*** 원화는 런던의 국립 미술관 소장품.

는 나폴리의 포도원에 둘러싸인 추기경 정원을 매입했다. 추기경은 카르피를 로마로 데리고 가서 건축뿐만 아니라 정원 안의 목공 일을 시켰다. 나는 목공 일을 카르피보다 더 잘하는 사람을 본 적이 없는데 그의 작품은 이 녹음에 잠겨 있다. 그는 여러 교회를 로마에 있는 아름다운 고대 조상들로 장식했는데 어떤 것은 그 전부를, 어떤 것은 피렌체의 조각가 발레리오 촐리Valerio Cioli와 다른 지방의 조각가 작품으로 장식했다.*

이런 작업으로 카르피는 로마에서 많은 칭찬을 받았으며 그를 사랑하던 추기경도 1550년에 그를 교황 율리우스 3세에게 소개함으로써 그에게 집과 높은 봉급을 주며 벨베데레궁 조영에 참여하게 했다. 그러나 교황이 건축, 데생 같은 것을 잘 이해하지 못했으므로 변덕스러웠던 그는 이런 일이 마음에 들지 않았다. 그는 몇몇 늙은 건축가와 사이가 좋지 않았으며 그들의 적의를 느꼈고, 자신도 성격이 쌀쌀맞았으므로 이 일에서 손을 떼기로 결심했다. 그리고 추기경을 섬기려고 몬테 카발로Monte Cavallo로 돌아왔다.

살면서 모든 사람을 만족시키기는 어려우니 카르피의 결심을 모두 칭찬했다. 그는 명예와 악보다는 빵과 물로 마음의 평화를 누리는 편이 좋다고 생각했다. 그는 추기경을 훌륭하게 그린 다음 더는 참을 수 없어 추기경을 따라 페라라로 돌아왔다. 그는 아내, 자식들과 조용한 생활을 즐기면서 경쟁자들에게 행운을 누릴 희망을 주었지만 그만큼 누린 사람은 없었다. 그가 페라라에 있는 동안, 어떤 사고로 성의 일부분이 불에 타자 에르콜레Ercole 공은 그에게 수리를 위촉했다. 그 고을에는 장식에 쓸 만한 석재가 없었으나 그는 잘 수리했고 공은 그의 수고를 인정해 큰 보상을 주었다.

카르피는 1556년에 55세로 죽었으며 안젤리Angeli 성당 안 자기 아

* 1554년의 일이다.

내 옆에 묻혔다. 그는 딸 둘과 아들 셋을 두었는데 줄리오, 안니발레 Annibale 등이다. 그의 성격은 낙천적이었으며 대화는 언제나 유쾌했다. 일은 좀 느리게 했으며 체격은 보통이었다. 특히 음악과 애정 문제에 골몰해 상상 이상으로 열렬했다. 그가 완성하지 못한 건축물은 기량과 판단력이 뛰어난 건축가 갈라소 페라레세Galasso Ferrarese가 이어받아 지었다.

마에스트로 지롤라모Maestro Girolamo*도 페라라 출신의 뛰어난 조각 가였다. 그는 레카나티Recanati에서 사는 동안 선생 안드레아 콘투치 Andrea Contucci가 로레토의 성모 마리아 성당에서 많은 업적을 남기고 떠난 후 대리석으로 작품을 많이 만들었다. 한동안 트리볼로가 이 성당 뒤쪽에 천사들이 성모 마리아 성당을 로레토의 숲속으로 들어 나르는 훌륭한 돋을새김 대리석 작품을 끝내고 그곳을 떠난 후에도 지롤라모는 1534년부터 1560년까지 그곳에 머무르면서 작품을 많이 만들었다. 그중에서도 서쪽 벽감 안에 3.5브라차 크기로 만든 예언자의 대리석 조상은 뛰어난 작품이다. 이 조상이 사람들을 만족시키자 그는 바깥 동쪽의 것만 제외하고 나머지 모든 조상을 만들라는 위촉을 받아 끈기 있게 훌륭한 작품을 만들어냈다.

그밖에도 그 성당 안에 높이 3브라차의 가지촛대를 청동으로 만들고 나뭇잎과 조상들을 둘러싼 장식도 만들었다. 동쪽의 조상은 안드레아 산소비노의 제자인 세티냐뇨 출신 시모네 촐리가 제작했다. 지롤라모의 동생도 유능한 공장이었으므로 교황 파울루스 3세를 위해 청동으로 큰 감실을 만들었는데 바티칸의 파울리네Pauline 경당에 있다.

모데네세Modenese에서도 훌륭한 예술가들이 배출되었으며, 그림이 네 폭 있는데 작자가 누구인지 몰라 설명할 수 없다. 이 작품들은 약 100년 전 이 도시에서 제작되었으며, 정말 아름답고 공들여 그린 것들

* 지롤라모 롬바르디(Girolamo Lombardi)다.

이다. 첫째 것은 산 도메니코S. Domenico 성당 대제단화大祭壇畫이며, 나머지 작품은 이 성당 칸막이벽에 있는 경당에 흩어져 있다.

니콜로Niccolò*라는 화가가 그곳에서 살았는데 그는 젊었을 때 많은 푸줏간 담벼락을 아름다운 프레스코로 장식했다. 또 베네딕토 수도회의 산 피에로 성당 대제단에 성 베드로와 성 바오로의 참수斬首 장면을 그렸는데, 파르마의 산 조반니 에반젤리스타 성당에 있는 코레조 그림을 모방한 것이다. 니콜로는 다른 화가들보다 프레스코화에 뛰어났으며, 내가 듣기에 그는 산 마르티노 수도원장 프란체스코 프리마티초 Francesco Primaticcio의 데생으로 프랑스와 모데나 및 볼로냐에 우수한 작품들을 남겼다고 한다.**

니콜로의 경쟁자 조반 바티스타***도 로마와 페루자에 많은 작품을 남겼는데, 페루자에서는 산 프란체스코 성당 안 아스카니오 델라 카르니아 경당에 성 안드레아의 생애를 그렸다. 또 플랑드르의 화가 니콜로 아리고Niccolò Arrigo****는 원래 스테인드글라스 공장이지만 유채화도 잘 그렸으며, 바티스타와 겨루어 같은 장소에 「동방박사의 경배」를 그렸는데 색을 너무 많이 써 거리감만 파괴하지 않았다면 훌륭한 작품이라 하겠다. 그밖에도 그는 이 도시의 산 로렌초 성당 안 산 베르나르디노 경당의 들창을 장식했다.

다시 바티스타 이야기로 되돌아가자. 그는 모데나시로 귀환해 그전에 그가 패널 그림을 그렸던 산 피에로 성당 담벼락에 성 베드로와 성

---

* 1512~72. 일명 니콜로 델 아바테(Niccolò dell'Abbate).
** 프랑스 퐁텐블로에 있던 그의 작품들은 대부분이 1738년에 파괴되었으며 나머지는 대부분이 복구되었다. 니콜로는 1552년 프랑스로 갔는데 퐁텐블로 유파 창시자의 한 사람이다.
*** 조반 바티스타(Giovan Battista), 일명 조반 바티스타 인고니(Giovan Battista Ingoni)로 1608년에 사망.
**** 엔리코 팔라데니 디 말리네스(Enrico Palladeni di Malines).

바오로에 관한 이야기를 담은 장면들을 크고 아름답게 그렸다. 모데나에는 많은 예술가 가운데 훌륭한 조각가들도 있었다. 이미 다른 곳에서 언급한 모다니노 외에 일 모데나Il Modena는 모데나의 산 도메니코 경당에 실물 크기의 아름다운 점토粘土 조상을 제작하고, 산 피에로에 있는 베네딕토 수도회 기숙사에 성모 마리아, 성 베네딕토, 성녀 유스티나를 마치 대리석같이 채색했는데, 얼굴 표정, 의상 및 인물의 균형이 잘 잡힌 훌륭한 작품이다. 또 파르마의 산 조반 에반젤리스타 기숙사 안에 위에 적은 것과 같은 조상들을 그리고,* 만토바에 있는 산 베네데토 성당의 정면과 주랑柱廊에 실물 크기의 수많은 조상을 대리석에 돋을새김으로 아름답게 장식했다.

모데나 출신의 프로스페로 클레멘테Prospero Clemente도 훌륭한 조각가이며, 그의 솜씨는 레조Reggio에 있는 대성당 안의 란고네Rangone 대주교의 무덤을 보면 알 수 있다. 거기에는 아름다운 두 천사와 함께 앉아 있는 대주교의 조상이 있는데, 에르콜레 란고네 씨를 위해 제작했다. 파르마 대성당 둥근 천장 밑에는 이 도시의 추기경이며 주교인 복자 베르나르도 델리 우베르티Bernardo degli Uberti의 무덤이 있는데, 이것도 많은 칭찬을 받았다.

그밖에도 많은 예술가가 여러 시대에 걸쳐 이 도시를 장식했으며, 1499년에 대성당을 패널 그림으로 장식한 크리스토파노 카스텔리Cristofano Castelli, 일명 카세티Casetti와 내가 다른 곳에서 기록한 프란체스코 마추올리일명 파르미자니노 등 많이 있다. 프란체스코는 마돈나 델라 스테카타Madonna della Steccata 경당 안에 작품을 시작했는데 죽기 전에 작품을 끝내지 못했으며, 줄리오 로마노가 종이에 채색한 데생도 볼 수 있다.

본래 시에나 태생이지만 파르마 시민이 된 훌륭한 조각가 미켈라뇰

* 1561년의 작품이며 파르마의 아카데미아 미술관 소장품이다.

로 안셀미Michelagnolo Anselmi는 「성모 마리아의 대관戴冠」을 제작했다. 명성을 얻은 그는 그전에 자신이 만든 작품 맞은편에 있는 큰 벽감 하나를 손에 넣어 마추올리 전기에서 언급한 바와 같이 작은 조상들이 들어 있는 「동방박사의 경배」를 제작했으며, 아치에는 청동장식이 붙은 현명한 성모 마리아 조상을 제작했다. 그러나 셋째 작품은 죽기 전에 완성하지 못했으며, 이제 이야기하고자 하는 크레모나의 베르나르도 소이아로Bernardo Soiaro*에게 위촉되었다. 그의 작품은 산 프란체스코 성당 안의 콘체프치온 경당과 산 피에르 순교성당S. Pier Martire 안의 크로체 경당에 그린 「영광의 천사」 등이 있다.

프란체스코의 삼촌 지롤라모 마추올리Girolamo Mazzuoli는 자기 친척이 마무리 짓지 못한 작품들, 즉 마돈나 경당의 그림과 아치 및 청동 장식을 완성했다. 또 그는 정문 맞은편의 벽감에 「성령의 강하」와 「그리스도의 탄생」을 그렸다. 나는 1566년에 이 작품들이 공개되기 전에 볼 수 있었는데, 정말 훌륭한 프레스코화라서 감탄할 수밖에 없었다. 이 경당 중앙에 자리 잡은 큰 설교단은 프란체스코 마추올리의 훌륭한 솜씨로 장식이 시작되었고 그 후 크레모나의 베르나르도 소이아로가 그림을 마무리했으며 경당 설계는 브라만테가 맡았다.

이미 줄리오 로마노 전기에서 언급했지만 만토바의 예술가들은 롬바르디아 전역에 영향력을 미쳤기 때문에 이곳 사람들의 작품에는 부족한 것이 없으며 찬양할 만하다. 만토바 공작의 건축물을 맡은 주임 건축가 조반 바티스타 베르타노Giovan Battista Bertano가 성안의 많은 홀과 도수관導水管, 회랑들을 풍성하게 장식했는데 그 대부분이 로마노의 제자 페르모 기소니Fermo Ghisoni와 다른 사람 손으로 이루어졌으나 로마노에 비할 바가 못 된다.

베르타노는 자신의 데생으로 도메니코 브루시아소르치Domenico

---

* 베르나르도 가티(Bernardo Gatti), 코레조 추종자, 1575년경 생존.

Brusciasorzi*에게 공작의 성채 안에 성 바르바라의 순교 이야기를 담은 유채화로 대제단을 장식하도록 했는데 아름다운 그림이다. 그는 비트루비우스를 연구한 후 이오니아 방식 기둥머리 장식의 소용돌이에 관한 저서를 냈다. 그는 만토바에 있는 자기 집 정문에 단 하나의 돌덩어리로 된 기둥을 만들고 맞은편에는 각종의 척도尺度, 즉 옛 팔모palmo**와 인치, 피트와 브라차를 그어놓아 누구나 정확하게 알도록 했다.

만토바의 대성당인 산 피에로는 원래 줄리오 로마노가 건축했는데 베르타노는 이 성당을 새로운 양식으로 개조하려고 여러 화가에게 대제단화를 그리게 했다. 그중 둘을 자신의 데생으로 페르모 기소니에게 그리도록 했는데, 그 한 폭은 산타 루치아 경당에 성인들과 어린이들을 그리고, 또 한 폭은 산 조반 에반젤리스타 경당에 그렸다. 그는 또 만토바의 이플리토 코스타를 위해 비슷한 작품 한 점을 만들었는데, 성녀 아가타S. Agata가 두 손을 묶인 채 두 병사 사이에 서 있고 병사들이 그녀의 젖을 베고 있다.

이미 이야기한 바와 같이 베로나 출신 바티스타 다뇰로 델 모로Battista d'Agnolo del Moro가 이 성당 안에 성녀 마리아 막달레나를 대제단화에 그렸고, 지롤라모 파르미자노Girolamo Parmigiano가 성녀 테클라S. Tecla를 그렸다. 파올로 파리나토Paolo Farinato는 산 마르티노 성당의 제단화를, 도메니코 브루시아소르치는 성녀 마르게리타를 그렸다. 크레모나의 줄리오 캄포Giulio Campo는 성 히에로니무스를 그렸는데, 모두 훌륭한 작품이지만 그중에서도 파올로 베로네세가 그린, 여자 모양을 한 악마가 성 안토니오를 유혹하는 장면이 가장 뛰어나다.

만토바에는 줄리오 로마노의 제자인 리날도Rinaldo보다 뛰어난 화가가 없었다. 그는 하늘에는 성모 마리아, 땅에는 성 아우구스티노와 성

* 일명 브루시아소르치 또는 델 리치(del Ricci).
** 손목에서 손가락 끝까지의 길이.

히에로니무스를 패널에 그렸는데 인물의 자세가 정말 아름답다. 그러나 그가 요절했기 때문에 모든 게 끝장났다.

체사레 곤차가는 고대 대리석 조상과 흉상胸像들이 가득 차 있는 훌륭한 홀에 자기 가계家系를 그리려고 페르모 기소니를 고용했는데, 그는 특히 두부를 뛰어나게 표현했다. 그밖에도 여기에는 라파엘로가 그린 고양이를 만지는 성모 마리아, 아기 예수를 씻겨주는 성모 마리아 등이 있다. 또 다른 홀에는 그 방면의 제일인자인 프란체스코 다 볼테라Francesco da Volterra가 제작한 흑단黑檀과 상아로 만든 메달들, 청동으로 만든 고대의 작은 조상들이 있는데, 비할 데 없을 만큼 아름답다.

내가 1566년에 만토바를 또다시 방문했는데, 믿을 수 없을 만큼 더욱 아름다워졌고 장인들의 수도 배로 늘어났다. 줄리오 로마노와 볼로냐의 마르칸토니오Marc'Antonio 전기에서 기록했듯이 조반 바티스타 만토바노에게는 자녀가 둘 있었는데, 아버지처럼 훌륭한 조각가 겸 조각공이었다. 특히 딸 디아나Diana는 얌전하고 재주 있는 아가씨로 동판 위에 조각하는 솜씨가 뛰어나 그녀의 아름다운 작품들이 나를 즐겁게 해주었다.

이미 로마노 전기에서 언급했지만, 내가 잊을 수 없는 것이 있다. 줄리오 로마노가 수복한 베네데토 교단에 속하는, 유명한 만토바의 산 베네데토 수도원 안에는 만토바와 롬바르디아의 예술가들이 제작한 아름다운 작품이 많다. 여기에는 그밖에도 페르모 기소니가 그린 「그리스도의 탄생」, 지롤라모 마추올리의 작품 두 점, 라탄치오 감바라Lattanzio Gambara의 작품 세 점, 파올로 베로네세의 작품 세 점이 있는데 아주 뛰어난 것들이다.

그밖에도 이곳 식당 구석에 평수사 프라 지롤라모Fra Girolamo*가 그린 「최후의 만찬」이 있는데 밀라노에 있는 레오나르도 다 빈치의 그림

* 프라 지롤라모 몬시뇨리(Fra Girolamo Monsignori).

을 모사한 것이지만 아주 훌륭한 작품이다. 내가 1566년에 레오나르도의 원화原畵를 밀라노에서 보았을 때는 환경이 좋지 않아 혼란스럽다는 느낌밖에 없었는데, 신앙심 깊은 착한 지롤라모 수사는 천재 화가 레오나르도를 얼마나 많이 존경하는지 그 증거를 여실히 보여주었다. 밀라노의 조폐국에도 레오나르도의 「미소 짓는 여인」, 「젊은 세례자 성 요한」을 모사한 그림이 있는데 훌륭한 작품이다.

로렌초 디 크레디Lorenzo di Credi 전기에서 이야기했지만 크레모나 Cremona에서는 여러 시대에 훌륭한 화가들이 배출되었다. 보카치오 보카치노가 언제 어떻게 대성당 벽감에 성모 마리아의 생애를 그렸는지도 이미 이야기했다. 보니파치오 뱀비Bonifazio Bembi도 훌륭한 화가였으며, 알토벨로Altobello, 일명 알토벨로 멜로네Altobello Melone는 보카치노보다 더 훌륭한 디자인으로 그리스도 이야기를 프레스코화에 담았다. 그는 또 산 아우구스티노 경당에도 아름답고 우아한 스타일의 인물화를 그렸다. 밀라노의 궁전 안뜰에도 고대 양식으로 무장한 조상을 그렸는데 당시 누구보다도 훌륭하게 그린 작품이다.

보니파치오가 죽자, 미완성으로 남긴 그리스도 일생에 관한 장면을 포르데노네Pordenone 출신 조반니 안토니오 리치니오Giovanni Antonio Licinio*가 이어받아 큰 조상들을 화려하게 부채賦彩했다. 그는 전축법으로 표현해 씩씩하고 힘차게 「그리스도 수난」 중에서 다섯 장면을 완성했다. 이 작품은 그가 이곳 대성당 안에 그린 패널 그림과 아울러 크레모나 사람들에게 유채화와 프레스코의 정확한 화법을 가르쳐주었다. 이 화가의 스타일을 보카치노의 아들 카밀로Camillo가 본받아 이 도시의 교외에 있는 산 지스몬도 성당과 다른 곳에 작품을 남겼는데, 아버지보다 기량이 뛰어났다. 그러나 느리고 안일한 화법으로 그림도 얼마

---

* 일명 사키 인 크레모나(Sacchi in Cremona). 이 화가는 포르데로네라는 이름으로 널리 통한다.

못 그렸고 중요한 작품도 남기지 못했다.

좋은 스타일의 작품들을 모방하며 다른 사람들과 경쟁해 성공한 화가로는 베르나르도 데 가티Bernardo de' Gatti*를 들 수 있다. 그는 정교단正敎團의 산 피에르 경당 대제단화와 「빵 다섯 덩어리와 물고기 두 마리의 기적」을 그렸는데, 후에 세코secco로 다시 손질했기 때문에 아름다움이 없어졌다. 그는 크레모나 교외에 있는 산 지스몬도 성당에 「그리스도의 승천」을 그렸는데 아름답게 채색한 매혹적인 그림이다. 피아첸자의 산타 마리아 디 캄파냐S. Maria di Campagna 성당에는 포르데노네와 경쟁해서 그림을 그렸고 또 산 아우구스티노 성당 맞은편에는 말을 탄 성 조르조가 뱀을 무찌르는 장면을 그렸는데 생동감이 넘치고 입체감이 뚜렷한 그림이다.

그 후 그는 포르데노네가 착수했다가 미완성으로 남긴 설교단의 제작을 위촉받고 성모 마리아의 생애를 프레스코로 그렸는데 포르데노네가 그렸던 예언자, 무녀巫女, 어린이들을 보수해 마치 소이아로 포르데노네가 그린 그림처럼 완성했다. 비제바노Vigevano에도 그가 그린 작은 제단화가 몇 점 있는데, 솜씨를 칭찬할 만하다. 나중에 그는 파르마에 와서 시에나의 미켈라뇰료가 죽는 바람에 중단되었던 마돈나 델라 스테카타Madonna della Steccata 성당 벽감을 완성해 파르마 시민들의 신임을 받았고 이 성당 설교단에 「그리스도의 승천」 장면을 프레스코화로 그렸다.

보카치노가 늙었지만 아직 살아 있을 때, 크레모나에는 갈레아초 캄포Galeazzo Campo라는 화가가 있었다. 그는 산 도메니코 성당 안 큰 경당에 「성모 마리아의 묵주」와 산 프란체스코 성당 뒤 정면에 아름다운 그림을 그렸다. 그에게는 아들 삼 형제가 있었는데 줄리오, 안토니오, 빈

---

* 그의 성은 일 소이아로(Il Soiaro)이며 일명 베르첼리(Vercelli) 또는 크레모네세(Cremonese)라고도 부른다.

그림 564 줄리오 캄포, 「성녀 아가타의 매장」(성녀 아가타의
생애에서 부분), 1537, 프레스코, 산타 아카타 성당,
크레모나.

첸치오 등이다.

줄리오 캄포Giulio Campo는 화법의 기초를 아버지에게 배웠고, 그 후
소이아로의 화풍을 익혔으며, 프란체스코 살비아티가 피아첸차에 있
는 피에르 루이지 파르네세Pier Luigi Farnese에게 선물로 보내려고 제작
한 작품들을 연구했다. 줄리오가 크레모나에 있을 때 그린 첫 작품은
산타 아가타 성당 안에 성녀의 순교 이야기를 크게 그린 네 폭으로 그
솜씨는 대가와 겨룰 만하다.그림 564 그밖에 산타 마르게리타 성당 안에
몇 점과 몇몇 궁전에 그리자이유로 그린 것들이 있다.

또 크레모나 교외의 산 지스몬도 성당의 대제단화를 유채화로 그

그림 565 소포니스바 안구이시올라, 「세 자매와 여자 미술
가정교사」, 1555, 캔버스에 오일, 72×97cm, 국립 박물관,
포즈난, 폴란드.

렸는데, 그 기량은 이 성당 안에 있는 다른 대가들의 작품에 비할 만
하다.* 그는 성당 둥근 천장에 성령강림聖靈降臨과 사도들을 전축법으
로 프레스코화를 여러 점 그렸다. 밀라노Milano 대성당의 라 파쇼네la
Passione 경당 안에는 그가 「십자가에 못 박힌 그리스도」와 그 옆에 성
모 마리아, 성 요한, 천사들을 그린 유채화가 있다. 또 그곳 산 파올로
S. Paolo 성당의 수녀들을 위해** 성 바오로의 생애 중에서 몇 장면을 그
렸는데, 동생 안토니오 캄포Antonio Campo의 도움을 받았다. 이 안토니

* 1540년의 작품이다.
** 1564년.

오는 티치네세Ticinese 문 옆의 산타 카테리나 성당 수녀들의 새로운 성당의 한 경당에 일 롬바르디노Il Lombardino*의 데생으로 유채화를 그렸다. 성녀 헬레나가 십자가를 찾아다니는 장면인데 칭찬할 만한 작품이다.** 빈첸치오Vincenzio도 안토니오와 마찬가지로 줄리오에게 그림을 배웠다.

줄리오는 두 동생 이외에도 브레시아의 라탄치오 감바라Lattanzio Gambara와 그밖의 몇몇 제자가 있었다. 그중에는 소포니스바 안구이시올라Sofonisba Anguisciola***와 그녀의 세 자매도 있다. 그녀들은 아밀카레 안구이시올라와 비안카 푼초나Bianca Punzona 여사의 자녀들이며 크레모나의 귀족 출신이다.

이 소포니스바에 대해서는 당시 내가 아는 대로 프로페르치아 전기에서 잠깐 언급했다. 나는 그의 아버지 집에서 그녀 그림 한 점을 볼 기회가 있었다. 세 자매가 한 노파와 체스 놀이를 하는 장면으로, 인물들이 모두 살아 있는 듯하며 다만 말소리가 들리지 않을 뿐이다. 또 한 작품은 그녀의 아버지가 그림과 글재주를 겸비한 딸 미네르바와 아들 아스드루발레Asdrubale 사이에 앉아 있는 장면인데, 역시 살아 숨 쉬는 듯 생생하다. 피아첸차의 한 부주교副主教 저택에도 그녀의 그림이 두 점 있는데, 하나는 부주교 초상화이며, 또 하나는 그녀의 초상화다. 그 후 그녀는 알바Alva 공작 소개로 스페인 여왕에게 가서 많은 봉급과 높은 지위를 받아 아름다운 초상화를 그렸다. 그녀의 명성을 들은 교황 피우스Pius 4세는 그녀에게 스페인 여왕의 초상화를 그려달라고 위촉했는데 이 그림이 완성되자 그녀는 다음과 같은 편지와 함께 그림을 로마로

---

     * 크리스토파노 롬바르디(Cristofano Lombardi).
    ** 성녀 헬레나가 예루살렘을 방문하여 1326년 9월 14일에 십자가를 발견했다.
  *** 이사벨라 드 발루아(Isabella de Valois)로 필리페(Phillipe) 2세의 셋째 왕비다. 1559년의 일이다.

보냈다.

　　교황 성하

　저는 성하의 대사로부터 성하께서 제 손으로 그린 스페인 여왕의
초상화를 원하신다고 전해 들었습니다. 저는 성하께 봉사하게 된 각
별한 총애로 생각하고 여왕에게 허락을 청했던바, 교황께서 베푸신
아버지로서의 애정으로 여기시고 기꺼이 승낙하셨습니다. 지금 기
사 편에 보내드리오니, 성하의 소원을 만족시키신다면 저의 기쁨은
이보다 더 큰 것이 없겠습니다. 그리고 여왕의 아름다운 정신을 성하
의 눈앞에 재현했다면 그보다 큰 만족은 없겠습니다. 성하께 진심으
로 말씀드리오니 저는 정성을 다 들여서 아름다움을 표현하려고 애
썼습니다. 성하의 발에 겸손하게 입 맞추고자 합니다.

　　　　　　　　　　　　　　　　　성하의 가장 비천한 종
　　　　　　　　　　　　　　　　소포니스바 안구이시올라
　　　　　　　　　　　　　　마드리드, 1561년 9월 16일

　이 편지를 받은 교황은 다음과 같은 회답을 보냈는데, 초상화가 아름
답다는 말과 함께 그녀의 재능을 치하하는 선물도 보냈다.

　　교황 피우스 4세Pius Papa IV

　그리스도의 자녀에게 사랑을!Dilecta in Christo filia

　가장 친애하는 내 딸이 보내온 스페인 여왕의 우아한 초상화를 받
았다.
　그림은 여왕의 진정한 애긍에 따른 하느님의 사랑을 나타냈으며,
　또 하나는 그대가 그녀를 진솔하게 그려냈기 때문에 만족하게 받

아들이다.

이 그림은 이곳 보관물 중에서도 가장 소중한 것으로 보존될 것이며,

다시 한번 그대의 재능을 치하한다.

주께서 항상 그대와 함께 하시길.

로마, 1561년 10월 15일

이런 사실을 보아도 그녀의 능력을 짐작할 수 있다. 루치아Lucia라는 그녀의 자매도 훌륭한 그림을 많이 남기고 세상을 떠났는데, 크레모나의 의사 피에트로 마리아의 초상화를 보면 그녀의 재주가 비범함을 알 수 있다. 그밖에도 세사Sessa 공작의 초상화를 아름답고 씩씩하게 표현한 작품 하나가 있다. 셋째 자매 에우로파Europa는 데생 솜씨를 보면 위의 자매들에게 뒤지지 않을 것 같다. 그녀는 크레모나 귀족들의 초상화를 여러 점 그렸는데, 극히 자연스럽게 표현했으며, 그녀가 그린 어머니 초상화를 스페인에 보내 소포니스바와 다른 사람들의 칭찬을 받았다. 넷째 자매도 비록 어리지만 그림 공부를 하는데 눈부시게 발전하고 있다. 나는 더는 무슨 말을 해야 좋을지 모르겠다. 타고난 재능만으로도 충분할진대 식견 높은 아버지를 둔 이 자매들이 열심히 공부함으로써 아밀카레 가문은 유능한 화가 일색이라 할 수 있다. 그러나 여인들이 이처럼 산 사람들을 잘 출산할 수 있다면 그들을 잘 그린다는 것이 무엇이 이상하겠는가.

줄리오 캄포 이야기로 되돌아가자. 앞서 이야기한 자매들도 캄포의 제자들이었다. 그는 대성당의 오르간 카버에 템페라 화법*으로 에스테

---

* 물과 달걀노른자위 또는 아교로 갠 재료를 배경으로 써서 그린 벽화 무대.

르Esther*와 아아수에루스Ahasuerus,** 「십자가에 못 박힌 하만Haman」과 군중의 이야기를 우아하게 그리고, 이 성당 안 산 미켈레 경당의 대제단화도 그렸다.*** 그러나 그가 아직 살아 있기 때문에 그의 그림을 평하고 싶지 않다.

크레모나 출신 조각가 제레미아Geremia는 필라레토 전기에서 언급했다. 그는 몬테 올리베토의 산 로렌초 수도원에 큰 대리석상을 제작했으며 크레모나와 브레시아에서 많은 사업을 한 조반니 페도니Giovanni Pedoni와 엘리세오 라이몬도Eliseo Raimondo 저택에도 그의 작품들이 있다.

브레시아에는 훌륭한 화가가 많았다. 그중 한 사람인 지롤라모 로마니노Girolamo Romanino****는 많은 작품을 남겼다. 그는 산 프란체스코 성당 제단화를 그리고, 그 문짝 안팎에 템페라화를 그렸으며, 또 한 점의 유채화도 자연과 아주 닮게 그려서 아름답다. 그보다 더 뛰어난 화가는 알레산드로 모레토Alessandro Moretto*****인데, 그는 브루시아타 문 아치 밑에 파우스티노Faustino와 요비타Jovita라는 두 성인이 산 채로 승천하는 모습을 프레스코로 그렸으며 그들을 따라가는 몇몇 조상도 훌륭하게 묘사했다. 또 산 나자로 성당과 산 셀소S. Celso 성당, 올리베토의 산 피에르 성당 제단화도 그렸는데 모두 매력 있는 작품들이다. 밀라노 조폐국에도 그가 그린 「성 바오로의 회심回心」을 성장한 인물들을 넣어서 무척 자연스럽게 표현했다. 그는 금·은을 넣고 짠 의상, 벨벳 능직綾織 의복을 즐겨 그렸다. 조상들은 라파엘로 스타일로 힘차게 보이게 그렸

* 기원 500년 전 페르시아 여왕, 그의 이야기는 『구약성서』 중 한 장을 이룬다.
** 페르시아의 왕, 에스테르(Esther)의 남편.
*** 1566년.
**** 1485~1566.
***** 1498~1555. 일명 알레산드로 본비치노(Alessandro Bonvicino).

으나 너무 뒤떨어진다.

그의 사위 라탄치오 감바라Lattanzio Gambara*도 캄포에게 그림을 배웠으며, 브레시아에서 가장 뛰어난 화가다. 산 파우스티노 성당과 산 로렌초 성당의 대제단, 둥근 천장, 벽을 장식했다. 그는 또 자기 집 정면과 내부에 두 장면을 그렸는데, 하나는 장인 알레산드로 모레토로, 노인의 품위 있는 얼굴을 잘 표현했다. 그가 만일 다른 그림들을 이만큼 훌륭하게 그렸다면 거장으로 손꼽힐 것이다. 그는 아직 살아 있으며 작품도 많으므로, 이 정도만 이야기해도 충분할 것이다.

잔 지롤라모 브레시아노Gian Girolamo Bresciano**의 작품들은 밀라노와 베네치아에서 눈에 많이 띈다. 조폐국에도 밤과 불을 그린 훌륭한 그림 넉 점이 있다. 또 톰마소 다 엠폴리의 저택에도 그리스도가 밤에 탄생하는 장면을 그린 환상적인 그림이 있으며, 그는 이 그림으로 많은 칭찬을 받았다.*** 그런데 그는 이보다 더 큰 그림을 그린 바 없으므로, 나는 그를 다만 환상적인 화가로서 칭찬받을 만한 작품을 내는 사람이라고 하겠다.

브레시아의 지롤라모 무치아노Girolamo Muziano****도 청년일 때 로마에서 공부한 화가로 오르비에토의 산타 마리아 성당 안에 유채화 두 점과 그밖에도 많은 풍경화, 인물화를 그렸으며 예언자들을 프레스코화로 제작했는데 모두 훌륭한 그림이다. 그는 특히 조각술과 디자인이 뛰어나다. 다만 그는 추기경 이폴리토 데스테Ippolito d'Este에게 봉사하며 그의 저택과 로마와 티볼리Tivoli에 있는 건물들을 수리했다.

끝으로 브레시아의 화가 프란체스코 리키노Francesco Ricchino는 최근

---

* 1541~74.
** 지롤라모 사볼도(Girolamo Savoldo, 1480~1550). 브레시아, 베네치아, 피렌체 등지에서 일했다. 바사리는 그의 독창성을 찬양했다.
*** 일설에는 이것을 로렌초 로토(Lorenzo Lotto)의 그림이라고 한다.
**** 1528~90.

독일에서 돌아왔다. 그는 각처에서 작품을 만들었지만 이곳 산 피에로 올리베토S. Piero Oliveto 성당 안에 유채화 두 점을 정성껏 제작했다.

브레시아 출신의 화가 크리스토파노와 스테파노Cristofano and Stefano 형제는 요즘 예술가들 사이에 평판이 높다. 그들은 전축법에 지식이 많으며, 베네치아의 산타 마리아 델 오르토S. Maria dell' Orto 성당의 편평한 천장에 로마의 포르타 산타Porta Santa 것과 비슷하게 두 겹으로 뒤틀린 원주를 만들어 튀어나온 까치발 위에 실리도록 함으로써 교회를 둘러싼 아름다운 회랑을 만들었다. 이 건축물을 교회 한가운데에서 보면 아름다운 전축법으로 되어 있어 쳐다보는 사람은 누구나 다 놀라며, 편평한 천장을 둥근 천장처럼 보이게 한다. 그뿐만 아니라 갖가지 꽃줄, 가면, 조상들도 아름답게 장식했는데, 그 참신함과 정성을 들여 완성한 것에 보는 사람마다 칭찬을 아끼지 않는다.

이 작품들이 원로원 모두의 환심을 사서 산 마르코 도서관 공사도 그들에게 위촉하게 되었다. 그 후 그들은 고향인 브레시아로 소환되었으며, 광장에 오래전부터 기공되어 있는 장엄한 홀을 많은 비용을 들여 장식하게 되었다. 극장 위에는 큰 원주를 세웠는데 그 밑은 산책길이다. 이 홀은 길이 62걸음, 폭 35걸음, 가장 높은 정면까지는 높이 35걸음으로 사방이 연결되어 있어 실제보다 커 보인다. 큰 기대와 영예를 지고 고용된 이 형제는 지붕을 큰 나무 들보로 형구桁構를 만들어 걸고 철제 꺾쇠를 물려서 수반 모양의 천장을 만들었다. 이 큰 홀에는 티치아노가 10브라차 크기로 그린 유채화 석 점을 장식했는데 균형 잡힌 아름다운 그림이다.

롬바르디아에 있는 여러 도시의 예술가들을 이야기했으므로 이제부터는 그곳 수도인 밀라노에 관해 기술하겠는데, 이미 부분적으로는 여기저기서 언급한 내용이다. 우선 브라만티노Bramantino*는 피에로 델라

* 브라만티노(Bramantino)=수아르디(Suardi, 1455~1536)는 밀라노 화가

그림 566 브라만티노, 「피에타」, 산 스테파노 경당에서
떼어낸 프레스코, 암브로시아 도서관, 밀라노.

프란체스카Piero della Francesca 항목에서 잠깐 언급했듯이 지금까지 이야
기해온 어느 예술가보다도 많은 작품을 제작했다. 사실 밀라노에 훌륭
한 그림을 도입한 사람 가운데 이만 한 사람이 없다. 그는 로마에서 교
황 니콜라스Nicholas의 사무실을 장식하고 산 세폴크로 성당에 성모 마
리아의 무릎을 베고 쉬는 그리스도와 막달레나, 성 요한의 조상을 전축
법으로 아름답게 그렸다. 또 밀라노의 조폐국에는 「그리스도의 탄생」
을 프레스코로 제작했다. 산타 마리아 디 브레라S. Maria di Brera 성당 칸
막이벽에 「동정 마리아의 탄생」을, 오르간 커버에 예언자들을 아래에
서부터 전축법으로 그려서 점점 물러서는 원근법으로 잘 조정했다. 나
는 그가 건축술에 능통한 것을 잘 알았기에 이 그림을 보고도 전혀 놀

▌　　부티노네(Butinone)의 제자다. 그는 후에 밀라노의 프란체스코 스포르
　　차(Francesco Sforza)의 궁정화가가 되었다.

라지 않았다.

　브라만티노가 롬바르디아 고적들을 계측하고 데생을 그린 스케치북을 발레리오 비첸티노Valerio Vicentino가 가지고 있던 것을 나는 기억한다. 또 건물 정면 설계도들도 그 책에 많이 들어 있었는데 나는 어렸을때 거기에서 몇몇을 수사手寫하기도 했다. 그 책에는 밀라노의 산 암브로조 성당 그림*도 있었는데 많은 조상, 비잔틴 양식의 그림, 규모가 큰후진後陳 그림도 보였으나 그리 훌륭한 데생은 아니다. 그 성당은 브라만테가 수리했으며 돌로 주랑柱廊을 만들고 나무를 잘라서 만든 것처럼 원주를 세웠는데 참신할 뿐만 아니라 다양했다. 그 책 안에는 로마사람들이 밀라노에 건립한 산 로렌초 성당 옛 주랑의 그림이 있었는데, 크고 아름답기는 하지만 고딕 양식의 성당이었다.

　그밖에도 오래된 산토 아퀼리노S. Aquilino 성당의 데생이 있었는데거의 전체를 대리석과 스투코로 씌웠으며, 보존도 썩 잘되어 있고 화강암으로 만든 큰 무덤도 있었다. 또 파비아에 있는 산 피에로 인 치엘 도로S. Piero in Ciel d'oro 성당에도 작품이 있으며, 성물실 안에는 성 아우구스티노의 시체가 들어 있는 묘소가 작은 조상들로 덮여 있는데, 시에나의 조각가 아고스티노와 아뇰로 작품인 듯하다.

　또 고딕 양식의 아름다운 탑이 보이는데, 그 속에는 고대풍에 따른테라코타의 조상들이 있으며 각각 6브라차 높이인데 오늘날까지 잘 보존되어왔다. 전해오는 이야기에 따르면, 보에티우스Boetius가 이 탑 안에서 죽었으며 산 피에로 인 치엘 도로 성당, 즉 오늘날의 산 아우구스티노 성당에 매장되었다고 한다. 그 무덤이 이 성당 안에 있으며 알리프란도Aliprando가 1222년에 이 무덤을 수리하면서 비명碑銘을 썼다고한다. 이 책에는 그밖에도 브라만티노가 페르티카Pertica에 있는, 둥근

---

　* 12세기에 건립된 산 암브로조 성당은 1943년 제2차 세계대전 때 크게
　손상을 입었으며 특히 브라만테가 건립한 수도원이 그랬다.

모양의 고대 산타 마리아 성당 스케치를 그린 것도 있는데, 이 교회는 롬바르디아 사람들이 전리품으로 건립했다. 프랑수아 왕이 샤를 5세에게 포로로 잡혔을 때 파비아에서 학살된 프랑스 사람들의 뼈가 묻혀 있다.

이 이야기를 끝내면서 하나 첨부할 것은 브라만티노는 밀라노에 있는 조반 바티스타 라투아테Giovan Battista Latuate의 저택 정면을 그렸는데 거기에는 두 예언자 사이에 아름다운 여주인공이 서 있다. 또 베르나르도 스카칼라로초Bernardo Scacalarozzo의 저택 정면에 청동으로 성내는 거인 네 개를, 그밖에 밀라노에서 작품을 몇 점 만들었는데 그것으로 그의 명성이 높아졌다. 사실 그는 훌륭한 화가를 꼽을 때 첫 번째 사람이었다. 브라만테가 훗날 탁월한 건축가가 된 것은 브라만티노의 원근법으로 표현한 건축물들을 열심히 연구한 덕분이다.

브라만테의 지도 아래 산 사티로S. Satiro 성당이 건립되었는데 건물 안팎을 풍부하게 단장하고, 원주에 만든 성물실도 많은 조상으로 장식한 것이 마음에 든다. 그중에서도 특히 중앙에 자리 잡은 설교단이 뛰어나며 브라만테 전기에서 이야기했듯이 베르나르디노 다 트레비오Bernardino da Trevio*는 원래 화가였지만 브라만테의 이 작품을 모방해 밀라노의 대성당을 장식한 것이 건축에 흥미를 가지게 된 동기다. 그는 레 그라치에le Grazie 수도원 안에 그리스도의 수난 중 네 장면을 그렸다.

조각가 아고스티노 부스토Agostino Busto**는 베르나르도의 도움으로 기량이 많이 발전했는데 이 조각가 이야기는 바초 다 몬테루포 전기에서 언급했다. 그의 작품은 밀라노의 산타 마르타S. Marta 수녀원 안에 몇 점이 있지만, 이곳은 좀처럼 들어가기 힘들다. 그러나 나는 작품들을 볼 기회가 있었다. 거기에는 파비아에서 죽은 가스톤 데 포익스Gaston

---

* 일명 체날레(Zenale).
** 일명 밤바야(Bambaja).

de Foix의 묘가 있는데,* 정성껏 만든 돋을새김의 작은 조상들, 그의 공훈에 관한 기록, 전쟁과 포위, 그의 죽음과 매장을 나타내는 대리석 편으로 되어 있다. 한마디로 나는 이 황홀한 작품에 빠져 넋을 잃었는데, 사람의 손으로 만든 것 같지 않다.

그밖에도 이 무덤에는 각종 조각이 있는데 트로피, 무기, 마차, 대포, 전쟁에 쓰이는 도구들이 있고 무장한 실물 크기의 이 사람 조상이 전쟁에서 거둔 승리를 기뻐하는 듯이 보인다. 그러나 부끄러운 것은 이렇게 훌륭한 작품을 완성하지 못하고 방치해 그중 몇 조각은 도둑맞았거나 팔려가기도 하고, 일부분이 다른 곳에 진열되어 있다는 사실이다. 틀림없는 사실은 드 포아 경에게서 많은 비호를 받은 사람들이 그를 회상하려고 하는 마음과 이 아름다운 예술을 저버리려는 사람들의 인간성과 애긍이 결여되어 있다는 것이다. 대성당 안에는 부스토 작품이 몇몇 있으며, 산 프란체스코 성당에 있는 비라기Biraghi 무덤과 파비아의 체르토사에도 아름다운 작품들이 많다.

부스토의 경쟁자로 크리스토파노 곱보Cristofano Gobbo**라는 조각가가 있었다. 그는 체르토사의 건축물 정면과 성당에 아름다운 작품을 많이 남겨 당시 롬바르디아에서 손꼽히는 예술가였다. 그는 밀라노 대성당 동쪽 정면에 아담과 이브의 조상을 제작했는데 다른 거장들의 작품과 견줄 만하다.

거의 같은 시대에 조각가 안젤로 일 치칠리아노Angelo il Ciciliano가 밀라노에 살았다. 그는 대성당 같은 쪽에 동일한 크기로 마리아 막달레나

---

* 가스톤 데 포익스는 1522년에 라벤나(Ravenna)전투에서 죽었다. 그의 무덤의 조상과 단편들이 밀라노의 카스텔로에 보존되어 있다. 나머지 조각들은 밀라노의 암브로시아나(Ambrosiana), 토리노 등지에 있다. 빅토리아 앤 앨버트 박물관(Victoria & Albert Museum)에는 이 기념물의 완전한 스케치가 보관되어 있다.

** 1490~1522년경 생존. 일명 크리스토파노 솔라리(Cristofano Solari).

가 네 천사와 함께 하늘에 오르는 장면을 그렸는데 크리스토파노에게 뒤지지 않는 훌륭한 작품이다. 그는 건축술도 공부해 밀라노의 산 첼소 S. Celso 성당 주랑을 제작했으나 그가 죽은 뒤 토파노Tofano, 일 롬바르디노Il Lombardino*가 완성했다. 이 조각가 이야기는 줄리오 로마노의 전기에서도 잠깐 언급했지만, 그는 밀라노에서 여러 교회와 궁전을 장식했으며 특히 티치네세Ticinese 문 근처의 산타 카테리나 성당 수녀원의 정면과 수도원을 건축하는 데 참여했다.

이 사람의 영향으로 실비오 다 피에솔레Silvio da Fiesole**가 고용되어 대성당 서쪽과 북쪽 사이의 출입문을 장식했는데 성모 마리아의 생애에서 여러 장면을 제작했다. 갈릴레아에서 열린 카나의 결혼식은 유능한 조각가인 마르코 다 그라Marco da Grà, 일명 마르코 페레리Marco Ferreri가 만들었다. 이 장면들은 젊은 조각가 프란체스코 브람빌라리Francesco Brambilari가 일부를 아름답게 완성했는데, 사도들이 성령을 받는 장면이다. 또 그는 밀라노의 메디치 일가인 교황 피우스Pius 6세의 조상에 쓰일 장식용 소용돌이무늬를 제작했는데 아름다운 어린이들과 나뭇잎으로 장식했다.

이 예술가들이 만일 피렌체나 로마에서와 같은 기회와 여건을 가졌다면 거장이 되리라는 것을 의심치 않는다. 그들은 아레초 출신 레오네 리오니Leone Lioni의 혜택을 많이 입었다. 리오니에 관해서는 다른 곳에서 이야기하겠지만 그는 많은 돈과 시간을 들여서 고대 유물들의 석고 주형을 가져다가 자신과 다른 예술가들을 위해 공부하는 데 이바지했다.

밀라노의 화가들 이야기로 되돌아가자. 레오나르도 다 빈치가 「최후의 만찬」을 그린 후 많은 화가가 이 그림을 모사했는데 그중에는 마르

---

* 1490~1522. 일명 크리스토파노 롬바르디(Cristofano Lombardi).
** 일명 실비오 코시니(Silvio Cosini).

그림 567 가우덴치오 페라리, 「겟세마네 동산의 기도와
유다의 키스」(꼭대기와 밑의 그림), 「갈바리로 가는 길과
예수의 옷을 벗기다」(「그리스도의 수난」 중 일부분),
1513, 프레스코, 라 마돈나 델레 그라치에 성당, 바랄로.

코 오조니Marco Oggioni와 내가 이 사람의 생애에 관해 기록한 바와 같이 다른 사람도 있다. 같은 밀라노 출신으로 체사레 다 세스토Cesare da Sesto*도 훌륭하게 모사했다. 내가 돗소 전기에서 언급한 것 이외에도 그는 조폐국에 있는 큰 그림, 성 요한에게 세례를 받은 그리스도를 그렸는데, 정말 아름답다. 그밖에도 성 요한의 머리가 담긴 대접을 들고 있는 헤로디아스Herodias도 일품이다. 로마 문 밖의 산 로코S. Rocco 성당에도 젊은 성인을 그린 패널 그림이 있다.

가우덴치오Gaudenzio**는 밀라노 출신의 영리한 화가로 산 첼소S. Celso 성당에 제단화를, 산타 마리아 델레 그라치에 성당의 한 경당에 「그리스도의 수난」을 프레스코로 그렸는데 실물대의 아름다운 그림이다. 그 밑에 티치아노와 경쟁해 패널 그림 한 점을 그렸는데 노력은 했지만 그리 좋은 그림은 아니다.그림 567

베르나르디노 델 루피노Bernardino del Lupino***는 앞서 잠시 이야기했지만 밀라노 근교에 있는 산 세폴크로의 잔 프란체스코 라비아Gian Francesco Rabbia의 저택과 정면, 로지아, 홀을 장식했는데, 오비드의 메타모르포즈Metamorphoses****와 우화를 담은 것이다. 또 모나스테로 마조레 Monastero Maggiore 수도원을 위해 대제단 전면을 아름다운 장면으로 장식하고 경당 안의 원주에는 그리스도와 다른 조상들을 그렸다.

이것으로 롬바르디아 예술가들 이야기를 끝내려고 한다.

---

* 1480~1521. 그의 작품 「살로메」(Salome)는 일부분은 국립 미술관, 일부분은 비엔나에 있다.
** 1481~1546. 일명 가우덴치오 페라리(Gaudenzio Ferrari).
*** 1475~1532. 일명 베르나르디노 루이니(Bernardino Luini).
**** 로마의 황제 아우구스투스에게 추방당한 로마 시인 오비드의 작품.

작품목록

프레스코, 산타 마리아 인 오르가노, 베로나.

그림 473 파올로 카바추올라,「그리스도 십자가 강하」, 패널에 오일, 카스텔베키오 박물관, 베로나.

그림 474 조반니 마리아 팔코네토, 코마로 로지아, 1524~30, 파도바.

그림 475 지롤라모 다이 리브리,「성모자와 성녀 안나」, 1510~18, 캔버스에 오일, 158.1×94cm, 국립 미술관, 런던.

그림 476 프란체스코 그라나치,「요셉 형제가 파라오에게 알현하다」(보르게리니), 패널에 오일, 95×224cm, 우피치 미술관, 피렌체.

그림 477 바초 다뇰로, 산타 마리아 델 피오레 대성당의 둥근 지붕 아래 발코니, 1472~80, 피렌체.

그림 478 조반니 베르나르디 다 카스텔 볼로네세와 만노 디 세바스티아노,「파르네세 귀중품 상자」, 1548~61, 금·은·암석의 결정으로 제작, 나폴리 국립 박물관, 나폴리.

그림 479 발레리오 비첸티노(발레리오 벨리),「손궤」, 1532, 크리스탈, 은박과 에나멜, 은세공품 박물관, 피티 궁전, 피렌체.

그림 480 발레리오 비첸티노,「교황 클레멘티우스 7세 메달」(앞뒷면), 청동, 영국 박물관, 런던.

그림 481 마르틴 숀가우어,「악마들에게 시달리는 성 안토니오」, 1475, 동판화, 311×229cm, 뉴욕 시립 미술관 재단.

그림 482 알브레히트 뒤러,「천계의 여인」(요한의 묵시록 중 한 장면), 1497~98, 목판화, 39×28cm, 영국 박물관, 런던.

그림 483 알브레히트 뒤러,「동정 마리아의 결혼」, 1504, 목판화, 29×21cm, 시립 그래픽 박물관, 뮌헨.

그림 484 마르칸토니오 볼로네세,「동정 마리아의 결혼」(알브레히트 뒤러의 목판화 복제), 1506년경, 동판화, 국립 인쇄출판 박물관, 로마.

그림 485 루카스 반 라이덴,「이 사람을 보라」, 1510, 동판화, 287×452cm, 영국 박물관, 런던.

그림 486 마르칸토니오 볼로네세,「루크레티아」, 1511~12, 동판화, 217×133cm, 영국 박물관, 런던.

그림 487 마르칸토니오 볼로네세,「서명의 방」(원작은 라파엘로 회화), 1517~20, 동판화, 35.6×46.9cm.

그림 488 마르칸토니오 볼로네세, 「아폴로」(원작은 라파엘로 회화), 16세기 초, 동판화, 22.7×11.3cm.

그림 489 우고 다 카르피, 「영웅과 무녀」(라파엘로와 연인), 1518년 이후, 명암을 배합한 목판화, 29.2×21.3cm, 국립 미술관, 워싱턴.

그림 490 마르칸토니오 볼로네세, 「파리스의 심판」(원작은 라파엘로 드로잉), 16세기 초, 동판화.

그림 491 피터 부뤼겔(아버지 히에로니무스 코치우스의 판화), 「연금술사」, 16세기, 동판화, 343×448cm, 왕립 도서관, 브뤼셀.

그림 492 안토니오 다 산갈로, 「파르네세궁」, 1548, 바티칸 페트리아노 박물관, 로마.

그림 493 안토니오 다 산갈로, 「성 베드로 대성당 파사드 목조 모형」, 1518~34, 바티칸 페트리아노 박물관, 로마.

그림 494 안토니오 산 갈로와 안토니오 라바코, 「성 베드로 대성당 모형」(측면), 1539~46, 목재, 성 베드로 대성당, 로마.

그림 495 안토니오 산 갈로와 안토니오 라바코, 「성 베드로 대성당 모형」(전면), 1536~39, 목재, 성 베드로 대성당, 로마.

그림 496 줄리오 로마노, 「말의 방」(부분), 1525~35, 테 궁전, 만토바.

그림 497 줄리오 로마노, 「테 궁전」, 1526~34, 안뜰, 만토바.

그림 498 줄리오 로마노, 「테 궁전」(부분), 1526~34, 만토바.

그림 499 줄리오 로마노, 「프시케의 방」(부분), 1526~28, 테 궁전, 만토바.

그림 500 줄리오 로마노, 「거인의 방」(북쪽 벽), 1532~34, 프레스코, 테 궁전, 만토바.

그림 501 줄리오 로마노, 「거인의 방」(남서쪽 벽), 1532~34, 프레스코, 테 궁전, 만토바.

그림 502 줄리오 로마노, 「거인의 방」(동쪽 벽), 1532~34, 프레스코, 테 궁전, 만토바.

그림 503 줄리오 로마노, 「거인의 방」(남쪽 벽), 1532~34, 프레스코, 테 궁전, 만토바.

그림 504 줄리오 로마노, 「거인의 방」(둥근 천장 벽과 남쪽 벽), 1526~34, 프레스코, 테 궁전, 만토바.

그림 505 줄리오 로마노, 「거인의 방」(서쪽 벽), 1532~34, 프레스코, 테 궁전, 만

토바.

그림 506 줄리오 로마노, 「거인의 방」(동쪽 벽), 1526~28, 프레스코, 테 궁전, 만
토바.

그림 507 줄리오 로마노, 「거인의 방」(북쪽 벽), 1526~28, 프레스코, 테 궁전, 만
토바.

그림 508 줄리오 로마노, 「거인의 방」(남쪽 벽), 1526~28, 프레스코, 테 궁전, 만
토바.

그림 509 세바스티아노 델 피옴보, 「세례자 성 요한의 머리를 들고 있는 살로메」,
1510, 캔버스에 오일, 55×44.5cm, 국립 미술관, 런던.

그림 510 세바스티아노 델 피옴보, 「채찍질당하는 그리스도」, 1516~24, 캔버스에
오일, 산 피에트로 인 몬토리오 성당, 로마.

그림 511 세바스티아노 델 피옴보, 「도로테아 초상화」, 1512~13, 캔버스에 오일,
76×60cm, 국립 미술관, 베를린.

그림 512 세바스티아노 델 피옴보, 「피에타」, 1516~17, 패널에 오일, 270×225cm,
시립 미술관, 비테르보.

그림 513 세바스티아노 델 피옴보, 「안톤 프란체스코 델리 알비치의 초상」,
1520~25, 캔버스(패널에서 옮긴 것)에 오일, 휴스턴 미술관, 크레스 컬렉션, 텍
사스.

그림 514 세바스티아노 델 피옴보, 「반디넬로 추기경과 비서, 그리고 두 기하학자」,
1516, 캔버스에 오일, 121.6×149.8cm, 내셔널 갤러리, 워싱턴.

그림 515 세바스티아노 델 피옴보, 「라자로의 부활」, 1517~19, 캔버스에 오일,
381×289cm, 국립 미술관, 런던.

그림 516 세바스티아노 델 피옴보, 「교황 클레멘티우스 7세 초상화」, 1526, 캔버스
에 오일, 145×100cm, 나폴리 국립 미술관, 나폴리.

그림 517 페리노 델 바가와 조반니 다 우디네, 장식한 둥근 천장, 1510~20, 프레스
코, 살라 데이 폰테피치, 보르자 아파트먼트, 바티칸궁, 로마.

그림 518 페리노 델 바가, 「주피터가 티탄족을 패배시키다」, 1531~33, 프레스코,
640×920cm, 살라 데이 지간티, 도리아궁, 제노바.

그림 519 페리노 델 바가, 「프시케와 늙은 여인」, 1545~47, 프레스코, 카스텔 산 안
젤로, 로마.

그림 520 도메니코 베카푸미, 「성혼을 받는 성녀 카테리나」, 1515, 나무에 오일,

208×156cm, 피나코테카 나지오날레, 시에나.

그림 521 도메니코 베카푸미, 「반역자를 추방하는 성 미카엘 대천사」, 1528, 나무에 오일, 347×225cm, 산 니콜로 알 카르미네 성당, 시에나.

그림 522 도메니코 베카푸미, 「성가정과 아기 세례자 성 요한」, 1530, 패널에 오일, 지름 84cm, 우피치 미술관, 피렌체.

그림 523 도메니코 베카푸미, 「성모 마리아의 탄생」, 1543, 나무에 오일, 233×145cm, 아카데미아 미술관, 시에나.

그림 524 도메니코 베카푸미, 「저승으로 내려간 그리스도」, 1530~35, 패널에 오일, 398×253cm, 피나코테카 나지오날레, 시에나.

그림 525 도메니코 베카푸미, 「금송아지」(포상의 일부), 대리석 세공, 대성당, 시에나.

그림 526 도메니코 베카푸미, 「십계명 판을 부수는 모세」, 1536~37, 나무에 오일, 197×139cm, 피사 대성당, 피사.

그림 527 도메니코 베카푸미, 「마르쿠스 에밀리우스 레피두스와 풀비우스 프라쿠스의 화해」, 프레스코, 푸블리코 궁전, 시에나.

그림 528 조반니 안토니오 라폴리(라폴리의 작품으로 돌리나 폰토르모의 작품일 가능성도 있다), 「여덟 명의 성인과 성모자」, 목탄, 루브르 박물관, 파리.

그림 529 니콜로 소지, 「성모자와 성인들」, 1500~24, 패널에 오일, 175×158cm, 피티 미술관, 피렌체.

그림 530 니콜로(일 트리볼로) 설계, 「보볼리 공원」(부분), 1550, 피티 궁전, 피렌체.

그림 531 니콜로(일 트리볼로), 「동물들의 동굴」, 1540년경, 카스텔로 메디치 빌라, 피렌체.

그림 532 주스토 우텐스, 「카스텔로 별장」(북쪽에서 보다), 패널에 오일, 지형학 박물관, 피렌체.

그림 533 니콜로(일 트리볼로), 헤르쿨레스 분수, 1536년 이후, 대리석과 청동, 카스텔로 별장, 피렌체 근교.

그림 534 피에리노 다 빈치, 「우골리노 백작과 아들들의 죽음」, 스투코, 바르젤로 미술관, 피렌체.

그림 535 바초 반디넬리, 「죽은 그리스도와 니코데모」, 1454~59, 대리석, 281×224cm, 베키오 궁전, 플로렌스.

그림 536 바초 반디넬리, 「헤르쿨레스와 카쿠스」, 1525~34, 대리석, 높이 505cm, 시뇨리아 광장, 피렌체.

그림 537 바초 반디넬리, 「베키오궁」, 1549년 완공, 친퀘첸토 살롱, 피렌체.

그림 538 벤베누토 첼리니, 「메두사의 머리를 들고 있는 페르세우스」, 1540년경, 청동, 높이 75cm, 란치 주랑, 피렌체.

그림 539 바초 반디넬리, 「성모 마리아의 탄생」, 1518년경, 대리석, 대성당, 로레토.

그림 540 줄리아노 부자르디니, 「알렉산드리아의 성녀 카테리나의 순교」, 1530~40, 패널에 오일, 로첼라이 경당, 산타 마리아 노벨라 성당, 피렌체.

그림 541 크리스토파노 게라르디, 「장식한 둥근 천장」(부분), 프레스코, 라 팔라치나, 비텔리 아 산 에지디오궁, 치타 디 카스텔로.

그림 542 야코포 다 폰토르모, 「베르툰노와 포모나」(부분), 1519~21, 프레스코, 메디치 별장, 포치오 아 카이아노.

그림 543 야코포 다 폰토르모, 「부활한 그리스도」, 1523~25, 프레스코, 291×232cm, 체르토사 디 갈루초, 피렌체.

그림 544 야코포 다 폰토르모, 「엠마오에서의 저녁식사」, 1525, 캔버스에 오일, 230×173cm, 우피치 미술관, 피렌체.

그림 545 야코포 다 폰토르모, 「이집트에서의 요셉」, 1515~18, 패널에 오일, 96×109cm, 국립 미술관, 런던.

그림 546 야코포 다 폰토르모, 「마리아가 엘리자베스를 방문하다」, 1528~29, 나무에 오일, 202×156cm, 산 미켈레 피에베, 카르미냐노.

그림 547 야코포 폰토르모, 「그리스도의 매장」, 1528, 나무에 오일, 카포니 경당, 산타 펠리치타 성당, 피렌체.

그림 548 야코포 폰토르모, 「성모영보」, 1527~28, 카포니 경당에서 분리한 프레스코, 산타 펠리치타 성당, 피렌체.

그림 549 야코포 다 폰토르모, 「성 히에로니무스」, 1529~30, 캔버스에 오일, 105×80cm, 니더작센 주립 박물관, 하노버.

그림 550 야코포 다 폰토르모, 「코시모 1세」, 1537, 패널에 오일, 48×31cm, 팔라니타 미술관, 피렌체.

그림 551 시모네 모스카와 미켈레 산 미켈레, 「동방박사의 제단」, 대리석 대성당, 오르비에토.

그림 552 지롤라모 젠가, 「그리스도의 부활」, 1520년경, 패널에 오일, 산타 카테리

나 다 시에나 성당, 로마.

그림 553 미켈레 산 미켈레, 「팔리오 문」, 1550~61, 베로나.

그림 554 미켈레 산 미켈레(굴리엘모 데이 그리지가 완공), 「그리마니궁」, 1561~75, 베네치아.

그림 555 도메니코 델 리초, 「샤를 5세와 교황 클레멘티우스 7세의 볼로냐 입성」(일련의 작품 일부), 1529~30, 프레스코, 리돌피 디 리스카궁, 베로나.

그림 556 파올로 베로네세, 「마리아 막달레나, 그리스도의 발을 씻다」(나병 환자 시몬의 집에서 저녁식사), 1560년경, 캔버스에 오일, 315×451cm, 사바우다 미술관, 토리노.

그림 557 파올로 베로네세, 「카나의 결혼」, 1563, 캔버스에 오일, 666×990cm, 루브르 박물관, 파리.

그림 558 조반니 안토니오 바치, 「피오렌초가 수도원에 매춘부를 보내다」(성 베네데토의 생애 중에서 부분), 1505~1508, 프레스코, 수도원 경당, 몬테 올리베토 마조레.

그림 559 조반니 안토니오 바치, 「시에나의 성녀 카테리나 성흔을 받다」(성녀 카테리나의 생애에서 부분), 1526, 프레스코, 산타 카테리나 경당, 산 도메니코 성당, 시에나.

그림 560 바스티아노 다 산 갈로(그의 작품으로 추측), 「미켈란젤로의 카시나 전투의 복사」, 1542, 나무에 오일, 77×130cm, 라이세스터의 얼 컬렉션, 홀컴 홀.

그림 561 프란체스코 우베르티니의 밑그림에 따른 얀(조반니) 로스트의 공방. 위의 그림은 8월, 9월이며, 아래 그림은 10월, 11월이다. 벽에 거는 융단, 우피치 미술관, 피렌체.

그림 562 벤베누토 가로팔로, 「영아 대학살」, 패널에 오일, 페라라 피나코테카, 페라라.

그림 563 지롤라모 다 카르피, 「성모 몽소승천(봉헌자 줄리아노 무자렐라와 함께)」, 1530~40, 패널에 오일, 199.4×131.1cm, 워싱턴 국립 박물관, 워싱턴 케레스 컬렉션.

그림 564 줄리오 캄포, 「성녀 아가타의 매장」(성녀 아가타의 생애에서 부분), 1537, 프레스코, 산타 아카타 성당, 크레모나.

그림 565 소포니스바 안구이시올라, 「세 자매와 여자 미술 가정교사」, 1555, 캔버스에 오일, 72×97cm, 국립 박물관, 포즈난, 폴란드.

그림 566 브라만티노, 「피에타」, 산 스테파노 경당에서 떼어낸 프레스코, 암브로시 아 도서관, 밀라노.

그림 567 가우덴치오 페라리, 「겟세마네 동산의 기도와 유다의 키스」(꼭대기와 밑의 그림), 「갈바리로 가는 길과 예수의 옷을 벗기다」(「그리스도의 수난」 중 일부분), 1513, 프레스코, 라 마돈나 델레 그라치에 성당, 바랄로.

찾아보기

조르조 바사리 Giorgio Vasari, 1511-74

이탈리아 토스카나 지방의 아레초(Arezzo)에서 태어났다.
16세 때 피렌체로 가서 안드레아 델 사르토(Andrea del Sarto)의 문하에서
그림을 배웠고 미켈란젤로(Michelangelo)의 제자로서,
메디치가의 원조를 받으면서 회화, 조각, 건축에 종사한 예술가다.
당시 메디치가의 수장이었던 코시모 1세의 힘과 영광을
드러내기 위하여 프레스코화를 무수히 제작했고 우피치 미술관을
설계하는 등 대작들을 연달아 수행했다.
화가로서 바사리는 화려하고 지적이지만 독창성은 부족한 보수적인 미술가였다.
그러나 건축가로서는 간결하고 강건한 건축물을 만들어냈다.
그의 이름을 유명하게 만든 작업은 1550년 이탈리아 르네상스 시대의
예술가 200여 명의 삶과 작품에 대해 기록한 『르네상스 미술가 평전』이다.
건축·회화·조각에 대해 전반적으로 수록한 이 책은 르네상스 미술사에서
결코 빼놓을 수 없는 중요한 자료로서 후세의 미술사가들에게서
바사리는 미술 비평의 아버지라는 찬사를 받고 있다.

옮긴이 이근배李根培, 1914-2007

평양 출생. 평양의전(1936)과 일본 나가사키(長崎)의대 대학원(1940)을 졸업하고
1943년 의학박사 학위를 받았다(일본 文部省).
1944년 소장하던 일만여 권의 한국학 관련 서적을 일본 경찰에 압수당하고 중국으로
망명하여 북경 중국대학교 중앙도서관 한국학 부장으로 재직 중 광복을 맞는다.
1946년부터 1992년까지 서울의대, 전남의대, 경희의대, 중앙의대,
조선의대 등에서 생화학교수를 지냈다.
소르본, 밀라노, 하버드대학에 초빙되어 연구했다(1956~1960).
한국생화학분자생물학회 초대회장(1966) 및 종신명예회장(1992~)을 역임했다.
저서로는『생화학』교과서(1967, 신영사)와 160여 편의 전공 논문이 있다.
주요 번역서로는『이탈리아 르네상스 미술가전』(전 3권, 탐구당, 1986)과
『완역-파브르 곤충이야기』(전 10권, 탐구당, 1999, 안응렬과 공역) 등이 있다.

해설 고종희高鍾姬, 1961 -

이탈리아 국립피사대학교 미술사학과에서 서양미술사를 전공했으며,
동 대학에서 르네상스미술 전공으로 문학박사 학위를 받았다.
현재 한양여자대학교 산업디자인과 교수로 재직 중이다.
주요 저서로 한길사에서 펴낸『명화로 읽는 성인전』
『이탈리아 오래된 도시로 미술여행을 떠나다』
『르네상스의 초상화 또는 인간의 빛과 그늘』『명화로 읽는 성경』을 비롯하여
『인생 교과서 미켈란젤로』(공저),『고종희의 일러스트레이션 미술탐사』
『미켈란젤로를 찾아 떠나는 여행』
『천재들의 도시 피렌체』『서양미술사전』(공저) 등이 있다.

르네상스 미술가 평전 4

지은이 조르조 바사리
옮긴이 이근배
펴낸이 김언호

펴낸곳 (주)도서출판 한길사
등록 1976년 12월 24일 제74호
주소 10881 경기도 파주시 광인사길 37
홈페이지 www.hangilsa.co.kr
전자우편 hangilsa@hangilsa.co.kr
전화 031-955-2000~3 **팩스** 031-955-2005

부사장 박관순 **총괄이사** 김서영 **관리이사** 곽명호
영업이사 이경호 **경영이사** 김관영
편집 백은숙 노유연 김광연 김지연 김대일 김지수 김명선 이상희
관리 이주환 문주상 이희문 김선희 원선아 **마케팅** 김단비
디자인 창포 031-955-9933
CTP 출력 및 인쇄 예림인쇄 **제본** 광성문화사

제1판 제1쇄 2018년 10월 31일

값 45,000원
ISBN 978-89-356-6473-3 94080
ISBN 978-89-356-6427-6 (세트)

• 잘못 만들어진 책은 구입하신 서점에서 바꿔드립니다.
• 이 도서의 국립중앙도서관 출판시도서목록(CIP)은 서지정보유통지원시스템 홈페이지(seoji.nl.go.kr)와
국가자료공동목록시스템(www.nl.go.kr/kolisnet)에서 이용하실 수 있습니다.
(CIP제어번호: CIP2018032268)